PHILOSOPHISCHE ABHANDLUNGEN

BAND 59

VITTORIO KLOSTERMANN · FRANKFURT AM MAIN

GOTTFRIED SEEBASS

Wollen

VITTORIO KLOSTERMANN · FRANKFURT AM MAIN

Die Deutsche Bibliothek – CIP-Einheitsaufnahme

Seebass, Gottfried: Wollen / Gottfried Seebass.
– Frankfurt am Main: Klostermann, 1993
(Philosophische Abhandlungen; Bd. 59)
ISBN 3-465-02540-7   NE: GT

INHALT

FÜNFTES KAPITEL
WOLLEN UND WILLENTLICHE VERRICHTUNGEN

SECHSTES KAPITEL
ZURECHENBARKEIT WILLENTLICHER VERRICHTUNGEN

VORWORT

Die vorliegende Untersuchung ist Teil eines größeren philosophischen Forschungsprojekts, das der Frage gewidmet ist, ob und wann etwas, das Menschen tun, ihnen in einem prägnanten Sinn *"zurechenbar"* ist. Innerhalb dieses Gesamtthemas bilden neben dem hier erörterten Willensbegriff die Begriffe des *"Handelns"*, des *"Überlegens"*, der *"Rationalität"* und vor allem die Begriffe der *"Freiheit"*, *"Urheberschaft"* und *"Person"* thematische Schwerpunkte. Sie werden in diesem Buch mitberührt. Meine Arbeiten, insbesondere zum Personbegriff und zum Urheberschaftsproblem, sind jedoch noch nicht abgeschlossen. Ihre Ergebnisse sollen später publiziert werden. Eine erste Ergänzung bietet die gleichzeitig erscheinende (unten zitierte) Abhandlung über *"Freiheit und Determinismus"*.

Das *erste Kapitel* des Buchs gibt einen Überblick über die Zurechnungsproblematik im ganzen, ihre Teilprobleme und deren Zusammenhänge, sowie über die spezielle Bedeutung, die der Willensbegriff für sie besitzt. Dessen Klärung steht im Zentrum der Untersuchung. Das *zweite* Kapitel enthält methodische und konzeptionelle Vorklärungen. Das *dritte* und *vierte* Kapitel dienen der Analyse des Willensbegriffs, das *fünfte* der Rechtfertigung des Anspruchs, daß das gewonnene Konzept, besser als alle Alternativen, geeignet ist, den Phänomenen der "Willentlichkeit" Genüge zu tun. Das *sechste* Kapitel kehrt zur Zurechnungsproblematik zurück und will Rechenschaft darüber geben, wieviel für dieses Problem gewonnen ist, wenn sich (im Sinne des Konzepts) davon sprechen läßt, daß eine Handlung "willentlich" ausgeführt wurde, welche Fragen noch offen sind und in welche Richtungen weitere Untersuchungen gehen müßten.

Das Buch besteht aus dem Haupttext und einem nachfolgenden Anmerkungsteil. Der *Haupttext* ist rein systematisch und so konzipiert, daß er für sich gelesen werden kann, ohne die Anmerkungen zu konsultieren. Leser, die dem Gedankengang im Zusammenhang folgen möchten, können sich, unter Umständen, darauf beschränken. Der *Anmerkungsteil* dient der Ergänzung und der Vertiefung, sowie der Beantwortung kritischer Anfragen und Einwände, die sich bei der Lektüre ergeben könnten. Neben der Angabe von Belegstellen enthält er die Auseinandersetzung mit der Literatur, soweit mir dies hilfreich oder notwendig erschien. Vor allem aber dient er der Klärung des begrifflichen Hintergrunds und der Untersuchung von Einzelproblemen, die im Haupttext aufgeworfen werden und klärungsbedürftig sind, deren Erörterung an der jeweiligen Stelle aber zu unnötigen, störenden Unterbrechungen geführt hätten. Querverweise im Text, Verweise auf weitere relevante Anmerkungen und ein differenziertes *Sachverzeichnis* am Ende des Buchs sollen die Auseinandersetzung mit allen behandelten Fragen erleichtern.

Das *Literaturverzeichnis* beschränkt sich auf die in den Anmerkungen zitierten neueren Titel und solche älteren, die nicht zur philosophischen Standardliteratur gehören oder die in besonderen Ausgaben oder Übersetzungen zitiert werden. Klassische Texte, Standardwerke und Lexika sind darin nicht enthalten. Auf sie wird mit gebräuchlichen bzw. allgemeinverständlichen Abkürzungen verwiesen.

KAPITEL I

WILLENTLICHKEIT UND ZURECHENBARKEIT

1. Handlungen und Verrichtungen

Die Philosophie stellt Fragen, die, anders als in konkurrierenden Einzelwissenschaften, weniger darauf ausgerichtet sind, das Unbekannte und anerkannt Unverstandene als das Bekannte und scheinbar Selbstverständliche verständlich zu machen. Vorzüglicher Gegenstand philosophischer Untersuchungen sind Erscheinungen, die uns im täglichen Umgang praktisch und in einem gewissen Sinne auch theoretisch vertraut, bei genauerem Zusehen aber begrifflich und explanativ rätselhaft sind oder es zunehmend werden. Zu ihnen gehört das menschliche *Handeln*. Wir alle wissen natürlich, wann Menschen etwas "getan" oder "gemacht" haben und daß und womit sie zu einem bestimmten Zeitpunkt "befaßt" oder "aktiv beschäftigt" sind. Jedenfalls reden wir davon im Alltag ohne Probleme. Doch was genau meinen wir, wenn wir so reden, und wie weit wird das Gemeinte den Phänomenen gerecht?

In einem *weiten Sinn*, der zugleich der geläufigste sein dürfte, beziehen sich Wörter wie 'handeln', 'tun' oder 'machen' auf alles, was als "Verhalten" oder, genereller gesagt und sachlich angemessener, als die *"Verrichtung"* eines Individuums gelten kann.[1] Er tritt hervor, wenn wir uns fragen, welche Auskünfte in Situationen wie den folgenden sinnvoll sind. Ein Kriminalbeamter möchte von einem Verdächtigen wissen, was er zur Tatzeit gemacht hat. Besorgte Eltern, deren Tochter im Ausland ist, denken an sie und fragen sich, was sie jetzt tun mag. Oder ein Freund, der berichtet, er habe uns mehrfach vergeblich anzurufen versucht, gibt Anlaß, uns darauf zu besinnen, was wir gemacht haben. Unterschiedliche Antworten sind denkbar. Der oder die Betroffene können sagen, sie seien beim Essen gewesen, hätten einen Spaziergang gemacht, Skat gespielt, debattiert, ihre Steuererklärung abgegeben oder versucht, sich ein Kinderlied ins Gedächtnis zurückzurufen. Antworten dieses Typs drängen sich deshalb auf, weil die Betreffenden hier, so scheint es, in einer direkten und offenkundigen Weise "aktiv" sind. Das aber ist nicht immer der Fall. Sie können ebensogut erwidern, sie hätten zum fraglichen Zeitpunkt still mit geschlossenen Augen im Sessel gesessen und eine Platte gehört, hätten gedankenlos in einem Boot vor sich hingeträumt oder sich einer lange geplanten Operation unterzogen. Oder sie können, noch weiter entfernt vom Gedanken persönlicher "Aktivität", erklären, sie hätten sich in einem steckengebliebenen Lift befunden und Angst gehabt, seien auf der Straße gestolpert oder von einer Biene gestochen worden, hätten das Badewasser vergessen und das Bad unter Wasser gesetzt, sich tödlich auf einer Party gelangweilt oder sie hätten, unfähig zu jeder sinnvollen Tätigkeit, mit Migräne im Bett gelegen oder geschlafen.

Gemeinsam ist diesen Geschehnissen zunächst nur, daß sie zeitlich mehr oder weniger klar zu umgrenzende *Ereignisse* darstellen, in die die Betroffenen *"involviert"* sind.[2] Doch das genügt nicht. Beide Kriterien wären auch dann erfüllt, wenn die Betroffenen nicht als *Subjekt* des Geschehens, sondern lediglich als dessen *Objekt* aufträten. Daß dies nicht in Betracht steht und durch die Einführung geeigneter Zusatzkriterien begrifflich ausgegrenzt werden muß, kann man sich an der Reaktion eines Menschen verdeutlichen, der sich der Frage, was er "gemacht" hat, scherzhaft entziehen will. Zwei Reaktionsformen bieten sich an. Er kann sich sprachgewitzt geben und sagen, er habe zur fraglichen Zeit einen guten Eindruck gemacht, sei fortgeschritten im Lebensalter oder in eine höhere Steuerklasse gerückt oder habe sich, wie alles Irdische, anhaltend um die Sonne bewegt. Dann hat er, indem er ihr einen noch allgemeineren, auf seine Involviertheit in ein Ereignis beschränkten Sinn von "Tun" unterstellt, die Frage als Frage nach "seinen Verrichtungen" abgewiesen. Seine Erwiderung ist keine Antwort, da sie ihn nur als Objekt, nicht, wie gewünscht, als Subjekt ins Spiel bringt. Sagt er dagegen, er habe gelebt, geatmet oder Bewußtsein gehabt, hat er zwar ebenfalls die gewünschte Auskunft verweigert, die Frage selbst aber anerkannt und, wenngleich mit einem nichtssagenden Allgemeinplatz, beantwortet. "Subjekt" des Geschehens ist er auch hier natürlich nur in einem sehr formalen Sinn, der nicht beinhaltet, daß er es geschehen macht oder geschehen läßt, seinen Verlauf kontrolliert oder sein spezielles Erscheinungsbild aktiv beeinflußt. Das Zusatzkriterium, das wir benötigen, erweist sich also als relativ schwach: zwar kann nicht jedes Ereignis, in das ein Individuum involviert ist, per se als "seine Verrichtung" gelten, wohl aber jedes, das ihm, wie wir generell sagen wollen, als *"Träger"* des betreffenden Zustands oder Prozesses *"zuzuordnen"* ist.[3]

Nach welchen Gesichtspunkten die Zuordnung oder die Festlegung konkreter Trägerschaftsverhältnisse erfolgt, kann im Rahmen unserer Untersuchungen offen bleiben. Nehmen wir vielmehr an, daß die Identifizierungsprobleme auf der Ebene der "Verrichtungen" gelöst sind, und konzentrieren wir uns auf die wichtigere und weitaus problematischere Rede vom "Handeln ("Tun", "Machen" u.a.) im *engeren Sinne*. Auch sie ist keineswegs ungebräuchlich, erweist sich bei näherer Betrachtung jedoch als wesentlich uneinheitlicher und begrifflich weniger klar bestimmt, als es im täglichen Umgang zunächst den Anschein hat. Gemeinsam, soviel kann allgemein festgestellt werden, ist der Gedanke einer stärkeren, *essentiellen* Involviertheit des Individuums ins Geschehen, die es erlaubt, ihm den betreffenden Zustand oder Prozeß nicht nur als Träger einer Verrichtung "zuzuordnen", sondern, wie wir fortan zur terminologischen Abhebung sagen wollen, als *"Täter"* einer *"Tat"* oder *"Handlung"* im prägnanten Sinn *"zuzurechnen"*.[4] Das allerdings ist kaum mehr als eine terminologische, jedenfalls aber nur eine äußerst formale Kennzeichnung, die wenig besagt und inhaltlich spezifiziert werden muß. In welcher Weise?

Darauf läßt sich nicht ohne weiteres antworten, obwohl die Unterscheidung als solche vertraut und verständlich genug erscheint. Beispiele für Handlungen im prägnanten Sinn lassen sich geben. Sie werden zum überwiegenden Teil in jene Gruppe fallen, die oben bereits als die der direkt und offenkundig *"aktiven"* Verrichtungen apostrophiert wurde. Doch diese Redeweise bzw. die korrespondierende von der *"Aktivität"* eines handelnden Individuums ist nur eine terminologische Variante der Rede von "Handlungen" oder "Taten" selbst, die uns begrifflich nicht weiter führt.[5] Und wenn wir versuchen, explikative Begriffe an ihre Stelle zu setzen, fallen die Antworten vage und divergierend aus, abhängig von unterschiedlichen praktischen und theoretischen Interessen und vom speziellen Beispielbereich, den man ins Auge faßt. Zudem werden nicht alle Beispiele, insbesondere aus dem Bereich beiläufiger oder routinierter Tätigkeiten, sich problemlos als Handlungen oder bloße Verrichtungen einordnen lassen und nicht alle (offenbar) eindeutigen Beispiele für Handlungen den Täter als alleinigen Urheber oder uneingeschränkten Kontrolleur des Geschehens ausweisen. Wer mit dem Strom schwimmt oder zuhört, wenn ein anderer spricht, ist nicht uneingeschränkter "Herr des Geschehens", sondern vor allem passiver Träger oder Rezipient dessen, was "ihm geschieht", auch wenn er zugleich insoweit Täter sein kann, als er durch partiell aktives Schwimmen oder Zuhören Einfluß auf den Verlauf des Geschehens nimmt. Situationen geteilter Aktivität und Passivität sind keine Seltenheit, sondern, genau betrachtet, die Regel.[6] Daher scheint es gerechtfertigt, die gänzlich unspezifizierte Rede von der "Aktivität" durch die etwas prägnantere von einem (mehr oder weniger großen) *"entscheidenden, aktiven Anteil"* des Trägers an seiner Verrichtung zu ersetzen. Doch es ist klar, daß auch damit nicht mehr gewonnen ist als eine, wenngleich verbesserte, formale Charakterisierung jener stärkeren, "Zurechenbarkeit" begründenden Involviertheit handelnder Individuen, die zur Debatte steht.

Drei zentrale Fragen sind es, von denen eine formal und inhaltlich präzisere Auskunft abhängt: *was* wird zugerechnet, wenn es geschieht, *wem* wird es zugerechnet und unter welchen *Bedingungen* wird die Zurechnung möglich? Sie hängen zusammen, artikulieren aber verschiedene Aspekte unseres Problems und lassen sich daher, so steht zu vermuten, bis zum gewissen Grad auch getrennt voneinander verfolgen. Die vorliegende Arbeit hat sich zum Ziel gesetzt, einen Beitrag zur Klärung der dritten Frage zu leisten, indem sie eine Bedingung, die einschlägig für sie zu sein scheint, sc. die der "Gewolltheit" zurechenbarer Verrichtungen durch ihre Träger, begrifflich zu explizieren sucht. Andere Aspekte der dritten sowie die erste und zweite Frage können dabei nur am Rande berücksichtigt werden. Vor einer solchen Beschränkung allerdings ist es angebracht, den Stellenwert unseres Vorhabens innerhalb seines weiteren theoretischen Umfelds zu verdeutlichen und uns allgemein darüber zu orientieren, welche Probleme entstehen und wie sie zusammenhängen. Dem dient das erste Kapitel. Nach einem kurzen Blick auf den Themenbereich unserer ersten und zweiten Frage (Abschnitte 2-3) soll die Frage der Zurechenbarkeitsbedingungen präzisiert, differenziert und die Frage der "Willentlichkeit" als relevante Teilfrage eingeführt werden (Abschnitte 4-6).

2. Was ist zurechenbar?

Die Frage, was zugerechnet wird, ist im Prinzip schon beantwortet worden. Zurechenbar sind Verrichtungen, und zugerechnet werden sie genau dann, wenn ihre Träger einschlägig und die relevanten Bedingungen erfüllt sind. Da die restringierenden Kriterien sich erst aus der Antwort auf unsere zweite und dritte Frage ergeben, müssen wir, was die erste betrifft, von der unrestringierten *Gesamtheit* aller Verrichtungen ausgehen. Dies festzuhalten ist insofern von Bedeutung, als die Gefahr besteht, daß wir beim Versuch, spezielle Zurechenbarkeitskriterien wie das der "Willentlichkeit" zu explizieren, durch einen zu eng gefaßten Beispielbereich in die Irre geführt werden. Natürlich denken wir, wenn wir Beispiele für Verrichtungen suchen, die sich auf ihre Willentlichkeit und Zurechenbarkeit hin untersuchen lassen, zuallererst an einfache, manifeste *Körperbewegungen* von Menschen, die im Vollbesitz ihrer Kräfte sind: Gehen, Greifen, Sich-Bücken, Nicken, Atmen, Sprechen, Gestikulieren und andere. Sie liefern naheliegende, leicht zu überblickende Musterfälle, an denen wir uns vorzüglich orientieren können. Doch haben die eingangs erwähnten Beispiele bereits deutlich gemacht, daß sie keineswegs phänomenal erschöpfend sind und daher nicht ohne weiteres als repräsentativ für alle Zurechnungsprobleme gelten können. Wir können und brauchen an dieser Stelle natürlich nicht alle Komplikationsformen, die eine umfassende Theorie des menschlichen Handelns zu berücksichtigen hätte, thematisieren. Drei generelle Punkte aber, die für unser Vorhaben bedeutsam sind, sollten hervorgehoben werden.

Erstens haben wir es nicht nur, wie es die exemplarische Orientierung an Körperbewegungen nahelegen könnte, mit *Prozessen* (Bewegungen im Raum oder bewegungsunabhängigen Zustandsänderungen) zu tun, sondern auch mit kurz- oder längerfristig andauernden *Zuständen*. Auch diese lassen sich als Verrichtungen ihrer Träger auffassen und sind somit prinzipiell zurechenbar. Das Sitzen- oder Liegenbleiben eines Menschen etwa oder das Aushalten eines Pfeiftons können ebenso ihm zuzurechnende Handlungen sein wie das Aufstehen und Gehen oder das artikulierte Sprechen. Wenn die Annahme richtig ist, daß die "Gewolltheit" einer Verrichtung eine notwendige Bedingung ihrer Zurechenbarkeit darstellt, müssen auch solche Zustände sich als "gewollt" begreifen lassen.

Zweitens sind nicht nur *physische* Zustände und Prozesse, seien sie extern (wie Sitzen und Gehen) oder intern (wie Stimmband- und Zungenbewegung oder diverse neurale Zustände) als mögliche Handlungen zu berücksichtigen, sondern auch *mentale*.[7] Dazu gehören rein mentale Verrichtungen, die in keinem erkennbaren Zusammenhang mit gleichermaßen zurechenbaren physischen stehen, z.B. visuelle oder akustische Vorstellungen, aktives Sich-Erinnern oder Sich-Konzentrieren auf einzelne Teile bzw. Aspekte des Wahrnehmungsfeldes. Dazu gehören aber auch mentale Leistungen, die Körperbewegungen begleiten, ihnen nachfolgen oder vorausgehen, d.h. insbesondere solche der visuellen oder kinästhetischen Bewegungskontrolle, der Entwicklung und Durchführung von Handlungsplänen, des Abwägens zwischen bestimmten Handlungsoptionen oder des abstrakten Überlegens und Schließens. Nicht alle von ihnen werden sich

faktisch, manche vielleicht nicht einmal prinzipiell als Fälle von zurechenbaren bzw. willensabhängigen Handlungen erweisen.[8] Doch ob es so ist
und welche Verrichtungen betroffen sind, entscheidet sich erst durch Anwendung der relevanten Kriterien, nicht durch eine vorgängige Beschnei-
dung des Phänomenbereichs.

Drittens schließlich ist festzuhalten, daß menschliche Handlungen in
aller Regel nicht nur in *elementaren*, sondern in *komplexen* Verrichtungen
bestehen, und dies in doppelter Hinsicht. Einerseits kann es sich um Verrichtungen handeln, die *Kombinationen* aus verschiedenen, zeitlich oder
qualitativ mehr oder weniger klar voneinander zu trennenden Teilverrichtungen darstellen. Dieser Fall ist empirisch häufiger, als es zunächst den
Anschein hat. Auch scheinbar elementare Verrichtungen wie Gehen, Greifen und Sprechen lassen sich, genauer betrachtet, in Teilverrichtungen zerlegen. Und wenn es sich hier noch um eine eher ungewöhnliche, theoretische Beschreibungsmöglichkeit handelt, so gilt dies jedenfalls nicht für die
weit überwiegende Mehrzahl jener etwas komplexeren, aber immer noch
relativ einfachen Verhaltenssequenzen, die das alltägliche Leben von Menschen vor allem bestimmen - von länger andauernden, geplanten Handlungen ganz zu schweigen. Nicht nur die Anlage eines Gartens oder die
Abgabe einer Steuererklärung, auch der alltägliche Einkauf von Lebens-
mitteln, die tägliche Fahrt zur Arbeit, das Schließen einer Tür, das Telefo-
nieren, Essen und Zähneputzen sind Kombinationen aus verschiedenen,
gleichzeitig oder nacheinander (mit oder ohne zwischenzeitliche Unterbrechungen) ausgeführte Verrichtungen. Entsprechend komplex ist die Frage
nach ihrer Zurechenbarkeit bzw. Gewolltheit. Müssen wir, wenn wir die
Zurechenbarkeit einer Verrichtung von ihrer "Gewolltheit" abhängig machen, jede Teilverrichtung (jeden Bürstenstrich beim Zähneputzen z.B.)
als gewollt betrachten oder genügt der Rekurs auf manche von ihnen, etwa
die jeweils erste einer Sequenz? Und können wir annehmen, daß die Willentlichkeit einer komplexen Verrichtung eine Funktion der Willentlichkeit
ihrer Teilverrichtungen ist, oder kommt es (generell oder zumindest im
Kontext der Zurechnungsfrage) zugleich oder sogar ausschließlich darauf
an, daß sie *als* komplexe gewollt ist? Wir brauchen diese Fragen hier nicht
beantworten, müssen jedoch im Auge behalten, daß wir es überwiegend
mit Handlungen zu tun haben, die keine elementaren Verrichtungen, sondern Kombinationen aus solchen sind und als solche verschiedene, formal
von uns in Rechnung zu stellende Deutungsmöglichkeiten für ihre Zurechenbarkeit bzw. Willentlichkeit eröffnen.

Komplex sind unsere Verrichtungen aber nicht nur im Hinblick auf ihre Zerlegbarkeit in verschiedene Teilverrichtungen, sondern auch im Hinblick auf ihre *Folgen*. Wer das Licht anmacht, bewegt seine Hand, macht aber wesentlich mehr, denn er betätigt ja zugleich den Schalter und beleuchtet das Zimmer. Wer schreibt, macht verschiedene Handbewegungen nacheinander, bewegt mit jeder von ihnen aber auch den Stift in seiner Hand und bringt Schriftzeichen auf dem Papier hervor. Dennoch muß er, um all dies zu tun, nicht mehr als jeweils eine elementare Verrichtung ausführen. Jede Verrichtung, so können wir allgemein sagen, die von ihrem Träger *"direkt"* ausgeführt wird und Folgen hat, fungiert als *"Basisverrichtung"* einer bzw. mehrerer komplexer Verrichtungen der "indirekten Hervorbringung" dessen, was unmittelbar oder mittelbar ihre Folge ist.[9] Schreiben und Lichtanmachen stehen exemplarisch für Situationen, in denen die Folge-Beziehung kausal und der Eintritt der Folge dem Träger bei Ausführung seiner Basisverrichtung bekannt sowie von ihm beabsichtigt ist. Doch das ist nur eine von mehreren Möglichkeiten. Ein Autofahrer, der nicht mehr rechtzeitig bremsen kann, kann (unbeabsichtigt, doch wissentlich) eine Kreuzung bei Rot überfahren und damit (unwissentlich und sicherlich unbeabsichtigt) nicht nur eine dort installierte Überwachungskamera (kausal) auslösen, sondern zugleich die (nichtkausal-konventionelle) Folge einer präsent begangenen Ordnungswidrigkeit und die (nichtkausal-faktische) Folge seiner dritten registrierten Ordnungswidrigkeit innerhalb eines Jahres herbeiführen, wodurch sich, gegebenenfalls, die mit jeder Registrierung (konventionell) verbundenen Strafpunkte notwendig (den logisch-mathematischen Regeln zufolge) zu einer Summe erhöhen, die anschließend (konventionell und kausal) zum Entzug seines Führerscheins führt. Die intentionale und epistemische Situation des Trägers kann also ebenso variieren wie die spezielle Form der Folge-Beziehung.[10]

Alle unsere Verrichtungen haben Folgen einer gewissen Art (sc. zumindest logische und nichtkausal-faktische) und die meisten dürften zudem indefinit oder gar infinit viele Folgen haben, darunter kausale.[11] Unübersehbar groß ist entsprechend die Zahl der komplexen Verrichtungen, deren faktische Träger wir sind.[12] Doch natürlich bedeutet das nicht, daß alle oder auch nur ein beträchtlicher Teil von ihnen oder von jenen, deren Basisverrichtung als zurechenbar gilt, uns allein deshalb ebenfalls zurechenbar sein müßten. Nicht alle Folge-Beziehungen (konventionelle etwa, denen der Träger sich nicht verpflichtet fühlt) mögen in dieser Hinsicht gleiches Gewicht besitzen. Vor allem aber sind *Folgen-Kenntnis* und *Absicht*, die für die Identifizierung komplexer Verrichtungen als solcher kei-

ne Bedeutung haben, als gravierende, restriktive Kriterien in Rechnung zu
stellen und mit ihnen offenbar auch das Kriterium der "Willentlichkeit".
Wenn wir die Zurechenbarkeit komplexer Verrichtungen an die Bedingung
binden, daß sie vom Träger *als* komplexe gewollt sind und dieses Wollen
nun davon abhängig machen, daß er vom Bestehen einer Folge-Beziehung
überzeugt ist und die Folge beabsichtigt, d.h. ihr Eintreten *als* Folge der
Basisverrichtung will, können wir den Handlungscharakter seiner komplexen Verrichtung sowohl mit Blick auf die fehlende epistemische, wie
auch, unabhängig davon, mit Blick auf die fehlende volitive Prämisse negieren.[13] Oder wir können sie, umgekehrt, ihm als Täter einer Handlung
zurechnen unter der Annahme, daß die Gewolltheit der Basisverrichtung in
Verbindung mit seiner Überzeugung, daß sie eine bestimmte Folge hat,
hinreicht, um auch die Folge als von ihm gewollt zu betrachten.[14] Offenkundig aber gibt es auch hier, nicht anders als bei Verrichtungskombina-
tionen, verschiedene theoretische Alternativen, über die ebenso wie über
die Bedeutung des Willenskriteriums selbst nicht in Abhängigkeit von der
Frage, was, sondern nur in Abhängigkeit von der Frage, wem und warum
etwas zugerechnet wird, zu entscheiden ist.

3. Wer handelt?

Auch die Frage, wem etwas zuzurechnen ist, läßt sich auf einer allgemeinen Ebene einfach beantworten. Wenn wir die Rede von den "Bedingungen", unter denen die Zurechnung möglich wird, im weitesten Sinne
nehmen, können wir sagen, daß die *Gesamtheit* der Träger von Verrichtungen, die die Bedingungen erfüllen, als Täter gelten müssen. Die Frage
des Wem wird damit ebenso wie die des Was auf die sachlich, so scheint
es, allein entscheidende Frage nach dem Warum der Zurechnung verschoben. Theoretisch möglich ist dies in jedem Fall, gilt zunächst freilich
nur auf der allgemeinsten begrifflichen Ebene, d.h. solange der Sinn des
"Warum" und der korrespondierenden "Bedingungen" nicht weiter spezifiziert wird. Im Rahmen unserer Untersuchungen müssen und können wir es
weitgehend dabei belassen, sollten uns jedoch über die Gründe und die
Bedeutung der damit ausgeklammerten Probleme im klaren sein.

Nicht alle Bedingungen, die mit der allgemeinen Warum-Frage angesprochen sind, haben denselben Status. Die Frage der Zurechenbarkeit betrifft die *Beziehung* des Trägers zu seinen Verrichtungen, bleibt also zunächst indifferent gegenüber jenen Eigenschaften, die ihn *als solchen* be-

treffen. Auch diese können bedeutsam sein. Wenn sie es sind, gehören sie zu den gesuchten "Bedingungen", bilden dann aber selbst keine Zurechenbarkeitskriterien für Verrichtungen, sondern (präsuppositive) Voraussetzungen für deren empirische Applikation. Gewissen Individuen gegenüber kann es sich als a limine witzlos erweisen, etwas, das sie "gemacht" haben, auf ihren "entscheidenden, aktiven Anteil" an ihm zu prüfen. Wenn die Gewolltheit einer Verrichtung eine notwendige Bedingung ihrer Zurechenbarkeit ist, macht es wenig Sinn, Wesen, von denen wir wissen, daß sie nicht wollen können, als potentielle Täter ins Auge zu fassen. Insofern scheint es angebracht, beide Bedingungskomplexe formal auseinanderzuhalten und bei der Beurteilung empirischer Erscheinungen gestuft zur Anwendung zu bringen. Das allerdings heißt nicht, daß sie begrifflich unabhängig sind oder getrennt voneinander, in der Reihenfolge des Präsuppositionsverhältnisses, theoretisch bestimmt werden können. Vielmehr steht zu erwarten, daß sich die Frage, welche Eigenschaften Individuen aufweisen müssen, um Täter sein zu *können*, erst dann oder zumindest erst dann genauer beantworten läßt, wenn wir Klarheit darüber gewonnen haben, unter welchen Bedingungen sie Täter *sind*. Dies, aber auch nur dies, macht es möglich bzw. methodisch erforderlich, sie zunächst zurückzustellen und der undifferenzierten Frage nach relevanten Bedingungen unterzuordnen. Indem wir allgemein fragen, warum, werden wir zugleich auf die Gesichtspunkte geführt, die, gegebenenfalls, eine präsuppositiv restringierende Antwort auf die Frage, wem etwas zuzurechnen ist, sinnvoll erscheinen lassen.

Natürlich kann auch die allgemeine Warum-Frage nicht in abstracto gestellt werden. Wir müssen uns auf konkrete Phänomene beziehen und dabei auch die Träger mutmaßlich zurechenbarer Verrichtungen ins Auge fassen. Ich werde mich im folgenden vorzüglich an *normalen, erwachsenen Menschen* orientieren, die im *Vollbesitz* ihrer Kräfte sind: Menschen also, die sich "als solche" weder durch ungewöhnliche permanente Eigenschaften auszeichnen (körperlicher oder im weitesten Sinne seelischer Art) noch zum fraglichen Zeitpunkt in einer temporär exzeptionellen Lage sind (körperliche oder seelische Erschöpfung, Fieber, Drogeneinfluß, Bewußtlosigkeit, apoplektische Lähmung u.ä.). Es ist wahrscheinlich, daß einige der damit ausgeschlossenen Eigenschaften präsuppositiv negiert werden müssen, wenn die Frage der Täterschaft sinnvoll sein soll. Die exemplarische Orientierung an der menschlichen "Normalität" darf jedoch nicht als Vorentscheidung in diesem Sinne verstanden werden. Wenn sich letztendlich ergeben sollte, daß nur Menschen, nicht etwa Tiere oder "intelligente"

Maschinen, Täter sein können, so nicht, weil sie (in einem wie immer zu definierenden Sinne) "Menschen" sind, sondern weil die zu spezifizierenden Zurechenbarkeitsbedingungen auf sie generell Anwendung finden. Entsprechendes gilt für die etwaige prinzipielle Unzurechnungsfähigkeit von Kindern, alten Menschen oder Behinderten. Nicht die (wie immer bedingte, vorübergehende oder dauerhafte) Beschränkung unserer gewöhnlichen Kräfte als solche, sondern nur eine Beschränkung, die unseren "entscheidenden, aktiven Anteil" an einer Verrichtung unmöglich macht, läßt uns, gegebenenfalls, aus dem Kreis der potentiell Handelnden ausscheiden. Wenn "Wollen" ein Zurechnungskriterium ist, kommen nur willensfähige Individuen als Täter in Frage. Ob es sich dabei aber um alle oder nur einen bestimmten Teil der Menschen handelt, um Tiere, Computer oder extraterrestrische Wesen, bleibt solange offen, als die begriffliche Explikation dessen, was Wollen ist, uns nicht zu entsprechenden Restriktionen bezüglich der Wollenden zwingt.

Die Klasse der Täter könnte sich allerdings nicht nur durch die gesuchten Zurechenbarkeitskriterien, sondern auch durch die ontologischen Implikationen der ins Auge gefaßten Verrichtungen als vorgängig eingeschränkt erweisen. Die Frage des Wem der Zurechnung wäre dann partiell auch durch die Frage des Was zu beantworten. Doch die entscheidenden Punkte müssen auch hier zurückgestellt werden. Verrichtungen, die ausschließlich physische Zustände oder Prozesse umfassen, haben *materielle Objekte* zu Trägern,[15] also z.B. "Menschen" in einem Sinne, der biologische Kriterien zugrundelegt (Körperbau, physiologische Funktion, genetische Herkunft u.a.). Auch deren ontologische Identifikationsbedingungen sind zwar, vor allem bei permanenten Objekten, nicht völlig unproblematisch, aber doch klar genug, um eine mögliche Restriktion signifikant zu machen. Mentale Verrichtungen dagegen haben Träger, deren ontologischer Status weit weniger klar zu bestimmen ist. Selbst wenn wir vorbehaltlos davon ausgehen könnten, daß nur Individuen in Betracht kommen, die *auch* materielle Objekte sind oder in essentiellen *Relationen* zu solchen stehen, wäre es keineswegs selbstverständlich, daß materielle Objekte die Träger mentaler Zustände oder Prozesse *sind*. Diesbezügliche (materialistische bzw. physikalistische) Reduktionsansprüche müßten jedenfalls erst einmal in einer theoretisch wie empirisch befriedigenden Form eingelöst werden, ehe man sich die ontologischen Probleme entsprechend vereinfacht (vgl. Anm.7). Hiervon zumindest können wir nicht ausgehen, sondern bestenfalls darauf abstellen, daß die Klasse der "Täter" prinzipiell durch die Disjunktion der ontologischen Identifikationskriterien für materielle Objekte und *Personen* beschränkt ist, wobei der relevante Begriff der "Person" in unbestimmter (nicht auf den Lockeanischen Typus beschränkter, ihn aber auch nicht a limine ausschließender) Form auf die zu spezifizierenden Träger mentaler Verrichtungen verweist. Wie diese aussehen und ob eine Restriktion überhaupt sinnvoll ist, bleibt im Rahmen unserer Untersuchungen offen.

Ausgeklammert wird schließlich auch das Problem der *multiplen Täterschaft*, das die Frage, wer handelt, in zweierlei Hinsicht kompliziert. Zunächst gehören zu den komplexen Verrichtungen, die Kombinationen aus mehreren Teilverrichtungen darstellen, solche, die mehrere, numerisch verschiedene Träger haben. Diese müssen natürlich nicht, können aber gleichzeitig Täter sein. Sind sie es lediglich für ihnen distributiv zugeordnete Teilverrichtungen, die sich (wie beim Applaus nach einem Konzert oder bei der Blockade einer Telefonverbindung durch gleichzeitiges Anwählen) zu einer komplexen Verrichtung addieren, entstehen keine Zurechnungsprobleme, die grundsätzlich über die schon erwähnten (S.14) hinausgehen. Anders, wenn einer von ihnen oder mehrere zusammen als Täter der komplexen Verrichtung in Frage stehen. Vor allem der zweite Fall, den wir als *"soziales Handeln"* im prägnanten Sinne bezeichnen können, bereitet Probleme. Müssen wir annehmen, daß mehrere Individuen gemeinsam, als "soziales Kombinat" sozusagen, Täter sozialer Handlungen sind oder sein können in einem Sinne, der nicht bzw. nicht vollständig auf den "entscheidenden, aktiven Anteil" aller Betroffenen an relevanten, individuell zuzurechnenden Teilhandlungen zurückzuführen ist? Wenn nicht, führt die Bestimmung der Form ihres Zusammenwirkens und des Anteils einzelner an der Gesamthandlung zwar in Begriffsprobleme, die über die obengenannten hinausgehen, läßt sich aber als bloße Ergänzung der Zurechenbarkeitsbedingungen individueller Handlungen leicht zurückstellen. "Soziale Kombinate" dagegen könnten fundamentale, konzeptionell bedeutsame Revisionen erfordern. "Willentlichkeit" wäre dann, wenn überhaupt, nur noch in einer so eigentümlichen Bedeutung des Wortes als Zurechenbarkeitskriterium zu verstehen, daß die ins Auge gefaßte exemplarische Orientierung an den Verrichtungen menschlicher Individuen nicht länger angemessen wäre. Unser weiteres Vorgehen gründet sich daher auf die Voraussetzung, daß diese Deutung des sozialen Handelns ausscheidet. Ich bin überzeugt, daß das zumindest für den uns interessierenden Begriff des "Handelns" im engeren Sinne gegeben ist und daß die damit verbundene "individualistische" Fundierung des Handlungsbegriffs, entgegen manchen Befürchtungen vor allem soziologischer Theoretiker, keine inadäquate Konzeptualisierung der Phänomene des sozialen Handelns zur Folge hat, muß den Nachweis jedoch einer anderen Gelegenheit vorbehalten.[16] Wer skeptisch bleibt, mag unsere Untersuchungen lediglich als Beitrag zur Klärung der Zurechenbarkeitsbedingungen individueller Handlungen auffassen.

Das Problem der "multiplen Täterschaft" stellt sich aber nicht nur im Hinblick auf das soziale, sondern, wenn wir Personen als Täter betrachten, auch im Blick auf das *individuelle Handeln* von Menschen. Die kolloquiale und literarisch vielfältig belegte Rede von einer "gespaltenen Persönlichkeit" oder von "verschiedenen Personen in einer" oder die psychoanalytische Rede von verschiedenen "Instanzen" ("Ich", "Es" und "Über-Ich") innerhalb einer Person deuten jedenfalls, wörtlich oder nur metaphorisch genommen, darauf hin, daß die Frage, wer handelt, nicht immer hinreichend beantwortet sein muß, wenn wir wissen, daß ein und nur ein bestimmter Mensch als Täter in Frage steht. Das gilt auch und in besonderem Maße im Hinblick auf das Kriterium des "Wollens". Die Willenslage eines Menschen kann, situativ oder sukzessiv, so uneinheitlich und widersprüchlich sein, daß seine personale Identität, wie es scheint, selbst berührt wird. Auch gegenüber Verrichtungen, die wir als zweifelsfrei "willentlich" anerkennen, gibt es Formen der Selbstdistanzierung, die darauf abstellen, daß nicht "wir" (sondern ein anderer Mensch, dem wir "verfallen" sind z.B.) oder nicht "wir eigentlich" (sondern "wir" als Produkt einer autoritären Erziehung oder jahrelanger Gewöhnung an Drogen) als die Wollenden gelten können. Es liegt auf der Hand, daß die Täterschaftsfrage in Fällen dieses Typs, gleichgültig wie die betreffenden Identitätsprobleme letztlich gelöst werden, nicht einfach mit dem Hinweis auf ein wie immer geartetes Zusammenwirken verschiedener, an der Gesamthandlung wie immer beteiligter individueller Täter zu beantworten ist, geschweige denn im Rekurs auf einschlägige "Kombinate". Eine befriedigende Antwort steht aus. Wir können ihr hier nicht weiter nachgehen, sondern müssen uns auf Fälle beschränken, in denen die personale Identität der Betroffenen unproblematisch ist. Wir müssen jedoch im Auge behalten, welche Probleme sich anschließen oder in anderen Fällen entstehen können, und bei der Untersuchung der Phänomene des "Wollens" darauf achten, daß der Willensbegriff nicht so eingeengt wird, daß er komplexere Situationen nicht mehr erfaßt.

4. Zurechenbarkeit und Haftbarkeit

Die Frage nach den Kriterien für "Handlungen" im prägnanten Sinn ist bislang, von terminologischen Klarstellungen abgesehen, nur in wenigen Punkten geklärt: sie ist darauf ausgerichtet, eine Beziehung zu spezifizieren, die zwischen individuellen (materiellen oder personalen) Trägern und ihren (physischen oder mentalen, elementaren oder komplexen, prozessualen oder zustandshaften) Verrichtungen besteht und vorläufig als die ihres "entscheidenden, aktiven Anteils" an der Verrichtung umschrieben wurde. Diese Umschreibung gilt es zu präzisieren und differenzieren. Wie können wir dabei vorgehen?

Der nächstliegende und, wie ich denke, letztlich allein erfolgversprechende Ansatzpunkt sind *signifikante Beispiele*. Da diese jedoch nicht systematisch geordnet vorliegen, ist ein schrittweises Vorgehen erforderlich. Wir untersuchen zunächst einfache, theoretisch (relativ) leicht zu überblickende Fälle, die in der fraglichen Hinsicht (relativ) eindeutig erscheinen, auf jene Merkmale hin, die ihnen gemeinsam sind und in all den Fällen fehlen, die wir als (relativ) eindeutige Beispiele nicht bestehender "Aktivität" ansehen. Danach beziehen wir komplexere und prima facie weniger eindeutige Fälle ein, die uns zu Revisionen, Präzisierungen oder weiteren Differenzierungen zwingen, und gelangen auf diesem Wege, so steht zu hoffen, schließlich zu Kriterien, die den phänomenalen Gegebenheiten ebenso wie unseren theoretischen Ansprüchen genügen.[17] Dabei freilich müssen wir jene Gefahren vermeiden, die oben benannt wurden (S.11). Der Gefahr einer zu engen Wahl unseres *Beispielbereichs* ist durch die Ausführungen in den Abschnitten 2-3 hinreichend vorgebeugt worden. Die Gefahr der Beeinflussung durch sachfremde oder inadäquat eingeschränkte theoretische und praktische *Interessen* aber besteht solange fort, als das Interesse, das unsere Frage nach dem "entscheidenden, aktiven Anteil" des Trägers an seiner Verrichtung leitet, nicht präziser bestimmt wird. Dem dient der gegenwärtige Abschnitt.

"Handlungen", so hatten wir (S.11) festgelegt, sind ihren Trägern, die sich dadurch als "Täter" erweisen, "zuzurechnen". Doch diese Ausdrucksweise, die zunächst selbstverständlich schien, kann irreführende Assoziationen wecken. "Zurechenbare Handlungen" nämlich werden von anderen Verrichtungen vorzüglich dort getrennt, wo das Interesse besteht, Menschen für etwas, das sie "gemacht" haben, *rechtlich* oder *moralisch haftbar* zu machen. Dabei ist "moralisch" in einem weiten Sinn zu verstehen, der nicht auf moralische Normen beschränkt ist, die als "absolut" (philosophisch, religiös o.a.) verbindlich oder als indispensibel für ein geregeltes Zusammenleben von Menschen überhaupt gelten, sondern auch weniger gewichtige, nur bedingt oder eingeschränkt gültige Regeln des individuellen und sozialen Verhaltens einbezieht (private Lebensplanung, Ehre, Takt, Etikette, Brauchtum etc.).[18] Gegenstand der moralischen bzw. rechtlichen Beurteilung oder Rechtfertigungsbasis bzw. Zielobjekt von Maßnahmen zur Förderung oder Erzwingung von Normenkonformität sind gewöhnlich jedoch, in unserem kulturellen Umkreis zumindest, nicht alle Verrichtungen der Betroffenen, sondern nur solche, für die sie in einem bestimmten, für die betreffende Rechts- oder Moralordnung charakteristischen Sinne "haftbar" oder "verantwortlich" sind. So kann der Eindruck entstehen, "Täterschaft" und "Handlung" im engeren Sinne seien *spezifisch* moralische oder rechtliche Begriffe und daher, sinnvollerweise, nur unter Bezugnahme auf oder in Abhängigkeit von bestehenden oder noch einzuführenden rechtlichen und moralischen Praktiken zu explizieren.[19] Dieser Ansatz geht fehl. Wer ihn verfolgen will, muß die These vertreten, daß die in Frage stehende Teilklasse der Verrichtungen mit der Klasse der moralisch bzw. rechtlich bedeutsamen Verrichtungen zusammenfällt. Das kann als *faktische* Koinzidenz gemeint sein, kann aber auch mit dem Anspruch verbunden sein, daß sie notwendig ist, wobei eine stärkere und eine schwächere Begründung im Spiel sein können. Die stärkere stellt darauf ab, daß die Praxis unseres moralischen oder rechtlichen Zur-Verantwortung-Ziehens *definiert*, was "Zurechenbarkeit" bedeutet, die schwächere rechnet mit Zurechenbarkeitskriterien, die als solche (begrifflich) eigenständig sind, hält deren *Auswahl* aber für prinzipiell abhängig von rechtlichen und moralischen Interessen. Doch weder die Koinzidenzthese noch die beiden Begründungen lassen sich halten.

Festzuhalten ist zunächst, daß die Zurechnungspraxis in Moral und Recht faktisch keineswegs homogen ist, sondern sich historisch und kulturell, sowie im Hinblick auf einzelne Sachgebiete äußerst verschieden gestaltet. Bei strikter definitorischer Abhängigkeit wäre ein einheitlicher Begriff der "Zurechnung" daher von vorneherein nicht zu gewinnen. Man müßte entweder auf eine noch einzuführende *ideale* Konzeption abstellen, deren Begründung aber, wenn sie denn überhaupt möglich ist, auf ebenjene begrifflichen Fragen zurückführt, die zur Debatte stehen. Oder man müßte geltend machen, daß die bestehenden Differenzen nur die spezielle Ausformung eines im *Kern* gemeinsamen und von gemeinsamen Gesichtspunkten geleiteten Interesses aller Moral- und Rechtskonzeptionen betreffen, "Verantwortlichkeit" auf eine Teilklasse von Verrichtungen zu beschränken. Das aber ist offenbar nicht der Fall. Weder das Bestehen einer Beschränkung als solcher, noch deren kriterielle Einheitlichkeit können als universell gesichert gelten, geschweige denn eine Beschränkung, die von den Gesichtspunkten getragen ist, auf die die Rede vom "entscheidenden, aktiven Anteil" des Trägers verweist. Gemeinsam ist der Gesichtspunkt der *Kontrolle*, speziell der *sozialen Kontrolle*, menschlicher Lebensvollzüge, zu der moralische und rechtliche Normen das praktisch bedeutendste Mittel liefern. Diese Kontrolle kann an Rücksichten auf den Beteiligungsgrad der Betroffenen gebunden sein, muß es aber und ist es faktisch keineswegs immer.[20] "Zurechenbarkeit" im uns interessierenden prägnanten Sinn ist ein Kriterium, das (unter anderem) dazu dient, vorliegende oder denkbare Moral- und Rechtssysteme zu klassifizieren und (gegebenenfalls) auf ihre Legitimität oder Humanität hin zu prüfen, kein Kriterium jedoch, das für sie essentiell oder begrifflich auf sie zu reduzieren wäre. Um Begriffsverwirrungen zu vermeiden, sollte der ethische bzw. juridische Begriff der *"Haftbarkeit"* daher grundsätzlich vom metaethischen bzw. metajuridischen Begriff der *"Zurechenbarkeit"* getrennt werden. Beide können sich überschneiden oder im Grenzfall decken. Prinzipiell aber ist Haftbarkeit keine hinreichende Bedingung für Zurechenbarkeit, Täterschaft oder Handlung in unserem Sinne.

Mehr noch. Haftbarkeit ist für sie weder hinreichend noch notwendig, denn auch außerhalb des Bereichs von Moral und Recht spielt die Unterscheidung zwischen bloßen Verrichtungen und Handlungen, an denen die Betroffenen "aktiv" und "entscheidend" beteiligt sind, eine bedeutende Rolle. Vieles, wenn nicht das meiste, was Menschen machen, ist rechtlich und moralisch indifferent, d.h. weder durch (formelle oder informelle) soziale Normen als objektiv geboten oder verboten, erwünscht oder unerwünscht ausgezeichnet, noch Gegenstand subjektiver Bewertung nach selbstgegebenen Normen. Dennoch ist es uns im allgemeinen nicht gleichgültig, ob oder in welchem Umfang wir an ihm beteiligt sind. Wir *verstehen* uns selbst als Wesen, die zwar nicht überall und nicht absolut "Herr des Geschehens" sind, ihm aber auch nicht durchweg als teilnahmslose Beobachter oder als involvierte, doch ohnmächtige Rezipienten dessen, was "mit uns geschieht", gegenüberstehen, mögen wir in ihm nun formal als Subjekt oder als bloßes Objekt fungieren. Beide Aspekte sind Teil unserer Lebenserfahrung, beide, in je verschiedener Weise, Ausdruck unserer Lebensmöglichkeiten. Möglich für uns ist, was wir erleben können. *"Erleben"* aber hat einen engeren und einen weiteren Sinn. Es kann sich auf alles beziehen, was von uns erfahren werden oder uns widerfahren kann, gleichgültig unter welchen Umständen. Darin besteht der *theoretische* Möglichkeitsspielraum unseres Lebens, der als der umfassende, aber "uns" größtenteils entzogene gelten muß. Was wir demgegenüber erleben können als etwas, das uns widerfährt oder von uns erfahren wird, weil bzw. indem wir partiell oder vollständig Einfluß darauf nehmen, daß es geschieht oder wie es geschieht, bestimmt unseren *praktischen* Möglichkeitsspielraum und damit den Spielraum dessen, was "unser Leben" im engeren Sinne und eigentlichen (nach gewöhnlichem Verständnis) ausmacht. Ihm und nur ihm gegenüber verstehen wir uns als *"aktive"* Lebewesen. Soweit wir ihn nutzen, sind wir unmittelbar aktiv, während wir reine Passivität entsprechend als unmittelbare (nicht etwa normativ vermittelte) Beschränkung unserer Lebensmöglichkeiten empfinden.

Hier, so scheint mir, liegt der primäre Grund unseres Interesses am Begriff des "Handelns" im engeren Sinne. Im Zentrum steht nicht die soziale oder individuelle *Kontrolle* menschlicher Lebensvollzüge, sondern das differentielle Verständnis dessen, was menschliches Leben *ist*. Als tätige Subjekte ("Täter") stehen wir in einer Beziehung zur Welt, die sich fundamental von der unterscheidet, in der wir bloßes Objekt oder untätiges Subjekt ("bloßer Träger") des Geschehens sind. Um diese Differenz, die für den Sinn unseres Lebens bedeutsam ist, zu erfassen und mit ihr die Lebensmöglichkeiten unserer selbst und anderer einschätzen zu können, ziehen bzw. suchen wir eine scharfe begriffliche Grenze zwischen "Handlungen" auf der einen Seite und "bloßen Verrichtungen" oder beliebigen Ereignissen auf der anderen. Für Moral und Recht dagegen, deren primäres Interesse die Kontrolle ist, liegt der entscheidende Schnitt nicht hier, sondern zwischen den für sie relevanten "Verrichtungen" und den für sie irrelevanten "bloßen Ereignissen", in die die Betroffenen als Objekt involviert sind.[21] Die interne Differenzierung der Verrichtungen unter dem Gesichtspunkt der Haftbarkeit ihrer Träger bleibt für sie *prinzipiell* sekundär. Und wenn sie eingeführt wird und zugleich vom Kriterium der Zurechenbarkeit getragen ist, geschieht dies eben aufgrund der zum generellen Kontrollinteresse *hinzukommenden* Überzeugung, daß eine bestimmte (gegebenenfalls als human oder legitim ausgezeichnete) Form der Einflußnahme auf unsere Lebensvollzüge nur Sinn macht unter der Annahme, daß wir in einer Beziehung zur Welt stehen, die den Charakter der Aktivität hat, nicht den der Passivität.

5. Drei relevante Merkmale

Wenn wir, vom Interesse an "zurechenbaren Handlungen" im prägnanten Sinne geleitet, nach (relativ, S.21) einfachen und eindeutigen Beispielen suchen, die zu erkennen geben, worin unsere aktive Beziehung zur Welt von der passiven unterschieden ist, bietet sich der Rekurs auf Verrichtungen an, mit denen wir, ohne daß signifikante Differenzen in anderen Hinsichten aufträten, faktisch in *beiden* Varianten vertraut sind. Solche Fälle sind unschwer zu finden. Ein Mensch, der ins Wasser fliegt, kann dies als die vorausgesehene und beabsichtigte kausale Folge seines "aktiven" Abspringens vom Sprungbrett tun oder als unerwartete Folge seines "passiven" Gestoßenwerdens von einem anderen. Augenzwinkern kann ein nervöses Zucken sein oder ein physiologischer Reflex auf ein Staubkorn im Auge, ebenso aber eine Handlung, die ausgeführt wird, um sich der Fähigkeit zu ihr als einer Basishandlung zu versichern oder mit ihr seinem Gegenüber ein Zeichen zu geben. Wer unbeweglich im Sessel sitzt, könnte dies tun, weil er gefesselt, gelähmt oder eingeschlafen ist oder weil er sich weigert, weisungsgemäß aufzustehen. Erinnerungen (an eine vergessene Melodie z.B.) können den Charakter des plötzlichen Wiedereinfallens oder Sich-Aufdrängens haben oder den des "aktiven" Sich-ins-Gedächtnis-Rufens. Und wenn die Auffassung mehrdeutiger Vexierbilder oder psychologischer Reversionsfiguren (wie Eschers *"Konkav und Konvex"*) gewechselt wird, kann es sich um ein "passives Umschlagen" oder um einen "aktiven" Wechsel der Wahrnehmungseinstellung handeln. Die Reihe der Beispiele wäre mühelos fortzusetzen und durch Verrichtungen zu ergänzen, die faktisch meist nur in *einer* der beiden Varianten auftreten, bei denen die jeweils andere aber prinzipiell *möglich* ist. So wie der unkontrollierte, natürliche Vorgang des Atmens unter besonderen Umständen auch kontrolliert ausgeführt werden kann, so kann der "aktive" Vorgang des Sprechens gegebenenfalls (beim Sprechen im Schlaf oder im Delirium z.B.) seinen Handlungscharakter verlieren.

In welchen Hinsichten aber sind Situationen, die wir als aktiv am Geschehen Beteiligte erleben, vor solchen, die anders erlebt werden, ausgezeichnet? Auch wenn wir, trotz der Verdeutlichungen in Abschnitt 4, nicht damit rechnen können, daß die Intuitionen verschiedener Menschen sich hier vollständig decken, dürfte es auf einer allgemeinen Ebene wohl kaum strittig sein, daß drei Gesichtspunkte eine herausragende Rolle spielen: *"Urheberschaft"*, *"Willentlichkeit"* und *"Freiheit"*. Wer ins Wasser gestoßen wird oder gefesselt sitzen bleibt, handelt, möchte man sagen, vor allem deshalb nicht, weil etwas mit ihm geschieht, das er nicht will, nicht selbst herbeigeführt hat und das er nicht frei ist, nicht geschehen zu lassen. Umgekehrt handelt ein Mensch, der einem anderen zuzwinkert, den Atem anhält oder bewußt seine Wahrnehmungseinstellung ändert, weil bzw. soweit er dabei als Urheber seiner Verrichtung fungiert und sie frei und mit Willen ausführt. Steht zwar, wie es beim passiven Sich-Erinnern oder beim Reden im Schlaf den Anschein hat, nicht seine Urheberschaft (in einem gewissen Sinne) in Zweifel, wohl aber seine Willentlichkeit bei der Herbeiführung des Geschehenen, werden wir ebenfalls zögern, ihn als dessen Täter anzusprechen. Und das gleiche gilt für den Fall, daß eine willentlich herbeigeführte Verrichtung unfrei erfolgt, wie bei der Drogeneinnahme eines hochgradig Süchtigen oder extremer psychischer Abhängigkeit ("Hörigkeit"). Natürlich sind solche Erklärungen nicht mehr als ein erster Schritt zur Differenzierung und Präzisierung der Rede vom "entscheidenen, aktiven Anteil". Wie die drei Merkmale weiter zu spezifizieren sind, welchen Stellenwert sie als Zurechenbarkeitskriterien besitzen und ob sie durchweg als notwendige und gemeinsam hinreichende Bedingungen gelten können, muß vorerst offen bleiben. Ich komme darauf in Kapitel VI zurück. Zunächst geht es um generelle Bemerkungen, die dazu dienen, den Zusammenhang zwischen ihnen und die besondere Stellung des uns interessierenden Merkmals der "Willentlichkeit" zu verdeutlichen.

5.1 In gewissem Sinn kann das Kriterium der *"Urheberschaft"* als das umfassende und zentrale gelten, da es sich unmittelbar auf den Gesichtspunkt bezieht, der für das aktive Weltverhältnis konstitutiv ist, sc. den der Einflußnahme des tätigen Subjekts aufs Daß oder Wie des Geschehens. Freiheit und Willentlichkeit können, so gesehen, nicht mehr sein als mehr oder weniger weitreichende Teilbedingungen dafür, daß eine Relation der Urheberschaft zwischen dem Träger und seiner Verrichtung besteht. Dann aber liegt es nahe, sich bei der Klärung des Handlungsbegriffs zunächst auf diese Bedingungen zu konzentrieren und erst im Anschluß daran zu fragen, was, gegebenenfalls, noch hinzukommen muß, um eine frei und willentlich ausgeführte Verrichtung ihrem Träger als Urheber zuzurechnen. *Ob* etwas fehlt, d.h. ob Freiheit und Willentlichkeit *nur* als notwendige, nicht als gemeinsam oder eventuell sogar einzeln hinreichende Bedingungen aufgefaßt werden können, hängt von der Explikation dieser Begriffe ab. Daß etwas fehlen *könnte* aber, wird deutlich, wenn wir die Form der Kausalrelation, die als Relation der Urheberschaft in Betracht kommt, spezifizieren.

Eine Möglichkeit ist die *ereigniskausale* Deutung. Danach ist der Träger einer Verrichtung immer bzw. genau dann als deren "Urheber" anzusehen, wenn die Verrichtung, gegeben bestimmte Zusatzbedingungen, als kausale Folge bestimmter Zustände oder Prozesse desselben Trägers zustandekommt, wobei es sich entweder (auf einer weniger elementaren Ebene) um relevante Basisverrichtungen handeln kann, deren Urheberschaftsbeziehung zum Träger vorausgesetzt wird, oder (auf einer elementaren Ebene) um relevante Ereignisse im physischen oder mentalen "Inneren" des Trägers, die einer Basisverrichtung kausal vorausgehen.[22] Diese Ereignisse, könnte man sinngemäß geltend machen, müssen solche des "Wollens" sein, die angesprochenen Zusatzbedingungen solche, die die Rede von "Freiheit" begründen, und beide zusammen, wenn nicht bereits das Wollen allein, sind hinreichend bzw. hinreichend und notwendig für "Urheberschaft" im uns interessierenden Sinne. Der theoretische Vorteil dieses Konzepts, das in der philosophischen und theologischen Traditon in verschiedenen Varianten vertreten wurde,[23] liegt auf der Hand. Er besteht in der Reduktion des theoretisch (offenbar) schwer verständlichen Kausalverhältnisses zwischen Individuen und Ereignissen auf das geläufige, theoretisch (relativ) gut zu verstehende Modell einer Kausalrelation zwischen Ereignissen.[24] Kritisch allerdings ist seine zentrale Voraussetzung. Warum sollte die Frage nach dem Urheber *eines* Ereigniskomplexes, sc. einer Basisverrichtung und ihrer Folgen, mit der Rückführung auf einen *anderen* Komplex, der bestimmte Zustände oder Prozesse desselben Trägers umfaßt, definitiv beantwortet sein? Hier entstehen Probleme, die uns gegebenenfalls dazu zwingen könnten, über die Kriterien der Willentlichkeit und Freiheit, ja sogar über den ereigniskausalen Ansatz als solchen hinauszugehen.

Können wir, bezogen auf den skizzierten Deutungsvorschlag, generell sagen, daß ein Mensch, der sich zu einem bestimmten Zeitpunkt in einem Zustand des "Wollens unter Bedingungen der Freiheit" befindet und durch dessen ereigniskausale Wirksamkeit anschließend zum Träger einer relevanten Verrichtung wird, allein deshalb als deren "Urheber" zu gelten hat, unabhängig davon, wie der auslösende Zustand zustandekam? In einem sehr schwachen Sinne vielleicht. In einem stärkeren aber, der impliziert, daß der Träger nicht völlig teilnahmslos oder nur passiv involviert ins Geschehen ist, sondern aktiv an ihm beteiligt, stellt das Problem der Urheberschaft sich (wie die Beispiele des Drogensüchtigen oder Hörigen, aber keineswegs nur solche Beispiele deutlich machen) offenbar auch gegenüber Willenszuständen und ihnen vorausgehenden Willensbildungsprozessen sowie, prinzipiell, gegenüber allen Ereignissen, die als Relata ereigniskausal interpretierter Urheberschaftsverhältnisse in Frage kommen. Man kann es zu lösen versuchen, indem man sich auf nicht mehr bezieht als eine besondere, als "frei" zu qualifizierende *Form* ihres Zustandekommens, ohne daß dieser Vorgang und die Ereignisse, von denen er ausgeht, selbst noch auf eine zu fordernde, besondere Beziehung zum Träger geprüft werden müßten.[25] Dann wären keine grundlegenden Revisionen erforderlich. Doch es ist fraglich, ob wir uns damit, etwa im Blick auf die mögliche (hereditäre oder sozialisatorische) Fremdbestimmtheit auch unserer (kognitiven, volitionalen, emotiven u.a.) Ausgangszustände und der von ihnen getragenen, "formal frei" verlaufenden Willensbildungsprozesse, begnügen können. Wenn nicht, sind substantielle Revisionen bzw. Ergänzungen unserer Urheberschaftskriterien unumgänglich. Im Rahmen des ereigniskausalen Ansatzes kann das, soweit ich sehe, nur im Rekurs auf Zustände oder Prozesse geschehen, die als *essentiell* für das betreffende Individuum gelten und es deshalb "essentiell involvieren" (vgl. S.11). Scheidet diese Möglichkeit aus, etwa weil "Personen" im relevanten Sinn (S.18f.) überhaupt nicht durch essentielle Eigenschaften zu definieren sind oder weil dann nur permanente Eigenschaften in Frage kämen, die situative und im menschlichen Leben vielleicht nur einmal auftretende Urheberschaftsverhältnisse nicht zu begründen vermögen, dürfte der gesuchte Zusammenhang nur theoretisch sicherzustellen sein, wenn die ereigniskausale Deutung durch jene Deutung ersetzt bzw. ergänzt wird, die in der neueren Literatur als die (in einem prägnanten Sinn) *"täterkausale"* bezeichnet wird und deren Kernthese darin besteht, daß von "Urheberschaft" nur die Rede sein kann, wenn bzw. soweit sich die relevanten Trägerschaftsverhältnisse selbst als kausal qualifizierte verstehen lassen.[26]

5.2 Wir können also nicht ohne weiteres davon ausgehen, daß die Frage nach den Kriterien für "Urheberschaft" im Sinne der aktiven Einflußnahme von Individuen aufs Daß oder Wie des Geschehens definitiv beantwortet ist, wenn die als notwendige Bedingungen für sie verstandenen Begriffe der *"Willentlichkeit"* und *"Freiheit"* aufgeklärt wurden. Sie kann zurückgestellt werden, bleibt aber offen. Doch wie steht es in dieser Hinsicht mit den zuerst ins Auge zu fassenden Bedingungen selbst? *Sind* sie notwendig, sind sie es *beide*, und wenn ja, ist es gerechtfertigt, die Phänomene des Wollens *gesondert* zu thematisieren? Um die letzteren beiden Fragen positiv beantworten zu können, müssen wir uns dessen versichern, daß die Erscheinungen, die wir als solche der "Willentlichkeit" oder "Freiheit" ansprechen, wenn nicht empirisch, so doch (zumindest) begrifflich voneinander zu *trennen* sind. Verschiedene Evidenzen sprechen dafür. Einerseits haben Ausdrücke wie 'frei' und 'Freiheit', in der Umgangssprache ebenso wie in der philosophischen Tradition, etablierte Verwendungsweisen, die nicht an die Voraussetzung gebunden sind, daß *"volitionale"* Zustände oder Prozesse (d.h. solche des Wollens, Wünschens, Begehrens, Beabsichtigens o.ä.) vorliegen, und gleichwohl nicht völlig irrelevant für den Begriff der "Aktivität" sein dürften.[27] Aber auch wenn es so wäre und von "Freiheit" im relevanten Sinn nicht unabhängig von "Willentlichkeit" (o.ä.) die Rede sein könnte, wäre es andererseits mehr als zweifelhaft, daß das umgekehrte Abhängigkeitsverhältnis besteht. Der alltägliche ebenso wie ein beträchtlicher Teil des philosophischen Sprachgebrauchs jedenfalls weisen "Freiheit" zunächst als eine Eigenschaft aus, die mit "Wollen" (o.ä.) verbunden sein kann, es aber nicht muß und faktisch nicht immer ist. Daß eine Verrichtung (des Sich-Erhebens etwa oder des Sich-Erinnerns) gewollt wird, muß offenbar nicht heißen, daß der sie Wollende (der gefesselt sein mag oder sich nicht erinnern kann) frei ist, sie auszuführen; daß eine Verrichtung willentlich ausgeführt wird, nicht unbedingt, daß sie frei erfolgt (Suchtverhalten, innerer und äußerer Zwang). Ebenso scheinen Komposita wie 'Freiwilligkeit' und 'Willensfreiheit' auf einer Verbindung *zweier* Bedeutungseinheiten zu beruhen, die voraussetzt, daß es *Sinn* macht zu fragen, ob ein volitionales Ereignis bzw. eine willentlich ausgeführte Verrichtung frei war oder nicht.

Ihre begriffliche Eigenständigkeit könnte damit als erwiesen gelten, würde nicht genau dieser Sinn von einer breiten philosophischen Tradition (klassisch repräsentiert z.B. durch Hobbes, Locke, J.Edwards und Schopenhauer) in Zweifel gezogen. Ihr zufolge läßt sich das Prädikat 'frei' sinnvoll nur auf Handlungen oder Individuen anwenden, nicht auf volitionale Fähigkeiten und deren Aktualisierungen. Wo dies dennoch geschieht, handelt es sich entweder um eine kolloquiale Nachlässigkeit oder um ein Konstrukt interessierter Philosophen und Theologen, das den gewöhnlichen Wortsinn sprengt.[28] Zwar werden wir (mit Voltaire[29]) die alltägliche Rede von "Freiheit" schwerlich zum Maßstab sinnvoller oder phänomenal angemessener Freiheitsbegriffe überhaupt machen können; die Beweislast trägt aber erst einmal der, der die Abkehr vom normalen Verständnis fordert. Doch wie klar ist der Befund? Die romanischen und germanischen Sprachen, in denen es frühe, außerphilosophische Belege für die prädikative Rede vom "freien Willen" gibt,[30] stehen der genannten Tradition (wie der ihr gleichfalls zugehörige Voltaire auch anerkannte) eher entgegen.

Eine Bestätigung für sie liefert unter den philosophisch bedeutsamen europäischen Sprachen nur das Griechische. Tatsächlich finden sich eindeutige Belege für die Charakterisierung volitionaler Ereignisse als "frei" oder "nicht frei" erst in der späten Stoa und im frühen Christentum.[31] Ein terminologisches Äquivalent zur "Willensfreiheit" fehlt ganz, denn die später so übersetzten Ausdrücke sind in der fraglichen Hinsicht gerade nicht semantisch differenziert.[32] Im Falle der weniger prägnanten Rede von "Freiwilligkeit" ist diese Sachlage nicht einmal auf das klassische Griechisch beschränkt. Hier ist es nur das Deutsche, das ein Kompositum benutzt, während die entsprechenden lateinischen, französischen oder englischen Ausdrücke ('voluntarius', 'volontaire', 'voluntary') ebenso undifferenziert sind wie die griechischen ('hekon', 'hekusios'). Ja, auch im Deutschen gibt es Verwendungsweisen, in denen die Rede von "Freiwilligkeit" und sogar die prägnante Rede vom "freien Willen" kolloquial so abgeschliffen sind, daß ihre Teilbedeutungen keine Rolle mehr spielen.[33]

Ob man die Anwendung des Prädikats 'frei' auf volitionale Ereignisse und willentliche Verrichtungen als genuine oder als philosophisch artifizielle oder gar völlig sinnlose Redeform zu betrachten hat, hängt also nicht eigentlich an den sprachlichen Fakten, sondern an ihrer persönlichen Interpretation. Wer ihren Sinn *bestreitet*, kann die geläufige Rede vom "freien Willen" (o.ä.) als Resultat historisch kontingenter Entwicklungen begreifen, die es, etwa durch Rückkehr zur Konzeptualisierung der klassischen griechischen Philosophie, theoretisch zu überwinden gilt.[34] Wer sie für *sinnvoll* hält, kann ihr relativ spätes Auftreten und ihre unsystematische Durchführung in den Einzelsprachen darauf zurückführen, daß das Problem der Willensfreiheit einer Stufe der Reflexion bedarf, die im klassischen Griechentum noch nicht erreicht war, sondern die, bedingt bzw. verstärkt durch jüdisch-christliche Einflüsse, erst in der Spätantike gewonnen wurde.[35] Oder er kann darauf abstellen, daß das Fehlen besonderer Ausdrücke weder die Kenntnis der Sache noch die Möglichkeit, sinnvoll von ihr zu reden, ausschließt.[36] Das deutsche Kompositum 'freiwillig' wäre danach ein terminologischer Glücksfall, während die undifferenzierten Ausdrücke anderer Sprachen inadäquate Vermischungen und Vereinseitigungen heraufbeschwören. Konzentriert man sich etwa, wie es das lat. 'voluntarius' und seine frz. und engl. Ableitungen nahelegen, vorzüglich auf den Aspekt der "Willentlichkeit", wird man geneigt sein, "Freiheit" vollständig auf ihn zurückzuführen. Dieser Gedanke, der unter zeitgenössischen Kritikern der Rede von "Willensfreiheit" verbreitet ist, findet sich traditionell bereits bei Augustin, in der augustinisch bestimmten katholischen (Jansenismus) und besonders in der protestantischen Theologie, sowie bei den von diesen beeinflußten Philosophen des 17./18. Jahrhunderts, wobei vorausgesetzt wird, daß der Begriff der "Willentlichkeit" der (verglichen mit dem der "Freiheit") primär verständliche ist.[37] Geht man vom umgekehrten Verhältnis aus, liegt, bestimmten Verwendungsweisen des griech. 'hekusios' entsprechend, eine Konzentration auf den Aspekt der "Freiheit" nahe, die, wo nicht zu völliger begrifflicher Reduktion, so doch zu einer phänomenal inadäquaten Subsumtion des Aspekts der "Willentlichkeit" unter ihn führen kann.[38]

Inwieweit solche Verschiebungen wirklich als konzeptuelle Verfälschungen zu werten sind oder sich partiell rechtfertigen lassen, kann hier ebensowenig untersucht werden wie das Verhältnis zwischen Willentlichkeit und Freiheit im ganzen. Das aber ist auch nicht erforderlich. Feststeht nach dem oben Gesagten jedenfalls, daß die sachlich entscheidenden Fragen weder linguistisch noch geistesgeschichtlich zu beantworten sind, sondern nur im Bezug auf die phänomenalen Gegebenheiten und daß wir dabei, ausgehend von den bestehenden Evidenzen *für* die Eigenständigkeit beider Begriffe, differenziert verfahren müssen. Ihre *durchgängige* phänomenale oder begriffliche Reduzierbarkeit bzw. wechselseitige begriffliche Ausschließung ist von vornherein mehr als unwahrscheinlich. Selbst wenn wir (mit Hobbes und anderen Kritikern) letztlich anzuerkennen hätten, daß die geläufige Rede von der Freiheit oder Unfreiheit des *Wollens* keinen Sinn macht, weil das Prädikat 'frei' sich in einer seiner Bedeutungen (vielleicht) als analytisch im Prädikat 'wollen' enthalten erweist, in allen anderen (oder gar allen überhaupt) als prinzipiell inapplikabel auf volitionale Ereignisse, würde daraus natürlich keineswegs folgen, daß auch die Charakterisierung willentlich ausgeführter *Verrichtungen* als frei oder unfrei (relativ etwa auf ihre Verhinderbarkeit durch den Träger) sinnlos ist oder die Rede von der bestehenden oder nicht bestehenden Freiheit eines *Individuums*, Verrichtungen willensabhängig auszuführen oder zu unterlassen. Und wenn sich, hier oder in anderen Fällen, herausstellen sollte, daß das scheinbar komplexe Phänomen der "Freiwilligkeit" sich auf einen der beiden Begriffe zurückführen läßt oder daß beide untrennbar miteinander verbunden sind, wäre die primäre Konzentration auf einen von ihnen ohnehin methodisch unproblematisch. Sollten Abhängigkeiten bestehen, würde die Untersuchung eines Begriffs uns von selbst auf den jeweils anderen führen. *Ausgehen* müssen wir jedenfalls davon, daß wir es mit verschiedenen Erscheinungen bzw. Begriffen zu tun haben, die zunächst für sich zu betrachten sind. Insofern ist der ins Auge gefaßte Ansatz beim Wollen allein gerechtfertigt.

6. Willentlichkeit als Zurechenbarkeitsbedingung

Wir sind am Wollen bzw. an der Willentlichkeit von Verrichtungen interessiert als einem Merkmal, von dem wir zwar nicht erwarten können, daß es hinreichend, wohl aber daß es bedeutsam für die Begriffe der "Zurechenbarkeit" und des "Handelns" im prägnanten Sinne ist. Doch welche Bedeutung besitzt es? An seiner *Relevanz* für die aufgeworfenen Fragen dürfte nach dem zuvor Gesagten kaum mehr zu zweifeln sein. Hat es darüber hinaus aber, wie es zunächst den Anschein hat, tatsächlich den Status einer *notwendigen Bedingung*? D.h. können wir, wenn wir den Willensbegriff in den Kontext der Zurechenbarkeitsproblematik stellen, sinnvollerweise von der Annahme ausgehen, daß *nur* willentliche Verrichtungen zurechenbar sind? Und *wieviel* wäre im Hinblick auf die zentrale Frage des "entscheidenden, aktiven Anteils" des Trägers an seiner Verrichtung gewonnen, wenn sich sagen läßt, daß sie "gewollt" ist? Ehe wir in die Untersuchung des Willensbegriffs selbst eintreten, müssen wir uns darüber allgemein Rechenschaft geben.

6.1   In der abendländischen Tradition war die Annahme, daß "Zurechenbarkeit" in einem prägnanten Sinn für bestimmte Formen des moralischen oder rechtlichen Zur-Verantwortung-Ziehens erforderlich ist und nur solche Verrichtungen zurechenbar sind, die "gewollt" oder "mit Willen" ausgeführt werden, für Jahrhunderte unumstritten. Wie selbstverständlich und dominierend sie war, spiegelt noch die Vehemenz, mit der neuere Autoren, innerhalb und außerhalb der Philosophie, sie seit Mitte des vorigen Jahrhunderts in Frage stellen. Nietzsche vor allem, der im kontinentalen Europa meistbeachtete philosophische Kritiker, ist nicht müde geworden, "die Moralphilosophen" wegen des "immer [..] gleichen Vorurtheil[s], daß man nur für etwas verantwortlich ist, das man gewollt hat" zu geißeln und die nach seinem Urteil "falsche [..] Voraussetzung, daß uns nichts zugehört, was wir nicht als gewollt im Bewußtsein haben" als proton pseudos des Gedankens der Zurechenbarkeit zurückzuweisen:[39]

> "Die ganze Verantwortlichkeitslehre hängt an dieser naiven Psychologie, daß nur der Wille Ursache ist und daß man wissen muß, gewollt zu haben, um *sich* als Ursache glauben zu dürfen."

Die kritisierte Position wiederum hat ihren pointiertesten Ausdruck in der bekannten, die tradierte Fassung des Problems der "Willensschwäche" in der griechischen Philosophie nicht nur theologisch, sondern - was sie für uns interessant macht - handlungstheoretisch radikalisierenden Erklärung des Paulus gefunden (Röm.7,15ff.), er könne, *weil* er das, was er als gut erkannt habe und wolle, faktisch nicht ausführe, sondern das ungewollte erkannte Böse, *sich* nicht als Täter seines Verhaltens verstehen (17.20b) oder doch jedenfalls nicht erkennen, *was* davon seine eigene Handlung ist (15a).[40]

Wenn wir von ihren radikaleren Konsequenzen in der Trägerschaftsfrage absehen, dürfte die Paulinische Position der alltäglichen Auffassung immer noch wesentlich näher stehen als ihr behauptetes Gegenteil. Verhaltensweisen, die (wie der Lidreflex oder ein Zittern der Hände) unabhängig von unserem Willen oder gegen ihn auftreten, gelten gewöhnlich ja gerade deshalb nicht als Handlungen, an denen man entscheidenden, aktiven Anteil hat. Ist es überhaupt denkbar, dies zu bestreiten? Die konträre Gegenthese, die uns Verantwortung auch für nichtwillentliche Verrichtungen zuschreibt, dürfte tatsächlich wohl nur in wenigen, pathetisch übersteigerten Formulierungen des philosophischen Existentialismus vertreten worden sein,[41] während Nietzsche mit seiner Kritik an der tradierten Rede von "Willentlichkeit" offenbar auch die von der "Verantwortetheit" und "Zurechenbarkeit" menschlicher Handlungen selbst treffen wollte.[42] Sein Zweifel, der für die Mehrheit der Kritiker charakteristisch ist, entspringt in erster Linie der im 19. und 20. Jahrhundert stetig gewachsenen Erkenntnis bzw. Anerkenntnis des Anteils, den nicht willensabhängige biologische oder dem Individuum unbewußte psychische und soziale Faktoren am Verhalten von Menschen haben. Daß es ausschließlich durch sie bestimmt wird, ist damit nicht gesagt und a limine wenig wahrscheinlich. Doch selbst wenn es so wäre, bliebe der *begriffliche* Zusammenhang davon unberührt. Denn der beschränkte oder völlig fehlende Anteil des Willens läßt sich ja, ganz im Einklang mit der Paulinischen Feststellung, lediglich als Beweis für die gleichermaßen beschränkte oder fehlende empirische *Applikabilität* des Begriffs der "Zurechnung" auffassen. Nicht sie ist der Kern der Debatte, sondern die Frage, ob man, wenn man sie als nicht willensgetragen ansieht, Verrichtungen noch als "zurechenbar" in einem prägnanten Sinne bezeichnen kann, und in deren Verneinung stimmen die meisten neueren Kritiker mit der Tradition offenbar überein.

Nun genügt es allerdings nicht, die kriterielle Bindung von "Zurechenbarkeit" an "Willentlichkeit" mit dem einfachen Hinweis zu rechtfertigen, daß sie alltäglich und theoretisch geläufig ist. Ihre sachliche Berechtigung und ihre Signifikanz für die uns interessierenden Fragen ist damit nicht gesichert. Sollte es sich bewahrheiten, was Nietzsche generell und Paulus zumindest für einige Fälle ins Auge gefaßt haben, sc. daß der Einfluß des Wollens auf das, was Menschen "machen", gering oder in seinem Umfang nicht einzuschätzen ist oder daß, anders als jedenfalls Paulus dachte, selbst die gesicherte Willensabhängigkeit einer Verrichtung keinen Aufschluß über den Anteil des Trägers an ihrem Zustandekommen zu geben vermag, wäre es wenig sinnvoll, einen so definierten Begriff des "zurechenbaren Handelns" als metaethischen Grundbegriff beizubehalten. Als Teilmerkmal oder externer Beurteilungsmaßstab moralischer oder rechtlicher Haftbarkeitsbegriffe wäre das Kriterium der "Willentlichkeit" ja nun entweder unerfüllbar, also empirisch bedeutungslos,[43] oder überflüssig bzw. notwendig allenfalls für eine Praxis des Zur-Verantwortung-Ziehens, die gerade nicht vom Gesichtspunkt des "entscheidenden, aktiven Anteils" des Betroffenen am Geschehen geleitet ist. Ja, die gesamte Idee der Täterschaft und das Verständnis unserer selbst als Wesen, die (auch) aktiv auf die Welt bezogen sind, könnten zweifelhaft werden, wenn ein Merkmal, das wir, im Einklang mit der für unsere Lebensauffassung bestimmenden Tradition, zuallererst als notwendige Bedingung für sie zu nennen geneigt sind, sich bei genauerer Überprüfung als insignifikant erweist. Dieser Zweifel ist es vor allem, der die Klärung des Willensbegriffs dringlich macht und seine vorgängige Erörterung rechtfertigt. Ehe wir seine besondere Stellung und seine Beziehung zu anderen relevanten Bedingungen bestimmen und daraus, gegebenenfalls, kritische Konsequenzen für die Praxis der moralischen oder rechtlichen Haftbarmachung bzw. für tradierte Vorstellungen von deren Sinn oder Legitimität ziehen können, müssen wir Klarheit darüber gewinnen, was von ihm zu erwarten ist.

6.2 Drei Dinge stehen zugleich in Frage: die *Berechtigung* des Gedankens der Täterschaft überhaupt, die kriterielle *Bedeutung* des Merkmals der Willentlichkeit für sie und die, wie immer quantitativ beschränkte, empirische *Applikabilität* des Willenskriteriums auf den primär betroffenen Phänomenbereich, sc. menschliche Verrichtungen. Die erste Frage, die das größte Gewicht besitzt, ist von der zweiten und dritten prinzipiell unabhängig. Sie dient der theoretischen Vergewisserung darüber, daß wir, gestützt auf welche Kriterien auch immer, uns zu Recht als tätige Wesen im prägnanten, oben (S.23f.) umrissenen Sinne verstehen können. Nur wenn die zweite Frage im Sinne der Notwendigkeit des Kriteriums der Willentlichkeit beantwortet wird, kann eine etwaige negative Antwort auf unsere dritte Frage die Negation der ersten begründen. *Notwendig* ist das Kriterium, wenn sich, demonstrabel für alle einschlägigen Fälle, zeigen läßt, daß wir uns nur insofern wir Wollende bzw. Träger willentlicher Verrichtungen sind, als tätige Subjekte begreifen können. Dieser starke Anspruch aber ist nicht die einzige theoretische Möglichkeit, zu einer positiven Antwort auf unsere zweite Frage zu kommen. *Signifikant* ist das Willenskriterium auch dann, wenn der Indispensibilitätsanspruch auf eine Teilklasse unserer Verrichtungen beschränkt bleibt, die einen geschlossenen Phänomenbereich bilden. Die schon angesprochene (S.27ff.) Explikation von "Willentlichkeit" durch volitionale Ereignisse, die als mentale Erscheinungen aufgefaßt werden und als notwendige Zurechenbarkeitsbedingung für alle physischen Verrichtungen gelten, würde ein solches Konzept plausibel machen. Körperbewegungen und ihre Folgen, könnte man sagen, können nur insoweit "unsere Handlungen" sein, als sie ereigniskausal auf antezedierende, mentale Ereignisse des Wollens zurückgeführt werden, die uns als "Personen" (nicht nur als materielle Objekte, S.18f.) ins Spiel bringen und "uns" daher näherstehen, Grundlage unserer Handlungen freilich nur sein können, wenn wir auch ihnen gegenüber nicht passiv oder teilnahmslos sind, was partiell ebenfalls (wenn vielleicht auch nicht durchgängig) mit Hilfe des Willenskriteriums sicherzustellen wäre.

Dies ist im Kern, von hinzutretenden Verallgemeinerungen und weithin fehlender Reflexion auf die Aktivitätsvoraussetzungen auf der Stufe des "Wollens" abgesehen, die Auffassung der Tradition, die Nietzsche und andere Kritiker ablehnen. Ob sie sich halten läßt, kann vorerst dahingestellt bleiben. Denn auch wenn sie definitiv unhaltbar sein sollte, wären die Konsequenzen für unsere erste Frage begrenzt. Denn was genau ist es, das wir aufgeben müßten? Die Kritik an der traditionellen Konzeption kann in vier verschiedene Richtungen gehen. Sie kann (1) gegen die *Übertragung* des Modells auf alle Verrichtungen bzw. auf volitionale Ereignisse selbst (vgl. S.13f. Anm.8) gerichtet sein, (2) gegen die Auffassung des Wollens als *mentales Ereignis*, (3) gegen die ereigniskausale *Rückführbarkeit* und (4) gegen die Annahme, volitionale Ereignisse seien per se oder unter bestimmten Zusatzbedingungen *uns* als tätigen Subjekten *zugehörig*. Jeder dieser Punkte ist stark genug, um das traditionelle Konzept zu Fall zu bringen. Keiner könnte jedoch für sich oder zusammen mit den drei anderen den Gedanken der "Zurechenbarkeit" insgesamt als verfehlt erweisen und nur der vierte würde, generalisiert auf alle Begriffe von "Willentlichkeit", das Willenskriterium definitiv ausschließen. Fest stünde lediglich, daß wir die Zurechnungsfrage *anders* ("täterkausal" z.B.) angehen müßten und einer der Evidenzen *für* ihre positive Beantwortung beraubt wären.

Auch das aber gilt es, orientiert an unserer zweiten und dritten Frage, erst einmal unter Beweis zu stellen, und ein solcher Beweis kann nicht in Angriff genommen werden, solange der Willensbegriff selbst nicht geklärt ist. Hier liegt, gleichgültig wie wir zur Tradition stehen, der unumgängliche Ansatzpunkt jeder sinnvollen Verteidigung oder Kritik. Um überprüfen zu können, welcher Kritikpunkt stichhaltig ist und ob der vierte auch dann Bestand hätte, wenn "Wollen" nicht als mentales Ereignis aufgefaßt wird, müssen wir wissen, was wir mit "Wollen" oder, genereller gesagt, mit der Rede von "willentlichen" Verrichtungen *meinen*. Nur auf der Basis eines geklärten Begriffs läßt sich entscheiden, ob bzw. in welchem uns erkennbaren Umfang menschliche Verrichtungen faktisch willensgetragen sind. Nur durch die Verdeutlichung dessen, was Wollen ist, kann deutlich werden, was die Tatsache, daß eine Verrichtung gewollt oder willentlich ausgeführt wurde, über den Anteil des Trägers an ihrer Ausführung aussagt.

Die Klärung des *Willensbegriffs* ist das Ziel dieser Arbeit. Sie steht im Dienst einer Theorie des willentlichen und, gegebenenfalls, zurechenbaren Handelns von Menschen im allgemeinen, erhebt jedoch nicht den Anspruch, selbst eine solche Theorie zu sein oder sie auch nur in Umrissen vorzuzeichnen. Nicht nur die Fragen der *Urheberschaft* und *Freiheit* bleiben weitgehend ausgeklammert. Auch die Fragen der *Willensbildung* und des willensgetragenen, insbesondere des kausal willensbestimmten *Handelns* werden nicht bzw. nur so weit für uns thematisch sein, als sie für die zentrale Aufgabe bedeutsam sind. Und es wird deutlich werden, daß das vor allem dort und insofern der Fall ist, als es darum zu tun ist, den Schritt vom bloßen Wollen zum Tun verständlich zu machen und den Willensbegriff empirisch zu rechtfertigen. Nur im letzten Kapitel werde ich kurz auf die hier ausgeklammerten Fragen zurückkommen und zu verdeutlichen suchen, wie sie sich an die Ergebnisse unserer Untersuchungen anschließen.

KAPITEL II

DIE FRAGE NACH DER WILLENTLICHKEIT

1. Methodische Vorüberlegungen

Bei der gesuchten Begriffsklärung kann es nicht darum gehen, eine umfassende Bestandsaufnahme dessen zu geben, was im Alltag, in der Philosophie und in relevanten Einzelwissenschaften faktisch als "willentlich" oder dem "Willen" des Handelnden unterworfen bezeichnet wird. Dazu ist die Verwendung der Ausdrücke nicht nur zu vielfältig und zu heterogen, sondern auch inhaltlich meist zu vage umrissen. Die Abgrenzungsprobleme gegenüber der Rede von "Freiheit" haben das bereits angezeigt (S.28ff.) und die folgenden Untersuchungen bieten Gelegenheit, die Verschiedenartigkeit vorliegender Willensauffassungen zu verdeutlichen. Offenbar stellt auch der Wille eines jener den Philosophen irritierenden Phänomene dar, die im unreflektierten Umgang vertraut, bei genauerem Zusehen aber immer facettenreicher und rätselhafter erscheinen und ihre begriffliche Einheit verlieren. Überdies würde selbst eine komplette Liste gebräuchlicher, klar voneinander abgegrenzter Begriffe die Frage der sachlichen Angemessenheit offen lassen. Das Problem, das im Zentrum unseres Interesses steht, ist durch bloße Rezeption des Bestehenden also ohnehin nicht zu lösen.

Nun scheint freilich ebenso klar, daß wir die "Sache", um die es geht, sc. die Erscheinungen menschlicher Willentlichkeit, nur durch den faktischen Sprachgebrauch in den Blick bekommen. Solange er diffus ist, sind es die Phänomene, an denen er zu messen sein sollte, offenbar auch. Der Verdacht eines durch unsere Frage heraufbeschworenen (bei prinzipieller Unlösbarkeit natürlich vitiösen) Zirkels läßt sich jedoch zerstreuen. Eine Reflexion auf das Faktum des diachronischen Sprachwandels, auf die Möglichkeit expliziter begrifflicher Revisionen in Wissenschaften und Alltag, sowie auf die Bedingungen des Erlernens von Sprache überhaupt zeigt, daß der Zusammenhang zwischen Sprache, Denken und Welt, mag er auch noch so eng sein, jedenfalls nicht die starre und in sich geschlossene Form hat, die die selbständige Auseinandersetzung mit den Phänomenen unmöglich macht.[44] Den *Zugang* zu ihnen erhalten wir über eine schon etablierte Begrifflichkeit. *An* ihnen aber muß sie sich stets aufs neue bewähren, was die Möglichkeit einer Änderung *im* Bezug auf die phänomenalen Gegebenheiten einschließt. Die divergierende Rede vom "Willen" ist ein Beleg dafür. Auch sie ist gewiß nicht als solche vom Himmel gefallen oder direkte Selbstentfaltung des "Weltgeistes", sondern Produkt verschiedener Formen der Auseinandersetzung von Menschen mit ihrer Wirklichkeit. Die wichtigsten Resultate werden wir zu berücksichtigen haben, können dies fruchtbar aber nur tun, wenn wir kritisch mit ihnen umgehen und uns den eigenen Blick auf die Sache bewahren. Adäquatheitskriterium eines für uns akzeptablen Willensbegriffes ist nicht, daß er alle oder bestimmte Verwendungen trifft, auch nicht, daß möglichst viele Verrichtungen, die schon als "willentlich" aufgefaßt wurden, unter ihn subsumierbar bleiben, sondern daß der Teil des Phänomenbereichs, der für die Zurechnungsproblematik bedeutsam ist, in einer für uns plausiblen, theoretisch erhellenden Weise erschlossen wird (vgl. S.21 Anm.17).

Auch wenn wir mit dieser Einstellung an die Dinge herangehen, ist es nicht gleichgültig, welchen Zugang wir wählen. Zurückhaltung ist immer dort geboten, wo spezielle Interessen und theoretische Vorgaben die Rede vom "Wollen" prägen. Das gilt einmal für *metaphysische* Willensbegriffe, wie sie z.B. beim späten Kant und vor allem bei Schopenhauer und Nietzsche vorliegen. Denn was hier "Wille" genannt wird, hängt mit den Phänomenen, die uns beschäftigen, zwar zusammen, führt aber weit über diese hinaus und verpflichtet uns zugleich zu philosophischen Deutungen, die, wie immer man letztlich zu ihnen stehen mag, den ursprünglichen Zugang zur Sache erschweren. Es scheint daher ratsam, solche Konzepte auszuklammern. Ähnliches gilt für Theorien, die den Willensbegriff in erkennbarer Abhängigkeit von selbstauferlegten, prinzipiell oder methodisch-praktisch begründeten Restriktionen des *Phänomenbereichs* definieren.[45] Ihre Definitionen müssen nicht inadäquat sein. Aber ob sie es sind, läßt sich erst sagen, wenn alle verfügbaren Evidenzen Beachtung gefunden haben. Auszuklammern sind zudem alle Begriffsbestimmungen, die "Willentlichkeit" von bestehenden *moralischen* oder *rechtlichen* Praktiken ableiten, weil auch damit externe Gesichtspunkte ins Spiel gebracht und der metaethische bzw. metajuridische Status eines willensgebundenen Begriffs der "Zurechnung" aufgehoben würde.[46]

Generell steht zu erwarten, daß einzelwissenschaftliche und prägnante philosophische Willensbegriffe, gerade weil sie in theoretischer Einstellung zur Sache entwickelt wurden, der Gefahr von sachfremden Einflüssen stärker ausgesetzt sind als die *alltägliche* Rede. Auch diese ist der Kritik nicht grundsätzlich entzogen. Sie ist flexibler in ihrer Anpassung an die phänomenalen Gegebenheiten, erkauft sie oft aber mit größerer begrifflicher Unbestimmtheit. Und natürlich steht außer Frage, daß ein *Begreifen* dessen, was menschliche Willentlichkeit ausmacht, im unreflektierten *Vollzug* alltäglicher Willensleistungen unmöglich ist. Dennoch erscheint es im Interesse größtmöglicher phänomenaler Offenheit angebracht, den Schritt zur Theorie zunächst in Form einer Reflexion auf den alltäglichen Sprachgebrauch zu tun und theoretische Konzeptionen, die wir vorfinden, erst dann und an jeweils geeigneter Stelle einzubeziehen, wenn wir ein vorläufiges Verständnis gewonnen haben. Die umgangssprachliche Rede vom "Willen" ist klar genug, um ein solches Vorgehen sinnvoll zu machen. Sie gibt, theoretisch betrachtet, sehr wohl signifikante Hinweise auf die Bedingungen, unter denen wir normalerweise bereit sind bzw. unter denen wir zögern würden, Verrichtungen als "willentlich" einzustufen. Zudem ist sie grammatisch strukturiert und bietet damit einen formalen Ansatzpunkt für begriffliche Einteilungen. Er soll im nächsten Abschnitt genutzt werden, um die entscheidenden, inhaltlich orientierten Erörterungen in den nachfolgenden Kapiteln vorzubereiten.

2. Zwei Modelle der Willentlichkeit

Die umgangssprachliche Rede vom "Wollen" läßt sich, soweit sie es explizit anspricht, relativ klar in drei grammatische Kategorien einteilen: die *substantivische* ('der Wille', 'das Wollen'), die *verbale* ('wollen', 'gewillt sein') und die *adjektivische* bzw. *adverbiale* ('willentlich', 'willig').[47] Nehmen wir an, was als Arbeitshypothese plausibel sein dürfte, daß diese Einteilung, anders etwa als die Zuordnung von Substantiven zu Genera, nicht nur syntaktisch bedeutsam ist, sondern semantisch (vgl. Anm.36). In welcher Weise, bleibt aufzuklären. Fragen wir daher, welche Zusammenhänge und Differenzen zwischen ihnen bestehen und ob sich begriffliche Reduktionsmöglichkeiten ergeben.

Es zeigt sich bald, daß die *substantivische* Rede begrifflich sekundär ist. *'Das Wollen'* ist nur die substantivierte Form des Verbs und als solche von diesem abhängig.[48] Bezeichnet wird die *Gesamtheit* dessen, was ein Einzelner oder eine Gruppe von Menschen will ('sein ganzes Wollen war darauf ausgerichtet..', 'Wollen und Vollbringen'). Darin entspricht unsere Rede vom "Wollen" der vom "Denken", "Empfinden" oder "Schaffen". Auch das Substantiv *'Wille'* kann diese kollektive Bedeutung haben ('der Wille des Volkes', 'seinen eigenen Willen haben', 'des Menschen Wille ist sein Himmelreich'). Daneben dient es zur Bezeichnung des Wollens im *Einzelfall*, dokumentiert in Wendungen wie 'der letzte Wille', 'mit dem Willen der Eltern', 'auf seinem Willen beharren', 'jemandem seinen Willen lassen', 'mit Willen' oder 'den Willen haben, dies oder jenes zu tun'. Originär erscheint allenfalls die Rede vom Willen als *Fähigkeit*. Sie steht in einer Reihe mit zahllosen Substantiven, die sich auf angeborene oder erworbene Fähigkeiten beziehen: 'Gehör', 'Gedächtnis', 'Verstand', 'Geschicklichkeit', 'Takt', 'Geduld' u.a. Diese aber verweisen stets auf konkrete Verrichtungen. Worin eine Fähigkeit besteht und unter welchen Bedingungen man sagen kann, daß ein Mensch sie besitzt, ergibt sich aus ihrer Ausübung, nicht aus einem speziellen Zustand des "Fähigseins".[49] Wenn wir in diesem Sinne vom "Willen" reden, meinen wir also normalerweise nur die Fähigkeit, die sich im "Wollen" manifestiert.

Im Gegensatz zur substantivischen Rede, die auf andere Redeformen zurückführt, verweisen die *verbale* und die *adjektivische* bzw. *adverbiale* auf einen genuinen begrifflichen Unterschied. Betrachten wir zunächst die letztere. Sie hat die Funktion, Verrichtungen unterschiedlichster Typen nach der Art ihrer Ausführung zu klassifizieren, sc. als "willentliche" oder "nicht willentliche", was voraussetzt, daß sie auch unabhängig davon zu identifizieren sind. Besonders deutlich ist das bei der adverbialen Rede ('willentlich weglassen', 'widerwillig zustimmen' u.a.). Hier spricht das Verb die Verrichtung ausdrücklich an, während die Umstandsadverbien 'willentlich' oder 'willig' ihre Ausführung spezifizieren. Entsprechendes gilt für die adjektivische Qualifikation von Substantiven, die Verrichtungen bezeichnen ('widerwillige Zustimmung', 'willentlicher Konsumverzicht', 'unwillentliche Taktlosigkeit', 'willenloser Gehorsam'). Einschlägig sind aber auch solche adjektivischen Redeformen, bei denen das Substantiv Menschen bezeichnet, die Träger aktueller oder potentieller Verrichtungen sind ('williger Diener', 'willige Hörer', 'willenloses Werkzeug'), oder Zustände von Menschen, die als Folgen ihrer Verrichtungen gelten ('willige Armut', 'willentliche Untätigkeit'). Generalisiert legen die adjektivische und adverbiale Rede damit folgende Auffassung vom Willen nahe. Willenszuschreibungen sind sekundäre Qualifikationen von Verrichtungen, die als identifiziert vorausgesetzt sind. Separate Ereignisse des Wollens gibt es nicht. Die verbale Rede, die diesen Anschein erweckt, muß entsprechend interpretiert werden. Die Aussage, daß jemand etwas "will", ist der elliptisch verkürzte Ausdruck dafür, daß er es "willentlich tut" oder "willentlich handelt in der Absicht", daß ein bestimmtes Ergebnis eintritt.[50] Und die substantivierte Rede vom "Wollen" meint nicht den Inbegriff partikulärer "Wollungen", sondern den Inbegriff der Verrichtungen, die das gemeinsame Merkmal aufweisen, "willentlich" ausgeführt worden zu sein.

Diese Auffassung scheint auf den ersten Blick naheliegend und einleuchtend. Doch sie bedarf der Begründung und Explikation. Kann die adjektivische bzw. adverbiale Rede tatsächlich als die grundlegende gelten, von der alle anderen abhängen, und wie ist die Qualifikation einer Verrichtung als "willentlich" genau zu verstehen? Zwei Modelle bieten sich an. *Modell I* betrachtet den Zusatz der "Willentlichkeit" als bloße Modifikation, die es *ausschließt*, daß der willentlich Handelnde neben seiner Verrichtung eine besondere Leistung des "Wollens" erbringt. Entsprechend läßt sich der Willensbegriff hier nur im Zusammenhang mit einer Analyse des willensgetragenen Handelns klären (vgl. S.36). Die verbale Rede wird nicht nur als abhängig von der adjektivischen und adverbialen aufgefaßt, sondern vollständig auf sie reduziert: so wenig sich ein perfektes Staccato aus einem Staccato und einer Leistung der "Perfektion" zusammensetzt oder eine elegante Drehung aus Drehbewegung und "Eleganz", so wenig besteht ein willentliches Sich-Räuspern oder Kopfnicken aus einem "Wollen" dieser Verrichtungen und den Verrichtungen selbst.

Modell II orientiert sich an anderen Mustern. Eine spastische Lähmung etwa liegt nicht deshalb vor, weil die Bewegungsunfähigkeit sich "auf spastische Weise" manifestiert, sondern weil ein bestimmter Ursachentypus für sie verantwortlich ist. Wer händeringend jammert oder jammernd die Hände ringt, tut beides, jammern und händeringen, nicht jeweils eines von beiden auf besonders verwickelte Weise. Ängstliche Ablehnung und besorgtes Kopfschütteln bedeuten nicht, daß Sorge und Angst in Verhaltensmodifikationen bestehen. Und eine vorbereitete Erklärung oder ein überlegter Schachzug schließen nicht aus, sondern beruhen darauf, daß Leistungen der Vorbereitung und Überlegung den manifesten Verrichtungen vorausgehen. Diese Beispiele zeigen, daß die adjektivische bzw. adverbiale Redeform als solche kein Beweis für die Reduzibilität der korrespondierenden verbalen ist. Das gilt grundsätzlich auch für 'wollen' und 'willentlich'. Es ist daher sehr wohl denkbar, "willentliche Verrichtungen" nach dem Modell einer Kombination unterschiedlicher Leistungen zu verstehen, und dies in zwei relevanten Versionen. *Modell IIa* geht im konträren Gegensatz zu Modell I davon aus, daß die verbale Rede die grundlegende ist und eine spezielle Leistung bezeichnet, die in Verbindung mit anderen Leistungen diese als "willentlich" qualifiziert, grundsätzlich aber auch *losgelöst* von solchen auftreten kann. In gewissem (freilich zu spezifizierendem) Sinne ist der Zusammenhang zwischen "wollen" und "willentlich handeln" hier also kontingent und die Klärung des Willensbegriffs von der Analyse des Handelns prinzipiell unabhängig. Dagegen rekurriert *Modell IIb* zwar auf besondere Leistungen, negiert aber deren Eigenständigkeit, indem es sie an Verrichtungen *bindet*, die durch ihr Hinzutreten "willentlich" werden. Grundlage hierfür kann ein durchgängiger (kausal oder anders fundierter) *empirischer* Zusammenhang sein. Die Verbindung kann aber auch *begrifflich* begründet werden, z.B. durch die Feststellung, daß Willenszuschreibungen per definitionem Leistungskombinationen betreffen oder daß ein "Wollen" ohne "willentliche Verrichtung" logisch ebenso ausgeschlossen ist wie eine "Ursache" ohne "Wirkung". Die Klärung des Willensbegriffs läßt sich nach diesem Modell zumindest methodisch nicht von der des willensgetragenen Handelns trennen.[51]

Damit ist eine erste theoretische Klärung erreicht. Ausgehend von drei grammatischen Grundkategorien, in die unsere alltägliche Rede vom "Wollen" fällt, sind wir auf zwei formal voneinander verschiedene Modelle gestoßen: ein reduktionistisches, das spezielle Leistungen des "Wollens" ausschließt und bislang nicht weiter differenziert wurde, und ein nichtreduktionistisches, das uns in zwei Versionen vorliegt, sich aber, wie angedeutet, intern ebenfalls weiter differenzieren läßt. Auch in begrifflicher Hinsicht sind beide Modelle explikationsbedürftig. Es wäre daher nicht sinnvoll, sie schon an dieser Stelle gegeneinander abzuwägen und eine Entscheidung treffen zu wollen. Der grammatische Ansatz, den wir verfolgt haben, bietet dafür keinen Anhaltspunkt. Man könnte allenfalls sagen, daß die verbale Rede eher auf Modell II, die adverbiale und adjektivische eher auf Modell I hindeuten. Sachlich differentiell aber ist diese Feststellung nicht, da beide Redeformen, wie wir gesehen haben, auch anders zu interpretieren sind. Und selbst wenn ihre Zuordnung eindeutig wäre, bliebe zu klären, ob sie dieselben Phänomene ansprechen, ob beide gleichursprünglich nebeneinanderstehen oder eine die andere fundiert, und wenn letzteres, welche. Zudem muß damit gerechnet werden, daß die umgangssprachliche Rede vom "Wollen", eindeutig oder nicht, sich theoretisch letztlich als unangemessen erweist.

Die folgenden Untersuchungen werden die primäre Orientierung an der alltäglichen Rede nicht aufgeben, die grammatische Betrachtungsweise aber durch eine inhaltliche ersetzen und sie der Aufgabe unterordnen, ein präzisiertes, theoretisch angemessenes Modell der Willentlichkeit zu entwikkeln. Unser Interesse richtet sich dabei primär auf Modell II. Dafür spricht nicht nur der äußere Grund, daß dies Modell der verbalen Rede näher liegt, die noch nicht eingehender untersucht wurde, aber nicht unberücksichtigt bleiben darf (vgl. Anm.50). Wichtiger ist die Tatsache, daß Modell II die theoretische Grundlage jenes traditionellen Konzeptes bildet, das es mit der Klärung des Willensbegriffs zu prüfen gilt, sc. das Verständnis willentlicher Verrichtungen als kausaler Folgen volitionaler Ereignisse (vgl. S.27,35). Entsprechend groß ist die Zahl der Begriffsbestimmungen in der Literatur, die "Wollen" als eigenes Ereignis auffassen, das von Verrichtungen faktisch oder begrifflich zu trennen ist. Die kritische Auseinandersetzung mit diesen Explikationsvorschlägen und Modell II überhaupt bildet daher auch den in theoretischer Hinsicht naheliegendsten Ansatzpunkt. Und im Verlauf unserer Untersuchungen wird sich ergeben, daß ein prägnanter Willensbegriff, der der alltäglichen Rede ebenso wie den verschiedenen, für die Zurechnungsproblematik bedeutsamen Phänomenen gerecht wird, in der Tat nur auf der Basis von Modell II zu gewinnen ist.

KAPITEL III

DIE HANDLUNGSUNABHÄNGIGKEIT DES WOLLENS

1. Wollen als eigene Leistung?

Modell II (S.41f.) expliziert die "Willentlichkeit" von Verrichtungen im Rekurs auf besondere Leistungen, die ausnahmslos oder im relevanten Falle mit ihnen verbunden sind. Welche? Generell läßt sich feststellen, daß es Leistungen desselben menschlichen Trägers (S.17f.) sein müssen, die dieser gleichzeitig mit oder in mehr oder weniger engen zeitlichen Grenzen vor oder nach der betreffenden Verrichtung erbringt bzw. (Modell IIa) erbringen kann. Ihr ontologischer Status ist also der von datierten Ereignissen, sc. Zuständen oder Prozessen (Anm.2). Willentliche Verrichtungen sind Ereigniskomplexe, denen die in Frage stehenden Leistungen als Teilereignisse zugehören. In welcher *Beziehung* sie, abgesehen von ihren zeitlichen Relationen und der Identität ihres Trägers, zueinander stehen, soll vorerst nicht untersucht werden. Ich stelle sie, ohne mich auf eine bestimmte Deutung (wie die kausale) festzulegen, bis zu Kapitel VI,2 zurück. Zunächst geht es um eine Spezifizierung der relevanten *Teilereignisse*. Welche Eigenschaften, die sich als eigene Leistungen verstehen lassen, müssen Menschen neben ihren Verrichtungen aufweisen, damit diese im Rahmen von Modell II als "willentlich" gelten können?

Aktuelle behaviorale Eigenschaften kommen nicht in Betracht. Denn welche sollten es sein? Es ist kaum vorstellbar, daß sich das Wollen mit einer bestimmten, allen willentlichen Verrichtungen gemeinsamen Verhaltensleistung (vgl. Anm.1) identifizieren läßt oder mit einer Kombination von Verhaltensleistungen, von denen eine den Willensaspekt beinhaltet. Wenn anerkannt wird, was ebenfalls schwer zu bestreiten sein dürfte, daß elementare Körperbewegungen (Gehen, Armheben, Nicken etc.) für sich oder zusammen mit ihren Folgen (vgl. S.15) willentliche Verrichtungen sein können, sind Fälle einzubeziehen, in denen eine zweite behaviorale Leistung überhaupt fehlt. Das gilt erst recht für mentale Verrichtungen, denen man dort zumindest, wo ihre "aktive" Ausführung unbezweifelbar scheint (vgl. S.13f.,25), "Willentlichkeit" nicht grundsätzlich absprechen möchte. Wer eine Kopfrechnung durchführt oder sich eine bekannte Melodie ins Gedächtnis zurückruft, scheint dies nicht weniger mit Willen zu tun, als wenn er willentlich vor sich hin pfeift oder mit seinem Taschenrechner hantiert. Aber auch wenn man von mentalen Verrichtungen absieht, ist das Ergebnis klar genug. *Wenn* willentliche Verrichtungen durch *aktuelle* behaviorale Eigenschaften, die ihre Träger besitzen, zu definieren sind, dann nur im Rahmen von Modell I (S.41). Modell II verweist uns somit, was die kritische Leistung angeht, entweder an Ereignisse im physischen oder mentalen *"Inneren"* des Trägers oder an *dispositionelle* Zustände, die sich unter bestimmten Bedingungen in aktuellen mentalen oder behavioralen Verrichtungen manifestieren.[52] Wir konzentrieren uns zunächst auf die erste Alternative. Dispositionen werden an gegebener Stelle einzubeziehen sein.

Der verschiedentlich geäußerte Gedanke (vgl. Anm.45), Aussagen über das "Wollen" oder die "Willentlichkeit" von Verrichtungen bezögen sich, recht verstanden, auf relevante *neurale* Zustände oder Prozesse, braucht uns nicht lange zu beschäftigen. Konkrete Ereignisse dieser Art sind nicht aufzuweisen. Insofern ist das Konzept nicht vollständig und ein uneingelöster Wechsel auf die Zukunft. 'Wollen' erscheint dabei nicht als deskriptiver, sondern als unbestimmter theoretischer Terminus, der Ereignisse bezeichnet, die als existent unterstellt werden, über die sich bislang aber nichts weiter sagen läßt, als daß sie neural sind und die Funktion haben, Verrichtungen "willentlich" zu machen.[53] Daß dies dem gewöhnlichen Sinn des Wortes entspricht, ist mehr als zweifelhaft. Doch selbst wenn es so wäre, oder wenn feststünde, daß der gewöhnliche Sinn in diesen theoretisch bereinigten überführt werden muß, blieben die wichtigsten Fragen offen. Um die Rede vom "Wollen" empirisch applikabel zu machen, muß ihr nichtdeskriptiver theoretischer "Kern" eine deskriptive semantische "Schale" erhalten, die sich anderer als neuraler Kriterien bedient. Man müßte z.B. sagen, daß die Zuschreibung der theoretisch entscheidenden neuralen Ereignisse *aufgrund* der Tatsache erfolgt, daß die betreffenden Verrichtungen charakteristisch modifiziert sind (Modell I) oder daß neben ihnen spezielle behaviorale oder mentale Leistungen auftreten (Modell II). Das neurale Konzept ist also nicht nur inhaltlich unbestimmt und vom normalen Verständnis mehr oder weniger weit entfernt, sondern auch von anderen Konzeptionen abhängig. Im günstigsten Falle stellt es den zweiten explikativen Schritt dar, der den ersten nicht ersetzen kann, sondern voraussetzt.

Ja, näher betrachtet kann von einem Versuch zu erklären, was unter "Willentlichkeit" zu verstehen ist und unter welchen Bedingungen Willenszuschreibungen gemacht werden, wohl überhaupt nicht die Rede sein. Vielmehr handelt es sich um eine Formulierung des auf den Willensbereich bezogenen physiologistischen Reduktionsprogramms, bei der die Klärung dessen, *was* reduziert werden soll, nicht thematisch ist (Anm.7). Da wir aber gerade hieran interessiert sind, hilft uns das Projekt einer Explikation des Willensbegriffs durch eine neurale Version von Modell II, wie groß seine Erfolgschancen auch immer sein mögen, wenig. Wir können es daher unberücksichtigt lassen.

Entscheidend für Modell II, soweit es nichtdispositionell verstanden wird, sind *mentale* Ereignisse, die den Willensaspekt beinhalten. Sie spielen auch in der Literatur die bei weitem bedeutendste Rolle, wenngleich mit erheblichen Divergenzen im einzelnen.[54] Viele Autoren betrachten das Wollen als eine besondere Art des *Wünschens* oder *Begehrens*, andere halten ebendies für verfehlt.[55] Vielfältig vertreten und bestritten wird auch seine Subsumierbarkeit unter *Empfindungen* und *Gefühle*. Allgemeine, mehr oder weniger unspezifizierte Erklärungen[56] finden sich darunter ebenso wie spezifizierte. Teilweise wurde behauptet, die Willentlichkeit einer Körperbewegung bestehe (allein oder unter anderem) in bestimmten Gefühlen und Empfindungen, die durch *Muskelkontraktionen* oder sie steuernde *neurale* Aktivitäten hervorgerufen werden bzw. mit ihnen einhergehen.[57] Teilweise wurde auf ein Gefühl der *Anstrengung* bei Überwindung eines für Willensleistungen charakteristischen Widerstands abgestellt.[58] Manche Autoren halten Empfindungen bzw. Gefühle der *Spannung* oder *Erregung* für kennzeichnend, die bis zum Erreichen dessen, was gewollt wird, bestehen bleiben.[59] Und natürlich ist auch versucht worden, sei es direkt oder indirekt über entsprechende Explikationen des Wünschens, Willentlichkeit durch Gefühle der *Lust* und *Unlust* verständlich zu machen, wobei nicht allein an begleitende Lustempfindungen neben Verrichtungen gedacht wird, sondern auch an Gefühle der Vorfreude auf oder der Befriedigung nach dem Eintreten des Gewollten.[60] Daneben wird das zukunftsbezogene *Glauben* als Kriterium herangezogen, d.h. konkret die Erwartung, daß die gewollte Verrichtung[61] oder das gewollte Ziel als Folge einer Verrichtung[62] eintreten oder daß beide mit Lust und Befriedigung verbunden sind.[63] Ebenso werden *Vorstellungen* vom Ziel,[64] von Körperbewegungen im ganzen[65] oder von sie begleitenden kinästhetischen Empfindungen[66] für kriteriell gehalten. Oder es wird unterstellt, daß das Wollen besondere Leistungen der bewußten *Konzentration* beinhaltet.[67]

Die Divergenzen sind augenfällig. Phänomene aus nahezu allen Bereichen des Mentalen werden zur Explikation des Wollens herangezogen bzw. als denkbare oder von anderen vertretene Explikationen kritisiert. Offensichtlich bestehen hier bis heute gravierende theoretische Defizite. Ein wissenschaftshistorischer Zufall oder ein allgemeiner Ausdruck wissenschaftlicher Streitlust? Kaum. Die vorliegende Situation spiegelt den Stand der Theoriebildung, sagt aber auch etwas über die Sache aus, der sie gewidmet ist. Sie scheint unsere frühere Vermutung (S.37) zu bestätigen, daß wir es mit Phänomenen zu tun haben, die sich, ihrer Vertrautheit im alltäglichen Umgang ungeachtet, der theoretischen Reflexion entziehen. Zugleich wirft sie mit Blick auf die Vielfalt der vorliegenden Alternativen die Frage auf, wie weit die spezielle Form des theoretischen Zugriffs dafür verantwortlich ist. Die Probleme ergaben sich bei dem Versuch, "Wollen" als aktuelle mentale Leistung zu explizieren, die vor, nach oder gleichzeitig mit Verrichtungen auftritt oder auftreten kann. Welche Konsequenzen sind daraus zu ziehen, daß dieses Vorhaben bislang nicht zum Erfolg geführt hat? Zwei Reaktionen bieten sich an.

Einerseits kann man die divergierenden Explikationen als Beweis dafür ansehen, daß es ein eigenes mentales Phänomen des "Wollens" nicht gibt. Was vorliegt, sind *andere* mentale Erscheinungen, die im Zusammenhang mit willentlichen Verrichtungen auftreten. Die Divergenzen entstehen, weil verschiedene Theoretiker sich im Bestreben, sie zu Kriterien des Wollens zu machen, auf verschiedene Arten oder Aspekte von Verrichtungen konzentriert haben. Die Reduktion des Wollens, die hier ins Auge gefaßt ist, kann jedoch unterschiedlich ausfallen. Sie kann bedeuten, daß es als aktuelles Ereignis *verschwindet*, Modell II also entweder dispositionell interpretiert oder durch Modell I ersetzt werden muß (S.41f.). Diese Konsequenz ist, nachdem behaviorale und neurale Kriterien ausscheiden, unvermeidlich, wenn man voraussetzt, daß es der Versuch zur mentalen Explikation des Wollens als solcher ist, der die Unstimmigkeiten heraufbeschwört. Wittgenstein hat das nahegelegt:[68]

> "'Einen Augenblick lang wollte ich...' D.h., ich hatte ein bestimmtes Gefühl, inneres Erlebnis; und ich erinnere mich dran.- Und nun erinnere dich *recht genau*! Da scheint das 'innere Erlebnis' des Wollens wieder zu verschwinden. Stattdessen erinnert man sich an Gedanken, Gefühle, Bewegungen, auch an Zusammenhänge mit früheren Situationen."

> "'Ich wollte sagen...' - Du erinnerst dich an verschiedene Einzelheiten. Aber sie alle zeigen nicht diese Absicht."

"'Ich hatte die Absicht...' drückt nicht die Erinnerung an ein Erlebnis aus. [..] Absicht (Intention) ist weder Gemütsbewegung, Stimmung, noch Empfindung, oder Vorstellung. Sie ist kein Bewußtseinszustand."

Es gibt aber auch weniger radikale Reduktionsformen. Daß das Wollen kein eigenes mentales Phänomen ist, könnte ja lediglich heißen, daß es durch andere mentale Leistungen zu *ersetzen* ist. Wollen, so ließe sich dann z.B. sagen, ist in Wahrheit nur eine besondere Weise des Wünschens oder des Fühlens, willentliche Verrichtungen eigentlich solche, die in bestimmter Weise gewünscht oder gefühlt werden. Welche Erscheinungen diese Funktion erfüllen, müßte im Ausgang von den vorliegenden Theorien geklärt werden. Soll nur *eine* Leistung im Spiel sein, wäre zu zeigen, daß sie charakteristischerweise immer dann (Modell IIa) oder genau dann (Modell IIb) auftritt, wenn Verrichtungen willentlich sind. "Wollen" kann aber auch als Gattungsbegriff konstruiert werden, der *verschiedene* mentale Leistungen einschließt, die bestimmte Bedingungen erfüllen.[69] Die divergierenden Explikationen wären dann nicht nur sinnvolle und zu diskutierende Alternativvorschläge, sondern ein Ausdruck jener Vielfalt, die von vorneherein zu erwarten stand.

Die zweite Reaktion ist im Gegensatz zur ersten durchaus nichtreduktionistisch. Ihr zufolge zeigen die bestehenden Divergenzen zwar, daß der Versuch, Wollen durch andere mentale Leistungen zu explizieren, verfehlt ist, sind aber kein Grund, von seiner Auffassung als aktuelles mentales Ereignis abzurücken. Sie beweisen vielmehr, daß es sich um ein Phänomen *sui generis* handelt, das durch nichts anderes definiert werden kann, sondern von jedem, der dazu fähig ist, bei Gelegenheit willentlicher Verrichtungen reflexiv erfaßt werden muß und (von einer gewissen Entwicklungsstufe an) faktisch erfaßt wird. Dieses Konzept ist mit unterschiedlichen Akzentuierungen auch in der Literatur vielfältig vertreten bzw. bestritten worden.[70] Wenn es sich halten läßt, bietet es zweifellos den direktesten Weg zu einer Willenstheorie, die das Schema des (nichtdispositionell gedeuteten) Modells II erfüllt. Es soll daher zuerst geprüft werden.

2. Wollen als Phänomen sui generis?

2.1 Gelegentlich wird behauptet, die bloße Tatsache, daß "Wollen" als undefinierbares Phänomen sui generis expliziert wird, diskreditiere das Konzept als solches.[71] Diese Kritik geht fehl. Bei allen Definitionen muß das Definiens als bekannt vorausgesetzt werden. Würde man fordern, daß nur das als Definiens in Betracht kommt, was zugleich Definiendum in anderen Definitionen ist, käme man alsbald in einen Regreß.[72] Überdies gibt es zahllose Erscheinungen, die uns nicht über Definitionen oder andere Formen der expliziten begrifflichen Erläuterung zugänglich sind, sondern unmittelbar "erfaßt" werden müssen: Farb- und Klangqualitäten, Schmerzempfindungen, Lust und Unlust, Träume, Erinnerungen, bewußte Aufmerksamkeit usw. Man kann die *Bedingungen* spezifizieren, unter denen es normalerweise, maturational oder durch individuelles oder soziales Lernen, zu diesem "Erfassen" kommt. Aber es wäre grotesk zu sagen, die Lern-Umstände fielen mit dem, *was* erlernt wird, einfach zusammen. Der Schnitt in den Finger und das nachfolgende 'Au!' sind nicht das, was der Schmerzen Empfindende wahrnimmt. Die Klangfarbe einer Oboe besteht nicht darin, daß man sich in Hörweite eines Menschen befindet, der eine Oboe bläst. Und wenn es um Dinge geht, eine Tanzfigur z.B. oder ein differenziertes Strickmuster, die durch äußere Umstände und Lehrvorführungen vollständig festgelegt scheinen, sind *diese* es immer noch, die "erfaßt" werden müssen, wenn es zum Lernerfolg kommen soll. Kinder sind zweifellos nicht von Geburt an zu willentlichen Verrichtungen fähig, sondern entwickeln dieses Vermögen im Laufe der ersten Lebensjahre, wobei der Lehreinfluß von Verboten und Sanktionen seitens der Eltern und Erzieher eine bedeutende Rolle spielt. Doch selbst wenn man (wahrscheinlich: kontrafaktisch) voraussetzt, daß er *notwendig* für die Entwicklung der Willensfähigkeit ist, wäre es unsinnig zu behaupten, er *definiere*, was "Willentlichkeit" bedeutet. Denn es steht außer Frage, daß Erwachsene und Kinder (im explorativen Spiel z.B.) vieles willentlich tun, was von Verboten und Sanktionen weder faktisch berührt noch potentiell von solchen betroffen ist. (Spielen ist keine Tätigkeit, die in sich autoritär strukturiert wäre.)

Strittig kann nicht der Rekurs auf ein undefinierbares Phänomen sui generis überhaupt sein, sondern nur seine Berechtigung im speziellen Falle des Wollens. Das ist zuerst ein Problem der Beweislastverteilung. Der Gegner wird sagen, der Vertreter des Konzepts müsse zeigen, daß es das "Wollen" als Phänomen sui generis tatsächlich gibt, und für seine Person (zumindest) versichern, er kenne ein solches nicht.[73] Der Vertreter wird sich auf sein direktes Wissen berufen und den Gegner auffordern, es durch zwingende Gegenevidenzen zu erschüttern. Doch *wenn* "Wollen" den fraglichen Status haben kann, ist diese Kontroverse offenbar unentscheidbar. Wie will man jemanden, der beteuert, den Klang einer Oboe nicht von dem einer Klarinette unterscheiden zu können oder nicht fähig zu sein, sich in einem überfüllten Foyer auf einen bestimmten Gesprächspartner zu konzentrieren, davon überzeugen, *daß* und vor allem aufgrund *wovon* man zu diesen Leistungen fähig ist? Und wie will man, umgekehrt, den prätentiösen Magier mit dem Röntgenblick der Scharlatanerie überführen, wenn seine Auskünfte immer oder zu einem signifikant hohen Prozentsatz richtig sind und alle uns bekannten Wahrnehmungsalternativen ausscheiden? Wenn der Vertreter des Wollens als Phänomen sui generis (im wesentlichen[74]) dieselben Grenzen zwischen willentlichen und nichtwillentlichen Verrichtungen zieht wie sein Gegner, wird dieser ihn allenfalls dadurch von seiner Auffassung abbringen können, daß er ein Bündel unstrittiger, faktisch äquivalenter Kriterien vorlegt und darauf vertraut, daß jener unter dem Druck der ihm entgegengebrachten (quantitativ eventuell überwältigenden) Skepsis gesteht, auch er orientiere sich eigentlich nur an den letzteren. Auch davon unabhängig aber kann man von ihm erwarten, daß er die *Bedingungen* präzisiert, unter denen das Phänomen "Wollen" faßbar sein soll, und daß er, soweit dies möglich ist, den *Charakter* des "Erfassens" verdeutlicht.

2.2 Die philosophische Tradition, soweit sie hier in Betracht kommt, ist in dieser Beziehung auch nicht völlig sprachlos geblieben. Einschlägig ist zunächst die verbreitete Rede von *"Willensakten"*. Sie scheint in einer Hinsicht über die unspezifizierte Rede vom "Wollen" hinauszugehen, doch in welcher, ist nicht offenkundig. Verschiedene Alternativen sind denkbar. Hat "Akt" den Sinn des lat. 'actus', kontrastiert mit 'potentia',[75] ist die Rede vom "Willensakt" harmlos, aber auch ziemlich nichtssagend. Sie bedeutet dann ja, entsprechend der ihr zugrundeliegenden aristotelisch-scholastischen Tradition, nur, daß die *Fähigkeit* zum Wollen ("der Wille") im konkreten Falle zur *Anwendung* kommt, d.h. "aktualisiert" wird. Sie sagt also im Kern nicht mehr als die Rede vom "Wollen" selbst (S.39f.) und ist daher, vom impliziten Verweis auf das allgemeine Vermögen abgesehen, eigentlich überflüssig.

Nichttrivial ist die Rede von "Willensakten", wenn sie als Hinweis auf den notwendigen *"aktiven Anteil"* dessen, der will und willentlich handelt, verstanden wird. Ihr liegt die Überzeugung zugrunde, daß Willentlichkeit und Urheberschaft (entgegen unseren Erwartungen S.26ff.) koextensiv und begrifflich untrennbar verbunden sind und daß das Merkmal der Aktivität, das im Urheberschaftskriterium enthalten ist, die Irreduzibilität des Wollens erläutert. Doch hier gibt es verschiedene theoretische Möglichkeiten. Meint man, erstens, daß es das *Wollen* als Phänomen sui generis ist, das die Aktivität des willentlich Handelnden unter Beweis stellt, spricht davon aber nur unspezifiziert als eigentümlichem mentalen Ereignis, drängt sich die Frage auf, wie man gewährleisten kann, daß die Alternative von aktiver und passiver Ausführung nicht auf der Stufe des Wollens wiederkehrt. Gegner des Konzepts, die diese Deutung zugrundelegen, haben entsprechend den Einwand des infiniten Regresses erhoben.[76] Ein solcher muß nicht auftreten, wenn Gleichursprünglichkeit unterstellt wird. Der bloße Rekurs auf das Wollen als Phänomen sui generis impliziert Aktivität jedoch ebensowenig wie die vorausgesetzte Irreduzibilität von "Aktivität" beweist, daß "Wollen" irreduzibel ist. Versteht man aber die Rede vom "Willensakt", zweitens, so, daß das Merkmal der Aktivität zum Ereignis des Wollens *hinzutritt*, werden das gerade erwähnte Begründungsdefizit und die Möglichkeit des Regresses nur um den Preis vermieden, daß der "Akt"-Zusatz gar nichts mehr zum Verständnis des Wollens beiträgt. Und wenn man, drittens, ein Konzept ins Auge faßt, wonach "Wollen" als *Gattungsbegriff* für alle oder für einen charakteristischen Teil derjenigen mentalen Leistungen gilt, die aktiv ausgeführt werden, ist der theoretische Fortschritt kaum größer. Die Explikation des "Wollens" verschiebt sich auf die der "Aktivität" und zugleich bleibt offen, ob diese (was prima facie eher wahrscheinlich sein dürfte) nicht den Verzicht auf Modell II und damit auf die gesamte Idee des Wollens als eigene Leistung nach sich zieht. Auch diese Deutung bringt uns also nicht wesentlich weiter.

Ähnlich steht es, wenn die Rede von "Willensakten" bedeutet, daß die Leistung des Wollens als *"Handlung"* aufgefaßt wird. Solange der Handlungsbegriff unexpliziert bleibt, ist diese Erklärung nichtssagend. Interpretiert man "Handlung" aber als zurechenbare Verrichtung im prägnanten Sinn, die Freiheit, Urheberschaft und Willentlichkeit einschließt, oder allgemein als Verrichtung, die notwendig willentlich ist, gerät man in einen Regreß. Der Handlungscharakter des Wollens ist dann nur sicherzustellen, wenn man erneut auf eine Handlung des Wollens Bezug nimmt, für die dieselben Kriterien gelten.[77] Wie ist darauf zu reagieren? Im Rahmen eines Konzepts vom Wollen als Handlung kann der Regreß auf zweierlei Weise vermieden werden. Einmal kann man "Willentlichkeit" als Handlungskriterium *fallenlassen*. Dann ist man gezwungen, andere Kriterien zur Abgrenzung zwischen Handlungen und beliebigen Verrichtungen heranzuziehen, etwa ein willensunabhängiges Kriterium der aktiven Urheberschaft. Die Vertreter der "Täterkausalität" (Anm.26) haben das vorgeschlagen. Ob die Möglichkeit zur regreßfreien Deutung von "Wollen" als "Handeln" einen zusätzlichen oder allein entscheidenden Grund für die Annahme jenes Kausalbegriffs liefert, kann hier dahingestellt bleiben. Auch die Kontraintuitivität einer völligen Entkoppelung von Wollen und Handeln soll nur am Rande vermerkt werden. Wesentlich ist, daß mit der Einführung willensunabhängiger Handlungskriterien das theoretische Interesse am Wollen schwindet. Wenn es bedeutsam bleibt, dann nur, weil es *eine* oder bestenfalls eine vor anderen *ausgezeichnete* mentale Leistung ist, die Handlungscharakter haben kann. Ob sie ein Phänomen sui generis darstellt oder auf andere Leistungen reduziert werden kann, ist dabei sekundär. Eine Begründung oder Plausibilisierung des Konzepts irreduzibler mentaler "Willensakte" ergibt sich daraus jedenfalls nicht.

Andererseits kann man am Handlungscharakter des Wollens ohne Regreßgefahr festhalten, wenn man Wollen und Handeln *identifiziert.* Dem entspricht die von Berkeley angeregte und in unserem Jahrhundert vor allem durch Prichard bekannt gewordene These, daß "Wollen" streng genommen die *einzige* Handlung ist, die wir ausführen, während andere willentliche Verrichtungen (mentale Leistungen, elementare Körperbewegungen und deren kausale und nichtkausale Folgen) ausnahmslos den Charakter von Handlungsfolgen haben.[78] Die Auffassung ist extrem und prima facie kontraintuitiv, als theoretische Deutung aber immerhin denkbar. Was sie für unser Vorhaben disqualifiziert, ist die Tatsache, daß auch sie das Verständnis vom Wollen als Phänomen sui generis nicht fördert. Im Gegenteil, sie erschwert es. Denn nun muß zusätzlich verständlich gemacht werden, warum dieses Phänomen, das als solches bereits gegeben sein muß, als alleiniges Handlungskriterium gelten kann. Der Verdacht liegt nahe, daß dies entweder stipulativ geschieht oder im stillschweigenden Rekurs auf jene Gleichsetzung von "Willentlichkeit" und "Aktivität", die sich als wenig hilfreich erwiesen hatte. *Ob* Wollen ein Phänomen sui generis ist und *wie* es, wenn ja, erfaßt wird, bleibt weiterhin völlig offen.

Aus allem ergibt sich, daß die Rede von "Willensakten", sofern sie begrifflich signifikant ist, das Konzept des Wollens als irreduzible mentale Leistung eher belastet als stützt und besser fallengelassen werden sollte. Die philosophische Tradition hat dem partiell Rechnung getragen, indem sie die Rede von *"Volitionen"* bzw. von *"Willensregungen"* (Schopenhauer) oder ähnliche Wortbildungen als neutrale terminologische Varianten verwendet. Diese Terminologie ist als unausgewiesenes philosophisches Kunstprodukt in jüngerer Zeit (vor allem von Ryle [79]) scharf kritisiert worden. Innerhalb des Konzepts vom "Wollen" als Phänomen sui generis hat sie jedoch unbestreitbare Vorteile. Der Regreß-Einwand entfällt [80] und es bleibt möglich, Willentlichkeit als Kriterium zurechenbarer Handlungen aufzufassen, ohne die Extremposition der Identifizierung von Wollen und Handeln (die freilich weiterhin denkbar bleibt) einnehmen zu müssen. Das Problem liegt darin, daß nicht *mehr* geboten wird als eine interne terminologische Klarstellung. Anstelle von "Volitionen" (o.ä.) könnte man ohne Substanzverlust einfach von "Wollen" sprechen. Der strittige Punkt, der die Frage der phänomenalen Eigenständigkeit angeht, bleibt davon unberührt. Der Skeptiker sieht sich durch die nach seiner Meinung *rein* terminologischen Ausflüchte seines Gegners bestätigt, dieser betrachtet sie gerade als Ausdruck der beanspruchten begrifflichen Irreduzibilität. Das Spiel wechselseitiger Beweislastzuschreibungen beginnt von neuem. Sachlich sind wir offenbar keinen Schritt weiter gekommen.

2.3 Im Bestreben, die Irreduzibilität des Wollens verständlich zu machen, greifen Vertreter dieser Auffassung teilweise auf ein Beschreibungsmuster zurück, das es als besondere Spezies *innerhalb* einer Gattung kennzeichnet, deren Realität auch vom Skeptiker nicht bestritten wird. Charakterisierungen dieses Typs sind aus anderen Bereichen geläufig und dort zweifellos informativ. Unbekannte Farbtöne und Klangfarben etwa können als "zwischen" zwei bekannten Farbtönen oder Klangfarben liegend beschrieben werden. Obwohl dies keine vollständige Begriffsbestimmung ist, kann jeder Mensch mit normalem Imaginationsvermögen durch sie eine Vorstellung davon bekommen, welche Sinnesqualitäten gemeint sind, und diese gegebenenfalls als reale Erscheinungen wiedererkennen. Die Leistung der "aktiven Aufmerksamkeit" kann zwar nicht adäquat definiert, wohl aber informativ umschrieben werden, z.B. als die Verengung eines zuvor erweiterten Wahrnehmungsfeldes, die den fokalen Bereich von seiner Umgebung trennt und intern differenzierter erscheinen läßt und deren Eintreten sich signifikant von Verengungen unterscheidet, die "passiv" erzwungen sind (z.B. durch einen lauten Knall oder plötzlichen starken Schmerz). Die divergierenden Explikationen von "Wollen", die oben (S.48f.) als mögliche Reduktionen auf andere mentale Leistungen behandelt wurden, lassen sich teilweise auch nach diesem Muster verstehen. Das gilt z.B. für seine Charakterisierung als Variante der "angestrengten Aufmerksamkeit" oder des "energischen Strebens",[81] vor allem aber für Versuche, willentliche Verrichtungen von nichtwillentlichen dadurch abzuheben, daß sie von einer charakteristischen Form des *"Entschlusses"* bzw. der *"Entscheidung"* zwischen mehreren Alternativen getragen sind.[82] Vorausgesetzt ist hier jeweils, daß die allgemeinen Phänomene bekannt sind und daß der Hinweis auf die speziellen Ausführungsumstände von Verrichtungen, die als zweifelsfrei "willentlich" gelten, genügt, um die Eigentümlichkeiten des "Wollens" hervortreten zu lassen.

Auch diese Auffassung ist wiederholt kritisiert worden.[83] Dabei muß nicht bestritten werden, daß es die fraglichen Phänomene gibt. Der erste Sprung vom Zehn-Meter-Brett, die Unterschrift unter ein Dokument von Gewicht oder ein lange zurückgehaltenes Liebesgeständnis sind Beispiele für Willenshandlungen, denen nach Ansicht vieler Menschen so etwas wie ein eigentümlicher *"innerer Ruck"* zugrundeliegt, den sie sich geben müssen. Ob diese Erscheinung ausschließlich im Willenskontext auftritt, ist weniger offenkundig. Aber wir können uns argumentativ leicht darauf einlassen, daß sie als *hinreichende* Bedingung für "Wollen" betrachtet wird. Denn als spezifisches Merkmal scheidet sie jedenfalls deshalb aus, weil sie keine *notwendige* Bedingung bildet. Sie tritt nur auf in Fällen, in denen Bedenken bestehen und mehr oder weniger umfängliche Überlegungen angestellt werden. Nicht immer aber und nicht bei allen Individuen in gleicher Weise sind diese Antezedenzien gegeben. Zahllose alltägliche Verrichtungen, deren Willentlichkeit niemand in Zweifel stellt, werden ohne Zögern ausgeführt und bedürfen nicht des geringsten Einsatzes an "Entschlußkraft". Kinder handeln so, lange bevor sie fähig sind, sich zu ungeliebten oder allein auf theoretische Einsicht gegründeten Handlungen durchzuringen. Das "entschlossene Wollen" ist ein Sonderfall, der uns wegen seiner Besonderheiten besonders ins Auge springt, keineswegs aber die Regel. Ja, es gibt (wie im folgenden Abschnitt verdeutlicht wird) eine signifikante Gruppe von Fällen, in denen wir Wollen zuschreiben, ohne daß die gewollte Verrichtung, wie die "Entschluß"-Phänomene dies offenbar fordern, überhaupt ausgeführt wird. Gerade sie aber müßten die Domäne der an Modell II (d.h. speziell an Modell IIa, S.42) orientierten Explikation von "Wollen" als mentalem Phänomen sui generis sein, wenn diese Explikation denn richtig ist. Der Rekurs auf "Entschluß" und "Entscheidung" führt hier offensichtlich in eine Sackgasse.

Für das zuletzt genannte Problem scheint ein Vorschlag erfolgversprechend, der in neuerer Zeit von Autoren gemacht wurde, die die traditionelle Rede von "Volitionen" und "Willensakten" ebenso ablehnen wie ihre Ersetzung durch Phänomene des gerade erörterten Typs, an der Idee eines irreduziblen Grundbegriffs aber festhalten.[84] Danach ist Wollen eine besondere Form des *"Versuchens"*. Versuche können erfolglos sein, Willensleistungen somit auch dann vorliegen, wenn die gewollten Ergebnisse ausbleiben. Sie können "angestrengt" und "energisch" ausfallen, "entschlossen" oder "entschieden", müssen es aber nicht.[85] Markante Erlebnisse wie die des "inneren Rucks" können fehlen. Negativ hat das Konzept also deutliche Vorteile. Problematisch dagegen ist seine positive Bestimmung. Denn normalerweise heißt "versuchen" ja nur: etwas *willentlich tun* mit der *Absicht*, etwas anderes dadurch herbeizuführen (vgl. Anm.13). Der Versuch, eine Büchse zu öffnen, jemanden anzurufen oder von einer Ansicht zu überzeugen, manifestiert sich z.B. im (willentlichen) Hantieren mit einem Büchsenöffner, Betätigen des Telefons oder im Reden. Eine "versuchte Erpressung" liegt noch nicht vor, wenn nur der Vorsatz zu ihr gefaßt und sie insofern nur gewollt ist, sondern erst wenn (mit Willen) Drohbriefe geschrieben, Feuer gelegt oder Geiseln genommen wurden.[86] Würden wir diesen geläufigen Begriff des "Versuchs" als Kern unserer Rede vom "Wollen" ansehen, kämen wir wieder in einen Regreß. Zudem müßten wir annehmen, daß willentliche Verrichtungen durchweg zweckgerichtet sind, was im Hinblick auf elementare Fälle (S.15 Anm.9) ebenfalls wenig plausibel scheint. Die nächstliegende positive Deutung von "Wollen" als Versuchen scheidet offenbar aus.[87]

Nicht diese ist es aber auch, die die Vertreter des Konzepts im Auge haben. Sie meinen ein Versuchen, das *tiefer* liegt als manifestes Zweckhandeln, und wenn die Auffassung des Wollens als eigene Leistung richtig ist, muß (im Rahmen von Modell IIa) seine Besonderheit gerade dort am klarsten hervortreten, wo Verrichtungen gänzlich fehlen. Das Phänomen des Versuchens scheint darauf hinzudeuten. Ein Gelähmter oder bewegungslos am Boden Gefesselter, so eine der relevanten Überlegungen, kann sich seines Zustands nur dadurch bewußt werden, daß er sich zu bewegen versucht und scheitert. Menschen mit partiell anästhesierten Gliedern können (nach Ausschaltung aller visuellen Kontrollmöglichkeiten) den Eindruck gewinnen, einer Aufforderung, sie zu bewegen, willentlich nachgekommen zu sein, obwohl sich objektiv nichts bewegt hat.[88] Und wer sich vergeblich auf einen Namen besinnt oder bemüht, den Klang eines Akkords nach der Partitur vorzustellen, scheint ebenfalls etwas zu unternehmen, das, auch wenn es mißlingt, als eigene Leistung anerkannt werden muß.

Können solche Erscheinungen aber die Auffassung des Wollens als Spezies des Versuchens zweifelsfrei begründen oder plausibel machen? Kaum. In einer Reihe von Fällen dürfte der Versuch sich noch immer in elementaren *Willenshandlungen* manifestieren, Muskelkontraktionen z.B.

oder Vorstellungen, die nicht der gewollten Verrichtung entsprechen. Wer nicht weiß, daß er eine bestimmte Fähigkeit nicht (mehr) besitzt oder wie er ein bestimmtes Ergebnis erzielen kann, wird, wenn überhaupt, *irgendetwas* in der Erwartung oder in der mit "blindem Aktionismus" verbundenen vagen Hoffnung tun, es werde dennoch eintreten. Und in den verbleibenden Fällen entsteht der Verdacht, daß *andere* mentale Leistungen die Stelle des vermeintlich irreduziblen "Wollens" einnehmen.[89] So könnte es sein, daß der Bewegungsversuch des Gelähmten sich im Wunsch nach Bewegung und im Konstatieren seiner faktischen Folgenlosigkeit erschöpft. Vor allem aber bleibt zu fragen, ob Erscheinungen, die (nehmen wir an) für *erfolglose* Versuche charakteristisch sind, notwendige Bedingungen auch der gewöhnlichen, *erfolgreichen* Willenshandlungen bilden. Hier geraten wir in ein Dilemma. Je prägnanter der Begriff des "Versuchens" gefaßt wird, desto implausibler wird (wie schon im Fall der behaupteten Bindung an "Entschluß" und "Entscheidung") die Annahme, daß alle willentlichen Verrichtungen durch ihn gekennzeichnet sind.[90] Löst man ihn aber von jenen phänomenalen Gegebenheiten, die vergebliche Versuche kennzeichnen, wird der Begriff so blaß, daß wir durch seine Einführung wieder nur eine terminologische Variante der These vom "Wollen" als Phänomen sui generis selbst gewinnen, die uns in der Sache nicht weiter führt.[91]

3. "Bloßes Wollen"

An dieser Stelle erscheint es ratsam, den Gedanken vom "Wollen" als mentalem Phänomen *sui generis* fallen zu lassen. Er ist nicht definitiv widerlegt, aber auch alles andere als definitiv begründet oder plausibel gemacht worden. Erörtert wurde er als die direkteste, aber keineswegs einzige Form, der Vorstellung vom "Wollen" als faktisch oder begrifflich von willentlichen Verrichtungen zu trennende, mentale Leistung Rechnung zu tragen. Wer sie verwirft oder allenfalls als letzten theoretischen Ausweg gelten läßt, kann dennoch am generellen Konzept, sc. Modell II in nichtdispositioneller Deutung (S. 45f.), festhalten, wenn er den weniger direkten und mit Blick auf die anhaltenden Unstimmigkeiten wohl auch theoretisch aufwendigeren Weg einer Reduktion auf eines bzw. auf mehrere der bereits angesprochenen *anderen* mentalen Phänomene einschlägt (S. 48f.).

Bevor wir uns darauf einlassen, sollten wir uns der Gründe versichern, die für ein Verständnis des Wollens als eigene Leistung sprechen. Bislang können wir dafür, abgesehen von einschlägigen Ansätzen zahlreicher *an-*

derer Theoretiker, nichts weiter anführen als eine *gewisse* Plausibilität der Rückführung willentlicher Verrichtungen auf kausal wirksame volitionale Ereignisse (vgl. S.27ff.,35) und eine *gewisse* Indizierung durch die verbale Rede (Kap.II,2). Beides genügt sicher nicht. Positive Evidenzen *für* eine "Leistung des Wollens" sind bisher jedenfalls nicht erkennbar geworden. Vielmehr liefern die allgemeinen Identifizierungsprobleme und die ersichtliche Schwierigkeit, konkrete Erscheinungen wie die des "Sich-Entschließens", "Sich-Entscheidens" oder "Versuchens" für einfache, unverzögerte Willenshandlungen unter Beweis zu stellen, ein Prima-facie-Argument *gegen* die Rückführbarkeit aller Willenserscheinungen auf besondere, nicht-dispositionelle Ereignisse des Wollens.[92] Stünde uns im Rahmen von Modell II daher allein Modell IIb zur Verfügung, d.h. müßten wir annehmen, daß vom "Wollen" nur im Kontext willentlich ausgeführter Verrichtungen die Rede sein kann, hätten wir wenig Grund, gerade dieses Modell und nicht Modell I ins Zentrum zu stellen. Es wäre weiterhin nicht mehr als eine von zwei theoretisch denkbaren Möglichkeiten, keine jedoch, an der ein spezielles Interesse besteht. Ein solches ergibt sich erst im Hinblick auf Modell IIa. Wenn "Wollen" etwas bezeichnet, das prinzipiell auch handlungsunabhängig auftreten kann, ist seine Deutung als bloße Modifikation von Verrichtungen prima facie implausibel. Das Konzept des Wollens als prägnante Form des "Versuchens" zeigt, daß einige Theoretiker davon in der Tat ausgehen. Sie sind für uns (nach dem oben Gesagten) keine besonders verläßlichen Zeugen. Doch es gibt andere, gravierendere Evidenzen für den in Frage stehenden Punkt.

3.1 Der Gedanke, daß Wollen und Tun auseinanderfallen können, ist fest im abendländischen Denken verankert. Er findet sich exemplarisch und an der geistesgeschichtlich wohl prominentesten Stelle bei Paulus, der auch die zentralen Situationen bezeichnet hat, in denen mit Diskrepanzen gerechnet wird: Wollen unter Bedingungen der tatsächlichen oder vermeintlichen *Unfähigkeit* des Wollenden, das Gewollte herbeizuführen, und *"Willensschwäche"*, verstanden als Befindlichkeit von Menschen, die tatenlos bleiben, obwohl sie wollen und zu willensgemäßem Handeln objektiv und subjektiv fähig sind.[93] Beide Formen sind literarisch vielfach belegt. Von einem Wollen ohne Können ist dabei unspezifiziert wie auch im speziellen Bezug auf Fälle die Rede, in denen das Gewollte nicht getan bzw. das nicht Gewollte getan wird.[94] Manche Autoren halten die Diskrepanz sogar für die normale Lebenserfahrung in der Neuzeit:[95]

"Vorherrschend in den alten Dichtungen ist das Unverhältnis zwischen Sollen und Vollbringen, in den neuern zwischen Wollen und Vollbringen."

"Das ganze Leben besteht aus Wollen und Nicht-Vollbringen, Vollbringen und Nicht-Wollen. Wollen und Vollbringen ist nicht der Mühe wert oder verdrießlich, davon zu sprechen."

Seit der Antike ist zudem die Ansicht geläufig, daß das Wollen das alleinige oder primäre Objekt der moralischen Beurteilung bildet, nicht das faktische Tun, das permanenten Restriktionen der subjektiven wie objektiven Fähigkeit oder Gelegenheit unterliegt.[96] Und daß es auch bei gegebenem Wollen und Können nicht ohne weiteres zum Handeln kommt, artikuliert sich literarisch in der Bekundung des Schillerschen Wallenstein, er müsse "wirken" und könne sich nicht nur wie ein Wortheld "an seinem Willen wärmen",[97] ebenso wie in der Volksweisheit, die uns empfiehlt, so wenig wie alles Gehörte zu glauben oder alles Gewußte zu sagen alles Gewollte zu tun.[98]

Es gibt also eine etablierte Rede vom Wollen, die es dem Tun gegenüberstellt und sein Verständnis als eigene Leistung stützt. Auch sie liefert zunächst nicht mehr als ein weiteres, wenn auch gewichtiges, Indiz für die phänomenale Angemessenheit dieser Auffassung und die Notwendigkeit, "Willentlichkeit" theoretisch auf der Basis von Modell II verständlich zu machen. Um seine Bedeutung richtig einschätzen zu können, müssen wir etwas genauer zusehen und die angesprochenen Willenserscheinungen, die wir mit Rücksicht auf die charakteristischen Diskrepanzen zum Tun fortan als solche des *"bloßen Wollens"* bezeichnen wollen, stärker differenzieren als durch die allgemeine Rückführung auf "Unfähigkeit" und "Willensschwäche". Nicht jedes Wollen nämlich, das keine sichtbaren Folgen hat, ist bloßes Wollen im hier interessierenden Sinn und nicht alles, was bloßes Wollen ist, bleibt völlig folgenlos. Verdeutlichen wir uns das für die jeweils wichtigsten Fälle.

3.2 Die schlichte Tatsache, daß sich der Wille nicht im *Verhalten* manifestiert, ist gewiß kein Beweis für ein "bloßes Wollen". Wer die Quersumme aus 27134 ziehen will, kann und wird dies normalerweise nur in Gedanken tun, nicht durch schriftliches Addieren oder Hantieren mit einem Taschenrechner. Auch *mentale* Verrichtungen (Kopfrechnen, stilles Sprechen, aktives Sich-Erinnern oder Sich-Vorstellen u.a.) sind als Formen des "Tuns" in Rechnung zu stellen und können ebenso wie einschlägige behaviorale zur vollständigen Erfüllung führen. Vor allem aber sind *Unterlas-*

sungen auszugrenzen, die den Charakter der gewollten Untätigkeit von Menschen gegenüber bestehenden Zuständen oder im Gange befindlichen Prozessen haben, die sie prinzipiell ändern könnten. Denn hier handelt es sich, formal betrachtet,[99] um gewöhnliche Willenshandlungen, bei denen keine Diskrepanz zwischen Wollen und Tun besteht. Obwohl darauf in der Literatur wiederholt hingewiesen wurde,[100] geben Unterlassungen bis heute Anlaß zu Konfusionen. Vielfach werden sie nicht als wirkliche Handlungen oder doch nur als "Handlungen zweiter Klasse" anerkannt. In der Theologie wird seit langem versucht, die Unterscheidung zwischen einem nicht oder nicht vollständig zurechenbaren "bloßen Zulassen mit Willen" und einem uneingeschränkt zurechenbaren "willentlichen Bewirken" zur Lösung des Theodizeeproblems heranzuziehen.[101] Manche Philosophen glauben, die Unterscheidung zur Untermauerung ihres speziellen Begriffs von "Freiheit" und "Verantwortlichkeit" nutzen zu können.[102] In der Strafrechtstheorie ist der Gedanke verbreitet, daß Unterlassungsdelikte (wenigstens solche eines bestimmten Typs) sich nicht als positive, willensgetragene "Begehungsdelikte" verstehen lassen, sondern einer speziellen rechtstheoretischen Behandlung bedürfen.[103] Und auch das Alltagsverständnis vieler Menschen geht dahin zu glauben, "stille Leute" könnten sich aus den Händeln der Welt heraushalten, indem sie sich (in Buschs ironischer Formulierung[104]) in einer "Welt des Unterlassens" einrichten.

Die Verwirrung rührt teilweise daher, daß der Begriff der "Unterlassung" nicht hinreichend spezifiziert wird. Wenn jemand untätig bleibt, weil er die Folgen seiner Untätigkeit nicht kennt oder weil ihm die Wahlmöglichkeit zwischen Verharren und Tätigwerden nicht zu Bewußtsein kommt, kann "willentliches Handeln" (in der uns interessierenden Hinsicht) ausgeschlossen werden, weil *überhaupt* kein (relevantes) Wollen vorliegt, mag der Betreffende nun mit Rücksicht auf frühere Willenshandlungen, die zu seinem Zustand führten, oder aus anderen Gründen zurechenbar bzw. moralisch oder rechtlich haftbar (S.21ff.) für seine Tatenlosigkeit und deren Folgen sein oder nicht. Liegt Untätigkeit in Kenntnis der Folgen, aber faktischer Willensindifferenz (sc. weder "Wollen, daß.." noch "Wollen, daß nicht..") gegenüber diesen oder der Wahlmöglichkeit zwischen Verharren und Tätigsein überhaupt vor, kann der Handlungscharakter seines Verhaltens ebenfalls aufgrund des *völlig* fehlenden Wollens verneint werden - vorausgesetzt natürlich, daß die ursprüngliche Indifferenz nicht *infolge* des mit ihr verbundenen Wissens und des hinzutretenden Bewußtseins einer bestehenden, unausweichlichen Wahlsituation aufgegeben wird.[105] *Wenn* es zur Willensbildung kommt oder Wollen von vornherein vorliegt, besteht kein Grund, zwischen "bloßem Unterlassen" und "wirklichem Tun" handlungstheoretisch zu unterscheiden. Wer mit Willen liegen bleibt, es also willentlich unterläßt, sich zu erheben, handelt nicht weniger willentlich als derjenige, der, sich erhebend, mit Willen Abstand davon nimmt, weiterhin liegen zu bleiben (vgl. S.13). Entsprechendes gilt für zahllose Unterlassungen: Sich-Treiben-Lassen in einem Boot, Pausieren eines Orchestermusikers, Verweigerung einer Unterschrift, Verzicht aufs Stimmrecht, Einhalten eines Rauchverbots, unterlassene Hilfeleistung, Beleidigung durch bewußtes Nicht-Grüßen, Gewährenlassen eines Kindes beim Spiel.[106]

3.3 "Bloßes Wollen" in dem Sinne, der für Modell IIa (S.42) von Bedeutung ist, setzt voraus, daß ein Wille *vorhanden* ist, der sich im realen Geschehen, gleichgültig welcher Art, *nicht verwirklicht*. Auch hier aber sind weitere Differenzierungen angebracht, denn diese Bedingungen können auf sehr verschiedene Weise erfüllt werden. Deutlicher noch als die oben herangezogenen literarischen Belege, die von der individuellen Lebenserfahrung und theoretischen Deutung ihrer Autoren mitbestimmt sind, zeigt das die einschlägige Rede vom "Wollen" in der Umgangssprache. Vier Formen des "bloßen Wollens" lassen sich auf dieser Grundlage unterscheiden.

Eine ist der schon angesprochene Fall des *erfolglosen Versuchs* im geläufigen Sinn des vereitelten intentionalen Handelns (S.56). Die Gründe der Erfolglosigkeit können ihrerseits differieren. Es kann sich um *äußere* Ereignisse handeln, deren Intervention den erwarteten Zusammenhang zwischen Mittel und Zweck zerstört ("ich wollte sie anrufen, aber es war besetzt"; "er wollte Longline spielen, doch ein plötzlicher Windstoß drückte den Ball ins Aus"; "wenn immer Tantalus trinken wollte, wich das Wasser zurück"). *Innere* Ereignisse, körperliche und seelische, kommen ebenfalls als Störfaktoren in Frage ("sie wollte die Asche vorsichtig wegblasen, mußte jedoch plötzlich niesen"; "eigentlich wollte ich den ganzen 'Ulysses' lesen, aber nach der Hälfte verlor ich die Lust"). Und natürlich kann auch die generell oder zeitweilig beschränkte *Fähigkeit* oder *Gelegenheit* des Handelnden für die Erfolglosigkeit seines Versuchs verantwortlich sein, dokumentiert (z.B.) in der resignierten Feststellung des gescheiterten Sportlers, Musikers oder Hobbybastlers, er habe zwar eine bestimmte Leistung erbringen wollen, aber heute gelinge ihm einfach nichts oder es fehle eben an tauglichen Instrumenten.

Die zweite Form betrifft *unausgeführte Vorsätze* für die nähere oder entferntere Zukunft. "Ich wollte doch vor unserer Abreise noch den Kühlschrank ausräumen" oder "dies Jahr wollte ich ihr einmal rechtzeitig zum Geburtstag schreiben", ärgert sich der Vergeßliche, wenn es zu spät ist. "Ich hatte", erzählt uns der kurzentschlossene Reisende, "eigentlich über Ostern daheim bleiben wollen, habe dann aber doch gebucht, als ich hörte, daß Kreuzfahrten demnächst teurer werden." Und der schwach gewordene Gourmand versichert, den "festen Willen" gehabt zu haben, am heutigen Abend nichts mehr zu essen, ehe er, "ohne es recht zu wollen", noch einmal zugriff, als das Dessert gereicht wurde. In einigen Fällen mögen Vorsätze dieser Art auch zu Handlungen führen, die einem Versuch, sie zu realisieren, nahekommen. Der Vergeßliche könnte sich einen Knoten ins Taschentuch gemacht, der temporär Reiseunlustige bewußt aufs Studium von Reiseprospekten verzichtet haben. Doch es steht außer Frage, daß Absichtserklärungen aufrichtig sein können, obwohl entsprechende Handlungen oder Unterlassungen fehlen. Es genügt, daß der Vorsatz gefaßt wurde, gleichgültig ob es beim bloßen Wollen bleibt oder nicht.

Die dritte Form bildet ein Wollen, dessen Realisierung *im Ansatz vereitelt* wird. Im Gegensatz zum bloßen Vorsatz ist es nicht auf die Zukunft gerichtet, sondern aufs Hier und Jetzt. Der Wollende hat sich, mit oder ohne "inneren Ruck", zum Handeln entschlossen und steht im Begriff, entsprechend tätig zu werden. Zum Handeln selbst jedoch, sei es auch nur in der Form des erfolglosen Versuchs, kommt es nicht, weil im letzten Moment unerwartete äußere oder innere Ereignisse dazwischentreten. Gleichwohl wird von "Wollen" gesprochen:[107]

> "Sie wollte der Äbtissin [..] eben in die Arme sinken, als diese, [..] von einem herabfallenden Giebel des Hauses, auf eine schmähliche Art erschlagen ward."

> "Ich wollt es brechen,
> Da sagt' es fein:
> Soll ich zum Welken
> Gebrochen sein?"

Beide Zitate, das zweite (mythologisch) wörtlich genommen, beschreiben Situationen, in denen das Wollen aufgrund veränderter *äußerer* Umstände, die es gegenstandslos oder obsolet machen, kurzfristig aufgegeben wird, vergleichbar einer Alltagsaussage wie "ich wollte ihm zuwinken, aber ehe ich die Hand rühren konnte, hatte er sich abgewandt." Liest man das zweite Zitat dagegen als metaphorische Umschreibung der Tatsache, daß dem Sprecher plötzlich der Gedanke an eine nicht bedachte Folge seines Vorhabens kommt, ist es ein Beleg für im Ansatz vereiteltes Wollen, das durch *innere* Ereignisse beeinflußt wird, wie dies, deutlicher noch als bei spontanen Sinnesänderungen, bei psychischen Hemmungen zu bemerken ist, die vom Betroffenen selbst als befremdend empfunden werden ("ich wollte ihr zulächeln, doch es ging nicht, ich war wie blockiert"). Ähnliches gilt für plötzlich auftretende Müdigkeit, Übelkeit oder Krankheit und für den unerwarteten (wie immer bedingten) Verlust einer Fähigkeit. Ein Mensch will aufstehen, doch es kommt nicht dazu, weil er vom Schlag getroffen oder von einem plötzlichen Schwindel befallen wird oder weil er überrascht feststellen muß, daß seine Beine nicht mehr "seinem Willen gehorchen". Oben (S.56f.) hatten wir im Zusammenhang mit dem beanspruchten, tiefergelegenen Phänomen des "Versuchens", das durch vergleichbare Fälle exemplifiziert wird, festgestellt, daß wir das Auftreten gewisser, elementarer Willenshandlungen dabei nicht generell ausschließen können. Daher sind die Grenzen zum erfolglosen Versuch (im gewöhnlichen Sinne) auch hier teilweise fließend. Doch es gibt hinreichend viele eindeutige Beispiele, die zeigen, daß es für die Rede von einem "Wollen", dessen Realisierung im Ansatz vereitelt wird, nicht darauf ankommt, ob sich der "Ansatz" bereits in intentionalen Handlungen niederschlägt.

Durchgängig gilt dies für die vierte Form eines "bloßen Wollens", die nicht nur dadurch gekennzeichnet ist, daß kein Versuch, sondern daß auch *kein Ansatz* zu einer Verwirklichung unternommen wird. Das wiederum kann verschiedene Gründe haben. In manchen Fällen ist der Wille bereits *erfüllt*, so daß jedes Tun sich erübrigt. Das ist gewiß nicht die häufigste Situation, in der wir im Alltag vom "Wollen" reden. Doch es wäre verfehlt zu glauben, daß unsere Rede vom "Wollen" explizit oder implizit an die Bedingung gebunden ist, daß das Gewollte (noch) nicht verwirklicht ist. Wer z.B. auf die wohlmeinende Frage eines Kollegen, ob er bemerkt habe, daß das Standlicht an seinem Wagen brennt, antwortet, das sei der Fall und er wolle es so, bringt seine gegenwärtige Willenshaltung zum Ausdruck, nicht etwa seine frühere zu einen Zeitpunkt, an dem er das uneingeschaltete Standlicht einschalten wollte oder willentlich damit beschäftigt war. Ebensowenig muß er meinen, daß er mit Willen Abstand davon nimmt, das Licht anschließend auszuschalten. Situationen des "willentlichen Gewährenlassens" sind auch empirisch keine Seltenheit und haben nicht selten (wenngleich nicht immer, Anm.106) den Charakter der akzessorischen Zustimmung zu einem bestehenden Zustand oder im Gange befindlichen Prozeß. Ob dieser zuvor mit Willen herbeigeführt wurde oder sich (bei veränderter Willenslage) willensabhängig ändern ließe, spielt für die Willentlichkeit der Zustimmung keine Rolle. So können wir ohne weiteres davon reden, daß ein Erkrankter sich "willig" in sein nicht abzuwendendes, sicher vorausgesehenes oder schon eingetretenes Schicksal fügt oder daß ein politisch engagierter Mensch mit Befriedigung registriert, daß der ohne sein Zutun zustandegekommene und nun unabänderlich feststehende Wahlsieg der Demokraten im letzten Jahr "seinem Willen entspricht". So wie die faktische Nichtrealisiertheit oder Unmöglichkeit des Gewollten, wie gleich zu zeigen sein wird, das Bestehen eines temporär oder anhaltend unerfüllten Wollens nicht ausschließt, so schließt seine Faktizität oder Notwendigkeit, umgekehrt, das Bestehen eines präsent oder erwartbar erfüllten Wollens nicht aus.

In anderen Fällen, in denen kein Ansatz zur Realisierung erfolgt, ist unsere Rede vom "Wollen" nicht mehr als ein Ausdruck des subjektiven, nicht handlungsorientierten *Wünschens* oder *Sehnens*. Wenn Heine beim Anblick des in der Maisonne stolzierenden Rotrocks am Schilderhäuschen der Gedanke durchzuckt "Ich wollt', er schösse mich tot" oder wenn Mahlers "fahrender Geselle" in die Worte ausbricht "Ich wollt', ich läg auf der schwarzen Bahr, könnt nimmer, nimmer die Augen aufmachen", handelt es sich gewiß nicht um Absichtserklärungen entschiedener Selbstmörder.[108] Noch offensichtlicher ist die Handlungsferne einer poetischen, in ihrer Rede vom "Wollen" und "Sollen" aber zweifellos nichtmetaphorischen, Willensbekundung wie:

> "Ich will meine Seele tauchen
> In den Kelch der Lilie hinein;
> Die Lilie soll klingend hauchen
> Ein Lied von der Liebsten mein."

Sie zeigt zugleich, daß die Rede vom "Wollen" *nicht* daran gebunden ist, daß das Gewollte *möglich* ist oder für möglich gehalten wird.[109] Zahllose alltägliche Redewendungen zeigen das gleiche. Man muß nicht glauben, die Vergangenheit ließe sich ändern, um sinnvoll sagen zu können "ich wollte, die Demokraten hätten die Wahl von 1988 gewonnen" oder "ich wollte, ich hätte mich nicht zum Besuch dieses langweiligen Vortrags überreden lassen." Das Stöhnen des erschöpften Wanderers "ich wollte, die Paßhöhe läge tiefer" beweist nicht, daß er Berge versetzen zu können meint, der Stoßseufzer des zum hundertsten Mal auf die Palme Gebrachten "ich wollte, ich hätte ein dickeres Fell" nicht, daß er sich Schopenhauers Lehre von einer "Charakter-Urwahl" zu eigen macht.

Der Wille kann auf Geschehnisse gerichtet sein, die der Wollende zwar für möglich, aber für *nicht kontrollierbar* durch sein oder menschliches Handeln überhaupt hält. Der Skatspieler will gute Karten bekommen, der Lotteriespieler einen Treffer landen. Urlauber wollen während ihres Aufenthalts schönes Wetter haben. Kranke wollen gesund werden, obwohl sie wissen, daß alles Nötige getan ist und der Heilungsprozeß der Natur überlassen bleibt. Wer sich amüsieren oder ein unangenehmes Erlebnis vergessen will, muß (wenn gewisse Schritte getan sind) ebenfalls tatenlos abwarten, ob das Erstrebte tatsächlich eintritt, ja, seine willentliche Verfolgung wäre hier geradezu kontraproduktiv. Häufig hängt die Verwirklichung unseres Wollens vom Wollen und Handeln anderer Menschen ab, die wir nicht willensgemäß beeinflussen können oder wollen. Ein eindrucksvolles Beispiel für ein Wollen dieser Art liefert die folgende Äußerung der Aglaja in Dostojewskis Roman *"Der Idiot"* (III,8):

"Ich will nicht, daß man sich zu Hause über mich lustig macht; ich will nicht, daß man mich für ein kleines Gänschen hält; ich will nicht, daß man mich aufzieht [..] ich will nicht, daß man mich fortwährend verheiratet! [..] ich will nicht, daß sie mich dort immer zwingen zu erröten."

Daß Aglaja sich zugleich mit dem Gedanken trägt, von Hause fortzulaufen und sich so den widerwärtigen Realitäten zu entziehen, ist eine *Reaktion* auf ihre Willenslage, keine Manifestation dieser *selbst* und erst recht kein Versuch, den *Inhalt* ihres Wollens zu realisieren. Gewiß, eine Willensäußerung, die an andere gerichtet ist, kann dazu beitragen, daß das Gewollte erfüllt wird. Unter bestimmten Umständen, insbesondere autoritär strukturierten, kann sie sogar das geeignete und für sich hinreichende Mittel zur Willenserfüllung sein ("bis Freitag will ich eine genaue Aufstellung unserer Außenstände", "damit will ich nicht länger belästigt werden", "ich will einen Cheeseburger und eine Cola"). Doch das sind spezielle Fälle, die für die kolloquiale Rede vom "Wollen" eher untypisch, keinesfalls aber bedingend sind. Der Sportsfreund vor seinem Fernseher will zweifellos, daß die Nationalmannschaft endlich ein Tor schießt, aber er muß dies nicht äußern und seine Äußerung hätte keinerlei Wirkung. Wer Spitzenkandidat seiner Partei werden will, tut gut daran, sich mit Willenserklärungen in dieser Sache zurückzuhalten.

Ansätze und Versuche zur Realisierung des Gewollten können schließlich auch deshalb unterbleiben, weil die aktuelle *Gelegenheit* oder *Fähigkeit* dazu fehlt. Daß ein Gefangener bislang keinen Fluchtversuch unter-

nommen hat, bedeutet nicht, daß er nicht fliehen will. Es ist nicht ungewöhnlich, wenn jemand, gefragt, warum er nicht mit ins Wasser kommen
will, antwortet, er wolle schon, könne aber nicht schwimmen oder habe
eine akute Ohrenentzündung. Ebenso selbstverständlich und glaubwürdig
klingen Erklärungen wie "ich wollte den Lastzug überholen, doch es war
ständig Gegenverkehr" oder "ich wollte schon immer einmal nach Bali,
aber es fehlte mir bislang an Geld und Zeit". Dankbarkeit, verstanden als
der affektuell bestimmte Wille, seine Gefühle persönlich zum Ausdruck zu
bringen oder sich durch Gegenleistungen erkenntlich zu zeigen, kann auch
dann bestehen, wenn der Dankbare keine Gelegenheit dazu bekommt (einem unbekannten Wohltäter gegenüber z.B.) oder das erforderliche Vermögen niemals erlangt. Neid, Eifersucht, Groll oder Rachgier wiederum
sind affektuell bestimmte Zustände des Übelwollens, die sich in schädi-
genden oder beleidigenden Handlungen nur insoweit niederschlagen, als
der Betreffende eine Chance dazu erblickt, und deren Willensinhalt auch
dadurch erfüllt wird, daß andere Menschen oder das blinde Schicksal dem
Adressaten Übles zufügen.

3.4 Alle vier unterschiedenen Formen und ihre Spielarten erweisen
sich dadurch als "bloßes Wollen", daß ein vorhandenes Wollen nicht im
realen Geschehen verwirklicht wird. Diese Feststellung, bezogen auf die
Gesamtheit des fraglichen Phänomenbereichs, ist für den Willensbegriff
in doppelter Hinsicht von Bedeutung. Zum einen verweist sie auf einen
Aspekt der "Willentlichkeit", den wir bislang unberücksichtigt gelassen
hatten (vgl. S.41 Anm.50), nun aber nicht länger ausklammern können, sc.
den der *Gerichtetheit* des Wollens bzw. willentlichen Handelns auf *etwas*,
das gewollt wird. Dabei muß es sich um etwas handeln, das wirklich sein
kann oder nicht. Doch die Frage der *Realität* und, wie unsere vierte Bei-
spielgruppe deutlich gemacht hat, auch die der *Realisierbarkeit* des Gewollten ist von der bloßen Tatsache, daß es gewollt wird, offenbar prinzipiell unabhängig oder ihr doch als Frage prinzipiell nachgeordnet.[110]
Schon seine theoretische Möglichkeit, subjektiv wie objektiv betrachtet, ist
keine indispensible Willensbedingung (Anm.109), geschweige denn seine
Realisierbarkeit in einem weniger abstrakten Sinne. Weder muß sich der
Wollende über bestimmte Realisierungsverfahren im klaren sein, noch
muß er glauben, er selbst oder irgendein anderer sei zur Verwirklichung
situativ oder generell fähig. Ja, er muß das Gewollte, das in seinen Augen
schon realisiert, unmöglich oder schlechthin zufällig sein könnte, überhaupt nicht als mögliches Resultat einer Handlung ins Auge fassen, woraus

sich zugleich ergibt, daß sich der Gegenstand unseres "Wollens", wenn wir vom Sprachgebrauch ausgehen, keineswegs auf unsere *Verrichtungen* und deren *Folgen* beschränkt, sondern *beliebige* denkbare Geschehnisse einschließt.[111]

Zum anderen demonstrieren Fälle des nicht oder nicht vollständig realisierten bloßen Wollens die faktische Unabhängigkeit des Wollens vom Tun. Teilweise bleibt es auf rein *gedankliche* Folgen beschränkt oder völlig *folgenlos*: sei es aus Vergeßlichkeit oder plötzlich auftretender interner oder externer Störungen, sei es weil seine "motivationale Kraft" von Beginn an oder infolge rationaler oder nicht rationaler psychischer Prozesse fehlt bzw. nicht stark genug ist ("Willensschwäche", bloßes Wünschen und Sehnen). In anderen Fällen wird auf Realisierungsversuche *verzichtet*, weil diese chancenlos erscheinen oder weil eine kurzfristige Sinnesänderung eintritt. Hier kommt es also, über das Denken hinaus, zu einer Willenshandlung, sc. einer Unterlassung, freilich zu einer, die kein Ausdruck des in Frage stehenden "bloßen Wollens" ist. Und in wieder anderen Fällen liegen zwar Handlungen vor, die in der *Absicht* unternommen werden, etwas Gewolltes zu realisieren, dieses Ziel aber verfehlen und darum allenfalls als partielle, nicht jedoch als vollständige und begrifflich indispensible Manifestationen desjenigen Wollens gelten können, das zur Debatte steht.

Die alltagssprachliche ebenso wie die literarisch dokumentierte Rede vom "Wollen" enthalten demnach zahlreiche Verwendungsweisen, die es als faktisch oder begrifflich von willentlichen Verrichtungen unterschiedene Leistung darstellen. Jede Theorie, die den Anspruch erhebt, den betroffenen Phänomenbereich adäquat zu erschließen, muß dieser Tatsache Rechnung tragen. Für Modell II, das den direkten Weg dazu eröffnet (vgl. S.42), spricht also wesentlich mehr, als unsere früheren Untersuchungen nahelegten. Dennoch müssen wir uns vor voreiligen Schlüssen hüten. Ob wir, wenn wir sein Verständnis als Phänomen sui generis ausklammern, "Wollen" tatsächlich mit einer oder verschiedenen der oben (S.47) angeführten *anderen* mentalen Leistungen gleichsetzen können, muß sich erst zeigen. Zudem muß man im Auge behalten, daß Modell II auch *dispositionelle* Deutungen zuläßt (Anm.52). *Implizit* könnten daher auch Zustände des bloßen Wollens, die völlig folgenlos bleiben, auf korrespondierende Willenshandlungen bezogen sein. Selbst Modell I, das separate Leistungen des Wollens ausschließt, kann seine Bedeutung behalten. Daß die geläufige Rede von solchen gänzlich unangemessen ist und theoretisch eliminiert werden sollte, wird man zwar kaum mehr vertreten können. Dazu sind die positiven Evidenzen zu zahlreich und eindeutig. Aber es bleibt denkbar, daß nur ein *Teilbereich* menschlicher Willentlichkeit durch den am "bloßen Wollen" entwickelten Willensbegriff erfaßt wird, der sich von dem des manifesten bzw. erfolgreichen Willenshandelns so tiefgreifend unterscheidet, daß verschiedene Konzeptualisierungen angebracht sind. Theoretisch wäre die resultierende Spaltung unseres Willensbegriffs natürlich wenig befriedigend, zumal sie bedeuten würde, daß manche Handlungen (namentlich erfolglose Versuche) gleichzeitig in doppelter Weise "willentlich" sind. Es scheint daher ratsam, Modell I solange nicht in Betracht zu ziehen, als die Chance besteht, zu einer einheitlichen Konzeption des "Wollens" auf der Basis von Modell II zu kommen.

4. Wollen als optativische Einstellung

Wie müßte ein Willensbegriff beschaffen sein, der diese Möglichkeit bietet und den bisherigen Ergebnissen Rechnung trägt? Verschiedene Forderungen sind miteinander in Einklang zu bringen. Im Blick auf relevante Erscheinungen des "bloßen Wollens" muß man einerseits sinnvoll von Willensereignissen sprechen können, die von der Verwirklichung des Gewollten unabhängig sind und sich nicht in Verrichtungen manifestieren. Andererseits aber sollen es gerade diese Ereignisse sein, die Verrichtungen unter bestimmten Umständen "willentlich" machen (S.40-42,45) und das Gewollte, vollständig oder partiell, herbeiführen: erfolgreiche und erfolglose intentionale Handlungen ebenso wie Willenshandlungen ohne weiterreichende Absichten, sc. elementare Körperbewegungen und (nach Möglichkeit, S.13f.,45f.) elementare mentale Verrichtungen. Der Willensbegriff muß daher so gefaßt werden, daß Aussicht besteht zu erklären, warum es in manchen Fällen beim bloßen Wollen bleibt, in anderen nicht. Und nach dem oben Gesagten heißt dies, daß es möglich sein muß, dem Willen "motivationale Kraft" in verschiedenen Graden zuzuschreiben und seine faktische Wirksamkeit an die Intervention externer oder interner Ereignisse zu binden, physischer sowohl als rationaler und nicht rationaler psychischer. Gleichzeitig aber darf der Schritt vom bloßen Wollen zum Tun nicht so problematisch werden, daß einfache, unverzögerte Willenshandlungen unmöglich sind.[112] Lassen sich diese Bedingungen gemeinsam erfüllen?

Ich denke ja. Um dies zu zeigen, werde ich zunächst (in diesem Abschnitt) ein Konzept des "Wollens" einführen, das die formale Möglichkeit zu einer begrifflichen Integration auf der Basis von Modell II eröffnet. Es stellt, wie sich zeigen wird, in gewisser Hinsicht eine Variante der früher (S.47) erwähnten Auffassung von "Wollen" als besondere Form des *Wünschens* dar, unterscheidet sich von anderen Konzepten dieses Typs jedoch durch einen *prägnanten*, im folgenden zu spezifizierenden Wunschbegriff und sein Verständnis des Wollens als *qualifiziertes* Wünschen. Qualifikationen, die bloße *Erscheinungsweisen* des Wollens betreffen, sind von Qualifikationen zu trennen, die es *als solches* kennzeichnen. Die Spezifizierung der letzteren bildet, zusammen mit der des fundierenden Wunschbegriffs, die zentrale begriffliche Aufgabe, der wir uns im nächsten Kapitel zuwenden müssen. Zuvor geht es um eine Orientierung über den Sinn und das theoretische Potential des Konzeptes im allgemeinen. Auszugehen ist jedenfalls davon, daß die Qualifikationen *verschieden* und mehr oder weniger *umfangreich* ausfallen können. Denn es ist dieser Umstand, der es erlaubt, den vielfältigen Erscheinungen menschlicher Willentlichkeit, unter Wahrung ihrer begrifflichen Einheit, Rechnung zu tragen. Komplette willentliche Verrichtungen, elementare wie komplexe, lassen sich ebenso darunter subsumieren wie die verschiedenen Formen des "bloßen Wollens". Entsprechend stellt sich der Schritt vom bloßen Wollen zum Tun bzw. von einem gänzlich verrichtungsunabhängigen bloßen Wollen zu einem partiell manifesten formal dar als der Übergang von einem gänzlich bzw. in relevanten Hinsichten unqualifizierten Wünschen zu einem (einschlägig) qualifizierten. Was dies genau beinhaltet und ob das Konzept sich als solches, über den Vorteil der begrifflichen Integration hinaus, phänomenal und in Abhebung gegen denkbare theoretische Alternativen rechtfertigen läßt, wird im gegenwärtigen Abschnitt 4 noch nicht zum Problem gemacht. Erst der folgende Abschnitt 5 wird die Probleme benennen, die es zu lösen gilt, um das Konzept im ganzen plausibel zu machen.

4.1 Dem allgemeinen Schema von Modell II entsprechend (S.41f.) wird "Wollen" als zeitlich datierbarer Zustand menschlicher Individuen aufgefaßt,[113] der von anderen Zuständen zunächst dadurch unterschieden ist, daß der Wollende sich auf *etwas* bezieht, das er will (S.66f.). Es soll als *"Willensobjekt"* bzw. als das *"Gewollte"* bezeichnet werden. Formal haben wir es also mit einem relationalen Zustand zu tun, wenngleich mit einem, der auf den Wollenden als Träger fokussiert ist.[114] Kennzeichnend für ihn ist darüber hinaus, daß das Gewollte zur Zeit des Wollens *nicht existieren* muß, ja vielleicht nie existent wird. Damit wird nicht nur, wie gefordert, dem "bloßen Wollen" Rechnung getragen, sondern auch vollständigen Willenshandlungen, sofern deren "Wollen" früher liegt als die Verwirklichung des Gewollten. Die mögliche Irrealität des Gewollten[115] weist Wollen als eine Spezies jener Gattung von Zuständen aus, die (seit Brentano und Husserl[116]) *"intentionale"* Zustände genannt werden, sc. in einem weiteren, philosophisch-technischen Sinne, der nicht, wie die alltägliche Rede, auf Absichten eingeschränkt ist, sondern auch Zustände einschließt wie die des Wünschens, Hoffens, Liebens, Glaubens oder Zweifelns.

Die ontologischen Probleme, die die Rede vom intentionalen Bezogensein auf "etwas", das gleichwohl als "nicht wirklich" zu bezeichnen ist, aufwirft, können hier größtenteils übergangen werden. Sie sind notorisch schwierig, aber auch unabhängig vom speziellen Falle des Wollens lösungsbedürftig.[117] Einige Präzisierungen aber sind angebracht. Intentionale Zustände sind Zustände von Menschen, die in Raum und Zeit existieren und es primär mit raumzeitlichen Dingen zu tun haben. Sollen wir daher annehmen, daß auch ihre Willensobjekte *raumzeitliche* Gegenstände sind: wenn nicht wirkliche, so doch mögliche? Wenn man bereit ist, ihre ontologischen Implikationen zu akzeptieren, kann diese Auffassung tatsächlich naheliegen. Die alltägliche Rede jedenfalls scheint sie dort zu bestätigen, wo Nomina oder Pronomina, die permanente Objekte bezeichnen, grammatisch als direktes Objekt des Prädikats 'wollen' fungieren ("wir wollen kein Kernkraftwerk in der Nachbarschaft", "Peter will eine Stradivari", "ich will nur dich"). Doch diese Redeform ist elliptisch.[118] Gewollt wird nicht einfach das benannte Objekt, sondern die Existenz oder Nichtexistenz des Objektes bzw. das Bestehen oder Nichtbestehen einer Beziehung des Wollenden zu ihm. Grundlegend sind Satzformen, in denen Daß-Sätze oder Infinitivkonstruktionen das Gewollte bezeichnen ("Peter will eine Stradivari haben", "wir wollen, daß kein Kernkraftwerk bei uns gebaut wird"). Allenfalls könnte man Willensobjekte als mögliche raumzeitliche Ereignisse auffassen, insbesondere Zustände oder Prozesse, deren Träger permanente Objekte sind. Aber auch diese Deutung wäre nicht angemessen. Nicht immer sind permanente Objekte im Spiel (vgl. Anm.2). Nicht immer richtet sich menschliches Wollen auf etwas Raumzeitliches ("Anselm wollte die Existenz Gottes aus seinem Begriff beweisen"). Und vor allem ist es auch hier, genau genommen, nicht der Zustand oder Prozeß, der gewollt wird, sondern das Bestehen des Zustands oder das Sich-Vollziehen des Prozesses, um den es geht.

Willensobjekte sind *"Sachverhalte"*, die zwar konkrete Objekte betreffen können, selbst aber, wie immer ihr ontologischer Status letztlich zu bestimmen sein mag, keine Konkreta sind, sondern komplexe abstrakte Gegenstände. Betroffen sein können elementare und komplexe *Verrichtungen* des Wollenden selbst, *Folgen* von solchen oder von Verrichtungen *unabhängige* reale oder irreale Geschehnisse.[119] Der Wollende bezieht sich auf sie als denkbare und, gegebenenfalls, durch sein Tätigwerden zu realisierende Möglichkeiten. Aus seiner Perspektive also erscheint das Gewollte als ein "Gedankending" bzw., bezogen auf das für Menschen charakteristische sprachliche Denken, als Satzinhalt abzüglich des Satzmodus, sc. als *"Proposition"*.[120] Entsprechend läßt sich der intentionale Zustand des Wollens als *"propositionale Einstellung"* kennzeichnen. Ähnliches gilt für andere intentionale Zustände, insbesondere die des Glaubens oder Behauptens, die ihnen in signifikanter Weise korrespondieren. Bei den letzteren handelt es sich um *assertorische* Einstellungen, deren Sinn durch "Es ist der Fall, daß p" zu umschreiben ist, während wir es beim Wollen mit einer *optativischen* Einstellung zu tun haben, die soviel bedeutet wie "Es möge der Fall sein, daß p". Sie soll im folgenden mit dem modallogischen Kürzel *"Wp"* bezeichnet werden. Beide Einstellungen können als grundlegende, konträre Formen der *"Stellungnahme"* sprach- oder denkfähiger Subjekte zur "Frage der Realität" gedachter Propositionen verstanden werden, die zusammengenommen in kontradiktorischem Gegensatz zu diesbezüglicher Indifferenz stehen.[121] Unterschieden sind sie durch charakteristische, konträre Bedingungen ihrer *"Richtigkeit"*: steht die Einstellung in Diskrepanz zur Wirklichkeit, geht dies bei der assertorischen "zu Lasten" der Einstellung, sc. der Glaube oder die Behauptung des Subjekts sind "falsch", während sich bei der optativischen die Wirklichkeit nach der Einstellung "zu richten hat".[122] Gemeinsam bleibt der Bezug auf Propositionen. Dieselbe Proposition kann, gleichzeitig oder nacheinander, Objekt beider Einstellungen sein, unabhängig von ihrem Realitätsgehalt. (Der Gedanke, es möge der Fall sein, daß ich am kommenden Samstag sechs Richtige im Lotto habe, ist, wie immer die Ziehung ausfällt, gleichermaßen vereinbar mit meiner Überzeugung, daß es eintritt, wie daß es nicht eintritt.)

4.2 Die optativische Einstellung "Wp" kann freilich nicht ohne weiteres mit *"Wollen"* gleichgesetzt werden. Zwei Gründe sprechen dagegen. Zum einen dürfen wir nicht aus den Augen verlieren, daß wir es mit einem Gattungsbegriff zu tun haben, der sich auf unterschiedlichste Erscheinungen menschlicher "Willentlichkeit" bezieht. Sie alle enthalten zwar,

wenn die vorliegende Konzeption richtig ist, einen Wp-Zustand als konstituierenden Teil, dieser aber steht in der Regel nicht für sich, sondern tritt
modifiziert auf, vor allem *affektuell* und *motivational* in verschiedenen
Stärkegraden, oder eingebettet in größere, mehr oder weniger komplexe
Zusammenhänge: rationale und nicht rationale Prozesse der *Willensbildung*, willensabhängige *Überlegungen* mit und ohne Bezug auf weitere
Einstellungen neben der primär betroffenen, manifeste *Willenshandlungen*
samt ihren Folgen und andere.[123] In gewissem Sinn kann man auch hier
davon sprechen, daß die optativische Einstellung das Wollen *ist*, dann nämlich, wenn man sie als begrifflichen *Kern* auffaßt, der durch weitere Umstände qualifiziert wird. (Auch "Gasexplosionen", "Reibungsexplosionen",
"laute" oder "verheerende Explosionen" sind "Explosionen", ungeachtet dessen, daß sie - auf sehr verschiedene Weise - begrifflich spezifiziert sind.)
Dennoch bleibt festzuhalten, daß sich der Gattungsbegriff des "Wollens",
außer in speziellen Fällen des bloßen Wollens, nicht auf Wp-Zustände an
sich, sondern auf qualifizierte Wp-Zustände bezieht, die mehr beinhalten
als eine realitätsbezogene Stellungnahme ihres Trägers.

Zu ihrer Beschreibung steht uns ein reiches Vokabular zur Verfügung,
das über die explizite Rede von 'wollen' und seinen Ableitungen weit hin-
ausführt. Das unspezifizierte "bloße Wollen" läßt sich verbal, außer durch
'wollen' selbst, z.B. auch durch 'gewillt sein', 'willens sein', 'wünschen',
'mögen' oder 'belieben' ansprechen. Ein schwaches Wollen kann durch 'geneigt sein' oder 'tendieren' beschrieben werden, ein "starkes" durch 'interessiert sein', 'Wert legen / versessen / erpicht sein auf', 'drängen' oder 'begehren'. Ist es affektuell bestimmt, wird unspezifiziert von "Sehnen", "Verlangen" oder "Schmachten" gesprochen, oder, mit speziellem Bezug auf
Affekte der Lust und Unlust, von "Lust-Haben", "Gelüsten", "Gernhaben"
oder "Mögen". Für ein heftiges affektuell bestimmtes Wollen stehen zusätzlich Ausdrücke bereit wie: 'begierig sein', 'lechzen', 'hungern / dürsten
nach', 'brennen / glühen für', 'wild / scharf / verrückt sein auf', 'hinterher
sein'. Lang anhaltendes Wollen wird verbal durch 'streben' oder 'tendieren', meist aber adverbial bzw. adjektivisch qualifiziert oder durch Sub-
stantive wie 'Hang', 'Neigung', 'Faible' und 'Schwäche' umschrieben. Will
jemand etwas im Sinne eines Vorsatzes für die Zukunft, sagen wir etwa,
daß er es "vorhat", "sich vornimmt", "beabsichtigt" oder "intendiert". Stellt
er Überlegungen hierzu an, reden wir von seinem Wollen als "Vorbe-
dacht", "Vorsehung" oder "Anschlag" oder davon, daß er das Gewollte
"plant", "projektiert", "im Sinne" oder "sich in den Kopf gesetzt hat" oder
"sich mit dem Gedanken trägt", es zu verwirklichen. Zahlreiche Ausdrük-

ke, die hier nicht belegt werden brauchen, beziehen sich differentiell auf die besondere Weise der Durchführung, der Beendigung und des Erreichens eines Ergebnisses willensabhängiger Überlegungen bzw. auf den Zustand des überlegten Wollens selbst. Ebenso zahlreich sind die Bezeichnungen für verschiedene Formen des Ansatzes und des Vollzugs von Willenshandlungen, insbesondere solchen, die auf kausale oder nichtkausale Folgen als "Zwecke" oder beabsichtigte Resultate längerer Handlungssequenzen als "Ziele" gerichtet sind.

Die Feststellung, daß qualifizierte Wp-Zustände nicht nur durch 'wollen' und davon abgeleitete Ausdrücke bezeichnet werden, sondern auch durch diverse andere, führt zum zweiten Einwand gegen die Gleichsetzung von "Wp" und "Wollen". Gewiß, die Varianz der Termini als solche spricht nicht dagegen, daß anders benannte Erscheinungen ebenfalls "Wollen" sind. (Auch "Hunde" sind schließlich "Tiere", nicht nur "Maultiere" oder "Gürteltiere".) Nicht immer aber ist dies gegeben. Das relevante semantische Feld weist unscharfe Grenzen und Überschneidungen auf. 'Mögen' z.B. wird zwar im Sinne des Wp-fundierten Wollens verwendet ("ich möchte nach Hause gehen"), zeigt aber auch Verwendungen, in denen es vom Auftreten optativischer Einstellungen unabhängig ist ("ich mag dich", "ich mag es nicht, wenn man mir schmeichelt"). 'Wünschen', das solche durchweg zu involvieren scheint, wird einmal gleichbedeutend mit 'wollen' gebraucht ("ich wünsche nicht gestört zu werden"), ein andermal ihm gegenübergestellt ("viele wünschen sich den Erfolg, ohne ihn wirklich zu wollen"). Entsprechendes gilt für 'sehnen', 'schmachten' und ähnliche Ausdrücke. 'Wollen' wiederum wird, wie die Abhebung gegen 'wünschen' und 'sehnen' zeigt, nicht nur in jener weiten Bedeutung verwendet, die der Rede vom "bloßen Wollen" zugrundeliegt (vgl. S.64), sondern auch in einer oder mehreren engeren. Terminologische Ungereimtheiten dieser Art müssen theoretisch beseitigt werden (vgl. Kap.II,1): notfalls dezisionistisch, besser aber in möglichst engem Kontakt zum alltäglichen Sprachgebrauch und mit der Maßgabe, vorhandene Unschärfen und Überschneidungen verständlich zu machen. Die schlichte Identifizierung von "Wp" und "Wollen" wäre hier wenig hilfreich. Sollte sich dagegen herausstellen, daß es einen *prägnanten*, umgangssprachlich verankerten und theoretisch plausiblen Begriff des "Wollens" gibt, der über "Wp" hinausreichende Merkmale aufweist, könnten weniger prägnante Redeformen als dessen begriffliche Derivate gedeutet werden, bis hin zum völligen Absehen von der Bestimmung, daß zwar jedes Wollen im Kern ein Wp-Zustand ist, nicht aber jeder Wp-Zustand Teil eines Wollens.

4.3 Die Auffassung des Wollens als qualifizierte optativische Einstellung hat offenkundige theoretische *Vorteile*. Sie ist mit den Ergebnissen unserer bisherigen Untersuchungen gut zu vereinbaren und bietet die Chance einer plausiblen, begrifflichen Integration. Da Wp-Zustände auch für sich stehen können, es aber nicht müssen, erlauben sie den (von der verbalen Rede angeregten und durch die Phänomene des bloßen Wollens nahegelegten) Rekurs auf besondere Leistungen des "Wollens", *ohne* vollständige Willenshandlungen unerklärlich zu machen. Modell II (S.41f.) kann in beiden Versionen erfüllt werden. Die adjektivische und adverbiale Rede erhält den ihr darin zugewiesenen Sinn, sc. Verrichtungen sind genau dann bzw. nur dann "willentlich", wenn sie durch relevante Wp-Zustände fundiert sind. Diese Fundierung *kann* die traditionelle Form der kausalen Abhängigkeit der Verrichtung vom Wp-Zustand als "volitionalem Ereignis" haben, *muß* es aber nicht, da auch andere Fundierungsformen in Frage kommen (S.45). Zudem ermöglicht es die Variabilität von "p" in "Wp", der (vielfältig belegten) Rede vom "Wollen" von etwas Irrealem oder für nicht realisierbar Gehaltenem eine plausible Deutung zu geben, sowie (erwünschtermaßen) mentale Verrichtungen einzubeziehen.

Setzt man zudem (mit Brentano und Husserl) voraus, daß intentionale Zustände wie die optativische Einstellung "Wp" selbst *mentale* Zustände sind, trägt ein so definierter Willensbegriff auch dazu bei, die Divergenzen vorliegender mentaler Explikationsversuche (S.47ff.) besser verständlich zu machen. Soweit sie auf Phänomene abheben, denen kein Wp-Zustand zugrundeliegt (Glauben und Vorstellen z.B.), sind sie, wenn nicht ein Ausdruck der Kritik an dieser Definition selbst, ein Beleg dafür, wie der begriffliche Kern des Wollens durch qualifizierende Umstände verdeckt und theoretisch verfehlt werden kann. Soweit sie jedoch ihrerseits auf Wp-Zustände (wie etwa Wünschen oder Begehren) bezogen sind, sind sie als divergierende Vorschläge zur Abgrenzung eines prägnanten Begriffs des "Wollens" von anderen Arten der optativischen Stellungnahme verständlich. Beide Formen einer theoretischen Reaktion auf vorliegende Divergenzen, die wir (S.48f.) unterschieden hatten, können innerhalb des Konzepts zum Tragen kommen. Als *qualifizierte* Wp-Zustände sind konkrete Phänomene des Wollens komplexe Ereignisse, die sich *partiell* auf mentale Erscheinungen zurückführen lassen, die selbst keine Phänomene des Wollens sind und auch unabhängig von solchen auftreten können. Und was ihren optativischen *Kern* betrifft, kann man entweder geltend machen, daß die Explikation des Wollens mit seiner Hilfe ebenfalls einer Reduktion auf ein anderes mentales Phänomen, nämlich das Wünschen (Anm.121), gleichkommt, oder bzw. zusätzlich hierzu argumentieren, daß die optativische wie die assertorische Einstellung begrifflich irreduzibel sind, und *insoweit* auch der Auffassung des Wollens als Phänomen sui generis Geltung verschaffen.

5. Offene Fragen

Können wir demnach sagen, daß der Schlüssel zum Verständnis des Wollens gefunden ist und es nun darum gehen muß, das generelle Konzept auf konkrete Erscheinungen anzuwenden, intern zu differenzieren und, gegebenenfalls, durch Zusatzkriterien zu spezifizieren? Eine solche Folgerung wäre verfrüht. Das Konzept ist in den Grundzügen umrissen und im Rückblick auf frühere Ergebnisse plausibel gemacht worden, nicht aber zwingend begründet. Sichergestellt sind einige Punkte, wichtige Fragen aber noch offen. Welche? Die *Existenz* propositionaler Einstellungen mit dem Sinn "Es möge der Fall sein, daß p" wird man schwerlich in Abrede stellen können.[124] Auch die *theoretischen* Vorteile einer Explikation des Willensbegriffs mit ihrer Hilfe sind unbestreitbar. Nicht hinreichend geprüft aber ist die durchgängige *phänomenale* Angemessenheit einer solchen Explikation und ihr Verhältnis zu denkbaren *Alternativen*. Ist es wirklich der Fall, daß alle bzw. alle unstrittigen und für uns bedeutsamen Erscheinungen menschlicher Willentlichkeit (S.38) durch optativische Einstellungen fundiert sind? Ist es sicher, daß ihre durchgängige oder partielle Analyse durch Dispositionen oder mentale Phänomene, die nicht den Charakter der optativischen Stellungnahme haben oder durch sie fundiert sind, im Rahmen von Modell II unmöglich ist und daß es kein wesentliches Gebiet der Willentlichkeit gibt, das den Wechsel zu Modell I erfordert (S.67f.)? Nur wenn diese Fragen affirmativ zu beantworten sind, ist das Konzept definitiv begründet.

5.1 Aber auch wenn wir es schon als gegeben voraussetzen, bleiben verschiedene Punkte klärungsbedürftig. Können wir ohne weiteres annehmen, daß optativische Einstellungen irreduzible mentale Zustände sind, die aktuell auftreten und faktisch oder begrifflich unabhängig von willentlichen Verrichtungen sind? Eine Alternative wäre die Analyse von Wp-Zuständen als *Dispositionen* zu Verrichtungen, die das Gewollte herbeiführen. Sie kann die vorliegenden mentalen Explikationsversuche weniger leicht verständlich machen, bietet im übrigen aber vergleichbare theoretische Vorteile und dazu einige, die über das oben Gesagte hinausgehen.

So erlaubt sie die Rede von Willenszuständen, die den Betreffenden *nicht bewußt* sind, was nicht nur im Blick auf die generelle Willensfähigkeit, sondern auch mit Blick auf konkrete, länger anhaltende Zustände des "Wollens" ("schon immer hatte er Kanzler werden wollen") und, wenn wir der psychoanalytischen Deutung folgen, auf diverse (abnorm oder alltäglich) pathologische Fälle unumgänglich erscheint. Zugleich wird der Zusammenhang zwischen Wollen und *Tun*, der ohne sie erst noch aufgeklärt werden muß, mit ihr unmittelbar einsichtig. Auch der Bezug auf Irreales und Nichtrealisierbares bleibt theoretisch verständlich, da Verrichtungen, zu denen der Wollende disponiert ist, ja nicht unter allen Umständen erfolgreich sein oder überhaupt aktualisiert werden müssen. Entsprechend bereiten Fälle der faktischen Unabhängigkeit des Wollens vom Handeln keine Probleme. Trotz impliziter Handlungsbezogenheit bleibt Modell II in beiden Versionen erfüllbar (Anm.52).

Andererseits kann nicht übersehen werden, daß die dispositionelle Analyse optativischer Einstellungen mit erheblichen Schwierigkeiten verbunden ist. Lassen sich Dispositionsbedingungen finden, die komplex und spezifiziert genug sind, um den vielfältigen Erscheinungen unserer "Willentlichkeit" gerecht zu werden und die Vielfalt möglicher Einsetzungen für "p" in "Wp" differentiell zu erfassen? Kann eine Analyse intentionaler Zustände richtig sein, die deren Objekte (hier also Propositionen und Sachverhalte) nur als Folgen menschlicher Verrichtungen oder als Verrichtungen selbst zu begreifen vermag? Ist sie, wenn sie das "Denken" oder "bewußte Erfassen" des Gewollten prinzipiell ausschließt, nicht nur theoretisch gezwungen, jene Gleichsetzung mit (möglichen) raumzeitlichen Objekten vorzunehmen, die wir oben (S.70) verworfen hatten, sondern auch phänomenal in all den Fällen unangemessen, in denen wir uns unseres Wollens bewußt sind? Wir brauchen diese Fragen hier nicht beantworten. Es genügt, sie zu stellen, um deutlich zu machen, daß den Vorteilen der dispositionellen Analyse so gravierende Nachteile gegenüberstehen, daß kein Anlaß besteht, sie der Auffassung optativischer Einstellungen als mentaler Zustände prinzipiell vorzuziehen und die weiteren Untersuchungen auf sie zu konzentrieren. Ja, die genauere Betrachtung des Sinns optativischer Einstellungen wird zusätzliche, prinzipielle Gründe zu erkennen geben, die gegen ihre dispositionelle Analysierbarkeit sprechen (Kap. IV,3). Doch wird zugleich zu prüfen sein, inwieweit nichtdispositionelle Analysen geeignet sind, den Handlungsbezug von Wp-Zuständen und die Rede von unbewußten Willenszuständen theoretisch ebensogut verständlich zu machen wie dispositionelle.

5.2 Weitere Bedenken ergeben sich mit Blick auf die Tatsache, daß auch die *aktuelle* optativische Stellungnahme, menschlicher Individuen zumindest, nicht nur die früher (S.69,71ff.) angesprochenen Qualifikationen aufweist, sondern *in sprachlicher Form* erfolgt. Wp-Zustände sind propositionale Einstellungen, die sich in Sätzen artikulieren und uns gewöhnlich nur als Teile von Satzbedeutungen zugänglich sind. Natürlich geschieht dies nicht immer in schriftlicher Form oder als lautes Sprechen. Stilles Sprechen scheint gleichwohl im Spiel zu sein.[125] Das heißt jedoch, daß Wp-Zustände mit Ereignissen verbunden sind, die Verrichtungen ihrer Träger darstellen: wenn nicht physische, so doch mentale, nämlich akustische oder graphische Vorstellungen. Kommt Modell IIa dann aber überhaupt noch in Frage? Ja wird nicht jetzt, spätestens, der grundsätzliche Wechsel zu Modell I erforderlich?

Nein. Keines unserer Modelle (vgl. S.41f.) wird durch die faktische Verwendung optativischer Sätze prinzipiell ausgeschlossen oder zwingend gemacht. Es kommt auf ihre semantische Analyse an und auf den Status der Verrichtung des stillen Sprechens. Modell II bleibt angemessen unter der Voraussetzung, daß optativische Sätze ihre Bedeutung daraus beziehen, daß sie als Ausdruck der faktisch oder begrifflich von ihnen zu unterscheidenden (z.B. irreduzibel mentalen) optativischen Stellungnahme sprach- und denkfähiger Subjekte zu Propositionen fungieren (Anm.120). Ob dabei lediglich Modell IIb oder auch Modell IIa in Betracht kommt, hängt davon ab, ob Wp-Zustände durchgängig sprachabhängig sind oder nicht. Und der grundsätzliche Wechsel zu Modell I wäre nur dann erforderlich, wenn wir annehmen müßten, daß optativische Stellungnahmen, entgegen dem ersten Anschein, keine besonderen (mentalen oder anderen) Leistungen sind, sondern ausnahmslos sekundäre, aktuelle Qualifikationen von Verrichtungen, die ihrerseits nur in der akustischen oder graphischen Hervorbringung bzw. Rezeption vorgestellter oder raumzeitlich vorliegender, syntaktisch strukturierter Ausdrucksketten bestehen. Das aber dürfte, wenn wir uns wirklich auf aktuelle (nicht etwa hinzutretende dispositionelle!) Qualifikationen beziehen, von vornherein kaum mehr sein als eine abstrakte, prima facie implausible theoretische Möglichkeit, die uns nicht ernsthaft zu beschäftigen braucht und durch die weiteren Untersuchungen ohnehin überholt wird.

Was wir in Rechnung zu stellen haben, ist die Möglichkeit, daß Wp-Zustände sich als faktisch oder begrifflich an die Verwendung optativischer Sätze gebunden erweisen. Auch dieses Ergebnis kann uns zur Preisgabe von Modell II veranlassen, muß es aber nicht notwendig und nicht auf allen Ebenen unserer Analyse. Gewiß, *wenn* wir daran festhalten, daß auch die stille (mit Verständnis verbundene) Verwendung optativischer Sätze "willentlich" ausgeführt werden kann, folgt daraus, daß wir *diese* "Willentlichkeit", soll kein Regreß entstehen, nicht mehr nach dem Modell eines zur Verrichtung hinzutretenden, eigenen Wp-Zustands analysieren können. Doch das bedeutet zunächst nur, daß wir Modell IIa oder Modell II insgesamt *auf dieser Stufe* der Analyse aufgeben müssen, nicht aber, daß ihnen *keine* Bedeutung bei der Explikation menschlicher Willensleistungen zukommt. Wir könnten weiterhin davon ausgehen, daß unsere Verrichtungen mit Ausnahme gewisser, elementarer Formen des Sprachgebrauchs genau dann bzw. nur dann willentlich sind, wenn sie durch relevante, faktisch oder begrifflich von ihnen zu unterscheidende Wp-Zustände fundiert sind. Und *ob* die elementare Verwendung sprachlicher Ausdrücke, speziell optativischer Sätze in der Form des stillen Sprechens, tatsächlich eine Ausnahme bildet, ist noch nicht ausgemacht. Man kann sie als "willentlich" erweisen, indem man auf die (dubiose) Auffassung optativischer Einstellungen als sekundärer Qualifikationen von Ausdrucksketten zurückgreift, kann aber auch darauf abstellen, daß *für sie,* wenngleich nicht notwendig für alle anderen willentlichen Verrichtungen, nur eine dispositionelle Analyse oder eine Erklärung mit Hilfe höherstufiger Leistungen des "Wollens" (vgl. Anm.8) ins Auge zu fassen ist. Oder man läßt die gesamte Voraussetzung fallen und zieht die radikalere Konsequenz, daß die stille Verwendung elementarer optativischer Sätze selbst eben *nicht* mehr als "willentliche Verrichtung" zu verstehen ist.[126]

5.3 Klar ist in jedem Fall, daß wir, ehe wir uns die Auffassung vom Wollen als (qualifizierter) optativischer Einstellung zu eigen machen können, weitere Fragen beantworten müssen. Sie können in zwei Komplexe zerlegt werden. Der erste betrifft die Frage, was optativische Einstellungen *sind* bzw. wie sie theoretisch zu *explizieren* sind. Hier geht es in erster Linie um die genauere Bestimmung des Sinns der optativischen Stellungnahme, sowie in zweiter, partiell aber damit zusammenhängend, um ihre Sprachlichkeit oder prinzipielle Sprachfreiheit, um den ontologischen Status ihrer Objekte, um ihren mentalen oder nichtmentalen Charakter bzw. um ihre Irreduzibilität oder dispositionelle oder nichtdispositionelle Reduzibilität auf andere mentale oder behaviorale Leistungen, eventuell sogar (S.46f.) auf neurale Ereignisse. Einige dieser Fragen (Sinn, mentaler und dispositioneller Charakter) werden im folgenden näher zu untersuchen sein, andere (Sprachlichkeit, neurale Reduzibilität, Status der Objekte) müssen und können als Fragen, die das Verständnis des Wollens als optativische Einstellung nicht grundsätzlich gefährden und begrifflich nachgeordnet sind, im Rahmen unserer Untersuchungen offen bleiben.

Primärer Bezugspunkt für uns ist der zweite Fragenkomplex, der die *Anwendbarkeit* des Begriffs der "optativischen Einstellung", so wie er bislang umrissen wurde und partiell weiter verdeutlicht wird, auf das Gebiet des Wollens betrifft. Auch er enthält verschiedene Teilfragen, empirische und theoretische. Die phänomenale Angemessenheit des Konzepts und seine Überlegenheit gegenüber jenen Alternativen, die sich bislang nicht definitiv ausscheiden ließen, kann in letzter Instanz nur dadurch unter Beweis gestellt werden, daß der ihm inhärente Anspruch, alle (unstrittigen, für uns bedeutsamen) Erscheinungen menschlicher Willentlichkeit seien durch qualifizierte Wp-Zustände fundiert, *empirisch* eingelöst wird. Dieses Verfahren, das die fortschreitende Analyse von Einzelfällen erfordert, kommt für uns nicht in Betracht. Wir müssen uns darauf beschränken, die durchgängige empirische Applikabilität des Konzepts, bei Anerkennung notwendiger Präzisierungen (S.38f.) und verbleibender Zweifelsfälle und Grenzfälle (S.21 Anm.17), *theoretisch* verständlich zu machen. Vor allem zwei entscheidende, unbeantwortete Fragen stehen dem vorerst im Wege. Ist bzw. in welcher Weise ist der gesuchte Gattungsbegriff, der Phänomene des "bloßen Wollens" und komplette willentliche Verrichtungen einschließt, aber von "bloßen Wünschen" und anderen (offenbar) nicht willensgetragenen Erscheinungen in seinem begrifflichen Umfeld zu unterscheiden sein sollte, über den fokalen, möglicherweise aber definitorisch nicht hinreichenden optativischen Kern *hinaus* zu qualifizieren (S.72f.)? Und wie ist der Schritt vom bloßen Wollen zum *Tun*, in welcher der zuvor erkennbar gewordenen Formen auch immer, im Rahmen unseres Konzepts zu erklären? Die zweite Frage wird die Leitfrage des nächsten Kapitels sein. Sie aber läßt sich, wie sich zeigen wird, nur auf dem Hintergrund eines vertieften Verständnisses des Sinns optativischer Einstellungen selbst beantworten, das uns zugleich eine Antwort auf unsere erste Frage ermöglichen wird.

KAPITEL IV

DER HANDLUNGSBEZUG DES WOLLENS

1. Motivational defizientes Wollen

In Kapitel III,3 wurde die Rede vom "bloßen Wollen" eingeführt, um den Kontrast zwischen Wollen und Tun hervorzuheben oder, allgemeiner gefaßt, um Willenszustände zu kennzeichnen, die sich nicht (vollständig) im realen Geschehen verwirklichen. Entsprechend haben wir Wollen als intentionalen Zustand beschrieben, dessen Bestehen weder von der (tatsächlichen oder vermeintlichen) Realität oder Irrealität seines Objekts, noch von seiner (tatsächlichen oder vermeintlichen, subjektiven oder objektiven) Realisierbarkeit abhängt. Die optativische Einstellung "Es möge der Fall sein, daß p" impliziert also nicht, daß p tatsächlich der Fall ist oder der Fall sein wird, gleichgültig ob "p" sich auf eine Verrichtung des Wollenden, auf eine Verrichtungsfolge oder auf beliebige verrichtungsunabhängige Sachverhalte bezieht.

Daß wir auch weiterhin, vor allem im Hinblick auf mögliche isolierte Wp-Zustände, von "bloßem Wollen" gesprochen haben, war aber zugleich ein Indiz, daß den so bezeichneten Erscheinungen etwas *fehlt*, das wir normalerweise vom Wollen erwarten. Was könnte damit gemeint sein? In einer schwachen Lesart wohl nur, daß Umstände vorliegen, die für das Auftreten des Wollens *untypisch* oder für seinen Beobachter *enttäuschend* sind, das Phänomen selbst aber nicht in Frage stellen. (Eine Schwalbe macht zwar noch keinen Sommer, die "bloße Tatsache" ihrer vorzeitigen Wiederkehr aber steht fest.) Eine stärkere Lesart rechnet dagegen mit einer Defizienz des Wollens als solchem. Ihr gilt unser Interesse. Was ist es, gegebenenfalls, das "bloßes Wollen" als unvollständiges, unausgereiftes oder uneigentliches Wollen erscheinen läßt? Das faktische Nichteintreten des Gewollten kann es nicht sein, soll der Kontrast zur Realisierung erhalten bleiben. Auch das Fehlen manifester Tätigkeiten zu seinen Gunsten ist nicht kritisch, denn man kann es ja ebensogut mit Willen unterlassen, einen bestehenden Zustand zu ändern, oder tatenlos abwarten, bis ein im Gange befindlicher Prozeß zu seinem vorausgesehenen, gewollten Ende kommt. Offenbar sind die uns interessierenden Defekte des "bloßen Wollens" komplexer und differenzierter. Versuchen wir, sie für die in Kapitel III,3 unterschiedenen Formen zu spezifizieren.

1.1 Wer sagt, er wolle etwas, aber ungerührt zusieht, wie sich die Dinge anders entwickeln, wer nichts unternimmt, um etwas, das ohne sein Zutun nicht eintreten wird, willensgemäß herbeizuführen, oder wer seine Willenserklärung nur in Situationen abgibt, in denen er das Notwendige offensichtlich nicht unternehmen kann, der muß damit rechnen, daß andere ihm diese Erklärung nicht abnehmen, sondern den Schluß ziehen, er wolle eben "nicht wirklich". Aus seiner Perspektive oder der eines besser informierten Beobachters kann das ein Fehlschluß sein. Fehlende individuelle oder allgemeinmenschliche Fähigkeit oder Gelegenheit schließen, wie wir gesehen haben (S.65f.), Wollen keineswegs aus. Zudem könnte er sich über die Notwendigkeit einer persönlichen Intervention täuschen. Wenn Fähigkeit und Gelegenheit aber gegeben sind, ist das Ausbleiben jedes Ansatzes zu einer Tätigkeit, die der Wollende zur Verwirklichung des Gewollten selbst für erforderlich hält, befremdlich. Auch er wird dann nicht umhinkommen, einzugestehen, daß sein Wille, wenn nicht in seinem Bestehen zweifelhaft, so doch in der seinem Wesen entsprechenden "natürlichen Entfaltung" defizient ist. Offenbar gibt es Grade der "Willensschwäche", die das Wollen als solches tangieren.

Unausgeführte Vorsätze zeigen das gleiche. Wer einen "guten Vorsatz" in Situationen der "Versuchung" willentlich aufgibt, beweist damit natürlich nicht, daß er ihn ursprünglich gar nicht hatte oder nicht immer noch hat. Sein Wille ist nur "zu schwach", um das später entstandene gegenteilige Wollen zu überwiegen. Auch wenn dies immer wieder geschieht oder wenn er gar widerwillig oder "ohne es eigentlich zu wollen" schwach wird, ist ihm der "gute Wille", anders zu handeln, zumeist nicht abzusprechen. Das Bedrängende der Erfahrung der Diskrepanz zwischen Wollen und Tun, wie sie von Paulus exemplarisch beschrieben wurde und unter alltäglichen wie außergewöhnlichen Umständen (Sucht, Hörigkeit, Handlungszwang) greifbar wird, ergibt sich ja gerade daraus, daß am Bestehen des Wollens kein Zweifel sein kann. Ebendamit erweist es sich aber als defizient. Etwas "läuft schief", was eigentlich anders laufen müßte, wenn ein normaler Wille vorhanden ist. Vorsätze, die aus Vergeßlichkeit unausgeführt bleiben, sind offensichtlich nicht "stark" genug, um uns nachhaltig zu engagieren.

Das ist nicht ungewöhnlich und hebt den Vorsatz keineswegs auf. Wenn wir uns später aber über unsere Vergeßlichkeit ärgern, zeigt dies, daß wir das Empfinden haben, daß etwas "schief gelaufen" ist. Und wer erklärte Vorsätze immer wieder vergißt, weckt den Verdacht, "nicht wirklich" oder nur "halbherzig" zu wollen oder sogar (der psychoanalytischen Hypothese entsprechend) von einem ihm nicht bewußten, gegenteiligen Wollen geleitet zu sein.

Fälle eines im Ansatz vereitelten Wollens werden, wenn externe Umstände im Spiel sind, nicht als defekt empfunden. Die mit ihnen einhergehende Überraschung aber macht deutlich, daß die "natürliche Entfaltung" des Willens gehindert ist. Psychische Störungen (Hemmungen, Blockierungen u.ä.), die wiederholt auftreten und sich nicht ohne weiteres auf willensfremde Faktoren zurückführen oder als spontane Willensänderung deuten lassen, werfen zudem die Frage auf, ob wir es nicht auch hier nur mit einer gravierenden, besonders verwickelten Form der "Willensschwäche" zu tun haben, die als Defekt des Wollens zu werten ist. "Bloßes Wollen" im Sinne des vereitelten intentionalen Handelns wiederum ist zwar von solchen Defekten frei, da es hier ja, wiewohl erfolglos, zu manifesten Willensäußerungen kommt. Wenn dabei etwas auf seiten des Wollenden "schief läuft", ist dies unmittelbar nur durch sein (anhaltendes oder temporäres) praktisches Unvermögen bedingt, das intaktes Wollen nicht wirksam werden läßt, oder durch theoretische Defizite, die es auf unzweckmäßige Mittel lenken. Mittelbar kann seine Erfolglosigkeit aber noch immer Ausdruck eines "zu schwachen Willens" sein, dann nämlich, wenn dieser den entscheidenden Grund dafür bildet, daß die erforderliche (und dem Betreffenden situativ verfügbare) intellektuelle bzw. praktische Anstrengung oder Sorgfalt fehlt. Ob dies sein Wollen als solches beeinträchtigt, ist nicht ohne weiteres zu entscheiden und wohl in jedem Falle vom Ausmaß der "Schwäche" abhängig. Wer sich aber in der Verfolgung dessen, was sein erklärter Wille ist, keinerlei erkennbare Mühe gibt, wird sich der Frage zu stellen haben, ob er es nicht nur "mit halbem Herzen" oder eigentlich gar nicht will.

1.2 Nicht jedes "bloße Wollen" also ist defizient und seine Defizienz äußert sich auf verschiedene Weise. Entscheidend ist nicht das Faktum, sondern die Gründe dafür, daß das Gewollte nicht eintritt oder notwendige Verrichtungen des Wollenden unterbleiben, sowie Umfang und Form seiner faktischen Tatenlosigkeit. Defizient ist der Wille offenbar nur, wenn er, wie wir unter Zugrundelegung des weiten Sinns, den das Wort in der

Umgangssprache und einschlägigen Wissenschaften besitzt, summarisch sagen können, den Wollenden nicht oder in nicht genügendem Maße "motiviert".[127] Was dies bedeutet, muß im folgenden genauer bestimmt werden. Zunächst aber ist eine begriffliche Präzisierung angebracht, denn die "Defizienz" eines (in welcher Weise auch immer) motivational unzulänglichen Wollens läßt sich verschieden interpretieren. Zwei Deutungen legt das Vorstehende nahe. Die Rede von seiner "Halbherzigkeit" oder "unnatürlichen Schwäche" scheint darauf hinzudeuten, daß es um eine interne *Differenzierung* des Willensbegriffs geht, die der Graduiertheit eines seiner Merkmale Rechnung trägt. Der Grenzfall eines völlig motivationslosen Wollens bleibt denkbar und wäre allenfalls so zu verstehen wie (z.B.) die Rede von einem "Waschmittel", das seine Waschkraft durch chemische Zersetzung verloren hat, oder von einem "Kraftfahrzeug", dessen Motor zeitweilig ausgebaut ist. Es wäre ein mehr oder weniger weitgehend defektes Wollen, aber noch immer ein "Wollen". Wo der Motivationsdefekt jedoch so beschrieben wird, daß der Betreffende trotz aller Willenserklärungen, Vorsätze oder Versuche "eigentlich nicht" oder "nicht wirklich" will, scheint die Auffassung zugrundezuliegen, daß wegen der fehlenden oder nicht zureichenden Motivationskraft nicht mehr von "Wollen" *die Rede sein* kann. Welche Deutung sollen wir wählen und welche Konsequenzen hat unsere Entscheidung für jenes Willensverständnis, das wir im letzten Kapitel gewonnen haben?

Die zweite Deutung ist in der Literatur in mehreren Varianten vertreten worden. Implizit enthalten ist sie in der erörterten Auffassung des Wollens als besondere Form des "Versuchens", "Sich-Entschließens" oder "energischen Strebens" (S.54ff.), sowie in Begriffsbestimmungen, die auf charakteristische Empfindungen und Gefühle der "Anstrengung", "Spannung" oder "Erregung" abstellen (S.47). Auch wo im Gegensatz zum gewöhnlichen Sprachgebrauch und unserer früheren Feststellung (S.66f., S.71 Anm.119) ausschließlich eigene Verrichtungen als Willensobjekt in Rechnung gestellt werden, liegt eine implizite Bindung an das Motivationskriterium vor.[128] Explizit wird sie in Kants kausaler Willensdefinition als "Vermögen, [..] den Vorstellungen entsprechende Gegenstände entweder hervorzubringen, oder doch sich selbst zu Bewirkung derselben [..] zu bestimmen"[129] und vor allem in der vielfältig vertretenen Auffassung des Wollens als faktisch handlungsbestimmendes Wünschen.[130] Zugleich wird seine "Motivationalität" als die Fähigkeit expliziert, willentliche Verrichtungen hervorzurufen. Liegt der Akzent dabei in den zitierten Beispielen noch auf Leistungen, die als Antezedenzien von Verrichtungen zu verstehen sind, sc. Wünsche und

Vorstellungen, verlagert er sich in anderen Fällen auf die Verrichtungen selbst. Insbesondere gilt dies für Konzeptionen, die "Wollen" auf charakteristische Empfindungen und Gefühle beim Handeln zurückführen, und noch ausgeprägter für solche, die es mit zielgerichtetem Handeln gleichsetzen.[131] Hier ist das "Wollen" also nicht länger etwas, das (per definitionem) Motivationskraft besitzt, sondern eine spezielle Form des motivationalen Geschehens.

Das Konzept von Kapitel III,4 ist damit in Frage gestellt. Die letztgenannten Konzeptionen sind zumindest mit Modell IIa und gegebenenfalls, je nach genauerer Ausformung, sogar mit Modell II insgesamt unvereinbar (vgl. S.41f.). Auch die Auffassung des Wollens als handlungsbestimmendes Wünschen oder Vorstellen, die für beide Modelle offen ist, läßt den Kontrast zwischen Wollen und Tun nur in der Form des erfolglosen intentionalen Handelns zu, und selbst dieser ist teilweise dadurch ausgeschlossen, daß die Zuschreibung "motivationaler Wirksamkeit" von der Realisierung des Gewollten implizit oder explizit abhängig gemacht wird.[132] Versionen, die nur implizit auf das Motivationskriterium Bezug nehmen, mögen weniger restriktiv sein, aber ob sie es sind, hängt von der Explikation ihrer zentralen Begriffe ab ("Streben", "Spannung" etc.). In jedem Fall ist damit zu rechnen, daß die Beschränkung des Willensbegriffs auf ein motivational wirksames Wollen mit seinem Verständnis als eigenes, faktisch oder prinzipiell handlungsunabhängiges Phänomen konfligiert und die weite Rede vom "bloßen Wollen", die oben eingeführt wurde, beschneidet. Müssen wir demnach sagen, daß zwei miteinander unvereinbare Bedeutungen von 'wollen' im Spiel sind, sc. eine motivationsunabhängige und eine motivational gebundene, zwischen denen wir uns zu *entscheiden* haben? Vielleicht. Doch eine solche Lösung ist wenig befriedigend, solange die Chance besteht, beiden Gesichtspunkten, die für die Rede vom "Wollen" bedeutsam sind, *gemeinsam* Rechnung zu tragen.

Zwei Wege bieten sich dafür an. Einmal könnte man versuchen zu zeigen, daß auch das "bloße Wollen", entgegen dem ersten Anschein, *durchweg* motivational geprägt ist. Dispositionelle Versionen von Modell II würden dies ohnehin nahelegen (S.75f.). Aber auch nichtdispositionelle Versionen lassen sich einbeziehen, wenn der Begriff der "motivationalen Wirksamkeit", im Gegensatz zu einigen in der Literatur vertretenen Auffassungen, nicht auf manifeste Verrichtungen (speziell Körperbewegungen und ihre Folgen) eingeschränkt, sondern so weit gefaßt wird, daß auch praktische Überlegungen und (soweit sie phänomenal aufweisbar sind) Leistungen des "Sich-Vornehmens", "Sich-Entschließens" oder "Ansetzens" zu einer Verrichtung als motiviert durch ein Wollen gelten können. Der zweite Weg, der den ersten ersetzen oder ergänzen kann, besteht darin, eine Doppeldeutigkeit der Rede vom "Wollen" anzuerkennen, beide Bedeutungen aber so zu verknüpfen, daß die motivational gebundene als *Spezifizierung* der motivationsunabhängigen erscheint. Er hat den Vorteil, verständlich zu machen, wie es, trotz eines gemeinsamen begrifflichen Rahmens, zu unterschiedlichen Einstufungen von Phänomenen des bloßen Wollens kommen kann und warum "motivationale Defizienz" einerseits nur als interne Differenzierung, andererseits als Grenze des Willensbegriffs gedeutet wird. Zugleich bietet er eine einfache, phänomenal plausible Möglichkeit, jener Unterscheidung zwischen einem weiten und einem prägnanten Begriff des "Wollens" Rechnung zu tragen, die sein Verständnis als optativische Einstellung erleichtert (S. 73).

Die begriffliche Frage, vor die wir durch das Problem der "motivationalen Defizienz" des Wollens gestellt sind, ist also diese. Läßt sich das Konzept von Kapitel III,4 auf einem oder beiden der angedeuteten Wege so ausgestalten, daß es den Motivationsgesichtspunkt umfaßt, ohne seinen entscheidenden theoretischen Vorzug, sc. einen einheitlichen Willensbegriff zu ermöglichen, einzubüßen? Meine Antwort ist ja. Den Schlüssel liefert der Sinn optativischer Einstellungen selbst, der dazu allerdings, um die entscheidenden Punkte sichtbar zu machen, genauer bestimmt werden muß als bisher. Das soll in den Abschnitten 2-5 geschehen, ehe wir mit Abschnitt 6 zum Begriff des "Wollens" zurückkehren.

2. Präskriptivität als Problem

Nach unserer früheren Darstellung (S. 71) sind assertorische und optativische Einstellungen Formen der *"Stellungnahme"* sprach- oder denkfähiger Subjekte zur "Frage der Realität". Sie betrachten die fraglichen Propositionen oder Sachverhalte nicht als bloße Möglichkeiten, die "der Fall sein könnten", sondern erheben den *Anspruch*, daß sie "der Fall sind" bzw. "der Fall sein mögen". Was aber heißt das? Ansprüche, anders als Haltungen der Teilnahmslosigkeit oder Indifferenz, sind auf *Erfüllung* gerichtet und gewinnen ihren Sinn zunächst aus den Bedingungen, unter denen sie als erfüllt gelten. Diese allerdings sind in den uns interessierenden Fällen gleich. Assertorischer und optativischer Anspruch sind genau dann erfüllt, wenn die ins Auge gefaßte Möglichkeit realisiert ist, andernfalls nicht

erfüllt. Ihr spezifischer Sinn also kann sich offenbar nur aus den hinzutretenden, charakteristischen Bedingungen ihrer *"Richtigkeit"* ergeben, die in
konträrem Gegensatz zueinander stehen und bei optativischen Einstellungen auf die Wirklichkeit, bei assertorischen auf die Einstellung bezogen
sind. So wie ein Glaube oder eine Behauptung "unrichtig" sind, wenn sie
der Wirklichkeit nicht entsprechen, so ist die Wirklichkeit "unrichtig",
wenn nicht der Fall ist, was wunsch- oder willensgemäß der Fall sein sollte. "Richtig" und "unrichtig" aber sind *normative, d.h. wertende* und *präskriptive* Begriffe, die nicht nur dazu dienen, die Gegebenheiten (hier:
Einstellung und Wirklichkeit) nach wertfreien oder nur distanziert wertenden Kriterien (hier: Diskrepanz und Übereinstimmung) zu *klassifizieren*,
sondern auch dazu, verantwortliche Adressaten *aufzufordern*, "Richtigkeit"
(im Sinne der Einstellung) herzustellen.[133] Was dies im gegenwärtigen
Falle bedeutet und wie weit eine solche Charakterisierung berechtigt ist,
muß geklärt werden. Dabei empfiehlt es sich, zunächst (Abschnitte 2-3)
nur Situationen ins Auge zu fassen, in denen Diskrepanzen und entsprechende Aufforderungen zur Korrektur *faktisch* bestehen, und diese ihrerseits in zwei Schritten zu untersuchen. Wir beginnen mit der Untersuchung
intersubjektiver Aufforderungen, die leichter verständlich sind, und wenden
uns erst danach (S.89ff.) der entscheidenden Frage zu, wie sie sich *intrasubjektiv*, d.h. aus der Perspektive eines einzelnen Trägers assertorischer
und optativischer Einstellungen, darstellen.

2.1 Betrachten wir folgendes Szenario. Ein idealer Beobachter x, der
(auf welche Weise auch immer) die Realitäten ebenso wie die intentionalen
Zustände anderer Personen fehlerfrei zu erkennen vermag, stellt fest, daß
eine Person y eine assertorische oder optativische Einstellung hat, die in
Diskrepanz zur Wirklichkeit steht. Da er den präskriptiven Charakter solcher Einstellungen kennt, weiß er zugleich, daß sich daraus die Aufforderung an die Verantwortlichen ergibt, diese Diskrepanz zu beseitigen. Verantwortlich, nehmen wir an, ist eine und nur eine Person z, die mit y identisch sein kann, aber nicht muß. Bei optativischen Einstellungen kann letzteres z.B. dann gegeben sein, wenn y's Wunsch eine korrektive Handlung
von z zum Inhalt hat. (Torsten wünscht, Madonna möge ihm schreiben.)
Bei assertorischen Einstellungen ist an Fälle zu denken, in denen y seinen
falschen Glauben hat, weil er von z als einer für ihn unumgänglichen,
autoritativen Informationsquelle abhängt. (Fritzchen glaubt an den Weih-
nachtsmann und ist davon nur durch die gegenteilige Versicherung seiner
Mutter abzubringen.) Natürlich muß z die Aufforderung nicht erfüllen: sei

es, weil er sich (aus welchen Gründen auch immer) weigert, ihr nachzukommen, sei es, weil er sie als solche nicht realisiert, da er nicht weiß oder glaubt, daß y die betreffende Einstellung hat oder daß sie in Diskrepanz zur Wirklichkeit steht. Letzteres zumindest gilt auch für Fälle, in denen y und z identisch sind.

Demgegenüber kennt der ideale Beobachter x die Gegebenheiten vollständig und kann sich (nehmen wir an) zu ihnen in doppelter Weise verhalten. Er kann in der Rolle des aufgeklärten, doch unengagierten Beobachters verharren und die bestehenden Diskrepanzen und Forderungen lediglich *konstatieren*. Er kann aber auch als engagierter Aufklärer Stellung beziehen und ins Geschehen *eingreifen*, indem er sich selbst zum "Anwalt" der optativischen Einstellung von y oder, einer assertorischen Einstellung von y gegenüber, zum "Anwalt der Wirklichkeit" macht. (Ein Freund Torstens könnte Madonna einen Tip geben, ein Hausfreund Fritzchen bei seiner Ehre packen oder der Mutter zureden, ihren Filius endlich aufzuklären.) Wenn er diese Rolle übernimmt, muß er eigene Einstellungen zur Sache entwickeln, für deren Richtigkeit er die Verantwortung trägt. Im assertorischen Fall ist das für ihn, als idealen Beobachter, per definitionem kein Problem; im optativischen bleibt er, wie jeder Träger dieser Einstellung, aufgefordert, die Wirklichkeit seinem Wünschen und Wollen anzupassen. Optativische Einstellungen sind aber immer im Spiel, gleichgültig welche der beiden "Anwaltstätigkeiten" von x betrieben wird. Allerdings wird ihr Gegenstand durch seine Aufgabe als Aufklärer eingeschränkt. Diese besteht darin, sich mit (im Normalfall: sprachlich artikulierten) *Behauptungen* und *Imperativen* [134] an die verantwortliche Person z zu wenden, und zwar in der (gegebenenfalls erklärten) *Absicht*, sie möge dadurch zur richtigen Einschätzung der Realitäten, bestehenden Einstellungen, Diskrepanzen und Aufforderungen gelangen und den letzteren, sofern z sie (aus welchen Gründen auch immer) als sie berechtigterweise betreffend anerkennt, in geeigneter Weise nachkommen. Weiter reicht seine Rolle als engagierter Aufklärer nicht. Ob und wie weit er Erfolg hat, insbesondere ob z, identisch mit y oder nicht, die Diskrepanzen tatsächlich beseitigt, ist offen. Intersubjektive Aufforderungen, auch wenn sie von einer optimal informierten Person kommen und ganz im Dienst der Erfüllung vorfindlicher Ansprüche stehen, bleiben Aufforderungen, denen der Aufgeforderte nachkommen kann oder nicht. Kommunikativ verwendete Imperative und Behauptungen bringen die Einstellung ihres Sprechers zum Ausdruck, lassen es ihrem Sinne nach aber offen, ob oder wie der Angesprochene selbst dazu Stellung nimmt. [135]

Die vorstehende Darstellung dürfte, das bisherige Verständnis assertorischer und optativischer Einstellungen vorausgesetzt, als Beschreibung
einer einschlägigen, intersubjektiven Aufforderungssituation leicht zu verstehen sein. Doch sie enthält wesentliche Vereinfachungen. Die epistemische Idealisierung des Beobachters impliziert, daß über die faktische Erfüllung oder Nichterfüllung von Ansprüchen und die durch sie begründeten "Aufforderungen an die Verantwortlichen" objektiv Klarheit besteht.
Der Sinn der letzteren wird durch gewöhnliche, kommunikativ verwendete
Imperative von Außenstehenden erläutert, denen optativische Einstellungen
zugrundeliegen, die ihrem Sinne nach ebenso wie in ihrem Zustandekommen vorausgesetzt sind und theoretisch nicht thematisiert werden. Die Fragen der Reaktion auf ergangene Aufforderungen und damit auch die ihrer
motivationalen Wirksamkeit bleiben offen bzw. werden lediglich mit dem
Hinweis auf die nachfolgende, selbständige Stellungnahme der Adressaten
von Imperativen beantwortet. Die zentralen begrifflichen und theoretischen
Probleme sind durch die Einführung eines besonderen "Aufforderungsan-
walts" also nur aufgeschoben. Die Bedeutung der vorgängigen Orientierung an *intersubjektiven* Aufforderungssituationen liegt darin, daß diese die
strukturellen Beziehungen durch die Verteilung der Rollen auf verschiedene
Personen sichtbar machen. *Intrasubjektive* Aufforderungen sind in begrifflicher und theoretischer Hinsicht radikaler. Sie lassen die weitere Verschie-
bung dieser Fragen nicht zu, sondern zwingen uns, die bestehenden Lücken
zu schließen. Versuchen wir, die entscheidenden Differenzen zwischen beiden Situationen herauszuarbeiten und die obige Darstellung entsprechend
zu revidieren.

2.2 Die zentrale Veränderung besteht darin, daß (Persönlichkeitsspaltung ausgeschlossen[136]) der Träger der Einstellung die Position bezieht,
die bislang der ideale Beobachter innehatte. Er also ist es, der über die Realitäten und bestehende Diskrepanzen und Aufforderungen befindet. Seine
Einschätzungen aber sind subjektiv und epistemischen Restriktionen unterworfen. Zwar scheint es plausibel, Täuschungen für gewisse Situationen
auszuschließen und die Idealisierung insoweit aufrechtzuerhalten.[137] Doch
wie weit man die Grenzen hier immer ziehen mag, es ist klar, daß in
der Mehrzahl der uns interessierenden Fälle Täuschungen möglich sind,
so daß es geraten erscheint, die "objektive Realität" des idealen Beobachters grundsätzlich durch die *"subjektive Realitätsauffassung"* des Trägers
der Einstellung zu ersetzen. Ob sie den Realitäten entspricht, ist aus seiner
Perspektive, die jetzt die einzig bedeutsame ist, unentscheidbar. Diskre-

panzen stellen sich entsprechend dar als Gegensatz zwischen einer epistemisch ausgezeichneten (wenngleich nicht immer idealen) assertorischen Einstellung und einer nicht (in gleicher Weise[138]) ausgezeichneten anderen assertorischen bzw. optativischen Einstellung desselben Trägers.

Wenn wir darüber hinaus voraussetzen, daß er sich seiner intentionalen Zustände bewußt ist bzw. problemlos bewußt werden kann,[139] kann er zugleich als derjenige gelten, der das Bestehen von Diskrepanzen und Aufforderungen *konstatiert*. Ist er der einzige oder doch wenigstens einer der Verantwortlichen, an die die Aufforderung gerichtet ist, können wir zudem annehmen, daß er sie als ihn (trivialerweise) "berechtigt" betreffend *anerkennt*. Bei assertorischen Einstellungen ist das (von denkbaren, extrem pathologischen Fällen abgesehen[140]) durchweg vorauszusetzen. Bei optativischen ist mit Fällen zu rechnen, in denen andere Personen die Aufgeforderten sind. Auch dann aber bleibt der Träger der Einstellung involviert, sofern er nicht in der Rolle des distanzierten Beobachters verharrt, sondern, sozusagen als "Anwalt seiner selbst", die optativische Einstellung entwickelt, der Betroffene möge die Aufforderung erkennen und anerkennen. Das soll, vorgreifend auf das Ergebnis unserer Überlegungen,[141] hier einmal pauschal vorausgesetzt werden. Wir können dann damit rechnen, daß der Träger der Einstellung sich, in der einen oder anderen Weise, stets *auch* als aufgefordert durch sie begreift, und uns im folgenden auf die weniger komplexen Fälle beschränken, in denen *nur* er betroffen ist, also auf Fälle kompletter Identität von Beobachter, Aufforderndem und Aufgefordertem. Die Frage, die wir begrifflich und theoretisch zu klären haben, ist somit, was es *heißt*, sich durch eigene, als "nicht erfüllt", also in Diskrepanz zur Wirklichkeit stehend bewertete assertorische oder optativische Einstellungen aufgefordert zu fühlen, "Richtigkeit" herzustellen.

Können wir, analog zu intersubjektiven Aufforderungen, sagen, daß der Betreffende sich selbst, schriftlich oder im stillen oder lauten Selbstgespräch, "*imperativisch* anspricht"? Kaum. Gewiß, es gibt solche Fälle. Wer ein eingefleischtes Vorurteil als Vorurteil erkannt hat, sich aber nicht ohne weiteres von ihm zu lösen vermag, kann einen darauf gerichteten Vorsatz fassen und sich, vermittelt etwa durch verbale oder andere Gedächtnisstützen, an ihn von Zeit zu Zeit bzw. bei relevanten Gelegenheiten in Form eines "Appells an die eigene Vernunft" erinnern. Wer einen Entschluß gefaßt hat, von dem zu erwarten steht, daß er ihn aus Vergeßlichkeit, Bequemlichkeit oder aus Mangel an Courage in der entscheidenden Situation, trotz bestehender Fähigkeit und Gelegenheit, möglicherweise nicht verwirklicht, kann entsprechend vorgehen und seinen "schwachen Willen" durch "rationale Selbstaufforderungen" zu "stärken" suchen. Auch das Verfahren der autosuggestiven Beeinflussung vor (z.B. sportlichen) Höchstleistungen bedient sich bekanntlich der iterierten Verwendung selbstadressierter Imperative. Mehr jedoch als eine begrenzte Anzahl einschlägiger Fälle läßt sich für diese "dramatische" Variante intrasubjektiver Aufforderungen nicht ins Feld führen. Sie setzt einen Grad an Reflektiertheit und Artikuliertheit im "Umgang mit sich" voraus, der unter außergewöhnlichen Umständen erforderlich und (bei erheblichen individuellen Differenzen) Menschen möglich, in der weit überwiegenden Mehrzahl der Fälle aber zweifellos nicht gegeben ist. Empirisch spielt sie nur eine untergeordnete Rolle und begrifflich bringt sie uns ohnehin keinen Schritt weiter. Im Gegenteil, würden alle Einstellungen nach dem gleichen Muster gedeutet, also auch jene optativischen, die den selbstadressierten Imperativen zugrundeliegen, kämen wir offensichtlich in einen Regreß. Die entscheidenden Fragen wären im intrasubjektiven Falle nicht weniger als im intersubjektiven verschoben. Imperative beruhen auf optativischen Einstellungen, die schon *bestehen* müssen und zudem meist *sekundär* sind, da sie (wenn überhaupt) normalerweise erst in der Reflexion auf schon bestehende Einstellungen gebildet werden.[142] Der Aufforderungscharakter, den unerfüllte Einstellungen *als solche* besitzen und der assertorische wie optativische Einstellungen *gleichermaßen* betrifft, läßt sich offenbar weder optativisch noch imperativisch verstehen.

3. Dispositionelle Irreduzibilität

Wie aber dann? Gibt es andere Explikationsmöglichkeiten oder haben wir von einem irreduziblen Merkmal realitätsbezogener intentionaler Einstellungen auszugehen? Ein Vorschlag zur Explikation, der in der neueren Literatur ins Gespräch gebracht wurde,[143] geht dahin, das *Faktum* der Herstellung bzw. die *Disponiertheit* des Trägers zur Herstellung von "Richtigkeit" als Kriterium dafür zu nehmen, (a) *daß* die Aufforderung besteht und (b) *welche* Einstellung zugrundeliegt: wird die Einstellung aufgegeben, liegt eine assertorische, wird die Realität verändert oder zu ändern versucht, eine optativische Einstellung mit diesbezüglichem, intrasubjektiv anerkanntem Aufforderungscharakter vor. Im Kontext unserer Untersuchungen scheint dieser Vorschlag besonders anziehend, da er mehrere unserer Probleme zugleich zu lösen verspricht. Er bestimmt den Aufforderungscharakter so, daß optativische Einstellungen (erwünschtermaßen,

S.85f.) als motivational geprägt und intrinsisch handlungsbezogen erscheinen, und er tut dies, indem er die (bislang offengebliebene, S.78f.) Frage,
was optativische und assertorische Einstellungen sind, mit dem Hinweis
auf charakteristische Dispositionen zu verschiedenen, mental ebenso wie
behavioral zu verstehenden, Anpassungsleistungen beantwortet. Bei näherer Betrachtung zeigt sich jedoch, daß er beide Aufgaben nicht bzw. nur
um den Preis zu erfüllen vermag, daß der präskriptive Charakter realitätsbezogener Einstellungen, der sich in Aufforderungen zur Herstellung von
"Richtigkeit" manifestiert, verloren geht.

3.1 Betrachten wir zunächst Punkt (b). Die dispositionelle Explikation
der *Einstellungen* ist mit diversen Problemen behaftet, von denen uns jetzt
nur diejenigen beschäftigen sollen, die die Differenzierung zwischen assertorischer und optativischer Stellungnahme betreffen.[144] Dispositionen sind
Zustände, die ihren Trägern nicht bewußt sein müssen und gewöhnlich
auch nicht bewußt sind.[145] Der theoretische Vorteil, den dies (wie wir für
optativische Einstellungen schon festgestellt hatten, S.76) für gewisse Fälle
bedeuten kann, wird zum gravierenden Nachteil, wo immer Bewußtsein im
Spiel ist. Denn wenn wir, angewandt auf den zu prüfenden Explikationsvorschlag, annehmen, daß die Träger realitätsbezogener Einstellungen sich
ihrer spezifischen Disponiertheit zur Herstellung von "Richtigkeit" vor deren Aktualisierung *nicht bewußt* sind, führt das zu der absurden, phänomenal wie theoretisch unhaltbaren Konsequenz, daß sie erst durch ihre Reaktionen auf mögliche Diskrepanzen erfahren, ob sie einen (nehmen wir an:
als solchen bereits bekannten) Sachverhalt bzw. eine Proposition "p" nun
gewünscht oder für wirklich gehalten haben, und daß sie, wenn Diskrepanzen ausbleiben, zur Unterscheidung beider Einstellungsarten überhaupt
unfähig sind.[146] Schreiben wir ihnen jedoch so etwas wie ein vorgängiges
"direktes Wissen" von ihrer Disponiertheit zu, droht, was die Explikation
zumindest der assertorischen Einstellung angeht, ein Regreß, da dieses
"Wissen" offenbar selbst assertorisch ist.[147] Auf irgendeiner Stufe unserer
Analyse müssen wir, so scheint es, ein nichtdispositionelles Bezogensein
auf Propositionen bzw. Sachverhalte anerkennen, und wenn dies zutrifft,
ist der Vorschlag bereits gescheitert.

Aber auch wenn wir die epistemische Situation des Trägers unberücksichtigt lassen und als Kriterium, ob und wie er zur "Frage der Realität"
eines Sachverhalts Stellung nimmt, nur seine Reaktionen auf mögliche Diskrepanzen zugrundelegen, bleiben entscheidende Schwierigkeiten. Eine betrifft die *Komplexität* der Zustände, die den Reaktionen *vorausgehen*. Wir

haben es ja, wenn die obige Darstellung richtig ist, nicht nur mit jeweils einer assertorischen oder optativischen Einstellung zu tun, sondern mit einer Kombination aus dieser und einer zweiten, assertorischen Einstellung, die die "Realitätsauffassung" des Trägers enthält. Beide wären als dispositionelle Zustände zu konstruieren, die im Falle der Übereinstimmung unverändert nebeneinanderstehen, im Konfliktfalle zu Korrekturen führen. Schon diese Beschreibung ist nicht leicht zu verstehen. Was soll es heißen, daß zwei Dispositionen "übereinstimmen" oder "konfligieren", und wie kann eine Disposition als Aktualisierungsbedingung einer anderen auftreten? Nehmen wir, um die zweite Schwierigkeit zu entschärfen, einmal an, daß es das (aktuelle) Ereignis des *Eintretens* eines dispositionellen Zustands ist, der die charakteristischen Reaktionen des anderen auslöst, und begnügen wir uns, was die erste anlangt, mit dem einfachen Hinweis auf das *Faktum* der Auslösung oder Nichtauslösung. Wenn wir zudem bereit sind, die durchgängige motivationale Wirksamkeit diskrepanter optativischer Einstellungen in der dem Vorschlag entsprechenden Weise vorauszusetzen,[148] ist das Konzept für diesen Einstellungstypus wenigstens theoretisch verständlich. Nicht so im assertorischen Falle, bei dem Konflikte nicht dadurch gelöst werden, daß etwas Drittes (für eine der beiden Seiten Bedeutsames) unternommen, sondern daß eine der Einstellungen aufgegeben wird. Beide haben formal den gleichen Charakter. Warum also sollte die bestehende Disposition zugunsten der neueingetretenen fallengelassen werden, nicht die neueingetretene zugunsten der schon bestehenden? Die epistemische Differenz zwischen "Realitätsauffassung" und (sagen wir, vgl. Anm.138) "bloßer Meinung", die das bislang begründen konnte, ist schwerlich als Teil der Dispositionsbedingungen zu rekonstruieren, die für die bestehende definitorisch sind, zumal diese ja gerade nicht als Disposition bestehen bleiben, sondern durch die neueingetretene ersetzt werden soll.[149] Welchen Sinn aber macht dann noch die Rede von "Konflikten" und "Korrekturen"? Zumindest für diskrepante assertorische Einstellungen scheint das dispositionelle Konzept die komplexen Gegebenheiten, von denen wir bisher ausgingen, nicht in Rechnung zu stellen und insofern weniger ein Vorschlag zur Explikation als zur theoretischen Reduktion der betreffenden Phänomene zu sein.

Mehr noch. Wenn die Komplexität der antezedierenden Zustände anerkannt wird, kann das zugrundegelegte Kriterium seine zentrale Aufgabe, sc. die differentielle Explikation assertorischer und optativischer Einstellungen, *prinzipiell* nicht erfüllen. Denn die Reaktion, die im Falle eines (nehmen wir an: dispositionell konstruierbaren) Konflikts zweier inhaltlich korrespondierender Einstellungen eintritt, kann ja, wie differenziert sie auch immer ausfällt, nie mehr belegen als (bestenfalls) das Vorhandensein der gesuchten Einstellung *in Verbindung* mit einer anderen, die im optativischen Falle sogar dem konträren Einstellungstypus zugehört.[150] Um das Kriterium zu retten, müßte die Stelle, die bisher die assertorische "Realitätsauffassung" einnimmt, durch ein geeignetes, nichtassertorisches Pendant besetzt werden, etwa (falls es das gibt) durch eine nichtintentionale und nicht propositional strukturierte Form der "Realitätswahrnehmung" oder (falls dies genügen sollte) durch ein schlichtes "Stimuliertsein durch relevante äußere oder innere Reize".[151] Ob es Beispiele einer Korrektur diskrepanter, realitätsbezogener Einstellungen gibt, die so adäquat zu beschreiben sind, kann hier dahingestellt bleiben. Klar ist, daß unsere alltägliche Erfahrung anders aussieht. Nicht der graphische Eindruck, sondern die durch ihn vermittelte und von mir für richtig gehaltene Aussage ist es, die mich beim Blick ins Lexikon davon zu überzeugen vermag, daß meine Vermutung über die Größe Feuerlands falsch war; und daß mein Wunsch, die Demokraten möchten die kommende Wahl gewinnen oder die letzte gewonnen haben, derzeit unerfüllt ist, erfahre ich auch nicht durch eine assertionsfreie "Gegen-Wahrnehmung" oder "Gegen-Stimulation". Dieser Ausweg also ist uns verschlossen.

Und selbst wenn es gelänge, Diskrepanz-Erfahrungen durchweg oder zumindest in einem Kernbereich, der sich als Basis komplexerer Fälle verstehen ließe, von assertorischen "Realitätsauffassungen" frei zu halten, wäre nicht viel gewonnen. Um assertorische und optativische Einstellungen als (ex hypothesi nicht komplexe) dispositionelle Zustände identifizieren und differenzieren zu können, müssen die *Reaktionen*, die für sie definitorisch sind, vorgängig identifizierbar sein. Diese aber enthalten gewöhnlich oder bestehen einfach in der Entwicklung neuer Einstellungen: im assertorischen Falle nahezu ausnahmslos,[152] im optativischen immer dann, wenn der Versuch, die Wirklichkeit zu verändern, sich nicht nur in blindem Aktionismus oder reflexhaft ausgeführten (wenngleich der Änderung objektiv dienlichen) Verrichtungen erschöpft, sondern auch Überlegungen bzw. Verrichtungen einschließt, die mit der (subjektiven) Erwartung oder Hoffnung verbunden sind, daß das Gewünschte eintritt. Solange diese Einstellungen unexpliziert bleiben, steht die dispositionelle Explikation in der Gefahr, zirkulär zu werden. Will sie sie jedoch einbeziehen, droht ein Regreß. Würden die reaktiv entwickelten Einstellungen nämlich gleichfalls, dem Ansatz entsprechend, als *dispositionelle* Zustände aufgefaßt, wäre das Problem verschoben und weiter verschärft, da wir es jetzt ja mit neuen Dispositionen zu tun haben, über deren Art und Bestand sich (wenn direktes Wissen ausscheidet) bis zum etwaigen Eintreten weiterer, sie betreffender Diskrepanzen und Reaktionen nichts Verbindliches sagen läßt. Früher oder später müssen wir *aktuelle* Reaktionen als Kriterien in Anspruch nehmen. Damit geraten wir in ein Dilemma. Gehören zu ihnen wiederum assertorische oder optativische Einstellungen, erweist die Explikation sich endgültig als zirkulär und wäre gescheitert. Werden sie aber ausgeschlossen, ist sie, wenn überhaupt, nur auf einen äußerst bescheidenen Teilbereich realitätsbezogener Einstellungen anwendbar, d.h. empirisch bedeutungslos. Um sie bedeutsam zu machen, müßte man zeigen, daß alle Einstellungen sich letztlich (das heißt in praxi: über eine sehr lange, vielfach verzweigte Kette von Dispositionen) auf "Basis-Einstellungen" reduzieren lassen, deren definitorische Reaktionen nichtdispositionell sind und keine Stellungnahme zur "Frage der Realität" enthalten. Für assertorische Einstellungen erscheint das unmöglich,[153] für optativische möglich, aber extrem implausibel, zumal diese Reduktion natürlich mit allen Problemen belastet wäre, die wir zuvor erörtert hatten. Wir können daher den Schluß ziehen, daß eine durchgängige dispositionelle Explikation dessen, was assertorische und optativische Einstellungen sind, ausscheidet (vgl. auch S. 100 und Anm. 177).

3.2 Wenn der Vorschlag zu halten ist, dann im speziellen Blick auf Punkt (a). Nicht daß assertorische oder optativische Einstellungen vorliegen, wohl aber daß ihre Träger in Diskrepanz-Situationen *aufgefordert* sind, "Richtigkeit" im Sinne der Einstellung herzustellen, wäre dann gleichbedeutend mit ihrer Disponiertheit zu charakteristischen Reaktionen. Ist diese Deutung plausibel? Unmittelbar sicher nicht, denn es gibt signifikante Unterschiede. Dispositionen müssen unter den sie definierenden Bedingungen aktualisiert werden, Aufforderungen können bestehen und vom Aufgeforderten intersubjektiv oder intrasubjektiv anerkannt sein, ohne daß er ihnen tatsächlich *nachkommt*.[154] Überdies hat er *verschiedene* Möglichkeiten, den Konflikt zwischen Realitätsauffassung und Einstellung aufzulösen. Er kann (A) seine Einstellung ändern, indem er sie entweder (A1) *aufgibt*, d.h. sich der Stellungnahme zur "Frage der Realität" enthält, oder (A2) *korrigiert*, d.h. in einer Weise Stellung nimmt, die mit der Realität, wie er sie versteht, übereinstimmt. Er kann aber umgekehrt (B) auch die Realitätsauffassung auf die Einstellung abstimmen, und zwar (B1) *direkt*, wenn sein vorhandener Glaube oder Wunsch zum "Vater des Gedankens" werden, oder (B2) *indirekt*, wenn er die Wirklichkeit so verändert bzw. zu ändern sucht, daß er sie im Einklang mit seiner Einstellung sehen kann. Und diese Alternativen bestehen nicht nur, sondern werden dem Betreffenden nicht selten bekannt sein als Möglichkeiten, zwischen denen er *wählen* kann. Von seiner (disjunktiven) Dispositiertheit zu "irgendeiner von ihnen" zu reden, kann daher schwerlich genügen. Man muß spezifizieren, unter welchen Bedingungen welche Reaktion eintritt, und das scheint, wenn überhaupt, nur durch äußerst komplexe und prima facie wenig plausible dispositionelle Analysen zu leisten zu sein.

Ist die Aufgabe aber nicht dadurch entscheidend vereinfacht, daß die Wahlmöglichkeiten, die theoretisch bestehen mögen, faktisch doppelt beschränkt sind: einerseits durch den *Sinn* der Einstellungen, der im assertorischen Falle auf (A) bzw. speziell (A2) verweist, im optativischen auf (B) bzw. (B2), andererseits durch die für Menschen fraglos plausible Voraussetzung, daß ihre Träger (in einem relevanten Sinn des vieldeutigen Wortes[155]) *"rational"* sind? Nein, jedenfalls nicht in der für unsere Frage entscheidenden Hinsicht. Reaktionen des Typs (B1), um mit dem scheinbar klarsten Fall zu beginnen, gelten gewöhnlich als "irrational", für assertorische Einstellungen wie für optativische. Doch sie sind möglich und nicht einmal selten, wie die Alltagserfahrung und einschlägige psychologische Untersuchungen zeigen; "psychohygienisch" und lebenspraktisch können sie sogar sinnvoll sein.[156] "Irrational" in einem Sinne, der ihre Eliminierung zwingend macht, sind sie daher mit Sicherheit nicht. Aber auch wenn dieser stärkere Anspruch erhoben und von allen "vernünftigen Wesen" faktisch erfüllt würde, wäre für unsere Frage wenig gewonnen. Wir suchen Gründe, die den Vertreter des dispositionellen Konzepts berechtigen, sich von theoretischen Komplikationen, die sein Vorhaben aussichtslos machen, theoretisch zu dispensieren. Die theoretische Lage aber ist unverändert. Nach wie vor ist es nicht die Erkenntnis, daß jemand "rational" ist, die uns Gewißheit verschafft, daß er etwaige Diskrepanz-Erfahrungen nicht mit Reaktionen des Typs (B1) beantwortet, sondern es ist die Feststellung, daß er sich anders verhält, die uns berechtigt, ihn "rational" (im fraglichen Sinne) zu nennen. Von einem vorgängigen Ausschluß dieser Alternative kann also keine Rede sein.

Ähnliches gilt für die anderen Alternativen. *Assertorische* Diskrepanzen müssen, auch wenn (B1) außer Betracht bleibt, nicht immer durch (A2) aufgelöst werden. Selbst Reaktionen des Typs (B2), die dem Sinn assertorischer Einstellungen nicht entsprechen und gewiß kein Ausdruck von "Rationalität" sind, lassen sich weder begrifflich noch empirisch ausschließen.[157] Und wie steht es in dieser Hinsicht mit der Urteilsenthaltung (A1) oder dem reaktionslosen Verharren in einem Diskrepanz-Zustand? Mit der "Realitätsauffassung", könnte man sagen, liegt die geforderte Assertion des Gegenteils bereits vor, folglich wäre es widersinnig, sich noch der Stellungnahme enthalten oder die Korrektur (A2) nicht vornehmen zu wollen. Doch hier muß differenziert werden. Bislang haben wir den Besitz einer assertorischen Einstellung durch ein Individuum unterschiedslos als Zustand des "Glaubens" oder "Behauptens" bezeichnet. *Behauptungen* aber lassen sich (sinnvoll und "rational") aufstellen, ohne daß das Behauptete für wirklich gehalten wird.[158] Nur auf der Stufe des *Glaubens* können Widersprüche entstehen, die einen vollständigen Ausschluß rechtfertigen. "Rechtfertigen" freilich in welchem Sinn und unter welchen Bedingungen? Gewiß, im allgemeinen[159] gilt es als "irrational" par excellence, eigene, evidentiell gesicherte Überzeugungen über das "Wirkliche" ohne Grund fallen zu lassen oder zu glauben, daß p, obwohl man zugleich davon überzeugt ist, daß -p. Empirisch oder begrifflich ausschließen aber läßt es sich nicht, nicht einmal ein anhaltend widersprüchliches Glauben.[160] Denn der widersprüchliche Glaubenszustand muß dem Betroffenen nicht zu Bewußtsein kommen,[161] und wenn er sich seiner bewußt wird und sich als "vernünftiges Wesen" zu Korrekturen gezwungen sieht, ist deren Vollzug ein zusätzlicher Schritt[162] und es sind (pathologische) Umstände denkbar, in denen er unfähig ist, sich ohne weiteres von einer fixierten Meinung zu lösen, oder in denen er seine Selbstwidersprüchlichkeit lediglich in der Haltung des (reflexiv) teilnahmslosen Beobachters registriert.[163] Irrationalität, auch in der Extremform eines manifest widersprüchlichen Glaubens, ist denkbar. Und wenn ihr Ausschluß zumeist gerechtfertigt ist, so deshalb, *weil* Menschen gewöhnlich in der geforderten Weise reagieren und sich damit als "rationale" Wesen *erweisen*, nicht weil ihre gesicherte "Rationalität" abweichende Reaktionen unmöglich macht.

Es kommt hinzu, daß der Reaktionsspielraum sich in der Regel dadurch erheblich vergrößert, daß die epistemische Situation komplexer und differenzierter ist, als wir dies mit der Annahme einer eindeutigen epistemischen Auszeichnung der "Realitätsauffassung" bislang in Rechnung gestellt haben. Die subjektiven Evidenzen dafür, was "wirklich" ist, wechseln von Situation zu Situation und sind auch situativ großenteils widersprüchlich, evidentiell unzureichend und unklar, was ihr Gewicht betrifft. Nicht immer liegt eine begrenzte, überschaubare Menge von Evidenzen vor, die sich unter einheitlichen Gesichtspunkten vergleichen und bilanzieren lassen. Nicht immer wird eine mögliche Bilanz auch faktisch gezogen, und wenn sie gezogen wird, erweisen die Optionen sich nicht selten als (in etwa) gleichgewichtig oder als relativ auf subjektive Gewichtungen. In einem sehr restriktiven Sinn, der vor allem von Philosophen favorisiert wird,[164] kann man von einem "rationalen" Verfahren nur sprechen, wenn eine Bilanzierung erfolgt und bei anhaltender Ungewißheit Urteilsenthaltung geübt oder epistemisch qualifizierte Urteile gefällt werden, die den erreichten Gewißheitsgrad bzw. die bestehenden Vorbehalte und Zweifel detailliert widerspiegeln. Doch selbst wenn wir die durchgängige Rationalität aller (normalen, erwachsenen) Menschen in diesem engen Sinne voraussetzen könnten, bliebe der Spielraum groß.[165] Und die Voraussetzung entspricht nicht der Alltagserfahrung. Obwohl sie sich dessen bewußt sind, daß ihre Evidenzen nicht eindeutig sind oder für kategorische Assertionen nicht ausreichen, sind Menschen gewöhnlich aufgrund einer "natürlichen Glaubenswilligkeit" oder eines bewußten Sich-Entscheidens für oder Sich-Einlassens auf bestimmte Glaubensinhalte, bereit, temporär (wenngleich mit mehr oder weniger großer Revisionsbereitschaft für die Zukunft) kategorische assertorische Einstellungen zu entwickeln.[166] Dennoch gelten sie nicht allein deshalb als "irrational".

Entsprechend gibt es auf Konflikte, die diesen Hintergrund haben oder mit dem Bewußtsein der grundsätzlichen Relativierbarkeit partikulärer Diskrepanz-Erfahrungen aufgefaßt werden, meist nicht nur eine "rationale" Reaktion, sondern mehrere. Urteilsenthaltung bei (annäherndem) Gleichgewicht ist eine Möglichkeit, aber als solche weder normativ noch etwa faktisch zwingend. Konflikte zwischen zwei gleichrangigen assertorischen Einstellungen werden von vielen Menschen in vielen Fällen auch dadurch "vernünftig" gelöst, daß sie sich für eine Seite entscheiden: sei es ohne besonderen Grund, sei es im Rekurs auf bestehende übergeordnete Gründe für eine Entscheidung überhaupt oder im Rekurs auf spezielle Gründe, die erst in der Situation, durch subjektive Präferenzierung oder evidentielle Gewichtung, eingeführt werden.[167] Andere Menschen werden sie in der Hoffnung auf weitere, klärende Evidenzen oder auf spätere (derzeit fehlende) eigene Entscheidungsbereitschaft ungelöst lassen und zwischenzeitlich in ihrem Urteil schwanken. Ebenso werden Konflikte zwischen ungleichgewichtigen Einstellungen nicht immer zugunsten der epistemisch ausgezeichneten aufgelöst, sondern im Wissen darum, daß prima facie eindeutige Annahmen über das "Wirkliche" sich schon als reversibel erwiesen haben, zeitweilig ungelöst gelassen oder gelöst, indem man (wegen des aufgetretenen Konflikts) die ausgezeichneten unter Vorbehalt stellt oder sich bis auf weiteres jeder Stellungnahme zur Sache enthält.[168] Gewiß, die Grenzen zur Irrationalität oder zu einem nur lebenspraktisch oder "psychohygienisch" rationalen Verfahren sind fließend. *Wenn* eine unangezweifelte "Realitätsauffassung" vorliegt und bestehen *bleibt*, ist Indifferenz ex hypothesi ausgeschlossen und ein Festhalten an der gegenteiligen "bloßen Meinung" nach allgemeiner Einschätzung irrational und empirisch außergewöhnlich. Aber auch eine solche Haltung ist denkbar und die Prämisse keineswegs immer gegeben.

Noch aussichtsloser ist der Versuch, Reaktionen auf diskrepante *optativische* Einstellungen vorgängig einzuschränken. Abgesehen von der schon angesprochenen Alternative (B1) erscheint keine der erwogenen Möglichkeiten als solche "irrational". Selbstwidersprüchlichkeit scheidet prinzipiell aus.[169] Reaktionen des Typs (B2), die man zunächst für die einzigen halten mag, die vom Sinn optativischer Einstellungen her zulässig sind, erweisen sich bei genauerem Zusehen weder als faktisch zwingend noch für alle "vernünftigen Wesen" zwingend geboten. Denn nicht jeder Versuch, die Wirklichkeit wunschgemäß zu verändern, ist (nach gewöhnlichem Verständnis) "rational", nicht jedes Ausbleiben eines solchen "irrational". Im Gegenteil, wer nicht weiß, was er zur Realisierung des Gewünschten beitragen könnte, oder wer davon überzeugt ist, daß er die hierzu benötigte Fähigkeit oder Gelegenheit nicht besitzt, daß das Gewünschte unmöglich ist oder daß es auch ohne sein Zutun eintritt, stellt seine "Rationalität" gerade dadurch unter Beweis, daß er sinnlosen Aktionismus vermeidet. Ähnliches gilt für die Rücksicht auf weitere, konfligierende Wünsche. Obwohl er sich also der anhaltenden Diskrepanz zur Wirklichkeit und der Aufforderung zur Herstellung von "Richtigkeit" voll bewußt bleibt, kann er an seiner optativischen Einstellung festhalten. Andererseits ist es mit seiner "Vernünftigkeit" ebenfalls gut vereinbar, wenn er aufgrund der Einsicht in ihre Nichtrealisierbarkeit oder Unvereinbarkeit mit anderen Wünschen von ihr Abstand nimmt oder (dem stoischen Rat entsprechend) bestrebt ist, nur solche Dinge zu wünschen, deren Realisierung ihm potentiell möglich ist. In diesem Falle wird der Konflikt zwar aufgelöst, doch gerade nicht durch eine Reaktion des Typs (B2), die zur "Richtigkeit" im Sinne der Einstellung führen würde, sondern durch eine Reaktion des Typs (A), die bedeutet, daß ihrer spezifischen Forderung nicht entsprochen wird.[170] Daß die konkrete Wahlsituation sich auch bei optativischen Einstellungen durch die mögliche Relativierung der "Realitätsauffassung" weiter kompliziert und daß jede Beschränkung auf ein "optativisch rationales" Verfahren auch hier nur in Abhängigkeit von den faktischen Reaktionen der Individuen möglich wäre, versteht sich nach dem oben Gesagten von selbst.[171]

3.3 Es gibt also, faktisch und prinzipiell, vielfältige Möglichkeiten, auf Diskrepanz-Erfahrungen zu reagieren, "rationale" wie "irrationale". Sie *können* die Auflösung der Diskrepanzen beinhalten, *müssen* es aber nicht, und wenn sie es tun, muß das nicht heißen, daß "Richtigkeit" *im Sinne* der Einstellung hergestellt wird. Da dieser Sinn sich somit als prinzipiell unabhängig vom Reagieren der Träger erweist und oft genug auch als solcher von ihnen erfaßt werden dürfte, enthält das Vorstehende einen weiteren, grundsätzlichen Einwand gegen den Vorschlag, assertorische und optativische Einstellungen als Dispositionen zu korrektiven Reaktionen zu explizieren. Aber auch die Idee einer dispositionellen Explikation ihres Aufforderungscharakters allein erscheint unter diesen Bedingungen aussichtslos, und dies aus mehreren Gründen.

Die immense *Komplexität* der Analysen, die man benötigen würde, um allen Varianten Rechnung zu tragen, steht in auffälligem Kontrast zur Alltäglichkeit der Phänomene, um die es geht, und führt auch theoretisch in unüberwindliche Schwierigkeiten. Wie jemand, der sich zur Herstellung von "Richtigkeit" aufgefordert fühlt, reagiert, hängt ja nicht nur vom Sinn der Einstellung und ihrem partikulären Inhalt ab, sondern auch von seinen theoretischen und praktischen Fähigkeiten, seinen Charaktereigenschaften, seiner situativen Befindlichkeit und vor allem von Verlauf und Ergebnis der Überlegungen, die er in der Aufforderungssituation anstellt. Letztere bringen zusätzliche Einstellungen ins Spiel, die neue Diskrepanzen heraufbeschwören, deren Aufforderungscharakter wiederum, unter Berücksichtigung aller bestehenden Reaktionsmöglichkeiten, dispositionell analysiert werden müßte. Und da der Umfang von Überlegungen empirisch offen, ja theoretisch infinit ist, kann man schon an der *Möglichkeit* hinreichend verläßlicher dispositioneller Analysen zweifeln.[172]

Sehen wir davon jetzt aber einmal ab und unterstellen wir, daß die benötigten Analysen *prinzipiell* durchführbar sind. Auch dann ergeben sich entscheidende Einwände. Zunächst bleibt die Applikabilität des Modells auf *konkrete* Erscheinungen weiterhin offen. Über die Disponiertheit eines *einzelnen* Menschen gegenüber Einstellungen bzw. Diskrepanz-Erfahrungen, die er selten oder nur einmal in seinem Leben hat und die in keins der bekannten Schemata passen, lassen sich mangels hinreichender empirischer Evidenzen keine verläßlichen Aussagen machen. Solche Fälle aber sind keine Seltenheit. Zudem liegen auch für die permanenten oder länger anhaltenden Einstellungen von Individuen gewöhnlich keine hinreichenden Evidenzen vor, aus denen sich generelle Reaktionsschemata ableiten ließen. Empirisch einlösbar wäre das dispositionelle Explikationsprogramm also bestenfalls für die (sehr kleine) Klasse von Wünschen und Meinungen, für die die Annahme plausibel ist, daß *alle* Menschen bzw. alle Mitglieder einer bestimmten Gruppe sie in bestimmten, länger andauernden Lebensabschnitten teilen. Für alle anderen Fälle müßte man es bei einem pauschalen Analogieschluß auf komplexe, ähnlich strukturierte Dispositionen belassen. Und wenn das Programm sich (was nach dem zuvor Gesagten eher wahrscheinlich sein dürfte) auch für die Musterfälle nicht wirklich einlösen läßt, kann man nur noch von einem unspezifizierten Disponiertsein zu Reaktionen der angegebenen Formen reden.

Zweifelhaft ist aber auch die phänomenale *Angemessenheit* dispositioneller Beschreibungen. Denn jene Überlegungen, die zwischen Diskrepanz-Erfahrungen und Reaktionen vermitteln, lassen sich durchgängig kaum als Resultante aktualisierter, interagierender Dispositionen begreifen. Dispositionen sind generell, Überlegungen dagegen vollziehen sich unter besonderen, situativ veränderten Umständen. Generelle Fähigkeiten kommen dabei zur Anwendung und mögen gewisse Schritte, etwa solche des theoretischen oder praktischen Schließens auf der Basis gegebener Prämissen und Schlußprinzipien, hinreichend erklären.[173] Überlegungen aber sind darauf nicht eingeschränkt. Sie sind primär darauf ausgerichtet, relevante Fakten und Reaktionsmöglichkeiten zu eruieren, wobei heuristischen, der speziellen Situation angepaßten Denkleistungen wenigstens ebenso große Bedeutung zukommt wie schlußfolgerndem Denken. Daß sie auf bestehende Dispositionen zurückzuführen sein könnten, ist alles andere als offenkundig. Vielmehr bemißt sich die Intelligenz des Überlegenden gerade danach, wie weit er fähig ist, sich auf neue Umstände einzustellen und, wo erforderlich, von bestehenden Denkgewohnheiten frei zu machen. Noch mehr gilt dies für die Abwägung zwischen erkannten Optionen, für die persönliche Stellungnahme zu ihnen und für die definitive Entscheidung.[174] Situationen des Überlegens sind eben nicht nur Anwendungssituationen, sondern partiell immer auch Lernsituationen, in denen neue Einstellungen und Fähigkeiten erworben werden. Nur wenn es (vermutlich: per impossibile[175]) möglich wäre, alle beteiligten Lernschritte dispositionell zu erklären, wäre die durchgängige dispositionelle Deutung auch von Überlegungsprozessen plausibel.

Vor allem aber ist zu bezweifeln, ob selbst eine gelungene, durchgängig angemessene und empirisch anwendbare dispositionelle Analyse überhaupt eine *Antwort* auf die Frage zu geben vermag, was es heißt, durch unerfüllte assertorische und optativische Einstellungen "aufgefordert" zu sein, "Richtigkeit" in einem spezifischen Sinne herzustellen. Dispositionen können neben Aufforderungen bestehen und, gegebenenfalls, mit ihrem Eintreten aktualisiert werden, aber sie sind die Aufforderungen nicht. Die Differenz kann verdeckt sein in Fällen, in denen Reaktionen, die dem Sinn der Einstellung entsprechen, unmittelbar auf den Eintritt der Aufforderungssituation folgen. Dazu gehören normalerweise die Korrektur einfacher empirischer Annahmen (z.B. daß noch Bier im Kühlschrank ist) durch direkte sinnliche Wahrnehmung und die Verwirklichung einfacher, präsentischer Wünsche (Einnahme einer bequemeren Lage, Abschwingen beim Skifahren). Fehlt die Entsprechung[176] oder tritt die Reaktion später ein, bedingt durch die Intervention nicht überlegungsabhängiger, fremder Ereignisse oder vermittelt durch relevante, mehr oder weniger umfängliche Überlegungen, wird die Differenz offenkundig. Für assertorische Einstellungen gilt das zumindest bei bestehender epistemischer Unsicherheit, für optativische nahezu immer. Auch wo kein Zweifel herrscht, daß und zu welcher Reaktion uns ein unerfüllter Wunsch auffordert ("Zigarettenpause!"), steht er gewöhnlich im Horizont einer Reflexion auf das Ob und das Wann seiner Verwirklichung, in zahllosen anderen Fällen (Einkauf, Kinobesuch, Fahrtroutenplanung etc.) zudem auch auf das Wie. Überlegungen, praktische wie theoretische, die unter dem Eindruck konkreter Diskrepanz-Erfahrungen angestellt werden,[177] setzen nach oder bestenfalls gleichzeitig mit diesen ein, brauchen Zeit und können, wie wir gesehen haben, auch darin resultieren, daß der Aufforderung wissentlich nicht entsprochen wird. *Daß* sie besteht, muß dem Betroffenen, sofern er durch sie zum Überlegen veranlaßt und in dessen Vollzug maßgeblich mitbestimmt wird, nicht weniger als ihr spezifischer *Sinn* schon am Anfang des Überlegungsprozesses zu Bewußtsein gekommen sein und, phasenweise zumindest, bis zum Ende bzw. bis zur tatsächlichen Aufhebung der Diskrepanzen bewußt bleiben. Selbst wenn es also, fern aller Alltagserfahrung und jeder realistischen theoretischen Erwartung, möglich wäre, Überlegungen und Reaktionen vollständig auf gegebene Dispositionen zurückzuführen, wären diese zur Explikation des Aufforderungscharakters diskrepanter assertorischer und optativischer Einstellungen ebenso ungeeignet wie zur Explikation solcher Einstellungen insgesamt.[178]

3.4 Theoretisch stehen wir damit vor folgender Situation. Da wir die Präskriptivität realitätsbezogener Einstellungen, wie sich gezeigt hat, weder imperativisch noch dispositionell explizieren können, andere Explikationsmöglichkeiten aber ebensowenig in Sicht sind, müssen wir uns, *wenn* wir an dieser Charakterisierung festhalten, offenbar mit dem Gedanken vertraut machen, daß wir es mit einem elementaren, begrifflich irreduziblen Merkmal zu tun haben. Ihre phänomenale Angemessenheit und theoretische Unverzichtbarkeit haben wir bislang vorausgesetzt. Doch *ist* sie sicher? Könnte der dispositionelle Explikationsvorschlag, seiner empirischen und theoretischen Unzulänglichkeit ungeachtet, nicht als Ausdruck eines entsprechenden Zweifels bedeutsam bleiben? Auch wenn man von der Idee der vollständigen dispositionellen Analysierbarkeit Abschied nimmt, könnte man ja daran festhalten, daß die Situation, die wir als intrasubjektive, der intersubjektiven strukturell vergleichbare Aufforderungssituation beschrieben haben, einen weniger komplexen, *unspezifiziert* dispositionellen Charakter hat. Daß wir uns, wenn wir uns des Bestehens von Diskrepanzen bewußt werden, als rationale Wesen "gezwungen" fühlen, etwas zu ihrer Beseitigung zu unternehmen, hieße dann etwa nur, daß wir über ein angeborenes oder erworbenes "direktes" (Anm. 147) Wissen von unserer Disponiertheit verfügen, auf Diskrepanz-Erfahrungen *normalerweise*, wenngleich nicht ausnahmslos, in *irgendeiner* von mehreren relevanten Formen adaptiv zu reagieren oder in diesbezügliche Überlegungen einzutreten, verbunden allenfalls noch mit einem charakteristischen "Gefühl des Unbehagens" angesichts bestehender bzw. fortbestehender Diskrepanzen oder gewisser (als "irrational" bewerteter) Reaktionen. Eine denkbare theoretische Alternative ist diese abgeschwächte Variante der dispositionellen Explikation gewiß, und wer die mit ihr verbundene Eliminierung des präskriptiven Charakters realitätsbezogener Einstellungen für theoretisch leichter erträglich hält als seine begriffliche Irreduzibilität, wird geneigt sein, sie zu ergreifen. Doch es ist mehr als zweifelhaft, daß sie den Phänomenen Genüge tut.

Auf ein besonderes "Gefühl des Unbehagens" kann es offenkundig nicht ankommen, denn ein solches liegt eher selten, keinesfalls aber immer vor. Entscheidend ist nur das Eintreten von Adaptionsleistungen und Überlegungen. Da diese jedoch, wie das abgeschwächte dispositionelle Konzept selbst anerkennt, gleichfalls nicht unter allen Umständen vorliegen, kann unter seiner Voraussetzung von einer durchgängigen Bezogenheit diskrepanter Einstellungen auf die Herstellung von "Richtigkeit" und damit, a fortiori, auch vom intrinsischen Handlungsbezug optativischer Einstellungen nicht mehr die Rede sein.[179] Nach der beanspruchten Explikation dessen, was assertorische und optativische Einstellungen sind, würde nun auch der zweite theoretische Vorzug des Konzepts hinfällig (vgl. S. 91f.). Offenbar gehen seine reduktionistischen Konsequenzen über die intendierte Kritik am "Aufforderungscharakter" hinaus. Auch diese wären natürlich zu akzeptieren, wenn zwingende Gründe dafür vorhanden sind. Das bloße Interesse an einer theoretischen Alternative genügt allerdings nicht. Vielmehr müßte gezeigt werden, daß man von "Aufforderungen" im gegenwärtigen Falle nicht reden kann, weil die charakteristische "Stellungnahme" des Aufgeforderten zur Frage, ob er ihnen nachkommt oder nicht, für Reaktionen auf Diskrepanz-Erfahrungen, gleichgültig wann und in welcher Form sie eintreten, gewöhnlich keine Bedeutung hat. Hier liegt der Kern der geäußerten Skepsis, der sich bei näherer Betrachtung jedoch als nicht gegründet erweist.

Am deutlichsten ist das bei unerfüllten *optativischen* Einstellungen. Der "Zwang", der von ihnen ausgeht, besteht nicht einfach im Faktum von oder im Wissen um unsere Geneigtheit zu (adaptiven oder nichtadaptiven) Reaktionen und Überlegungen, sondern im Wissen darum, daß Reaktionen bzw. Überlegungen "nötig" sind und daß sie, solange sie unerfüllt bleiben, den Betroffenen "vor die Frage stellen", ob, wann und wie er zugunsten ihrer Erfüllung tätig wird. In vielen Fällen bildet die explizite Stellungnahme zu ihr den Abschluß des Überlegungsprozesses. Und wenn eine solche ausbleibt, weil der Betreffende (aus welchen Gründen auch immer) zu keinem Ergebnis kommt oder in ernsthafte Überlegungen gar nicht erst eintritt, wird er sich, sofern er die Unerfülltheit seiner Einstellung überhaupt realisiert, wenigstens des Bestehens der Frage und der Möglichkeit einer Stellungnahme bewußt sein; manifest etwa darin, daß er an seiner Entschlußlosigkeit oder gegenwärtigen Überlegungsunfähigkeit leidet oder sich über sein unkontrolliertes, blind aktionistisches Reagieren oder seine Tendenz, den Wunsch zum "Vater des Gedankens" werden zu lassen, ärgert. Eigene Reaktionen auf Diskrepanz-Erfahrungen als irrational zu begreifen, heißt, im Gegensatz zur Beurteilung der Rationalität anderer, offenbar niemals *nur*, sie in ein bestehendes Schema deskriptiv einzuordnen, sondern sie als Verletzung einer bestehenden Norm zu werten (vgl. Anm.133). Dies zumindest gilt auch für das reflexive Bewußtsein der eigenen Vorurteilsbefangenheit oder sonstigen "irrationalen" Fixiertheit auf realitätsdiskrepante *assertorische* Einstellungen. Gewiß, das sind Ausnahmefälle. Doch der "rationale" Normalfall liefert entsprechende Evidenzen. Wenn wir eine Meinung, die sich als (epistemisch zweifelsfrei) irrig erwiesen hat, unverzüglich zugunsten der relevanten Realitätsauffassung fallenlassen, tun wir das (normalerweise[180]) ebenfalls nicht in der Haltung eines neutralen Beobachters, sondern in dem Bewußtsein, eine falsche Einstellung zu korrigieren.

Eine "Korrektur" vorzunehmen, heißt aber nichts anderes, als der Präskription einer bestehenden, subjektiv anerkannten Norm nachzukommen. Ohne daß wir uns reflexiv mit ihnen auseinandersetzen und sie ausdrücklich verwerfen müßten, steht unsere "rationale" Reaktion im Horizont weiterer Reaktionsmöglichkeiten und enthält eine implizite bzw. verweist auf die Möglichkeit einer expliziten Stellungnahme zu ihnen. Ähnliches gilt für das Bewußtsein unseres "rationalen" Verfahrens bei der direkten Verwirklichung elementarer Wünsche oder beim Überlegen unter Bedingungen epistemischer Unsicherheit.

Obwohl Reaktionen in Diskrepanz-Situationen nicht immer auf einer überlegten Entscheidung beruhen und nicht immer (in einem relevanten Sinne) "rational" sind, bleiben sie normalerweise, auch in den devianten Fällen, explizit oder implizit an einem mehr oder weniger klar umrissenen Maßstab des "besonnenen Reagierens"[181] orientiert, der es plausibel erscheinen läßt, sie nicht nur als Aktualisierungen von (spezifischen oder unspezifischen) Dispositionen zu beschreiben, sondern als "Antworten" auf bestehende "Forderungen". Diese Beschreibung dürfte ohne weitere Explikationen verständlich sein und dem vortheoretischen Selbstverständnis ebenso wie der theoretischen Reflexion, soweit sie auf die adäquate Erfassung der Phänomene beschränkt ist, entsprechen. Daß es sich dabei, wie der Skeptiker einwenden könnte, lediglich um eine "rationalistische" Deutung handelt, die der illegitimen metaphorischen Verwendung einer Begrifflichkeit entspringt, die eigentlich nur in intersubjektiven Aufforderungssituationen bzw. in der subjektiven Befolgung selbstadressierter Imperative oder explizit formulierter Normen Sinn macht, ist theoretisch denkbar, aber angesichts der vorliegenden Evidenzen mehr als unwahrscheinlich. Offenbar ist es nicht die Rücksicht auf die phänomenalen *Gegebenheiten*, sondern das Interesse an ihrer theoretischen *Reduktion*, das dem dispositionellen Ansatz zugrundeliegt.

Daß diese schwache Begründung für ein Konzept, das sich ohnehin, wie wir gesehen haben, nur in einer sehr schwachen Version vertreten läßt, genügen könnte, um das Kriterium der Präskriptivität zu verabschieden, erscheint von vornherein mehr als zweifelhaft, inakzeptabel aber jedenfalls dann, wenn man die reduktionistischen Konsequenzen berücksichtigt. Nicht allein der *Bezug* zur Herstellung von "Richtigkeit", an dem wir mit Blick auf das Problem der Motivationalität optativischer Einstellungen interessiert sind, auch der *Bestand* realitätsbezogener Einstellungen selbst ist in Frage gestellt. Eine assertorische oder optativische Einstellung zu haben, heißt nach unserer früheren Darstellung: in einer bestimmten, durch die konträren Bedingungen ihrer "Richtigkeit" definierten Weise "zur Frage der Realität Stellung nehmen". Jetzt dagegen hätten die Prädikate 'richtig' und 'unrichtig' entweder überhaupt keine Bedeutung mehr oder nur die von nichtpräskriptiven Wertprädikaten (Anm.133), die dazu dienen, die Gegebenheiten aus einer Position der unengagierten Distanz heraus zu klassifizieren, die vielleicht die eines idealen Beobachters sein kann, nicht aber die des Betroffenen, der persönlich Stellung bezieht.[182] Seine Haltung wäre nur auf der Basis des kompletten dispositionellen Explikationsprogramms verständlich, das sich als undurchführbar erwiesen hat. Wer den Rekurs auf assertorische und optativische Einstellungen nicht gleichfalls aufgeben will, muß an der präskriptiven Charakterisierung festhalten.

4. Präskriptivität optativischer Einstellungen

Worin aber besteht diese "Präskriptivität" und in welchem Sinne lassen sich optativische Einstellungen als "motivational geprägt" und "handlungsbezogen" kennzeichnen? Um diese Fragen beantworten zu können, müssen wir methodische Konsequenzen aus dem Scheitern der bislang erörterten Ansätze ziehen. Zwei Korrekturen sind angezeigt. Der imperativische wie der dispositionelle Explikationsversuch sind zum einen deshalb gescheitert, weil sie begrifflich nicht *radikal* genug sind. Beide setzen optativische und assertorische Einstellungen an entscheidender Stelle bereits *voraus*. Im imperativischen Falle war der Erklärungsregreß evident (S.90f.). Im dispositionellen ergab er sich, was den uneingeschränkten Explikationsanspruch angeht, spätestens bei dem Versuch, relevante Dispositionsbedingungen und Reaktionen zu *spezifizieren* (S.93ff.). Eigentlich aber war es bereits seine Unfähigkeit, realitätsbezogene Einstellungen als intentionale Zustände, deren wir uns auch unabhängig von faktischen oder denkbaren Reaktionen *bewußt* sein können, verständlich zu machen, die das dispositionelle Verfahren auf einer elementaren Ebene ausschloß. Dispositionell explizierbar ist offenbar *nur* die höherstufige Rede von *"unbewußten"* (permanenten oder länger anhaltenden) Einstellungen, die auf der Rede über bewußte, aktuelle Einstellungen fußt.[183] Diese gilt es primär verständlich zu machen, was die Bereitschaft einschließt, irreduzible Gegebenheiten, mit denen auf einer elementaren Ebene natürlich zu rechnen ist, auch für bewußte intentionale Zustände anzuerkennen.

Wie wir konkret zu verfahren haben, ergibt sich aus einer zweiten methodischen Änderung. Offenbar ist der Gedanke abwegig, Sinn, Präskriptivität, Handlungsbezogenheit und Motivationalität optativischer Einstellungen ließen sich sozusagen "auf einen Streich", durch ein *einziges* theoretisches Schema verständlich machen. Der dispositionelle Ansatz hat das versucht und dabei nicht nur vorhandene Unterschiede, sondern auch bestehende Zusammenhänge verfehlt. Präskriptivität und Motivationalität blieben in seiner Darstellung unzureichend differenziert, manifest in der fehlenden Rücksicht auf den sachlich, nicht selten aber auch zeitlich bedeutenden Unterschied zwischen "Aufforderung" und sinnentsprechender "Reaktion". Wir müssen daraus die Konsequenz ziehen, beide Probleme getrennt zu behandeln, wobei es naheliegt, die Fragen der *Motivationalität* und des faktischen *Eintritts* ins Handeln (Abschnitt 6) bis zur Klärung der *Präskriptivität* und intrinsischen *Handlungsbezogenheit* (Abschnitte 4-5) zurückzustellen.[184] Daß der dispositionelle Ansatz die beiden letzteren nicht adäquat zu erfassen vermochte, und zwar auch und gerade dort, wo sein Explikations- bzw. Reduktionsanspruch auf sie beschränkt war, lag jedoch nicht nur an der mangelnden Trennung vom Motivationsproblem, sondern, wie sich zuletzt andeutete, auch an der mangelnden Rücksicht auf den internen Zusammenhang, der zwischen dem *Sinn* realitätsbezogener Einstellungen und ihrer Präskriptivität besteht. Nur die konträren und, wie wir nach der Kritik in Abschnitt 3.4 definitiv festhalten können, "präskriptiven" Kriterien der "Richtigkeit" waren es ja, die den Unterschied zwischen optativischen und assertorischen Einstellungen ausmachten (vgl. S.86f.). Dies vor allem ist es, was es mit ihrem "Aufforderungscharakter" verständlich zu machen gilt. Die vorstehenden Untersuchungen haben die wichtigsten Punkte schon in den Blick gebracht, müssen nun aber systematisiert und ergänzt werden.

4.1 Vor allem müssen wir unser Blickfeld erweitern. Wir haben das Problem der Präskriptivität bislang anhand der Frage verfolgt, was es heißt, durch eigene, als "nicht erfüllt" eingestufte Einstellungen "intrasubjektiv aufgefordert" zu sein, "Richtigkeit" im Sinne der Einstellung herzustellen. Daher standen *Diskrepanz*-Situationen im Mittelpunkt (vgl. S.87), die sich, bezogen auf aktuelle, situativ bewußte optativische Einstellungen beliebiger Individuen x, schematisch durch folgende fünf Bedingungen explizieren lassen:[185]

108

(1) x ist Träger eines Wp-Zustands, erhebt also den Anspruch, daß es "der Fall sein möge, daß p";

(2) x glaubt, d.h. ist Träger einer korrespondierenden assertorischen Einstellung, daß "faktisch -p" (negative Realitätsauffassung);

(3) x ist sich (reflexiv) dessen bewußt, daß (1) und (2);

(4) x hat, aufgrund von (3), ein (reflexives) Bewußtsein davon, daß sein optativischer Anspruch "nicht erfüllt" ist, d.h. in Diskrepanz zur Wirklichkeit steht; und

(5) x begreift sich, aufgrund von (4), "intrasubjektiv aufgefordert", Sorge zu tragen, daß "faktisch p".

Diskrepanz-Situationen sind der nächstliegende und klarste Fall, doch sie sind nicht der einzige, den wir berücksichtigen müssen, wenn es darum zu tun ist, den präskriptiven Sinn optativischer Einstellungen als solcher verständlich zu machen.

Dieser kann mit dem Bewußtsein des in (5) artikulierten Faktums des "Aufgefordertseins" nicht einfach gleichgesetzt werden. Er muß auch in Situationen erkennbar sein, in denen unsere Bedingungen (1) und (2) nicht erfüllt sind. Auch derjenige, der eine Einstellung, ohne sie selbst zu haben, als faktische Haltung eines anderen konstatiert bzw. sie ihm als solche zuschreibt oder der sie als mögliche Weise der realitätsbezogenen Stellungnahme abstrakt in Erwägung zieht, kann dies nur tun im Bezug auf relevante Kriterien der "Richtigkeit". Neben dem *"engagierten"* haben wir daher auch den *"distanzierten"* Umgang mit optativischen Einstellungen zu berücksichtigen. Ebenso muß sich die Tatsache, daß jemand optativisch zur "Frage der Realität" Stellung nimmt, unabhängig davon identifizieren lassen, ob er eine korrespondierende (kategorische oder epistemisch qualifizierte) assertorische Einstellung hat oder nicht, und wenn ja, ob er die Realität von "p" negiert oder affirmiert. Andernfalls gäbe es keine Möglichkeit, *erfüllte* Wünsche als "Wünsche" kenntlich zu machen und die Pointe von Überlegungen zu verstehen, die in dem Interesse angestellt werden, *Klarheit* darüber zu gewinnen, ob ein Wunsch als erfüllt gelten kann oder nicht.[186] In einer generalisierten Version müßte demnach an die Stelle von (2) eine Bedingung treten, in der nicht nur von einer "negativen", ja im Hinblick auf Fälle der Urteilsenthaltung sinnvollerweise überhaupt nicht mehr von einer "Realitätsauffassung" des Trägers die Rede sein kann, sondern nur noch von seiner in dieser Beziehung unspezifizierten *"epistemischen Haltung"*. Und in einem entsprechend weiten Sinn wäre in (4) statt von einem negativ spezifizierten "Bewußtsein der Diskrepanz" von einem unspezifizierten *"Erfüllungsbewußtsein"* zu reden.

Mit diesen Generalisierungen kann unsere Aufgabe genauer bestimmt werden. Optativische Einstellungen können auf einer elementaren Ebene nur als bewußte intentionale Zustände aufgefaßt werden, die durch spezifische, präskriptive Kriterien der "Richtigkeit" definiert sind. *Als solche* müssen sie identifizierbar sein, wenn, aus welcher Perspektive auch immer, auf sie Bezug genommen wird. Ihre Präskriptivität aber kommt erst im Kontext unserer Bedingung (5) in den Blick, die ihrerseits durch die Bedingungen (1)-(4) fundiert ist. Daraus ergeben sich drei zentrale *Probleme*. Das *erste* schließt an die zurückliegenden Untersuchungen an und betrifft die Frage, wie das "intrasubjektive Aufgefordertsein" von (5) und seine Identifizierung aus der Perspektive des Aufgeforderten wie der des distanzierten Betrachters positiv zu verstehen sind, nachdem imperativische und dispositionelle Explikationen ausscheiden. Ihre Beantwortung muß bis zur Lösung des *zweiten* Problems, das die Bedeutung von (5) berührt, warten: Wie ist die Präskriptivität optativischer Einstellungen zu bestimmen, wenn dies, wie wir gesehen haben, prinzipiell unabhängig von der Erfüllung unserer Bedingungen (1)-(5) zu geschehen hat? Auch wenn wir die abstrakte Bezugnahme auf "Wp" als bloße Möglichkeit aus dem Spiel lassen und uns in der Erwartung, sie als parasitären Fall verstehen zu können, auf vorliegende Wp-Zustände, eigene oder fremde, beschränken, bleibt die Erfüllung der korrespondierenden Bedingungen (2)-(5) zweifelhaft. Die Erfüllung von (5) hängt davon ab, ob die fundierende epistemische Haltung negativ ist, sowie davon, ob es, wie immer die Haltung aussieht, zum reflexiven Erfassen der korrespondierenden Einstellungen und zum Erfüllungsbewußtsein kommt. Ja, schon der Eintritt der epistemischen Haltung als solcher stellt eine Bedingung dar, deren Erfüllung zweifelhaft bleiben könnte.

Das führt zum *dritten* Problem, das bislang kaum in den Blick trat,[187] nun aber vordringlich zu erörtern ist, da es den Schlüssel zur Lösung des ersten und zweiten liefert. Wenn wir, um ihren Sinn zu erfassen, in einer (wie immer zu spezifizierenden) Form auf die Bedingungen (2)-(5) rekurrieren müssen, heißt das offenbar, daß wir auch elementare Wp-Zustände nicht, wie man denken könnte, als einfache, sondern nur als *komplexe* intentionale Zustände auffassen können und zwar als solche, in denen der *optativische* Bezug auf das intentionale Objekt in engstem Zusammenhang mit dem *assertorischen* steht. Wie ist diese Komplexion zu verstehen? Sicher nicht so, daß optativische Einstellungen nur in Verbindung mit assertorischen möglich sind. Essentiell könnte allenfalls die hinzutretende epistemische Haltung des Trägers sein, einschließlich seiner bewußten Urteilsenthaltung. Auch sie wäre hinreichend, um Wp-Zustände durchweg als komplexe, assertorisch qualifizierte Zustände auszuweisen. Denn bewußte Urteilsenthaltung ist mehr als schlichte Abwesenheit einer assertorischen Stellungnahme. Sie impliziert zumindest,[188] daß der Betreffende intentional auf p bezogen ist, sc. als einen Sachverhalt, den er zwar situativ weder negiert noch affirmiert, prinzipiell aber affirmieren oder negieren könnte. Nur im Bezug auf etwas "Beurteilbares" gewinnt die Haltung der assertorischen Indifferenz den Charakter der "Urteilsenthaltung".

Mehr noch. Schon der abstrakte, jeder speziellen Meinungsbildung vorausliegende Gedanke an p als bloße Möglichkeit kann assertorisch nicht völlig unspezifiziert sein. Sachverhalte bzw. Propositionen *sind* ja nichts anderes als Objekte, die "der Fall sein" können oder nicht, d.h. mögliche Gegenstände der assertorischen Stellungnahme. Und diese Eigentümlichkeit muß ihnen natürlich unabhängig davon zukommen, in welcher Form wir auf sie bezogen sind. Das gilt für optativische wie für assertorische Einstellungen. Der optativische Anspruch "Es möge der Fall sein, daß p" geht zwar, wie wir zu Anfang (S.86) betont hatten, in einer entscheidenden Hinsicht *weiter*, impliziert aber *auch*, daß "p" als etwas aufgefaßt wird, das "der Fall sein könnte" und als Objekt eines korrespondierenden assertorischen Anspruchs in Frage steht. Nur dadurch erweisen sich optativische Einstellungen als "realitätsbezogen", sc. als Stellungnahmen "zur Frage der Realität".

Das heißt nun aber, daß die assertorische Qualifikation und entsprechende Komplexion elementarer Wp-Zustände nicht so aufgefaßt werden kann, daß der Träger eine von mehreren denkbaren (assertorisch unengagierten oder engagierten, kategorischen oder eingeschränkten) epistemischen Haltungen zu p tatsächlich bezieht, sondern nur so, daß er sich ihrer als möglicher Antworten auf eine Frage, vor die er mit der Bezugnahme auf p gestellt ist, bewußt wird. Darin besteht die Lösung unseres dritten Problems, mit der die Lösung des zweiten und partiell auch des ersten bereits vorgezeichnet ist. Entscheidend ist die Erkenntnis, daß jene Bedingungen, die in Diskrepanz-Situationen *faktisch* erfüllt sind, grundsätzlich nur als *potentiell* erfüllte im Blick sein müssen, um sich der Präskriptivität und des spezifischen Sinns optativischer Einstellungen zu versichern. Nur in dieser Form kann sich der Träger einer erfüllten oder in ihrer Erfülltheit fraglichen Einstellung dessen bewußt werden, daß er optativisch (nicht etwa assertorisch oder indifferent) auf p bezogen ist. Und nur so, erweitert allenfalls durch die hinzutretende Potentialisierung des Wp-Zustands selbst, kann auch der distanzierte Betrachter sie anderen zuschreiben oder als bloße Möglichkeit abstrakt in Erwägung ziehen. Er tut dies, indem er sich gedanklich in die Position des fraglichen Trägers versetzt und, wie dieser faktisch oder ebenfalls nur in Gedanken, die Position dessen bezieht, der sich angesichts der erkannten Unerfülltheit seiner Einstellung zu sinnentsprechenden Korrekturen intrasubjektiv aufgefordert fühlt.

Natürlich können wir nicht davon ausgehen, daß alltägliche Zuschreibungen und Selbstzuschreibungen optativischer Einstellungen durchweg von solchen (relativ) komplexen gedanklichen Operationen getragen sind. Wir haben auch hier, wie im verbalen und nonverbalen Umgang mit alltäglichen Erscheinungen überhaupt, mit *"Bewußtseinslücken"* zu rechnen, die unsere Bezugnahme auf sie (subjektiv oder objektiv) unbestimmt machen: Lücken freilich, die zu einem erheblichen Teil, der unseren Fall einschließt, nicht auf grundsätzlicher Unkenntnis beruhen, sondern den (reflexiv teilweise miterfaßten) Charakter von Leerstellen haben, die, wenn immer das nötig erscheint, problemlos ausgefüllt werden können.[189] Dieses "Können" und die korrespondierende Rede vom "Kennen" und "Wissen" dessen, was uns im Alltag aktuell nicht bewußt ist, läßt sich (wahrscheinlich, Anm.183) dispositionell konstruieren. Intentionale Zustände, deren faktischer oder möglicher Besitz durch uns selbst oder andere in einer bestimmten Situation zwar zu Bewußtsein kommt, auf die wir uns aber nur flüchtig, "mit halben Gedanken" oder nur unter einer verbalen Chiffre beziehen, unterscheiden sich bloß dem Grad nach von solchen, die ihren Trägern situativ gänzlich unbewußt sind und nur als permanente oder länger anhaltende Dispositionen identifiziert werden. *Worauf* wir Bezug nehmen und *ob* ein Zustand tatsächlich besteht, den wir als faktischen unterstellen, läßt sich jedoch in beiden Fällen nur im Rekurs auf den vollständigen, aktuellen Bewußtseinszustand bestimmen, der bei optativischen Einstellungen die, wenn nicht reale, so doch gedankliche Konfrontation mit relevanten intrasubjektiven Aufforderungssituationen einschließt.

4.2 Wie ist dieser Zustand positiv zu verstehen? Da wir, wenn die bisherigen Überlegungen richtig sind, die fundamentale begriffliche Ebene mit ihm erreicht haben, können wir keine über ihn selbst *hinausführende* reduktive Analyse ins Auge fassen. Wir müssen uns darauf beschränken, die entscheidenden *in ihm* enthaltenen Aspekte herauszuarbeiten. Für den Spezialfall bestehender Diskrepanz-Situationen kann das auch weiterhin im Rekurs auf unsere ursprünglichen Bedingungen (1)-(5) (S.108) geschehen. Für eine allgemeine Begriffsbestimmung aber müssen sie in der skizzierten Weise generalisiert und potentialisiert werden. Übergehen wir die in der distanzierten Betrachtung vorgeschaltete Potentialisierung von (1) und konzentrieren wir uns sogleich auf die begrifflich zentrale Frage, was es für engagierte Träger eines Wp-Zustands heißt, sich zu einem bestimmten Zeitpunkt (ungeteilt) dessen bewußt zu sein, optativisch zur "Frage der Realität von p" Stellung zu nehmen. Die generelle Antwort darauf ist nach dem oben Gesagten klar. Es muß, angewandt auf beliebige Individuen x, zumindest soviel heißen wie, daß x sich zum fraglichen Zeitpunkt dessen bewußt ist:

(a) daß x intentional auf p als etwas bezogen ist, das "der Fall sein" kann oder nicht;

(b) daß x p nicht als bloße Möglichkeit in Betracht zieht, sondern einen bestimmten, die Realität von p betreffenden "Anspruch" erhebt;

(c) daß dieser Anspruch sich, relativ auf eine potentiell zu beziehende epistemische Haltung zu p als "erfüllt", "unerfüllt" oder in seiner Erfüllung "zweifelhaft" erweisen kann; und

(d) daß x, wäre er unerfüllt, damit "intrasubjektiv aufgefordert" sein würde, Sorge zu tragen, daß p der Fall ist.

Diese Bedingungen stehen in einem offenkundigen, in der gewählten Reihenfolge enthaltenen, gleichzeitig aber auch in einem weniger offenkundigen, weiterer Klärung bedürftigen systematischen Zusammenhang, und jede von ihnen wirft eigene Probleme auf, deren ausführliche Behandlung den Rahmen unserer Untersuchungen sprengen würde. Mit Ausnahme von (d) beschränke ich mich daher auf wenige, generelle Bemerkungen.

Ohne sie hier eingehender erörtern und rechtfertigen zu können, gehe ich von der Annahme aus, daß die Bedingungen (a)-(c) *gleichursprünglich* sind, und zwar in etwa folgendem Sinne. Der intentionale Bezug auf Sachverhalte bzw. Propositionen in (a) impliziert, daß diese *als* Objekte möglicher und, wie in (c) formuliert, unter diesem Gesichtspunkt "erfüllbarer" Ansprüche auf ihr "Der-Fall-Sein" aufgefaßt werden. Was es heißt, solche Ansprüche zu erheben, ergibt sich jedoch erst aus Situationen, in denen sie, wie in (b) unterstellt, faktisch *erhoben* werden. Insofern ist die neutrale Bezugnahme auf einen Sachverhalt der engagierten nicht nur genetisch, sondern auch präsuppositiv-begrifflich nachgeordnet. Optativische Ansprüche können diese Fundierungsfunktion übernehmen, sind aber, was ihre Bedeutung für Sachverhalte im allgemeinen angeht, begrifflich sekundär und im Prinzip dispensibel. Indispensibel für sie, weil für den Sinn der in jedem Falle benötigten und in (c) explizit angesprochenen "epistemischen Haltung" entscheidend, sind *assertorische* Ansprüche. Sie sind begrifflich fundamental und müssen offenbar, einschließlich des für sie spezifischen Aufforderungscharakters, als *irreduzible* Gegebenheiten behandelt werden. Die Annahme der Gleichursprünglichkeit von (a)-(c) impliziert darüber hinaus, daß das Bewußtsein dessen, der (engagiert oder neutral) auf Sachverhalte bezogen ist, *reflexiv* aufgefaßt wird: wenn nicht im Blick auf den bloßen Sinn der Bedingungen (a) und (b), so doch zumindest im Hinblick darauf, daß Bedingung (c) nur zu erfüllen ist, wenn der Betreffende auf sich als möglichen Träger zweier, nebeneinander bestehender, intentionaler Zustände Bezug nimmt. Eine potential abgeschwächte Variante unserer ursprünglichen Bedingung (3) muß also als erfüllt (nicht nur als potentiell erfüllt) vorausgesetzt werden, wenn von einer "Stellungnahme zu p" die Rede sein soll. Auf dieser Grundlage, die nach meiner Annahme für Sachverhalte und realitätsbezogene Einstellungen im allgemeinen gilt, stellt sich nun die Frage nach dem Sinn der für optativische Einstellungen spezifischen Bedingung (d), von deren Beantwortung die noch ausstehende Lösung unseres ersten Problems (vgl. S.109) abhängt. Hier müssen wir etwas genauer zusehen und verschiedene Fälle unterscheiden.

Bedingung (d) besagt, daß das Bewußtsein des *potentiellen* Eintritts intrasubjektiver Aufforderungssituationen für elementare, situativ bewußte optativische Einstellungen konstitutiv ist. Diese "Potentialität" aber hat nicht immer denselben Sinn. *Kontrafaktisch* ist sie, wenn immer ein positives Erfüllungsbewußtsein vorliegt. Das ist zumindest dann der Fall, wenn eine bislang unerfüllte Einstellung erfüllt wird. Für einen Augenblick wenigstens muß der Träger, der dies registriert, sich ihrer als (jetzt) erfüllter, doch potentiell (und soeben noch faktisch) nicht erfüllter bewußt sein. Unmittelbar darauf mag er sie fallen lassen, so daß die Kontrafaktizität mit der Einstellung selbst verschwindet. Das kann den Grund haben, daß eine auf die Erfüllung bezogene Lusterwartung enttäuscht wird, kann aber auch einfach darin begründet sein, daß ein Sachverhalt, der uns affektuell nicht gleichgültig ist, optativisch gleichgültig werden kann, wenn wir ihn (definitiv) für verwirklicht halten. Doch das ist nicht der einzig mögliche Fall und nicht einmal, wie es bei flüchtiger Betrachtung erscheinen kann, der gewöhnliche. Denn in der Regel sind unsere optativischen Einstellungen nicht nur auf punktuell datierte Sachverhalte (daß das Licht angeht, daß der Schmerz aussetzt z.B.) gerichtet, die, wenn der Zeitpunkt gekommen ist, definitiv realisiert sind oder nicht, sondern auf Sachverhalte, deren Bestehen für eine bestimmte oder für unbestimmt lange Zeit anvisiert wird (daß das Licht brennt, daß wir keine Schmerzen mehr haben). Entsprechend dauern sie nach deren Eintritt an, auch wenn wir bald nicht mehr an sie denken. Daß eine optativische Einstellung anhaltend erfüllt ist, wird uns, solange kein Anlaß dazu besteht, gewöhnlich nicht zu Bewußtsein kommen. Wenn er aber gegeben ist oder wenn es uns ohne besonderen Anlaß einfällt, können wir uns in genau der Form, in der es uns beim Erfüllungseintritt bewußt wird, problemlos dessen versichern, daß sie besteht und erfüllt ist (z.B. daß wir uns erwünschtermaßen in einem beleuchteten Zimmer aufhalten).[190]

Ob der Rekurs auf potentielle Aufforderungssituationen kontrafaktisch ist oder bleibt, hängt von der epistemischen Haltung ab, die ihrerseits durch den ontologischen Status des Sachverhalts mitbedingt ist. Zeitlose sowie präterital oder präsentisch datierte Sachverhalte gelten, von speziellen theoretischen Kontexten abgesehen, als ontologisch fixiert. Wer davon überzeugt ist, daß sie bestehen, wird seine korrespondierende optativische Einstellung (Kohls Befriedigung über den Fall der Mauer, Anselms Wunsch nach einem unwiderleglichen Gottesbeweis) als definitiv erfüllt betrachten. Anders bei futurisch datierten Sachverhalten, von denen manche (das Kommen des nächsten Winters, das anhaltende Brennen des Lichts) normalerweise zwar ebenfalls als ontologisch fixiert gelten, sc. durch bestehende, hinreichende Kausalbedingungen, andere dagegen als temporär unbestimmt (kommender Wahlausgang, anhaltende Gesundheit) oder als schlechthin zufällig (Lottozahlen vom nächsten Samstag). Entsprechend ist die Erfülltheit auf sie bezogener Einstellungen situativ mehr oder weniger ungewiß und der Rekurs auf denkbare Aufforderungssituationen nicht länger kontrafaktisch, sondern *rein hypothetisch*. Diesen Charakter hat er auch dann, wenn ontologisch fixierte, doch epistemisch zweifelhafte Sachverhalte betroffen sind (daß die Goldbachsche Vermutung richtig ist, daß unsere Angehörigen nicht das als abgestürzt gemeldete Flugzeug benutzt haben). Daß wir uns optativisch auf sie beziehen, wissen wir, weil wir uns dessen bewußt sind, daß wir unter der Annahme ihrer Nichterfülltheit intrasubjektiv aufgefordert sind, für ihre Erfüllung zu sorgen.

Da die epistemische Haltung zu einem Sachverhalt aber alle Gewißheitsgrade durchlaufen kann, von der kategorischen Affirmation über die unentschiedene Urteilsenthaltung bis zur kategorischen Negation (vgl. Anm. 165), sind die Grenzen nicht nur zwischen der kontrafaktischen und der rein hypothetischen, sondern auch zwischen der rein hypothetischen und der *faktischen* Konfrontation mit Diskrepanz- und Aufforderungssituationen fließend. Wer unzweideutige, wenngleich nicht "außerhalb jedes vernünftigen Zweifels stehende" Gründe hat anzunehmen, daß ein gewünschter futurischer Sachverhalt so, wie die Dinge im Augenblick liegen, nicht realisiert werden wird, hat ebenso gute Gründe, sich schon jetzt entsprechend "gefordert" zu fühlen. Vergleichbares gilt für weniger klar gewichtete Zweifelsfälle und phasenweise für Situationen des Schwankens zwischen Gewißheit und Ungewißheit.

Wie eng die verschiedenen Fälle zusammenhängen, wird vor allem bei präsentisch erfüllten, doch futurisch in ihrer Erfüllung zweifelhaften Einstellungen deutlich, die einen anhaltenden Zustand betreffen. Eine Person etwa, die sich zum ersten oder zum wiederholten Mal dessen bewußt wird, daß ihre Geschäfte momentan wunschgemäß gehen, kann dies aus einer (präsentisch) kontrafaktischen und einer (futurisch oder präterital) hypothetischen Perspektive gleichzeitig tun. Darüber hinaus aber und im gewöhnlichen Leben vermutlich häufiger kann bzw. wird ihr die Erwünschtheit des gegenwärtigen Geschäftsverlaufs dadurch zu Bewußtsein kommen, daß sie Bedingungen in Betracht zieht, die seinen Fortgang gefährden und sie, die ihn anhaltend wünscht, vor die (präsente) "Forderung" stellen, alles zu unterlassen, was ihn aufs Spiel setzt, oder präventiv tätig zu werden, wenn er durch äußere Umstände voraussehbar in Gefahr gerät. Was ein vergleichsweise komplexes Beispiel wie dieses besonders sinnfällig macht, gilt auch für weniger komplexe Fälle, in denen unsere Wünsche sich über die Gegenwart hinaus in eine ungewisse Zukunft erstrecken. Das ist, wenn wir genauer zusehen, keineswegs eine Ausnahme, sondern die Regel.[191] Und im Prinzip kommt es nicht einmal darauf an, daß überhaupt ein zukünftiger Zustand im Spiel ist, der als Fortsetzung oder Folge eines bereits bestehenden bzw. fixierten anvisiert wird. Wo immer optativische Einstellungen auf Sachverhalte gerichtet sind, deren Verwirklichung zum gegenwärtigen Zeitpunkt als nicht wahrscheinlich gilt, haben wir davon auszugehen, daß das Bewußtsein ihres Bestehens nicht (oder nicht allein) auf der kontrafaktischen oder rein hypothetischen, sondern (auch) auf der faktischen Konfrontation mit einer Aufforderungssituation beruht.

Und wir müssen noch einen Schritt weiter gehen. Faktische Aufforderungssituationen spielen nicht nur, wie gerade gesehen, *empirisch* eine relativ große Rolle, sondern haben auch *theoretisch* einen Sonderstatus, und dies in doppelter Hinsicht. Zum einen stellen sie innerhalb des Anwendungsbereichs unserer Bedingung (d) einen *Grenzfall* dar, in dem sich, wie es scheint, die für die anderen Fälle benötigte Potentialisierung aufgrund der konkreten Gegebenheiten erübrigt. Doch dieser Eindruck trügt. Die Aufforderung besteht, doch die Potentialität bleibt bedeutsam. Alle unterschiedenen Fälle sind Ausdifferenzierungen auf der Basis eines gemeinsamen Spektrums "epistemischer Haltungen" und alle betreffen "Sachverhalte". Sachverhalte aber sind, wie wir festgestellt hatten, Objekte, die "der Fall sein können oder nicht". Sich dessen bewußt zu sein, daß ein optativischer Anspruch derzeit nicht als erfüllt gelten kann, heißt daher stets, die gegenwärtige Situation als realisierte *Möglichkeit* aufzufassen, sc. als Gegebenheit, die (wie der Anspruch, daß es sich anders verhalten möge, selbst zum Ausdruck bringt) prinzipiell anders aussehen *könnte*. Auch der Grenzfall des faktischen Aufgefordertseins steht, nicht anders als der des kontrafaktischen, in einem Kontext von Potentialitäten. Der Sinn von (d) ändert sich nicht. Eine theoretische Vorrangstellung ist aus ihm nicht abzuleiten.

Es gibt eine solche jedoch und sie wird erkennbar, wenn wir die zweite, begrifflich bedeutsame Besonderheit faktischer Aufforderungssituationen ins Auge fassen. Der kontrafaktische Fall nämlich läßt sich formal als eine *Spezies* des (unspezifiziert) hypothetischen auffassen und der hypothetische als die mit dem Vorzeichen der Unterstellung ("gesetzt daß..") versehene Transposition des faktischen. Die Rede davon, daß etwas unter bestimmten Umständen kontrafaktisch oder rein hypothetisch "der Fall sein würde", ist dem Entwurf eines Szenarios zu vergleichen, das angibt, was "der Fall ist", wenn jene Umstände unterstellt werden.[192] Faktische Aufforderungssituationen bilden im Rahmen des entwickelten Begriffs der "optativischen Einstellung" zwar nur eine Möglichkeit neben anderen, besitzen ihm gegenüber aber ein präsuppositiv-begriffliches und vermutlich auch genetisches Prius. Hier liegt die Lösung unseres noch ausstehenden ersten Problems (S. 109). Was es *heißt*, zur Herstellung optativischer "Richtigkeit" intrasubjektiv aufgefordert zu sein, ergibt sich aus Situationen, in denen wir es, fiktiv oder faktisch, *sind*. Darin gleicht der optativische Anspruch, wie ich annehme, dem assertorischen (S. 112f.) und wie dieser muß er, was seinen Aufforderungscharakter betrifft, als eine begrifflich offenbar *irreduzible* Gegebenheit anerkannt werden.

Das Phänomen selbst ist alltäglich und jedem normalen, erwachsenen Menschen vertraut. Entsprechend fällt es nicht schwer, Lebensumstände zu benennen, in denen Menschen gewöhnlich mit ihm zu tun bekommen. Und wie bei anderen Erscheinungen, die wir als irreduzibel anzuerkennen haben, können wir uns auch hier gewisser, genereller Kennzeichnungen, vor allem natürlich der Rede von "Aufforderungen" und "präskriptiven Kriterien der Richtigkeit" selbst, bedienen, die den Phänomenbereich eingrenzen und, bildlich gesprochen, den "Blick" des Theoretikers in eine bestimmte Richtung lenken, ohne doch explizit anzugeben, was es an dieser Stelle "zu sehen" gibt.[193]

Ich nehme an, daß explikativ wesentlich mehr nicht zu erreichen ist, kann dies prinzipiell aber nicht ausschließen. Wer, ohne die Phänomene zu ignorieren oder den Sinn der Rede von "Sachverhalten" und "realitätsbezogenen Einstellungen" als solchen in Frage zu stellen, explikativ weiter zu kommen glaubt, mag es versuchen. Er sollte sich allerdings im klaren darüber sein, daß ihm vier prima facie verlockende Wege dabei nicht länger offenstehen. Der *dispositionelle* Explikationsversuch, gleichgültig ob in mentaler oder behavioraler Form, ist ebenso wie der *imperativische* gescheitert. Der Rekurs auf *sprachliche* Leistungen, speziell auf die manifeste oder stille Verwendung von optativischen Sätzen und Ausdrücken des "Wollens" und "Wünschens" (vgl. S.77f.), ist methodisch und, sollte die Sprachabhängigkeitsthese begründbar sein (vgl. Anm.120), auch prinzipiell indispensibel, führt aber, sobald die begrifflich allein entscheidenden semantischen Fragen in derselben radikalen Weise gestellt werden, explikativ in ebenjene Probleme, die wir erörtert haben.[194] Und die von manchen Philosophen favorisierte Idee einer *physiologistischen* Reduktion bleibt zwar als theoretische, wenn auch in der Durchführung bislang nicht sonderlich aussichtsreiche, Möglichkeit offen, ist aber begrifflich sekundär und für die in Frage stehenden Erscheinungen explikativ irrelevant (vgl. Anm.7 und S. 46f.).

5. Handlungsbezug optativischer Einstellungen

Explikabel und explikationsbedürftig allerdings ist der einschlägige *Aufforderungsinhalt*. Die Frage, *wozu* derjenige, der sich der Unerfülltheit einer optativischen Einstellung bewußt wird, intrasubjektiv aufgefordert ist, kann nicht mit dem bloßen Hinweis auf ein "Beseitigen" der Diskrepanz zwischen Anspruch und epistemischer Haltung beantwortet werden. Denn diese Forderung gilt für assertorische Einstellungen gleichermaßen und läßt sich, wie wir gesehen haben, auch in einer Form erfüllen, die dem Sinn der Einstellung nicht entspricht (Wunschdenken, Preisgabe oder "stoische" Anpassung von Wünschen an die bestehende Realität). Der spezifische Inhalt optativischer Aufforderungen ergibt sich aus ihren Richtigkeitsbedingungen. Faktische bzw. potentielle Träger von aktuellen, bewußten Wp-Zuständen sind, wie wir in (d) bzw. (5) formuliert hatten (S.108,112), faktisch oder potentiell aufgefordert, für die Realität von p *"Sorge zu tragen"*. Doch wie ist das zu verstehen? Im Rahmen unserer Untersuchungen kommt dieser Frage besondere Bedeutung zu. Denn wenn es möglich ist, unsere eingangs geäußerte Erwartung (S.85f.) einzulösen und optativische Einstellungen als von ihrem Sinne her "motivational geprägt" und "aufs Handeln bezogen" zu erweisen, müssen die Gründe an dieser Stelle liegen. Es ist das inhaltlich spezifizierte, nicht das abstrakte Aufgefordertsein zu Korrekturen, das über den optativischen Sinn einer Stellungnahme zu p entscheidet. Die "Forderung der Besorgnis" ist also kein sekundäres, sondern ein begrifflich konstitutives Merkmal optativischer Einstellungen. Wenn wir daher jener "Sorge" den Charakter des "Handelns" oder der "Handlungsbezogenheit" zuschreiben können, sind wir zugleich berechtigt, die Einstellung selbst als "intrinsisch handlungsbezogen" zu kennzeichnen.

5.1 In welchem Sinne freilich, muß aufgeklärt werden. Klar ist, daß es sich *nicht* um so etwas wie eine "Motiviertheit des Trägers, p durch eigene Tätigkeiten herbeizuführen" handeln kann. Nicht *jeder* Umgang mit optativischen Einstellungen ist motivational qualifiziert, wie die distanzierte Betrachtung und die Perspektive des engagierten, aber nur kontrafaktisch oder rein hypothetisch auf Aufforderungssituationen Bezogenen zeigen. Aber auch faktische Aufforderungssituationen lassen ein solches Verständnis nicht zu. Aufgefordert zu sein, für die Verwirklichung von p zu sorgen, kann, wie sich in Abschnitt 3 gezeigt hat, weder mit dieser "Besorgnis" selbst noch mit der Disponiertheit zu ihr gleichgesetzt werden. Wie alle Aufforderungen sind auch die intrasubjektiv-optativischen von ihrem Sinne her nichtmanipulativ (Anm.154) und unter normalen Umständen nicht definitiv reaktionsbestimmend, sondern adressiert an Subjekte, die Stellung nehmen und auf sie, mit oder ohne Stellungnahme, verschieden reagieren können. Und die Beobachtungen in Abschnitt 4 haben deutlich gemacht, daß auch die *vorhandene* "Sorge für p" sich keineswegs in einem "Tätigwerden mit dem Ziel der Herbeiführung von p" erschöpft. Verdeutlichen wir uns das kurz an den wichtigsten Fällen.

Wozu wir in Situationen der optativischen Unerfülltheit aufgefordert sind und worin demgemäß unsere "Besorgnis" bestehen müßte, hängt vom Charakter des Sachverhalts bzw. der fundierenden epistemischen Haltung ab, und das Ergebnis kann stark differieren. Selbst im *klarsten* denkbaren Fall eines nicht ontologisch fixierten, futurischen Zustands, dessen (anhaltendes oder neueintretendes) Bestehen als ausgeschlossen gilt, falls der Träger der Einstellung untätig bleibt, ist die Lage nicht *völlig* eindeutig. Über das Ob seiner Intervention mag (motivational und durch Ausschluß konfligierender Wünsche) bereits entschieden sein; über das Wann und das Wie muß er sich in der Regel verständigen. Von sehr einfachen oder durch Routine einfach gewordenen Fällen abgesehen, stehen ihm mehrere Optionen offen, die ihm zum fraglichen Zeitpunkt unbekannt oder bekannt, aber noch unentschieden sein können. Wer z.B. seine Miete für den kommenden Monat zu zahlen wünscht, kann dies direkt (Barzahlung) oder indirekt, sc. durch intersubjektive Aufforderung an direkt verantwortliche andere (Boten, Bankangestellte), tun und den Zeitpunkt für beides verschieden bestimmen (Zahlung im voraus oder zum Monatsersten). Je nachdem, ob oder welche speziellen Optionen er in Betracht zieht, erhält die Aufforderung für ihn einen spezifizierten, einen disjunktiv-offenen oder auch einen gänzlich unspezifizierten Sinn, der nicht mehr besagt, als daß er "besorgt" sein sollte, sich über vorhandene Optionen ins Bild zu setzen und zwischen ihnen zu wählen.

Letzteres gilt für alle Aufforderungen auf der Basis von epistemischer *Unsicherheit*. Neben dem Wie und Wann ist hier meist auch das Ob einer persönlichen Intervention zweifelhaft. Der Zweifel kann in verschiedene Richtungen gehen und verschiedene Arten der "Sorge" begründen, abhängig von der besonderen Form des negativen Erfüllungsbewußtseins. Er kann der Reflexion auf die Realisierungsbedingungen eines erwünschten, zukünftigen Ereignisses entspringen, dessen Eintritt als sicher gilt, es sei denn, es würde durch bislang nicht eingetretene, aber als *konterkarierende* Faktoren in Rechnung zu stellende andere Ereignisse verhindert. Soweit es hierbei um *externe* Einflüsse geht, müssen diese ermittelt, berechnet und gegebenenfalls durch direkte oder indirekte persönliche Intervention präventiv ausgeschlossen werden (Brandschutzmaßnahmen, Doppelübermittlung einer wichtigen Nachricht). Stehen *eigene* Tätigkeiten in Frage, zielt die sich ergebende Forderung dahin, sie als Gefährdungen zu erkennnen und im Interesse des Gewünschten zu unterlassen (unbedachte Beleidigung eines Erbonkels, achtloses Wiederaufreißen einer halb geschlossenen Wunde). Zweifelhaft kann aber auch sein, ob bzw. wie weit ein persönliches

Eingreifen die Lage überhaupt *ändern* würde, und dies wieder in doppelter Hinsicht. Einerseits kann die genauere Prüfung ergeben, daß sich erwogene Interventionen (Maßnahmen zur Förderung eines natürlichen Heilungsprozesses, Erinnerung eines Freundes an die Erfüllung eines Versprechens) *erübrigen*, da die Verwirklichung des Gewünschten auch interventionsunabhängig sicher oder wahrscheinlich ist, eine faktische Aufforderungssituation also gar nicht besteht. Andererseits kann sich zeigen, daß die Skepsis berechtigt ist, daß es jedoch keine objektive (ontologische, naturgesetzliche, soziale u.a.) Möglichkeit oder subjektive Gelegenheit oder Fähigkeit gibt, auf die Verwirklichung des gewünschten Sachverhalts *Einfluß* zu nehmen (Heilung einer bestimmten Krankheit, Ausgang der kommenden Wahl). Je nachdem, welche Eventualitäten der Träger ins Auge faßt, wird seine "Besorgnis für p" sich in verschiedenen Verrichtungen niederschlagen.

Wieder anders, ja deviant ist die Lage, wenn die Erfüllung der Einstellung *definitiv* für unmöglich oder für unabhängig von eigenen Interventionen gehalten wird. Vor allem ontologisch fixierte und schlechthin zufällige Sachverhalte, die ("vernünftigerweise") nicht anders aufgefaßt werden können, sind hier betroffen, aber auch Wunschobjekte, die aus anderen Gründen (zu Recht oder Unrecht) als chancenlos gelten. Wer am Wahlabend registriert, daß das erhoffte Ergebnis nicht erreicht wurde; wer im Stau steckt und voraussieht, daß er den geplanten Termin nicht einhalten kann; wer einsehen muß, daß er trotz aller Anstrengung kein Spitzensportler werden wird; oder wer den ersehnten Hauptgewinn bei der nächsten Lottoziehung für äußerst unwahrscheinlich hält, befindet sich nach unserer Darstellung in einer faktischen Aufforderungssituation, obwohl er sich dessen bewußt ist, daß weder er selbst noch ein (eventuell durch ihn zu beeinflussender) anderer etwas tun können, das die negative Erfüllungslage verändert. Worin besteht hier der Aufforderungsinhalt? Weitere Klärungsprozesse sind ex hypothesi unnötig und realisierungsbezogene Interventionen oder Unterlassungen witzlos. Während wir in den zweifelhaften oder nicht völlig eindeutigen Fällen auf einer allgemeinen Ebene wenigstens sagen können, daß sich die aufforderungsgemäße "Besorgnis für p", wenn nicht in bestimmten realisierungsbezogenen *Tätigkeiten*, so doch in diversen, anfänglich mehr oder weniger unbestimmten, realisierungsbezogenen *Überlegungen* manifestiert, können wir jetzt, wie es scheint, allenfalls auf einen manifest irrationalen Aktionismus abstellen oder darauf, daß der Betroffene die Gegebenheiten immer wieder durchdenkt und sich der Aussichtslosigkeit aller denkbaren Interventionen versichert.

5.2 Wenn der Aufforderungsinhalt aber so unbestimmt bleiben und so verschieden, ja geradezu deviant ausfallen kann, wird nicht nur die Annahme einer intrinsischen Handlungsbezogenheit, sondern auch die eines inhaltlich spezifizierten Wozu der Aufforderung und damit (S.118) die Einheit unseres Begriffs der "optativischen Einstellung" selbst in Frage gestellt. Der Punkt ist kritisch und zwingt uns, zwei Prämissen unseres Konzepts, die wir bislang (S. 86f., 90, 117f.) ungeprüft akzeptiert hatten, zu überdenken:

(A) Genereller Inhalt aller (faktischen oder potentiellen) optativischen Aufforderungen ist die *Herstellung* "optativischer Richtigkeit", d.h. die *Änderung* der als "unrichtig" bewerteten Wirklichkeit "-p" zugunsten von "p".

(B) Die (primär) verantwortlichen Adressaten der Aufforderung sind durchweg die *Träger* der Einstellung.

Beide Voraussetzungen konnten unproblematisch erscheinen, solange wir davon ausgingen, daß die Einstellungsträger *Klarheit* über die von ihnen geforderten korrektiven Reaktionen besitzen. Bei *assertorischen* Einstellungen kann das auch generell als gesichert gelten.[195] Bei *optativischen* aber ergeben sich Schwierigkeiten, bedingt zum einen durch das schon früher (S.90) angesprochene Problem der "Fremdverantwortlichkeit", zum anderen durch das zuletzt ins Blickfeld getretene Problem des "relevanten Aufforderungsinhalts". Das erste läßt sich unter der Annahme, daß die korrektiven Reaktionen eines direkt verantwortlichen anderen der (nicht definitiv bestimmenden, doch erwartbar kontribuierenden) Beeinflussung durch den hierfür und somit indirekt für die Korrektur selbst verantwortlichen Einstellungsträger zugänglich sind, partiell entschärfen,[196] führt freilich überall dort, wo die Annahme hinfällig wird, auf das zweite Problem zurück. Auch dieses tritt nicht durchgängig auf, doch, wie sich zeigte, in einer beträchtlichen Anzahl von Fällen, nämlich in allen, in denen nach Ansicht des Trägers keine Verbindung besteht zwischen der Realisierung dessen, was seiner Einstellung entsprechend real sein sollte, und den Reaktionen, die ihm nach seiner Einschätzung generell oder situativ möglich sind. So kann es scheinen, daß wir in ein *Dilemma* geraten. Entweder können wir in den problematischen Fällen überhaupt nicht mehr davon reden, daß der Träger optativisch zur "Frage der Realität" Stellung nimmt, oder wir müssen wenigstens eine der beiden Prämissen aufgeben.

Prüfen wir zunächst die zweite Alternative. Wenn wir sie wählen, müssen wir uns nach geeigneten Substituten umsehen, denn beide Prämissen erfüllen im Rahmen unseres Konzepts eine bedeutende, konzeptionell indispensible Funktion. Prämisse (B) bringt zum Ausdruck, daß der Träger eines Wp-Zustands p gegenüber nicht indifferent ist, sondern zur "Frage der Realität von p" *Stellung bezieht*, während Prämisse (A) die *optativische Form* der Stellungnahme verdeutlicht. Einschlägige Substitute für (A) jedoch sind schon theoretisch kaum zu benennen. Bei flüchtiger Betrachtung könnte es allenfalls scheinen, daß der optativische Anspruch, um sich vom assertorischen abzuheben, nicht unbedingt auf eine *Änderung*, sondern nur auf das abstrakte *Anderssein* der als diskrepant eingeschätzten Realitäten gerichtet sein muß, unabhängig von allen Fragen der Korrektur. Aber auch das ist kein wirklicher Ausweg. Das Objekt einer optativischen Einstellung und der ihr korrespondierenden epistemischen Haltung wird jeweils durch ein und denselben Sachverhalt gebildet, nicht etwa durch zwei qualitativ identische, doch verschieden datierte Sachverhalte oder durch einen Sachverhalt in der "epistemischen Welt" und ein prinzipiell von ihm getrenntes Pendant in der "Wunschwelt". Nur unter dieser Voraussetzung können sich Diskrepanzen ergeben, deren Beseitigung Inhalt einer Forderung sein kann. Zu fordern, daß es "anders sein" möge, heißt aber, bezogen auf eine bestimmte (präsent oder erwartbar) reale Sachlage, nichts anderes als zu verlangen, daß "die Lage sich ändert", also speziell daß p *anstelle* von -p wirklich wird. Der Gesichtspunkt der Änderung ist also immer im Spiel. Fehlen kann lediglich der Gedanke an die *Bedingungen*, unter denen sie eintritt. Die Frage, ob bzw. auf welche Weise ein als "zu verwirklichender" ins Auge gefaßter Sachverhalt "wirklich werden" könnte, ist aber auch nach unserer Darstellung dem für den Sinn optativischer Einstellungen allein entscheidenden (faktischen oder potentiellen) Bewußtsein der Unerfülltheit und der durch sie begründeten Aufforderung *nachgeordnet* und kann, wie wir sahen, offenbar erst in Abhängigkeit von relevanten epistemischen Zusatzannahmen beantwortet werden.[197] Prämisse (A) bleibt davon unberührt und kann im Rahmen unseres Konzepts nicht sinnvoll in Frage gestellt werden.

Wie steht es in dieser Hinsicht mit Prämisse (B)? Ersatzlos streichen läßt sie sich sicher nicht. Denn die Rede von "Aufforderungen" bzw. "Präskriptionen" setzt den Bezug auf verantwortliche Adressaten voraus (vgl. Anm.133) und natürlich können wir auch die Einstellungsträger als Adressaten nicht generell ausschließen. Die Revision kann nur dahin gehen, einen allgemeineren begrifflichen Rahmen zu finden, innerhalb dessen Aufforderungssituationen, die tatsächlich durch (B) gedeckt sind, als *nachgeordnete*, für den *Begriff* der "optativischen Einstellung" selbst nicht bedeutsame Sonderfälle erscheinen. Denkbar wäre das immerhin. Die allgemeine Frage des Wer der Aufforderung müßte nur ähnlich unbestimmt beantwortet werden wie die des Wozu. So wie dieses durch die konzeptionell indispensible Prämisse (A) formal eingegrenzt ist, ohne der konzeptionell dispensiblen Spezifizierung konkreter Aufforderungsinhalte vorzugreifen, so müßte ein generalisiertes Substitut für Prämisse (B) sich in unspezifizierter, nachfolgend zu spezifizierender Form auf relevante Adressaten beziehen, wobei deren "Relevanz" sich nach jenem Kriterium bestimmt, das in den problematischen Fällen zum Ausschluß des Einstellungsträgers führt, sc. der Bedingung, daß niemand sinnvoller Adressat einer Aufforderung sein kann, der keinen Zusammenhang sieht zwischen dem Aufforderungsinhalt und dem, was ihm zu seinen Gunsten zu unternehmen oder zu unterlassen möglich ist. Der generalisierte, alle Varianten umfassende Sinn optativischer Einstellungen wäre dann, zusammengefaßt und auf beliebige Einstellungsträger bezogen, die eine negative Erfüllungslage ins Auge fassen, etwa durch folgende Formulierung wiederzugeben (vgl. Anm.185):

(F1) Jeder Träger eines Wp-Zustands ist sich (faktisch oder potentiell) dessen bewußt, daß die (präsente oder erwartbare) Irrealität von p eine Aufforderung begründet,

    (a) deren Adressat ist, *wer immer* sinnvoll (speziell: im Hinblick auf seine Kenntnis relevanter Zusammenhänge) als verantwortlich für ihre Erfüllung gelten kann, und

    (b) deren Inhalt darin besteht zu tun, *was immer* erforderlich ist, um p anstelle von -p wirklich werden zu lassen.

In einfachen Fällen, in denen die Träger wissen, was sie zugunsten von p tun müssen und können, wäre damit zu rechnen, daß sie sich persönlich gefordert fühlen, tätig zu werden oder in realisierungsbezogene Überlegungen einzutreten. In den problematischen Fällen dagegen wären sie bestimmt oder unbestimmt auf Personen bezogen, die sie für besser positioniert und faktisch verantwortlich halten. Und diese Deutung könnte empirisch immerhin dadurch gestützt werden, daß viele Menschen geneigt sind, optativische Ansprüche, die sie für subjektiv nicht realisierbar halten, als (gedachte oder explizit artikulierte) intersubjektive Aufforderungen an andere Adressaten zu richten, an andere Menschen ebenso wie an gedachte außerirdische Mächte oder metaphysische Instanzen.[198]

Doch (F1) bietet keine angemessene Explikation des Sinns optativischer Einstellungen überhaupt. Selbst wenn wir, fern jeder empirisch realistischen Erwartung, davon ausgehen könnten, daß alle Menschen andere Personen für die Erfüllung jener optativischen Ansprüche verantwortlich machen, die sie für subjektiv oder situativ nicht realisierbar halten, und daß dies (anders als oben angenommen, S.121) durchweg losgelöst von jeder Eigenverantwortlichkeit geschieht, wäre konzeptionell nicht viel gewonnen. Optativische Einstellungen gegenüber Sachverhalten, deren Nichtbestehen nach Überzeugung oder Erwartung des Trägers ontologisch fixiert oder schlechthin zufällig ist, blieben nach wie vor unverständlich. Denn in diesem Fall könnte nach dem zugrundegelegten Kriterium *niemand* "sinnvoller Adressat" einer Forderung sein. Und noch gravierender ist der Einwand, daß das generalisierte Konzept (F1) kein funktionales *Äquivalent* zu Prämisse (B) enthält.

Aufgrund wovon nämlich könnten wir sagen, daß jemand, der sich in unbestimmter Form auf relevante Adressaten einer ins Auge gefaßten optativischen Aufforderung bezieht, in der "Frage der Realität von p" überhaupt *engagiert* ist? Sein intrasubjektives "Sich-aufgefordert-Fühlen" können wir dafür ex hypothesi nicht mehr in Anspruch nehmen, ebensowenig aber sein Disponiert- oder Motiviertsein zu sinnentsprechenden Reaktionen. So bliebe nur die Möglichkeit, das Engagement des Einstellungsträgers *affektuell* zu verstehen, sc. als so etwas wie ein Gefühl der Lust oder Befriedigung angesichts ihrer Erfülltheit, der Unlust oder Unbefriedigung angesichts ihrer Unerfülltheit. Doch es ist leicht zu sehen, daß das kein relevantes Kriterium sein kann. Optativische Einstellungen können zwar (wie wir festgestellt hatten: S.72f.,113f.) affektuell qualifiziert sein, müssen dies aber und sind es faktisch oft nicht, und wenn sie es sind, ist die hinzutretende affektuelle Haltung nur eine Reaktion auf die bestehende, vorgängig erfaßte Erfüllungs- und Aufforderungslage. Vor allem aber wäre auf einer rein affektuellen Basis keine Entscheidung darüber möglich, ob und in welchem Sinne das so definierte "Engagement" überhaupt eine "Stellungnahme zur Frage der Realität" enthält, denn mit dem Verzicht auf das Kriterium des "intrasubjektiven Aufgefordertseins" ginge die Differenzierung zwischen zwei charakteristischen Richtigkeitsbedingungen und zwei formal gegeneinander abgehobenen Aufforderungsinhalten verloren. Letztlich also liefe es wieder auf eine Preisgabe der Präskriptivität und eine Destruktion des Begriffs der "optativischen Einstellung" selbst hinaus.

5.3 Wir müssen demnach davon ausgehen, daß beide Prämissen, (A) und (B), funktional unersetzlich sind und daß wir, wenn wir dem (S.121) erwähnten Dilemma entgehen und die Einheit unseres Begriffs der "optativischen Einstellung" wahren wollen, beide Prämissen auch für die scheinbar problematischen Fälle als gültig erweisen müssen. Zwei Schritte, ein negativer und ein positiver, sind dazu erforderlich. Der *negative* besteht in dem Nachweis, daß die ontologisch bzw. epistemisch gesicherte Realisierbarkeit von p, entgegen dem oben zugrundegelegten Sinnkriterium, *keine* indispensible Bedingung des Bestehens einer "sinnvollen" Aufforderung bildet, p anstelle von -p zu verwirklichen. Er kann erbracht werden, wenn wir uns Rechenschaft darüber geben, daß unsere Rede vom *"Sinn"* äquivok ist.

Warum genau, d.h. unter welchem speziellen Gesichtspunkt empfinden wir es als "sinnlos", eine Forderung zu erheben, von der wir wissen, daß der Betroffene sie nicht erfüllen kann? Sollen setzt Können voraus, möchte man meinen. Das ist nicht falsch, gilt jedoch nicht für alle Interpretationen des Satzes. Ein begrifflicher Zusammenhang besteht nicht. Andernfalls wäre der Schluß "Du kannst, denn du sollst", den wohl kaum jemand als gültig anerkennen wird, unausweichlich.[199] Und der plausibel erscheinende kontrapositive Schluß "Du kannst nicht, also sollst du nicht" gewinnt seine Plausibilität nur, sofern er auf die Berechtigung, nicht das Bestehen oder Ergehen des Sollens als solchen bezogen wird. Um dies zu erkennen, muß man sich nicht auf tiefschürfende moralphilosophische Untersuchungen einlassen. Alltägliche Beispiele genügen. Wenn der Polier, der nicht bemerkt hat, daß er seine Werkzeugtasche unten vergessen hat, den neben ihm auf dem Baugerüst stehenden Lehrling auffordert, die Wasserwaage herüberzureichen, wird dieser, der es bemerkt und sich angesprochen fühlt, gut daran tun, die Sachlage aufzuklären, statt in der Annahme, wegen ihrer Unerfüllbarkeit sei eine Aufforderung an ihn überhaupt nicht ergangen, passiv zu bleiben. Unerfüllbare Aufforderungen sind "sinnlos" im Sinne von "witzlos", nicht aber (anders etwa als die Rede von "runden Vierecken" oder "Relationen ohne Relatum") "sinnlos" im Sinne von "per definitionem ausgeschlossen". Sie sollten und werden auch normalerweise zurückgenommen, sobald ihre Unerfüllbarkeit klar ist. Aber man kann eben nur etwas "zurücknehmen", was man zuvor "gegeben" hat.

Das gilt für intrasubjektive Aufforderungen nicht weniger als für intersubjektive. Sich verpflichtet zu fühlen, optativische Ansprüche, die man für objektiv oder subjektiv unerfüllbar hält, zu erfüllen, macht in gewissem Sinn "keinen Sinn". Entsprechend wird es gewöhnlich (vgl. S.99 Anm.170) nicht als "irrational", vielfach sogar als "rational" oder "psychohygienisch" empfehlenswert aufgefaßt, unerfüllbare Wünsche fallen zu lassen. Doch das heißt nicht, daß wir uns, indem wir uns ihrer als unerfüllbarer bewußt werden, nicht persönlich gefordert fühlen, die bestehende Lage zu ändern. Im Gegenteil, die Empfehlung erreicht uns nur, weil wir uns selbst, nicht andere, als Aufforderungsadressaten begreifen. Und daß es ratsam erscheint, die Diskrepanz zwischen optativischem Anspruch und epistemischer Haltung nicht durch Erfüllung, sondern durch Preisgabe des Anspruchs aufzulösen, ergibt sich erst aus der Erkenntnis, daß wir mit ihm zu etwas aufgefordert sein würden, das zu erfüllen unmöglich ist. Der "Sinn" der Aufforderung muß erfaßt sein, ehe man ihre versuchte Erfüllung, und, gegebenenfalls, die Aufrechterhaltung der ihr zugrundeliegenden Einstellung selbst als "sinnlos" einstufen kann.[200]

Zudem muß diese Einschätzung qualifiziert werden, denn sie erfolgt nicht immer und nicht immer unter demselben Gesichtspunkt. Schlechthin *zufälligen* oder *persönlich* unbeeinflußbaren, aber prinzipiell möglichen Sachverhalten gegenüber dürfte der Wunschverzicht wohl nur den eingefleischtesten Stoikern ratsam erscheinen (vgl. Anm.170). Und viele Menschen behalten auch ihre *hoffnungslos* unerfüllbaren Wünsche bei: eine unerwiderte Liebe z.B. oder den Wunsch nach einer gerechten Gesellschaft. Dies als lebensunkluge Torheit zu geißeln oder als persönliche Tragik zu bemitleiden, ist keineswegs immer angebracht. Denn einen unerfüllbaren Wunsch beizubehalten muß ja nicht heißen, sich seiner anhaltend oder besonders häufig *bewußt* zu sein oder an seiner Unerfüllbarkeit in einer Weise zu *leiden*, die den "Sinn" des eigenen Lebens berührt. Entsprechend richtet sich die lebenskluge Empfehlung weniger auf die Preisgabe der optativischen Einstellung und der durch sie begründeten Forderung selbst als darauf, von "sinnlosen" (da prima facie vergeblichen) Realisierungsversuchen Abstand zu nehmen und sich nicht "sinnlos" (da voraussehbar unergiebig) den Kopf über Dinge zu zerbrechen, die nach eigener Einschätzung nicht zu ändern sind.[201] Und nicht einmal das ist vorbehaltlos empfehlenswert, da wir mit Fällen zu rechnen haben, in denen etwas vermeintlich definitiv Unabänderliches sich als nicht wirklich oder nur situativ unabänderlich erweist (Heilbarkeit einer bislang unheilbaren Krankheit, Änderung der sozialen Verhältnisse). So gesehen muß es also auch in jenem schwächeren Sinne der "Witzlosigkeit" nicht völlig "sinnlos" sein, das "Unmögliche zu begehren" oder an einer Utopie und den sich aus ihr ergebenden persönlichen Verpflichtungen festzuhalten.

5.4 Der erste, negative Schritt zur Begründung der generellen Gültigkeit unserer kombinierten Prämissen (A) und (B) (S.121) ist damit getan. Bedeutsam ist er vor allem im Blick auf Prämisse (B). Wir *dürfen* die These, daß es in jedem Falle (primär) der Einstellungsträger ist, der der Aufforderung unterliegt, im Rahmen unseres Konzepts nicht fallen lassen, aber wir *brauchen* es auch nicht, weil sie, wie sich gezeigt hat, auch unter der Annahme sinnvoll bleibt, daß er sich (definitiv oder vorläufig, unabhängig oder aufgrund von entsprechenden Überlegungen) über die Realisierbarkeit des betreffenden Sachverhalts nicht im klaren ist oder ihn sogar (zu Recht oder Unrecht) für prinzipiell nichtrealisierbar hält. In einem zweiten Schritt aber muß nun geklärt werden, wie seine Aufforderungssituation, unabhängig von speziellen epistemischen Zusatzannahmen, *positiv* zu verstehen ist. Hier geht es vorzüglich um Prämisse (A). Sie hat sich als konzeptionell *notwendig* erwiesen (S.122) und kann auf einer *formalen* Ebene zweifellos auch die gesuchte Einheit unseres in concreto, wie wir gesehen hatten (S.119f.), vielfältig spezifizierten Begriffs der "optativischen Einstellung" gewährleisten. *Genügt* sie jedoch, um die uns interessierende Rede von einem gemeinsamen, *inhaltlich* spezifizierten Wozu aller optativischer Aufforderungen und ihrer "intrinsischen Handlungsbezogenheit" zu begründen (S.117f.)?

Auf den ersten Blick könnte es scheinen, daß diese Fragen ohne weiteres zu bejahen sind. Prämisse (A) besitzt ja nicht nur die benötigte Allgemeinheit, sondern scheint zugleich einen "dynamischen" Gesichtspunkt ins Spiel zu bringen, da sie beinhaltet, daß es nicht allein um das abstrakte Wirklichsein, sondern um die *Verwirklichung* des ins Auge gefaßten Sachverhalts p, d.h. um die *Änderung* einer (präsent oder erwartbar) negativen Erfüllungslage zu tun ist. Doch das genügt nicht, um die Rede vom Handlungsbezug, ja nicht einmal die von einem Wozu der Aufforderung selbst zu rechtfertigen. Denn der abstrakte Gedanke des "Wechsels von -p zu p" nimmt, wie wir (S.122 Anm.197) festgestellt hatten, keine Rücksicht auf die *Bedingungen*, unter denen p wirklich wird, und damit a fortiori auch nicht auf die Rolle, die dem Einstellungsträger bei seiner Verwirklichung zufallen könnte. Prinzipiell ließe er sich auch in einer Haltung der unengagierten Distanz als bloße Möglichkeit in Erwägung ziehen. Daß mehr im Spiel ist als dies, ergibt sich nicht aus Prämisse (A) allein, sondern aus ihrer Verbindung mit (B). Nur dadurch, daß die Verwirklichung von p *als* etwas aufgefaßt wird, *für* das der Einstellungsträger verantwortlich ist, erscheint sie als etwas "Bedingtes", das auf korrespondierende "Bedingungen" der Realisierung verweist, und zwar auf solche, in die der Träger maßgeblich involviert ist. Entsprechend kann das Wozu und mit ihm der spezifische Sinn optativischer Aufforderungen selbst prägnanter bestimmt werden als "Wechsel von -p zu p, *bedingt durch* den Träger eines Wp-Zustands" oder, verkürzt und auf die intrasubjektive Perspektive des jeweils Betroffenen eingeschränkt, als "Verwirklichen von p *durch* mich". Doch ein Handlungsbezug wird auch damit noch nicht begründet. Der abstrakte Gedanke der "Verwirklichung von p durch mich" verweist zwar auf eine gewisse Klasse von Realisierungsbedingungen, läßt es aber von seinem Sinne her ontologisch wie epistemisch unbestimmt, ob solche Bedingungen *bestehen* und, wenn ja, in welcher *Form* wir in sie involviert sind. Träger einer optativischen Einstellung zu sein und sich entsprechend gefordert zu fühlen, heißt eben nicht unbedingt schon zu wissen, daß oder was man zu ihrer Erfüllung beitragen kann. Müssen wir uns deshalb, wenn nicht von der Idee eines inhaltlich spezifizierten Wozu, so doch von der einer intrinsischen Handlungsbezogenheit aller optativischen Aufforderungen verabschieden, oder besteht eine Möglichkeit, weitere Spezifizierungen einzuführen, ohne die Einheit unseres Begriffs zu gefährden?

Anknüpfend an die zuvor (S.123f.) als zu allgemein verworfene Formel (F1) könnte man folgende Spezifizierung ins Auge fassen:

(**F2**) Jeder Träger eines Wp-Zustands ist sich (faktisch oder potentiell) dessen bewußt, im Falle der (präsenten oder erwartbaren) Irrealität von p intrasubjektiv aufgefordert zu sein zu tun, *was immer*:

    (a) zur Verwirklichung von p *erforderlich* und

    (b) ihm zu tun *möglich* ist.

Damit wäre der Handlungsbezug sichergestellt; dennoch bleibt die Bestimmung allgemein, denn auch die neue Formel enthält signifikante Leerstellen. Der Adressat einer optativischen Aufforderung ist nur in genereller Form und mit dem Vorbehalt seiner "Möglichkeit" an ein "Tun" seiner selbst verwiesen, das (wie wir etwas genauer sagen können) Teil eines zu spezifizierenden Bedingungskomplexes ist, dessen Bestehen die Realisierung von p zur Folge hätte (vgl. S.15f.) und für sie "erforderlich" ist. Natürlich dürfen die Schlüsselbegriffe dabei nicht eng gefaßt werden. Das Folge-Verhältnis muß unmittelbar oder mittelbar sein und, je nach den konkreten Gegebenheiten, verschieden (kausal, konventionell u.a.) ausfallen können. Die Rede vom "Tun" muß beliebige (physische oder mentale) Verrichtungen einschließen, Unterlassungen ebenso wie tätige Interventionen. Deren "Möglichkeit" bzw. die des gesamten Bedingungskomplexes muß subjektiv oder objektiv, situativ oder generell zu verstehen sein: weit genug also, um Fälle abzudecken, in denen das geforderte "Tun" zunächst nur in der präparativen Herbeiführung bzw. im Warten auf relevante Gelegenheiten und Fähigkeiten besteht oder in realisierungsbezogenen Überlegungen. Und seine "Erforderlichkeit für p" darf nicht auf Fälle beschränkt sein, in denen es (absolut oder relativ auf einen bestimmten Bedingungskomplex) für p notwendig ist, sondern muß Situationen einbeziehen, in denen nicht mehr zu erwarten steht als eine signifikante Erhöhung der Realisierungschancen. Wenn die zentralen Termini aber in diesem weiten Sinne genommen werden, scheint (F2) der gesuchten Balance zwischen Bestimmtheit und Unbestimmtheit dessen, wozu alle Träger optativischer Einstellungen faktisch oder potentiell aufgefordert sind, tatsächlich nahe zu kommen.

Zwei Punkte freilich, in denen die neueingeführte Formulierung (F2) substantiell über den abstrakten Gedanken einer "Verwirklichung von p durch mich" hinausgeht, bleiben noch immer kritisch. Sie setzt (i) voraus, daß der Einstellungsträger den Zusammenhang zwischen seinen Verrichtungen und dem zu verwirklichenden Sachverhalt p von vorneherein im Kontext einer *modalen Bedingungsanalyse* betrachtet, die unterschiedliche Folge-Beziehungen und verschiedene Arten der subjektiven und objektiven Möglichkeit bzw. Notwendigkeit in Rechnung stellt, und sie restringiert (ii) die Form seiner Involviertheit in die Realisierungsbedingungen auf seine Rolle als Träger relevanter *Verrichtungen*. Können wir ohne weiteres annehmen, daß beide Spezifizierungen für optativische Aufforderungen und Einstellungen als solche konstitutiv sind? Aus unseren kombinierten Prämissen (A) und (B) sind sie jedenfalls nicht abzuleiten. Der abstrakte Gedanke eines "durch mich bedingten Wechsels von -p zu p" impliziert weder, daß dies durch Verrichtungen von mir zu geschehen hat, noch daß die ins Auge gefaßte "Bedingtheit" modal differenziert wird.[202] Objekt optativischer Einstellungen können ja (wie wir festgestellt hatten, S.71 Anm. 119) nicht nur Verrichtungen ihres Trägers oder Folgen von solchen sein, sondern beliebige Sachverhalte. Beide Prämissen müßten durch Zusatzprämissen ergänzt bzw. durch eine entsprechend spezifizierte Variante von (A) ersetzt werden.

Das hieße jedoch erneut, wenn auch auf relativ abstrakter Ebene, ein epistemisches Plus in Anspruch zu nehmen, das konzeptionell nachgeordnet sein sollte und dessen Einführung bedeuten würde, daß der so definierte Begriff der "optativischen Einstellung" nicht mehr auf einer Stufe mit dem in dieser Hinsicht offenbar unspezifizierten Begriff der "assertorischen Einstellung" steht (vgl. Anm.195). Natürlich können wir (unter normalen Umständen) davon ausgehen, daß ohne Rekurs auf Verrichtungen und eine modal differenzierte Beschreibung der Bedingungszusammenhänge keine befriedigende Antwort auf die Fragen, vor die wir als Adressaten realisierungsbezogener optativischer Aufforderungen gestellt sind, zu gewinnen ist, und daß wir uns dieser formalen Beschränkung (normalerweise) auch sogleich bewußt werden, wenn wir in sinnentsprechende Überlegungen eintreten. Doch es bleibt ein Schritt, der, mag er empirisch auch selbstverständlich erscheinen, nicht notwendig erfolgen muß und der in jedem Fall mehr beinhaltet, als mit der Aufforderung selbst gegeben ist.

5.5   Offenbar sind wir mit der spezifizierten Formulierung (F2) über das Ziel hinausgeschossen. Können wir aber auf ihre Spezifizierung verzichten, ohne den Handlungsbezug, der durch sie gesichert wird, endgültig preiszugeben? Wir können es, wenn wir uns klarmachen, daß die Beziehung nicht *direkt*, sondern *indirekt* zu verstehen ist. Die Formel "Zu tun, was immer zur Verwirklichung von p erforderlich und dem Betroffenen zu tun möglich ist" ist nämlich selbst nicht eindeutig. Um die entscheidenden Differenzen erkennen zu können, empfiehlt es sich, sie präziser zu fassen. Dabei soll 'x' als Variable für mögliche partikuläre Verrichtungen des Einstellungsträgers verstanden werden, während 'R' zur (vereinfachenden) prädikativen Bezeichnung ihres Realisiertseins dient.[203] 'V' wird als komplexes Prädikat eingeführt, das solchen und nur solchen x zukommt, die im Falle ihres Realisiertseins in Verbindung mit einem Bedingungskomplex des Typs B die Realisierung von p zur Folge hätten und hierfür (in einem der oben erwähnten Sinne, S.128f.) "erforderlich" sind. Der Satzoperator 'A' schließlich bezeichnet beliebige intrasubjektive Aufforderungen, deren Inhalt durch den nachfolgenden Satz spezifiziert wird. Nun sind zwei Satzschemata zu unterscheiden:

(S1)   Wenn Vx, dann A (Rx)

(S2)   A (Wenn Vx, dann Rx).

Beide lassen sich durch die Hinzufügung geeigneter Operatoren für 'x' zu vollständigen Sätzen ergänzen, die unterschiedliche Explikationen des Sinns unserer Formel liefern.[204] Diese sind gegeneinander abzuwägen, wobei zu beachten ist, daß wir es nur mit Sätzen zu tun haben, die die Perspektive des Einstellungsträgers verdeutlichen. Dessen Auffassung also, nicht die eines etwaigen idealen Beobachters, entscheidet darüber, welcher Gegenstandsbereich durch x erschlossen wird, welches x die Eigenschaft V besitzt und wann Aufforderungen der Form "A (..)" bestehen.

Auf der Basis von Schema (S1) wäre der Handlungsbezug *direkt*. Inhalt der Aufforderung A(Rx) ist die Realisierung einer Verrichtung, auch wenn diese vorläufig unbestimmt bleibt. Ihre Spezifizierung hängt von der nachgeordneten, in (S1) nur hypothetisch beantworteten Frage ab, welche Verrichtungen x die Eigenschaft V besitzen. Konzeptionell könnte uns dies willkommen sein, würde es nicht zugleich bedeuten, daß die Aufforderung selbst hypothetisch wird, abhängig nämlich von der Voraussetzung, daß der zu realisierende Sachverhalt realisierbar ist.[205] Das aber ist konzeptionell inakzeptabel. Entgegen der obigen Darstellung (Abschnitt 4) wäre das Bewußtsein der faktischen Unerfülltheit des optativischen Anspruchs nicht hinreichend, um eine faktische Aufforderungssituation zu begründen. Diese wäre auch hier rein hypothetisch. Faktisch würde sie erst nach Einführung geeigneter epistemischer Zusatzprämissen, die, wie wir sahen, nicht im Begriff der "optativischen Einstellung" enthalten sind. Zudem kämen die durch (S1) geforderten epistemischen Restriktionen hierfür ohnehin nicht in Betracht, gleichgültig wie schwach die Bedingungen für positive Instantiierungen von Vx im übrigen angesetzt werden. Wir können nicht sagen, daß der Träger eines Wp-Zustands dann und nur dann zum Handeln aufgefordert ist, wenn er glaubt, daß es eine bestimmte oder ihm unbekannte Verrichtung x *gibt*, die V erfüllt. Denn damit würden jene Aufforderungssituationen ausgeschlossen, in denen es primär darum zu tun ist, sich über die Realisierbarkeit für p ins Bild zu setzen. Wir können das Konzept aber auch nicht entscheidend verbessern, wenn wir das Bestehen der Aufforderung lediglich vom Glauben des Aufgeforderten abhängig machen, daß es positive Instantiierungen von Vx *geben könnte*, da optativische Aufforderungen, wie sich zeigte, auch unter der Annahme ihrer Unerfüllbarkeit sinnvoll sind, also auch in Situationen, in denen der Aufgeforderte davon überzeugt ist, daß es Instantiierungen von Vx *nicht gibt*. Spätestens an dieser Stelle wird klar, daß Schema (S1) als Explikationsbasis ausscheidet und mit ihm offenbar auch die Möglichkeit, optativische Einstellungen als "direkt handlungsbezogen" zu kennzeichnen.

Denn Schema (S2), das die Aufforderung nicht von positiven Realisierbarkeitsannahmen abhängig macht, läßt den Bezug zum Handeln *indirekt* werden. Direkt aufgefordert ist der Betroffene zur Verwirklichung eines komplexen Sachverhalts, der durch den generalisierten Konditionalsatz beschrieben wird. Die Aufforderung zum "Tun", die (S1) als die primäre hinstellt, ergibt sich in (S2), wenn überhaupt, erst als sekundäre Ableitung aus der Basis-Aufforderung und aus Zusatzannahmen über den epistemischen Zustand des Einstellungsträgers, seine Rationalität, seine Fähigkeit zum Überlegen und deren Ausübung. Drei Fälle sind dabei zu berücksichtigen.

Im ersten und einfachsten Fall ist der Aufgeforderte bereits auf eine *bestimmte positive* Instantiierung von Vx, sc. Va, bezogen und zugleich *"aufforderungsrational"* in dem Sinne, daß er bereit ist, aus "Va" und "A (Wenn Va, dann Ra)" auf "A(Ra)" zu schließen.[206] Schwieriger, da erheblich voraussetzungsvoller und komplexer, ist die Ableitung unter der Annahme, daß er, zweitens, noch *kein* bestimmtes Va im Auge hat, aber mit der Existenz eines solchen *rechnet*, d.h. den generellen Satz "(∃x) (Vx)" für gesichert oder zumindest für unwiderlegt hält. Die rationale Überlegung verläuft hier schrittweise. Sie wird zunächst zu der Feststellung führen, daß, sollte es ein relevantes Vx geben, eine korrespondierende Aufforderung A(Rx) ableitbar wäre, deren Nichterfüllung unter der Voraussetzung von Vx die Nichterfüllung der Basis-Aufforderung (S2) zur Folge hätte. Sich allein deshalb in einem zweiten Schritt kategorisch zum Handeln aufgefordert zu fühlen, käme, rational rekonstruiert, der Ableitung einer Aufforderung gleich, beliebige Verrichtungen x, die V erfüllen könnten, durchzuprobieren. "Blinder Aktionismus" kann Ausdruck eines solchen Verfahrens sein. Der rationale Normalfall jedoch ist nicht dies, sondern die Ableitung einer Aufforderung, sich über etwa bestehende Instantiierungen von Vx klar zu werden, was seinerseits entweder, abhängig vom epistemischen Zustand des Überlegenden, durch Bewußtmachung eines latent schon vorhandenen Wissens geschehen kann oder durch Eintritt in diesbezügliche Überlegungen, deren Verlauf und Ergebnis wiederum von einer Vielzahl relevanter Faktoren abhängen. Erst wenn ein bestimmtes Va erreicht ist, kann es, dem ersten Ableitungsmuster folgend, zum rationalen Schluß auf eine kategorische Aufforderung zum Handeln kommen. Der Handlungsbezug der Basis-Aufforderung und mit ihr der optativischen Einstellung selbst erweist sich auch hier nur als indirekt und hypothetisch.

Am schwierigsten ist der dritte Fall, in dem der Betroffene, trotz mehr oder weniger umfänglicher Überlegungen seine Realisierbarkeitserwartungen *unbestätigt* findet oder zu der Überzeugung gelangt, daß p durch ihn *nicht realisierbar* ist. Er schließt nicht nur die direkte Handlungsbezogenheit optativischer Einstellungen aus, sondern scheint den Bezug zum Handeln, ja das Bestehen der Aufforderung selbst in Frage zu stellen. Denn unter der Annahme, daß der negative Existenzsatz "-(∃x) (Vx)" gesichert

ist, muß, vorausgesetzt das Konditional in (S2) wird, wie es offenbar naheliegt, als materiale Implikation gedeutet, der komplexe Sachverhalt, der
den primären Aufforderungsinhalt bildet, als *realisiert* und die Aufforderung demgemäß als *erfüllt* gelten.[207] Sollen wir deshalb sagen, daß der
Handlungsbezug ebenso wie die Aufforderung selbst in diesem besonderen
Fall, trotz des Nichtrealisiertseins von p, lediglich (wie bei realisiertem p,
S.113f.) *kontrafaktisch* bestehen und daß das Wissen darum, Träger einer
optativischen Einstellung zu sein, nicht mehr beinhaltet als das Bewußtsein, daß man, wäre p realisierbar, direkt zur Realisierung des in (S2) artikulierten komplexen Sachverhalts und somit indirekt zu relevanten Verrichtungen aufgefordert sein würde? Ganz sicher nicht. Die Aufforderung,
p zu verwirklichen, kann, wie wir festgestellt hatten, nicht von der Annahme ihrer Erfüllbarkeit abhängig sein. Wenn Schema (S2) sich nicht schließlich ebenso wie Schema (S1) als unangemessen erweisen soll, muß es modifiziert werden.

In welcher Form dies geschehen kann, ergibt sich aus der Erkenntnis,
daß negative Existenzsätze wie "-($\exists$ x)(Vx)" nicht nur in einem unrestringierten, sondern auch und in praxi häufiger in einem situativ restringierten Sinne vertreten werden.[208] Der chancenlos Aufgeforderte muß p nicht
für *prinzipiell* (logisch etwa, ontologisch oder naturgesetzlich) unmöglich
halten. Er kann auch zu der Überzeugung gekommen sein, daß es unter
den *gegenwärtigen* Umständen keine mögliche Verrichtung x oder keinen
realisierbaren Bedingungskomplex B gibt, die p zur Folge hätten. Da es
in diesem Falle (geeignete Datierungen von p vorausgesetzt, vgl. S.114f.)
denkbar erscheint, die negative Erfüllungslage durch den Erwerb einschlägiger Kenntnisse oder Fähigkeiten oder durch Warten auf bzw. Herbeiführen von relevanten Gelegenheiten zu ändern, ist es nicht nur nicht (wie
erwähnt, S.125f.) sinnlos, den optativischen Anspruch beizubehalten, sondern im Gegenteil rational, sich aufgrund des bestehenden Anspruchs aufgefordert zu fühlen, solche Möglichkeiten zu eruieren und, gegebenenfalls,
zu ergreifen. Dieser Schritt ist auf der Basis von Schema (S2) allein nicht
verständlich zu machen. Folgerichtig erscheint er erst, wenn die *konditionalisierte* Forderung (S2) durch die *nichtkonditionalisierte* kategorische
Forderung, die Antecedensbedingung sicherzustellen, ergänzt wird.[209] Jetzt
ist der Einstellungsträger nicht nur verpflichtet, auszuschließen, daß er untätig bleibt oder kontraproduktiv tätig wird (S.119f.), *wenn* Realisierungschancen für p bestehen, sondern auch dazu, sicherzustellen, *daß* sie bestehen. Was dies speziell bedeutet, ergibt sich aus den zugrundegelegten Annahmen über seinen epistemischen Zustand. Im ersten und einfachsten Fall

ist die kategorische Forderung von Beginn an erfüllt und als Ergänzung von (S2) nur theoretisch bedeutsam. In Fällen epistemischer Ungewißheit oder Gewißheit über temporäre (aber nicht prinzipielle) Realisierungsunmöglichkeit muß sie durch Eintritt in relevante Überlegungen oder andere sinnentsprechende Verrichtungen erfüllt werden. Hier ist sie als Zusatz zu (S2) essentiell und das gilt auch für den dritten, konzeptionell problematischsten Fall. Auch wenn der Einstellungsträger die Überzeugung hat, daß p prinzipiell unmöglich ist, wird er sich, Aufforderungsrationalität unterstellt, zwar aufgrund des durchgängig unerfüllten Antecedens des Konditionals (S2) nicht zu den im Consequens angesprochenen Verrichtungen Rx verpflichtet fühlen, sich aber im Blick auf die kategorische Aufforderung zur Sicherstellung der Antecedensbedingung dessen bewußt bleiben, daß er Adressat einer optativischen Aufforderung ist.

Nicht Schema (S2) für sich, wohl aber das ergänzte Schema, das optativische Aufforderungen von Erfüllbarkeitsannahmen unabhängig macht, liefert die adäquate Explikation der Formel "Zu tun, was immer zur Verwirklichung von p erforderlich und dem Betroffenen zu tun möglich ist". Anstelle von (F2) (S.128) können wir also sagen:

(F3) Jeder Träger eines Wp-Zustands ist sich (faktisch oder potentiell) dessen bewußt, im Falle der (präsenten oder erwartbaren) Irrealität von p intrasubjektiv doppelt aufgefordert zu sein, nämlich:

(a) sicherzustellen, daß $(\exists x)(Vx)$, und

(b) sicherzustellen, für [alle/.../mindestens ein] x, daß (Wenn Vx, dann Rx).[210]

Obwohl die *Aufforderungssituation* bei nichtrealisiertem p, bedingt durch (a), ausnahmslos faktisch bleibt, erweist sich der *Handlungsbezug* optativischer Einstellungen auf der Basis von (F3) als indirekt, hypothetisch und im Fall ihrer prinzipiellen Unerfüllbarkeit kontrafaktisch. Damit aber entfällt der entscheidende Grund für die Inanspruchnahme der in (F2) bzw. (F3) enthaltenen epistemischen Zusatzannahmen (S.129f.). Denn wenn wir auch *mit* ihnen, wie sich gezeigt hat, nicht mehr gewährleisten können als eine *indirekte* Beziehung zum Handeln, ist unser Interesse daran, optativische Einstellungen als "intrinsisch handlungsbezogen" zu kennzeichnen, kein Grund mehr, an diesen Zusätzen festzuhalten, vorausgesetzt ein indirekter Handlungsbezug läßt sich *ohne* sie ebensogut ins Spiel bringen. Daß und wie dies tatsächlich möglich ist, bleibt zu zeigen.

5.6 Entscheidend hierfür ist ein modifiziertes Verständnis des Aufforderungsinhalts. Man kann es als das seiner schrittweisen *"rationalen Entfaltung"* bezeichnen und allgemein so charakterisieren. Träger eines Wp-Zustands zu sein, hieß nach unserer ursprünglichen Formulierung (S.118): sich faktisch oder potentiell intrasubjektiv aufgefordert zu fühlen, für die Verwirklichung von p zu "sorgen". Die angesprochene Potentialität betraf zunächst nur das Faktum des Aufgefordertseins, erstreckt sich jedoch, wie im Vorstehenden deutlich wurde, auch auf den Inhalt der "Sorge". So wie der Träger eines Wp-Zustands sich des Daß seines Bestehens nicht anhaltend bewußt sein muß (S.106,111), so muß er, wenn er sich seiner bewußt ist, nicht notwendig alle oder einen bestimmten Teil der Spezifizierungsschritte durchlaufen, die das Wozu der Aufforderung konkretisieren.

Kriteriell für das Erfassen des Zustands *als solchen* ist tatsächlich (vgl. S.127f.) nur die Konfrontation mit einer Aufforderung, deren Inhalt, orientiert an der Perspektive des jeweils Betroffenen, durch den *abstrakten* Gedanken einer "Verwirklichung von p durch mich" gebildet wird, d.h. das Bewußtsein, aufgefordert zu sein, einen (zunächst unspezifizierten) Bedingungszusammenhang zwischen "mir" und dem zu realisierenden Sachverhalt "p" zu verwirklichen. Ob es einen solchen Zusammenhang gibt, wie er aussieht und ob er das Schema "Vx" erfüllt, sind *nachgeordnete* Fragen, die erst in der "Entfaltung" hervortreten und, abhängig von relevanten Zusatzannahmen sowie von Verlauf und Ergebnis einschlägiger Überlegungen, differenziert zu beantworten sind. Nur in gewissen, relativ einfachen Fällen kann die Antwort *direkt* gegeben werden.[211] Dann, aber auch nur dann, hat die Aufforderung von Beginn an einen inhaltlich spezifizierten Sinn und dieser *kann* darin liegen, etwas Bestimmtes zugunsten von p zu tun. Der Aufgeforderte weiß nun, daß er etwas und was er zu tun hat, und ist sich dessen bewußt, daß er gefordert bleibt, solange es nicht getan ist. Ob es sich dabei um tätige Interventionen oder um Unterlassungen, bloße Präparationen oder realisierungsbezogene Überlegungen handelt, spielt keine Rolle. In einem weiten Sinn (vgl. S.128f.) geht es jedenfalls um ein "Tun". Und im Hinblick auf diese Möglichkeit könnte man, wenngleich in einem sehr schwachen Sinn, alle optativischen Einstellungen bereits als "indirekt handlungsbezogen" kennzeichnen.

Das freilich wäre nicht hinreichend um von ihrer "intrinsischen Handlungsbezogenheit" reden zu können. Wir müssen auch Situationen einbeziehen, in denen sich *keine* direkte Aufforderung zum Handeln ergibt. Gehen wir also einen Schritt zurück und betrachten zunächst den *bloßen* Zustand des Aufgefordertseins zur "Verwirklichung von p durch mich". Können wir annehmen, daß es, obwohl die Aufforderung natürlich auch hier (ex hypothesi) als nicht erfüllt aufgefaßt wird, bei einem solchen Zustand *bleibt*? Unter außergewöhnlichen (pathologischen) Umständen vielleicht, und in *diesem* devianten und vorrationalen Fall, bei dem realisierungsbezogene Verrichtungen des Einstellungsträgers noch nicht im Blick stehen (S.129f.), wäre der Handlungsbezug zu verneinen. Das aber ist nicht der Normalfall. Ein rationaler Einstellungsträger wird sich nicht damit abfinden, sondern sich angesichts der negativen bzw. ungeklärten Erfüllungslage aufgerufen fühlen, die offenen Fragen zu beantworten. Die optativische Aufforderung erhält jetzt zumindest den Sinn einer Aufforderung zum Eintritt in realisierungsbezogene Überlegungen und im Normalfall zugleich, in generalisierter Form, jene Doppelstruktur, die wir in Abschnitt 5.5 im speziellen Bezug auf Bedingungszusammenhänge des Typs "Vx" herausgearbeitet hatten, d.h. sie erweist sich nunmehr als zusammengesetzt aus zwei Teilen:

(A1) der nichtkonditionalisierten kategorischen Aufforderung, einen (wie immer gearteten) Bedingungszusammenhang zwischen mir und dem zu verwirklichenden Sachverhalt "p" sicherzustellen, und

(A2) der konditionalisierten Aufforderung, gesicherte Zusammenhänge dieser Art zu verwirklichen.

Was dies für den Handlungsbezug der Einstellung selbst bedeutet, wird erkennbar, wenn wir beachten, daß die Rede vom *"Sicherstellen"* eines Bedingungszusammenhangs - in (A1) wie analog bereits in (F3) - doppeldeutig ist und bislang bewußt doppeldeutig gehalten wurde. Sie hat einen naheliegenden *epistemischen* Sinn, der darauf abstellt, sich durch Aktualisierung vorhandener Kenntnisse oder durch Eintritt in relevante Überlegungen und Recherchen theoretisch über bestehende Zusammenhänge ins Bild zu setzen. Im rationalen Normalfall wird dieser Sinn zuerst im Zentrum stehen und der Betroffene wird der so verstandenen Aufforderung (A1) zumindest im Ansatz nachkommen. Dabei dürfte es (unter normalen Umständen, S.130) zugleich zur Konzentration auf Bedingungsverhältnisse kommen, die theoretisch unter das Schema "Vx" subsumierbar sind. Wie *weit* der Betreffende sich allerdings über die formale Struktur jenes Schemas im klaren ist, wie *differenziert* er verfährt, wie *umfangreich* seine Überlegungen oder Recherchen ausfallen und welches *Ergebnis* er (wenn überhaupt eines) durch sie gewinnt, bleibt eine nachgeordnete und zum größten Teil nicht generell (sc. im Rekurs auf weitere rationale Normalbedingungen) zu beantwortende Frage, sondern muß individuell und empirisch ermittelt werden.[212] Das Ergebnis kann *positiv* sein und zu spezifizierten Aufforderungen zum Handeln führen. Es kann in der Erkenntnis bestehen, daß die zugrundeliegende negative epistemische Haltung zu p objektiv *unbegründet* ist, eine faktische Aufforderungssituation also eigentlich gar nicht vorliegt. Es kann aber auch auf die *negative* Feststellung hinauslaufen, daß der zu realisierende Sachverhalt p (a) prinzipiell unmöglich ist oder (b) prinzipiell möglich, aber prinzipiell unbeeinflußbar, da objektiv zufällig, oder daß er zwar prinzipiell möglich und beeinflußbar, aber (c) generell oder (d) situativ nicht durch den Einstellungsträger selbst zu beeinflussen ist, weil dieser generell bzw. situativ nicht über die nötigen Fähigkeiten oder Gelegenheiten verfügt.

Negative Ergebnisse, faktisch erreichte oder als Möglichkeit in Erwägung gezogene, sind für die "rationale Entfaltung" des Aufforderungsinhalts besonders bedeutsam. Denn erst in der Konfrontation mit ihnen wird klar, daß die Rede vom "Sicherstellen" in (A1) nicht nur einen epistemischen, sondern auch einen begrifflich indispensiblen *ontologischen* Sinn besitzt. Dieser kommt nicht in den Blick, solange die Erfüllung der so verstandenen Aufforderung (A1) mit Rücksicht auf den erwarteten oder bereits gesicherten positiven Ausgang der Suche nach relevanten Realisierungsbedingungen nur als ein selbstverständliches "Beiprodukt" der Erfüllung der epistemisch interpretierten erscheint. Daß sie ein solches nicht ist, zeigt sich im negativen Falle. Dann nämlich wäre die epistemische Aufforderung (A1) erfüllt, ohne daß die auf der Erfüllung von (A1) aufbauende Aufforderung (A2) zum Tragen käme. Der generelle Sinn optativischer Aufforderungen, der durch die Kombination von (A1) und (A2) expliziert werden sollte, ginge verloren. Zu einem bestimmten Realisierungsverfahren soll der Einstellungsträger zwar nur unter der Voraussetzung aufgefordert sein, daß es besteht, zur Realisierung von p überhaupt jedoch kategorisch. Der kategorische Anspruch auf p aber ist nur verständlich zu machen, wenn (A1) explizit oder implizit als Aufforderung aufgefaßt wird, für das Bestehen des Bedingungszusammenhangs selbst zu sorgen. Ob es genügt, sich theoretisch darüber ins Bild zu setzen, entscheidet erst das Ergebnis. Fällt es positiv aus, ist die Aufforderung (A1) erfüllt und Aufforderung (A2) kommt zum Tragen, mag der Betroffene sich ihres ontologischen Sinns nun bewußt geworden sein oder nicht. Fällt es negativ aus, wird ihm, jedenfalls unter normalen Rationalitätsbedingungen, deutlich werden, daß mehr gefordert ist als theoretische Überlegungen oder Recherchen. Natürlich soll damit nicht gesagt sein, daß er sich deshalb aufgefordert fühlen müßte, sinnlose Versuche zu unternehmen, eine für unerfüllbar gehaltene Aufforderung zu erfüllen, oder daß es nicht zugleich (in einem anderen Sinn des vieldeutigen Wortes) "rational" sein kann, optativische Einstellungen aufgrund der Einsicht in die Unerfüllbarkeit der ontologisch interpretierten Aufforderung (A1) aufzugeben. Die These ist nur, daß die "rationale Entfaltung" des Sinns optativischer Aufforderungen zu der Erkenntnis führt, daß sie sich auf die Realisierung des Sachverhalts *einschließlich* der relevanten Bedingungen erstrecken, und daß dies *auch* und *vor allem* in Situationen geschieht, in denen sie als nicht gegeben gelten.

Erst durch diesen Explikationsschritt wird deutlich, in welchem Sinne man von einer *"intrinsischen Handlungsbezogenheit"* aller optativischen Einstellungen reden kann. Jeder Träger eines Wp-Zustands, der (wie wir für unsere Zwecke festlegen wollen) *"minimal rational"* in dem Sinne ist, daß er, sollte sich aus seinem abstrakten Aufgefordertsein zur "Verwirklichung von p durch sich" keine direkte Aufforderung zum Handeln ergeben, nicht (wie ein gänzlich irrationaler Träger) in diesem Zustand verharrt, muß sich, solange er p als irreal begreift, nicht nur zu jener "Verwirklichung" überhaupt, sondern zu (mehr oder weniger spezifizierten) *Verrichtungen* seiner selbst aufgefordert fühlen, die der Verwirklichung dienen: wenn nicht zu tätigen Interventionen oder Unterlassungen, die sich (bei fortschreitender "rationaler Entfaltung") unter das Schema "Vx" subsumieren lassen, so doch zu präparativen Tätigkeiten bzw. Überlegungen, die dazu dienen, einschlägige Realisierungsbedingungen herzustellen. Und weil es dabei, wie sich zumindest im negativen Falle herausstellt, um die Verwirklichung solcher Bedingungen geht, nicht nur um die theoretische Vergewisserung darüber, ob sie bestehen, ergeht die Aufforderung zu realisierungsbezogenen Verrichtungen, speziell zu Überlegungen, auch unter der Annahme, daß sie nicht gegeben sind, faktisch und nicht nur kontrafaktisch.

5.7 Wir können die Frage nach dem Wozu optativischer Aufforderungen und damit (S.117f.) nach dem spezifisch optativischen Sinn unserer Stellungnahme zur "Frage der Realität" also generell mit dem Hinweis auf eine "Aufforderung zum *Handeln*" beantworten, vorausgesetzt wir geben (1) der Rede vom "Handeln" eine hinreichend weite Bedeutung, fassen (2) den "Handlungsbezug" nicht als direkten, sondern als indirekten und rational potentialisierten auf und unterstellen (3) die "minimale Rationalität" der betroffenen Einstellungsträger. Ich halte diese Voraussetzungen für theoretisch plausibel und phänomenal angemessen, ohne daß dieser letztere Anspruch (aus den früher erwähnten Gründen, S.79) hier vollständig eingelöst werden könnte. Ein weiterer Schritt in diese Richtung erscheint jedoch angebracht. Wir sollten uns im Bezug auf einschlägige Erscheinungen Klarheit darüber verschaffen, daß wir tatsächlich annehmen können, was wir annehmen müssen, um alle Träger von Wp-Zuständen als optativisch "engagiert" (S.121f.,124) und "handlungsbezogen" zu kennzeichnen, sc. daß sie sich zur Herstellung von Realisierungsbedingungen für p auch dann aufgefordert fühlen, wenn sie davon überzeugt sind, daß diese Bedingungen nicht gegeben sind. Daß Aufforderungen bestehen *können*, obwohl der Betroffene sie für unerfüllbar hält, steht nach dem früher Gesagten außer Frage (S.125f.). Läßt es sich aber auch im *gegenwärtigen* Falle rechtfertigen, d.h. für Situationen, in denen es nicht allein um einen abstrakten Sachverhalt, sondern um einen Sachverhalt einschließlich seiner Realisierungsbedingungen zu tun ist?

Ich denke ja. Unbestreitbar erscheint das Bestehen der Aufforderung erst einmal dort, wo die negative Einschätzung in dem Bewußtsein erfolgt, daß sie *nur situativ* bedeutsam ist. Wem es spät abends einfällt, daß er Brot kaufen muß, sieht zwar ein, daß er jetzt kein Brot kaufen kann, wird seinen Wunsch nach Brot deshalb (normalerweise) aber nicht aufgeben, sondern den Schluß ziehen, daß er die Bedingungen, d.h. speziell die situative Gelegenheit, zum Brotkauf schaffen muß, indem er bis zur Geschäftsöffnung am nächsten Morgen wartet und sich mit Geld in der Tasche zum Bäcker begibt. Nicht wesentlich anders steht es in Fällen, in denen die prinzipielle Realisierbarkeit offen, doch situativ *unbekannt* oder *zweifelhaft* ist. Der Asylsuchende weiß zwar, daß er die von ihm nicht beherrschte Sprache seines Gastlandes erlernen muß, um sich in ihr verständigen zu können, nicht aber, ob er (als älterer Mensch z.B.) die Fähigkeit hierzu besitzt. Der chronisch Kranke, der auch nach Konsultation aller ihm erreichbaren medizinischen Autoritäten keine Gewißheit hat, ob es ein Mittel gibt, von seiner Migräne befreit zu werden, bleibt darauf eingestellt, alles ihm, als dem primär Betroffenen, theoretisch und praktisch Mögliche zu tun, um seine Situation zu verbessern. Vom Bestehen einer prinzipiellen (subjektiven oder objektiven) Realisierungsmöglichkeit nicht überzeugt zu sein, ist freilich wesentlich weniger als überzeugt zu sein, daß eine solche Möglichkeit nicht besteht. Beispiele wie die gerade zitierten zeigen nur, daß das erste den Fortbestand der ontologisch interpretierten Aufforderung (A1) nicht in Zweifel stellt und daß die Frage, ob p grundsätzlich oder nur situativ nichtrealisierbar ist, bei anhaltender epistemischer Unsicherheit unentschieden bleiben kann (vgl. S.98f.). Sie müssen daher durch Beispiele ergänzt werden, die zeigen, daß (A1) auch dann fortbesteht, wenn diese Frage (aus welchen Gründen auch immer) im Sinne der prinzipiellen Unerfüllbarkeit entschieden wurde.

Verschiedene Evidenzen sprechen dafür. Einmal ist zu beachten, daß unterschiedliche Einschätzungen darüber, ob etwas "prinzipiell unmöglich" ist oder nicht, nicht nur epistemisch bedingt sein können. Sie hängen auch davon ab, auf welcher *begrifflichen Basis* die Unterscheidung getroffen wird. Diese kann mehr oder weniger restriktiv sein. Was einem enger gefaßten Begriff zufolge unmöglich ist, kann sich nach einem weniger restriktiven als möglich erweisen.[213] Vorliegende Unmöglichkeitserklärungen lassen sich relativieren, indem man ihren begrifflichen Rahmen in Frage stellt. Faktisch geschieht das vor allem unter dem Druck unerfüllter optativischer Ansprüche und hat dann, rational expliziert, den Sinn eines Versuchs, einer bestehenden, ontologisch interpretierten und auf die Bereitstellung modaler Differenzierungsbedingungen bezogenen Aufforderung (A1) nachzukommen.[214] So können auch bislang wissenschaftsgläubige Kranke die eventuelle Wirksamkeit religiöser und abergläubischer Heilpraktiken in Erwägung ziehen, wenn alle medizinischen Möglichkeiten erschöpft sind. Die Ideen der Entropie-Umkehr, der Konstruktion eines Perpetuum mobile oder der Übermittlung elektronischer Signale vom Mond in weniger als einer Sekunde stellen die gültigen physikalischen Möglichkeitsbedingungen in Frage, lassen sich aber fassen und in Kenntnis ihrer präsenten physikalischen Unmöglichkeit zum Gegenstand des Interesses machen, sofern dies nur in dem Bewußtsein geschieht, mit ihm (rational) aufgerufen zu sein, die theoretischen Voraussetzungen für entsprechende Realisierbarkeitsannahmen zu schaffen. Ähnlich verhält es sich bei einer projektierten Änderung mathematischer oder logischer Systeme. Bekanntlich hat das Interesse an einer befriedigenden Lösung des Problems der Contingentia Futura verschiedene Philosophen dazu veranlaßt, die Preisgabe des herkömmlich als unaufgebbar geltenden Satzes vom ausgeschlossenen Dritten ins Auge zu fassen, verbunden mit der Verpflichtung, das geläufige Modell einer (unqualifiziert) zweiwertigen Logik durch ein revidiertes Modell zu ersetzen. Und das Interesse anderer, selbst den als absolut unbestreitbar erscheinenden Satz vom Widerspruch außer Kraft zu setzen, hat als Interesse wenigstens, mag seine Erfüllung auch chancenlos sein, solange Bestand, als seine Vertreter sich zur Entwicklung tragfähiger logischer Grundlagen für das von ihnen Beanspruchte verpflichtet fühlen (vgl. Anm.159).

Auch (in einem engeren Sinne) manifest *"irrationale" Reaktionen* können als Hinweis auf eine bestehende, für definitiv unerfüllbar gehaltene Aufforderung (A1) verstanden werden. Gewiß, das blinde Reißen an einem verknoteten Schuhband oder das Einschlagen auf einen streikenden Automaten können mit der (irrationalen oder empirisch begründeten) Hoffnung verbunden sein, so zum Erfolg zu kommen. Es mag sich auch um das bloße, nicht (mehr) von optativischen Ansprüchen getragene Abreagieren von Ärger handeln. Wenn wir aber beobachten, wie jemand, der eine Behörde "wegen Betriebsausflugs" geschlossen findet, gleichwohl an den verschlossenen Türen rüttelt, dürfte es wohl plausibler erscheinen, sein Verhalten als irrationale Reaktion auf den Druck einer Forderung zu interpretieren, die sich als definitiv unerfüllbar erwiesen hat.[215] Mythologische Gestalten wie Tantalus oder Sisyphus stehen prototypisch für Menschen, die einer Forderung, bis hin zu sinnlosen Realisierungsversuchen, verhaftet bleiben, obwohl sie wissen, daß sie prinzipiell unerfüllbar ist.[216] Auf subtile Weise gilt dies auch für das bis heute anhaltende Interesse vieler (ansonsten vernünftiger) Menschen, verläßliche Prognosen über ihre persönliche Zukunft zu bekommen, um diese danach, in "irrationalem" Widerspruch zu den epistemischen Grundlagen ihres Verhaltens, wunschgemäß zu beeinflussen.[217] Einschlägig sind aber vor allem "irrationale" theoretische Aktivitäten. Aristoteles' lapidare Erklärung (Anm.201), niemand stelle praktische Überlegungen über prinzipiell durch ihn Unbeeinflußbares an, also z.B. über Vergangenes, ist zwar als Beschreibung eines konsequent rationalen Verfahrens oder als lebenspraktische Empfehlung richtig, als Diagnose des faktischen Verhaltens von Menschen jedoch nicht. Oft bleibt ein gravierendes unerwünschtes Ereignis Gegenstand unserer Besorgnis, obwohl wir wissen, daß es nicht mehr zu ändern ist. Wenn wir uns mit dem Gedanken quälen, was wir an welcher Stelle anders hätten machen können, tun wir das selten in der (vernünftigen) Absicht, generelle Lehren für die Zukunft daraus zu ziehen, sondern weil wir irrational auf die anhaltende Forderung reagieren, die Bedingungen für die Verwirklichung von etwas bereit zu stellen, dessen Verwirklichung wir beanspruchen.

Daß die Aufforderung mit der Einsicht in ihre Unerfüllbarkeit nicht automatisch verschwindet, zeigt die Tatsache, daß es nicht immer oder erst nach einigen "psychischen Anstrengungen" gelingt, sich von irrationalen Reaktionen, insbesondere von sinnlosem Grübeln über irreale Ermöglichungsbedingungen, loszureißen. Aber auch wenn Reaktionen dieser Art ausbleiben, kann die Besorgnis andauern. Sie manifestiert sich dann etwa darin, daß uns die negative Erfüllungslage anhaltend oder phasenweise *bewußt* bleibt und als *schmerzlich* empfunden wird. Grund dieses Schmerzes ist nicht nur (wenn überhaupt) die Konfrontation mit dem unerwünschten, unlusterregenden Sachverhalt "-p", sondern auch und in noch stärkerem Maße (wo nicht ausschließlich) die Erfahrung der eigenen Ohnmacht. Das Quälende konkreter Ohnmachtserfahrungen aber besteht weniger (wenn überhaupt) im Leiden daran, daß eine bestimmte Möglichkeit nicht besteht, als im Verständnis unserer selbst als Personen, die diese Macht haben oder gewinnen sollten, ohne doch der andauernden, aber als prinzipiell unerfüllbar erkannten Forderung an uns selbst nachkommen zu können.[218] Plötzlich eintretende, *temporäre* Machtlosigkeit wird nicht nur als schmerzhaft oder unlustvoll erlebt, sondern als Zustand, der (je nach den konkreten Umständen) Schrecken, Furcht, Bangigkeit oder Beklommenheit mit sich führt.[219] Kummer und Sorge, Bitterkeit, ohnmächtige Wut und Verzweiflung, nicht ergebene Trauer, Mißmut oder schlichte Unlust über das Unabänderliche kennzeichnen die Situation des *längerfristig* Betroffenen. Die Qual dessen, der begangene Taten oder nicht ergriffene Gelegenheiten bereut, wird durch das Bewußtsein des "Sollens und Nichtkönnens" ebenso nachhaltig verstärkt wie die Sorge von Eltern, die sich, wohl wissend, daß sie das Leben ihrer erwachsenen Kinder nicht leben können, noch immer für deren Glück oder Unglück verantwortlich fühlen, oder der Gram von Menschen, die sich vergeblich und hoffnungslos sehnen, soziale Anerkennung zu finden oder die Liebe einer geliebten Person zu gewinnen.[220] Umgekehrt werden Trauer und Schmerz, auch wenn sie bestehen bleiben, leichter erträglich, wenn sie auf den betrüblichen Sachverhalt selbst beschränkt und nicht mit dem weitergehenden, selbstquälerischen und objektiv "sinnlosen" Anspruch verbunden sind, das Unabänderliche zu ändern.

Den meisten Menschen, die etwas, wonach sie sich sehnen, als prinzipiell unerfüllbar erkannt haben, gelingt es über kurz oder lang, sich wenigstens so weit mit ihm abzufinden, daß sie vom Druck der Realisierbarkeitsforderung *frei werden*. Müssen wir deshalb, um an der konstitutiven Bedeutung der kategorischen Aufforderung (A1) festhalten zu können, behaupten, daß sie den optativischen Anspruch insgesamt *aufgeben*? Ja und nein. Wir wollen natürlich und können auch weiterhin davon reden, daß Menschen, die gelernt haben, sich "ins Unabänderliche zu schicken" und nicht "gegen ein unabwendbares Schicksal aufzulehnen", immer noch wünschen mögen, daß es sich anders verhält. Freilich in welchem Sinne? Ausgeschlossen ist die Annahme, daß sie sich eines Wp-Zustands unabhängig von realisierungsbezogenen Aufforderungen, einschließlich (und im gegenwärtigen Falle allein entscheidend) solchen unseres Typs (A1), *bewußt* sein können, denn nur dadurch wird deutlich, daß sie optativisch gegenüber p engagiert sind (S.124). Das aber heißt nicht, daß sie nicht, *ohne daß* ihnen ihr Zustand anhaltend oder besonders oft zu Bewußtsein käme, anhaltend *disponiert* sein können, sich seiner mit allen "rational explizierbaren" Aspekten bewußt zu werden, und den Besitz einer solchen Disposition unter bestimmten Bedingungen manifestieren (S.106 Anm.183). Dann eben kommt es zur wiederholten Konfrontation mit der eigenen Ohnmacht, die uns mehr oder weniger schmerzlich daran erinnert, daß wir zwar resigniert, die Sehnsucht und die Besorgnis um ihre Erfüllung selbst aber, trotz zwischenzeitlicher Unbekümmertheit, nicht gänzlich aufgegeben haben.

Der sichere Weg, den uns der Stoiker als einzig sinnvollen anempfiehlt, besteht ohne Zweifel darin, keine Wünsche zu *haben*, deren Verwirklichung unserer Macht definitiv entzogen ist. Der weniger beruhigende der alltäglichen Lebenspraxis geht jedoch eher dahin, sie zu *vergessen* oder, der psychoanalytischen Deutung einiger hierher gehöriger Erscheinungen folgend, zu *verdrängen*.[221] Daß die Realisierungsforderung mit einem unterstellten dispositionellen Wp-Zustand fortbesteht, mag im Verdrängungsfalle auch dadurch plausibel erscheinen, daß manche Verhaltensweisen seines Trägers sich mehr oder weniger plausibel als irrationale, durch sie hervorgerufene Realisierungsversuche verstehen lassen. Doch kommt es auf solche, ohnehin nur bedingt beweiskräftige und von motivationalen Zusatzannahmen abhängige, indirekte Evidenzen nicht an. Entscheidend ist, daß die Zuschreibung unbewußter Wp-Zustände begrifflich von der bewußter optativischer Einstellungen abhängig ist (Anm.183) und daß deren spezifischer Sinn, der sie von assertorischen ebenso wie von indifferenten Haltungen unterscheidet, nur im Kontext kategorischer, realisierungsbezogener Aufforderungen faßbar wird. Sind solche (aktuell oder potentiell) nicht im Spiel, kann von einem Anspruch "Daß p der Fall sein möge" nicht mehr gesprochen werden, gleichgültig welche epistemische Haltung gegenüber p selbst und seinen Realisierungsbedingungen zugleich im Spiel sein mag. Wir können den Anspruch aufgeben, weil wir von seiner prinzipiellen Unerfüllbarkeit überzeugt sind. Wir können ihn aber nicht losgelöst von unserem Selbstverständnis als (mächtige oder ohnmächtige) Adressaten der Forderung, ihn zu erfüllen, beibehalten. Das gilt zunächst, wenn die vorstehenden Untersuchungen richtig sind, aufgrund des Fehlens geeigneter theoretischer Alternativen. Es gilt aber auch für die phänomenalen Gegebenheiten, die, soweit ich sehe, mit dieser Feststellung zumindest gut zu vereinbaren sind oder sie direkt bestätigen.

6. Wollen als motivational qualifiziertes Wünschen

6.1 Kehren wir nunmehr zum Willensbegriff und den Problemen vom Anfang dieses Kapitels zurück. Unsere Aufgabe war es, das Konzept des Wollens als qualifiziertes Wünschen (Kap.III,4) so auszugestalten, daß es den Motivationsgesichtspunkt umfaßt, ohne deshalb (vor allem im Blick auf die verschiedenen Formen des "bloßen Wollens", Kap.III,3) seine begriffliche Einheit einzubüßen. Zwei Wege dazu boten sich an (S.85f.), wobei der erste und direktere in dem Nachweis bestand, daß auch solche Willenserscheinungen, die sich nur partiell oder überhaupt nicht in Willenshandlungen manifestieren, durchgängig motivational geprägt sind. Auf dem Hintergrund des vertieften Verständnisses vom Sinn und vom Handlungsbezug optativischer Einstellungen, das wir inzwischen gewonnen haben, könnte er sich als gangbar erweisen. Wenn sich zeigen läßt, daß Wp-Zustände als solche motivierend sind, kann der Gattungsbegriff des "Wollens" sogar mit dem prägnanten Begriff des "Wünschens" *gleichgesetzt* und dessen weitere Qualifikationen insgesamt zu den Willensarten gerechnet werden (vgl. S.69,73). Beginnen wir daher mit der Frage, ob wir nach dem Vorstehenden Grund haben, nicht nur von einer "intrinsischen Handlungsbezogenheit", sondern auch von so etwas wie einer *"intrinsischen Motivationalität"* optativischer Einstellungen zu reden.

Dazu müssen wir etwas präziser als bisher bestimmen, was wir mit der Erklärung meinen, daß etwas *"motivierend"* ist. Sinnvoll kann davon in unserem Zusammenhang nur die Rede sein im Bezug auf handlungstheoretisch bedeutsame *subjektive* Faktoren und deren motivationale *Wirksamkeit* (vgl. Anm.127 und S.206f.). Entweder meinen wir, (A) daß etwas *faktisch*, oder (B) daß es *potentiell* motivational wirksam ist, wobei es zumindest im letzteren Falle ratsam erscheint, noch einmal zu unterscheiden zwischen (B1) *aktuellen* Ereignissen und (B2) *Dispositionen*, die im Hinblick auf hinzutretende andere aktuelle oder dispositionelle Ereignisse potentiell wirksam sind. Die *dispositionelle* Explikation des Begriffs oder zumindest des Aufforderungscharakters optativischer Einstellungen, die wir in Abschnitt 3 erörtert hatten, würde sie, wenn sie sich halten ließe, als "intrinsisch motivierend" im Sinne von (B2) erweisen und dieser Sinn wäre für unsere Zwecke zweifellos hinreichend. Doch es hat sich gezeigt, daß beide Explikationen unmöglich sind. Als *aktuelle* Ereignisse aufgefaßt, wie sie es unseren Untersuchungen zufolge sein müssen, können Wp-Zustände offenbar nur im Sinne von (B1) oder (A) motivierend sein. (B1) aber wäre für sich nicht hinreichend, um von "intrinsischer Motivationalität" zu reden. So wenig wie die bloße Tatsache, daß (sagen wir) eine Wetterfahne am Dach befestigt ist, sich schon deshalb als Zustand ihrer "intrinsischen Wirkungsfähigkeit" auffassen läßt, weil sie bei stärkerem Westwind flattern würde, so wenig kann ein Wp-Zustand deshalb als "intrinsisch motivierend" gelten, weil er (sagen wir) immer dann, wenn sein Träger von seiner Realisierbarkeit durch eigene Verrichtungen überzeugt und diese auszuführen geneigt (disponiert) wäre, solche Verrichtungen zur Folge hätte. *Potentielle* "intrinsische Motivationalität" läßt sich offenbar *nur* im Rekurs auf geeignete Dispositionen verständlich machen. Letztlich also ist es allein ihre *faktische* motivationale Wirksamkeit (A), die, wenn sie durchgängig gegeben wäre, optative Einstellungen als "intrinsisch motivierend" erweisen könnte. Können wir annehmen, daß dies der Fall ist?

Sicher nicht, wenn wir uns dabei auf solche Verrichtungen beschränken, die in der (rationalen oder irrationalen) Erwartung ausgeführt werden, den gewünschten Sachverhalt durch sie zu verwirklichen oder zu seiner Verwirklichung signifikant beizutragen. Doch der weite Begriff des "Handelns", der, wie sich zeigte, die Rede von der "intrinsischen Handlungsbezogenheit" optativischer Einstellungen rechtfertigt (S.138), schließt unterschiedlichste präparative Verrichtungen und Überlegungen ein, so daß es denkbar erscheint, auch ihre durchgängige motivationale Wirksamkeit auf dieser Basis sicherzustellen (S.85f.). Können wir demgemäß sagen, daß jeder Träger eines Wp-Zustands, der p für präsent oder erwartbar unerfüllt hält, wenn nicht in konkrete "Entschlüsse", "Ansätze" oder Versuche zur Realisierung von p oder in realisierungsbezogene Präparationen, so doch zumindest in diesbezügliche Überlegungen eintritt?

Unmittelbar einsichtig ist das gewiß nicht. Die intrinsische Handlungsbezogenheit optativischer Einstellungen liefert dafür jedenfalls keine Begründung. Denn sie stellt zwar sicher, daß "minimal rationale" Träger zu realisierungsbezogenen Verrichtungen (im weiten Sinn) *aufgefordert* sind, nicht aber, ob sie und wie sie der Aufforderung, auf welcher Stufe der "rationalen Entfaltung" auch immer, *nachkommen*. Vom bloßen Bewußtsein des Aufgefordertseins zu sinnentsprechenden Reaktionen ist es eben, wie wir wiederholt festgestellt hatten (S. 95f.,99,101f.,104,118), ein Schritt, der nicht automatisch vollzogen wird und nicht notwendig erfolgen muß. Der Aufgeforderte *kann* in dieser Form reagieren. D.h. im vorliegenden Fall (vgl. S.135f.), daß er bei direkt oder durch Überlegung gewonnenen Aufforderungen zu bestimmten, konkret realisierungsbezogenen oder präparativen *Tätigkeiten* diese unmittelbar ausführt oder in Überlegungen darüber eintritt, wann, wie und ob sie (im Hinblick etwa auf ihre weiteren Folgen und konkurrierende andere Wünsche) ausgeführt werden sollten, während er bei Aufforderungen zum realisierungsbezogenen *Überlegen* entweder in dieses selbst oder in übergeordnete Überlegungen eintritt, die auf das Wann, Wie und Ob seiner Durchführung gerichtet sind. Er kann aber *auch* (mehr oder weniger "irrational", vgl. S.96,99) in einer Form reagieren, die dem Sinn der Aufforderung *nicht entspricht*, oder sogar (bei hoffnungslos unrealistischen Wünschen etwa, vgl. S.141ff.) *reaktionslos* im Zustand des bloßen Sich-aufgefordert-Fühlens verharren.

Nichtsdestoweniger können wir unter *normalen Umständen* damit rechnen, daß sinnentsprechende Reaktionen, rudimentäre Überlegungen zumindest, vorliegen (vgl. S.130,136), auch wenn es nicht der Handlungsbezug optativischer Einstellungen als solcher ist, der diese Annahme rechtfertigt. Daß überhaupt reagiert wird, setzt die hinzutretende Motiviertheit der Einstellungsträger zu Reaktionen in intrasubjektiven Aufforderungssituationen voraus, und wie und wann dies geschieht, hängt zwar partiell vom ("rational entfalteten") Sinn der Aufforderung ab, gleichzeitig aber und in bestimmten Fällen ausschließlich von anderen Faktoren: vom epistemischen Zustand des Aufgeforderten und seiner weiteren psychischen oder physischen Befindlichkeit ebenso wie von äußeren Umständen. Das Wie und Wann der Reaktion, das nur individuell und empirisch zu ermitteln ist, kann und braucht uns hier nicht zu beschäftigen. Entscheidend für uns ist die Frage des Daß. *Warum* können wir annehmen, daß Menschen zu Reaktionen, und zwar normalerweise zu sinnentsprechenden, motiviert sind, und *worin* besteht ihre Motiviertheit? Auch diese Fragen haben empirische und individuelle Aspekte, die für uns nicht von Bedeutung sind. Wenn sich die Idee der "intrinsischen Motivationalität" optativischer Einstellungen (verstanden als durchgängige, faktische motivationale Wirksamkeit) halten läßt, dann offenbar nur im Hinblick auf generelle, von kontingenten Umständen unabhängige Gründe, die den Schritt von der bloßen Aufforderung zur realisierungsbezogenen Verrichtung selbst, wie abstrakt und rudimentär sie auch immer sein mag, im menschlichen Normalfall erwarten lassen. Sind solche Gründe zu finden?

Der einzige Gesichtspunkt, der hier in Frage kommt, kann, so scheint mir, nur derselbe sein, der schon die Rede von ihrer "intrinsischen Handlungsbezogenheit" rechtfertigte, sc. die *"normale Rationalität"* der Einstellungsträger. Menschliche Träger von Wp-Zuständen, die sich der Unerfülltheit ihres Anspruchs auf p bewußt werden, sind, so könnte man analog zu unseren früheren Feststellungen (S.136,138) argumentieren, genau deshalb zu sinnentsprechenden Reaktionen geneigt, weil sie im Regelfall nicht nur *minimal*, sondern in einem *stärkeren*, für den Vollzug dieses Schrittes entscheidenden Sinne rational sind. Natürlich darf dieser Sinn nicht so stark sein, daß die Generalität des Konzepts in Gefahr gerät. Mehr als ihre Motiviertheit zum Eintritt in relevante Überlegungen kann nicht vorausgesetzt werden. Am ehesten ließe sich daher von *"Überlegungsrationalität"* oder, etwas allgemeiner und treffender, von *"Besonnenheit"* in einem Sinne sprechen, demzufolge ein (faktischer oder potentieller) Träger optativischer Einstellungen genau dann besonnen ist, wenn er motiviert ist, in relevanten Aufforderungssituationen so zu reagieren, daß er in (mehr oder weniger umfangreiche, direkte oder übergeordnete) sinnentsprechende Überlegungen eintritt, wenn immer er zu solchen aufgefordert ist oder er in der Gefahr steht, anders zu reagieren, als er es mit Überlegung tun würde. Die Annahme, daß (normale, erwachsene) Menschen unter normalen Umständen "besonnen" sind, dürfte für sich plausibel sein. Zu prüfen bleibt, was sie genau beinhaltet und ob bzw. in welcher Form sie geeignet ist, unsere begrifflichen Probleme zu lösen.

Hier liegen die entscheidenden Schwierigkeiten. Festzustellen ist zunächst, daß die Analogie zwischen der rational begründeten "intrinsischen Handlungsbezogenheit" optativischer Einstellungen und ihrer rational begründeten "intrinsischen Motivationalität" *begrenzt* ist. Die minimale Rationalität des Einstellungsträgers garantiert, im Gegensatz zu seiner Besonnenheit, nicht den Schritt von der Aufforderung zur Reaktion, sondern nur den von einer gänzlich unspezifizierten zu einer inhaltlich spezifizierteren optativischen Aufforderung. Ihr Fehlen stellt die Rationalität des Trägers gänzlich in Frage, während die fehlende Besonnenheit dies nicht ausnahmslos und in sehr verschiedenen Graden tut. So exzeptionell wie die Abwesenheit von minimaler Rationalität ist die Abwesenheit von Besonnenheit offenbar nicht. Ja, es ist mehr als zweifelhaft, daß sie, selbst wenn es so wäre, ein angemessenes Motivationskriterium liefern könnte. Denn zum einen ist die faktische motivationale Wirksamkeit aller Wp-Zustände auf dieser Basis nicht sicherzustellen. Es ist ja keineswegs irrational und mit "Besonnenheit" im definierten Sinn gut zu vereinbaren, wenn der Betroffene als Träger einer in seinen Augen (präsent oder erwartbar) *erfüllten* Einstellung oder als Adressat einer Aufforderung, die er für hoffnungslos *unerfüllbar* hält, *nicht* reagiert, vorausgesetzt er ist sich bereits darüber im klaren, daß das Ergebnis einschlägiger Überlegungen auch nur im Verzicht auf weitere

Überlegungen oder tätige Interventionen bestehen würde. Und wenn er, was ebenso denkbar bleibt, in einer Weise *irrational* reagiert, die seine Besonnenheit ausschließt, zeigt ebendiese Tatsache, zweitens, daß die "rationale Motiviertheit" des Trägers motivational nicht erschöpfend ist und daher nicht zur Begründung der "intrinsischen Motivationalität" optativischer Einstellungen als solcher dienen kann.

Zum gleichen negativen Ergebnis führt aber auch die Frage, welcher *theoretische* Status unserem Begriff der "Besonnenheit" zukommt. Selbst wenn wir annehmen könnten, daß er auf (normale, erwachsene) Menschen durchgängig anwendbar ist und die faktische motivationale Wirksamkeit aller Wp-Zustände unter Beweis stellt, wäre das letztere keine *für sich* bestehende Tatsache, sondern nur eine *Konsequenz* dessen, daß optativische Einstellungen ex hypothesi potentiell motivierend sind, und zwar in genau dem Sinn, der sich (S.144f.) als konzeptionell einzig angemessen, aber motivational unzureichend erwiesen hatte, sc. (B1). Der eingeführte Begriff der "Besonnenheit" ist ein spezifizierter, deskriptiver Rationalitätsbegriff, der sich auf bestimmte Formen des Umgangs der Träger mit ihren optativischen und assertorischen Einstellungen bezieht (vgl. S.96 Anm.155). Im partikulären Anwendungsfall liegt dieser "Umgang" als *aktuelle* (prozessuale) Verrichtung vor; der Einstellungsträger erweist sich durch ihn als situativ "rational" oder "besonnen". Die generelle Aussage jedoch, daß Menschen (normalerweise) besonnen sind, läßt sich, wie alle generellen Rationalitätszuschreibungen, offensichtlich nur *dispositionell* verstehen. Menschen sind "rationale Wesen", weil bzw. soweit sie disponiert sind, als Träger assertorischer und optativischer Einstellungen "rational" mit ihnen umzugehen. Als rationale Wesen sind sie durchgängig motiviert im Sinn von (B2). Als bloße Träger realitätsbezogener Einstellungen aber sind sie es nur im Hinblick auf deren potentielle motivationale Wirksamkeit in Verbindung mit hinzutretenden Dispositionen, d.h. im Sinn von (B1). Und daß sie rational disponiert sind, läßt sich, gegebenenfalls, zwar als allgemeingültiges anthropologisches Faktum begreifen oder (mit der philosophischen Tradition) als definitorisches Merkmal des "Menschseins" als solchen, nicht aber als etwas, das im Begriff der "realitätsbezogenen Stellungnahme" selbst enthalten ist.

Bringt dieses Ergebnis dann aber nicht auch ihre "intrinsische Handlungsbezogenheit" oder sogar ihren Status als aktuelles, nicht dispositionell analysierbares Ereignis selbst in Gefahr? Was für "Rationalität" in der Form der "Besonnenheit" gilt, muß, so möchte man meinen, auch für die "minimale Rationalität" und die "rationale Entfaltung" des optativischen Aufforderungsinhalts gelten. Auch sie läßt sich generell nur als Disposition zuschreiben, die, soweit sie den Schritt von der bloßen Aufforderung zum sinnentsprechenden Reagieren (d.h. hier: zum realisierungsbezogenen Überlegen) betrifft, den Einstellungsträger als "motiviert" im Sinn von (B2) ausweist. Müssen wir deshalb sagen, daß die Handlungsbezogenheit optativischer Einstellungen ebenso äußerlich für sie ist wie ihre faktische motivationale Wirksamkeit, oder wenn nicht, daß die rationale Disponiertheit des Trägers für sie, im Gegensatz zu unserer bisherigen Darstellung, begrifflich konstitutiv ist? Nein. Richtig ist, daß die Annahme durchgängiger Besonnenheit, wenn sie gerechtfertigt wäre, formal denselben Status hätte wie jene Rationalitätsprämissen, die wir zur Rechtfertigung der Rede vom "intrinsischen Handlungsbezug" in Anspruch genommen hatten. Doch weder der eine noch der andere Zusatz ist im Begriff der "optativischen Einstellung" selbst enthalten oder geeignet, die Rede von ihrer "intrinsischen Motivationalität" zu begründen. Die Spezifizierung des Aufforderungsinhalts ist empirisch offen und für das Bestehen der Einstellung nicht kriteriell (S.135ff.). Und wenn sie erfolgt, bleiben der Ausgangszustand und alle weiteren Stufen der "rationalen Entfaltung" natürlich immer noch aktuelle Zustände, die nicht als "intrinsisch motivierend" zu kennzeichnen sind. Die "rationale Disponiertheit", in welcher Form auch immer, bleibt eine *Zusatzbedingung*, die für eine bestimmmte Klasse von Trägern kriteriell sein mag, nicht jedoch für deren optativische Stellungnahme. Von ihrer "intrinsischen Handlungsbezogenheit" läßt sich reden, weil die unspezifizierte (aktuelle) optativische Aufforderung *selbst*, gegeben die (dispositionell etablierte oder nur situativ vorhandene) minimale Rationalität ihres Adressaten, den Charakter einer spezifizierten (aktuellen) "Aufforderung zum Handeln" erhält. Die Rede von ihrer "intrinsischen Motivationalität" dagegen ist sinnlos.

6.2 Der Motivationsgesichtspunkt ist also nicht durch den optativischen Kern unseres Willensbegriffs, sondern nur durch einen geeigneten *Zusatz* zu ihm ins Spiel zu bringen. In einem prägnanten Sinne muß auch der Gattungsbegriff, nicht nur die verschiedenen Arten des Wollens (S.144), als *qualifiziertes* Wünschen aufgefaßt werden, wenn das Problem der "motivationalen Defizienz" sich auf einem der beiden Wege, die wir am Ende von Abschnitt 1 (S.85f.) ins Auge gefaßt hatten, als lösbar erweisen soll. Und das heißt, daß wir nun definitiv auf jenes Verfahren zurückgeführt werden, das sich schon für die benötigte terminologische Präzisierung der umgangssprachlichen Rede vom "Wollen" und seines begrifflichen Umfelds nahegelegt hatte (vgl. S. 73).

Der begriffliche Rahmen hierfür ist durch den Ansatz von Kapitel III,4 und unsere weiteren Untersuchungen vorgegeben. Beliebige Wp-Zustände, gleichgültig ob sie und wie sie qualifiziert sind, werden in einem prägnanten Sinne als *"Wünsche"* bezeichnet, nicht motivational qualifizierte Wünsche als *"bloße Wünsche"*. Die "minimale Rationalität" des Wünschenden und die entsprechende Spezifizierung des optativischen Aufforderungsinhalts gelten dabei noch nicht als "motivationale Qualifikation", da sie keine Reaktion *auf* die bestehende Forderung nach sich ziehen, die als "motiviert" *durch* sie zu verstehen wäre. Nur ein in diesem Sinne motivational qualifiziertes Wünschen soll als *"Wollen"* bezeichnet werden. Hier allerdings sind verschiedene Versionen denkbar. Unsere Aufgabe ist es, in möglichst engem Kontakt zum alltäglichen Sprachgebrauch eine phänomenal angemessene und theoretisch befriedigende Qualifikation herauszuarbeiten, die einerseits *stark genug* ist, um die Rede von einem "motivational defizienten, bloßen Wollen" verständlich zu machen, andererseits aber *nicht so stark*, daß die Einheit unseres Willensbegriffs verloren geht. Und dabei wird auch zu klären sein, ob wir uns (dem ersten der beiden erwähnten Wege entsprechend) auf den prägnanten, motivational qualifizierten Begriff *beschränken* oder (dem zweiten Weg folgend) *auch* vom "Wollen" in einem weiteren Sinne reden sollten.

6.3 Beginnen wir mit einer formalen Differenzierung, die in modifizierter Form den zuvor (S. 144f.) unterschiedenen Bedeutungen von 'motivieren' Rechnung trägt. Offenbar kann die motivationale Qualifikation eines beliebigen, partikulären Wp-Zustands "w", der ein bestimmtes Individuum "y" zum Träger hat und zu einem bestimmten Zeitpunkt "t" auftritt, prinzipiell zwei verschiedenen Formen haben:

(M1) w ist an t oder zu einem relevanten späteren Zeitpunkt *faktisch* motivational wirksam.

(M2) w ist an t oder zu einem relevanten späteren Zeitpunkt *faktisch nicht* motivational wirksam, doch y ist an t zu bestimmten Reaktionen unter bestimmten (an t nicht realisierten) Bedingungen *disponiert*.

Welche Qualifikationsform kommt für uns in Betracht? Eine Beschränkung auf (M1) würde bedeuten, daß von "Wollen" nur dort die Rede sein kann, wo ein Wunsch, zu dessen Verwirklichung nichts unternommen wird, sich zumindest in rudimentären, sinnentsprechenden Überlegungen oder in irrationalen Reaktionen manifestiert. Unbewußte (dispositionell zu explizierende) Wunschzustände [222] könnten dann per definitionem ebensowenig als "Wollen" gelten wie situativ bewußte Wünsche, die deshalb unwirksam bleiben, weil ihr Träger sie (definitiv) für erfüllt hält oder für unerfüllt, aber prinzipiell oder bis auf weiteres unerfüllbar. Das deckt sich nicht mit dem gewöhnlichen Sprachgebrauch. Daß Petra Ärztin werden will, heißt nicht, daß sie permanent, in Gedanken zumindest, mit ihrem Berufsziel beschäftigt ist oder daß sie es, wenn oder wenn immer nicht, eben nur wünscht. Entscheidend für unsere Willenszuschreibung ist offenbar nur, daß es ihr von Zeit zu Zeit bzw. unter bestimmten Umständen zu Bewußtsein kommt und daß sie sich, wenn sie es als nicht erreicht, aber objektiv durch sie erreichbar auffaßt und über die nötigen Gelegenheiten und Fähigkeiten verfügt, nicht nur *aufgefordert* fühlt, sondern *geneigt* ist, Schritte zu seiner Verwirklichung zu unternehmen. Auf eine Qualifikation unseres prägnanten Willensbegriffs durch (M2) können wir daher, ohne uns von der alltäglichen Rede allzuweit zu entfernen, nicht verzichten.

Können wir uns auf sie beschränken? Denkbar wäre das. Denn es bedeutet ja nicht, daß wir faktische Überlegungen und deren Ergebnisse, "Ansätze" zur Verwirklichung oder erfolglose bzw. erfolgreiche Realisierungsversuche, die durch Wp-Zustände motiviert sind, nicht mehr als Manifestationen von "Wollen" ansprechen könnten. Wir müßten nur annehmen, daß die faktische motivationale Wirksamkeit von Wünschen, die sich als "Wollen" erweisen, durchweg Aktualisierungen entsprechender Dispositionen des Wünschenden sind. Aber ist das gerechtfertigt? Können wir bei jemandem, der eine einfache Verrichtung, ohne zu zögern, wunschgemäß ausführt, nur dann von einer "willentlichen Verrichtung" sprechen, wenn wir voraussetzen, daß er, zumindest für einen gewissen Zeitraum, in vergleichbaren Situationen ähnlich reagieren würde, während wir andernfalls lediglich von seiner "gewünschten Verrichtung" sprechen? Ich denke nicht. Menschen sind in der Regel in der durch (M2) artikulierten Weise disponiert, als Erwachsene normalerweise in der Form der "Besonnenheit" (S. 147). Doch es ist nicht der Umstand der dispositionellen Verfestigung, sondern das Faktum und die besondere Form seiner motivationalen Wirksamkeit unter bestimmten Bedingungen selbst, die den Unterschied zwischen "bloßem Wünschen" und "Wollen" begründen. Die angemessene Qualifikationsform kann also nicht (M2) allein, sondern nur die logische Disjunktion von (M2) *und* (M1) sein. Die folgenden Spezifizierungen sind deshalb immer so zu verstehen, daß sie die dispositionelle ebenso wie die nicht dispositionell begründete faktische Variante der Motiviertheit einschließen.

6.4 Wichtiger allerdings als die Bestimmung der Form ist die Bestimmung des Inhalts der speziellen motivationalen Qualifikation, die für die Rede vom "Wollen" konstitutiv ist. Welche *Arten* von Reaktionen und welche *Bedingungen*, unter denen sie als motivationale Wirkungen des fundierenden Wp-Zustands eintreten, sollen wir hier zugrundelegen? Zwei *negative* Feststellungen sind nach unseren Untersuchungen klar. Zum einen muß auch der Wollende, nicht nur der Träger von bloßen Wünschen, nicht motiviert zu (wie immer quantitativ oder qualitativ beschränkten) Reaktionen auf solche optativischen Ansprüche sein, die er für zweifelsfrei, präsent oder erwartbar, *erfüllt* hält. Denn er befindet sich ihnen gegenüber ja in keiner faktischen, sondern (wenn er sich seines Anspruchs bewußt ist, vgl. S.113ff.) lediglich in einer kontrafaktischen Aufforderungssituation, in der es (situativ) weder geboten noch rational, geschweige denn ein Kriterium für motivational nicht defizientes Wollen ist, in realisierungsbezogene Überlegungen oder konkrete Versuche zur Realisierung einzutreten. Das schließt nicht aus, daß er faktisch, im momentanen oder seinem Charakter entspringenden "Übereifer des Wollens", gleichwohl reaktiv tätig wird. Viele Menschen, die eine verkehrsreiche Straße an einer Fußgängerampel rasch überqueren wollen, begnügen sich nicht mit dem nötigen einmaligen Druck auf den Knopf, sondern drücken ihn, objektiv und z.T. auch subjektiv irrational, immer wieder. Andere setzen realisierungsbezogene Interventionen fort, obwohl das Gewollte bereits verwirklicht ist (Putzwut, Einreden auf einen schon überzeugten Gesprächspartner). Aber natürlich können wir Motivationslagen dieser Art nicht zum Kriterium des Wollens als solchen machen.

Ähnlich steht es in einem zweiten Fall, sc. bei Wünschen, die in den Augen des Wünschenden subjektiv oder objektiv *unerfüllbar* sind. Irrationale Reaktionen auf die hier zweifelsfrei faktische Aufforderungslage, situativ hervorgerufene ebenso wie dispositionell begründete, sind, wie wir festgestellt hatten, möglich, für die Rede vom "Wollen" aber nicht kriteriell (S.99,141). Auch von einem unheilbar Kranken, der sich im Wissen um ihre Aussichtslosigkeit nicht mit der Frage seiner Gesundung beschäftigt und dazu derzeit auch nicht disponiert ist, sagen wir normalerweise, daß er sich nicht nur sehnt oder den bloßen Wunsch danach hat, sondern daß er gesund werden will, wenn wir annehmen, daß er, sollten sich unerwartete Heilungschancen ergeben, sinngemäß reagieren oder entsprechende

Dispositionen entwickeln würde. Beide erwähnten Fälle sind in der uns interessierenden Hinsicht insignifikant.[223]

Einschlägig für die gesuchten, zum bloßen Bestehen eines Wp-Zustands hinzutretenden *Reaktionsbedingungen* sind, bezogen auf das subjektive Erfüllungsbewußtsein (S.108f.) eines bestimmten Trägers "y" zu einem bestimmten Zeitpunkt "t", folgende drei epistemischen Ausgangslagen:

(E1) y ist sich an t über die (präsente oder erwartbare) Realität oder Irrealität von p im *unklaren*.

(E2) y ist an t von der (präsenten oder erwartbaren) Irrealität von p *überzeugt*, sich aber über die bestehenden, y involvierenden Realisierungsbedingungen für p (im Sinne des Schemas "Vx", S.130) im *unklaren*.

(E3) y ist an t von der (präsenten oder erwartbaren) Irrealität von p *überzeugt* und sich zugleich über die bestehenden, y involvierenden Realisierungsbedingungen für p (im Sinne des Schemas "Vx") im *klaren*.

Diese Situationen sind es, in denen wir normalerweise damit rechnen, daß Menschen, die einen Sachverhalt nicht nur "wünschen", sondern "wollen", faktisch oder dispositionell motiviert sind, auf sie zu reagieren. Im Falle von (E2) und (E3) befinden sie sich in einer faktischen Aufforderungssituation, die einen bestimmten oder doch "rational" leicht zu spezifizierenden (S.136f.) Inhalt hat und sinnentsprechende Reaktionen nahelegt. Im Falle von (E1) ist die Aufforderungssituation zwar weder faktisch noch kontrafaktisch, sondern rein hypothetisch (S.114). Doch es liegt nahe zu sagen, daß der Unterschied zwischen "bloßem Wünschen" und "Wollen" hier genau darin besteht, daß ein Mensch, der "p" will, nicht reaktionslos im Zustand der Ungewißheit über die bestehende oder erwartbare Realität von p verharrt, sondern motiviert ist, sich (vermittelt vielleicht noch durch eine "rational abgeleitete" Aufforderung hierzu) der Realisierungsaussichten für p zu versichern. Wer angibt, eine radioaktive Verseuchung des Trinkwassers auch für spätere Generationen ausschließen zu wollen, aber nichts unternimmt, um sich Gewißheit zu verschaffen, daß die geübte Praxis der atomaren Endlagerung dieses Resultat sicherstellt, muß damit rechnen, daß andere hieraus den Schluß ziehen, daß er den unbestreitbar gewünschten und angeblich auch von ihm gewollten Tatbestand "eigentlich nicht" oder bestenfalls "halbherzig" will.

Zu welchen *Reaktionen* aber, relativ auf die Erfüllung von (E1)-(E3), sollte der zweifelsfrei "wollende" Träger eines Wp-Zustands motiviert sein? Flüchtig betrachtet erscheint die Antwort klar. Er muß, möchte man denken, so reagieren, wie es seinem vorliegenden, "rational entfalteten" Aufforderungsinhalt entspricht. D.h. er muß bei (E3) die konkret ins Auge gefaßte Verrichtung ausführen und bei (E1) bzw. (E2) in Überlegungen eintreten, die in je verschiedener Form auf die Verwirklichung von p gerichtet sind. Doch eine solche Qualifikation wäre zu stark. Ein einheitlicher Willensbegriff ist auf dieser Basis nicht zu gewinnen. Denn zunächst läßt (E3) die Möglichkeit offen, daß *mehrere Wege* zur Realisierung von p zugleich in Frage stehen. Und auch wenn es nur einer ist, muß der Einstellungsträger *nicht ohne weiteres* tätig werden, um sich als "Wollender" zu erweisen. Auch wer einen Vorsatz für später faßt oder die Realisierung des Gewünschten zeitweilig zurückstellt, kann es anhaltend oder zum fraglichen Zeitpunkt "wollen", wenn er nur, manifest etwa in späteren Ansätzen oder Versuchen zu seiner Verwirklichung, einschlägig und konzeptuell hinreichend motiviert ist (vgl. S.61ff.,82f.). Ehe es zu Reaktionen kommen kann, müssen die Fragen des Wie und Wann der Verwirklichung definitiv und zugunsten eines bestimmten, präsent zu ergreifenden Verfahrens entschieden sein. Die relevante Reaktionsform kann also nicht auf die unspezifizierte Situation (E3), sondern bestenfalls auf eine spezifizierte Variante bezogen werden, die mit den zuvor verwendeten Kürzeln ungefähr so zu umschreiben ist:[224]

(E4) y ist an t davon *überzeugt*:

(a) daß p (präsent oder erwartbar) irreal ist und

(b) daß es (objektiv oder nach subjektiven, an t zugrundegelegten Auswahlkriterien) ein und nur ein x gibt, das das Schema "Vx" (S.130) erfüllt, und

(c) daß x (abhängig von einer vorgegebenen oder an t eingeführten Datierung von p) auf einen Zeitpunkt datiert ist, der unmittelbar nach t liegt.

Darüber hinaus stehen alle erwogenen Reaktionen, ohne daß es die Rede vom "Wollen" tangieren würde, unter einem gravierenden, doppelten *Vorbehalt*. Erstens hängen sie (jedenfalls bei "vernünftigen", speziell "besonnenen" Wesen) von der Bedingung ab, daß der Verwirklichung bzw. den auf sie gerichteten Überlegungen oder sonstigen präparativen Verrichtungen für den Wunsch, der im Zentrum steht, keine *anderen* Wünsche *entgegenstehen.*[225] Dabei geht es zum einen um konfligierende Wünsche, die sich im Hinblick auf unvermeidliche oder wahrscheinliche *Folgen* der generellen Realisierungsbedingungen bzw. eines bestimmten Realisierungsverfahrens für p als (zweifelsfrei oder wahrscheinlich) unerfüllbar erweisen.[226] Zum anderen geht es um Konflikte, die der erwünschten Vermeidung von *"Kosten"* entspringen, die (zwangsläufig oder wahrscheinlich) bei jeder Verwirklichung von p, bei der Verfolgung eines bestimmten Realisierungsverfahrens oder beim realisierungsbezogenen Überlegen anfallen: Zeit, Aufwand an Mitteln, körperlicher und seelischer Streß, Unlust etc.[227] Der Willenscharakter des fokalen Wp-Zustands wird durch Rücksichten dieser Art nicht in Frage gestellt. Auch wer im Blick auf vorliegende oder sich möglicherweise ergebende Wunschkonflikte nicht so reagiert, wie es den ins Auge gefaßten Motivationalitätskriterien entspricht, kann das Gewünschte wollen. Wenn er nur temporär innehält und sich, nach Abwägung aller relevanten Interessen, explizit *für* die Verfolgung von p entscheidet, wird ohnehin niemand sein motivational uneingeschränktes "Wollen von p" bezweifeln. Aber auch wenn er sich anders entscheidet oder ohne bewußte Stellungnahme (vgl. S. 104f.) abweichend reagiert, muß das nicht heißen, daß er p zum fraglichen Zeitpunkt ("t" in den obigen Formeln) *nicht* will, sondern nur, daß er etwas anderes *ebenso* stark oder stärker will oder daß er sein früheres Wollen von p *jetzt*, überlegungsbedingt oder unter dem situativen Druck gegenläufiger Interessen, auf ein bloßes Wünschen zurückführt. Daher sind die genannten Kriterien zu stark. Signifikant für die Rede vom "Wollen" als solchen sind sie in diesem Kontext offenbar nur und insoweit, als sich die "Abkehr von p", vor allem wenn sie dem Wunsch nach Kostenvermeidung entspringt oder nicht auf Entscheidung beruht, zugleich (bezogen auf t) als Indiz und unter gewissen Umständen (bezogen auf den Entscheidungszeitpunkt) auch als Kriterium für ein vergleichsweise "schwaches" oder "motivational defizientes Wollen" verstehen und ein Grad seiner Defizienz einführen läßt, der "Wollen" im prägnanten Sinn ausschließt.

Zweitens stehen die erwogenen Reaktionen unter dem Vorbehalt, daß ihr Eintreten unter den angegebenen Bedingungen nicht durch unvorhergesehene *Hindernisse* beeinträchtigt ist, externe wie interne. Andernfalls hätten wir keine Möglichkeit mehr, von einem Wollen zu sprechen, das im Ansatz vereitelt wird, oder von willensgetragenen Vorsätzen oder Versuchen, die, abweichend von den Erwartungen des Wollenden zum fraglichen Zeitpunkt, nicht zur Ausführung bzw. nicht zum erfolgreichen Abschluß gelangen. Diese Rede ist jedoch, wie wir (S. 61ff.) festgestellt hatten, im

gewöhnlichen Sprachgebrauch fest verankert und sollte daher nicht ohne
Not fallen gelassen werden. Auch hier bleibt es natürlich denkbar, gewisse
Hindernisformen (vor allem wiederholt auftretende psychische, vgl. S. 82f.)
als Indizien bzw. Kriterien für unterdurchschnittlich oder defizient "schwaches Wollen" zu werten oder den prägnanten Willensbegriff an die Bedingung zu binden, daß die auftretenden Hindernisse nicht nur vom jeweils
betroffenen Individuum aktuell nicht vorhergesehen, sondern für alle (normalen, erwachsenen) Menschen "rational unvorhersehbar" sind. Doch es ist
klar, daß die gesuchte Qualifikation auch dann, wenn konfligierende Wünsche ausscheiden, nicht vorbehaltlos auf das Kriterium der faktischen motivationalen Wirksamkeit eines Wp-Zustands unter den angegebenen Bedingungen eingeschränkt werden kann.

6.5 Die Konzeptualisierung des "Wollens" als ein *bedingt* motivational
wirksames "Wünschen", bei dem der *epistemische* Zustand des Wünschenden die entscheidende Bedingung bildet, ist durch die vorstehenden Überlegungen nicht hinfällig geworden. Gezeigt hat sich nur, daß es weiter gefaßt
werden muß als bisher, soll der Kontakt zum alltäglichen Sprachgebrauch
und mit ihm die Aussicht auf einen einheitlichen, theoretisch wie phänomenal befriedigenden Willensbegriff erhalten bleiben. Dem möglichen Auftreten von Wunschkonflikten und unvorhergesehenen Hindernissen ist konzeptionell ebenso Rechnung zu tragen wie der Intervention von Überlegungen, die das Wie und Wann der Verwirklichung betreffen. Formaler Ausdruck dafür ist eine stärkere Konditionalisierung und Differenzierung der
kritischen Reaktionen. Hier aber gibt es vielfältige theoretische Möglichkeiten. Schon jene Überlegungen, die auf die Realität bzw. Realisierbarkeit
eines einzelnen, geschweige denn auf die mehrerer Sachverhalte nebeneinander gerichtet sind, können nach Art und Umfang äußerst verschieden
sein und unter verschiedenen Gesichtspunkten klassifiziert werden. Entsprechendes gilt für die Typisierung von Wunschkonflikten und signifikanten (rationalen wie irrationalen) Formen des Umgangs mit ihnen. Zudem
stellt sich die Frage, ob oder in welchem Umfang Rücksicht auf solche
Bedingungen zu nehmen ist, die den zentralen epistemischen Bedingungen
vorausliegen. Davon, wie differenziert und spezifiziert wir an dieser Stelle
verfahren, hängt die *Prägnanz* unserer Rede vom "Wollen" ab. Für den
gesuchten *Gattungsbegriff* sollte freilich nicht mehr zugrundegelegt werden
als das unumgängliche Minimum. Wenn wir uns an die zuvor (S. 150ff.)
getroffenen Unterscheidungen halten und die dort eingeführten Abkürzungen zugrundelegen, kommen wir etwa zu folgender Definition:[228]

(WL)

y *will* an t, daß p, genau dann wenn:

(a) y *wünscht* an t, daß p, und

(b) y ist an t, in der Form von (M1) oder (M2), so *motiviert*, daß y, wenn
y sich dessen *bewußt* ist daß (a), entweder an t selbst oder, falls keine
unvorhergesehenen Hindernisse auftreten, zu einem relevanten späteren Zeitpunkt reagiert wie folgt:

   (1) wenn *keine anderen Wünsche* entgegenstehen und (disjunktiv):

   (1a) wenn (E1), dann tritt y in Überlegungen zur *Erfüllungslage*
von p ein;

   (1b) wenn (E2), dann tritt y in Überlegungen über die generellen
sowie für y situativ hinreichenden *Realisierungsbedingungen*
von p ein;

   (1c) wenn (E3), dann tritt y in Überlegungen zum *Wann* und *Wie*
der Verwirklichung von p ein, gestützt auf alle bekannten
Verrichtungen x, die das Schema "Vx" (S.130) erfüllen;

   (1d) wenn (E4), dann *erbringt* y die ins Auge gefaßte, bestimmte
Verrichtung x, die das Schema "Vx" erfüllt;

   (2) wenn *andere Wünsche* entgegenstehen, dann tritt y in Überlegungen ein, die darauf gerichtet sind:

   1. sich, analog zu (1a) und (1b), über die *Erfüllungslage* und die
isolierten wie kombinierten *Realisierungsbedingungen* aller beteiligten Wünsche und die für y bestehenden *konkreten Optionen* (Anm.226) ins Bild zu setzen, um danach:

   2. die Wünsche bzw. die ermittelten konkreten Optionen gegeneinander *abzuwägen*, *Präferenzen* zu setzen oder sich zwischen
ihnen alternativ zu *entscheiden*.

(WL) steht beispielhaft für eine Explikation des Willensbegriffs, die
dem *ersten* der eingangs (S.85f.) von uns ins Auge gefaßten Wege entspricht, also die motivational gebundene Rede vom "Wollen" als einzig
sinnvolle anerkennt. Phänomene des nicht bzw. nicht hinreichend motivational wirksamen "bloßen Wollens" können dann nicht mehr so erklärt
werden, daß die fundierende optativische Einstellung entweder überhaupt

nicht, wie beim *bloßen Wünschen*, oder nicht (definitionsgemäß) vollständig motivational qualifiziert ist, wie in den übrigen Fällen eines Wünschens, das nicht den Charakter des Wollens hat und sich terminologisch etwa als ein *"Begehren"* vom bloßen Wünschen abheben ließe. Von *"bloßem Wollen"* kann vielmehr ausschließlich in folgenden Fällen die Rede sein. Entweder hat die bestehende Motivationslage den (rein) dispositionellen Charakter von (M2) (S.150), weil mindestens eine der reaktiv notwendigen Bedingungen situativ nicht erfüllt ist. Das heißt konkret: der Träger des bloßen Wollens ist sich seines Wunschzustands aktuell nicht bewußt, hält seinen Wunsch für (präsent oder erwartbar) erfüllt oder unerfüllbar oder reagiert deshalb nicht, weil unvorhergesehene bzw. (rational) nicht vorhersehbare Geschehnisse ihn daran hindern. Oder die Motivationslage ist die von (M1) und manifestiert sich in Reaktionen. Diese aber bleiben auf bloße und vielleicht auch nur rudimentär durchgeführte Überlegungen der Formen (1a)-(1c) beschränkt oder führen zu einer Nachordnung bzw. völligen Preisgabe des bloßen zugunsten eines mit ihm konfligierenden anderen Wollens, das von Beginn an (aktuell oder dispositionell) bereits vorhanden ist oder sich im Laufe des Überlegungsprozesses entwickelt.

Können wir (WL) aber vorbehaltlos als die erstrebte, theoretisch wie phänomenal befriedigende Explikation unseres Gattungsbegriffs des "Wollens" anerkennen? Denkbar wäre es, doch die Definition ist noch immer relativ eng. Gewiß, die Phänomene des "bloßen Wollens", die wir in Kapitel III,3 unterschieden hatten, dürften weitgehend, wenngleich nicht vollständig, durch sie abgedeckt sein, und auch die in ihr enthaltene Restriktion auf die motivational gebundene Rede erscheint, wenn alle Motivationslagen in Rechnung gestellt werden, mit dem gewöhnlichen Sprachgebrauch gut vereinbar. Denn wir schließen in der alltäglichen Rede zwar diverse Fälle ein, in denen der "Wille" völlig folgenlos bleibt, tun dies normalerweise aber nur im (expliziten oder impliziten) Bezug auf Zusatzbedingungen, die etwas darüber aussagen, was folgen würde, wenn gewisse Bedingungen, die faktisch nicht erfüllt sind, gegeben wären. Selbst jene Verwendungsweisen, in denen mit "Wollen" nicht mehr gemeint zu sein scheint als ein bloßes Wünschen und Sehnen, geben ja durch den für sie charakteristischen Gebrauch des Konjunktivs ("ich wollte.." u.ä.) meist zu erkennen, daß sie mit einem Vorbehalt versehen sind, der auf die im Normalfall präsupponierte motivationale Qualifikation unserer Rede vom "Wollen" verweist (vgl. Anm.223).

Diese allerdings ist im gewöhnlichen Sprachgebrauch weniger restriktiv bestimmt als in der obigen Definition. (WL) schreibt dem Wollenden ein Maß an Rationalität im Umgang mit seinen Wünschen zu, das normale, erwachsene Menschen zumeist erfüllen, das aber nicht immer erfüllt sein muß und umgangssprachlich nicht durchweg vorausgesetzt wird. Auch irrationale Reaktionen, "blind aktionistische" vor allem, werden als Ausdruck der motivationalen Wirksamkeit von Wünschen aufgefaßt, die sich durch sie als "Wollen" erweisen. Wer einem bestimmten Wunsch nachgeht, muß, um als "Wollender" gelten zu können, nicht unbedingt motiviert sein, ihn gegen vorhandene oder denkbare andere Wünsche, die in Konflikt mit ihm stehen, abzuwägen. Und Entsprechendes gilt wohl auch für den Fall, daß er ihn, ohne zugleich zu sinngemäßen Überlegungen unter veränderten epistemischen Bedingungen disponiert zu sein, faktisch durch ein bestimmtes, ihm situativ zur Kenntnis gelangtes oder seit langem vertrautes Verfahren verwirklicht.

Angemessener erscheint es deshalb, (WL) nicht als umfassende, generelle Begriffsbestimmung, sondern als *rational spezifizierte* Version eines Gattungsbegriffs zu verstehen, der prinzipiell motivational gebunden bleibt und sich partiell der in (WL) aufgeführten Kriterien bedient, auf ihre Gesamtheit aber nicht festgelegt ist. Der umgangssprachliche Willensbegriff dürfte, was seine motivationale Komponente angeht, am ehesten als *"cluster concept"* im Sinne Putnams (Anm.69) zu explizieren sein. Relativ auf diesen hat der prägnante Willensbegriff (WL) den Status, der unserem *zweiten*, auf interne Differenzierung ausgerichteten Weg zur begrifflichen Integration jener Bedeutungsaspekte entspricht, welche die Rede vom "Wollen" einerseits als eine motivational gebundene, andererseits als eine motivationsunabhängige erscheinen lassen (S.83f.). Doch es ist nur seine *relative* Motivationsunabhängigkeit, die den Gattungsbegriff vom prägnanten Begriff abhebt. Letztlich bleibt es, wenn auch in lockerer Form, bei der begrifflichen Bindung an das Motivationskriterium und bei der Definition des Wollens als motivational qualifiziertes Wünschen.

6.6 Beide Begriffe, der locker gefaßte umgangssprachliche nicht weniger als der prägnante, sind stark genug, um die am Motivationskriterium orientierte Rede von einem *"defizienten"* oder *"zu schwachen"* Wollen, das dennoch ein "Wollen" bleibt, theoretisch verständlich zu machen. Die Unterscheidungen, die in (WL) enthalten sind und in den vorangegangenen Untersuchungen erkennbar wurden, erlauben zugleich eine wesentlich präzisere und differenziertere Beschreibung, als es uns zunächst, ausgehend von vier verschiedenen Formen des "bloßen Wollens", möglich war (S.82f.). Das scheinbar einheitliche Phänomen der (echten, vom "Sokratischen Paradox" unterschiedenen) *"Willensschwäche"* erweist sich als nach Art und Umfang vielfältig differenziert und abschattiert. [229] Denn die Frage, warum ein vorhandenes Wollen nicht oder nicht hinreichend wirksam wird, kann sehr verschieden beantwortet werden. Der Grund kann sein, daß der Wollende sich der fundierenden optativischen Einstellung selten bzw. nicht unter den objektiv erforderlichen oder subjektiv (durch frühere Vorsätze z.B.) vorgegebenen Umständen faktisch bewußt wird. Er kann im relativen Übergewicht konfligierender Wünsche bestehen, insbesondere solcher, die die Vermeidung von "Kosten" betreffen. Die Bereitschaft des Wollenden, sich mit der (situativen oder grundsätzlichen) Nichtrealisierbarkeit eines gewollten Sachverhalts abzufinden, kann "defizient" groß sein. Ebenso eingeschränkt kann seine Fähigkeit oder Bereitschaft sein, konfligierende Wünsche (bewußte, unbewußte oder noch auszubildende) in seine Überlegungen einzubeziehen, die Erfüllungslage aller beteiligten Wünsche zu eruieren, verschiedene Realisierungsverfahren zu berücksichtigen, Folgen, Nebenfolgen und etwaige konterkarierende Faktoren in Rechnung zu stellen, oder sonstige epistemische Defizite zu überwinden. Auch seine Neigung, die Frage des Wann der Verwirklichung eines im übrigen hinreichend geklärten optativischen Anspruchs dilatorisch zu beantworten, liefert ein Maß für "zu schwaches" Wollen. Und natürlich lassen sich alle genannten Defekte zusätzlich danach differenzieren, welche Umstände für ihr Bestehen oder situatives Eintreten verantwortlich sind. [230]

Bei der Bewertung "volitionaler Defizienzen" spielen menschliche *Normalitätsstandards* eine bedeutende, wenn nicht die einzig entscheidende Rolle. Daher werden wir *letztlich*, d.h. an *dieser* Stelle unserer Untersuchung, doch wieder auf jene Auskunft zurückgeführt, die wir zunächst (S.81) als zu schwach beiseite gesetzt hatten. Dasjenige nämlich, was wir am motivational defizienten "bloßen Wollen" vermissen, ist, wie nun deutlich geworden ist, in aller Regel nichts, was seinen Willenscharakter in Frage stellt, sondern nur etwas, das wir normaler- und typischerweise von ihm erwarten.

KAPITEL V

WOLLEN UND WILLENTLICHE VERRICHTUNGEN

1. Fragestellung

Die Exposition unseres Konzepts ist damit abgeschlossen. Es hat sich gezeigt, daß "Wollen", dem Projekt von Kapitel III,4 entsprechend, als qualifiziertes Wünschen aufgefaßt und Qualifikationen eingeführt werden können, die nicht nur Erscheinungsweisen der Willentlichkeit, sondern das Wollen als solches betreffen (vgl. S.69). Dabei hat "Wünschen" den prägnanten Sinn, den wir entwickelt haben: den einer intentionalen, in ihrem Kern (wahrscheinlich, S.116f.) irreduzibel mentalen "optativischen Einstellung", die durch präskriptive Richtigkeitsbedingungen definiert ist und zusammen mit der korrespondierenden "assertorischen Einstellung", der sie konträr gegenübersteht und mit der sie zugleich systematisch zusammenhängt, eine von zwei grundlegenden Formen bildet, in denen Menschen zur "Frage der Realität" Stellung nehmen.

Alle Erscheinungen menschlicher Willentlichkeit enthalten, wenn unsere Darstellung richtig ist, eine optativische Einstellung als Kern, ohne sich freilich in ihr zu erschöpfen. Die Qualifikationen, die sie ergänzen, sind von zweierlei Art. Zum überwiegenden Teil beziehen sie sich auf akzidentelle *Erscheinungsweisen*. Einige von diesen sind an besondere Umstände gebunden und können nur individuell und situativ zu ermittelt werden. Andere gelten für alle Menschen, wieder andere für bestimmte Personen, die dauerhaft oder für eine gewisse Zeit durch sie gekennzeichnet sind. Arten und Grade der "Willensstärke" und "-schwäche" gehören dazu, affektuelle Qualifikationen, Formen der Willensbildung oder der Willensbeteiligung an elementaren und komplexen Verrichtungen, sowie diverse Typen des Wollens, die durch das Willensobjekt unterschieden sind: Wollen von Verrichtungen oder nicht verrichtungsabhängigen Sachverhalten, "Absichten" gegenüber kausalen oder nichtkausalen Folgen und Nebenfolgen, "Vorsätze" für später, und andere.

Unterschieden davon sind essentielle Qualifikationen, die den *Begriff* des "Wollens" bestimmen und dazu dienen, Erscheinungen der "Willentlichkeit" von nicht willenshaften Zuständen des "bloßen Wünschens" oder "Begehrens" abzuheben. Sie sind, wie wir sahen, auf solche der "Rationalität" und der "Motivationalität" beschränkt. Auch sie können mehr oder weniger restriktiv sein und Willensbegriffe von unterschiedlicher Prägnanz begründen. Wir haben mehrere Alternativen erwogen und uns zuletzt für eine schwache, relativ locker gefaßte Version entschieden (S.159). Nur eine solche erschien geeignet, dem gewöhnlichen Sprachgebrauch Genüge zu tun. Und nur wenn dieser getroffen ist, kann eine Definition, die den *Gattungsbegriff* des "Wollens" zu fassen sucht, mit hinreichender Plausibilität für sich beanspruchen, umfassend zu sein und die Vielfalt konkreter Willenserscheinungen abzudecken.

Dieser Anspruch also ist mit unserem Konzept verbunden. Ob er, bei Anerkennung notwendiger Präzisierungen und verbleibender Zweifelsfälle und Grenzfälle (vgl. S.21 Anm.17, S.38), sachlich berechtigt ist, kann nur die empirische *Anwendung* zeigen. Diese aber ist offen und prinzipiell unabschließbar. Die phänomenale Rechtfertigung unseres Konzepts steht somit aus und kann (wie erwähnt, S.79) auch nicht mehr Gegenstand dieser Arbeit sein. Naheliegende äußere Gründe sprechen dagegen. Vor allem aber wäre sie aus der begrenzten Perspektive einer Untersuchung, die sich die Klärung des *Willensbegriffs* zum Ziel gesetzt hat, allein nicht zu leisten, sondern bedarf des erweiterten Rahmens einer Theorie, die das menschliche *Handeln* und die für Menschen charakteristischen Formen der *Willensbildung* einbezieht (vgl. S.36). Die Erwartung jedoch, daß das Verständnis des "Wollens" als qualifiziertes "Wünschen" in unserem Sinne sich auch in diesem Kontext bewähren wird, muß theoretisch gerechtfertigt werden. Nur wenn der richtige *Zugang* zur Sache gefunden ist, lassen sich weiterreichende empirische und theoretische Untersuchungen mit Aussicht auf Erfolg anschließen. Um uns der Richtigkeit dieses Anspruchs unserer Theorie zu versichern, müssen wir auf unsere Ausgangsfragen zurückkommen und uns, rückblickend auf den Verlauf und die Ergebnisse unserer Untersuchungen, Rechenschaft darüber geben, was wir gewonnen haben, welche Anschlußprobleme entstehen und welche empirischen Evidenzen bzw. theoretischen Alternativen, die bislang nicht definitiv ausgeschieden wurden, die uneingeschränkte Akzeptanz unseres Konzepts gefährden.

2. Indispensibilität separater Willensereignisse

Ausgangspunkt unserer Untersuchung war das Problem der "Zurechenbarkeit" und die Frage nach der Bedeutung des Willenskriteriums. In der für unser Selbstverständnis bestimmenden Tradition wurde die Möglichkeit der Zurechnung ebenso wie die Notwendigkeit bzw. Signifikanz des Willenskriteriums bejaht. Grundlage hierfür war die Auffassung "willentlicher Verrichtungen" als solcher, die durch *mentale Ereignisse* des "Wollens" *verursacht* sind, und die mit ihr verbundene Annahme, daß das Wollen, aufgefaßt als "aktives" Ereignis, *uns* als "Personen" *nähersteht* als Ereignisse, die ihm unmittelbar oder mittelbar nachfolgen (vgl. S.34f.). Nietzsche und andere Kritiker hatten diesen Ansatz in Frage gestellt. Dabei war die Kritik gleichermaßen gegen die Idee der Zurechenbarkeit, die Bedeutung des Willenskriteriums und die phänomenale Angemessenheit bzw. empirische Applikabilität des ereigniskausalen Konzepts gerichtet. Uns interessierte zunächst der dritte Fragenkomplex, der seinerseits mehrere Teilaspekte umfaßte (S.35). Der weitestgehende Einwand betraf hier die Frage, ob wir es, wenn wir Verrichtungen auf ihre Willentlichkeit und eventuelle Zurechenbarkeit hin untersuchen, überhaupt mit so etwas wie einem mentalen Ereignis des "Wollens" zu tun bekommen. Diese Prämisse also galt es vor allem zu überprüfen.

Tatsächlich könnte die adjektivische bzw. adverbiale Rede von "willentlichen" Verrichtungen, die wir in der Umgangssprache vorfinden, auf eine Konzeption der Willentlichkeit hindeuten, derzufolge es weder mentale noch andere Ereignisse des "Wollens" gibt, sondern ausschließlich sekundäre Qualifikationen, die Verrichtungen "willentlich" machen (Modell I, S.40f.). Die verbale Rede dagegen schien den Rekurs auf ein faktisch (Modell IIa) oder begrifflich (Modell IIb) von der Verrichtung zu trennendes Willensereignis zu bestätigen (S.41f.). Die Haltbarkeit des traditionellen ereigniskausalen Konzepts hing damit wesentlich von dem Nachweis ab, daß dieses zweite Modell, nicht das erste, die geeignete Basis liefert, um Willenserscheinungen, die für die Zurechnungsproblematik bedeutsam und in ihrer Willentlichkeit vortheoretisch zweifelsfrei sind, theoretisch verständlich zu machen (vgl. S.37-39).

Auf der Basis von Modell IIb, das Willensereignisse nur als *Bestandteil* willentlicher Verrichtungen anerkennt, wäre das nur zu erreichen, wenn sich für hinreichend viele, unstrittige Beispiele zeigen ließe, daß es so etwas wie eine sekundäre Qualifikation der "Willentlichkeit" nicht gibt, wohl aber eine gemeinsame Bindung willentlicher Verrichtungen an Ereignisse des "Wollens". Wenn unsere Konzeption richtig ist, muß dieser Nachweis tatsächlich zu führen sein. Mit dem Versuch dazu aber wären wir sogleich zu umfänglichen empirischen Untersuchungen gezwungen, sowie zur Auseinandersetzung mit Zweifelsfällen und Grenzfällen, deren Willenscharakter strittig ist. Das erschien wenig sinnvoll. Der einfachere Weg, das traditionelle Konzept zu erhärten, bestand jedenfalls in dem Nachweis, daß Ereignisse des "Wollens" prinzipiell *nicht* an relevante Verrichtungen gebunden sind, sondern auch *unabhängig* von solchen auftreten. Diesen Weg haben wir eingeschlagen (vgl. S.57f.) und in der Folge bestätigt gefunden. Es hat sich gezeigt, daß es eine verzweigte, umgangssprachlich wie literarisch fest verwurzelte Rede vom "Wollen" gibt, die seine Eigenständigkeit gegenüber korrespondierenden Willenshandlungen impliziert und Modell I für den von ihr betroffenen Phänomenbereich definitiv ausschließt (S.67f.). Fassen wir, um alle Bedenken gegen dieses Ergebnis unserer Untersuchungen auszuräumen, die entscheidenden Fakten noch einmal überblickshaft zusammen.

Einschlägig ist hier zunächst die *"Gerichtetheit"* menschlichen Wollens auf *"etwas"*, das gewollt wird (Anm.50, S.66f.). Dabei kann es sich um eine Verrichtung des Wollenden oder die Folge von einer solchen handeln, ebenso aber um Willensobjekte, die keinen erkennbaren Zusammenhang mit Verrichtungen haben. Diese Objekte lassen sich nicht als raumzeitliche Gegenstände verstehen. Sie haben vielmehr den Status von abstrakten, partiell auf Raum und Zeit bezogenen "Sachverhalten" bzw. "Propositionen", die "wirklich" sein können oder nicht (S.70f.). Gewollt wird ihre "Wirklichkeit". Schon theoretisch ist es kaum vorstellbar, dieses Kennzeichen menschlicher Willentlichkeit anders verständlich zu machen als durch einen eigenständigen, prinzipiell nicht verrichtungsgebundenen *Zustand* des Wollenden. Denn auch wenn dieser vom Beginn seines Wollens an faktisch tätig ist "in der Absicht", das Gewollte herbeizuführen, und sein Ziel faktisch erreicht, kann die Tatsache, daß er es wollte, schwerlich mit einer bloßen (wie immer zu spezifizierenden) Modifikation dessen gleichgesetzt werden, was er konkret getan hat.[231] Doch selbst wenn wir eine solche Deutungsmöglichkeit für einfache, unüberlegt, vollständig und erfolgreich ausgeführte Willenshandlungen zulassen, scheitert sie spätestens dann, wenn wir über diesen für Modell I günstigsten Fall hinaussehen. Mehrere andere Fälle sind in Betracht zu ziehen.

Erstens haben wir es mit Formen des "bloßen Wollens" zu tun, in denen *keinerlei* realisierungsbezogene Verrichtungen auftreten. Wenn wir von exzeptionellen und pathologischen Umständen absehen, ist das (bei rationalen Wesen) jedenfalls dann gegeben, wenn die Wollenden überzeugt sind, daß das Gewollte präsent oder erwartbar erfüllt oder prinzipiell unerfüllbar ist, oder wenn sie nur einen "Vorsatz" für die entferntere Zukunft fassen. In einer zweiten Gruppe von Fällen bleiben ihre Verrichtungen auf rein *gedankliche Folgen* beschränkt, insbesondere Überlegungen zur Realisierbarkeit des Gewollten und zum Wann, Wie und Ob seiner Verwirklichung. Solche Überlegungen müssen nicht ihrerseits willentlich sein.[232] Aber auch wenn sie es sind, kann ihre Willentlichkeit die Gewolltheit des fraglichen Sachverhalts nicht erklären. Denn sie führen ja ex hypothesi *nicht* zu seiner Verwirklichung und werden gewöhnlich auch nur *aufgrund* des vorausgegangenen und (phasenweise) anhaltenden Bewußtseins durchgeführt, daß der primäre Wille besteht. Dieser also kann keine sekundäre Qualifikation des Überlegens sein. In wieder anderen Fällen treten zwar, drittens, willensabhängige Verrichtungen auf, die den Charakter von "Ansätzen" oder "Versuchen" zur Realisierung haben, deren Erfolg jedoch *ausbleibt* und die vom Wollenden *als* erfolglose aufgefaßt werden. Auch sie demonstrieren, daß das in Frage stehende "Wollen" über eine bloße Modifikation der Verrichtung hinausgeht. Entsprechendes gilt, viertens, für *erfolgreiche* Willenshandlungen, deren Ausführung zeitlich *später* liegt als das Bewußtsein, daß sie oder daß ihr Ergebnis gewollt sind. *Kontingent* erfolgreiche willensabhängige Tätigkeiten und *irrationale* Reaktionen auf gegebene Willenslagen kommen für einschlägige Qualifikationen, fünftens und sechstens, ebenfalls nicht in Betracht. Und natürlich kann, siebtens und letztens, auch die geläufige Rede von einem temporär oder dauerhaft *"unbewußten Wollen"* nur durch Zustände expliziert werden, die faktisch verrichtungsunabhängig sind: wenn nicht in allen, so doch zumindest in all den Fällen, in denen es (anders als dies die Psychoanalyse für gewisse Erscheinungen annimmt) im Verhalten des unbewußt Wollenden nicht manifest wird.

Alle erwähnten Erscheinungen implizieren die Existenz von *Willensereignissen*, sind also nur auf der Basis von Modell II verständlich zu machen. Mehr noch. Es ist deutlich geworden, daß die schwächere Version IIb, die "Wollen" an willentliche Verrichtungen *bindet*, nur für erfolgreiches Willenshandeln in Frage kommt, während wir im übrigen an die stärkere Version IIa verwiesen sind, die mit *eigenständigen* Ereignissen rechnet. Niemand wird jedoch ernsthaft bestreiten können, daß die erwähnten

Fälle empirisch eine bedeutende Rolle spielen, ja, zusammengenommen und auf die explizite Rede vom "Wollen" bezogen, sogar die bei weitem bedeutendste. Wenn Modell I deshalb überhaupt noch bedeutsam bleibt, dann allenfalls für einen begrenzten *Teilbereich*, der Verrichtungen einschließt, die nicht auf Ereignisse des "Wollens" zurückzuführen sind, obwohl ihre "Willentlichkeit" außer Zweifel steht (vgl. S.67f.). Ob bzw. inwieweit unser Konzept durch diese Möglichkeit nachträglich in Gefahr gebracht werden könnte, wird später noch zu erörtern sein (S.183ff.). Fest steht aber schon jetzt, daß die *generelle* Explikation menschlicher Willenserscheinungen durch Modell I ausscheidet. *Wenn* es möglich ist, einen einheitlichen Gattungsbegriff des "Wollens" zu definieren, der alle Erscheinungen abdeckt, *dann* offenbar nur auf der Basis von Modell IIa, d.h. im Rekurs auf jene nicht verrichtungsgebundenen, eigenständigen Ereignisse des "Wollens", an denen wir in der Mehrzahl der Fälle ohnehin nicht vorbeikommen.

3. Indispensibilität mentaler Einstellungen

Das traditionelle ereigniskausale Konzept wird also insoweit bestätigt. Können wir jedoch sicher sein, daß es sich durchweg um *mentale* Ereignisse handelt, und zwar im Kern um bewußte *Wp-Zustände*? Oder haben wir, neben diesen oder sogar ausschließlich, mit *anderen* mentalen oder nichtmentalen Ereignissen zu rechnen, die für die Willentlichkeit einer Verrichtung oder ein nicht verrichtungsgebundenes Wollen verantwortlich sind (vgl. S.75)? Diese Fragen markieren den zweiten entscheidenden Schritt unserer kritischen Bestandsaufnahme. Rückblickend auf die Gesamtheit der theoretischen Möglichkeiten, von denen nicht alle definitiv ausgeschieden wurden, müssen wir uns Gewißheit darüber verschaffen, daß es tatsächlich keine plausiblen *Alternativen* zum Rekurs auf jenen prägnanten Begriff des Wünschens gibt, den wir als Kern des Wollens betrachten.

3.1 Beginnen wir mit der Frage nach relevanten *aktuellen* Ereignissen. *Neurale* Ereignisse scheiden aus den zu Anfang (S.46f.) erwähnten Gründen aus, ebenso *aktuelle Verhaltensleistungen*, einschließlich des *lauten Sprechens* und *Schreibens*. Denn natürlich können wir, ohne etwas zu äußern, Überlegungen über die Realisierbarkeit unserer Willensinhalte anstellen oder uns tatenlos dessen bewußt sein, daß sie bereits erfüllt oder prinzipiell unerfüllbar sind. Zudem gibt es mentale Verrichtungen, die willensgemäß ausgeführt werden, ohne daß nonverbales oder verbales Verhalten auftritt:

Kopfrechnen, Komponieren, aktives Sich-Erinnern, Suchen nach passenden Wörtern, räumliches Sich-Vorstellen von Gebäuden nach einem Lageplan, gedankliches Verändern von wahrgenommenen Eigenschaften, und viele andere. Denkbar wäre allenfalls der Rekurs auf die Verwendung von (vollständigen oder grammatisch wie immer verkürzten) Wunschsätzen und Imperativen im *stillen Sprechen* (vgl. S.77f.). Doch selbst wenn wir sicher sein könnten, daß solche immer mit Willenshandlungen oder Zuständen des "bloßen Wollens" verbunden sind, wäre das kein Beweis für die Irrelevanz mentaler Wp-Zustände. Auch unter der (unbewiesenen) Annahme prinzipieller Sprachabhängigkeit wäre es ja nicht der *schlichte* Umgang mit graphisch oder akustisch vorgestellten Satzzeichen, der die Rede vom "Wollen" begründet, sondern allein der Umgang mit Zeichen, die die *Bedeutung* von Willensausdrücken haben, und wenn unsere Untersuchungen richtig sind, führt die Semantik der fraglichen Ausdrücke auf den Begriff der "optativischen Einstellung" zurück (vgl. S.117 Anm.194). Der Hinweis aufs stille Sprechen verschiebt nur oder präzisiert bestenfalls die zu leistende explikative Aufgabe, enthält jedoch keine Lösung.

Andere mentale Leistungen aber, die aktuell mit willentlichen Verrichtungen verbunden sind, kommen als Substitut für mentale Wp-Zustände ebenfalls nicht in Betracht, obwohl solche (wie wir gesehen hatten, S.47, 49ff.) in der Literatur vielfältig als Willenskriterien angeführt wurden. Teilweise scheiden sie deshalb aus, weil sie, wenn überhaupt, nur in einigen Fällen phänomenal *aufweisbar* sind, teilweise weil sie das nicht verrichtungsgebundene "bloße Wollen" oder die charakteristische Gerichtetheit des Wollens auf etwas nicht zu *erfassen* vermögen. Letzteres gilt z.B. für Empfindungen oder Gefühle, die mit nichtintentionalen Formen des "Strebens" verbunden sind, sowie für einfache, nichtpropositionale Vorstellungen und Konzentrationsleistungen.[233] Erscheinungen wie diese also können Wp-Zustände mit Sicherheit nicht ersetzen. Wer sie gleichwohl für kriteriell erklärt, gibt damit entweder zu erkennen, daß er durch *akzidentelle* Qualifikationen, die in bestimmten Fällen auftreten, konzeptionell irregeführt wurde (vgl. S.74f.), oder daß er sich (explizit oder implizit) von der Idee eines einheitlichen Willensbegriffs verabschiedet hat und davon ausgeht, daß es *neben* dem Kernbereich des gerichteten, prinzipiell nicht verrichtungsgebundenen Wollens einen Teilbereich gibt, der *anders* zu explizieren ist.

Wenn wir von dieser Möglichkeit, die wir vorerst zurückgestellt haben, absehen, dürften unter den vorliegenden mentalen Explikationsversuchen allenfalls drei als diskutable Alternativen zu unserer Konzeption in Frage kommen, nämlich (1) die von James und anderen Theoretikern ins Auge gefaßte Reduktion auf geeignete, motivational qualifizierte *theoretische* Zustände, speziell auf solche des *Glaubens* oder komplexeren, propositionenbezogen *Vorstellens*, sowie die Explikation des "Wollens" durch einen motivational qualifizierten *Wunschbegriff*, der im Gegensatz zum Begriff der "optativischen Einstellung", entweder (2) durch einen *nichtpräskriptiven* Wertbegriff definiert ist oder (3) durch relevante, komplexere Gefühle der *Lust und Unlust*, d.h. durch solche, die keinen schlichten Empfindungscharakter haben, sondern sich intentional auf etwas beziehen, das *als* lust- oder unlustvoll empfunden wird.[234] Diskutabel sind diese Alternativen insofern, als sie die Möglichkeit zu eröffnen scheinen, der Gerichtetheit menschlichen Wollens Rechnung zu tragen und Willenszustände einzubeziehen, die sich faktisch nicht in Verrichtungen manifestieren. Man kann einen Sachverhalt, den man für wirklich hält oder als bloße Möglichkeit in Betracht zieht, eben auch *distanziert* wertschätzen (Anm.133) oder als präsent, prospektiv oder potentiell lustvoll empfinden, *ohne* deshalb motiviert zu sein, zu seinen Gunsten tätig zu werden, oder schon tätig geworden zu sein. Ich kann an dieser Stelle in keine detaillierte, kritische Diskussion der angesprochenen Alternativen eintreten und beschränke mich deshalb auf die wichtigsten Gründe, die mich überzeugt sein lassen, daß unser Willensbegriff durch sie nicht in Gefahr gerät.

Schon ihre *faktische* Verbindung mit den Erscheinungen menschlicher "Willentlichkeit" ist mehr als zweifelhaft. Haltungen des Glaubens oder des unengagierten "Erfassens" von Sachverhalten können mit Zuständen des Wollens einhergehen, doch weder die eine noch die andere sind, für sich genommen, notwendig für ihr Bestehen oder ausnahmslos mit ihnen verbunden.[235] Konstitutiv für gerichtete Willenszustände ist die *Beziehung* auf einen Sachverhalt und der systematische *Zusammenhang* dieser Form des Bezugs mit einer korrespondierenden, vielfältig spezifizierbaren "epistemischen Haltung" (vgl. S.107ff.). Entsprechendes gilt für nichtpräskriptive Wertungen und Gefühle der Lust und Unlust. Auch sie können Willenszustände und Willenshandlungen (antezedent, begleitend oder nachfolgend) *qualifizieren* und der entscheidende *Grund* dafür sein, daß sie eintreten, müssen es aber nicht. Die hedonistische These, derzufolge das menschliche "Streben" insgesamt, wenigstens aber das willensgetragene und die ihm vorausgegangenen Prozesse der Willensbildung, *ausnahmslos* vom Prinzip des Lustgewinns und der Unlustvermeidung bestimmt sind, ist nicht nur theoretisch implausibel, da sie (wie die klassischen Einwände von Butler,

Sidgwick u.a. deutlich gemacht haben) in einen Zirkel führt, sondern auch phänomenal alles andere als offenkundig - es sei denn, der Begriff der "Lust" ("Freude" o.a.) wird so schwach gefaßt, daß er mit dem des "Wünschens" in einem nicht affektuell qualifizierten Sinne zusammenfällt. Doch selbst wenn der Hedonismus als *empirische* These über die Motivation und die Willensbildung von Menschen richtig wäre, hieße das keineswegs, daß er auch als Versuch zur *begrifflichen* Explikation dessen Bestand hat, was menschliches Wünschen und Wollen ist.

Daß dieser Anspruch ungerechtfertigt ist, ergibt sich jedoch aus einem zweiten, entscheidenden Einwand gegen alle erwogenen Alternativen. Sie sind geeignet, die intentionale "Gerichtetheit" auf Sachverhalte *als solche* verständlich zu machen, verfehlen jedoch die besondere *Form*, die Wunsch- und Willenszustände auszeichnet. Charakteristisch für sie ist der Anspruch des Trägers, daß der Sachverhalt "wirklich" sein *soll* oder (kontrafaktisch) sein *sollte*. Nur in dieser speziellen Hinsicht ist er *als* Wollender oder Wünschender "engagiert" (S. 108ff.). Und nur weil er es ist, kann sein Wünschen und Wollen als Haltung aufgefaßt werden, die intrinsisch aufs "Handeln" bezogen ist, unabhängig von möglichen Motivationsdefekten oder faktischer motivationaler Unwirksamkeit. Rein theoretische Haltungen, nichtpräskriptive Wertungen oder (wie immer "desensualisierte") Gefühle der Lust und Unlust gehen an dieser Tatsache vorbei. Wer sich an einem heißen Tag auf dem Sprungbrett sonnt und unverhofft von einem Freund ins Wasser geschubst wird, kann, während er fliegt, sehr wohl die Überzeugung und lebhafte Vorstellung haben, daß er sogleich angenehm erfrischt werden wird. Aber natürlich bedeutet das nicht, daß er zuvor ins Wasser wollte oder es nunmehr will und genau deshalb "mit Willen hineinspringt". Einen Sachverhalt als faktisch oder potentiell realisiert, lustvoll oder wertvoll zu betrachten, heißt eben noch nicht, ihn als Sachverhalt zu begreifen, den es *zu realisieren* gilt. Daß diese Haltung, wenn sie vorliegt, ein Zusatz ist und kein begriffliches Implikat jener anderen Haltungen, ergibt sich im assertorischen bzw. rein theoretischen Fall im übrigen schon aus dem grundlegenden, sinnkonstitutiven Korrespondenzverhältnis, das zwischen "epistemischer Haltung" und "optativischem Anspruch" besteht. Wie alle mentalen Erscheinungen, die explikativ ins Spiel gebracht wurden, beziehen auch die erwogenen drei sich ausschließlich auf Qualifikationen, die zwar mit gerichteten Wunsch- und Willenszuständen *verbunden* sein können und für sie (in unterschiedlichem Maße) empirisch oder begrifflich *bedeutsam* sind, ihren begrifflichen *Kern* jedoch nicht erfassen.

3.2 Wenn es bei dem Versuch, die in Frage stehenden, konzeptionell indispensiblen Ereignisse des "Wollens" theoretisch verständlich zu machen, noch eine Alternative zum Rekurs auf mentale "optativische Einstellungen" gibt, kommen *aktuelle* Leistungen - mögen sie verbal oder nonverbal, mental, behavioral oder neural sein - dafür nicht länger in Betracht, sondern allenfalls *dispositionelle* Zustände, in denen die "Wollenden" oder "willentlich Handelnden" sich befinden. Dispositionen, so hatten wir festgestellt, scheinen zur Explikation des nicht handlungswirksamen "bloßen Wollens" geeignet zu sein, da sie auch nichtaktualisiert bestehen können (vgl. S.75f.). Ja, auf den ersten Blick könnten sie explikativ überlegen erscheinen, da sie, anders als aktuelle mentale Ereignisse, Willenszustände einbeziehen, die ihrem Träger (aktuell) nicht bewußt sind, und den Schritt vom "bloßen Wollen" zum "Tun" unmittelbar verständlich machen. Dieser Schritt muß, dem dispositionellen Ansatz entsprechend, *ereigniskausal* gedeutet werden, sc. als Verursachung bestimmter, für die Disposition definitorischer Reaktionen des Wollenden, durch korrespondierende Reaktionsbedingungen (vgl. Anm.49,52). Daher würde die dispositionelle Explikation, von den mentalen Prämissen abgesehen, auch das traditionelle Konzept der Willentlichkeit bestätigen und sich insoweit mit den Ergebnissen unserer Untersuchungen decken. Um so wichtiger ist es deshalb, Klarheit darüber zu gewinnen, ob sie, was die Differenzen betrifft, unsere Konzeption ernsthaft gefährden kann.

Sicher nicht im Hinblick auf ihre Erklärungskraft. Denn die Erklärbarkeit des Zusammenhangs zwischen Wollen und Tun und die Integration unbewußter Willenszustände haben sich nicht als differentiell erwiesen. Alles, was die dispositionelle Explikation in dieser Hinsicht zu leisten vermag, leistet unser Konzept des Wollens als motivational qualifiziertes Wünschen auch. A fortiori, denn dispositionell verfestigte Motivationslagen *gehören* ja zu den von uns in Rechnung gestellten Qualifikationen, deren Vorzug gegenüber rein dispositionellen Explikationen aber darin besteht, die Rede vom "Wollen" bzw. "willentlichen Handeln" nicht auf diesen Fall *einzuschränken* (S.150ff.). Und die Rede von "unbewußten Willenszuständen" haben auch wir *rein* dispositionell expliziert, wenngleich (aus guten Gründen, Anm.183) in prinzipieller Abhängigkeit von bewußtem Wollen. Die entscheidende Differenz liegt also nicht hier, sondern ausschließlich bei der Frage, ob das fokale Willensereignis dispositionell *reduzibel* ist; d.h. konkret: ob es in einem Zustand des konditionalen, dispositionell verfestigten *Motiviertseins* des Wollenden *zu* (mentalen, behavioralen oder wie immer gearteten) Reaktionen aufgeht, die ihrerseits *nicht* den Charakter des Wollens haben.[236] Nur unter dieser Prämisse kann das dispositionelle Konzept in Konkurrenz zum obigen treten. Sie also müßte unter Beweis gestellt bzw. theoretisch plausibilisiert werden.

Der *direkte* Weg dazu ist nach den Ergebnissen von Kapitel IV,3 ausgeschlossen. Der Dispositionstheoretiker kann nicht länger erklären, Phänomene der Willentlichkeit *seien* zwar ausnahmslos durch (einschlägig qualifizierte) intentionale Wp-Zustände fundiert, diese aber *bestünden* nur in besonderen dispositionellen Zuständen. Gelingen kann die projektierte Reduktion nur, wenn man bereit ist, den begrifflichen Rahmen, der mit der assertorischen und optativischen Stellungnahme sprach- und denkfähiger Wesen zur "Frage der Realität" von Sachverhalten bzw. Propositionen gesetzt ist, *fallenzulassen*. Die gesuchten Willensereignisse müßten als *nichtintentionale* dispositionelle Zustände expliziert werden, die *keinen* Bezug auf Sachverhalte oder Propositionen enthalten, und für diese müßte der Anspruch erhoben werden, daß sie, nicht aber intentionale Wp-Zustände, geeignet sind, die Vielfalt menschlicher Willenserscheinungen abzudecken. Ist das plausibel zu machen? Meine Antwort ist nein, wobei die entscheidenden Schwierigkeiten sowohl die Beschränkung auf *Dispositionen* als auch den Verzicht auf *Intentionalität* betreffen.

3.3 Alle dispositionellen Analysen sind mit (mindestens) drei gravierenden Problemen behaftet, die schon bei der versuchten Reduktion optativischer Einstellungen selbst hervortraten. Einmal ergeben sich unübersehbare Komplikationen, wenn es darum zu tun ist, Dispositionsbedingungen und -reaktionen bereitzustellen, die spezifiziert genug sind, um die Erscheinungen menschlichen "Wollens" *differentiell* zu erfassen, insbesondere im Hinblick auf das jeweilige Willensobjekt (vgl. S.76,100). Es ist daher nicht verwunderlich, daß dispositionelle Explikationsvorschläge gewöhnlich nur in abstracto und rein programmatisch gemacht werden, fern jeder empirischen Konkretion. Diese Probleme sind durch den nichtintentionalen Reduktionsanspruch gewiß nicht kleiner geworden. Zum anderen führen sie in unüberwindliche Schwierigkeiten bei der Erfassung *partikulärer* Willenszustände, die Menschen selten oder nur einmal in ihrem Leben haben (vgl. S.100f.). Drei gleichermaßen inakzeptable Alternativen stehen zur Wahl. Entweder könnten jene Erscheinungen nicht als "willentlich" anerkannt werden, was aus den obengenannten Gründen (S.151) unannehmbar erscheint. Oder man müßte, wenn man sie anerkennt, von der durchgängigen dispositionellen Fundierung abrücken und die Einheit des Willensbegriffs preisgeben. Oder aber man muß darauf abstellen, daß wir es mit dispositionellen Zuständen zu tun haben, die zwar, wie alle Dispositionen, durch generelle Bedingungen *definiert* sind, deren Bestehen aber nur für eine bestimmte Zeit *ausgesagt* wird. [237] Das hieße jedoch, daß partikuläre Willenszustände empirisch nicht sicherzustellen sind, und dies nicht nur (von eventuellen neurologischen Nachweisen abgesehen, vgl. Anm.49) aus kontingenten epistemischen Gründen, sondern aus prinzipiellen. Der hartgesottene Dispositionalist wird eine solche Konsequenz vielleicht zu ziehen bereit sein. Dann ist er gegen den Vorwurf des konzeptionellen Ungenügens geschützt, zahlt dafür aber den Preis offenkundiger phänomenaler Unangemessenheit. Denn natürlich wissen wir, unabhängig von etwaigen neurologischen Kenntnissen oder nichtverifizierbaren dispositionellen Mutmaßungen, im allgemeinen sehr wohl, wann wir etwas zum ersten und vielleicht einzigen Mal wollen oder willentlich tun.

Das führt zu einer dritten, noch gravierenderen Unzulänglichkeit jedes dispositionellen Explikationsversuchs, sc. seiner Unfähigkeit, Zustände des *bewußten Wollens* adäquat zu erfassen, gleichgültig ob sie partikulär sind oder generell. Auch Willenszustände mit spezifizierbaren, dispositionell verfestigten motivationalen Qualifikationen bleiben uns ja (normalerweise) nicht permanent unbewußt, sondern werden bewußt, wenn immer sie faktisch motivational wirksam werden oder wir uns, unabhängig von solchen Anlässen, reflexiv dessen versichern, daß wir den fraglichen Willen haben. Der Dispositionstheoretiker müßte behaupten, daß wir uns als (aktuell) Wollende unserer eigenen Disponiertheit bewußt sind. Doch obwohl ein solches Bewußtsein möglich ist und in anderen Bereichen häufiger auftritt (vgl. S.92 Anm.145,147), wäre die Annahme seines durchgängigen Auftretens im Fall des bewußten Wollens grotesk. Wir haben ein "selbstbezügliches Dispositionenbewußtsein" (vielleicht) in einigen Situationen, in denen wir, ohne aktuell tätig zu sein, relativ klare Vorstellungen davon besitzen, wie wir unter welchen Bedingungen willensabhängig tätig würden, und keine Zweifel haben, daß unsere Disponiertheit andauert. Auch dann aber dürfte unser Wille nicht einfach im Dispositionenbewußtsein aufgehen. Und in der weit überwiegenden Mehrzahl der Fälle ist diese Gleichsetzung ohnehin undenkbar. Wir wissen normalerweise, daß wir und was wir wollen, ohne uns zuvor unserer (präsenten oder erwartbaren) Motivationslage versichert zu haben oder Prognosen über unser Verhalten abzugeben. Die Perspektive des partikulären, subjektiven Bewußtseins ist nicht die des objektivierenden Psychologen, der die generelle Reaktionsbereitschaft von Menschen aus der Beobachterperspektive zu ermitteln sucht. [238] Und selbst wenn das Projekt als solches einsichtig wäre, bliebe es in der Durchführung allemal hoffnungslos, da geeignete Dispositionsbedingungen und korrespondierende Reaktionen, die uns bewußt werden könnten, entweder gar nicht zu spezifizieren sind oder sich alsbald als manifest unzureichend und zirkulär erweisen. Schon für einfache Beispiele des besonnenen (potentiell überlegungsabhängigen, vgl. S.147) Willenshandelns ist das unschwer zu demonstrieren, erst recht für komplexere Fälle und Phänomene des "bloßen Wollens". Oder welche Dispositionen sollten wir anvisieren, wenn wir uns (z.B.) dessen bewußt sind, daß wir im Lotto gewinnen oder schönes Wetter im Urlaub haben wollen oder daß der Ausgang der letzten Wahl unserem Willen entspricht?

3.4 Die internen Probleme *jedes* dispositionellen Reduktionsversuchs also sind unübersehbar und unter der Prämisse, daß die Einheit des Willensbegriffs nicht in Frage steht, m.e. hinreichend, um ihn als Alternative zu unserer Konzeption auszuscheiden. Gleichwohl könnte er für Theoretiker verlockend bleiben, die zwar die *negativen* Ergebnisse unserer kritischen Bestandsaufnahme anerkennen, den *positiven* Rekurs auf mentale Wp-Zustände aber um jeden Preis zu vermeiden suchen. Sie könnten versucht sein, den obengenannten Schwierigkeiten durch eine Beschränkung des explikativen Anspruchs und eine Modifikation des Gesamtkonzepts zu begegnen. Danach, so die zentrale Überlegung, könne es zwar bei der Reduktion der benötigten, eigenständigen *Ereignisse* des "Wollens" auf geeignete Dispositionen bleiben, ebenso bei der Annahme der dispositionellen Fundiertheit des größten *Teils* der menschlichen Willenshandlungen. Letzteres aber müsse man nicht für *alle* von ihnen geltend machen, falls sich zeigen läßt, daß die begriffliche Einheit, die nun gefährdet ist, *anders* sichergestellt werden kann als durch eine gemeinsame, fundierende Disposition des "Wollens". Gibt es dazu eine Möglichkeit?

Die einzige, die ich sehe, ist der Rekurs auf den *Freiheitsbegriff*, der, wie wir zu Anfang (S.28ff.) festgestellt hatten, mit dem Willensbegriff im philosophischen wie alltäglichen Sprachgebrauch vielfach verbunden wird, empirisch und begrifflich. Das Argument für eine beschränkte dispositionelle Reduktion könnte dann ungefähr so aussehen. Orientiert an den genannten Redeformen wird der Gattungsbegriff der "Willentlichkeit" in einem ersten Schritt an den der "Freiheit" assimiliert (vgl. S.31 Anm.38). Dieser wird nunmehr negativ und relativ schwach definiert, sc. als "Abwesenheit von unnatürlichen, hindernden Einflüssen".[239] Alle Verrichtungen, die unter Freiheitsbedingungen ausgeführt werden, erscheinen somit als "willentlich". Zu ihnen können Verrichtungen gehören, die dispositionell fundiert sind, ebenso aber partikuläre und singuläre Verrichtungen.[240] Letztere also sind konzeptionell abgedeckt. Von Ereignissen des "Wollens" jedoch, die unabhängig von Willenshandlungen vorliegen können, wird nur im (expliziten oder impliziten, empirisch ausgewiesenen oder rein hypothetischen) Bezug auf Dispositionen geredet, genau jene nämlich, die Menschen besitzen, die zu Verrichtungen disponiert und "frei" im obigen Sinne sind, unabhängig von ihrer Aktualisierung im Einzelfall. Und auf diesem Hintergrund können danach, in einem letzten Schritt, auch Willenszustände eingeführt werden, deren die Träger sich situativ bewußt sind. Sie bestehen, dem Ansatz entsprechend, ausschließlich in einem Bewußtsein der eigenen "Ungehindertheit", kombiniert *entweder* mit einem gleichzeitigen, selbstbezüglichen Dispositionenbewußtsein *oder* mit dem Vollzug bestimmter Verrichtungen.

Die Schwäche dieses Versuchs zur Rettung des nichtintentional-dispositionellen Explikationsprojekts liegt zunächst in der Unbestimmtheit des zugrundegelegten Begriffs der "Hindernisfreiheit" und der Diffusität des reflexiven Bewußtseins von ihr. Doch ich will annehmen, daß wir es hier bei vagen Abgrenzungen belassen oder, wenn nötig, geeignete Präzisierungen vornehmen können. Auch dann erweist sich der resultierende Willensbegriff als hoffnungslos unterbestimmt. Denn er würde ja, gleichgültig wie der Freiheitsbegriff gefaßt wird, immer noch zahllose Verrichtungen und Dispositionen einschließen, die niemand, abgesehen (vielleicht) vom späteren Nietzsche und Schopenhauer,[241] als solche der "Willentlichkeit" oder des "Wollens" bezeichnen wird. Angeborene physiologische Vorgänge, wie der Lidreflex oder die Homöostase der Körpertemperatur, würden dazugehören, ebenso die charakterbedingten Reaktionen von Menschen, die unter bestimmten Umständen aggressiv reagieren, rot werden, lachen oder unwiderstehlichen Haß und Ekel empfinden, sowie das antrainierte oder unbemerkt zur Gewohnheit gewordene Verhalten einer Person, die das Gleichgewicht auf dem Fahrrad hält, phonetisch und syntaktisch korrekt artikuliert (ohne grammatische Regeln zu kennen) oder der unreflektierten Neigung folgt, Füllwörter in ihre Rede einzuflechten oder private Vorstellungen mit ihr zu verbinden. Starke *Zusatzkriterien* müßten eingeführt werden, die die Gesamtheit der "frei verlaufenden" bzw. "als frei bewußten" Verrichtungen und Dispositionen auf den uns interessierenden Teilbereich einschränken. Ich sehe nicht, wie das ohne Rückgriff auf einen bekannten, *anders* zu explizierenden Willensbegriff geschehen könnte,[242] will dem Verfechter des Projekts aber auch diesen Punkt schenken, da seine zentralen Defekte nach meiner Meinung an anderer Stelle liegen.

Zwei der Probleme nämlich, die es zu lösen galt, bleiben in jedem Fall ungelöst. Erstens sind die Erscheinungen des *bewußten* Wollens nicht, wie das Freiheitskonzept unterstellt, auf Situationen eingeschränkt, in denen so etwas wie ein selbstbezügliches "Dispositionenbewußtsein" vorliegt oder in denen Willenshandlungen faktisch ausgeführt werden, sondern treten auch unabhängig von solchen auf. Auch wer nur einmal in seinem Leben Lotto spielt oder den hoffnungslosen Vorsatz faßt, einmal Wimbledonsieger zu werden, weiß, daß er gewinnen will, obwohl er zum Zeitpunkt seines bewußten Wollens weder aktuell tätig sein noch wissentlich dazu disponiert sein muß. Ein beträchtlicher Teil der Phänomene des "bloßen Wollens" bleibt also konzeptionell ausgeschlossen. Zweitens besteht das Problem der *differentiellen* Erfassung von Willenszuständen, die auf verschiedene Objekte gerichtet sind, auch in den dispositionell verfestigten Fällen fort. Der Verfechter des Konzepts mag, um diesem Einwand zu entgehen, geltend machen, daß die Spezifizierung der fraglichen Dispositionen entfallen kann, wenn wir nur wissen, *daß* und *wozu* der mutmaßlich Wollende "hinderungsfrei" disponiert ist. Doch in der Bestimmung dieses "Wozu" liegt die entscheidende Schwierigkeit. Läßt sich das Merkmal der *"Gerichtetheit"*, das für das menschliche Wollens charakteristisch ist und das wir gewöhnlich intentional verstehen, überhaupt nichtintentional verständlich machen? Das ist es, was es zuallererst zu beweisen gilt, und um diesen Nachweis für alle angesprochenen Fälle zu führen, sind wenigstens folgende drei Bedingungen zu erfüllen:

(1) Dispositionen (bewußt oder unbewußt), die an die Stelle eigenständiger Willensereignisse treten sollen, müssen so etwas wie einen gemeinsamen "Fokus" erhalten, in dem alle Verrichtungen, die für sie definitorisch sind, konvergieren;

(2) faktisch vorliegende willentliche Verrichtungen (dispositionell fundiert oder nicht) müssen sich intentionsfrei als "zweck-" oder "zielgerichtet" beschreiben lassen; und

(3) partikuläre, nicht handlungswirksame Willenszustände, die uns ohne Bezug auf Dispositionen bewußt sind, müssen so uminterpretiert werden, daß ihre Intentionalität verschwindet, ihr Objektbezug jedoch erhalten bleibt.

Bedingung (3) markiert eine absolute, unüberwindliche Grenze jedes nichtintentionalen Explikationsversuchs. Jedenfalls sehe ich nicht, wie sie, wenn überhaupt, anders erfüllbar sein könnte als im Kontext einer umfassenden physiologistischen Reduktion, die uns, als ein begrifflich nachgeordnetes und vorerst ohnehin utopisches Projekt, nicht zu beschäftigen braucht. Der *generelle* nichtintentionale Explikationsanspruch ist also *definitiv* unhaltbar - es sei denn, seine Vertreter wären bereit, die betreffenden Phänomene kategorisch für *inexistent* oder *irrelevant* für den Willensbegriff zu erklären. Ich akzeptiere diese offenkundige Ausflucht, die von sachfremden Interessen diktiert ist, nicht, werde mich um des Argumentes willen aber im folgenden auf die Annahme einlassen, daß nur unsere Bedingungen (1) und (2) zu erfüllen sind, um das Reduktionsvorhaben zu rechtfertigen.

3.5 Daß die Verrichtungen von Menschen, Tieren und sogar von Maschinen kolloquial und in theoretischem Kontext nicht selten als *"zweckhaft"*, *"zielgerichtet"* oder (weniger prägnant) als ein *"Streben"* beschrieben werden, *ohne* daß ihren Trägern deshalb Intentionalität oder Bewußtheit, geschweige denn bewußte Wp-Zustände unterstellt würden, wird niemand ernsthaft bestreiten können. Nichtintentional-teleologische Redeformen sind im alltäglichen und wissenschaftlichen Sprachgebrauch offenbar fest verankert und machen Sinn, ungeachtet aller Versuche von reformistisch gesonnenen Wissenschaftlern und Philosophen, sie theoretisch zu eliminieren. Die Frage ist also nicht, *ob* wir sie anzuerkennen haben, sondern nur, *was* sie bedeuten und *worauf* sie gegründet sind. Hier aber sind Präzisierungen angebracht.

Auf Phänomene der *"Willentlichkeit"*, soviel kann man sofort feststellen, sind sie mit Sicherheit nicht beschränkt. Sie betreffen ja auch Artefakte und viele zweifelsfrei nicht willensgetragene Formen menschlichen "Strebens". Wer aus größerer Höhe ins Wasser fällt und, vom natürlichen Auftrieb unterstützt, reflexartig strampelnd und schwimmend zur Wasseroberfläche "zurückstrebt", muß allein deshalb nicht wollen, beabsichtigen oder auch nur erwarten oder den abstrakten Gedanken fassen, daß er demnächst wieder oben sein wird. Entsprechendes gilt für den Stolpernden, der "bestrebt" ist, das Gleichgewicht wiederzufinden, oder den Anwohner einer belebten Straße, der den Straßenlärm nicht mehr wahrnimmt, weil sein Gehör sich "zweckmäßig" auf diesen Störfaktor eingestellt hat. Ohne geeignete *Zusatzkriterien* bleibt auch die nichtintentional-teleologische Rede vom "Streben" oder von "ziel-" und "zweckgerichteten" Tätigkeiten für den uns interessierenden Phänomenbereich insignifikant. Immerhin könnte sie als *notwendige* Bedingung der Rede von "willentlichen Verrichtungen" bedeutsam bleiben und für das Merkmal ihrer *"Gerichtetheit"* sogar spezifisch sein. Wenn wir davon als der zentralen Behauptung ausgehen und im In-

teresse des Projekts unterstellen, daß die benötigten Zusatzkriterien zirkelfrei (d.h. unabhängig von einem vorausgesetzten, anders zu explizierenden
Willensbegriff) zu spezifizieren sind, liegt unsere Aufgabe darin, die Kriterien zu explizieren, auf die jene Redeformen gegründet sind, und ihre
Signifikanz für das "gerichtete" Wollen zu prüfen.

Es zeigt sich bald, daß dies nicht in der alleinigen Orientierung an *partikulären*, faktisch vorliegenden Verrichtungen geschehen kann. Kriterien,
die darauf beschränkt sind, sind offenbar insignifikant. So können wir nicht
einfach auf einen bestimmten Typus von nichtintentionalen und nichtdispositionellen *Ursachen* abstellen, der über die "Zielgerichtetheit" einer Verrichtung entscheidet, auch nicht in den Fällen, in denen das "Ziel" uns offenkundig erscheint und die wir deshalb mit Selbstverständlichkeit teleologisch beschreiben. Die bloße Tatsache, daß ein Tier sich, vom Schmerz-
oder Hungergefühl oder ihnen korrespondierenden neuralen Ursachen "ge-
trieben", in einer Weise verhält, die Schmerz und Hunger beseitigt, sagt
nichts darüber aus, ob sein Verhalten sich *auf* die Beseitigung richtet oder
ausgeführt wird, *um* sie herbeizuführen. (Schließlich könnte das gleiche angeborene oder lernabhängig fixierte Verhalten unter veränderten Umständen gegenteilige Folgen haben, wie z.B. das reflexhafte, "zweckwidrige"
Zurückziehen der menschlichen Hand, wenn diese aus der Richtung des eigenen Körpers gestochen wird.) Entsprechendes gilt für alle Ereignisse, die
als spezifische Antezedentien ziel- oder zweckgerichteter Prozesse in Betracht kommen. Nur die geläufige, unreflektiert teleologische Rede, die im
Alltag und in den Wissenschaften verwendet wird, kann uns zeitweilig darüber hinwegtäuschen, insbesondere die abgeschliffene, vielfach nicht mehr
als klärungsbedürftig empfundene Rede vom "Lustprinzip" oder von motivierenden "Trieben", "Instinkten", "Bedürfnissen", psychischen "Energien"
und "Kräften". Doch bei genauerer Betrachtung ist leicht zu erkennen, daß
Ausdrücke wie diese sich *entweder* nur auf gewöhnliche, nicht teleologisch
charakterisierte Ereignisse oder Dispositionen beziehen, die keine Aussagen über erstrebte Ziele und Zwecke gestatten, *oder* als implizit teleologische Redeformen das, was zu klären wäre, schon als geklärt voraussetzen.
Der Ursachentypus als solcher, jedenfalls wenn er konsequent nichtintentional und nichtdispositionell bestimmt wird, kann den teleologischen Charakter der resultierenden Wirkung nicht begründen, gleichgültig ob es sich
um Erscheinungen der menschlichen Psyche, der belebten Natur oder der
unbelebten Natur oder Technik handelt, wo Kurzschlüsse dieser Art ohnehin selten sind.[243]

Ebenso ungeeignet aber sind Kriterien, die sich, statt an den Ursachen, an den *Ergebnissen* oder *Verlaufsformen* partikulärer Verrichtungen orientieren. Auch sie sind entweder hoffnungslos zirkulär oder für das Beweisziel hoffnungslos unzureichend (vgl. auch Anm.231). So wenig wie es nichtintentionale, nichtdispositionelle Ursachen gibt, die sich als "intrinsisch zielgerichtet" auffassen lassen, so wenig gibt es "intrinsisch teleologische" Folge-Verhältnisse, Verhaltenssequenzen oder resultierende Zustände, die sich per se als "Ziel" oder "Zweck" qualifizieren. Weder ein manifestes "Zur-Ruhe-Kommen", das von manchen Autoren als Kriterium angeführt wurde,[244] noch die Tatsache, daß das Ergebnis objektiv gut oder wohltätig, lustvoll oder lebensnotwendig für den Handelnden ist, sind ein Beweis dafür, daß es von ihm oder einem durch ihn hindurchwirkenden (innerweltlichen oder extramundanen) Urheber oder Prinzip erstrebt wurde. Schließlich kommen wir auch mit dem Tode zur Ruhe und stoßen per Zufall auf manches, was gut oder angenehm ist. Und daran ändert auch die von anderen Autoren geforderte Ergänzung durch eine evolutions- oder lerntheoretische Erklärung für das Vorhandensein von Motiven oder Verhaltensschemata, die solche Folgen haben, im Grundsatz nichts.[245]

Aussichtsreich, wenn überhaupt, sind nur komplexe *dispositionelle* Explikationsversuche, die eine *Vielfalt* möglicher Verrichtungen mit *gleichem* Ergebnis in Rechnung stellen. Nichtintentional-teleologische Kriterien dieses Typs sind in der neueren Literatur wiederholt vorgelegt worden.[246] Musterbeispiele liefern funktionale Zusammenhänge und homöostatische bzw. äquifinale Prozesse, wie sie für diverse Gebrauchsgegenstände, programmierte Maschinen, individuelle Organismen und größere biologische oder sogar (nach Annahme mancher Theoretiker) soziale Systeme charakteristisch sind. Ihre "Zielgerichtetheit" oder "Zweckhaftigkeit" kann als ereigniskausale, intentionsfreie Disponiertheit der Träger zu finit oder infinit vielen adaptiven Reaktionen gedeutet werden, deren Funktion darin besteht, Ergebnisgleichheit unter variablen Ausgangs- und Zwischenbedingungen sicherzustellen oder zumindest wahrscheinlich zu machen. Die systematische Konvergenz unterschiedlicher Prozesse in einem gemeinsamen "Fokus" erfüllt, wie gefordert (S.175), unsere Bedingung (1), ihre dispositionelle Fundierung auch Bedingung (2). Denn diesem Ansatz zufolge sollen Verrichtungen ja nicht länger durch relevante intentionale Zustände, sondern ausschließlich dadurch als "zweck-" oder "zielgerichtet" erwiesen werden, daß sie Aktualisierungen komplexer Dispositionen sind, die in mehr oder weniger flexibler und systematischer Form zur Verwirklichung desselben Ergebnisses beitragen.

Damit allerdings ist der positive Ertrag des Konzepts erschöpft und für unsere Zwecke ist er ersichtlich nicht hinreichend. Denn erstens entfällt nun erneut und unkorrigierbar jene grundsätzliche *Unabhängigkeit* von der dispositionellen Verfestigung, die wir für einen einheitlichen Willensbegriff benötigen (S.171ff.). Die Idee einer begrifflichen Integration aller Willenserscheinungen auf der Basis der (dispositionell qualifizierten) "Hindernisfreiheit" ist also spätestens jetzt ad acta zu legen. Zweitens hat die Diskussion um die Kriterien, die in der Literatur *konkret* vorgeschlagen wurden, deutlich gemacht, daß nicht nur die Definition des relevanten Systembegriffs und der konzeptionell zulässigen Varianzen *theoretische* Probleme aufwerfen, die ohne versteckte Anleihen bei intentionalen Prämissen kaum zu lösen sind, sondern daß es auch *empirisch* äußerst schwierig ist, Kriterien zu finden, die weder zu eng noch zu weit sind, um nicht (gemessen am Vorverständnis) entweder willkürlich restriktiv auszufallen oder die Rede von "zielgerichteten Prozessen" und "funktionalen Zusammenhängen" beliebig zu inflationieren und trivialisieren.[247] Und selbst wenn man, um das Projekt zu retten, auch noch von diesen Problemen absähe, wäre nicht sonderlich viel gewonnen. Denn die entscheidende Frage für den gesamten Ansatz ist, drittens und vor allem, natürlich, ob bzw. in welchem Sinne wir durch die zugrundegelegten (wie immer zu spezifizierenden) nichtintentionalen Kriterien *überhaupt* legitimiert werden, von der "Gerichtetheit" eines Prozesses auf ein bestimmtes "Ziel" bzw. der entsprechenden Disponiertheit seines Trägers zu reden. Diese Frage findet aber im Rahmen des zu erörternden Ansatzes keine befriedigende Antwort.

3.6 Zwei Typen von teleologischen Charakterisierungen nämlich sind auseinanderzuhalten. Entweder handelt es sich um eine *bloße Redeform*, die wir kolloquial anstelle von gewöhnlichen, wirkungsfokussierten Kausalsätzen oder von Sätzen über (einschlägig fokussierte) nichtkausale Bedingungsverhältnisse verwenden. Hier bedeutet die Rede von "Zielen" und "Zwecken" nur, daß die Aufmerksamkeit des Sprechers auf etwas gerichtet ist, das als bedingt durch etwas anderes gilt, an dem er jedoch nur insoweit Interesse nimmt, als es zum Bestehen oder Entstehen des Bedingten beiträgt. In diesem Sinne sprechen wir z.B. (intentionsunabhängig) von einem "erzielten Gewinn" oder von der "Funktion" eines Tiers als Überträger bestimmter Krankheiten oder der eines Worts als eines grammatischen Subjekts. Daß die Bedingung, wenn sie vorliegt, deshalb eingetreten ist, *weil* sie gewisse Folgen hat, ist damit nicht gesagt. Sie könnte ja ebensogut aus Zufall oder aus anderen Gründen eingetreten sein. Von einer "Gerichtetheit" des Geschehens *auf* ein bestimmtes "Ziel" kann hier also keine

Rede sein. Möglich wird das erst, wenn die teleologische Charakterisierung das fokale Ergebnis nicht nur als Folge, sondern als *Grund* für die Existenz dessen in Anspruch nimmt, was sie als "ziel-" oder "zweckgerichtet" bezeichnet. Dieser zweite, *existenzerklärende* Sprachgebrauch ist der für uns entscheidende. Wir suchen Kriterien, die uns zu der Behauptung berechtigen, daß etwas eintritt bzw. besteht, *weil* es etwas anderes als "Ziel" oder "Zweck" befördert. Dazu aber sind nichtintentionale Kriterien insgesamt ungeeignet. Die bloße Tatsache der Konvergenz einer bestimmten Klasse von Prozessen in Zuständen eines bestimmten Typs, gleichgültig wie umfangreich oder systematisch sie ausfällt, läßt die Gründe des Eintretens oder Bestehens offen, beweist also nichts für etwaige "Zielgerichtetheit". Der Zigarettenrauch z.B. besitzt die Disposition, an allen möglichen Hindernissen vorbei zur Zimmerdecke emporzuschweben, aber er "strebt" deshalb nicht zu ihr hin. Ebensowenig "strebt" der Kühlschrank nach einer konstanten Temperatur oder der lebende Mensch nach seinem Tod, obwohl er zu diesem, wie zu vielem anderen, komplex und flexibel disponiert ist. Und natürlich ändert auch hier die Ergänzung durch lern- oder evolutionstheoretische Kriterien oder durch das Kriterium der Wohltätigkeit oder Güte des Resultats in der entscheidenden Hinsicht nichts.[248]

Wenn die Rede von der "Gerichtetheit auf ein Ziel" auch bei Verrichtungen Sinn macht, denen keine intentionalen Zustände ihrer Träger zugrundeliegen, so nur, weil sie explizit oder implizit entweder auf intentionales Handeln *zurückgeführt* oder (nach dem Modell von Kant und anderen Philosophen) in *Analogie* zu solchen *gedeutet* werden.[249] Der Kühlschrank dient einem Zweck, weil Menschen ihn mit dieser Absicht hervorgebracht haben und in Betrieb setzen. Nur in Abhängigkeit davon können wir sagen, daß sein Aggregat, wenn es anspringt, dies mit dem "Ziel" tut, die eingestellte Temperatur wiederherzustellen. Entsprechendes gilt für die Rede von den "Funktionen" unzähliger Gebrauchsgegenstände, technischer Apparate und sozialer Institutionen. Hier sind intentional handelnde menschliche Produzenten bzw. Benutzer implizit oder explizit mit im Spiel. Wird die existenzerklärende teleologische Rede aber auf soziale und biologische Tatsachen ausgedehnt, bei denen dies offenbar nicht der Fall ist, gibt es dafür, wenn die obskure Idee eines "rückwärtskausalen" Einflusses späterer auf frühere Ereignisse außer Betracht bleibt, nur zwei verständliche Deutungen. Entweder man unterstellt, auch wenn man es sich vielleicht nicht eingesteht, einen *außermenschlichen* intentionalen Handlungsträger, sc. Gott oder die implizit personifizierte Natur, Gesellschaft oder Geschichte. Oder man faßt Gegebenheiten, die *keinerlei* intentionale Basis haben (aus welchen Gründen auch immer) so auf, *als ob* eine solche gegeben wäre. Die nichtintentional-teleologische Rede von einer "Ziel-" oder "Zweckgerichtetheit", wenn sie mehr sein will als eine bloße facon de parler, führt also konzeptionell auf die intentionale zurück. Und wenn dies schon für vergleichsweise einfache biologische oder technische Prozesse gilt, die zweifelsfrei nichtwillentlich und deren "Ziele" real und raumzeitlich sind, so gilt es natürlich erst recht, wenn wir jene Ziele in Rechnung stellen, die für das zielgerichtete willentliche Handeln und die nicht verrichtungsgebundenen Willenszustände von denk- und sprachfähigen Wesen charakteristisch sind, sc. Sachverhalte und Propositionen. Diese sind ja keine raumzeitlichen Gegenstände und müssen, um von Menschen gewollt zu werden, nicht real oder realisierbar sein. Das Projekt, die "Gerichtetheit" des Wollens nichtintentional-dispositionell zu explizieren, fällt daher letztlich mit dem Anspruch der dispositionellen Explizierbarkeit intentionaler Wp-Zustände selbst zusammen,[250] von dem wir bereits gesehen haben, daß er nicht einlösbar ist.[251]

4. Universalität des Konzepts?

Damit ergibt sich folgendes Bild. Nachdem sich gezeigt hat, daß wir um den Rekurs auf besondere, prinzipiell nicht verrichtungsgebundene Ereignisse des "Wollens" in keinem Falle *herumkommen* (Abschnitt 2), diese aber durch *andere* Zustände oder Prozesse, seien sie aktuell oder dispositionell, nicht adäquat zu erfassen sind (Abschnitt 3), ist der Schluß unausweichlich, daß es zum Ansatz bei mentalen "optativischen Einstellungen" *keine* Alternative gibt, *wenn* man man an der Idee eines einheitlichen, umfassenden Willensbegriffs festhält. Gravierende Einwände gegen unser Konzept können sich also nur noch gegen die *spezielle* Definition, die wir vorgeschlagen haben, oder die Idee der begrifflichen Einheit *als solche* richten. Wir haben sie bislang zurückgestellt (vgl. S.166), um uns zuallererst gegen die Möglichkeit abzusichern, daß der Rekurs auf mentale Wp-Zustände überhaupt nicht erforderlich ist. Dieser Verdacht ist ausgeräumt. Doch es bleibt denkbar, daß unser Willensbegriff sich in der empirischen Anwendung immer noch als zu weit oder nicht weit genug erweist, um als Gattungsbegriff fungieren zu können. Die Richtigkeit unseres Zugangs zur Sache könnte dadurch zwar nicht mehr im Grundsatz erschüttert werden, wohl aber unser Anspruch auf universelle Gültigkeit (S.162). Prüfen wir deshalb, wie groß die Gefahr ist, daß unser Konzept sich in dieser Beziehung als revisionsbedürftig erweist.

4.1 Ist unsere Begriffsbestimmung vielleicht *zu weit*? D.h. enthält sie, in der von uns gewählten Version oder auch in der engeren Version (WL) (S.157ff.), zwar ein notwendiges, doch kein hinreichendes Kriterium für die Rede von der "Willentlichkeit" einer Verrichtung oder vom "Wollen"? Ich denke nicht. Wir haben versucht, den Willensbegriff nicht enger zu fassen, als es dem Gebrauch von einschlägigen Ausdrücken in der alltäglichen Rede entspricht, und dieser ist nun einmal relativ weit und kriteriell offen (Kap. III,3; S.158f.). Überdies ist unser Konzept flexibel genug, um zusätzliche Restriktionen jederzeit zuzulassen. Wer den Verdacht hegt, daß jene schwachen motivationalen und rationalen Kriterien, die wir für erforderlich hielten, *zu* schwach sind, um den Realitäten Genüge zu tun, mag die vermuteten Zusatzkriterien am Sprachgebrauch ausweisen und die ihm notwendig erscheinenden Ergänzungen vornehmen. Ich glaube nicht, daß er fündig wird, bin aber gern bereit, begründete Verbesserungsvorschläge zu übernehmen. Die Beweislast jedenfalls trägt derjenige, der mehr in Anspruch nimmt, als wir, gestützt auf die obigen Untersuchungen, bislang beanspruchen zu können glauben.

In besonderem Maße gilt dies für Definitionsvorschläge, die dahin zielen, die umgangssprachliche Rede zu *präzisieren* und in einen *prägnanten* Willensbegriff zu überführen (vgl. S.38f.). Solche Definitionen sind in der Literatur keine Seltenheit, eher sogar die Regel. Solange die Einführung explizit und begründet erfolgt, unter Offenlegung der zugrundeliegenden Interessen ihrer Autoren, ist gegen sie im Prinzip nichts einzuwenden. Die Differenzen beim Willensbegriff sind dann rein terminologische, über die sich zu streiten nicht lohnt. Der Hedonist z.B. kann die ihm begründbar erscheinenden affektuellen Qualifikationen zusätzlich in den Begriff aufnehmen (vgl. S.168f.). Der gemäßigte Behaviorist, der sich vom Gedanken der behavioral-dispositionellen Reduzibilität optativischer Einstellungen selbst verabschiedet hat, die Zuschreibung von Wunsch- und Willenszuständen aber an geeignete Verhaltenskriterien binden möchte, kann analog verfahren und die nötigen motivationalen Qualifikationen einführen. Der Kantianer kann seine Rede vom "Wollen" auf ein "vernünftiges Begehren" im engeren Sinn einschränken (Anm.46). Und wer mit Augustin und der von ihm bestimmten theologischen und philosophischen Tradition (S.29 Anm.28, S. 30f. Anm.37) die "Willentlichkeit" einer Verrichtung als hinreichende Bedingung ihrer "Freiheit" oder "Zurechenbarkeit" begreifen möchte, ist prinzipiell ebenso frei, dies zu tun, wenn er nur Rechenschaft darüber ablegt, welche begrifflichen Spezifikationen, die über den optativischen Kern hinausgehen, ihn zu einer so starken Behauptung ermächtigen sollen.

Generell also bleibt festzuhalten, daß restriktivere oder inhaltlich spezifiziertere Willensbegriffe sich auf der *Grundlage* unseres Konzepts problemlos einführen lassen. Sein Vorzug als Vorschlag zur Definition des Gattungsbegriffs liegt gerade darin, daß es *verständlich* macht, wie es zu engeren Begriffsbestimmungen kommen kann, sich aber nicht an spezielle, konzeptionell und phänomenal umstrittene Annahmen *bindet* und dem *gewöhnlichen* Sprachgebrauch damit wesentlich näher steht als alle mir zur Kenntnis gelangten Alternativen. Es besteht deshalb keinerlei Grund, von ihm als zu weit gefaßt abzurücken.

4.2 Gravierender sind Bedenken, die in die entgegengesetzte Richtung gehen. Ist unser Willensbegriff, trotz seiner Allgemeinheit und seiner unbestreitbaren Vorzüge in den genannten Hinsichten, in einer anderen Hinsicht vielleicht *zu eng*? D.h. können wir aus der Tatsache, daß die von uns zugrundegelegten Kriterien für *gewisse* Erscheinungen indispensibel und in jedem Fall *hinreichend* sind, um die Rede vom "Wollen" zu rechtfertigen, ohne weiteres ableiten, daß sie auch *notwendig* für sie, also konstitutiv für *alle* Phänomene der "Willentlichkeit" sind? Sicher nicht. Der Anspruch der universellen Gültigkeit wird durch die Gültigkeit unseres Konzepts für den Kernbereich des gerichteten, propositionalen Wollens von Menschen, die Bewußtsein von ihren Willenszuständen haben und vor oder bei der Ausführung von Willenshandlungen bewußte Überlegungen anstellen können, nicht begründet, auch wenn die uns interessierenden Erscheinungen und die explizite Rede vom "Wollen" weitestgehend dadurch gedeckt sind (S.165f.). Zwar haben wir die Angemessenheit unseres Willensbegriffs von Beginn an nicht davon abhängig gemacht, daß er alles, was schon als "willentlich" bzw. als "Wollen" aufgefaßt wurde, einschließt, sondern uns auf den Teil der Phänomene beschränkt, die für die übergeordnete Frage nach der "Zurechenbarkeit" von Verrichtungen bedeutsam sind (S.38). Doch es könnte ja sein, daß gerade dieser Ansatz und die mit ihm verbundene kritische Orientierung am traditionellen, ereigniskausalen Konzept des menschlichen Willenshandelns phänomenale Beschränkungen mit sich gebracht haben, die Wesentliches außer Betracht lassen.

Bevor wir uns mit diesem Verdacht auseinandersetzen, sollten wir uns darüber Klarheit verschaffen, welche Konsequenzen sich aus ihm ergeben und welche nicht. Er impliziert *nicht*, daß unser Willensbegriff für jenen Beispielbereich, auf den er gemünzt ist, unangemessen oder erweiterungsbedürftig ist, sondern im ungünstigsten Fall, daß er durch einen zweiten oder durch mehrere andere Begriffe ergänzt werden muß. Denn wir haben ja schon gesehen, daß wir um den Rekurs auf mentale Wp-Zustände prinzipiell nicht herumkommen und einen *einheitlichen* Willensbegriff nur auf der Basis unseres theoretischen Modells IIa gewinnen können (S.41f.). *Jenseits* des primär von uns ins Auge gefaßten Kernbereichs mag es Erscheinungen geben, für die Modell IIb oder sogar Modell I genügt oder die sich, gestützt auf welches Modell auch immer, auf nichtintentional-teleologische (S.176ff.) oder nichtoptativische intentionale Begriffe (S.168f.) zurückführen bzw. direkt unter den unspezifizierten Begriff der "Hindernisfreiheit" subsumieren lassen (S.173ff.). Will man auch sie als Phänomene der "Willentlichkeit" oder des "Wollens" bezeichnen, muß man die *Spaltung* des Willensbegriffs dafür in Kauf nehmen.

Wir haben das bislang zu vermeiden gesucht - aus gutem Grund. Der Verlust der begrifflichen Einheit wäre theoretisch unbefriedigend und terminologisch allemal mißlich, da die äquivoke Verwendung von Willensausdrücken Mißverständnisse heraufbeschwört. Das gilt nicht nur für den (theoretisch bereinigten) wissenschaftlichen Sprachgebrauch, sondern auch und vor allem für den alltäglichen. Auch wenn wir nicht damit rechnen können, daß unsere Umgangssprache den Phänomenen *durchgängig* gerecht wird (vgl. S.38f.,42), ist doch die Annahme mehr als implausibel, daß sie *so weit* an der Sache vorbeigeht, daß dieselbe Wortwurzel auf Phänomene Anwendung findet, die derart weit auseinanderliegen und strukturell z.T. gänzlich verschieden sind. Wir sollten daher, ehe wir uns auf eine so problematische und mit sprachkritischen Konsequenzen verbundene Konzeption einlassen, zunächst Klarheit darüber gewinnen, welche Erscheinungen nichtintentionaler "Willentlichkeit" hier überhaupt in Betracht stehen (Abschnitt 5), und diese sodann unter folgenden zwei Gesichtspunkten prüfen: Erstens, haben wir es tatsächlich mit Phänomenen zu tun, deren "Willentlichkeit" außer Zweifel steht, oder vielleicht nur mit laxen bzw. metaphorischen, umgangssprachlichen *Redeformen* oder mit *Zweifelsfällen* und *Grenzfällen*, in denen sie mit dem Wp-Zustand zur Disposition steht (Abschnitt 6)? Und soweit der Willenscharakter gesichert scheint, können wir, zweitens, ausschließen, daß er sich letztlich, wenn auch nur *implizit* oder *indirekt*, denselben intentionalen Zuständen des "Wollens" verdankt, die wir für den Kernbereich menschlicher Willenserscheinungen zweifellos annehmen müssen (Abschnitt 7)?

5. Mögliche Gegenbeispiele

Beginnen wir mit einer Präzisierung des Bereichs der Gegenbeispiele. Auf welche Erscheinungen, die wir als solche der "Willentlichkeit" zu bezeichnen geneigt sind, könnte sich der Verdacht beziehen, daß unser Verständnis des Wollens als qualifiziertes Wünschen inapplikabel ist und zur Erweiterung des begrifflichen Rahmens zwingt? Zwei Alternativen können wir *ausschließen*. Gemeint sein kann sicher nicht, daß die schwachen motivationalen und rationalen Restriktionen, die wir für erforderlich halten, noch immer nicht schwach genug sind, um den Gegebenheiten Genüge zu tun. Erweiterungen in diese Richtung führen in ein Gebiet, das wir, dem Sprachgebrauch folgend, zweifellos besser als das des "bloßen Wünschens" oder "Begehrens" von dem des "Wollens" abheben (vgl. S. 150, 157f.). Viele Theoretiker denken ja eher an eine Verschärfung als eine Lockerung unserer schwachen Rationalitäts- und Motivationalitätsbedingungen. Ebensowenig aber, das haben die Untersuchungen in Abschnitt 3 gezeigt, kann die beschränkte Gültigkeit unseres Willensbegriffs durch Beispiele demonstriert werden, die ein vermeintlich nichtintentionales "Gerichtetsein auf" oder "Streben nach etwas" implizieren. Gemeint sein müssen Formen des Wollens bzw. Willenshandelns, die *außerhalb* des Gebiets liegen, das durch die "optativische Stellungnahme" sprach- und denkfähiger Wesen zur "Frage der Realität" von Sachverhalten bzw. Propositionen gekennzeichnet ist, und die ebendeshalb *keinen* Bezug auf ein Willensobjekt enthalten. Der Phänomenbereich wird dadurch drastisch eingeschränkt, ebenso der Bereich der einschlägigen Redeformen. Denn die verbale und die von ihr abgeleitete (S. 39f.) substantivische Rede vom "Wollen" sind ja grammatisch transitiv und verlangen die Ergänzung durch relevante Objekte (vgl. Anm. 50). Doch es mag sein, daß es abgeschliffene Verwendungen von Substantiven und Verben gibt, in denen dieses grammatische Merkmal semantisch funktionslos ist (vgl. S. 39), und daß die adjektivische und adverbiale Rede, die es manifest jedenfalls nicht besitzen, per se auf Fälle des nichtintentionalen, nicht "gerichteten" Wollens hindeuten.

Die Möglichkeit, eigenständige, prinzipiell nicht verrichtungsgebundene *Ereignisse* des "Wollens" nichtintentional verständlich zu machen, dürfte sich auf die *dispositionelle* beschränken. Nichtintentionale *aktuelle* Ereignisse, einfache (nichtpropositionale) Empfindungen und Gefühle vor allem, wie sie in der Literatur wiederholt als Willenskriterien angeführt wurden (vgl. S. 47), sind in dieser Funktion so offenkundig von den speziellen methodischen Vorgaben und theoretischen Interessen ihrer Autoren bestimmt, daß die Annahme abwegig wäre, sie könnten einen Bereich der "Willentlichkeit" markieren, der zur konzeptionellen Erweiterung zwingt. Mit der Beschränkung auf Dispositionen aber sind wir an jene (reaktiven) Verrichtungen verwiesen, die durch sie willentlich werden, ergänzt eventuell durch Verrichtungen, deren Willentlichkeit nicht von der dispositionellen Fundierung abhängt. Wir können uns daher bei der Suche nach relevanten Gegenbeispielen auf zweifelsfrei willentliche und nicht intentional fundierte *Verrichtungen* konzentrieren.

Welche kommen dabei in Betracht? Prima facie alle, bei denen fundierende Wp-Zustände *nicht zu erkennen* sind, obwohl sie mit Selbstverständlichkeit als "willentliche" *bezeichnet* werden. Diese wiederum lassen sich in verschiedene Klassen einteilen. Sinnvoll für unsere Diskussion ist zum einen die Unterscheidung zwischen Verrichtungen von Menschen, deren gleichzeitige *Fähigkeit* zu gerichteten, intentionalen Willensleistungen *unangezweifelt* bleibt, und solchen von Wesen, bei denen entsprechende *Zweifel* bestehen oder bei denen bereits vorausgesetzt wird, daß sie die Fähigkeit *nicht* besitzen. Und bei der ersten Gruppe, partiell aber wohl auch bei der zweiten, ist eine weitere Unterteilung angebracht. Einerseits haben wir es mit Verrichtungen zu tun, die wir *unabhängig* davon, ob sie durch einschlägige Wp-Zustände fundiert sind, ihren Trägern als "Tätern" *zurechnen* möchten. Neben Teilen unseres routinierten oder gewohnheitsmäßigen Verhaltens gehören vor allem nonverbale mentale Leistungen dazu, sowie bedeutende Teile des lauten und stillen Sprachgebrauchs, einschließlich des theoretischen und praktischen Überlegens, also des intelligenten Umgangs mit assertorischen und optativischen Einstellungen selbst. Andererseits gibt es Verrichtungen, die uns genau deshalb, weil die intentionale Fundierung fehlt, partiell oder vollständig *unzurechenbar* erscheinen. Diese Einteilung ist für unser Konzept besonders kritisch, vorausgesetzt die Annahme ist richtig, daß wir es insgesamt nur mit "willentlichen" Verrichtungen zu tun haben. Beide Klassen scheinen die traditionelle Ansicht zu bestätigen, daß die "Willentlichkeit" einer Verrichtung Signifikanz für ihre "Zurechenbarkeit" besitzt. Die erste scheint jedoch darauf hinzudeuten, daß der relevante Willensbegriff nicht ausnahmslos der prägnante, optativisch fundierte ist. Die zweite aber, die seine Bedeutsamkeit unterstreicht, scheint, da nicht alle willentlichen Verrichtungen betroffen sind, den Verdacht zu erhärten, daß es *nur* das Interesse an der Zurechnungsproblematik gewesen sein könnte, der uns zu der irrigen Ansicht gebracht hat, *alle* Willenserscheinungen beruhten auf Wp-Zuständen.

Die Grenzen zwischen den einzelnen Fällen sind fließend und schränken die Signifikanz der Beispiele teilweise ein. Viele alltägliche Verrichtungen, die Menschen wiederholt, ohne besondere Überlegung ausführen, gelten als unbezweifelbar willentlich, zielgerichtet und zurechenbar, jedenfalls unter normalen Umständen (Zähneputzen, Schuhebinden, Einschalten des Lichts etc.). Diese können Gegenbeispiele sein und vor allem dann als solche erscheinen, wenn sie routiniert ausgeführt werden und eine Komplexität besitzen, die durch korrespondierende bewußte Wp-Zustände nicht gedeckt ist. Doch zum großen Teil sind sie es sicher nicht, da die Betreffenden, wenn wir genauer zusehen, sich im Normalfall unmittelbar vor und beim Tätigsein sehr wohl dessen bewußt sind, was sie zu tun gedenken und es deshalb intentional tun (vgl. S.164 Anm.231 und S.197ff.).

Anders bei *tierischem* Verhalten, zum Beispiel dem eines Hundes, der Türen selbständig öffnet, sowie bei menschlichen Alltagsverrichtungen, die stark von *Routine* oder *Gewohnheit* geprägt sind. Wer aus Gewohnheit seine Beine übereinanderschlägt oder die Türe hinter sich schließt, wer routiniert Auto fährt, kocht oder ein langgeübtes Klavierstück herunterspielt, ist sich all dessen, was er hier macht, gewiß nicht in vollem Umfang bewußt, geschweige denn optativisch auf alle Sachverhalte bezogen, die er mit seinem Tun verwirklicht. Die Zurechenbarkeit seiner Verrichtungen kann dadurch zweifelhaft werden, nicht aber, scheint es, ihre Willentlichkeit. Auch von dem klugen Hund, der an der Türe kratzt oder sie selbständig öffnet, sagen wir ja ohne Umschweife, daß er "hinaus will". *Komplexe* Verrichtungen, die aus mehreren Teilverrichtungen zusammengesetzt sind, sind gewiß nicht in allen Teilen gewollt und bewußt, dennoch großenteils willentlich (vgl. S.14ff.). Nicht jeder Handgriff beim Schuhebinden oder Klavierspielen, geschweige denn jeder Schritt oder Schwimmzug, mit dem wir uns willentlich fortbewegen, sind Gegenstand der bewußten optativischen Stellungnahme. Noch deutlicher ist das bei *achtlosen* oder *beiläufig* ausgeführten Verrichtungen, einfachen *kommunikativen Gesten* sowie beim unmittelbaren körperlichen *Gefühlsausdruck*. Die Bankangestellte, die gedankenlos mit einem Bleistift spielt, ihre Haare ordnet, vor sich hinträumt, die Stirn runzelt, lächelt oder einen gereizten Tonfall in ihre Stimme legt, ist sich des kompletten Inhalts ihres Tuns ebensowenig bewußt oder optativisch auf ihn bezogen wie der altgediente Werkspförtner, der, ohne von seiner Zeitung aufzublicken, alle Vorbeigehenden mit einem gleichgültigen 'Morgen!' grüßt. Dennoch, so scheint es, können wir ihnen die "Willentlichkeit" ihres Handelns nicht absprechen.

6. Kurzschlüssige Willentlichkeitserklärungen

Oder vielleicht doch? Können, ja müssen wir nach gewöhnlichem Verständnis nicht sagen, daß der gereizte Tonfall, der uns (wenn überhaupt) erst im *nachhinein* zu Bewußtsein kommt, *durch* unser Sprechen nämlich oder die Reaktionen der anderen, "unwillkürlich" in unsere Stimme geraten ist und gerade nicht "mit Willen und Absicht"? Sind ein mechanisches Grüßen oder das eingeschliffene, gleichzeitige Betätigen von Schalthebel und Kupplung beim Autofahren nicht ebenso "willenlos" wie das Gleichgewichthalten beim Fahrradfahren, phonetisch korrekte Artikulieren oder reflexhafte Zurückziehen der Hand (S.174,177)? Hat der Mensch, der in Gedanken, doch ungezwungen und gewiß nicht situativ unzurechnungsfähig, ein Dokument von Gewicht zerreißt oder der eine Vase achtlos herunterstößt, nicht genau deshalb den angerichteten Schaden nicht "mit Willen" herbeigeführt, weil er nicht an diese Möglichkeit dachte und sie nicht zu verwirklichen wünschte?[252] Und wie sicher sind wir denn, daß wir, wenn wir vom "Wollen" unseres gelehrigen Hundes sprechen, nicht von der gleichen Neigung zum anthropomorphisierenden Umgang mit Tieren und vertrauten Gebrauchsgegenständen bestimmt sind wie bei der offensichtlich nicht wörtlich gemeinten Erklärung, unser blockierter, überlasteter Computer "wolle nicht mehr"? Offenbar schließen die fraglichen Gegenbeispiele Verrichtungen ein, die bei genauerem Hinsehen kaum noch als "willentlich" gelten können oder Grenzfälle darstellen, die beide Deutungen zulassen. Die umgangssprachliche Rede vom "Wollen" ist also nicht nur relativ *weit* im Kernbereich menschlicher Willensleistungen, sondern auch relativ *lax* an dessen Rändern. Vier Kurzschlüsse sind es vor allem, vor denen wir uns zu hüten haben.

6.1 Zum einen besteht die Gefahr, *metaphorische* und *projektive* Redeformen wörtlich zu nehmen. So wenig jedoch wie der "Vater" Rhein in seinem "Bette" schläft oder die "Rationalität" gewisser Zahlen sie zu vernünftigen Wesen macht, so wenig sind der "unwillige" Personalcomputer, die sprichwörtliche "Tücke" des Objekts, der "Wille des Schicksals" oder der universale "Wille in der Natur", von dem manche Autoren reden, ein Beweis dafür, daß der Sprachgebrauch uns dazu zwingt, einen nichtintentionalen Willensbegriff anzuerkennen. Wer alles gehen läßt, "wie es will", begeht seinerseits eine Unterlassung mit Willen, demonstriert aber mit seiner (stoischen) Haltung nicht, daß alles, was in jenem Sinne "gehen" kann, ebenfalls einen Willen hat. Wie *weit* die Metaphorik und die semantischen

Projektionen reichen und *wo* die wörtliche Rede beginnt, darüber läßt sich streiten. *So* eindeutig wie bei Maschinen und der Natur im ganzen ist die Situation bei *Tieren* offenbar nicht, insbesondere nicht bei jenen, deren Verhalten dem menschlichen ähnlich sieht. Hier scheint die Rede vom "Wollen" keine rein metaphorische zu sein. Aber auch hier gibt es mehrere Deutungen, zwischen denen wir abwägen müssen.

Nur für den krudesten Verifikationismus ist klar, daß wir es, sobald wir Tiere berücksichtigen, zwangsläufig mit Begriffen zu tun bekommen, die nichtintentional und behavioral zu explizieren sind. Dann, aber auch nur dann, sind die angesprochenen Erscheinungen echte Gegenbeispiele zu unserem Konzept. Das gewöhnliche Verständnis jedoch, das von solchen Beschränkungen frei ist, rechnet mit projektiven Redeformen, die weder metaphorisch noch fiktional sind, sondern die, in der Anwendung auf Tiere ebenso wie auf andere Menschen, einen Wahrheitsanspruch enthalten, der nicht verifikationistisch aufgelöst werden kann. Wenn wir uns (Extrempositionen wie die von Descartes beiseite gesetzt) *überhaupt* darauf einlassen, Tieren Bewußtsein zuzuschreiben, warum nicht, prinzipiell, *auch* bewußte intentionale Zustände, einschließlich optativischer? Das Faktum der fehlenden Sprachfähigkeit allein kann das Gegenteil jedenfalls nicht beweisen (vgl. S.77f., 117 Anm.194). Und wenn es dies, bei gesicherter Sprachabhängigkeit, wirklich könnte oder wenn wir, aus welchen Gründen auch immer, diesen Gedanken rundheraus von uns wiesen, stünde dann, mit dem Verzicht auf fundierende Wp-Zustände, nicht auch der nichtmetaphorische Sinn unserer Willentlichkeitserklärungen selbst zur Disposition? Ja, erwiese sich die Rede vom "Wollen der Tiere" unter dieser Prämisse nicht von selbst als ebenso uneigentlich und äußerlich wie die unreflektierte Rede von ihrem nichtintentional "ziel-" oder "zweckgerichteten" Handeln (S.179f.)?

6.2 Ähnlich verhält es sich bei einem zweiten Kurzschluß, der in der Zuschreibung *unbewußter* Willenszustände besteht, die nicht empirisch ausgewiesen und begrifflich nicht spezifiziert wurden. Gewiß, der gereizte Tonfall in unserer Stimme oder der achtlose, mechanische Gruß mögen uns nicht nur "unwillkürlich herausgerutscht", sondern ein Ausdruck des unbewußten, direkt motivational wirksamen Wollens sein, andere zu verletzen oder zurückzuweisen. Freunden, die uns gut kennen, und psychologisch geschulten Beobachtern könnte diese Vermutung früher kommen als uns und unter bestimmten Umständen zur Gewißheit werden. Doch ob sie die Sache trifft, läßt sich dem manifesten Verhalten allein oder der (wie immer flexiblen und systematisch geordneten, S.178ff.) Disponiertheit des

Trägers zu ihm nicht entnehmen. Kriterien dieser Art reichen ja nicht einmal aus, um die "Gerichtetheit" seines Verhaltens auf eins der angegebenen Ziele unter Beweis zu stellen. Entscheidend ist die Fähigkeit, sich des zugeschriebenen, unbewußt motivierenden Zustands *bewußt zu werden*. Das unbewußte Wollen, das nur äußerlich als ein nichtintentionales erscheint, muß sich unter geeigneten Umständen in ein bewußtes, intentionales überführen lassen. Und auf genau diese Weise werden Hypothesen über sein Bestehen auch in der Praxis überprüft. Freunde sprechen uns auf unser Verhalten an und fragen uns, ob wir, indem wir uns des zugeschriebenen Wollens bewußt werden, ihrer Vermutung rückblickend zustimmen können. Psychoanalytiker suchen die Zustimmung des Patienten, die durch "Verdrängung" zunächst verstellt sein mag, im therapeutischen Prozeß zu evozieren und können sich ihrer Diagnosen (wenn überhaupt, vgl. S.201f. Anm.262) nur im Vorgriff auf dieses Ergebnis sicher sein. Wer im Gegensatz dazu glaubt, unbewußte Willenszustände losgelöst vom Kriterium der potentiellen Bewußtheit identifizieren zu können, hat als Theoretiker, der mit weniger auszukommen beansprucht, zweifellos die Beweislast. Er muß alternative Kriterien vorlegen und demonstrieren, daß sie, nicht der intentionale Willensbegriff, geeignet sind, eine hinreichend große Klasse einschlägiger Verrichtungen adäquat zu erfassen. Ich zweifle, daß das gelingen kann, und halte deshalb, bis zum etwaigen Beweis des Gegenteils, die so begründete Spaltung des Willensbegriffs für kurzschlüssig und sachlich überflüssig.

6.3 Ein dritter Kurzschluß ergibt sich aus der schon angesprochenen Assimilation "willentlicher" an *"freie"* Verrichtungen (S.173f.). Daß diese, begrifflich wie empirisch, äußerst fragwürdig und jedenfalls dann unmöglich ist, wenn der *unspezifizierte* Begriff der "Hindernisfreiheit" zugrundeliegt, hatten wir schon herausgestellt (S.28ff.,173ff.). Pauschale Willentlichkeitserklärungen auf dieser Basis sind zweifellos kurzschlüssig. Sie freilich dürften in praxi relativ selten sein. Häufiger ist der Gedanke, "willentliche" Verrichtungen lägen dann vor, wenn sie *"nicht widerwillig"* ausgeführt werden und in einem *spezifizierten* Sinne, der nicht mit dem der "Willentlichkeit" vertauschbar ist, "frei" sind. Dabei sind zwei Versionen zu unterscheiden. Manche Philosophen haben die Auffassung nahegelegt, die bloße Möglichkeit, der Verrichtung *nachträglich* volitional oder affektuell zuzustimmen oder sie rational zu begründen, könne genügen, um sie als "willentlich" auszuzeichnen.[253] Andere haben den klassischen Begriff der "Handlungsfreiheit" zugrundegelegt, ergänzt z.T. durch einen strukturell ähnlich gefaßten der "Willensfreiheit", und die Willentlichkeitserklärung an die *vor* Handlungsbeginn bestehende Möglichkeit gebunden, sie willensgemäß zu *verhindern*.[254] Beide Versionen setzen den Willensbegriff an entscheidender Stelle voraus und müssen ihn (von der affektuellen Variante abgesehen, vgl. dazu S.168f.) ihrerseits intentional und propositional verstehen. Die Richtigkeit unseres Konzepts wird also insoweit durch sie bestätigt. Die Differenz liegt beim erweiterten begrifflichen Rahmen. Denn für die "Willentlichkeit" einer Verrichtung soll hier ja, in beiden Versionen, *generell* nicht mehr erforderlich sein als die *Möglichkeit*, sie zu wollen bzw. willensabhängig herbeizuführen, über die (auch von uns in Rechnung gestellte) mögliche Aktualisierung vorhandener, unbewußt motivierender Dispositionen zu bewußtem Wollen hinaus.

Ebendarin aber liegt ihre Kurzschlüssigkeit. Die bloße Möglichkeit der Willensbeteiligung beweist nicht, daß sie tatsächlich im Spiel ist. Demgemäß hängen alle Willentlichkeitserklärungen, die nur darauf gegründet sind, bis zum Beweis ihrer Aktualisierung im Einzelfall in der Luft. Besonders deutlich ist das in der ersten Version, der die seltsame Idee zugrundeliegt, es könne so etwas geben wie *"Willentlichkeit ex post"*. Gewiß, wir können auch Dinge wollen, die unabänderlich feststehen, einschließlich unserer eigenen, vergangenen Tätigkeiten (vgl. S.63f.,152). Das aber macht diese nicht von selbst zu Willenshandlungen. Tritt der Wille erst später hinzu, werden sie damit zwar zu "ex post gewollten", nicht aber ex post zu solchen, die "mit Willen" ausgeführt wurden.[255] Wer seine Chance verschlafen hat oder sie sogar (was hier prinzipiell zulässig wäre!) mit Wissen und Wollen ausließ oder nicht in die Tat umzusetzen vermochte, kann sein Verhalten im nachhinein auch durch noch so entschiedene Zustimmung und noch so überzeugende Rationalisierungen nicht mehr zu einem gewollten oder absichtlichen Handeln machen, wenn die benannten Gründe nicht die tatsächlich bestimmenden waren. Die spätere Willenseinstimmung beweist im günstigsten Fall, daß er es nunmehr (im Gegensatz zu seiner früheren Gedankenlosigkeit, bewußten Indifferenz oder Widerwilligkeit) aus jenen Gründen will, die er angibt, oft genug aber auch nur, daß er sich grundlos oder aus externen (z.B. "psychohygienischen") Gründen der Macht des Faktischen beugt.

Als nicht weniger kurzschlüssig aber erweisen sich bei genauerer Betrachtung auch Willentlichkeitserklärungen, die auf die *Verhinderbarkeit* der Verrichtung *vor* oder *bis zu* ihrem tatsächlichen Eintritt abstellen. Vieles, was Menschen machen, könnten sie, wenn sie wollten, verhindern. Doch dieser Umstand allein sagt nicht, warum sie es faktisch tun. Diverse Erklärungen sind denkbar. Sie können das Geschehene mit Willen herbeigeführt oder wissentlich haben geschehen lassen (vgl. S.60f., Anm.105-106). Sie können es unwissentlich oder völlig bewußtlos getan, sich aber willentlich, mit oder ohne weiterreichende Absichten, in diesen epistemisch reduzierten Zustand gebracht haben. Unreflektierte Gewohnheiten, spontane Gefühlsregungen, Gedankenblitze und diverse andere Motive können wirksam geworden sein, ohne daß sie vom Willen beeinflußt wurden. Selbst angeborene oder erworbene Reflexe und physiologische Ursachen können zugrundeliegen. Gleichgewichtsbewegungen, Schmerzlaute, kommunikative Gesten, Mienenspiel, Lachen und Weinen, Husten, Sich-Räuspern, ja sogar einfaches Atmen: all dies sind Verrichtungen, die im Normalfall unwillkürlich geschehen, sich aber, wenn wir es wollen, modifizieren und partiell unterdrücken lassen, ohne daß diese Möglichkeit der Willensbeeinflussung die Nichtwillentlichkeit ihrer normalen Ausführung aufhebt. Die willensgemäße Verhinderbarkeit einer Verrichtung sagt etwas über den *abstrakten* Freiheitsspielraum aus, den der Träger ihr gegenüber besitzt, nicht aber darüber, ob oder wie er ihn *in concreto* ausfüllt. Weder der externe Beobachter noch der Handelnde selbst, der sich plötzlich "bei einer Verrichtung ertappt", deren Hintergründe im Dunkeln liegen, können die (nehmen wir an: gesicherte) Tatsache, daß sie nicht *gegen* ihren bewußten Willen erfolgte und sich *im Fall* eines (frei zustandegekommenen, S.27f., 227ff.) gegenteiligen Wollens hätte verhindern lassen, ohne weiteres als Beweis dafür nehmen, daß sie *mit* Willen ausgeführt wurde. Ohne den Nachweis der faktischen Willensbestimmtheit sind auch die angesprochenen Erscheinungen eines spezifiziert "freien" Verhaltens, das über die bloße "Hindernisfreiheit" hinausgeht, keine Gegenbeispiele zu unserem Konzept. Und es ist schwer zu sehen, wie dieser Nachweis anders geführt werden könnte als durch die Rückführung auf entsprechende intentionale Willenszustände.

6.4 Viertens schließlich haben wir uns vor Kurzschlüssen zu hüten, die mit der Praxis verbunden sind, willentliche Verrichtungen persönlich *zuzurechnen*. Daß diese Praxis geeignet sein kann, die Allgemeingültigkeit unseres Konzepts in Frage zu stellen, hatten wir schon gesehen (S.186). Es kommt daher, mehr noch als bei den bisher erörterten Kurzschlüssen, darauf an, Prima-facie-Evidenzen zu hinterfragen und begriffliche Differenzierungen vorzunehmen. Unbestreitbar ist offenbar dies: Viele Verrichtungen, die Menschen "hindernisfrei" ausführen, fassen sie (bei sich selbst wie bei anderen) unbedenklich als Handlungen auf, für die sie die Verantwortung tragen, obwohl bewußte Wp-Zustände, die ihnen vorausgehen und sie durch ihren Einfluß als "willentliche" erweisen könnten, nicht zu erkennen sind. Daraus jedoch zu folgern, daß ein zweiter, nichtintentionaler Begriff der "Willentlichkeit" im Spiel ist, wäre in mehreren Hinsichten kurzschlüssig. Drei Dinge müssen zuvor geklärt werden. Können wir überhaupt bzw. in welchem Sinne können wir davon sprechen, daß die betreffenden Verrichtungen (1) "willentlich" und (2) individuell "zurechenbar" sind und (3) daß die "Willentlichkeit" einer Verrichtung kriteriell für ihre "Zurechenbarkeit" ist? Nur wenn die dritte Frage im Sinne der Notwendigkeit (nicht nur der Signifikanz, S.34f.) des Willenskriteriums beantwortet wird und nur wenn die "Willentlichkeit" der Verrichtungen als solche und ihre "Zurechenbarkeit" in jenem prägnanten Sinn, der die "Aktivität" des Trägers einschließt, zweifelsfrei feststehen, kann das (gesicherte) Fehlen fundierender Wp-Zustände ein Beweis dafür sein, daß unser Willensbegriff nicht ausreicht. Keiner der Fälle jedoch, die hier als Gegenbeispiele angeführt werden können, hält, soweit ich sehe, einer kritischen Überprüfung unter diesen Gesichtspunkten stand.

Zunächst muß der Beispielbereich weiter eingeengt werden. Grenzfälle sind zu eliminieren sowie alle Fälle, bei denen wir nicht mit Sicherheit ausschließen können, daß intentionales Wollen implizit oder indirekt mit im Spiel ist. Zahlreiche Willenshandlungen, die scheinbar nicht durch unser Konzept gedeckt sind, fallen damit heraus (vgl. Abschnitt 7). Sodann müssen wir uns dessen versichern, daß wir, wenn wir Verrichtungen, für die wir uns verantwortlich fühlen, unbesehen als "willentliche" verstehen, nicht einem jener Kurzschlüsse erlegen sind, die wir bereits zurückgewiesen haben, insbesondere nicht der kurzschlüssigen Identifizierung von Willentlichkeit und Freiheit. Kurzschlüsse dieses Typs werden durch den hinzutretenden, mehrdeutigen Begriff der *"Verantwortlichkeit"* nahegelegt. Seine Klärung ist deshalb der wichtigste Schritt zur Destruktion vermeintlicher Gegenbeispiele. Mehrere Deutungen kommen in Frage.

Vielfach fühlen wir uns nur deshalb "verantwortlich", weil wir annehmen, daß wir bei Ausführung einer Verrichtung *ungehindert* waren und sie willentlich hätten *verhindern* können. Oft genug wird dies zweifelhaft sein und die Beweiskraft der Beispiele reduzieren. Aber auch wenn die Annahme zutrifft, ist die bestehende Handlungs- und Hindernisfreiheit kein Beweis für bestehende Willentlichkeit (vgl. S.191f.). Im Gegenteil, diese Begründung zeigt gerade, daß das "Verantwortlichkeitsgefühl", um das es hier geht, prinzipiell nicht daran gebunden ist, daß die Verrichtung willentlich

194

ausgeführt wurde. Entweder also haben wir es mit Phänomenen zu tun, die für den prägnanten Begriff der "Zurechnung" nicht einschlägig sind, oder mit Phänomenen, die demonstrieren, daß "Willentlichkeit" kein notwendiges Zurechenbarkeitskriterium darstellt, so daß die ins Auge gefaßten Gegenbeispiele sich auch in dieser Hinsicht als insignifikant erweisen. In einer zweiten Gruppe von Fällen wiederum meinen wir mit "Verantwortlichkeit" nicht mehr als *"Haftbarkeit"* im moralischen oder rechtlichen Sinne. Diese impliziert jedoch, wie wir eingangs (S.21ff.) herausgearbeitet hatten, weder "Zurechenbarkeit" im prägnanten Sinn noch "Willentlichkeit" im allgemeinen, gleichgültig welcher Willensbegriff im Spiel ist. Der Hersteller oder Verkäufer haftet für ungewollte ebenso wie für gewollte Mängel der Ware, der achtlose Kaufhausbesucher, der Waren beschädigt oder anderen Personen auf die Füße tritt, für die materiellen oder sozialen Folgen seines Verhaltens, auch wenn es absichtslos war. Moralische und rechtliche "Verantwortlichkeit" als solche also sagt über die uns interessierenden Fragen nichts.

Ebenso insignifikant aber wäre ein metaethischer bzw. metajuridischer Begriff der *"Zurechnungsfähigkeit"*, der ausschließlich darauf abstellt, daß der Zurechnungsfähige zum fraglichen Zeitpunkt bei Bewußtsein, physisch und psychisch ungehindert, sowie im Vollbesitz seiner Kräfte ist, einschließlich seiner Fähigkeit zu intentionalem Wollen. Denn dieser Begriff, der sich als deskriptiv spezifizierter Freiheitsbegriff verstehen läßt, beschränkt sich (im wesentlichen) auf generelle Bedingungen, die den Einzelfall in den entscheidenden Hinsichten unbestimmt lassen. Ob und in welchem Sinn eine Verrichtung, die im Zustand der "Zurechnungsfähigkeit" ausgeführt wird, "willentlich" ist und ihrem Träger "zurechenbar", bleibt offen. Pauschale Zurechenbarkeits- und Willentlichkeitserklärungen auf dieser Basis, wie sie im täglichen Umgang mit anderen keine Seltenheit sind, erweisen sich daher empirisch allemal als übereilt und kriteriell als manifest inadäquat. "Zurechnungsfähig" im definierten Sinne wären schließlich auch die Verrichtungen eines Menschen, der nur gedankenlos vor sich hinträumt, blinzelt, atmet oder sein Mittagessen verdaut. Nur die stillschweigende, empirisch unausgewiesene Prämisse, daß Individuen, deren Bewußtheit und intentionale Willensfähigkeit außer Zweifel stehen, diese Fähigkeit faktisch *anwenden* bzw. als rationale Wesen anwenden *müssen* (vgl. S.60 Anm.105), kann uns im unreflektierten Umgang mit ihnen zeitweilig über die wahren Grundlagen unserer alltäglichen Zurechenbarkeitsannahmen und den wahren Sinn unserer rechtlichen und moralischen Haftungspraxis hinwegtäuschen.

Echte Gegenbeispiele zu unserem Konzept liefern nur solche Verrichtungen, bei denen wir die Gewißheit haben, daß wir uns ausschließlich oder vor allem anderen deshalb für sie "verantwortlich" fühlen, weil wir *aktiv* an ihnen beteiligt sind (vgl. S.11f.,23f.). Auch hier ist Vorsicht am Platz. Manche Prima-facie-Evidenzen für "zurechenbare" Handlungen in diesem Sinne dürften sich bei genauerer Prüfung ebenfalls nicht mehr als signifikant erweisen. Beispiele dafür liefern kreative und sozial positiv bewertete Leistungen, die wir uns selbst gern zurechnen möchten, für die wir eigentlich aber nichts können (vgl. Anm.20). Doch ich will nicht bestreiten, daß es einschlägige Fälle gibt, insbesondere aus dem Bereich der nonverbalen mentalen Verrichtungen, des stillen und lauten Sprechens, des Überlegens, sowie des Glaubens, Wünschens und Wollens selbst. Wie aber steht es bei ihnen mit der beanspruchten *"Willentlichkeit"*? Teilweise mag sie gegeben sein. Es ist nicht ausgeschlossen, auch beim bloßen Wünschen und Wollen nicht, daß ein auf sie gerichtetes (höherstufiges) Wollen vorliegt oder implizit bzw. indirekt an ihnen beteiligt ist.[256] Das aber ist natürlich nicht immer der Fall, und wo immer der entsprechende Nachweis fehlt, wird die Willentlichkeitsbehauptung fragwürdig.

So lassen sich Leistungen des Wollens selbst, wie immer sie expliziert werden, *letztlich* keinesfalls mehr als "willentliche Verrichtungen" ansprechen[257] oder doch nur aus dem trivialen Grund, *weil* es solche des "Wollens" sind. Und diese formale Möglichkeit ist in den restlichen Fällen ohnehin nicht gegeben. Worauf aber, wenn nicht auf den Gedanken der "Zurechenbarkeit" selbst, kann dann die Rede von ihrer "Willentlichkeit" bezogen werden? Sollen wir, nur um die strikte Notwendigkeit des Willenskriteriums zu retten, beide Begriffe in diesen Kontexten gleichsetzen oder ein phänomenal unausgewiesenes, nichtintentionales Merkmal der "Willentlichkeit" postulieren? Das erscheint wenig plausibel. Näher jedenfalls dürfte die Annahme liegen, daß wir überall dort, wo Verrichtungen unabhängig von intentionalem Wollen zurechenbar zu sein scheinen, einen Begriff der "Zurechenbarkeit" zugrundelegen, der durch das Urheberschafts- oder Freiheitskriterium *allein* definiert und *nicht* mehr an das der Willentlichkeit gebunden ist. Doch wie immer die Frage letztlich entschieden wird: fest steht in jedem Fall, daß der direkte Schluß von der "Zurechenbarkeit" einer Verrichtung auf ihre "Willentlichkeit" unmöglich ist und die angesprochenen Beispiele bislang keinen Beweis dafür liefern, daß unser Willensbegriff nicht ausreicht.

7. Implizite und indirekte Willensbeteiligung

Nun wird man allerdings kaum bestreiten können, daß wir es auch dann, wenn kurzschlüssige Willentlichkeitserklärungen wie die erörterten vollständig außer Betracht bleiben, mit Verrichtungen zu tun bekommen, die wir normalerweise als "willentliche" begreifen bzw. die wir uns selbst oder anderen im Hinblick auf ihre "Gewolltheit" zurechnen, obwohl ein fundierender, bewußter Wp-Zustand nicht zu erkennen ist. Wenn unsere Konzeption richtig ist, muß diese Praxis, soweit sie berechtigt ist, darin gründen, daß solche Zustände *implizit* oder *indirekt* mit im Spiel sind (vgl. S.184). Läßt sich das zeigen?

Ein Indiz für diese These ergibt sich aus der Beobachtung, daß wir bei Individuen, deren *Fähigkeit* zur optativischen Stellungnahme uns, prinzipiell oder in einer bestimmten Situation, zweifelhaft ist, gewöhnlich auch danach fragen, ob unsere Willentlichkeitserklärungen zutreffen. Das Verhalten von Tieren, Kleinkindern oder erwachsenen Menschen, die temporär oder dauerhaft nicht im Vollbesitz ihrer Kräfte sind, erscheint in dieser Hinsicht eben wesentlich schwieriger einzustufen als das Verhalten von Personen, die sich, auch wenn sie es faktisch nicht tun, problemlos dessen bewußt werden *könnten*, daß sie mit ihren Verrichtungen etwas verwirklichen, das "der Fall sein kann oder nicht" und dessen Verwirklichung sie, *wenn* sie entsprechend Stellung bezögen, wunschgemäß ausführen oder verhindern könnten. Und bei Maschinen und Pflanzen, denen wir diese Fähigkeit grundsätzlich absprechen, tragen wir gar keine Bedenken, volitionale Redeformen durch nichtvolitionale zu ersetzen. Mit dem Verlust der Fähigkeit zur bewußten optativischen Stellungnahme ist, so scheint es, die Grenze erreicht, wo die wörtliche Rede vom Willen endet und die metaphorische Rede beginnt. Mehr als ein Indiz ist diese Feststellung allerdings nicht. Denn die *bloße* Fähigkeit zum bewußten, propositionalen Wollen beweist nicht, daß es *aktuell* an einer Verrichtung beteiligt ist, sei es auch nur in indirekter oder impliziter Weise.[258] Nur wenn das demonstriert bzw. plausibel vorausgesetzt werden kann, ist die Willentlichkeitserklärung jedoch, unserem Konzept zufolge, gerechtfertigt. Die entscheidende Frage ist also, ob die verbleibendenden, vermeintlichen Gegenbeispiele diese Bedingung erfüllen. Meine Antwort ist ja. Drei Gruppen von Verrichtungen, die als "implizit" oder "indirekt willentlich" gelten können, obwohl fundierende, bewußte Wp-Zustände partiell oder vollständig zu fehlen scheinen, sollen das demonstrieren.

7.1 Erstens haben wir es, empirisch sogar in der weit überwiegenden Mehrzahl der Fälle, mit *komplexen Verrichtungen* zu tun, die sich aus mehreren Teilverrichtungen zusammensetzen oder komplex im Hinblick auf ihre Folgen sind (S.14ff.). Großenteils werden diese nur *als* strukturierte Komplexe erlernt bzw. entwickelt und später, nach Ausbildung entsprechender Routine und habitueller Verfestigung, auch nur *als* strukturierte Komplexe gewollt.[259] Das gilt für kurze und scheinbar elementare Verhaltensmuster wie Sitzen, Greifen und Gehen nicht weniger als für Verrichtungen, die längere Zeit in Anspruch nehmen oder sich, vielfältig differenziert und gestuft, in verschiedene Schemata oder Folge-Beziehungen zerlegen lassen. Wer einen Scheck unterschreibt, intendiert seinen kompletten Namenszug, nicht aber jeden einzelnen Buchstaben oder gar jede der einzelnen Muskelkontraktionen und Handbewegungen, die ihn hervorbringen, obwohl er auch diese, als Teil der Gesamthandlung, offenbar mit Willen ausführt. Wer das Badewasser einlaufen läßt, hat den bewußten Wunsch, daß der Hahn nach dem Aufdrehen zu laufen beginnt und die Wanne nach einer gewissen Zeit voll ist, nicht aber, daß Wasser (sagen wir) genau dreizehn Sekunden nach der Hahnöffnung ausströmt; gleichwohl ist auch dieses Ereignis indirekt und implizit mitgewollt. Der komplizierte Bewegungsablauf beim Pferdsprung oder bei einem chirurgischen Eingriff oder die komplexen intellektuellen und manuellen Leistungen eines versierten Cembalisten, der prima vista aus einer Partitur mit beziffertem Baß spielt, werden gewiß nicht in allen Einzelheiten, wohl aber, zerlegt in verschiedene sukzessiv auszuführende Schemata, gewollt oder intendiert, und diese Intentionen und Willensleistungen enthalten bewußte Wp-Zustände.

Ihr Auftreten ist das Kriterium dafür, daß die Gesamtverrichtung und die Verrichtungsschemata als "gewollt" gelten können. Worauf aber gründet sich unsere Annahme, daß auch die Teilverrichtungen, die nicht separat gewollt sind, implizit oder indirekt "mitgewollt" sind? Die bloße Tatsache, daß sie betreffende, intentionale Willensleistungen am Erlernen der komplexen Schemata beteiligt *waren* und daß der Lernvorgang, gegebenenfalls, auch wieder willentlich rückgängig gemacht werden *könnte*,[260] kann nicht entscheidend sein. Denn das gilt gewiß nicht für alle Fälle und kann, auch wenn es der Fall ist, die aktuelle Willensbestimmtheit aller präsenten Teilverrichtungen nicht demonstrieren. Auch das Bewußtsein von ihnen *während* ihres Vollzugs besitzt nur bedingte Aussagekraft.[261] Entscheidend ist die bewußte Stellungnahme im Falle des *Scheiterns*. Wenn eine komplexe Verrichtung, die nur als Komplex intendiert wurde, partiell mißlingt, zeigt die Tatsache, daß dies registriert und *als* Mißlingen verstanden wird, daß sich die Intention implizit oder indirekt auch auf die in Frage stehenden, anfänglich nicht als solche gewollten (oder auch nur bewußt erfaßten) Teilverrichtungen miterstreckt. Der konzentrierte Cembalist z.B. spielt nicht nur als volitionaler und intellektueller "Traumwandler", sondern weiß sehr wohl (assertorisch und reflexiv, S.108) zwischen willensgemäßen Ergebnissen seines Spiels und Situationen zu unterscheiden, in denen, weil er sich unabsichtlich vergriffen oder eine Bezifferung falsch aufgelöst hat, tatsächlich nicht der Fall ist, was willensgemäß der Fall sein sollte. Der Badewillige merkt, daß etwas nicht willensgemäß gelaufen ist, wenn er die Wanne zur erwarteten Zeit nicht gefüllt findet. Ebenso merkt dies der routinierte Anrufer oder Leser, der überrascht feststellt, daß der gewohnte Griff zum Telefon oder zur Brille diesmal ins Leere geht.

7.2 Zweitens und partiell überlappend mit den folgekomplexen Verrichtungen haben wir Fälle ins Auge zu fassen, in denen eine Verrichtung deshalb als "gewollt" und "mit Willen ausgeführt" gilt, weil sie durch *antezedierende* bewußte Willenszustände bedingt ist. So unsinnig der Gedanke möglicher "Willentlichkeit ex post" (S.191), so sinnvoll ist der bestehender *"Willentlichkeit ex ante"*. Wer sich dazu entschlossen hat, vom Zehn-Meter-Brett ins Wasser zu springen, kann, während er fliegt, an seiner Abwärtsbewegung nichts mehr ändern. Präsent ist sie weder willensabhängig noch faktisch willensbestimmt (vgl. Anm.255). Ja, auf den gegenwärtigen Zeitpunkt bezogen, könnte sie sogar widerwillig sein, da der Fliegende unterwegs Angst bekommen und seinen Entschluß bereuen könnte. Nichtsdestoweniger kann man im Hinblick auf das vorangegangene, bewußte Wollen sinnvoll davon sprechen, daß er "mit Willen ins Wasser springt". Er ist ja in dieser Absicht abgesprungen und befindet sich, wie gewollt, auf dem Wege ins Wasser. Entsprechendes gilt für zahllose Verrichtungen mit analoger Struktur. Ein Mensch, der sich nonkonformistisch verhalten hat (nichtkarrieristisch z.B. oder moralisch prinzipienfest) und sich infolgedessen den negativen Sanktionen seiner konformistischen sozialen Umgebung ausgesetzt sieht, wird sich, so sehr er diese, jetzt wie auch früher, mißbilligen und seine Haltung ex post bereuen mag, zugleich eingestehen müssen, daß er es, alles in allem genommen, schließlich selbst "so gewollt" hat. Der Betrunkene, der seinen Wagen zu Schrott fährt und dies situativ gewiß nicht will, der sich jedoch mit Wissen und Willen in eine Lage gebracht hat, die ein solches Ergebnis wahrscheinlich machte, muß dessen Eintritt samt seinen Folgen als "selbstgewollt" anerkennen. Eine Stewardeß, die es sich mit Willen angewöhnt hat, alle Fluggäste anzulächeln, und ihr Lächeln nun nicht mehr willentlich abstellen kann, lächelt in gewissem Sinn willkürlich und unwillkürlich zugleich (vgl. Anm.260). Und auf den früher gelegenen, bewußten Entscheidungszeitpunkt bezogen kann man sogar bei Menschen, die ohne Bewußtsein im Bett oder auf dem Operationstisch liegen, mit Sinn davon sprechen, daß sie sich "willentlich" einer Operation unterziehen oder "mit Willen" schlafen.

Allerdings ist die Möglichkeit, Verrichtungen durch Rückführung auf antezedierende Willensleistungen als "willentlich" auszuweisen, *rational* und *epistemisch* eingeschränkt, wobei die Restriktionen das Daß sowohl als das Wie der Ausführung angehen. Verrichtungen und Verrichtungsfolgen, deren Eintritt mit *Sicherheit* und *genau* so, wie sie tatsächlich eintreten, vorausgesehen und beabsichtigt werden, lassen sich leicht als Willenshandlungen auffassen, auch wenn die Handelnden zum Zeitpunkt ihres Eintretens machtlos, bewußtlos, unreflektiert oder willensindifferent sind oder nunmehr sogar den gegenteiligen Willen haben. (Der professionelle Gunkiller, der den Tod seiner Opfer als "ungewollt" hinstellt, wird sich gewiß nicht darauf berufen können, daß er, wenn immer die abgefeuerte Kugel ihr Ziel erreicht, keine Tötungsabsicht mehr hat und das Ergebnis ohnehin nicht mehr beeinflussen könnte.) Die meisten Folgen ihres Tuns jedoch sind Menschen vollständig unbekannt oder nicht sicher und detailliert von ihnen vorausgesehen (vgl. S.15f.). Manche *könnten* sie wissen und als Bestandteil der "konkreten Option" (Anm.226) begreifen, die sie mit Willen verwirklichen. Haben sie zuvor bewußt und willentlich davon *Abstand* genommen, sich solche Kenntnisse zu verschaffen und in ihre praktischen, willensbildenden Überlegungen einzubeziehen, wird man noch immer, relativ auf gewisse rationale und epistemische Normalitätsstandards, mit Sinn davon sprechen können, daß das Ergebnis implizit oder indirekt mitgewollt ist. Das gilt, prinzipiell, auch für generelle und permanente Rationalitäts- oder Wissensbeschränkungen, wenn diese mit Wissen und Willen des Betreffenden zustandegekommen sind, z.B. durch seine bewußte Entscheidung für oder sein wissentliches Sich-Einlassen auf ein rücksichtsloses, leichtsinniges Leben. Doch damit ist die menschliche Realität natürlich nicht erschöpft, und je weiter der Zeitpunkt einer vorhandenen, expliziten Stellungnahme zurückliegt, je indirekter ihr Einfluß ist und je ungewisser und epistemisch unzugänglicher die relevanten Tatsachen, desto problematischer wird die Annahme bestehender "Willentlichkeit ex ante".

So können wir zwar ohne weiteres behaupten, daß ein Mensch, der ein Schlafmittel genommen hat, mit seinem Willen schläft, kaum aber, daß seine Schlafbewegungen und seine Träume willensgemäß oder willensabhängig auftreten. Schließlich hat er sie weder als solche vorausgesehen noch als Begleiterscheinungen seines Schlafens gewollt. Wer einem anderen tatkräftig oder verbal zu Hilfe kommt, sich aber wider Erwarten ungeschickt dabei anstellt oder aus unverschuldeter Unkenntnis einen Fauxpas begeht, der eine soziale Kettenreaktion auslöst, die dem Betroffenen letztlich mehr Schaden als Nutzen bringt, hat diese Konsequenzen seines wohlmeinenden, bewußt und willentlich ausgeführten Verhaltens sicherlich nicht mit Willen getan. Entsprechendes gilt für Verhaltensweisen und Denkschemata, die wir uns in der Vergangenheit, ausgehend von ihren positiven Ergebnissen unter Normalbedingungen, mit Willen eingeübt haben und jetzt nicht mehr willentlich abstellen können, obwohl sie, wie wir bedauernd feststellen müssen, unter veränderten Bedingungen funktionslos geworden sind oder gegenteilige Folgen haben. (Intellektuelle und praktische "Tugenden", nicht nur die sogenannten "sekundären", sind eben niemals *unbedingtes* Objekt eines guten Willens.) Rechtlich oder moralisch *fahrlässige* oder *rücksichtslose* Handlungen sind im allgemeinen, selbst wenn bewußte Willensleistungen vorausgehen, nicht komplett, sondern nur in gewissen Hinsichten gewollt. Wer sich mit Willen betrinkt und sein Verhalten im Zustand der Trunkenheit bewußt dem Zufall überläßt oder ihn gar (wie in der Konstruktion der "actio libera in causa" des deutschen Strafrechts) mit der Absicht herbeiführt, etwas Bestimmtes im Zustand fehlender Willenskontrolle zu tun, verhält sich in dieser Beziehung zweifellos willentlich, nicht jedoch im Hinblick auf die besonderen, unvorhergesehenen und unbeabsichtigten Ausführungsmodalitäten und Folgen seines Verhaltens. Zahllose Alltagsverrichtungen, die *achtlos* oder *beiläufig* ausgeführt werden und die moralisch bzw. rechtlich indifferent sind, demonstrieren denselben Punkt.

Wo die genauen Grenzen zwischen "Willentlichkeit" und "Nichtwillentlichkeit" in Fällen wie diesen liegen, braucht uns im Rahmen einer Untersuchung, die keine Theorie des Handelns und der menschlichen Willensbildung im ganzen zu liefern beansprucht, nicht zu interessieren (vgl. S. 162). Zweifelsfälle und Grenzfälle, die dezisionistisch behandelt werden müssen, lassen sich ohnehin niemals ausschließen. Entscheidend ist, daß wir, in welch beschränktem Umfang auch immer, "Willentlichkeit ex ante" in Rechnung zu stellen haben und daß die epistemischen Beschränkungen, denen sie unterliegt, unsere Auffassung bestätigen, daß Willentlichkeitserklärungen nur dort bzw. insoweit gerechtfertigt sind, als intentionale Willenszustände explizit oder implizit mit im Spiel sind.

7.3 Drittens schließlich und wiederum teilweise überlappend mit den schon angesprochenen Fällen haben wir es mit Verrichtungen zu tun, deren "Willentlichkeit" auf die direkte motivationale Wirksamkeit eines bestehenden *unbewußten* Wollens zurückgeht. Mehr noch als bei der an rationale und epistemische Vorbehalte gebundenen "Willentlichkeit ex ante" besteht hier die Gefahr von kurzschlüssigen Willentlichkeitserklärungen (S.189f.). Vorsicht ist deshalb angezeigt. Berechtigt im Sinne unseres Konzepts sind sie nur dann, wenn sich zweierlei unter Beweis stellen oder zumindest mit hinreichender Plausibilität voraussetzen läßt: (a) daß die willentlich Handelnden zum fraglichen Zeitpunkt *disponiert* zu entsprechenden, bewußten Zuständen des Wollens sind und (b) daß diese Disponiertheit, unabhängig von ihrer fehlenden Aktualisierung im gegenwärtigen Fall, motivational *wirksam* ist und die Verrichtung tatsächlich *beeinflußt*.[262] Die empirischen Evidenzen dafür sind nicht selten dürftig. Das gilt besonders für exzeptionell oder alltäglich pathologische Verhaltensweisen, wie sie die Psychoanalyse als Musterbeispiele für ihre Hypothese anführt, daß es "verdrängtes" Wünschen und Wollen gibt. Denn hier sind die Gründe für die Behauptung, daß sie nicht nur ex post hineininterpretiert werden, sondern zum fraglichen Zeitpunkt tatsächlich bestanden und die auftretenden Verrichtungen beeinflußt haben, wegen des von der Theorie selbst in Rechnung gestellten "Widerstands" und des erforderlichen therapeutischen Aufwands vor ihrer Bewußtwerdung relativ schwach (vgl. Anm.139, S.189f.). Ausschließen können wir aber auch diese Variante unbewußt willentlicher Verrichtungen nicht. Und in anderen, weniger problembelasteten Fällen des Alltags erscheinen die Evidenzen jedenfalls klar genug, um uns mit Grund davon sprechen zu lassen, daß ein Mensch etwas anhaltend wünscht oder will, auch wenn es ihm nicht anhaltend bewußt ist, und daß dieses Wünschen sein Handeln beeinflußt.

Wer im Gras liegt z.B. oder spazierengeht und dabei an dies und jenes denkt, ist sich, während er geht oder liegt, natürlich nicht anhaltend dessen bewußt, daß er darin seinem anhaltenden Willen folgt, spazierenzugehen oder liegenzubleiben. Streckenweise mag er ihm vollständig entfallen sein. Von Zeit zu Zeit aber, an einer Weggabelung z.B. oder bei Annäherung einer Wespe, wird er ihm zu Bewußtsein kommen und er wird Stellung beziehen. Ähnlich steht es bei Handlungen, die zwar, für sich genommen, von einem bewußten Wollen getragen sind, motiviert sind jedoch durch die übergeordnete, temporär unbewußte Absicht, ein weiter entfernt gelegenes Ziel zu erreichen. Leistungen des willensgemäßen Studierens und Trainierens gehören hierher, ebenso willentlich ausgeführte (vorgeplant oder rein explorativ unternommene) Teilschritte zur Lösung komplexer Probleme, sowie zahllose zweckrationale Verrichtungen, die relativ einfach und kurzfristig angelegt sind, deren Zweckhaftigkeit jedoch, bedingt durch Gewohnheit oder Routine, situativ nicht zu Bewußtsein kommt. Die Grenzen zu Fällen, in denen die "Willentlichkeit" der Verrichtung sich nicht der verdeckten Wirksamkeit eines unbewußten Wollens verdankt, sondern allein der Tatsache, daß ein bewußtes Wollen vorausging oder daß sie als Teil einer bewußt gewollten komplexen Verrichtung implizit mitgewollt wird, sind in der Lebenswirklichkeit sicherlich fließend. Und natürlich dürften wir, wegen des fehlenden Bewußtseins, hier besonders oft mit Grenzfällen und Zweifelsfällen konfrontiert werden, in denen die Willentlichkeitserklärungen fragwürdig sind. Wo sie berechtigt sind, bleiben sie an das Kriterium der potentiellen, bewußten optativischen Stellungnahme gebunden und erfolgen, da diese aktuell nicht gegeben ist, im Einzelfall nur mit Vorbehalt. Doch sie sind möglich und jedenfalls dann auch empirisch plausibel, wenn wir (über die allgemeine Annahme der willentlichen Verhinderbarkeit hinaus, vgl. S.190ff.) Grund zu der Annahme haben, daß die betreffende Person, würde sie sich ihrer Verrichtung bzw. deren weiterreichender Ziel- oder Zweckgerichtetheit bewußt, positiv Stellung beziehen und die Verrichtung als eine bewußt gewollte ausführen oder fortsetzen würde.

KAPITEL VI

ZURECHENBARKEIT WILLENTLICHER VERRICHTUNGEN

1. Signifikanz des Willenskriteriums?

Wenn wir die angesprochenen Erscheinungen einer *impliziten* und *indirekten* Willensbeteiligung einbeziehen, *kurzschlüssige* Willentlichkeitserklärungen konsequent ausgrenzen und im übrigen anerkennen, daß *Zweifelsfälle* und *Grenzfälle* verbleiben, die wir, wie jede Willenstheorie, entweder offen lassen oder dezisionistisch behandeln müssen, können wir den Anspruch unseres Konzepts (S.162) für gerechtfertigt halten, umfassend zu sein und die Vielfalt konkreter Willenserscheinungen abzudecken. Besser zumindest als jede mir zur Kenntnis gelangte Alternative erfüllt unser Willenskonzept die Anforderungen, die an die angemessene begriffliche Erschließung des fraglichen Phänomenbereichs zu stellen waren: die *Einheit* des Willensbegriffs, wenn möglich, zu wahren, *ohne* den Phänomenen Gewalt anzutun und den gewöhnlichen Sprachgebrauch zu verletzen (vgl. S.38,162,184).

Die Bestätigung durch die umfassende bzw. fortschreitend erweiterte empirische Anwendung steht aus und kann hier nicht in Angriff genommen werden. Es mag daher sein, daß sich bei der Untersuchung einzelner Willenserscheinungen Probleme ergeben, die oben unberücksichtigt geblieben sind und sich mit unseren Mitteln nicht lösen lassen. Dann, aber auch nur dann könnten begriffliche Revisionen bzw. Ergänzungen (S.183f.) notwendig werden, die uns dazu zwingen, den Anspruch der *universellen* Applikabilität aufzugeben. Ich halte das, aus den erwähnten Gründen, nicht für wahrscheinlich, kann es aber nicht prinzipiell ausschließen. Sicher erscheint mir jedoch, daß das von uns entwickelte Willenskonzept für alle Erscheinungen gültig bleibt, an denen wir ein spezielles Interesse haben (S.38): Willensleistungen und willentliche Verrichtungen *normaler, erwachsener Menschen*, die für die *Zurechnungsproblematik* bedeutsam sind. Beschränkt auf diese allein, doch in der Erwartung, daß der Anwendungsbereich unseres Willensbegriffs wesentlich weiter reicht, möchte ich mich in diesem Schlußkapitel deshalb der Frage zuwenden, was die vorstehenden Untersuchungen für diese Problematik, die ihren Ausgangspunkt bildete, bislang ergeben haben und welche Probleme offen sind.

Das Konzept der philosophischen Tradition, das die Zurechenbarkeit und Willentlichkeit von Verrichtungen davon abhängig macht, daß sie kausal auf mentale, prinzipiell nicht verrichtungsgebundene Ereignisse des "Wollens" zurückgeführt werden, wurde in zweierlei Hinsicht bestätigt. Um die Verrichtungen von Menschen als "willentliche" verstehen zu können, müssen wir auf *Willensereignisse* rekurrieren und diese primär (von sekundären physiologistischen Reduktionsansprüchen abgesehen, S.46f.) als *mentale* Ereignisse auffassen. Der *zweite* der vier Kritikpunkte, die wir am Ende von Kapitel I (S.35) als Einwände gegen das traditionelle Konzept formuliert hatten, ist damit hinfällig geworden. Für den *ersten* dagegen, der die Übertragbarkeit des Modells der ereigniskausalen Willensbestimmtheit auf *alle* Verrichtungen anzweifelt, die für uns von Interesse sind, läßt sich das nur bedingt behaupten. Gewiß, Verrichtungen, die sich mit Recht als "willentliche" verstehen lassen, dürften in dieser Hinsicht keine Probleme bereiten. Bislang jedenfalls, empirische Vorbehalte beiseite gesetzt, haben wir keinen Grund, an ihrer uneingeschränkten Subsumierbarkeit unter das traditionelle Modell zu zweifeln. Gewichtige Gründe aber sprechen dafür, daß nicht alle zurechenbaren Verrichtungen willentlich sind (S.186,195). Offenbar stellt das Willenskriterium nicht nur (wie wir von vornherein eingeräumt hatten, S.25ff.) keine *hinreichende*, sondern auch keine *notwendige* Zurechenbarkeitsbedingung dar. Hier scheint eine der Grenzen zu liegen, an die das Konzept der ereigniskausalen, willensabhängigen Zurechnung stößt. Eine *vollständige* Lösung unserer Probleme ist von ihm daher kaum zu erwarten. Das aber ist auch nicht erforderlich. Denn die Klasse der *nicht* willensabhängig zurechenbaren Verrichtungen ist mit Sicherheit nicht umfassend, wahrscheinlich sogar vergleichsweise eng umgrenzt, und natürlich bedeutet die Tatsache, daß wir das Willenskriterium *für sie* nicht benötigen, nicht, daß es in *anderen* Fällen ebenfalls insignifikant wäre. Nur seine *Signifikanz* aber muß vorausgesetzt werden, um das traditionelle Konzept zu bestätigen (vgl. S.34f.). Auch der erste Kritikpunkt stellt deshalb keinen entscheidenden Einwand dar.

Wenn es Gründe gibt, die es im ganzen in Frage stellen, sind sie beim *dritten* und *vierten* Kritikpunkt zu suchen. Können wir, gegen den dritten, den Zusammenhang zwischen fundierenden Willensereignissen und Willenshandlungen tatsächlich als einen *kausalen* verstehen und Willenshandlungen, wenn überhaupt, nur unter dieser Prämisse zurechnen? Und wenn bzw. soweit dies der Fall ist, können wir zugleich, gegen den vierten Kritikpunkt, daran festhalten, daß Ereignisse des Wollens *uns* als Personen *näherstehen* als Ereignisse, die ihnen nachfolgen, und uns (wenn nicht für sich, so doch unter geeigneten Zusatzbedingungen) als *tätige* Subjekte ins Spiel bringen? Beide Fragen müßten bejaht werden, wenn das traditionelle Konzept sich als haltbar erweisen soll (vgl. S.34f.,163). Ja, die Verneinung beider brächte den Zurechenbarkeitsgedanken selbst in Gefahr. Denn obgleich dieser nicht daran gebunden ist, daß die Zurechnung willensabhängig erfolgt, stellt diese Zurechnungsform doch so etwas wie einen Testfall dar (S.33f.). Erweist *sie* sich als Chimäre, dürften die *meisten* Verrichtungen, an denen wir interessiert sind, aus dem Bereich des potentiell Zurechenbaren herausfallen, da kaum zu sehen ist, wie elementare Körperbewegungen und deren Folgen *anders* zurechenbar sein könnten als durch den Nachweis, daß sie "mit Willen" ausgeführt wurden. Fällt aber diese bedeutendste Gruppe fort, wird der von Nietzsche und anderen Kritikern artikulierte Verdacht unabweislich, daß die gesamte Idee der "Zurechenbarkeit" in jenem prägnanten Sinn, der den "entscheidenden, aktiven Anteil" des Täters einschließt und sich durch diese Spezifizierung von unspezifizierten Begriffen der "Zurechnungsfähigkeit" oder moralischen bzw. rechtlichen "Haftbarkeit" unterscheidet (S.21ff.,194f.), illusionär ist. Die Auseinandersetzung mit beiden verbleibenden Kritikpunkten sollte uns deshalb Veranlassung geben, nicht nur die Signifikanz des Willenskriteriums und die Haltbarkeit des traditionellen Konzepts, sondern auch die Legitimität des Zurechnungsgedankens als solchen zu prüfen und Rechenschaft darüber abzulegen, wie weit das vertiefte Verständnis der menschlichen "Willentlichkeit", das wir gewonnen haben, diesen Gedanken stützt.

2. Kausalbestimmtheit willentlicher Verrichtungen

Die Frage der *Relation* zwischen den fundierenden Willensereignissen und den Verrichtungen, die durch sie "willentlich" werden, hatten wir zunächst zurückgestellt (S.45). Das geschah nicht nur aus arbeitsökonomischen Gründen, sondern auch und vor allem deshalb, um Modelle der "Willentlichkeit", die mit besonderen, faktisch oder prinzipiell nicht verrichtungsgebundenen Ereignissen des "Wollens" rechnen (Modelle IIa und IIb, S.41f.), unlimitiert diskutieren zu können und keine Vorentscheidung zugunsten des traditionellen, ereigniskausalen Konzepts zu treffen. Letzteres ist zwar an eines jener Modelle gebunden, das Umgekehrte aber gilt nicht (vgl. S.43,74). *Prinzipiell* spricht nichts dagegen, die Relation *nichtkausal* aufzufassen oder die kausale Richtung *umzukehren*. Das "Wollen", das uns bewußt ist, könnte ja seinerseits nur eine Nebenwirkung oder ein nicht kausal mit ihnen verbundenes, faktisches Korrelat unbewußter neuraler Vorgänge sein, die die Verrichtung für sich hervorrufen.[263]

2.1 Gleichwohl gibt es gewichtige Gründe, die dafür sprechen, daß der gesuchte Zusammenhang *nur* kausal und zwar, wie die Tradition annahm, *ereigniskausal* zu verstehen ist und daß das Willensereignis dabei die *Ursache* bildet. Wir haben sie bislang nicht explizit gemacht, implizit aber schon mehrfach in Anspruch genommen. So haben wir bei der Rede von "willentlichen Verrichtungen" und der Beschreibung des Schritts vom "bloßen Wollen" und "Wünschen" zum "Tun" mit Selbstverständlichkeit Termini verwendet, die einen kausalen Sinn oder Beisinn haben. Verrichtungen wurden als "willensbestimmt", "willensgetragen" oder "willensabhängig" charakterisiert. Ebenso haben wir von der motivationalen "Wirksamkeit" des fundierenden Wp-Zustands bzw. vom "Reagieren" des Trägers auf eine optativische Aufforderung gesprochen. All dies geschah ohne Gewaltsamkeit gegenüber dem Sprachgebrauch und den Phänomenen und wohl auch nicht aus Zufall. Offenbar drängen sich Termini wie die erwähnten auf, sobald man Ereignisse des "Wollens" anerkennt und davon ausgeht, daß sie es sind, die Verrichtungen "willentlich" machen. Warum?

Zwei Gründe sind ausschlaggebend. Der erste ergibt sich daraus, daß Zustände des "Wollens" *motivational* qualifiziert sind. Der Wollende, anders als der bloß Wünschende oder Begehrende (S.157f.), erhebt nicht nur den Anspruch, daß etwas der Fall sein möge, sondern ist mit ihm darauf eingestellt, in realisierungsbezogene Überlegungen und Handlungen einzutreten. Der fundierende Wp-Zustand fungiert für ihn als *"Motiv"*. Was aber heißt das? "Motive" im allgemeinsten Verständnis, so können wir sagen, sind *subjektive* Faktoren, die Menschen zur Tätigkeit *anregen* (vgl. Anm. 127). Das heißt nicht unbedingt, daß jedes Motiv kausal *wirksam* sein muß, weder faktisch noch potentiell (vgl. S.144f.). Denn "anregend" in einem sehr schwachen Sinne können auch Dinge sein, die wir, ohne sie schon zu wünschen oder motiviert durch sie zu sein, als *mögliche* Objekte des Wünschens und Wollens bzw. des korrespondierenden, realisierungsbezogenen Überlegens und Handelns ins Auge fassen. Motive dieser Art sind eigentlich nicht "bewegend", sondern nur so etwas wie "Angebote" *zur* optativischen Stellungnahme, die, wenn überhaupt, erst *mit* oder *nach* dieser aktuell oder potentiell wirksam, "bewegend" werden. [264] Hat die "Anregung" durch das "Motiv" jedoch den stärkeren Sinn, den wir unserem Willensbegriff zugrundegelegt haben, sc. daß es unter bestimmten Bedingungen zu realisierungsbezogenen Verrichtungen führt, kann die Rede vom "Motivieren" offenbar nur so verstanden werden, daß das Motiv, also in unserem Fall der fundierende, einschlägig qualifizierte Wp-Zustand, die Verrichtung *kausal* hervorruft. Besonders deutlich ist das bei *dispositionell* verfestigten Motivationslagen, da Dispositionen durch Kausalbedingungen und Reaktionen definiert sind (Anm.49 und 52, S.170). Aber auch unabhängig davon, auf *einzelne* Willenshandlungen bezogen, ist das Ergebnis klar genug. Partikuläre Wp-Zustände und Verrichtungen *sind* Ereignisse und daher, *wenn* sie kausal zusammenhängen, ereigniskausal miteinander verknüpft. "Täterkausalität" (S.28 Anm.26) scheidet auf dieser Stufe der Handlungserklärung mit Sicherheit aus. *Daß* der Zusammenhang aber in jedem Fall ein kausaler sein muß, wird spätestens dann offenkundig, wenn wir den zweiten, entscheidenden Grund hinzunehmen.

Er ergibt sich aus einer Präzisierung des Sinns der Rede von *"willentlichen Verrichtungen"* selbst. Wenn wir zwischen "willentlichen" und "nichtwillentlichen" Verrichtungen von Menschen unterscheiden, verfahren wir offenbar nicht in derselben Weise, in der wir (z.B.) ihre Fortbewegung per pedes in "Gehen" und "Laufen" einteilen oder ihre sinnlichen Vorstellungen in visuelle, akustische und andere. Klassifikationen wie diese sind rein *deskriptiv*, frei von *explanativen* Aspekten. Die Frage, *warum* die Verrichtung auftritt, ist für sie *ohne* Bedeutung. Anders im uns interessierenden Fall. Die Tatsache, daß eine Verrichtung "willentlich" ist, *hat* offensichtlich etwas mit den Hintergründen, Bedingungen oder Umständen zu tun, unter denen es zu ihr kam. Eigenheiten des Sprachgebrauchs zeigen das. So kann die unspezifizierte adjektivische oder adverbiale Rede davon, daß ein Mensch etwas "willentlich" tat, ohne weiteres in die prägnantere Aussage überführt werden, daß er es *"mit* Willen" tat oder *"weil* er es wollte". Ähnliche Beobachtungen ließen sich mühelos anfügen. Schon diese sprachlichen Tatsachen, die von der Anerkennung mentaler Wp-Zustände noch völlig unabhängig sind und auch dann aufschlußreich wären, wenn wir tatsächlich annehmen könnten, daß sich die "Willentlichkeit" von Verrichtungen in ihrer handlungs- oder hindernisfreien Ausführung erschöpft (S.173f.,190ff.), lassen die Annahme abwegig erscheinen, es könne sich lediglich um so etwas wie eine sekundäre Modifikation der betreffenden Verrichtung selbst handeln, unabhängig davon, wie sie zustandekam (Modell I, S.41). Ein solches Qualifizierungsverhältnis ist offenbar viel zu äußerlich und zu schwach, um die *explanativen* Aspekte der Rede von "willentlichen Verrichtungen", die untrennbar mit ihr verbunden sind, adäquat zu erfassen. Bedürfte es deshalb noch eines weiteren Grundes, um jenes schwache Modell der "Willentlichkeit" zu verabschieden, so wäre er spätestens jetzt gegeben (vgl. S.165f.,183ff.).

Die Anerkennung fundierender Willensereignisse (Modell II) hat uns einen Schritt weiter gebracht. Denn mit dem fundierenden "Wollen" gibt es etwas, das tiefer liegt als die manifeste Verrichtung und explanative Bedeutung für sie gewinnen kann. Entsprechend können wir unsere Klassifizierung verstärken, indem wir erklären, eine Verrichtung sei nur dann bzw. insoweit "willentlich", als sie vom Träger *gewollt* und im Daß, Wann und Wie ihres Auftretens *willensgemäß* ist. Mehr als ein erster Schritt ist aber auch diese Verstärkung nicht, denn die so begründete Rede von "Willentlichkeit" ist immer noch viel zu inklusiv. Die angegebene Relation könnte z.B. auch zwischen einem nachträglich entstandenen, präsenten Wollen und einer *vergangenen* Verrichtung bestehen, die unwillkürlich zustandekam, zufällig etwa oder bedingt durch externe Neurostimulation (vgl. S.191). Ebenso müßten *zukünftige* Verrichtungen, die einem präsenten Wollen entsprechen, vorbehaltlos als "willentlich" anerkannt werden, gleichgültig ob der Wille für sie Bedeutung hat. Diese Fälle also sind auszuschließen, und es ist nicht schwer zu sehen, wodurch. Nur wenn sich sagen läßt, daß die Verrichtung nicht nur gewollt und willensgemäß, sondern auch *willensabhängig* ist (vgl. S.215f.) oder zumindest *willensbestimmt* in einem Sinne, der das Wollen als eine hinreichende (wenn vielleicht auch nicht notwendige) Bedingung ausweist, die Einfluß auf die Verrichtung hat,[265] ist die Rede von ihrer "Willentlichkeit" gerechtfertigt. Dieser "Einfluß" jedoch und das relevante Bedingungsverhältnis *müssen* kausal verstanden werden: nicht nur, weil plausible Alternativen dazu nicht zu erkennen sind, sondern aus rein begrifflichen Gründen. Denn nichts anderes als die genannte Beziehung *meinen* wir ja, wenn wir unspezifiziert davon sprechen, daß etwas etwas anderes "verursacht" oder "bewirkt".[266]

2.2 Gewichtige Gründe also sprechen dafür, daß die Relation zwischen den fundierenden Willensereignissen und den Verrichtungen, die durch sie "willentlich" werden, kausal interpretiert werden muß. "Willentlich" sind unsere Verrichtungen, samt ihren Folgen, offenbar nur im Hinblick auf ihre ereigniskausale Willensbestimmtheit bzw. Willensabhängigkeit. Und ebendieses Verhältnis ist es, das die willensabhängige Zurechnung sinnvoll macht. Nur weil der Wille *Einfluß* auf die Verrichtung hat und für sich

(unter den situativ bestehenden Umständen) *hinreichend* ist, um sie hervorzurufen, macht der Gedanke Sinn, daß die "Willentlichkeit" ihrer Ausführung Signifikanz für die Frage besitzt, ob sie dem Träger "zurechenbar" ist
oder nicht. Es scheint demnach, daß sich das traditionelle, ereigniskausale
Konzept der menschlichen Willentlichkeit und Zurechenbarkeit auch dem
dritten Kritikpunkt gegenüber (S.35) als resistent erweist.

Gibt es Gegengründe, die dieses positive Ergebnis erschüttern könnten?
Nachdem das Modell sekundärer Verrichtungsmodifikationen ausscheidet,
kommen nur solche Einwände in Betracht, die Willensereignisse prinzipiell
anerkennen und sich, was die "Willentlichkeit" von Verrichtungen angeht,
auf den Boden unserer Modelle IIa oder IIb stellen (S.41f.). Der Vorwurf
kann also nicht länger sein, daß es *nichts gibt*, worauf Verrichtungen kausal zurückgeführt werden könnten. Ebensowenig läßt sich einwenden, daß
man, *wenn* man Verrichtungen als "willentlich" ausweisen möchte, *keinerlei*
Relation zwischen ihnen und fundierenden Willensereignissen annehmen
muß. Einschlägig sind nur solche Einwände, die darauf abstellen, entweder
(1) daß die gesuchte Relation *nichtkausal* ist oder (2) daß wir, da sie eigentlich kausal sein müßte, als solche aber (2a) nicht zu *erkennen* ist oder
(2b) gar nicht *besteht* oder auch nur (2c) bestehen *kann*, keine Möglichkeit
haben, "willentliche Verrichtungen" im fraglichen Sinne empirisch *aufzuweisen*. Drei Einwände dieser Art, die mir erwägenswert scheinen, sollen
im folgenden kurz erörtert werden. Ich halte sie insgesamt nicht für durch-
schlagend, muß mich bei ihrer Zurückweisung aber auf wenige, generelle
Punkte beschränken und kann, was den dritten betrifft, meine Verteidigung
des Kausalkonzepts auch nur mit einem Vorbehalt geltend machen.

2.3 Erstens ist in der neueren Literatur mehrfach die Auffassung vertreten worden, intentionale Einstellungen wie die des Wünschens und Wollens könnten deshalb keine Ursachen von Handlungen sein, weil sie (a)
definitorisch für den Begriff der "Handlung" seien, folglich nicht kausal,
sondern *logisch* mit ihnen zusammenhingen, und (b) weil ihre motivationale "Anregung" (S.206f.) sich darin erschöpfe, *"Gründe"* für unser Wollen
und Handeln bereitzustellen, die nur der *"verstehenden"*, nicht der "kausal
erklärenden" Betrachtung zugänglich sind. Beide Argumente sind fehler-
haft. Das Definitionsargument beruht auf einer Begriffsverwirrung, die auf
der Basis von Modell II leicht zu entwirren ist und früher schon korrigiert
wurde (vgl. S.42 Anm.51). Und das Begründungsargument geht fehl, weil
es den Prozeß der Willensbildung entweder überhaupt nicht oder nicht klar
genug vom Willenshandeln trennt.

Einiges an ihm ist zweifellos richtig. Begründungszusammenhänge können mit Kausalzusammenhängen nicht einfach gleichgesetzt werden, ebensowenig die vielfältigen Erscheinungen dessen, was wir "Verstehen" nennen, mit schlichten Kausalerklärungen. Gründe müssen nicht *wirksam* sein, weder faktisch noch potentiell. Zunächst sind sie nur *mögliche* Prämissen für *mögliche* praktische und theoretische Schlüsse, die Regeln der "Richtigkeit" unterliegen (vgl. S.87 Anm.133). Aus diesen ergibt sich, was theoretisch und praktisch "richtig" *wäre*. Gründe für ein bestimmtes Wollen und Handeln können deshalb gegeben sein, ohne daß wir von ihnen bestimmt werden oder sie auch nur kennen. Ein Elektriker etwa kann jeden Grund haben, seine Finger momentan von der Leitung zu lassen, da die Sicherung wieder hereingedreht wurde; dennoch mag er es, unwissend oder auch wissentlich, tun oder nur deshalb momentan nicht tun, weil er zufällig anderes vorhat. Wirksame Gründe müssen *bekannt* sein und Eingang ins *Überlegen* finden. Praktische Überlegungen dienen der Willensbildung und bereiten damit das Handeln vor. Als solche *können* sie zu einem begründeten, regelkonformen Ergebnis führen, *müssen* es aber nicht. Oft genug bleibt die abschließende Stellungnahme uns überlassen (S.101 Anm.174) oder die Überlegung selbst verläuft irrational oder bricht ohne Ergebnis ab. Folglich müssen auch Gründe, die Einfluß aufs Überlegen haben, *letztlich* nicht wirksam in jenem Sinne sein, den das ereigniskausale Konzept verlangt.

Mehr noch. Auch wenn es zu einem Ergebnis kommt, ist die Kausalität des Zusammenhangs keineswegs selbstverständlich. Das gilt nicht nur für Überlegungsprozesse, die irrational oder sprunghaft verlaufen, sondern auch für die rational richtigen. Kausalprozesse *können* so strukturiert sein, daß die Richtigkeitsstandards *faktisch* erfüllt werden. Daher ist es denkbar, Überlegungen partiell oder vollständig als ereigniskausale Prozesse darzustellen und vieleicht sogar (sc. nach erfolgter physiologistischer Reduktion) gänzlich in solche aufzulösen. Daß dies *durchgängig* möglich ist, ist alles andere als offenkundig (vgl. S.100f. Anm.172-173). Doch selbst wenn es so wäre oder plausibel unterstellt werden könnte, bliebe die Frage, ob der Verlauf und das Ergebnis von Überlegungen rational *richtig sind*, prinzipiell oder doch wenigstens bis auf weiteres (bis zur etwaigen Reduktion) von der Frage zu trennen, ob und in welcher Form sie *kausal zustandekamen*.[267] Insoweit also, wenn nicht schon im Hinblick auf die Unhaltbarkeit oder Implausibilität des behaupteten kausalen Ablaufs selbst, ist der Begründungseinwand berechtigt.

Dennoch geht er in der entscheidenden Hinsicht fehl. Denn er bezieht sich, angewandt auf das praktische Überlegen, ausschließlich auf den Prozeß der *Willensbildung*, nicht auf den Schritt vom schon gebildeten, handlungsbestimmenden Wollen zum *Tun* (S.154ff.). Nur dieser aber ist für das ereigniskausale Konzept entscheidend. Es ist das definitive, faktisch handlungsbestimmende Wollen, nicht seine volitionalen und rationalen Antezedentien, von dem die "Willentlichkeit" der Verrichtung abhängt. Ob solche Antezedentien überhaupt auftreten, ist ohnehin offen. Auch wiederholt ausgeführte, unüberlegte Handlungen (wie der gelegentliche Blick zur Uhr) können "willentlich" sein, ebenso singuläre Verrichtungen, die einem plötzlichen Einfall entspringen (Abschwung beim Skifahren, Wechsel der Sitzposition). Für sie ist der Begründungseinwand ohne Bedeutung. Und er ist es, genauer betrachtet, auch dort, wo Überlegung im Spiel ist. Denn natürlich schließt es das partielle oder vollständige Fehlen eines ereigniskausalen Zusammenhangs zwischen den einzelnen willensbildenden Schritten nicht aus, daß bestehende, faktisch handlungsbestimmende Zustände des "Wollens" ereigniskausale Ursachen jener Verrichtungen sind, die durch sie "willentlich" werden.

2.3 Auch der zweite Einwand scheint nur auf den ersten Blick mehr Gewicht zu besitzen. Er stellt zwar, anders als der gerade erörterte erste, die Möglichkeit eines Kausalzusammenhang zwischen Willensereignissen und Verrichtungen nicht *als solche* in Frage, richtet sich aber gegen die Prämisse, *physische* Ereignisse, Körperbewegungen vor allem, könnten von *mentalen* Ereignissen des "Wünschens" und "Wollens" verursacht sein, und dies, im Unterschied zum nachfolgenden dritten Einwand, nicht nur aus empirischen bzw. epistemischen Gründen, sondern *prinzipiell*. Die Annahme, daß psychophysische Kausalzusammenhänge Probleme aufwerfen, die bei innerphysischen nicht entstehen, ist weit verbreitet und ein Grund für das Interesse am physikalistischen Reduktionsprogramm überhaupt (vgl. Anm.7). Ist sie jedoch berechtigt?

Innerhalb eines mechanistischen Weltbilds, das Kausalzusammenhänge nur nach dem Modell der Bewegung von Körpern im Raum versteht, zweifellos. Doch der Kausalbegriff ist darauf nicht eingeschränkt. Niemand wird ernsthaft die Möglichkeit der Einwirkung physischer Ereignisse (Drogenkonsum, Verletzungen) auf relevante mentale (Halluzinationen, Schmerzen) ausschließen wollen. Die Erfahrung spricht vielmehr dafür, daß es sie gibt. Doch wenn psychophysische Kausalbeziehungen in dieser Richtung möglich sind, sind sie es, prinzipiell, natürlich auch in der umgekehrten.

Ja, die ins Auge gefaßte physikalistische Reduktion des Mentalen setzt solche Beziehungen selbst voraus. Denn nur die hinzutretende kausale *Abhängigkeit* mentaler Ereignisse bzw. Ereigniskomplexe von faktisch mit ihnen korrelierten physischen dürfte (wenn überhaupt) Relationen begründen können, die stark genug sind, um die Behauptung eines *essentiellen* Zusammenhangs zwischen ihnen oder gar bestehender *Identität* plausibel zu machen.[268] Und die experimentelle Praxis zeigt, daß Kausalbeziehungen in beide Richtungen schon bei der Ermittlung *faktischer* Korrelationen eine entscheidende Rolle spielen. Wenn die kausalen Prämissen dennoch zweifelhaft bleiben, so allein deshalb, weil die zentrale Aussage *jedes* Kausalsatzes, sc. daß die Ursache, unter den situativ bestehenden Umständen, *hinreichend* ist, um die Wirkung *hervorzubringen*, auch unter optimalen Bedingungen empirisch nicht einzulösen ist, sondern projektiv unterstellt werden muß (vgl. S.208 Anm.266). Dieses Bedenken jedoch, wie spätestens seit Hume klar sein sollte, trifft innerphysische Kausalzusammenhänge und psychophysische gleichermaßen. Ein spezieller Einwand gegen das ereigniskausale Konzept, der seinen theoretischen Ausschluß rechtfertigt, ergibt sich daraus jedenfalls nicht.

2.4 Wie aber steht es nun, drittens und allein entscheidend, mit dem *empirischen* Nachweis für die kausale Willensabhängigkeit? Daß er generell nicht zu führen sei, war der zentrale Einwand, den Nietzsche gegen die Tradition geltend gemacht hatte (vgl. S.33f. Anm.43) und der, weniger radikal, auch in der neueren Literatur öfter erhoben wird. Einwände dieses Typs können verschieden akzentuiert sein und mehr oder weniger stark ausfallen. Sie können dahin gehen, daß der gesuchte Kausalzusammenhang *nicht besteht* oder daß er, obwohl er besteht, *deviant verläuft* in einer Form, die es trotz des Zusammenhangs nicht gestattet, faktisch willensbestimmte bzw. willensabhängige Verrichtungen als "willentlich" anzusprechen.[269] Epistemische Defizite müssen dabei keine Rolle spielen. Der Kausalzusammenhang kann *kategorisch* negiert und die Möglichkeit, nichtdeviante Verläufe zu spezifizieren, *kategorisch* bestritten werden, aus begrifflichen wie empirischen Gründen. Der Einwand kann aber auch, teilweise oder ausschließlich, epistemisch begründet sein und in der These gipfeln, daß der Zusammenhang, selbst wenn er faktisch bestehen und in der benötigten nichtdevianten Weise verlaufen sollte, für uns *durchgängig* nicht zu *erkennen* ist, weder aus der Perspektive des Handelnden selbst noch aus der des normalen Beobachters oder des optimal informierten Wissenschaftlers. Können Einwände dieser Art das ereigniskausale Konzept zu Fall bringen?

Sicher nicht, wenn sie sich nur auf den *sekundären* Zusammenhang zwischen elementaren, willentlich ausgeführten Verrichtungen und deren kausalen Folgen beziehen. Gewiß, auch die Rückführung von Handlungsfolgen auf Willenshandlungen als ausschlaggebende Ursachen ist begrifflich und epistemisch nicht unproblematisch, wie jeder Rechtstheoretiker und reflektierte Moralphilosoph weiß.[270] Probleme dieser Art aber entstehen für *alle* partikulären Kausalaussagen und müssen von *jeder* Handlungstheorie gelöst werden, die kausale Folgen einbezieht. Und es ist relativ klar, wie sie sich, prinzipiell, lösen lassen und in der Praxis faktisch gelöst werden: teilweise durch umfassende, fortschreitend differenzierte kausale Bedingungsanalysen, teilweise durch Kriterien der Folgen-Kenntnis und Absicht auf seiten des Handelnden (S. 15f.), teilweise dezisionistisch. Das ereigniskausale Verständnis der menschlichen "Willentlichkeit" als solches bleibt davon unberührt.

Kritisch ist nur der *primäre* Kausalzusammenhang, der, dem Ansatz entsprechend, zwischen mentalen Willensereignissen und elementaren Verrichtungen bestehen soll, die durch sie "willentlich" werden. Die *begrifflichen* Schwierigkeiten, die sich mit ihm verbinden, sind dabei nur von geringer Bedeutung, nachdem der Einwand gegen den psychophysischen Kausalzusammenhang ausscheidet. Sie sind im Kern die gleichen wie bei den sekundären Zusammenhängen und können entsprechend behandelt werden. Die *epistemischen* Defizite aber sind wesentlich größer, auch wenn sie vom Handelnden selbst gewöhnlich nicht registriert werden. Kein Mensch, der trinken will und dessen Hand unmittelbar darauf zum Glas geht, wird daran zweifeln, daß dies deshalb geschieht, *weil* er es eben wollte. Dennoch ist er sich (normalerweise) nicht darüber im klaren, welche Prozesse dabei in seinem physischen oder psychischen (aktuell unbewußten) Inneren ablaufen. Strenggenommen also kann er sich weder sicher sein, *ob* seine Bewegung durch seinen Trinkwunsch beeinflußt wird, noch, *in welcher Weise*. Ein epistemisch besser positionierter Physiologe und Psychologe, der ihn beobachtet, *könnte* natürlich genaueres sagen und seine Kausalbehauptung (wenn sie sich auf diesem Hintergrund halten läßt, S. 205f. Anm. 263) durch die Angabe geeigneter, kausaler Zwischenglieder verstärken. Umgekehrt würde auch der Handelnde selbst sie nicht aufrechterhalten, wenn er - bei gleicher Ausgangslage - seine Hand bald am Glas, bald in der Hosentasche, bald gänzlich unbewegt fände oder wenn Stunden seit seinem Trinkwunsch vergangen sind oder dieser sich erst im nachhinein, nach seinem Griff zum Glas, einstellt. Doch es ist klar, daß alle Spezifizierungen, die man hier einführen mag, die entscheidenden epistemischen Defizite nicht ausräumen. Müssen wir daraus den Schluß ziehen, daß unsere alltäglichen, unreflektierten Kausalannahmen *ungerechtfertigt* sind, und das ereigniskausale Verständnis der menschlichen Willentlichkeit und Zurechenbarkeit *deshalb* aufgeben?

Natürlich nicht. Wir können es, wenn wir in dieser Welt (als nicht ausnahmslos "instinktgeleitete" Wesen) leben und überleben wollen, *praktisch* ohnehin nicht, und es besteht auch, trotz aller Defizite, kein *theoretischer* Anlaß zu solchen Konsequenzen. Die mögliche Nichtexistenz oder Devianz des Kausalzusammenhangs zwischen Willensereignissen und mutmaßlich willentlichen Verrichtungen ist ein epistemisches Problem, das unter exzeptionellen (z.B. pathologischen) Umständen Bedeutung erlangen kann, im alltäglichen Leben aber die gleiche Rolle spielt wie jene bekannten Probleme, von denen einige Philosophen glauben, daß sie notwendig zum Skeptizismus und Solipsismus führen, wenn sie nicht prinzipiell ausgeräumt werden (Cartesianisch z.B. oder verifikationistisch). So wenig wir jedoch, ohne es prinzipiell ausschließen zu können, daran zweifeln, daß wir nicht in einer Privat- oder Wahnwelt leben, so wenig zweifeln wir, daß das, was wir unter normalen Umständen mit Willen und Bewußtsein tun, willensbestimmt und (wenn wir frei sind, S.215f.) willensabhängig ist. Wie jede sinnvolle Skepsis ist auch die volitional-kausale ein *Gedankenexperiment*, das dazu dient, die *Grundlagen* dessen zu herauszuarbeiten, was wir unreflektiert, im Alltag und in den Wissenschaften, für gesichertes Wissen halten. Sie ist jedoch keine Empfehlung zu grundlosem, universellem *Agnostizismus*. Nietzsches Radikalkritik bleibt als theoretische und, was die Zurechnungspraxis betrifft (Anm.43), auch als praktische Herausforderung bedeutsam, *wenn* sie in diesem gemäßigten Sinne verstanden wird. Als Beweis für die Haltlosigkeit des traditionellen Willenskonzepts oder gar als philosophische Legitimation für eine Haltung des "postmodernen Irrationalismus" ist sie obsolet, ja, auf die Lebenspraxis bezogen, einfach lächerlich. Wer sich in dieser Hinsicht von ihr verunsichert oder temperamentsbedingt fasziniert fühlt, mag sich, zur Selbstvergewisserung, nur einmal *ernsthaft* und vor allem *konsequent*, also *ohne* stillschweigende Abstriche bei elementaren Körperbewegungen und alltäglichen zweckrationalen Handlungen zu machen, vor Augen führen, wie unser Leben bzw. alsbaldiges Nichtlängerleben aussähe, wenn wir tatsächlich annehmen müßten, daß unsere Wünsche und Absichten keinerlei Einfluß auf jene Verrichtungen haben, die wir gewöhnlich als kausal durch sie hervorgerufene Willenshandlungen auffassen.

3. Willentlichkeit und Täterschaft

Lassen wir die kausalen Bedenken nunmehr aus dem Spiel. Nehmen wir also an, daß der Zusammenhang zwischen elementaren Verrichtungen und ihren Folgen hinreichend *klar* und (relativ auf wie immer zu spezifizierende Zusatzkriterien) *stark* genug ist, um die Rede von der "Willentlichkeit" der Folgen bzw. der durch sie konstituierten komplexen Verrichtungen zu rechtfertigen, *falls* die Willentlichkeit der fundierenden, elementaren Verrichtung feststeht. Nehmen wir, um diese sicherzustellen, ferner an, daß ein nichtdevianter Kausalzusammenhang zwischen elementaren Verrichtungen und relevanten Willenszuständen desselben Trägers besteht. Oder besser gesagt: nehmen wir an, daß wir *epistemisch legitimiert* sind, dies zu behaupten, gestützt auf Evidenzen, die unter (wie immer zu spezifizierenden) Normalbedingungen *praktisch hinreichen.* Können wir mit diesen Vorgaben behaupten, daß der Wollende "Täter" dessen ist, was er ex hypothesi "willentlich macht"? Können wir also sagen, daß alle Verrichtungen und Folgen, die unsere Kriterien der "Willentlichkeit" erfüllen, dem Träger persönlich "zuzurechnen" sind? Sicher nicht, und das aus mehreren Gründen.

3.1 Erst einmal fehlt dem mutmaßlichen "Täter" bislang die *"Handlungsfreiheit"*, verstanden als antezedente, willensabhängige Verhinderbarkeit von Verrichtungen.[271] Wenn seine elementaren Körperbewegungen oder deren Folgen kausal überdeterminiert sind, besagt die Tatsache, daß auch sein Wille Einfluß nimmt und für sich hinreichend wäre, um sie hervorzubringen, wenig für die uns interessierende weitergehende Frage, ob sie ihm zurechenbar sind. Sie wären ja in jedem Falle erfolgt, unabhängig vom Wollen und Handeln des Trägers.[272] Wer seine Lieblingspflanze um Mitternacht unter einen Karton stellt, um sie vor Sonneneinstrahlung zu schützen, wird sich ihre Beschattung zu diesem Zeitpunkt schwerlich persönlich zurechnen können. Ebensowenig kann der Gefolterte, der eine Handbewegung willensgemäß ausführt, die seine Peiniger gleichzeitig, an seinem Willen vorbei, auf direktem neurostimulativen Wege hervorrufen, als deren Täter gelten. Das unspezifizierte Kriterium der "Willensbestimmtheit" mag zur Definition des Begriffs der "willentlichen Verrichtung" genügen. Als Zurechenbarkeitskriterium genügt es zweifellos nicht, sondern muß, um in dieser Beziehung signifikant zu sein, zum Kriterium der *"Willensabhängigkeit"* verstärkt werden, in dem Willensbestimmtheit und Handlungsfreiheit vereinigt sind. Nur wer als willentlich Handelnder wenigstens insoweit "frei" ist oder (zu einem relevanten früheren Zeitpunkt, S.198ff.) war,

daß sein gegenteiliges Wollen bzw. seine bewußte oder unbewußte Willensindifferenz zu einem *anderen* Ausgang geführt hätten, kommt als "Täter"
in Betracht.[273]

Der Nachweis bestehender Willensabhängigkeit im Einzelfall führt in
vergleichbare Schwierigkeiten wie der Nachweis der bloßen kausalen Willensbestimmtheit (S.212ff.) und wird, wie dieser, nicht immer einfach zu
führen sein. So leicht sich der *allgemeine* Begriff der "Handlungsfreiheit"
definieren läßt, so schwierig erweist sich bei näherer Prüfung jeder Versuch, ihn empirisch zu *konkretisieren*. Allerdings ist es auch hier, nicht
anders als bei der bloßen Willensbestimmtheit, im Grundsatz klar, daß und
mit welchen Mitteln diese Probleme in praxi gelöst werden. Nehmen wir
deshalb an, daß sie gelöst sind, und ergänzen wir unsere Vorgaben durch
die Prämisse der "Willensabhängigkeit" im angegebenen Sinne. Auch mit
diesem Zusatz sind wir von der Möglichkeit, positive Zurechenbarkeitserklärungen für ein bestimmtes Individuum in einer bestimmten Situation abzugeben und den Zurechnungsgedanken für den Bereich des menschlichen
Willenshandelns plausibel zu machen (S.205), noch ziemlich weit entfernt,
denn die wichtigsten Fragen sind immer noch offen.

3.2 Das traditionelle Konzept beruht ja, wie wir feststellen konnten,
nicht nur auf dem Kriterium der ereigniskausalen Abhängigkeit der zuzurechnenden Verrichtungen vom Wollen, sondern auch auf der Voraussetzung, daß Willensereignisse *uns* als "Personen" *näherstehen* als Ereignisse,
die ihnen, wenn sie handlungsbestimmend sind, willensabhängig nachfolgen. Eine Voraussetzung dieser Art ist für *jede* Form der Zurechnung mit
Hilfe des Willenskriteriums wesentlich. Sie würde mutatis mutandis auch
dann zu machen sein, wenn die "Willentlichkeit" unserer Verrichtungen
nicht in ihrer kausalen Abhängigkeit von intentionalen, mentalen Wp-Zuständen bestünde, sondern in ihrer schlichten Fundiertheit durch nichtintentionale Verhaltensdispositionen (S.171ff.) oder sogar, unabhängig von
Willensereignissen, lediglich in generellen Ausführungsumständen ("Hindernisfreiheit" etwa, S.173f.) oder in sekundären Modifikationen der vorliegenden Verrichtung selbst. Denn nur wenn die Tatsache, daß eine Verrichtung "willentlich" ist, etwas darüber aussagt, daß ihr Träger *enger* in
sie "involviert" ist als durch das *bloße* Trägerschaftsverhältnis, kann das
Willenskriterium Signifikanz für die Frage gewinnen, ob er, in welchem
Sinne auch immer, "Täter" ist (S.10f., Anm.3). Die ausgeschiedenen Alternativen, die auch in dieser Beziehung, wie man leicht sehen kann, in ungewöhnlich große Probleme führen, brauchen uns nicht länger zu beschäfti-

gen. Wichtig für uns ist allein die Frage der "essentiellen Involviertheit" des Trägers in jene intentionalen Zustände des "Wollens", die wir als konstitutiv für "willentliche Verrichtungen" erkannt haben. Können wir *überhaupt* bzw. *warum* können wir annehmen, daß Menschen mit ihrem "Wollen" enger und unmittelbarer verbunden sind als mit Verrichtungen, die von ihm abhängen oder die überhaupt nicht vom Willen beeinflußt sind?

3.3 Auf den ersten Blick könnte es scheinen, daß eine affirmative Antwort leicht zu gewinnen ist. Da sich das "Wollen" (im Kern) als *mentales* Ereignis erwiesen hat, müssen wir, um seine "Nähe" zum Täter unter Beweis zu stellen, lediglich annehmen, daß die Frage des Wem der Zurechnung *letztlich* nur mit dem Hinweis auf eine "Person" zu beantworten ist, die *als* Träger mentaler Verrichtungen definiert wird (vgl. S.18f.). Diese Prämisse ist Teil des traditionellen Konzepts und zweifellos diejenige, welche die meisten Probleme aufwirft. Nietzsche hat sie benutzt, um, gestützt auf die von ihm beanspruchte Destruktion des tradierten Personbegriffs, den Gedanken der "Zurechenbarkeit" auch schon auf dieser Stufe, unabhängig vom Einwand der fehlenden kausalen Rückführbarkeit, als verfehlt zu erweisen.[274] Ich halte die Destruktion für mißlungen, bin aber geneigt, ihm darin Recht zu geben, daß der Begriff der "Zurechenbarkeit" im prägnanten Sinn *mit* dem Personbegriff auf dem Spiel steht.[275] Wie dieser positiv zu verstehen ist und ob bzw. wie weit seine Klärung zur Destruktion oder Erhärtung des Zurechnungsgedankens als solchen führt, ist bislang größtenteils ungeklärt - trotz der umfänglichen Diskussion des Problems in der älteren und neueren philosophischen Literatur. Jedenfalls sehe ich mich zu einer befriedigenden Antwort auf die vielfältigen, ungemein schwierigen Fragen, die mit ihm verbunden sind, nicht in der Lage und kann ihnen hier auch nicht weiter nachgehen. Ich lasse sie daher ausdrücklich *offen*. Eines allerdings läßt sich schon jetzt *negativ* feststellen. Auch im günstigsten Fall würde der *bloße* Hinweis auf den mentalen Charakter des Wollens nicht genügen, um den willentlich Handelnden als "Täter" auszuweisen. Denn natürlich gibt es zahllose mentale Ereignisse, die uns zwar im angesprochenen Sinne "nahestehen", an deren Eintreten *wir* aber mit Sicherheit *keinen* "entscheidenden, aktiven Anteil" haben, Fieberträume z.B. oder Schmerzen und bestimmte Gefühle. Das zentrale Merkmal des prägnanten Begriffs der "Zurechenbarkeit" (S.11f.,23f.) bliebe also in jedem Fall unerfüllt. Der ausschlaggebende Grund für die Signifikanz des Willenskriteriums muß deshalb, wenn sie gegeben ist, an anderer Stelle liegen.

3.4 Der direkte Weg zu einer positiven Begründung wäre der Nachweis, daß das "Wollen" *per se*, anders als beliebige mentale Ereignisse, eine Verrichtung darstellt, der gegenüber der Wollende "aktiv" ist. Manche Versionen der Auffassung des "Wollens" als eines mentalen Phänomens sui generis unterstellen das in der Tat (vgl. S.51ff.). Die Augustinische Tradition vor allem scheint den "aktiven" Charakter des Wollens stillschweigend vorauszusetzen, wenn sie es für das einzig entscheidende Kriterium menschlicher Freiheit, Urheberschaft und Zurechenbarkeit hält.[276] Entsprechendes gilt für alle Freiheitstheorien, die mit der Annahme operieren, daß der Begriff der "Handlungsfreiheit" genügt, um "freie" Willenshandlungen individuell zuzurechnen. Doch worauf gründet sich jene Voraussetzung? Solange der Willensbegriff, der hier im Spiel ist, nicht weiter spezifiziert wird, bleibt sie der Sache nach unverständlich. Denn warum sollte gerade das Wollen in dieser Hinsicht vor anderen Ereignissen ausgezeichnet sein? Die unausgewiesene Aktivitätsvoraussetzung weckt vielmehr den Verdacht, daß die zentralen Fragen der Zurechnungsproblematik, die sich mit den Begriffen der "Aktivität" und der "Urheberschaft" (S.26f.) verbinden, entweder gar nicht erfaßt oder konzeptionell übersprungen wurden.

Erst der *prägnante* Begriff des Wollens, der Wp-Zustände ins Zentrum stellt, könnte hier einen Schritt weiter zu führen. Optativische Einstellungen, so hatten wir formuliert, bilden eine der beiden grundlegenden Formen, in denen Menschen zur Frage der Realität *"Stellung nehmen"* (S.71 u.ö.). Diese Formulierung ist eine unzweifelhaft aktivische und könnte als solche bedeutsam sein. Denn *wenn* wir einschlägig "engagiert" sind, sind *wir* es doch offenbar, die den Anspruch erheben, daß etwas Bestimmtes der Fall sein möge, und nur *weil* wir es sind, verstehen *wir* uns als die primären Adressaten der Forderung, für seine Realisierung zu sorgen (vgl. S.90, 121ff.). Da solche Ansprüche jedoch, wie sich zeigte, prinzipiell über das innerweltlich Reale und Realisierbare *hinausgehen*, das seinerseits nur als Teil des umfassenden Möglichkeitsspielraums erscheint (S.113ff.), treten diejenigen, die sie erheben, der Welt *in ihnen* offenbar in einer Form gegenüber, die es ausschließt, daß sie nur "passiv involviert" in sie sind und nicht "aktiv". Haben wir es daher, so könnte man fragen, beim "Wollen" im *Kern* nicht *immer* mit einer Verrichtung zu tun, in die der Träger "essentiell involviert" ist und die ihn (Persönlichkeitsspaltung ausgeschlossen, S.20) definitiv und uneingeschränkt als "Täter" ausweist?[277] Meine Antwort ist nein, denn zwei gravierende Lücken in dieser Darstellung schließen positive Zurechenbarkeitserklärungen immer noch aus.

3.5 Zum einen nämlich werden die *Qualifikationen* des "Wollens" (essentielle wie akzidentelle, S.161f.) vom "aktiven" Charakter des optativischen *Kerns* nicht berührt. Von diesen aber, speziell den motivationalen und rationalen, hängt es ab, ob und in welcher Form ein vorhandener Wunsch (gegebenenfalls) zum Überlegen und Handeln führt. Die Signifikanz des Willenskriteriums für die Zurechnungsfrage muß für *beide* Komponenten gemeinsam sichergestellt werden. Die nichtoptativische jedoch blieb bislang unberücksichtigt. Selbst wenn wir sicher sein könnten, daß jeder Wp-Zustand "aktiv" ist und seinen Träger in *dieser* Hinsicht zum "Täter" macht, könnten wir das für sein willensabhängiges *Handeln* nicht behaupten. Im Gegenteil. Welche Motivationskraft der Wille, generell oder zu einem bestimmten Zeitpunkt, besitzt; wie rational der Wollende mit ihm umgeht, wenn er sich seiner bewußt ist; oder wie oft er ihm und unter welchen Umständen überhaupt zu Bewußtsein kommt: dies alles unterliegt in den seltensten Fällen seiner "aktiven" Einflußnahme, wenigstens nicht in *direkter* Form. *Indirekte* Formen der rationalen und motivationalen Selbstkontrolle sind häufiger. So können wir uns z.B., gezielt oder beiläufig, Dispositionen angewöhnen, die ein gewisses Maß an praktischer Rationalität und Motiviertheit für die *Zukunft* sicherstellen, und uns teilweise wohl auch *präsent*, selbstmanipulativ nämlich, "zur Raison bringen" oder zum Handeln "aufraffen" (vgl. S.55,90f.). Darin mögen wir "Täter" sein. Aber *ob* wir es sind, bedarf der Begründung und stellt uns, auf einer höheren Ebene, vor dieselben Probleme. Können wir hier einmal mehr Gebrauch vom Kriterium der willensabhängigen Ausführung machen? Und wenn ja, was beweist es? Solange wir *nur* über den optativischen Kern des Wollens als Aktivitätskriterium verfügen, geraten wir in einen Regreß. Zudem deckt diese Form des Aktivitätsnachweises nur einen Teilbereich unseres Handelns. Denn natürlich sind keineswegs alle oder auch nur der gewichtigste Teil der rationalen und motivationalen Qualifikationen, die für den Schritt vom bloßen Wünschen und Wollen zum Tun von Bedeutung sind, "aktiv" von uns herbeigeführt worden: weder durch präsente oder antezedente innerweltliche "Selbsterziehung" noch durch eine (zu postulierende) metaphysische "Charakter-Urwahl" à la Schopenhauer.

Besonders deutlich ist das in Situationen der "Willensschwäche", die wir als bedrängend erleben, bis hin zur Gefährdung der personalen Identität.[278] Denn der Grund für unsere Beunruhigung dürfte vor allem darin liegen, daß wir, obwohl wir uns dessen sicher sind, oder momentan wenigstens nicht daran zweifeln, daß wir optativisch aktiv sind, uns doch zugleich als motivational und rational "defizient" passiv erfahren. Die Defizienz des "zu schwachen" Wollens ist aber nur graduell, nicht prinzipiell von der Normalität unterschieden. Im Grundsatz stellt sich die Täterschaftsfrage überall gleich. Müssen wir deshalb annehmen, daß wir, was die motivationalen und rationalen Aspekte betrifft, *letztlich* immer nur passive Träger sind, keine aktiv handelnden Wesen? Und wenn ja, hieße das nicht, daß jene radikale Auffassung Berkeleys und Prichards (S.53), wonach das *Wollen* die einzige Handlung ist, die wir ausführen, eigentlich gar nicht radikal genug ist, sondern verschärft werden muß zu der ("super-stoischen") These, daß wir, wenn überhaupt, "Handelnde" nur in den Dingen sind, die wir *wünschen*? Oder bleibt die Annahme unserer Aktivität weiterhin sinnvoll? Sind die motivationalen und rationalen Qualifikationen vielleicht ihrerseits *per se* "aktivische"? Oder läßt sich das Aktivitätsproblem für sie *umgehen*, indem man sie entweder dem Begriff der "Person" zuschlägt (vgl. S.16f.) oder den präsuppositiven Bedingungen jeder sinnvollen Rede vom "Handeln" überhaupt, so daß es, wenigstens für normale erwachsene Menschen, möglich wird, willentliche Verrichtungen *allein* im Hinblick auf die Aktivität der fundierenden Wp-Zustände zuzurechnen? Ich kann diese Fragen hier nur aufwerfen, nicht positiv oder negativ beantworten. Festzuhalten ist jedenfalls, daß das Problem der "Täterschaft" und der "Zurechenbarkeit" beim Willenshandeln mit dem bloßen Hinweis auf die "Aktivität" des optativischen Anspruchs nicht gelöst ist, sondern nur im Rahmen einer erweiterten Theorie gelöst werden könnte, die die menschliche Motivationalität, Rationalität und Personalität einbezieht.

3.6 Zum anderen erweist sich die Prämisse des durchgängig "aktiven" Charakters menschlicher Wp-Zustände selbst, bei genauerer Prüfung, als durchaus ungesichert. Der einfachste Weg, das zu erkennen, ist der Vergleich mit *assertorischen* Einstellungen. Diese stehen mit optativischen formal auf einer Stufe und müßten daher, was die Beziehung zur Welt und die Aktivität der Stellungnahme angeht, dieselben Merkmale aufweisen. Es steht jedoch außer Frage, daß die weit überwiegende Mehrzahl dessen, was Menschen glauben, nicht als "aktiv kontrolliert" durch sie gelten kann, auch wenn dies in Situationen der gravierenden epistemischen Unsicherheit denkbar ist (vgl. S.98f. Anm.167). Der Sprachgebrauch spiegelt die gewöhnliche Passivitätserfahrung. So reden wir etwa davon, daß wir "nicht umhinkönnen", das zu glauben, was wir mit eigenen Augen sehen, oder daß wir uns zwingender Gründe für eine Behauptung "nicht entziehen können", obwohl wir sie zunächst mit Unglauben und Widerstreben aufnehmen. Insoweit also erweist sich die scheinbar selbstverständliche und (prima facie) begrifflich aufschlußreiche aktivische Rede von der "Stellungnahme zur Frage der Realität" als irreführend. Ist dies aber im assertorischen Falle möglich, so ist es das, prinzipiell, natürlich auch im optativischen.

Gewiß, beim Wünschen sind Passivitätserfahrungen seltener und weit weniger augenfällig. Wir können ja, anders als beim evidentiell offenkundigen Glauben, sehr wohl in Anerkenntnis dessen, daß etwas *nicht* der Fall ist oder sogar unmöglich, den Anspruch erheben, *daß* es der Fall sei (S.71,138ff.). Auch hier jedoch gibt es vergleichbare Situationen. Praktische Schlüsse, zweckrationale vor allem, die uns dazu bringen, etwas zu wünschen, was uns bislang gleichgültig war und abstrakt betrachtet vielleicht noch immer ist, haben einen nicht weniger ausgeprägten Charakter des *"rational Zwingenden"* als theoretische. Eventuell kann dieser "Zwang" sogar ein kausaler sein (S.210). Das Entstehen des Mittel-Wunsches erscheint dabei teilweise wie ein "rationaler Automatismus", der sich "von selbst" vollzieht, während wir passiv bleiben. Ja, manchmal sind wir geneigt zu glauben, daß das Entstehen des Zweck-Wunsches bzw. die Erkenntnis des relevanten Zweck-Mittel-Zusammenhangs und die Ausbildung des korrespondierenden Mittel-Wunschs, oft genug auch das Ergreifen des Mittels selbst, nur *eines* sind, keine Abfolge verschiedener Schritte ("kaum gewollt und schon zugegriffen", "gedacht - getan").[279] Von einem zeitlich erstreckten Überlegungsprozeß, der bewußt und eventuell "aktiv" ausgeführt werden könnte, kann hier offenbar keine Rede sein.

Natürlich ist das nicht immer der Fall. Die optativische Stellungnahme zum Mittel *kann* den Charakter eines selbständigen, mehr oder weniger reiflich erwogenen Schrittes haben oder vollständig ausbleiben. Aber auch dann ist nicht notwendig "Aktivität" im Spiel, denn nicht immer ist die Verzögerung oder vollzogene Schrittfolge Ausdruck eigener Tätigkeit. Manchmal *"überwiegt"* unsere Gleichgültigkeit oder bestehende Abneigung gegenüber dem Mittel den "Zwang", der von der zweckrationalen Überlegung ausgeht. Manchmal entwickeln wir sogar den rationalen *Meta-Wunsch*, das gebotene Mittel selbst zu wünschen, ohne uns doch aus unserer "passiven" Haltung der Indifferenz oder Abneigung lösen zu können. Wünsche und Willenszustände höherer Stufe beziehen sich eben nicht nur (wie meist in Fällen reflektierter, mißbilligter "Willensschwäche") auf Änderungen der motivationalen und rationalen Qualifikationen *bestehender* Wünsche, sondern auch auf das Entstehen oder Vergehen von Wünschen *selbst* und führen auch hier nicht in jedem Fall zum Erfolg.[280] Die Haltung der stoischen Wunschgenügsamkeit, so empfehlenswert sie auch sein mag, ist den meisten Menschen ebensowenig aktiv und willensabhängig verfügbar wie die Überwindung von Zuständen depressiver und melancholischer Wunschlosigkeit oder die Erweiterung ihres hereditär bzw. charakterlich vorgegebenen Horizonts durch die Entwicklung neuer Interessen.

Umgekehrt können bestehende, motivational qualifizierte *affektive* Zustände nicht nur (wie im Falle von Melancholie oder Ekel) die rationale Entwicklung von Wünschen verhindern, sondern von selbst zu unwiderstehlichen, "automatischen" Wunschbildungen führen. Auch wenn nicht *jeder* Wunsch Folge erwarteten Lustgewinns oder antizipierter Unlustvermeidung ist (vgl. S.168f.), so besteht doch kein Zweifel, daß *viele* unserer Wünsche diesen Hintergrund haben. Derartige Wünsche können, bei ihrem Entstehen ebenso wie bei ihrer motivierenden Einflußnahme auf unser Überlegen und Handeln, einen *"affektiven Zwang"* auf uns ausüben, dem wir uns nicht ohne weiteres zu entziehen vermögen, teilweise wider unser bewußtes, höherstufiges Wollen. Ähnliches gilt für Gefühlslagen und Affekte, die nicht oder nicht primär lustbestimmt sind: Liebe, Haß, Zorn, Mitleid, Neid, Bewunderung, Verachtung, Stolz, Scham, Angst und andere. Auch sie können, wie wir nur allzu gut wissen, Wünsche entstehen oder vergehen lassen in einer Form, die "Aktivität" offenbar ausschließt. Und natürlich haben wir auch damit zu rechnen, daß Wünsche *völlig* unabhängig von bewußten Motiven und Überlegungen entstehen bzw. vergehen, rein zufällig etwa oder bedingt durch physiologische Ursachen, von denen wir keine Ahnung haben.

4. Urheberschaft und Freiheit

All dies heißt nicht, daß es "aktive" Formen des Wollens nicht gibt oder daß der Gedanke abwegig wäre, willentliche Verrichtungen nur in Abhängigkeit von solchen zuzurechnen. Doch es hat sich gezeigt, wie problematisch positive Zurechenbarkeitserklärungen sind und welche Vorfragen dabei entstehen. Diese sind großenteils unbeantwortet. Unsere Untersuchungen zum Willensbegriff erlauben es zwar, die Probleme präziser zu fassen, insbesondere durch die Unterscheidung der optativischen, motivationalen und rationalen Aspekte des "Wollens" und durch die Trennung der handlungsbestimmenden Willenszustände von den Prozessen, die (bewußt oder unbewußt, rational oder irrational) zu ihnen hinführen. Eine Lösung aber enthalten sie nicht. Der Willensbildungsprozeß war nicht Gegenstand dieser Arbeit, ebensowenig die Frage danach, wer Träger von Willensereignissen ist und wie er, abgesehen vom Trägerschaftsverhältnis selbst, in sie involviert ist. Ob Willenshandlungen oder Folgen von solchen zurechenbar sind oder nicht, läßt sich jedoch, wie im letzten Abschnitt erkennbar wurde, nicht durch die einfache Feststellung entscheiden, *daß* sie gewollt und willensabhängig herbeigeführt wurden, sondern nur in Abhängigkeit von der Frage, *wie* es zum Entstehen bzw. Weiterbestehen des handlungsbestimmenden Wollens kam und welche *Rolle* dabei der Träger spielte.

Gesucht wird eine Form des Zustandekommens bzw. des Bestehens von Willenszuständen, die es erlaubt, relativ eventuell auf gewisse Normalitätsstandards, sie und die von ihnen bestimmten Willenshandlungen auf die "Aktivität" ihres Trägers zurückzuführen; genauer gesagt: auf den "entscheidenden, aktiven Anteil", den dieser an ihrem Zustandekommen bzw. Bestehen hat (S.11f.). Die "Aktivität" des Wollens und willensabhängigen Handelns ist jedoch nur ein Sonderfall, auf den wir uns konzentriert haben, um den traditionellen Gedanken der "Zurechenbarkeit" für seinen bedeutendsten Anwendungsbereich, sc. das menschliche Willenshandeln, auf seine Berechtigung hin zu prüfen (vgl. S.205). Dabei kann es nicht länger bleiben. Denn in dem Bestreben, die Signifikanz des Willenskriteriums für die Zurechnung verständlich zu machen, sind wir, beginnend mit dem Problem der kausalen Willensbestimmtheit bzw. Willensabhängigkeit von Verrichtungen, schrittweise zu einem Punkt geführt worden, an dem wir es nicht mehr mit Phänomenen der "Willentlichkeit" allein zu tun haben, sondern mit diversen nichtvolitionalen Verrichtungen, die ihnen vorausgehen. Spätestens jetzt muß die Perspektive erweitert werden. Um verstehen zu können, was die "aktive Beteiligung" des Trägers im speziellen Falle des Wollens bedeutet, müssen wir den Begriff der "Aktivität" bzw. den (durch ihn definierten, S.11 Anm.4) Begriff der "Zurechenbarkeit" als solchen zum Thema machen. Unsere Untersuchung kehrt damit endgültig zu jenem allgemeinen Problem zurück, von dem sie ausging. Leitfaden für die erweiterte Fragestellung können jene Merkmale sein, die wir zu Anfang (S.25f.) gemeinsam mit dem der "Willentlichkeit" eingeführt und in der Folge beiseite gesetzt hatten: *"Urheberschaft"* und *"Freiheit"*. Beide sind wesentlich für das Verständnis der Zurechenbarkeitsgedankens, ihr Stellenwert jedoch verschieden. Das erste stellt, bildlich gesprochen, den "innersten Kern", das zweite eher so etwas wie die "innerste Schale" der Zurechnungsproblematik dar, auch wenn es sich dabei um eine "Schale" handelt, die mit dem "Kern" aufs engste verbunden ist und sich in praxi kaum von ihm trennen läßt. Werfen wir noch einen kurzen Blick auf die mit beiden Merkmalen verbundenen, weiterführenden Fragen.

4.1 Die Kernfrage, auf die es entscheidend ankommt, ist die der *"Urheberschaft"*. Daß sie eine Vorrangstellung besitzt, hatten wir schon bei ihrer Einführung feststellen können. Denn das Urheberschaftskriterium ist es, das sich unmittelbar auf jenen Gesichtspunkt bezieht, der für das "aktive" Weltverhältnis konstitutiv ist, sc. den der Einflußnahme des tätigen Subjekts aufs Daß oder Wie des Geschehens (S.26). Diese Einflußnahme ist prinzipiell *nicht* daran gebunden, daß der "Urheber" etwas wünscht oder will und willentlich handelt. Wenn seine Urheberschaft gesichert ist, kann die Verrichtung ihm *direkt* zugerechnet werden, *unabhängig* von seinem Wollen (vgl. S.186,195,204). Diese Tatsache vor allem verdeutlicht die Eigenständigkeit und Fundamentalität des Urheberschaftskriteriums gegenüber dem Willenskriterium. Aber auch bei der *willensabhängigen* Zurechnung ist seine Sonderstellung erkennbar. Das Urheberschaftskriterium kommt ja erst dann zum Tragen, wenn die Willentlichkeit der Verrichtung feststeht, und entscheidet allein darüber, ob diese Tatsache Signifikanz für die Frage besitzt, ob sie dem Träger "zurechenbar" ist oder nicht. "Täter" in einem prägnanten Sinn ist auch der willentlich Handelnde nur, wenn er nicht nur der passive Träger, sondern der aktive Urheber jenes Wollens ist, das sein Handeln bestimmt. Andere Willensformen sind insignifikant.

Daß das Kriterium bedeutsam ist, kann man sich, ohne es positiv charakterisieren zu müssen, relativ leicht an *Negativfällen* klar machen. Der Wille Süchtiger etwa, zur Droge zu greifen, ist jedenfalls dann nicht "der ihre", wenn er vollständig (in seinen optativischen, motivationalen und rationalen Aspekten) durch physiologische Umstände bestimmt ist, die "ihnen" keinerlei "aktiven Anteil" gewähren. Ähnliches gilt für den Willen jähzorniger oder von unwiderstehlichem Mitleid überwältigter Menschen, ihr Gegenüber zu verletzen bzw. zu pflegen, ohne "aktiven Einfluß" darauf zu besitzen. Folglich rechnen wir ihnen die resultierenden Handlungen - die selbstgefährdende Drogeneinnahme ebenso wie die negative oder positive soziale Aktion - nicht persönlich zu, auch wenn wir nicht daran zweifeln, daß sie gewollt und willensabhängig ausgeführt wurden.[281] Beispiele wie diese allerdings sind nicht mehr als ein genereller Hinweis auf eine zu leistende explikative Aufgabe. Sie zeigen ex negativo, wie wichtig es ist, jenes Verhältnis der "Urheberschaft" *positiv* zu bestimmen, das zwischen faktischen Trägern und Ereignissen besteht, in die sie "aktiv involviert" sind. Die Fragen, die damit aufgeworfen werden, sind vielschichtig und betreffen vor allem zwei generelle Komplexe.

Auf der einen Seite geht es darum, die *Individuen* einzugrenzen, die als "Urheber" in Betracht kommen. Ihr Status vor allem ist klärungsbedüftig. Zwar ist es nicht prinzipiell ausgeschlossen, daß *materielle* Objekte zu ihren Zuständen oder Prozessen in einer Beziehung stehen, die es rechtfertigt, sie nicht nur als faktische Träger, sondern als ihre Urheber aufzufassen. Doch können wir davon nicht ausgehen. Denn erstens ist es alles andere als offenkundig, wie die Urheberschaftsbeziehung in diesem Fall aussehen könnte. Materielle Objekte liefern nun einmal die Musterbeispiele für bloße, nichtaktivische Trägerschaft. Die "Spontaneität" eines technischen oder biologischen "Automaten" jedenfalls, dessen Verrichtungen von der externen Energiezufuhr und seinem biologischen "Programm" bzw. den Plänen seiner menschlichen Konstrukteure abhängen (vgl. S.176ff.), genügt mit Sicherheit nicht, um seine Urheberschaft unter Beweis zu stellen, mag er auch noch so komplex sein und prima facie "selbständig agieren". Und noch wichtiger, zweitens, ist die Tatsache, daß sich die Urheberschaftsfrage primär (sekundäre Reduktionen beiseite gesetzt, S.13 Anm.7) nicht nur auf physische, sondern auch auf mentale Verrichtungen erstreckt, auf der Stufe des "Wollens" sogar ausschließlich. Die Träger mentaler Verrichtungen können jedoch nicht ohne weiteres materiell reduziert werden (S.18f.). Wir müssen sie als *"Personen"* auffassen und uns, um sie als solche richtig verstehen (und eventuell reduzieren) zu können, all jenen Fragen stellen, die mit diesem notorisch schwierigen, bislang ungeklärten Begriff verbunden sind, einschließlich der für ihn charakteristischen Identitätsprobleme (S.20,217). Dabei muß es sich keineswegs nur um Vorfragen handeln. Es könnte sich vielmehr zeigen, daß die Schwierigkeiten des Personbegriffs, die traditionell (und natürlich zu Recht) mit dem Leib-Seele-Problem und dem Selbstbewußtseinsproblem in Verbindung gebracht werden, auch und vor allem dadurch bedingt sind, daß die Begriffe der "Urheberschaft" und "Aktivität" nicht geklärt sind. Ja, könnte es nicht sogar sein, daß eine befriedigende Lösung *aller* jener Probleme *nur* im Zusammenhang möglich ist und daß der Urheberschaftsfrage dabei eine *Schlüsselfunktion* zukommt? Ich bin geneigt, das zu glauben, kann den Gedanken einstweilen aber nicht ausführen.

Auf der anderen Seite geht es um eine Spezifizierung verschiedener *Formen* der "Urheberschaft", abhängig von der Art der *Verrichtungen*, in die Personen "aktiv involviert" sein können. Zu unterscheiden ist hier zunächst zwischen *nicht* willensgebundenen Urheberschaftsbeziehungen, insbesondere im Hinblick auf "aktiv" auszuführende verbale und nonverbale mentale Leistungen, und Urheberschaftsbeziehungen gegenüber dem *Wol-*

226

len und nachfolgenden Willenshandeln. Dabei sind weitere Differenzierungen angebracht. Einerseits müssen die optativischen, rationalen und motivationalen *Aspekte* des "Wollens" getrennt auf die jeweilige "aktive Urheberschaft" des Wollenden hin geprüft werden. Welche Fragen dabei entstehen, ist oben skizziert worden (S.218ff.). Andererseits muß die Frage der Urheberschaft von Personen gegenüber ihren präsent *bestehenden* und *bewußten* Willenszuständen von der Frage nach ihrer Rolle als Urheber von Veränderungen unterschieden werden, die solche Zustände allererst *eintreten* lassen: sei es in Form der Bewußtmachung eines latent schon vorhandenen *unbewußten* Wollens, sei es in Form von Schritten zur Änderung oder Neugewinnung einschlägiger *Qualifikationen*, sei es als Schritt von der optativischen Indifferenz zur (bloßen oder wie immer qualifizierten) optativischen *Stellungnahme*.

Nur im zweiten Fall bezieht sich die Urheberschaftsfrage auf den "aktiven Anteil" einer Personen an der *Willensbildung*. Diese muß nicht unbedingt von Bedeutung sein. Auch Willenszustände, die nicht "aktiv" herbeigeführt wurden, sondern auf affektivem und rationalem "Zwang" beruhen (S.221f.) oder entstanden sind, weil ein latenter (zeitweilig vielleicht "verdrängter") Wunsch sich "mit Gewalt" ins Bewußtsein drängt, *kann* sich der Wollende in einer Weise "zu eigen gemacht" haben, die seine Urheberschaft einschließt. Häufiger allerdings werden wir dazu gezwungen sein, über das schon bestehende, bewußte Wollen hinauszusehen. Dabei wieder ergeben sich diverse Teilfragen. *Direkte* Formen der "aktiven Einflußnahme" auf das Entstehen des Wollens (in allen seinen Aspekten) sind von *indirekten* zu trennen, bei denen die "Aktivität" weiter zurückliegt und nur mittelbar Einfluß gewinnt. Ebenso müssen *bewußte* von *unbewußten* Willensbildungsprozessen getrennt werden. Können wir z.B. sinnvoll davon sprechen, daß Personen an der Bewußtmachung ihres latenten Wünschens und Wollens "aktiv beteiligt" sind? Können wir ihre Beziehung zu unbewußten (dispositionellen) Willenszuständen als eine direkt oder indirekt "aktivische" auffassen? Und vor allem: wie können wir ihre "aktive Beteiligung" am willensbildenden *Überlegen* sicherstellen, am geordnet und rational verlaufenden ebenso wie am irrationalen und sprunghaften? Daß wir in all diesen Fällen *auch* mit "passiven" Formen der Willensbildung zu *rechnen* haben, die Urheberschafts- und Zurechenbarkeitserklärungen ausschließen, ist im Prinzip schon erkennbar geworden. Offen ist, welche *Kriterien* dabei zugrundeliegen und ob sie *stark* genug sind, um in bestimmten Fällen auch positive Aussagen über die "aktive Urheberschaft" von Personen gegenüber ihren Willensbildungsprozessen möglich zu machen.

4.2 Dies ist die Stelle, an der das zweite Merkmal des Zurechnungsgedankens Bedeutung erlangt, das der *"Freiheit"*. Auch das Freiheitskriterium erweist sich dem Kriterium der Willentlichkeit gegenüber als fundamentaler und prinzipiell eigenständig, wenngleich in geringerem Maß als das Urheberschaftskriterium und nur für einen bestimmten Freiheitsbegriff. Darauf war unsere metaphorische Rede vom Freiheitsproblem als "innerster Schale", nicht als "Kern" der Zurechnungsproblematik gemünzt (S.223). Die unspezifizierte Kernfrage, die auf die Urheberschaft von Individuen ("Personen") gegenüber ihren Verrichtungen *als solche* gerichtet ist, kleidet sich, angewandt auf das menschliche Willenshandeln und zurückgeführt auf das jeweils handlungsbestimmende Wollen, in die inhaltlich spezifiziertere Frage danach, ob dieses Wollen "frei" *zustandekam*. Und der Freiheitsbegriff, der hier von Bedeutung ist, ist kein anderer als der, der traditionell unter dem Namen der *"Willensfreiheit"* firmiert.

Um seine Bedeutung richtig einschätzen zu können, müssen wir kurz auf die früher (S.31) beiseite gesetzte Frage des Zusammenhangs zwischen "Willentlichkeit" und "Freiheit" als solchen zurückzukommen. Erinnern wir uns: Eine breite philosophische Tradition hatte die Eigenständigkeit beider Begriffe und vor allem die sinnvolle Rede von "Willensfreiheit" bestritten (S.29ff.). Das erschien prima facie wenig plausibel, und wir können nun klarer sehen, warum. Entscheidend ist die Erkenntnis, daß die Begriffe der "Willentlichkeit" und des "Wollens" zu trennen sind. Beide hängen zusammen, decken sich aber nicht. Folglich ist auch ihre Beziehung zur "Freiheit" differenziert zu betrachten. Was den Begriff des *"Wollens"* betrifft, so hat sich gezeigt, daß er durch den Freiheitsbegriff allenfalls spezifiziert, keinesfalls aber mit ihm gleichgesetzt werden kann [282] und daß es gravierende Gründe gibt, ihn gänzlich von ihm getrennt zu halten. Die Rede vom "Wollen" bezieht sich auf partikuläre Ereignisse eines bestimmten Typs, sc. motivational und rational qualifizierte Wp-Zustände, die von der "Freiheit" dagegen auf generelle Bedingungen, unter denen Ereignisse verschiedenster Typen aktuell oder potentiell eintreten können. Für den Begriff der *"Willentlichkeit"* dagegen, der auf Verrichtungen bezogen wird, die durch Ereignisse des "Wollens" verursacht werden, stellt sich die Sache anders dar. In einem schwächeren Sinn, der nur auf die faktische Willensbestimmtheit abstellt, besteht auch hier kein Zusammenhang mit dem Freiheitsbegriff (vgl. S.208,215f.). In einem stärkeren aber, der Willensabhängigkeit impliziert, besteht ein Zusammenhang, wenn auch beschränkt auf den Begriff der "Handlungsfreiheit". In diesem zweiten Sinn kann man tatsächlich sagen, daß jede willentliche Verrichtung per definitionem frei ist. Insofern ist es hier sinnlos, danach zu fragen, ob sie frei oder unfrei ausgeführt wurde. Die Frage jedoch, ob der vollzogene Schritt vom Wollen zum Tun unter Freiheitsbedingungen erfolgte, bleibt davon unberührt. Im Gegenteil, ihre Bejahung wird mit dem stärkeren Begriff der "Willentlichkeit" selbst vorausgesetzt. Und wenn die Frage des "freien Zustandekommens" bei jenen Ereignissen sinnvoll ist, die sich durch ihre Kausalbestimmtheit durchs Wollen als Willenshandlungen qualifizieren, ist sie es, prinzipiell, natürlich auch gegenüber Ereignissen des Wollens selbst.

Die früher erwähnte philosophische Tradition behält also ein gewisses Recht, freilich ein eng begrenztes und auf die "Willentlichkeit" beschränktes. Der generelle, begrifflich begründete Ausschluß der Anwendung des Freiheitsbegriffs auf das Wollen ist ungerechtfertigt. Dennoch erscheint es ratsam, sich den traditionellen Begriff der "Willensfreiheit" nicht kritiklos zu eigen zu machen. Denn die unspezifizierte Rede von "*der* Freiheit des Wollens" oder "*dem* Problem der Willensfreiheit" ist mißverständlich und partiell irreführend. Sie verdeckt die Tatsache, daß es dabei nicht eigentlich um ein Merkmal des Wollens geht, sondern um Eigenschaften der *Willensbildung*, und daß die Verschiedenartigkeit konkreter Willensbildungsprozesse und die Vielfalt der mit ihnen verbundenen Probleme keine *einheitliche* Antwort auf die Frage erwarten lassen, ob und in welchem Sinne sie "frei" sind. Relativ klar ist die Sache dort, wo ein *höherstufiges Wollen* vorausgesetzt wird, das "frei" oder "unfrei" ist, Willenszustände niederer Stufe willensabhängig entstehen oder vergehen zu lassen oder bestehende Zustände in ihren Qualifikationen zu ändern (vgl. S.221 Anm.280). Situationen dieses Typs haben formal die gleiche Struktur wie Situationen der "Handlungsfreiheit" und lassen sich deshalb durch einen *strukturanalogen* Begriff der "Willensfreiheit" erfassen.[283] Doch es ist klar, daß dies nicht ad infinitum geschehen kann und daß auf der jeweils obersten Stufe ein *anderer* Begriff der "Willensfreiheit" benötigt wird, wenn wir die Frage der "freien Willensbildung" auf ihr nicht willkürlich abbrechen wollen.[284] Zudem decken sie nur einen begrenzten *Teilbereich* der Erscheinungen ab, um die es geht. Denn natürlich haben wir mit zahllosen (rationalen wie irrationalen) Formen der Willensbildung zu rechnen, bei denen höherstufige Willenszustände keinerlei Rolle spielen und gleichwohl die Frage berechtigt bleibt, ob sie frei oder unfrei verlaufen.[285] Die Einführung lediglich eines Begriffs der "Willensfreiheit", der den der "Handlungsfreiheit" zum Vorbild hat, genügt also mit Sicherheit nicht.

Was aber ist es, das den verschiedenen Formen gemeinsam ist, in denen Willensbildungsprozesse frei oder unfrei verlaufen können? Die Antwort ergibt sich, wie mir scheint, aus dem allgemeinsten Sinn unserer Rede von "Freiheit" selbst, der die *"Ungehindertheit"* von etwas in seinem "natürlichen" bzw. "wesensgemäßen" Sein oder Sich-Entfalten betrifft. [286] Dieser muß nur noch auf den uns interessierenden Fall angewandt werden. *"Willensfrei"* sind danach alle willensfähigen Personen, die sich in dem, was sie faktisch wollen, "wesensgemäß ungehindert" entfalten können. Und eben weil dies auf vielfältige Weise *nicht* gesichert sein kann, differenziert sich ihre korrespondierende "Willensunfreiheit".

Ein Wollen etwa, das trotz eines gegenteiligen *höherstufigen Wollens* zustandekommt oder fortbesteht, ist deshalb unfrei, weil die betreffende Person sich in ihm nicht "wesensgemäß" entfaltet - vorausgesetzt natürlich, daß jenes höherstufige Wollen (im Gegensatz zum untergeordneten oder zumindest in stärkerem Maße als dieses) unzweifelhaft als "das ihre" gelten kann. Ebenso unfrei kann ein Wollen sein, das andere Willenszustände (höherer oder gleicher Stufe) in "unnatürlicher" Weise *motivational dominiert*, manifest etwa in Verlauf und Ergebnis abwägender Überlegungsprozesse. Der Lebenswille oder der Wille nach einer beruflichen Existenz z.B. dominiert beim räuberisch oder sozial Erpreßten seinen "natürlichen" Willen, rechtmäßig erworbenen Besitz zu behalten oder bestehende Rechte in Anspruch zu nehmen.[287] Der Griff zur Droge besitzt beim Süchtigen eine nicht "wesensgemäße" Dominanz gegenüber anderen Willensinhalten. Entsprechend sind all diese Menschen "willensunfrei", da sie in ihrer Willensbildung, was die motivationalen Aspekte betrifft, in einer Weise behindert sind, die sie als Personen betrifft. Ähnliches gilt für Menschen, die zwar "frei" zwischen ihren bestehenden Willenszuständen abwägen können, in diesen selbst aber *einseitig fixiert* sind (Manien, Fanatismus) oder, bedingt durch Krankheit oder soziale Deprivation, quantitativ so *eingeschränkt*, daß das resultierende Wollen nicht mehr als Ausdruck der "freien Entfaltung" ihrer Person gelten kann. *Zufallsbedingte* oder durch physiologische Umstände *unkontrolliert* hervorgerufene Willensbildungen können aus diesem Grund ebenfalls unfrei sein. Und natürlich kann auch die fehlende *Kenntnis* wünschbarer Sachverhalte und bestehender Konflikte und Folge-Beziehungen (vgl. Anm.225-226) "personal unfreies" Wollen begründen. Der Uninformierte oder Überlegungsunfähige etwa ist willensunfrei, weil er sich in der Entwicklung seines konkreten Wollens nicht "ungehindert entfalten" kann, relativ auf den Spielraum von Lebensmöglichkeiten, der ihm als Person eigentlich offenstehen sollte.

Das gemeinsame Merkmal all dieser Formen der "Willensunfreiheit" besteht also letztlich darin, daß das resultierende und eventuell handlungsbestimmende Wollen einer Person, eben weil es nicht "ungehindert" zustandekam, in einem prägnanten Sinn nicht als *das ihre* gelten kann. Und dieser Sinn ist kein anderer als der der *"aktiven Urheberschaft"*. Nur weil sie zuletzt auf die Urheberschaftsfrage zurückführt, besitzt die Frage der "freien" Willensbildung, über die faktische Willensabhängigkeit einer Verrichtung hinaus, *Signifikanz* für die Frage, ob sie dem willentlich Handelnden "zurechenbar" ist oder nicht. Sie ist signifikant für sie, nicht notwendig. Denn es ist ja nicht ausgeschlossen, daß das gesuchte Urheberschaftsverhältnis *unabhängig* vom Wollen besteht oder sich *direkt* auf ein präsentes Wollen bezieht, das zunächst "unfrei" gebildet wurde (S.224,226). Zudem ist die Bedeutung des Freiheitskriteriums selbst eine mehrdimensionale. Sie bezieht sich nicht nur auf den Fall, den wir zunächst herausgestellt hatten (S.226), sc. den "aktiven Anteil" einer Person an den verschiedenen *Schritten* des Willensbildungsprozesses, insbesondere denen des willensbildenden Überlegens. Sie betrifft auch die Frage, ob ein *primäres* oder *übergeordnetes* Wollen, das Einfluß aufs Überlegen hat, ein Zweck-Wollen beim praktischen Schließen etwa oder ein Wollen höherer Stufe, dem Wollenden als "Täter" zugehört. Und sie betrifft schließlich auch und an oberster Stelle die Frage, welcher epistemische, rationale und volitionale Möglichkeitsspielraum für Personen *"wesentlich"* ist, von denen sich berechtigterweise sagen läßt, daß *sie* "Urheber" ihres "aktiv" gebildeten Wollens und nachfolgenden Willenshandelns sind, weil *sie* sich, auf jenen Spielraum bezogen, ungehindert in ihm entfalten konnten.

Auch das inhaltlich spezifiziertere Problem der Willensfreiheit, verstanden als "wesentlich ungehinderte" Willensbildung, führt also, wie das unspezifizierte Problem der Urheberschaft selbst, auf den zentralen, ungeklärten Begriff der *"Person"* zurück (S.225). Ohne dessen Klärung und die des, wie ich glaube, aufs engste mit ihm verbundenen Begriffs der *"Aktivität"* ist eine befriedigende Antwort auf die Frage der legitimen *"Zurechenbarkeit"* menschlicher Verrichtungen unmöglich. Davon sind wir auch nach den vorstehenden Untersuchungen noch ziemlich weit entfernt. Auf unsere Ausgangsfrage bezogen jedenfalls ist die von uns unternommene Klärung des *Willensbegriffs* und die genauere Bestimmung der Stellung, die das Wollen einerseits gegenüber den von ihm bestimmten *Willenshandlungen*, andererseits gegenüber den es bestimmenden Prozessen der *Willensbildung* besitzt, in der Tat nur ein erster Schritt.

ANMERKUNGEN

1 *"Verhalten"* ist mit der Konnotation verbunden, daß *Körperbewegungen* (Gehen, Armheben, Gebrauch der Artikulationsorgane u.a.) und deren *"äußere"* Folgen (Überqueren der Straße, Grüßen, lautes Sprechen und Singen) beteiligt sind, was zwar in vielen Fällen, keineswegs aber in allen vorausgesetzt werden kann. *"Verrichtungen"* dagegen können auch *"innere"* Leistungen sein, *physiologische* (Adrenalinausschüttung) ebenso wie *mentale* (stilles Sprechen, visuelles Sich-Vorstellen, Träumen). Letztere vor allem (vgl. auch S.13f.) sind im gegenwärtigen Zusammenhang, unabhängig von etwaigen behavioristischen oder physiologistischen Reduktionsansprüchen, jedoch nicht weniger bedeutsam als manifeste Verhaltensleistungen. Zur Frage, wer die Verrichtungen ausführt, und zur Beschränkung auf Individuen vgl. Abschnitt 3.

2 Von *"Ereignissen"* wird hier wie im folgenden nicht in einem spezifizierten, kolloquialen Sinne ("besonderer, nicht alltäglicher Vorgang" u.ä.) geredet, sondern im Sinn eines unspezifizierten Gattungsbegriffs, der *"Prozesse"* und *"Zustände"* (beliebiger Arten) einschließt. Prozesse werden als zeitlich geordnete Folgen von (qualitativ oder referentiell) verschiedenen Zuständen, Zustände als zeitlich begrenzte Instantiierungen von Qualitäten durch Individuen analysiert. Ich unterscheide *"Primärereignisse"*, die durch die Instantiierung von Qualitäten durch partikuläre Raum- oder Zeitstellen konstituiert sind, und ontologisch höherstufige *"Sekundärereignisse"*, bei denen die instantiierenden Individuen permanente Objekte sind (Stoffe, materielle Gegenstände, Lockeanische "Personen" o.a.; vgl. Seebaß 1981,95ff.). Die Rede von partikulären Ereignissen gründet sich auf die (präsuppositive) Voraussetzung der Wahrheit von Sätzen, die das Faktum der Instantiierung durch ein Individuum "x" zum Ausdruck bringen und daher explizit oder implizit zeitlich datiert sind. Ihre explizite Normalform ist "Fx an t" oder "xRy an t", wobei "t" einen Zeitpunkt oder eine Zeitstrecke bezeichnet, in der bzw. zu dem x (nicht notwendig allerdings das Relatum y!) existiert, und "F" bzw. "R" für geeignete (doch sehr verschieden spezifizierbare) Eigenschaften und Relationen stehen. Mit Bezug darauf kann dann gesagt werden, daß ein beliebiges, mit "a" bezeichnetes Individuum genau dann in ein Ereignis *"involviert"* ist, wenn a in einem Ereignissatz der genannten Form entweder an der Stelle von x oder an der von y auftritt. Der unspezifizierte Begriff der "Involviertheit" impliziert somit, insbesondere mit Blick auf das mögliche Auftreten von a an der Stelle von y, *nicht*, daß das Individuum (in einem prägnanten, in Anm.3 explizierten Sinn) "Träger" des betreffenden Ereignisses ist.

3 *"Trägerschaft"* im relevanten Sinn ist eine besondere Weise der Involviertheit von Individuen in ein Ereignis, die hier allgemein (unter Hintansetzung aller Spezifizierungsprobleme) als die der *"Zugeordnetheit"* des Ereignisses zum Individuum bezeichnet wird. Formaler Ausdruck der "Zuordnung" ist die *"referentielle Fokussierung"* des Satzes, der

das Ereignis beschreibt, und die Verwendung einschlägiger, auf sie gestützter *Kennzeichnungen*. Die Fokussierung entfällt gewöhnlich, wenn im Satz, von der temporalen Plazierung abgesehen, ausschließlich nichtrelationale und nicht relational analysierbare Prädikate auftreten. Der oder die Referenten der korrespondierenden Kennzeichnung sind durch den oder die Referenten des fundierenden Satzes ("a" bzw. "b" in "Fa an t" oder "Fa an t_1 und Gb an t_2" z.B.) festgelegt. Bei relationalen oder relational analysierbaren Prädikaten ("xRy an t") aber sind mehrere Möglichkeiten in Rechnung zu stellen. Wenn Paul und Paula sich lieben, kann dieser Zustand sowohl (unfokussiert bzw. fokussiert auf die bloße Zeitstelle) als "die Liebe von Paul und Paula" wie auch (fokussiert auf jeweils eine der beiden Personen) als "Paulas Liebesverhältnis mit Paul" oder "Pauls Liebesverhältnis mit Paula" wie auch (fokussiert auf beide Personen zugleich) als "Paulas und Pauls gemeinsame Liebe" beschrieben werden.

Die letzte Variante zeigt darüber hinaus, daß ein Ereignis *mehrere* Träger haben kann und daß die Funktion eines Individuums als "Träger" eines Ereignisses sehr wohl damit vereinbar ist, daß es (innerhalb dieses Ereignisses) *gleichzeitig* "Subjekt" und "Objekt" des Geschehens ist. Das *grammatische* Subjekt von Ereignissätzen indiziert in der Regel eine vollzogene Fokussierung, impliziert jedoch nicht, daß andere Beschreibungen unmöglich oder phänomenal unangemessen sind. Ebensowenig sagt eine vollzogene Fokussierung als solche etwas über die Gründe aus, die zu ihr führten, also auch nichts darüber, ob der ins Auge gefaßte Träger des Ereignisses *"aktiv"* ist. Pauls Liebe zu Paula kann einen "aktiven" Charakter haben, der es rechtfertigt, sie auch als "Handlung" im gleich zu erörternden engeren Sinne anzusprechen, ebensogut jedoch den Charakter einer unwiderstehlichen Leidenschaft, von der er "passiv" ergriffen wird.

[4] Die eingeführten Ausdrücke sind interdefiniert und als Termini technici zu verstehen. *"Taten"* bzw. *"Handlungen"* (beide Bezeichnungen gebrauche ich im folgenden synonym) sind eine Spezies von Verrichtungen, *"Täter"* die Träger jener Verrichtungen, die Taten darstellen. Das zentrale Spezifizierungskriterium ist die *"essentielle Involviertheit"* bzw. (vgl. den nächsten Absatz) der *"entscheidende, aktive Anteil"* des Trägers. Dieses Merkmal soll hier wie im folgenden *undefiniert* vorausgesetzt werden: nicht als ein primitiver Begriff, der prinzipiell undefinierbar wäre, sondern als vorverstandener "interimistischer Platzhalter" für etwas, das als das erreichbare Ergebnis einschlägiger philosophischer Untersuchungen unterstellt, aber weder als etwas bereits Erreichtes noch im Rahmen dieser Arbeit Erreichbares in Anspruch genommen wird. Entsprechendes gilt für den eingeführten Begriff der *"Zurechenbarkeit"*, der durch dasselbe, inhaltlich unbestimmte Kriterium fundiert ist und nicht (bzw. nicht ohne weiteres) mit bestehenden moralischen oder rechtlichen Zurechenbarkeitskonzepten gleichgesetzt werden darf (vgl. Abschnitt 4). Seine Bedeutung erhält er, wie alle hier eingeführten Begriffe, zunächst nur aus dem umgangssprachlichen Vorverständnis und aus der formalen Bedingung, ein signifikant engerer Begriff als der zuvor erläuterte Begriff der "Zuordnung" zu sein.

[5] Im Kontrast mit der Rede von seiner "Passivität" hat die Rede von der *"Aktivität"* eines Individuums, bezogen auf menschliche Verrichtungsträger, normalerweise jenen *prägnanten* Sinn, der seine "essentielle" Involviertheit voraussetzt und Zurechenbarkeit begründet. Auch das freilich ist nicht immer der Fall, denn es gibt Verwendungsweisen, in denen "Aktivität" lediglich die Bedeutung von "Handeln" im *weiten* Sinne hat (z.B. in den Verbindungen "Aktivschaum" oder "aktives Kapital") und daher nicht einmal als relevantes terminologisches Äquivalent zu betrachten ist. Eine begriffliche Präzisierung jedenfalls ist von der bloßen Ersetzung des einen durch den anderen Ausdruck nicht zu erwarten.

⁶ Auch der Schwimmer in einem unbewegten Bassin ist an die physikalischen Gegebenheiten gebunden, auch der freie Redner oder stille Denker an die Bedingungen seiner Sprache. Menschliche Verrichtungen vollziehen sich (nach gewöhnlicher, nicht *extrem* idealistischer Auffassung jedenfalls) in einer Welt, die zum größten Teil nicht "die ihre" sondern "ihnen gegeben" ist und allenfalls "durch sie gestaltet" bzw. "mitgestaltet" werden kann. Wenn es überhaupt so etwas gibt wie *"rein aktive"* Verrichtungen, dürfte es sich um spezielle mentale Leistungen handeln. Doch brauchen wir darüber nicht zu entscheiden. Formal zumindest ist diese Möglichkeit als Grenzfall der "entscheidenden, aktiven Beteiligung" eines Trägers an seiner Verrichtung mühelos einzubeziehen.

⁷ Ich gehe davon aus, daß die Unterscheidung zwischen *"physischen"* und *"mentalen"* Verrichtungen auf der Ebene der *phänomenalen Gegebenheiten* relativ klar und durch hinreichend viele unstrittige Beispiele zu belegen ist. Diese Abgrenzung kann für unsere Zwecke genügen. Sie impliziert einen schwachen, auf die phänomenalen Evidenzen beschränkten *Dualismus*, der einen korrespondierenden mentalistischen ebenso wie einen korrespondierenden physikalistischen (behavioristischen oder physiologistischen) *Monismus* ausschließt. Sie impliziert jedoch keinen (Cartesianischen) Dualismus, der zwei *prinzipiell* voneinander getrennte Seinsbereiche in Anschlag bringt, und schließt *theoretische Reduktionen* in physikalistisch oder mentalistisch monistischem Sinne nicht aus. Auch die Form solcher Reduktionen bleibt offen. Man kann also, wenn man es will, auf der hier unterstellten dualistischen Basis sehr wohl den Anspruch der durchgängigen Übersetzbarkeit einer "mentalistischen Sprache" in eine "physikalistische" erheben oder andere Modelle eines reduktiven Zusammenhangs zwischen, sagen wir, neurophysiologischen und mentalen Ereignissen ins Auge fassen (Epiphänomenalität, Identität, Emergenz, Supervenienz, etc.).

Ob Reduktionen dieser Art allerdings möglich sind, erscheint mir aus Gründen, die hier nicht näher dargelegt werden können, mehr als zweifelhaft (vgl. auch S.212 Anm.268). Ich kenne kein *prinzipielles* Argument, einschließlich des Wittgensteinschen "Privatsprachenargumentes", das uns zur theoretischen Reduktion des Mentalen zwingen könnte, und halte auch unabhängig davon die Chancen für ihre *faktische* Durchführung theoretisch wie empirisch für minimal. Doch selbst wenn sie gesichert wäre, sind zwei entscheidende Punkte festzuhalten:

Zum einen könnten wir uns auch nach vollzogener Reduktion zwar theoretisch von mentalen Verrichtungen dispensieren, nicht aber *praktisch* und *phänomenal*, denn an der Realität und Bedeutung der betreffenden Phänomene für unser gewöhnliches Leben ist nicht zu zweifeln. Wir haben es nun einmal mit aktuellen, erlebten Träumen, Vorstellungen, Empfindungen, Gefühlen oder Leistungen des stillen Sprechens und Kalkulierens zu tun, nicht nur, wenn überhaupt, mit korrespondierenden neuralen oder (rein theoretisch zuzuschreibenden) dispositionellen Zuständen. Sie mit Rücksicht auf etwaige theoretische Reduktionsmöglichkeiten von vornherein aus dem Bereich der potentiell zurechenbaren Verrichtungen auszuschließen, wäre daher grotesk.

Zum anderen lassen sich Reduktionen nur vornehmen, wenn Klarheit darüber besteht, *was* reduziert werden soll. Auch theoretisch also sind mentale Verrichtungen zumindest so weit in Rechnung zu stellen, als dies zur Formulierung konkreter, phänomenal differenzierter Reduktionsansprüche erforderlich ist. Auf dieser theoretischen (oder wenn man will: vortheoretischen) Ebene aber ist unsere Rede von "mentalen Verrichtungen", die auf ihre "Zurechenbarkeit" bzw. "Willentlichkeit" hin zu befragen sind, ausschließlich angesiedelt. Wer Reduktionsansprüche erhebt, ist frei, sie als vorläufig anzusehen und für seine Person jeweils das für sie einzusetzen, was er einsetzen zu können glaubt.

[8] Letzteres gilt insbesondere dann, wenn "Wollen" als eigene Leistung aufgefaßt wird, die selbst den Status einer "Verrichtung" hat. Selbst wenn es, im Gegensatz zu entsprechenden Einwänden in der Literatur (z.B. Hobbes: Works, ed.Molesworth, IV,69; Locke: Essay II,21,23.25; Leibniz: Nouv.Ess. II,21,23; Theod. §51; Hume: Treat. III,2,5 note; Schopenhauer: Freiheit d. Willens, Abschn.I; Ryle 1949,85), auch unter dieser Voraussetzung weder begrifflich noch empirisch undenkbar ist, solche Leistungen ebenfalls als "gewollt" zu bezeichnen, sc. im Rekurs auf *höherstufige* Leistungen desselben Typs ("Wollen des Wollens", vgl. dazu S.221 Anm.280), so ist doch klar, daß innerhalb dieses Ansatzes, soll kein Regreß entstehen, *auch* Willensleistungen anerkannt werden müssen, die selbst *nicht* "willentlich" sind (vgl. S.52-54,77f. Anm.126).

[9] Der eingeführte Begriff der *"Basisverrichtung"* knüpft an den in der Analytischen Handlungstheorie (vgl. z.B. Danto 1965b; 1973, ch.2-4; Goldman 1970, ch.1-2) geläufigen Begriff der "Basishandlung" an, bezieht ihn jedoch auf Verrichtungen im allgemeinen und bedient sich, im Gegensatz zu manchen vorliegenden Konzeptionen, allein des Kriteriums der "direkten Ausführung".

"Direkt" bedeutet dabei nicht mehr als "unvermittelt durch andere Verrichtungen desselben Trägers". *Daß* es direkt ausgeführte Verrichtungen in diesem Sinn geben muß, folgt aus der Annahme, daß etwas "indirekt", sc. als Folge einer Verrichtung, herbeigeführt werden kann. *Welche* unserer Verrichtungen direkt ausführbar sind, bleibt jedoch zunächst ebenso offen wie die Frage, ob *alles*, was wir direkt ausführen, Folgen hat und sich somit als "Basisverrichtung" qualifiziert. Die Entscheidung darüber hängt zum einen von der Wahl der Beschreibungsebene ab, zum anderen von der Einführung restringierender Zusatzkriterien, für die auf der Stufe der "Handlungen" im prägnanten Sinn vor allem die Kriterien der "Willentlichkeit" und der "Urheberschaft" (Abschnitt 5) in Frage kommen. Die vorliegende Arbeit muß diese Probleme ausklammern. Wir werden uns, wie in den zitierten Beispielen, vorzüglich an elementaren Körperbewegungen orientieren. Doch kommen, prinzipiell bzw. auf einer anderen Beschreibungsebene, auch deren physiologische Antezedenzien (Muskelkontraktionen, neurale Ereignisse) und diverse mentale Leistungen als direkt auszuführende Verrichtungen in Betracht, ja, unter bestimmten Umständen auch Kombinationen von elementaren Körperbewegungen, sofern diese ein integriertes Verhaltensschema darstellen (Springen, Zugreifen etc.). Vgl. dazu auch S.197f. Anm.259.

Die Leistung der "indirekten Hervorbringung" einer Folge wird als *komplexe Verrichtung* aufgefaßt, abgehoben gegen die elementare, direkt ausgeführte Verrichtung, die als Basisverrichtung faktisch in ihr enthalten ist, prinzipiell aber (sc. bei veränderten Folge-Verhältnissen) auch losgelöst von ihr ausgeführt werden könnte. Die *Form* der Komplexion kann jedoch offen bleiben. Die Umgangssprache legt die Rede von *mehreren* komplexen Verrichtungen *neben* der Basisverrichtung nahe, und einige Theoretiker (z.B. Danto und Goldman, a.a.O.) haben versucht, dem konzeptionell Rechnung zu tragen. Wir würden eben normalerweise sagen, daß die Handbewegungen *eines* sind, was der mit Schreiben Beschäftigte "macht", sein gleichzeitiges Bewegen eines Staubpartikels, Entleeren der Kugelschreibermine, Abgeben einer inkorrekten Steuererklärung und Sich-Zuziehen eines Steuergerichtsprozesses jeweils etwas *anderes*. Nach diesem Ansatz ist die komplexe Verrichtung aus der Basisverrichtung und ihrer Folge bzw. aus der Basisverrichtung, einer Endfolge und weiteren komplexen Verrichtungen, die Zwischenfolgen betreffen, *konstituiert*. Andere Theoretiker haben dagegen aus Gründen ontologischer Sparsamkeit und im Bestreben, sich von den Schwierigkeiten einer Konstitutionsanalyse zu dispensieren, geltend gemacht, daß wir es stets nur mit *einer* Verrichtung zu tun haben, die im Hinblick auf bzw. bei Absehung von ihren Folgen mehr oder weniger "reich" zu beschreiben ist (so z.B. Anscombe 1957, §26; Chisholm 1966,42; Davidson 1971,58f.; O'Shaugnessy 1980, vol. II,110ff.; Hornsby 1980, ch.I). Die elementare Verrichtung kann dabei als einfache Körperbewegung, als mentale Leistung (vgl. S.53), als neurales Ereignis oder auch (in extremen Versionen) als Entität "jenseits" aller qualitativen Bestimmungen identifiziert werden, während die Komplexion sich aus hinzutretenden, entsprechend diversifizierten Kennzeichnungen ergibt, die die Verrichtung als "Verrichtung mit Folgen" beschreiben. Beide Komplexionsformen sind durch unsere Darstellung abgedeckt, doch orientieren die Formulierungen im Text sich vorzüglich an der ersten. '

[10] Die angesprochene Unterscheidung zwischen logischen, konventionellen, kausalen und nichtkausal-faktischen Folgen korrespondiert partiell (wenn auch nicht vollständig) den vier Arten der "Stufen-Generierung", die Goldman (1970, ch.II,1-2) eingeführt hat. Sie ist nach meiner Überzeugung etwas systematischer als diejenige Goldmans, kann aber ebenfalls keinen Anspruch auf umfassende, adäquate Systematisierung erheben. Weitere Unterteilungen und begriffliche Umlagerungen sind mühelos denkbar. Sie brauchen hier aber nicht im einzelnen erörtert werden, da es uns nur darum geht, die Vielfalt unterscheidbarer Folge-Beziehungen an einigen besonders wichtigen Beispielen zu verdeutlichen.
Die Klasse der *nichtkausal-faktischen* Folgen ist vor allem im Hinblick auf Folgen, die sich aus Änderungen der raumzeitlichen Position ergeben, äußerst umfangreich. Auch die der *konventionellen* Folgen ist groß, wenn sie auf alle Folgen bezogen wird, die auf formelle oder informelle menschliche Regelungen zurückgehen: private Lebensregeln ebenso wie soziale Spielregeln, Regeln des Rechts und der Moral, Verträge, persönliche Versprechungen etc. Gegebenenfalls könnten auch *logische* Folgen, die hier als eigene Klasse behandelt sind, unter sie subsumiert werden, insbesondere begriffsanalytische bzw. definitorische Folgen, denen konventionelle Sprachregelungen zugrundeliegen. Logische Folgen menschlicher Verrichtungen sind oft, aber durchaus nicht immer von rein akademischem Interesse. Wer die Wahrheit von "p" beweist, kann damit (wissentlich oder nicht) wenigstens eine der Prämissen eines bislang weithin für gültig gehaltenen Beweises zugunsten von "-p" als falsch erweisen. Wer "paßt", wenn er an die Reihe kommt, "paßt oder erhöht seinen Einsatz" und erweist sich damit (nicht durch sein Passen allein) als regelkonformer Pokerspieler.

[11] Äußere Körperbewegungen von Menschen haben immer kausale Folgen, sc. zumindest solche der Bewegung von Luft- oder Wassermolekülen. In einem kausaldeterministischen, unendlichen Universum wäre die Zahl der kausalen Folgen überdies infinit. Infinit wäre in einem unendlichen Universum, determiniert oder nicht, auch die Zahl der (relational fundierten) nichtkausal-faktischen und logischen Folgen. Innere Körperbewegungen bzw. -prozesse und mentale Verrichtungen können kausale Folgen haben, aber ob sie es durchweg müssen, mag für mentale Verrichtungen und manche neuralen Ereignisse zweifelhaft sein. Insofern, jedenfalls aber im Hinblick darauf, daß die Unendlichkeit und durchgängige kausale Determiniertheit des Universums sich nicht von selbst verstehen, sind Restriktionen am Platz.

[12] Daß auch die Zahl der komplexen *Verrichtungen*, nicht allein die der komplexen *Handlungen*, mit der Zahl der Folgen nicht ohne weiteres gleichgesetzt werden kann, erscheint zumindest für kausale und nichtkausal-faktische Folgen plausibel. *"Folgen"* eines Ereignisses "e" sind alle Ereignisse, für die e entweder (im Grenzfall) allein oder (normalerweise) in Verbindung mit relevanten Zusatzbedingungen *hinreichend* ist. Relativ auf einen gegebenen Bedingungskomplex kann e zudem *notwendig* für eine Folge sein, muß es

jedoch nicht, da diese natürlich auch unabhängig von e hinreichend bestimmt (überdeterminiert) sein könnte. Je länger die Kette, sagen wir, der kausalen Folgen ist, desto größer
ist (normalerweise) die Zahl der erforderlichen Zusatzbedingungen und desto kleiner zugleich die Wahrscheinlichkeit, daß e für eine Folge notwendig ist. Der Beitrag, den e für
sie leistet, verschwindet nicht völlig, erweist sich aber als minimal.

Dies legt es nahe, überall dort, wo der Ereigniskomplex als ganzer im Blick steht, die
ursprüngliche Fokussierung auf den Träger des Basisereignisses fallen zu lassen und nicht
länger von "seinen komplexen Verrichtungen" zu reden. Auch unter der Annahme eines
kausaldeterministischen Universums dürfte der Anteil, den Cäsars Übertritt über den Ru-
bikon an der Bewegung des Halleyschen Kometen hat, zu gering sein, um sie ihm, die reale Struktur unserer Welt als "Restbedingung" vorausgesetzt, als komplexe Verrichtung zuzuordnen. Wir brauchen uns mit Restriktionen auf der Ebene der "Verrichtungen" jedoch
nicht weiter befassen, da auf der der "Handlungen", die unser Thema sind, ohnehin wesentlich stärkere Beschränkungen ins Spiel kommen.

[13] Ich setze voraus, daß die Rede von *"Absichten"* bzw. vom *"Beabsichtigen"* die Rede
vom "Wollen" enthält und daß es sich dabei stets um ein Wollen von etwas als Folge von
etwas anderem handelt. Diese Auffassung dürfte intuitiv plausibel sein und soll hier (in
Abhebung etwa gegen vorliegende nichtintentional-teleologische Explikationsvorschläge,
vgl. Anm. 50 und 52) nicht weiter gerechtfertigt werden, bedarf aber auch als solche der
Qualifikation. Wenn wir, vorgreifend auf die unten (Kap. III,4 und IV) ausführlicher entwickelte Konzeption, davon ausgehen, daß die Objekte des Wollens "Sachverhalte" bzw.
"Propositionen" sind, können wir zunächst festhalten, daß ein beliebiger Sachverhalt "q"
von einem beliebigen Individuum "x" jedenfalls dann "beabsichtigt" wird, wenn (1) x will,
daß q, (2) x glaubt, daß ein bestimmter Sachverhalt "p" q zur Folge hat, (3) x will, daß p,
und (4) x zu seinem Wollen von p aufgrund seines Wollens von q und seines Glaubens an
die betreffende Folge-Beziehung gekommen ist. Schwieriger ist die Frage, ob diese Kriterien nicht nur gemeinsam *hinreichend*, sondern auch individuell *notwendig* sind, so daß
die Nichterfüllung jedes einzelnen zur Negation der Absichtlichkeit und damit, gegebenenfalls, der Zurechenbarkeit führt.

Prima facie notwendig erscheint nur *Bedingung (1)*. Denn wenn keine der vier Bedingungen oder nur Bedingung (2) oder (3) erfüllt sind, kann sicher nicht mehr von einer
"Absicht auf q" im obigen Sinne die Rede sein. Allenfalls könnte man geltend machen,
daß die Erfüllung von (2) und (3) die Erfüllung von (1) impliziert (vgl. Anm.14).

Nicht notwendig dagegen ist die unqualifizierte *Bedingung (2)*. Um q zu "beabsichtigen", nicht nur zu "wollen", muß x kein bestimmtes Mittel im Auge haben, sondern lediglich (2a) glauben, daß es *irgendein* p gibt, das q zur Folge hat, und es deshalb seinerseits
wollen. Und wenn ein bestimmtes "p" vorliegt, muß x, um es als Mittel zu q zu wollen,
nicht unbedingt glauben, daß eine Folge-Beziehung besteht, sondern nur, (2b) daß sie
bestehen *könnte*. Auch das mit keiner konkreten Realisierungserwartung verbundene,
"blinde" Erproben von p als möglichem Mittel zu q kann, wenn es mit Willen geschieht
und vom Willen nach q getragen ist, Ausdruck einer bestehenden Absicht sein. Die epistemische Bedingung, ohne die sich von einem "Wollen von etwas als Folge von etwas
anderem" nicht reden läßt, kann also unterschiedlich und relativ schwach ausfallen.

Bedingung (4) wiederum ist zwar im Kontext von (2a) und meist auch (2b), nicht aber
im Kontext von (2) notwendig. Auch wer p unabhängig von seinem (gleichermaßen bestehenden) Wollen von q will, kann q "beabsichtigen", sofern er zugleich die Überzeugung
oder zumindest die Hoffnung hat, mit dem Ergreifen von p zwei Fliegen mit einer Klappe
zu schlagen. Man kann allenfalls (ähnlich wie Anscombe 1957, §16 und Kontext) fordern,

daß man die Erfüllung von Bedingung (3) sinnvoll auch im Rekurs auf die Erfülltheit von (1) und (2) begründen *könnte*. Wo immer Bedingung (4) notwendig ist, erweist sich, a fortiori, auch *Bedingung (3)* als notwendig. Ist sie es aber auch in den übrigen Fällen? Ableitbar aus den anderen Bedingungen ist sie mit Sicherheit nicht. Wir können nicht sagen, daß jeder, der q will und davon überzeugt ist oder bloß hofft, daß ein bestimmtes oder unbestimmtes p den Sachverhalt q zur Folge hat, allein deshalb auch p will. Denn abgesehen davon, daß ein solcher Schluß auch im günstigsten Falle nur unter Zugrundelegung eines realisierungsbezogenen Willensbegriffs und geeigneter Rationalitätsbedingungen zulässig wäre (vgl. Anm.14), scheidet er allemal im Hinblick darauf aus, daß p zwar hinreichend, aber nicht notwendig für das gewollte q sein muß und zudem, für sich genommen oder mit Rücksicht auf andere Folgen neben q, Objekt eines in etwa gleichgewichtigen oder gar überwiegenden gegenteiligen Wollens sein könnte. Kritisch ist nur die Frage, ob es überhaupt Sinn macht, vom "Beabsichtigen" bzw. "Wollen von q als Folge von p" zu reden, wenn p (aus welchen Gründen auch immer) nicht gewollt ist. Ich denke, daß diese Frage negativ zu beantworten ist, und bin von daher geneigt, die "Gewolltheit" der Basisverrichtung als indispensiblen Teil jedes sinnvollen volitiven Kriteriums anzusehen, das die Zurechenbarkeit folgekomplexer Verrichtungen restringiert. Doch hängt die Entscheidung hierüber nicht nur von den speziell zugrundegelegten Begriffen des "Beabsichtigens" und "Wollens" ab, sondern auch von der oben (Anm.9) offen gelassenen Frage, welche Verrichtungen "direkt" auszuführende "Basisverrichtungen" sind.

[14] *Wenn* der Schluß von der Erfülltheit der in Anm.13 explizierten Bedingungen (2) und (3) auf die Erfülltheit von Bedingung (1) gerechtfertigt ist, kann die Folge auch als *"beabsichtigt"* gelten. Freilich, *ist* er gerechtfertigt? Für ihn spricht die vernünftige Überlegung, daß ein Sachverhalt "p", der nach unserer Überzeugung hinreichend für einen Sachverhalt "q" ist, offensichtlich nicht ohne diesen "zu haben" ist, so daß unser Wollen sich, sinnvollerweise, entweder nicht auf p oder nur auf die (aus p und dem Folge-Verhältnis abzuleitende) Konjunktion "p und q" richten kann. Doch es ist fraglich, ob alle Menschen, die die Bedingungen (2) und (3) erfüllen, in diesem Sinne "vernünftig" sind, und auch wenn wir das annehmen oder den Schluß entsprechend qualifizieren, ist die Überlegung nur "rational zwingend", wenn wir zugleich voraussetzen, daß die Rücksicht auf die (grundsätzlichen oder faktischen) Realisierungsbedingungen des Gewollten konstitutiv für die Rede vom "Wollen" ist.

Hier können die Meinungen auseinandergehen. Ich selbst werde später (Kap.IV,5f.) dafür argumentieren, daß die Voraussetzung als solche richtig ist, daß die betreffende "Rücksicht" jedoch nicht beinhaltet, daß man von einem "Wollen", das im Gegensatz zu den eigenen Realisierbarkeitsannahmen steht, aus begrifflichen Gründen nicht reden kann. Nur unter geeigneten Rationalitätsprämissen können bzw. müssen wir sagen, daß die vorausgesehene Folge von etwas Gewolltem ebenfalls gewollt und als Folge beabsichtigt ist oder es (vernünftigerweise) sein sollte. Entsprechend bedeutet die Distanzierung, die in der geläufigen Rede vom *"bloßen Inkaufnehmen"* einer vorausgesehenen Folge zum Ausdruck kommt, nicht, daß Wille und Absicht fehlt, sondern nur, daß (z.B.) der betreffende Sachverhalt q nicht unabhängig von seinem Realisiertwerden als Folge von p gewollt oder mit emotionaler Gleichgültigkeit oder Bedauern betrachtet wird.

Ohne ausdrücklichen Rationalitätsvorbehalt ist diese Auffassung mehrfach in der Literatur vertreten worden (vgl. z.B. Bentham: Principles X,10; Sidgwick: Methods, 7.Aufl., 202; Hornsby 1980,81). Andere Autoren dagegen sind restriktiver verfahren und haben, wenn nicht die Willentlichkeit, so doch die Absichtlichkeit unabhängig von allen Rationalitätsprämissen negiert (so u.a. Anscombe 1957, 42.89; Heider 1958, 100.108.113; Goldman 1970,59f.; v.Wright 1971,90; Locke 1974,24; Kenny 1975,56ff.; 1978,28.51). Das kann die, wie ich denke, nicht sonderlich plausible, Konsequenz haben, daß die vorausgesehenen Folgen einer zurechenbaren Handlung nicht (rational) zurechenbar sind, muß es aber nicht unter allen Umständen, nämlich dann nicht, wenn "Absichtlichkeit" bzw. "Willentlichkeit" nicht als notwendige Zurechenbarkeitsbedingungen gelten. Die Frage kann hier nicht ausdiskutiert werden. Klar ist jedenfalls, daß die Entscheidung über die Zurechenbarkeit von Handlungsfolgen verschieden ausfallen kann und aufs engste damit verbunden ist, wie die Begriffe des "Wollens", der "Absicht" und der "Rationalität" aufgefaßt werden.

[15] *"Materielle Objekte"* in einem formalen Sinne können nicht allein *Stoffe* und konfigurierte *"materielle Gegenstände"* im engeren Sinne sein, sondern auch *Raumstellen* oder *Raumzeitstellen* (freilich nicht Zeitstellen allein!), wenn diese einem realen (nicht imaginierten) Raum- oder Raumzeitsystem zugehören und die elementare Instantiierungsfunktion erfüllen, die in der Aristotelischen Ontologie der "Materie" zukam (vgl. Tugendhat 1975, 28f.). Insofern könnten auch stofflich instantiierte Sekundärereignisse und räumlich instantiierte Primärereignisse (Anm.2) formal als "physische Verrichtungen" aufgefaßt werden. Es bedarf aber wohl keiner besonderen Begründung, daß als Träger zurechenbarer Verrichtungen (neben "Personen", siehe unten) allenfalls konfigurierte und zudem intern hochgradig organisierte "materielle Gegenstände" im engeren Sinne in Frage kommen, also Menschen, höhere Tiere und (vielleicht) Computer, nicht aber Wassermoleküle oder Positionen im luftleeren Raum.

[16] Ich verweise einstweilen auf Seebaß 1985 und auf die ausgearbeitete (im relevanten Sinne "individualistische") Theorie des sozialen Handelns von Raimo Tuomela (1984; 1985).

[17] Beide Gesichtspunkte sind von Bedeutung. Unsere Begrifflichkeit muß den Gegebenheiten genügen, diese aber sind uns nicht unabhängig von vorverstandenen, mehr oder weniger klaren begrifflichen Unterscheidungen zugänglich (vgl. dazu auch S.37f.,51 Anm.74). Ein vitiöser Zirkel läßt sich vermeiden, wenn wir die Möglichkeit der Revision aller (relevanten) Begriffe *im* Bezug auf die Phänomene anerkennen. Mit der Revision ändert sich, möglicherweise, auch unser Zugriff auf die Gegebenheiten und unser Urteil darüber, welche Beispiele "signifikant" sind. Insofern ist auch der Beispielbereich, von dem wir ausgehen, kein "absolutes" theoretisches Fundament. Zudem können wir nicht damit rechnen, daß alle begrifflichen Vagheiten und Uneindeutigkeiten bei der Einordnung von Beispielen nach der Revision ausgeschlossen sind. Der Prozeß der Begriffsklärung ist *prinzipiell* unabschließbar, in der *Praxis* jedoch durch diverse theoretische Interessen und den (theoretisch nicht hintergehbaren) Gesichtspunkt der "adäquaten begrifflichen Erschließung" eines Phänomenbereichs begrenzt.

[18] *"Normen"* in einem prägnanten Sinn sind nach meinem Verständnis "präskriptive", auf verantwortliche Adressaten bezogene "Wertungen" unter dem Gesichtspunkt der "Richtigkeit" (vgl. Anm.133). Diese Adressaten müssen nicht generell, wohl aber bei *rechtlichen* und *moralischen Normen* faktische oder potentielle Träger von Verrichtungen sein, die als "richtig" oder "unrichtig" eingestuft werden und als solche Grundlage der moralischen bzw. rechtlichen *"Beurteilung"* ihres Trägers sind. Ihn zu beurteilen heißt nicht bzw. nicht per se, ihn zum Gegenstand positiver oder negativer Sanktionen (Lob und Tadel, Anerkennung und Achtung, Belohnung und Strafe u.a.) oder anderer Maßnahmen zur Sicher-

stellung normenkonformen Verhaltens zu machen, sondern nur, ihn zu klassifizieren als jemanden, der der Aufforderung zur Realisierung "richtiger" Verrichtungen nachkommt oder nicht. Moralisch bzw. rechtlich *"haftbar"* sind die berechtigten Adressaten solcher Beurteilungen. Als Minimalbedingung dieser "Berechtigung" ist das Faktum ihrer Trägerschaft und ihres Aufgefordertseins zu normativ "richtigen" Verrichtungen anzusehen. Mehr als dies ist vom *Sinn* rechtlicher und moralischer Normen her m.E. nicht erforderlich. In ihrer praktischen *Anwendung* als Mittel zur (individuellen oder sozialen) Verhaltenskontrolle allerdings werden die Haftbarkeitsbedingungen, abhängig von unterschiedlichen Interessen, in aller Regel stärker restringiert und die Beurteilung mit diversen Maßnahmen verknüpft, die faktische Normenkonformität (in mehr oder weniger großem Umfang) gewährleisten sollen.

[19] Ein Beispiel für diese Auffassung liefert Schlick (1930,164), der "die Frage nach dem Verantwortlichen" auf "die Frage nach dem richtigen Angriffspunkt der Motive" reduziert und den Täter geradezu als denjenigen *definiert*, "an dem die Motive hätten einsetzen müssen, um die Tat sicher zu verhindern (bzw. hervorzurufen)". Eine solche Darstellung zeugt nicht nur von geringem Verständnis der moralischen und rechtlichen Praxis, sondern öffnet durch eine schlichte definitorische Vorgabe auch die Tür für beliebige Formen der impersonalen, von Zurechnung unabhängigen sozialen Kontrolle. Einschlägig sind aber auch weniger reduktive Konzeptionen, wie der im erklärten Gegensatz zu Schlick und anderen Utilitaristen entwickelte ethische Naturalismus Strawsons (1962) und Bennetts (1980), der gewisse "natürliche" Formen des affektuell bestimmten sozialen Umgangs nicht nur für moralische oder rechtliche *Haftbarkeit* bzw. das hinzutretende *Interesse* an Zurechnung konstitutiv sein läßt, sondern für den *Begriff* der Zurechnung selbst, der von Haftbarkeit somit ununterscheidbar ist. Entsprechendes gilt für moralisch bzw. rechtlich gebundene Definitionen der als notwendige Zurechenbarkeitsbedingungen verstandenen Begriffe der "Willentlichkeit" (vgl. Anm.46) und "Freiheit" (z.B. Nowell-Smith 1954, ch.20; Austin 1956-57,180f.; Kelsen 1973,163f.).

[20] *Theoretisch* befragt, unter welchen Bedingungen jemand, der eine soziale Norm verletzt, bestraft oder sozial geächtet werden sollte, werden die meisten Menschen bereit sein anzuerkennen, daß niemand sinnvoll für etwas haftbar zu machen ist, "für das er nichts kann". Doch die *Praxis* sieht anders aus. In der *Alltagsmoral* spielt die Frage, ob der Träger einer Verrichtung an ihr "entscheidenden Anteil" hatte, bekanntlich weder bei der Beurteilung noch bei der Applikation von Maßnahmen eine herausragende Rolle, im negativen (Ächtung von "Abnormitäten" etc.) ebenso wie im positiven (Bewunderung für Begabungen, ererbten oder glücklich erworbenen Wohlstand u.a.). Darin setzt sich jener "moralische Realismus" fort, der (nach den Beobachtungen von Piaget, Kohlberg u.a.) vor allem für den Beginn der ontogenetischen *Moralentwicklung* charakteristisch ist. Der Verzicht auf Kriterien der "Zurechenbarkeit" im prägnanten Sinn findet sich aber nicht nur in der informellen moralischen, sondern auch in der formalisierten *rechtlichen* Praxis. Die *zivilrechtliche* Haftung (z.B. die Garantieleistung eines Herstellers oder Verkäufers von Waren) gründet sich häufig nicht auf bestehende Täterschaft, sondern auf andere, rechtlich definierte Relationen der Träger zu ihren Verrichtungen bzw. zu den durch sie bedingten Normverletzungen. Im *Strafrecht* gilt heute zwar meist ein Täterschaftsvorbehalt ("Schuldhaftigkeit" im deutschen Strafrecht). Doch war das nicht immer so und in einigen Ländern (Großbritannien, Malaysia) gibt es bis in die Gegenwart hinein für bestimmte Vergehen (Drogenbesitz) das Prinzip der "strikten Haftung", das auf Zurechenbarkeit keine Rücksicht nimmt. Mögen wir dies vor allem in Fällen, in denen massive

240

Eingriffe drohen und das Verfahren nicht (wie bei der Garantieleistung) auf expliziter oder impliziter Anerkennung durch die Betroffenen beruht, auch als inhuman und barbarisch empfinden, so beweist es doch, daß der Zurechenbarkeitsaspekt keine notwendige Bedingung rechtlicher sozialer Kontrolle ist.

[21] Letzteres schließt natürlich nicht aus, daß es *andere* Individuen gibt, deren Umgang mit den Betroffenen moralisch und rechtlich bedeutsam ist. Diese stehen dann aber *nicht* (nur) als Objekt, sondern als Subjekt des Geschehens in Betracht. Nur "Verrichtungen" und deren "Träger" können von Normen des Rechts und der Moral betroffen sein.

[22] Diese Darstellung geht von der Annahme aus, daß die für "Basisverrichtungen" konstitutive "direkte" Ausführung das Auftreten ereigniskausaler Antezedenzien *nicht ausschließt*, daß *externe* Ereignisse (sichtbare Körperbewegungen) dafür aber *nicht* in Betracht kommen. Die erste Voraussetzung zumindest mag zweifelhaft sein und könnte sich unter Umständen (vgl. Anm.9) als revisionsbedürftig erweisen, eventuell sogar bis zum Verzicht auf die ereigniskausale Deutung oder die Rede von "Basishandlungen" selbst (vgl. Anm.26). Wir müssen diese Möglichkeit offen lassen, können es aber auch, da es uns nur darum zu tun ist, die ereigniskausale Deutung als theoretische Möglichkeit einzuführen, nicht, sie als solche oder in der hier vorgestellten Version zu verteidigen.

[23] Schon Aristoteles' Theorie der menschlichen "Selbstbewegung" scheint mir, ohne daß ich die Gründe für diese Auffassung hier näher darlegen könnte, einschlägig für die ereigniskausale Deutung zu sein, doch ist die Textlage nicht völlig eindeutig, so daß auch gegenteilige Deutungen denkbar sind und in der Literatur faktisch vertreten wurden (vgl. Anm.26). Eindeutige Beispiele jedenfalls liefern Cicero: De Fato XI,23-25; Augustin: De lib. arb. III,17,48ff.; De civ. dei V,9 (vgl. auch S.218 Anm.276); Luther: De serv. arb. WA XVIII,696; Hobbes: Works, ed. Molesworth, IV, 243; Descartes: Princ. I § 37; Leibniz: Conf.Phil., ed.Saame, 64f.; Broad 1930, 201f.; Hart/Honoré 1959, 69f.129f.292ff. u.ö., nicht allerdings die harmonisierende, die internen Spannungen Aristoteles' überspielende Position Thomas' (De Ver. XXIV a1; S.Th. I q83 a1 ad3), der willentliche Handlungen per se "selbstverursacht" sein läßt, auch wenn die sie determinierende "erste Ursache" außerhalb ihrer liegt. Für die neuere Literatur vgl. z.B. Broad 1934,302; Davidson 1963, 19; 1971, 53ff.60f.; Goldman 1970, 81ff.; O' Connor 1971/72, 107f.; Inwagen 1983, 137ff. - Zur gleichen Kategorie gehören im übrigen auch alle Theorien, die die Urheberschaftsfrage im Rekurs auf den individuellen Charakter beantworten wollen, vorausgesetzt "Charakter" wird als Kombination von dispositionellen oder nichtdispositionellen Fähigkeiten definiert, zu denen volitionale gehören.

[24] Die Zusätze in Klammern ("offenbar", "relativ") sind von Bedeutung, denn auch die Explikation des Kausalverhältnisses zwischen Ereignissen ist keineswegs unproblematisch, wie die anhaltende Diskussion um die klassischen Kriterien Humes (Generalität, Sukzessivität, Kontiguität) und die Charakterisierbarkeit von Ursachen als notwendige bzw. hinreichende Bedingungen ihrer Wirkungen verbunden mit der Affirmierbarkeit entsprechender kontrafaktischer Sätze deutlich macht. Die in *begrifflicher* Hinsicht wichtigste Aufgabe, sc. verständlich zu machen, was es heißt, daß ein Seiendes (Individuum oder Ereignis) etwas "ins Sein treten läßt", ist für *beide* Kausalbeziehungen *gleichermaßen* schwer zu erfüllen. Der Vorteil des ereigniskausalen Modells liegt vor allem in seiner größeren Explizitheit bezüglich der *empirischen* Applikationsbedingungen. Dies ist es, was die Reduktion wünschenswert erscheinen läßt.

Demgegenüber sind viele Philosophen geneigt, einen eigenen Begriff der "Täterkausalität" (vgl. Anm.26) zu verwerfen, weil sie es (mit Schopenhauer: Satz v. Grund § 20; Welt als Wille, Bd.II, Kap.4; Ducasse 1924,52ff.; 1926,2; 1951,131f. und Broad 1934,302) für begrifflich evident halten, daß Ereignisse nur durch andere Ereignisse verursacht sein können. Darin freilich dürfte sich weniger die Tatsache manifestieren, daß sie (wie Campbell 1938,53f. gegen Broad einwandte) kausales Geschehen ausschließlich aus der Perspektive des externen Beobachters betrachten, als die Selbstverständlichkeit, die der neuzeitliche Begriff der Ereigniskausalität inzwischen gewonnen hat. Ebendiese Entwicklung aber wird durch die Einführung eines zweiten, auf Individuen zu beziehenden Kausalbegriffs in Frage gestellt (vgl. R.Taylor 1966, ch.1-3; Thorp 1980,104ff.). Wer sie rechtfertigen will, darf sich nicht auf vermeintliche Evidenzen berufen, sondern muß zeigen, daß und warum der neueingeführte Begriff unhaltbar ist.

[25] Historische Anknüpfungspunkte für diese Auffassung bieten Lockes (spezifizierter) Begriff der "Freiheit" im Sinne der Fähigkeit zur überlegungsabhängigen Willensbildung ("power to suspend", vgl. Essay II,21,45-53) und Aristoteles' Begriff der "Freiwilligkeit", soweit dieser (insbesondere in EE II,7-9; vgl. NE III,1-3; V.10) nicht bzw. nicht allein am Kriterium des spontanen Bewegungsanfangs orientiert ist, sondern auch das Kriterium des Nichthandelns "in" oder "aus Unwissenheit" abstellt. Zwei markante, unterschiedlich akzentuierte, neuere Ansätze des gleichen Typs enthalten die Aufsätze von Frankfurt (1971) und Tugendhat (1987). Sie alle betreffen nach meiner Meinung mehr oder weniger große und gewichtige *Teile* des *generellen* Problems der ("freien" bzw. "aktiven") *"Willensbildung"*, das nicht Gegenstand dieser Arbeit ist, auf das ich am Schluß jedoch kurz zurückkommen werde (Kap.VI,3-4).

[26] Vgl. Campbell 1938 und 1951; R.Taylor 1958 und 1966, pt.I; Chisholm 1964a, 1964b, 1966 und 1976, ch.II; Thorp 1980, ch.VI; Bishop 1983. Auf einen gemeinsamen Nenner gebracht sind die zentralen Gedanken des Konzepts: (1) die Reduktion des relationalen Aspekts der Kausalbeziehung auf das Trägerschaftsverhältnis, (2) dessen kausale Qualifikation und (3) die Negation der ereigniskausalen Verursachung für alle Ereignisse, die als direkt täterverursacht gelten sollen.

In der Literatur allerdings ist das nicht immer hinreichend deutlich gemacht worden. So spiegeln sich Chisholms ursprüngliche Bedenken gegen die Einführung eines zweiten Kausalbegriffs (Chisholm 1958,147) in seinem späteren Versuch, die Täterkausalität mit Hilfe des herkömmlichen Begriffs der Ereigniskausalität zu explizieren (1976,69f.), wobei es sich jedoch keineswegs um eine begriffliche Reduktion handelt, sondern um eine Verlagerung des irreduziblen Kausalaspekts in die Definition des Typs von Ereignissen, auf den sich die scheinbar ereigniskausale Rede vom "Handeln des Täters" gründet (vgl. die definitorische Bestimmung von "undertaking" durch Klausel (b) in 1976,70). Natürlich kann und will Chisholm die Gültigkeit von Punkt (3) für die oberste Stufe nicht in Zweifel stellen. Ohne daß es die Autoren explizit gemacht hätten, ist Punkt (1) wiederum der sachliche Kern der von Chisholm (1964a,80f., vgl. 1976,71) in Beantwortung eines diesbezüglichen Einwands vertretenen Implikation zwischen "Geschehenmachen, daß p" und "Geschehenmachen des Geschehenmachens, daß p" bzw. der These Thorps (1980, 102f.) von der Identität eines täterkausal verursachten Ereignisses und dem Ereignis seines Verursachtseins. Die m.E. unnötig komplizierte und ontologisch voraussetzungsvolle Beschreibung mag dazu beigetragen haben, daß Kritiker der Täterkausalität (z.B. Davidson 1971,52f.; Thalberg 1976,171f.; Hornsby 1980,101; Tugendhat 1987,383) ihren relationalen Sinn mißverstanden haben (vgl. die Kritik von Bishop 1983,71ff. an Davidson).

242

Nur wenn Punkt (1) explizit gemacht wird, erweist sich im übrigen auch der prima facie kritische Einwand von Broad (1934,302) als gegenstandslos, daß die Möglichkeit der Verursachung eines Ereignisses durch ein permanentes Objekt deshalb nicht bestehe, weil die Ursachen datierter Ereignisse ihrerseits datiert sein müßten und diese Bedingung nur durch Ereignisse zu erfüllen sei.

Das Konzept der "Täterkausalität" als solches ist keine philosophische Neuentwicklung. Als historische Anknüpfungspunkte werden Aristoteles, Kant und Reid, sowie die scholastische Unterscheidung zwischen "causa immanens" und "causa transiens" genannt (R.Taylor 1958,216; Chisholm 1964a,77.86A.1; 1966, 12A.1.17f.22; 1976,85.209A.42; vgl. Inwagen 1983,135f.). Der Anspruch auf sachliche Übereinstimmung bleibt dabei mit Recht begrenzt. Während sie für Reid offenkundig ist (vgl. Act.Pow. I,5; IV,2), ist sie für Aristoteles mehr als zweifelhaft (vgl. Anm.23) und für Kant allenfalls im Hinblick darauf gegeben, daß er mit einem "selbsttätigen" ("spontanen" o.ä.) *"Anfang"* von Kausalreihen rechnet (KrV B 446. 474ff. 561ff. u.ö.), kaum aber im Hinblick auf die Einführung eines zweiten, nicht ereigniskausalen *Begriffs* der Kausalität (vgl. die signifikant undifferenzierte Rede von "Dingen", "Objekten" oder "Gegenständen" in KrV B XXVIIf.566ff.; KpV AA V,95 u.a.) und ganz sicher nicht im Hinblick auf die, dem transzendental-idealistischen Ansatz entsprechende, *kausale Doppeldetermination* aller innerweltlichen Ereignisse (vgl. KrV B 564f. 572ff. u.a.).

[27] Schon Hobbes (Works, ed. Molesworth: III,196; IV,273.275f.; V,367f.) und Schopenhauer (Freiheit d. Willens, Abschn.I,1) haben zu Recht auf die signifikanten begrifflichen Zusammenhänge zwischen der volitional gebundenen Rede von "Freiheit" und Redeweisen aufmerksam gemacht, die von psychologischen Implikationen gänzlich unabhängig sind und sich, weit über den Bereich der menschlichen Verrichtungen hinaus, auch auf die unbelebte Natur erstrecken ('Freilauf', 'freier Fall', 'freie Valenzen', 'bleifrei' etc.). In ihrer *allgemeinsten*, vielfältig spezifizierbaren Bedeutung bezieht sich die Rede von "Freiheit" auf nicht mehr als die *"Ungehindertheit"* von etwas in seinem "natürlichen" bzw. "wesensgemäßen" *Sein* oder *Sich-Entfalten* (vgl. dazu S.173 Anm.239, S.229 Anm.286). Im zweiten Fall, bei der "freien Entfaltung", wird zwar so etwas wie ein ("natürliches") *"Streben"* vorausgesetzt, das einschlägig gehindert sein kann, nicht notwendig aber ein Streben, das *volitional* qualifiziert ist. Ähnliches gilt für die (seit Aristoteles in der Philosophie in verschiedenen Versionen geläufige) Rede von "Freiheit" im Sinne des *"spontanen"*, nicht extern nezessitierten und insofern "hindernisfreien" Beginns eines in seiner Folge determiniert verlaufenden Prozesses. An diesen Freiheitsbegriff knüpft das Konzept der "Täterkausalität" (Anm.26) an, und wenn es sich, generalisiert auf die "spontane" Hervorbringung relevanter Ereignisse überhaupt halten läßt, ist es, wie seine Verfechter auch ausdrücklich geltend gemacht haben, zur Explikation eines prägnanten Begriffs der "Aktivität" *und* der "Freiheit" geeignet.

[28] Der Ideologieverdacht wird nur von manchen Autoren geäußert (z.B. Hobbes: Works, ed. Molesworth, V,1f.389; J.Edwards: Freedom, passim; Nietzsche: Werke, edd. Colli/ Montinari, IV/2,195f.; VI/2,313f., VI/3,89f.). Argumentativ ist er ohnehin wenig gewichtig, da er bestenfalls zu begründen vermag, *wie* es zu jenem falschen Verständnis kam, nicht aber, *daß* und *warum* ein solches überhaupt vorliegt. Entscheidend sind Argumente, die den Sprachgebrauch selbst betreffen. Teilweise wird die Ungebräuchlichkeit bzw. Unsinnigkeit der Rede vom "freien Willen" o.ä. nur als *Faktum* konstatiert, orientiert an der bestehenden Praxis (so etwa Hobbes, a.a.O., III,32f.; V,19f.38f.389; Edwards, a.a.O., I,5). Das ist der Ausgangspunkt für die folgende, kritische Diskussion. Teilweise aber

wird versucht, die Sinnlosigkeit der in Frage stehenden Redeformen *prinzipiell* zu begründen. Hier möchte ich mich auf eine kurze Zurückweisung der drei geläufigsten Argumente beschränken.

Erstens ist geltend gemacht worden, daß die Rede von der "Freiheit des *Willens*" sinnlos sei, weil ein Vermögensprädikat nicht sinnvoll auf ein anderes angewandt werden könne (vgl. z.B. Locke: Essay II,21,14-16; Edwards, a.a.O., I,5; Gomperz 1907,77). Der Einwand entfällt, sobald man die substantivische Rede vom "Willen" und "Wollen" als sekundär gegenüber der verbalen erkennt (vgl. S.39f.) und die Verwendung des Freiheitsprädikats konsequent auf die verbale zurückführt.

Zweitens hat man versucht, die Sinnlosigkeit daraus abzuleiten, daß das Wollen *per se* als "frei" zu betrachten sei. Die Frage, ob ein Mensch, dem Vermögen nach, "frei" sei zu wollen, was er will, erübrige sich, da diese Möglichkeit ja durch die Wirklichkeit analytisch unter Beweis gestellt werde. Dieses Argument, das in der Nachfolge Augustins explizit oder implizit immer wieder vertreten wird (vgl. Anm.37), krankt jedoch zum einen daran, daß es den *modalen Sinn* der Rede von "Freiheit" verkennt bzw. auf der Stufe des Wollens willkürlich weniger restriktiv faßt als auf der Stufe des Handelns, und zum anderen an seiner Ignoranz gegenüber den Problemen der "freien" *Willensbildung*, insbesondere jenen, die die Abhängigkeit des "freien" Wollens von einem *Wollen höherer Stufe* betreffen (vgl. dazu Kap. VI,3-4, bes. S.228 Anm.283).

Drittens schließlich ist eingewandt worden, daß die Infragestellung der Freiheit des Wollens einen *infiniten Regreß* heraufbeschwört, da man für eine positive Antwort gezwungen sei, auf die Abhängigkeit des in Frage stehenden Wollens von einem *anderen*, übergeordneten Wollen zu verweisen, bei dem dasselbe Problem besteht. Das Argument, das von ähnlichen, nicht auf die Willensfreiheit speziell gemünzten Regreßargumenten sorgfältig zu unterscheiden ist (vgl. Anm.38, S.52ff.), hat ohne Zweifel eine Pointe und ist als Grundsatzkritik am Begriff der "Willensfreiheit" von zahllosen Autoren vorgebracht worden, z.B. Hobbes, a.a.O., IV,69; Locke: Essay II,21,23.25; Leibniz: Conf.Phil., ed. Saame, 81; Nouv.Ess. II,21,23; Theod. § 51; Edwards, a.a.O., II,1-2.4.5; Schopenhauer: Freiheit d. Willens, Abschn. I,1; Drobisch 1867, 61; Gomperz 1907, Kap.VIII; Nowell-Smith 1954,286f.; Kenny 1975,147f. Bewiesen wird jedoch nur, daß die Frage nicht auf *jeder* Stufe in der ins Auge gefaßten *Form* beantwortet werden kann, nicht jedoch, daß sie auf *keiner* Stufe des Wollens sinnvoll ist oder daß *andere* Antworten, die kein übergeordnetes Wollen voraussetzen, ausscheiden (vgl. S.228ff., Anm.284-286).

[29] Voltaire: Dictionnaire, Art.Liberté.

[30] Vgl. Thes.Ling.Lat. II,412f.; LaCurne, Dict. VII,170; Godefroy, Dict. IV,771f.; Tobler/Lommatzsch, Altfrz.WB, 395; Oxf.Engl.Dict. IV/1,528; Grimm, WB IV/1, 94ff.124.

[31] Schopenhauer (Freiheit d.Willens, Abschn.IV) zitiert Clemens Alexandrinus als älteste Quelle. Frühere Belege, insbesondere aus Epiktet, geben Schlier 1935,489ff. und Nestle 1967, Kap.7. Zum antiken Freiheitsbegriff im allgemeinen vgl. Schlier 1935,484ff.; Nestle 1967; Kittel, ThWB II,467f.,559ff.; Warnach/Pesch/Spaemann 1972,1064ff.; Bleicken et al. 1975,426ff.; Krämer 1977.

[32] Tertullian und Hieronymus nennen 'autoexusion' als Äquivalent für 'liberum arbitrium' (Thes.Ling.Lat. II,413). Daneben wird vor allem 'prohairesis' in dieser Weise übersetzt; vgl. die Liste bei Warnach/Pesch/Spaemann 1972,1065.

[33] Das gilt insbesondere für Handlungen, die als "freiwillig" oder "aus freiem Willen" getan bezeichnet werden. Die Komposita sind hier offenbar gleichbedeutend mit Einzelwörtern wie 'willentlich', 'willig', 'mit Willen', 'absichtlich' oder 'frei'. Die abgeschliffene Verwendung ist keine Spätentwicklung, sondern bereits im Frühneuhochdeutschen nachweisbar. Bibelstellen, an denen (wörtlich oder in abgeleiteten Formen) im Hebr. 'nadaf', im Griech. 'hekusios' und im Lat. 'sponte' steht, übersetzt Luther zwar meist mit 'freiwillig', gebraucht als bedeutungsgleiche Varianten aber auch einerseits nicht zusammengesetzte Wörter wie 'williglich' oder 'gern', andererseits die grammatisch, hier aber offenbar nicht semantisch prägnante prädikative Wendung 'mit freiem Willen' (vgl. Esra 1/4 neben 1/6). Natürlich schließt das die gleichzeitige Anerkennung des Problems der Willensfreiheit nicht aus, wie sich für Luther nicht nur mit Blick auf die vielfältige explizite Rede vom "freien" bzw. "unfreien Willen", sondern auch mit Bezug auf das Adjektiv 'freiwillig' nachweisen läßt (vgl. das aufschlußreiche Zitat bei Grimm, WB IV/1, 124).

[34] Für die zugehörige Konzeptualisierung der Willentlichkeit vgl. Kenny 1979, viif., für die Willensfreiheit direkt Hobbes (Works, ed. Molesworth V,1f.), der die Fehlentwicklung allerdings erst beginnen läßt, wo die *Freiheit* des Willens vertreten wird, während er die frühchristliche und die reformatorische Konzeption der Willens*unfreiheit* an dieser Stelle (im Gegensatz zu der sonst von ihm vertretenen generellen Kritik) offenbar ausnimmt.

[35] So etwa Schopenhauer (Freiheit d. Willens, Abschn.IV, am Anfang) und differenzierter Gomperz (1907,9ff., vgl. 63f.) und Arendt (1979: II,11f., Kap.I.1 und II).

[36] Obwohl eine explizite Kennzeichnung volitionaler Ereignisse als "frei" oder "unfrei" in den Texten des Alten und Neuen Testaments ebensowenig zu finden ist wie in klassischen griechischen Texten, kann kein Zweifel sein, daß die jüdisch-christliche Tradition die später als "Willensunfreiheit" beschriebene Situation kennt und wiederholt anspricht (z.B. Ex.7/3; Dt. 2/30; 1.Kön. 12/15; Mt.10/19f. parr.; Röm. 9/15ff.; Phil.2/13; 2.Petr.1/21; vgl. auch v.Rad 1962/65: I,328f.; II, 79.221ff.; Wolff 1973, 66.88f.). Partiell dürfte dies wohl auch für die antike Fatalismus-Diskussion gelten, wie sie in Ciceros *"De Fato"* dargestellt wird (vgl. etwa die auf sie bezogene, terminologisch unbekümmerte Rede von "Willensfreiheit" bei Krämer 1977,245ff.).

Im übrigen haben wir uns vor dem Trugschluß zu hüten, die ausdrucksseitige Differenzierung einer Sprache sei ein direkter Spiegel ihrer inhaltlichen (vgl. Seebaß 1981,203 ff.). Ein einzelner Ausdruck kann in verschiedenen Kontexten diverse Bedeutungen haben oder im selben Kontext verschiedene Teilbedeutungen, so daß er in der konkreten Anwendung wesentlich mehr zum Ausdruck bringt, als es zunächst den Anschein hat. Im gegenwärtigen Zusammenhang gilt das mit Sicherheit für das engl. 'voluntary', dessen notorische Vieldeutigkeit (vgl. Oxf.Engl.Dict. X/3,302ff.) schon Bentham veranlaßte, auf seine Verwendung zu verzichten (Principles VIII,2.5 Anmerkungen).

[37] Zugrundeliegt dabei die (problematische, Anm.28) These, daß das Wollen und die von ihm getragenen willentlichen Verrichtungen automatisch als *per se* "frei" zu betrachten sind. Belege liefern Augustin: De lib. arb. III,3,7ff.; De civ. dei V,9-10; Luther WA I, 365f.; Jansen: Augustinus III, 6,3.5ff.; Descartes: Med. IV § 8; Princ. I § 37; Bfe. an Mesland 2.5.1644 und 9.2.1645 (zit. Kenny 1972,24.28); Locke: Essay II,21,25.48; Leibniz: AA VI/1, 542; Theod. App. (ed. Gerhard VI,380); J.Edwards: Freedom I,5 (ed. Ramsey p.193); K.Barth: Kirchl.Dogm. II/1, 644.651.660; IV/2,559.

Entsprechende Definitionen von "Freiheit" vorausgesetzt, sind auch jene Autoren einschlägig, die die Urheberschaftsfrage im alleinigen Rekurs auf volitionale Ereignisse beantworten wollen (vgl. Anm.23), sowie alle Vertreter der Vereinbarkeit von Freiheit und Determiniertheit, die den schlichten Begriff der "Handlungsfreiheit" (vgl. S.215f. Anm. 271) oder allenfalls einen strukturanalog zu ihm definierten Begriff der "Willensfreiheit" (S.228 Anm.283) zugrundelegen. Die neueren Vereinbarkeitstheoretiker berufen sich meist auf die empiristische oder materialistische Tradition (vgl. die "Ahnengalerie" bei Davidson 1973,63), ohne sich ihrer theologischen Vorläufer bewußt zu sein, so daß etwa Bennett (1980,25ff.) die von ihm verworfene anti-deterministische Konzeption von Freiheit als (absoluter) Autonomie unqualifiziert als "die Christlich-Kantianische" bezeichnen und eigene Mutmaßungen über ihre angebliche theologische Notwendigkeit anstellen kann.

[38] Einen Ansatzpunkt dafür liefert Aristoteles' Rede von "Freiwilligkeit". Das Begriffspaar "hekusios"/"akusios" ist bei ihm auf die Aspekte der Freiheit bzw. der Urheberschaft fokussiert, unter weitgehender Hintanstellung des Aspekts der Willentlichkeit. Volitionale Ereignisse wie die des Strebens ("orexis") im allgemeinen, des Wollens ("bulesis"), Begehrens ("epithymia"), leidenschaftlichen Aufbrausens ("thymos") oder des überlegten Entscheidens ("prohairesis") werden als begrifflich irrelevant für die Rede von freiwilligen oder unfreiwilligen Handlungen aufgefaßt (EE II,7-8; NE III,3; vgl. Kenny 1979, ch. 2-3). Kriteriell für bestehende Unfreiwilligkeit sind qualifizierte Zustände des Nichtwissens, wenn nicht allein (vgl. EE II,9), so doch lediglich in Ergänzung durch einen Begriff der "Gewaltsamkeit" oder des "Zwangs", der die Willentlichkeit des betroffenen Verhaltens *nicht* zur Voraussetzung hat. Auch ein völlig willenloses Bewegtwerden soll als "erzwungen" und darum "unfreiwillig" gelten (NE 1110a2f.; EE 1224a15ff.; anders NE 1135a34f.), eine unabsichtliche Handlungsfolge dagegen nur dann, wenn der Handelnde ihr Eintreten anschließend bedauert (NE 1110b18-24, vgl. 1111a19f.). Obwohl Aristoteles mit dieser seltsam ausgreifenden Rede von "Freiwilligkeit" und "Unfreiwilligkeit" selbst keine phänomenal oder begrifflich reduktiven Folgerungen verbunden hat, können weniger phänomenologisch unvoreingenommene Autoren leicht hierzu verleitet werden. So hat Ryle (1949, 84ff., zustimmend auch Kenny 1975, 13f.26) geglaubt, die Explikation der "Willentlichkeit" von Handlungen mit Hilfe kausal wirksamer, mentaler "Volitionen" unter anderem deshalb prinzipiell ausschließen zu können, weil die Annahme, daß sie nur durch solche als "freiwillig" ("voluntary") zu erweisen seien, in einen Regreß führt. Davon kann jedoch keine Rede sein, wenn man sich, der kritisierten Explikation entsprechend, *lediglich* auf den Aspekt der "Willentlichkeit" und auf *solche* fundierenden "Volitionen" bezieht, die nicht mehr den Status von Willenshandlungen haben (vgl. S.52-54, Anm.77.80). Der angesprochene Regreß ergibt sich nur dann, wenn man sich *nicht* länger an den Aspekt der "Willentlichkeit", sondern *nur* noch an den der "Freiheit" hält und dabei sowohl ausschließt, daß Willensereignisse *per se* "frei" sind, als auch, daß ihre Freiheit *anders* sichergestellt werden kann als im Rekurs auf andere, übergeordnete Willensereignisse (vgl. Anm.28). Ryles Kurzschluß entsteht, weil ihn, abgesehen von seinem reduzierten Begriff der "Willensfreiheit", die von ihm zugrundegelegte, ausgreifende Rede von "Freiwilligkeit" ("voluntariness") dazu verleitet, den Aspekt der "Willentlichkeit" vollständig in dem der "Freiheit" aufgehen zu lassen. - Für einen ähnlich kurzschlüssigen Versuch, die Dispositionalität des Willensbegriffs durch seine Subsumierbarkeit unter den Freiheitsbegriff zu begründen, vgl. unten S.173ff.

[39] Zitate aus *"Der Wille zur Macht"*, Nr. 288 (vgl. Werke, edd. Colli/Montinari VIII/3, 100). Zum gleichen Ergebnis führen die in Anm.28 zitierten Bemerkungen Nietzsches zur

"Willensfreiheit" und zahllose Aussagen über die Nichtexistenz bzw. kausale Unwirksamkeit des "Willens" bzw. des willens- und handlungsfähigen "Subjekts" im überlieferten Sinn (vgl. dazu auch Danto 1965a,104f.; Schacht 1983,296ff.).

[40] Der handlungstheoretische Sinn der in der Theologie seit Origenes vielumstrittenen Passage Röm.7/13-25 ist von der Entscheidung der theologischen Streitfragen weitgehend unabhängig. Ob Paulus von seiner eigenen Person, einer Gruppe von Menschen oder der Menschheit im ganzen spricht, ist dafür ebenso irrelevant wie die Frage, ob er die Situation des Nichtchristen oder des - bleibend oder anfänglich - angefochtenen Christen beschreibt. Relevant, weil jede handlungstheoretische Deutung konterkarierend, wäre nur die von einigen existenzphilosophisch beeinflußten Interpreten vertretene Ansicht (Bultmann 1932, 56.60; Braun 1959, 101f.; vgl. Kümmel 1974, 191. 220 Anm.69), daß wir es überhaupt nicht mit Aussagen über konkretes Wollen und Handeln zu tun haben, sondern mit abstrakten theologischen Aussagen über die ("transsubjektive" bzw. "vorpsychologische") Lage des Menschen vor Gott. Doch diese Deutung ist textlich wenig plausibel (Kümmel a.a.O.; Wilckens 1980,115) und würde, selbst wenn sie auf den historischen Paulus zuträfe, nichts an der Tatsache ändern, daß die Wirkungsgeschichte des Textes (auch in der Theologie selbst, vgl. Kümmel 1974,74ff.; Wilckens 1980,101ff.) vor allem von seinem "psychologischen" Verständnis getragen ist, nicht seinem "existentialontologischen".
Es ist daher, gleichgültig ob man dies auch für theologisch angemessen hält oder zu "billig" (Bultmann 1932,55), durchaus gerechtfertigt, die Paulinische Erklärung (mit Kümmel 1974,134 und Arendt 1979: II,68) in den sachlich wie historisch naheliegenden Kontext des klassischen Akrasieproblems zu stellen und von diesem vor allem (vgl. aber auch Anm.93) durch die radikaleren Konsequenzen abzuheben, die in der Täterschaftsfrage gezogen werden. Die Unbefangenheit eines dogmatisch indifferenten philosophischen Zugangs ist hier von Vorteil. Denn das dezidierte Abwehrinteresse gegenüber gnostisch-dualistischen Ansichten hat in der theologischen Rezeption dazu geführt, daß gerade die handlungstheoretisch interessantesten Passagen, sc. die Aussagen zur "gespaltenen Täterschaft" und das sie fundierende Prinzip der fehlenden Selbsttäterschaft bei fehlender Willentlichkeit, in den Hintergrund traten. Nur sie aber erlauben eine sachlich überzeugende Interpretation des gesamten Textstücks. Die oft als rätselhaft empfundene These vom "Nichterkennen des eigenen Tuns" (7/15a) muß dann nicht länger als Ausdruck der allgemeinen Unbegreiflichkeit des Geschehens (vgl. Bultmann 1932,60; Kümmel 1974,59; Braun in: Kittel ThWB VI, 479) oder des bloßen Nichterfassens von Handlungs*folgen* (Bultmann a.a.O.; Wilckens 1980,86) verstanden oder gar mit dem frühen Augustin (vgl. Jonas 1930, 29; Kümmel 1974, 59 Anm.2; Wilckens 1980,87) in einen Ausdruck der *Nichtbilligung* umgedeutet werden. Das in ihr verwendete Verbum 'katergazesthai' hat einen (auch in 7/13 und 18b hervortretenden) kausalen Beisinn, der das Urheberschaftsverhältnis betont und es dadurch (manifest vor allem in 7/20) von den Allerweltsverben 'prassein' und 'poiein' (7/15b.16.19.20a.21a) abhebt. Übersetzt man es entsprechend mit 'bewerkstelligen' bzw. 'handeln' im prägnanten Sinne der individuellen Zurechenbarkeit, kann man, gegeben die (in 7/15b-17 und 20 artikulierte) Bindung von Zurechenbarkeit an Willentlichkeit, der Nichterkennbarkeitsthese einen einfachen Sinn geben: Soweit mein Verhalten ('prassein', 'poiein') nicht willensabhängig ist, kann es, da meine Urheberschaft epistemisch unsicher bleibt, nicht als "mein Handeln" ('katergazesthai') im prägnanten Sinne gelten.

[41] Sartres Diktum, daß man nicht tue, was man wolle, und dennoch verantwortlich sei für das, was man ist (1948,26f.), scheint die Paulinische Aussage auf den Kopf zu stellen.

Doch zeigt eine Parallelstelle (1946,11f.), daß es auch Sartre weniger um die Behauptung der *Irrelevanz* als um die *Nachordnung* des Willens und seines Einflusses aufs Handeln geht, verglichen mit dem von ihm postulierten ursprünglichen "Entwurf" (vgl. 1943,564ff. 573ff.).

[42] Die Textlage ist nicht völlig eindeutig. Neben zahlreichen negativen Aussagen (z.B. Werke, edd. Colli/Montinari IV/2,60f.; V/1,115f.; VI/2,309f.; VI/3,89f.) finden sich gelegentlich auch Hinweise darauf, daß Nietzsche nicht jede Rede von "Verantwortung" verwirft (vgl. a.a.O. VI/3,133). Ob man ihm deshalb bereits (mit Oaklander 1984) eine eigene, positive Konzeption der Verantwortlichkeit zuschreiben kann, erscheint zweifelhaft. Klar ist jedoch, daß er Verantwortlichkeit im uns interessierenden Sinne des "entscheidenden aktiven Anteils" menschlicher Individuen an ihren Verrichtungen ablehnt.

[43] Das ist, auf seinen sachlichen Kern reduziert, der Vorwurf Nietzsches gegenüber der Tradition. Er beruht auf zwei zentralen Prämissen, nämlich (1) daß die "Willentlichkeit" von Verrichtungen eine *notwendige* Zurechenbarkeitsbedingung darstellt und (2) daß der Einfluß des Wollens auf unsere Verrichtungen *nicht sicherzustellen* ist. Die erste Prämisse dürfte als Diagnose über die Auffassung der Tradition (mit gewissen Einschränkungen, vgl. S.35) zutreffen und der Sache nach prima facie plausibel sein. Definitiv begründet ist sie damit natürlich nicht, und sie läßt sich, wie gleich noch verdeutlicht (S.34f.) und im weiteren Verlauf unserer Untersuchungen erhärtet werden soll (vgl. S.204f.), sinnvoll auch nur in einer modifizierten, wesentlich schwächeren Version vertreten. Nur in dieser Form, die sie auf einen signifikanten *Teilbereich* der Verrichtungen einschränkt, ist Nietzsches Kritik, was die erste Prämisse betrifft, gerechtfertigt.

Die zweite Prämisse muß differenziert werden. Als *epistemische* These hat sie vor allem mit Blick auf alltägliche Aussagen über die "Willentlichkeit" oder "Willensabhängigkeit" der Verrichtungen *anderer* Menschen manches für sich, wäre jedoch, generalisiert und auf das Selbstverständnis *aller* (mutmaßlich) willentlich handelnden Subjekte ausgedehnt, äußerst kontraintuitiv und, sofern sie plausibel erscheint, wohl eher ein Beweis dafür, daß ein inadäquater Willensbegriff zugrundegelegt wurde, als ein Beweis für die prinzipielle Unerkennbarkeit des Willenseinflusses. Nach der Klärung des Willensbegriffs werde ich (in Kap. VI,2, speziell S.209ff.) auf diese Frage zurückkommen und zu verdeutlichen suchen, warum uns die angesprochenen epistemischen Probleme nicht *prinzipiell* zu erschüttern brauchen. Epistemische Defizite können uns allerdings, wenn bzw. wo immer sie bedeutsam sind, zwingen, unsere empirischen Ansprüche auf bestehende Willensabhängigkeit oder Zurechenbarkeit *einzuschränken*. Hier, nicht beim Frontalangriff auf die willensgebundene Zurechnung als solche, liegt die entscheidende, metaethische und metajuridische Bedeutung von Nietzsches Kritik. Wie weit sie berechtigt ist, bleibt zu prüfen.

Doch selbst wenn Prämisse (2) im epistemischen Sinne ohne Einschränkung anerkannt werden müßte, bliebe sie im *ontologischen* weiterhin zweifelhaft. Daß *wir*, etwa weil sich der unterstellte Kausalzusammenhang zwischen einem bewußten "Wollen" und einer Körperbewegung wegen des fehlenden Einblicks in neurale oder (im psychoanalytischen Sinne) unbewußte Prozesse, die kausal intervenieren könnten, nicht nachweisen läßt, *keine* verläßlichen Aussagen darüber machen können, ob eine Verrichtung willensabhängig ist oder nicht, muß ja nicht heißen, daß eine Entscheidung hierüber *objektiv* unmöglich ist. Entsprechend könnte Paulus (vgl. Anm.40) zumindest in Fällen der faktischen, doch kausal ungeklärten Übereinstimmung von Wollen und Tun nicht eigentlich auf gespaltene Täterschaft schließen, sondern nur darauf abstellen, daß er, wer immer und in welcher Weise als Täter zu gelten hat, keine Gewißheit darüber erlangen kann, während Gott, der "die

Herzen erforscht", die ihm selbst "unerforschlich" bleiben, über die wahren Verhältnisse sehr wohl im Bilde ist.

Die epistemisch begründete Kritik am traditionellen, willensgebundenen Begriff der "Zurechenbarkeit" reicht also bestenfalls aus, um ihn als "empirisch bedeutungslos" im Sinn seiner *praktischen*, nicht seiner *prinzipiellen* empirischen Inapplikabilität zu erweisen. Nur wenn wir Grund zu der Annahme hätten, daß unser Wollen (als mentales Epiphänomen z.B.) *irrelevant* für unsere Verrichtungen ist oder sein Anteil an ihrer Ausführung *objektiv indeterminiert*, wäre ein weiterreichender kritischer Anspruch gerechtfertigt. Dann erst könnte es zu der von Nietzsche kurzschlüssig proklamierten, völligen Destruktion unserer *Vorstellungen* von moralischer oder rechtlicher Verantwortlichkeit kommen, während sich andernfalls lediglich eine (sehr sinnvolle) Restriktion unserer moralischen und rechtlichen *Praxis* aus seiner Kritik ergibt.

[44] Näheres dazu in Seebaß 1981.

[45] Russells (allerdings nicht alleinstehende, vgl. Anm. 61 und 66) physiologische Definition "willentlicher Bewegungen" als "Vitalbewegungen", die den "höheren Nervenzentren" entspringen (Russell 1921, 46.244), ist ein Beleg für die vielfach geäußerte physikalistische Überzeugung, daß das Wollen, wie alle mentalen Leistungen, durch neurale Ereignisse zu explizieren sei, auch wenn diese nicht weiter spezifiziert werden können (vgl. die Zitate aus d'Holbach und Robinet bei Eisler WB III,555; Armstrong 1968, ch.7; Sellars 1976,51; u.v.a.). Die *theoretische* Voreingenommenheit solcher Begriffsbestimmungen liegt dabei ebenso auf der Hand wie ihre inhaltliche Leere. Ähnliches gilt für psychologische Theorien, die versuchen, den Willensbegriff in ein vorgegebenes, nicht aus der Untersuchung der Phänomene gewonnenes Schema einzupassen. Beispiele liefern die Psychoanalyse (einschlägig hierzu Schöpf 1973,1714ff.) und, völlig anders ansetzend, Skinners Explikation der Rede vom "Willen" als Rede von "operantem Verhalten" unter Bedingungen, in denen die Stimuli weitgehend unbekannt sind (Skinner 1953,110-116).

Düker schließlich läßt sich als Beispiel dafür anführen, wie der Willensbegriff in der experimentellen *Praxis* eingeschränkt werden kann. Obwohl er "Wollen" allgemein als Fähigkeit definiert, zielgerichtete Prozesse "zu koordinieren, zu aktivieren und zu steuern" (Düker 1975,11; 1983,13.81), muß er sich bei dem Versuch, "geübte Handlungen" (Radfahren, Gehen, Stricken u.a.) auf "unterschwelliges Wollen" zurückzuführen, notgedrungen an behaviorale Kriterien halten, die (wie die primär herangezogene Beeinträchtigung geübter durch gleichzeitig auszuführende bewußte Willenshandlungen, vgl. 1983,17. 80.87f. u.ö.) weit hinter dem zurückbleiben, was die ursprüngliche Definition verlangt.

[46] Vgl. Kap. I,4. Kant etwa definiert den "Willen" als ein "vernünftigen Wesen" vorbehaltenes Vermögen, nach "Gesetzen" zu handeln (GMS AA IV, 412f.427.459; KpV AA V, 32.58f.; u.a.), und setzt ihn schließlich sogar mit dem durch "praktische Vernunft" bestimmten "Begehrungsvermögen" gleich (MS AA VI,213; vgl. GMS AA IV,453.458f.; KpV AA V,60). Doch stehen diese mehr oder weniger eindeutig moralisch restringierten Begriffsbestimmungen bei ihm *neben* solchen, die von moralischen Kriterien frei sind (z.B. KpV AA V,15; vgl. Anm.129). Eindeutig dagegen ist die Position jener englischsprachigen Autoren, die, orientiert an dem zwischen "Willentlichkeit" und "Freiheit" changierenden engl. 'voluntary' (vgl. S.30f., Anm.36), die Ansicht vertreten, "willentliche Handlungen" seien negativ definiert als Handlungen, auf die anerkannte Ausschließungsgründe moralischer oder rechtlicher Haftbarkeit nicht zutreffen (vgl. Nowell-Smith 1954,292f.; Hart 1960; Fitzgerald 1961).

[47] Offenkundige Ableitungen und Komposita wie 'Willentlichkeit', 'Willensabhängigkeit', 'unwillig', 'willenlos' usw. bleiben dabei unberücksichtigt, da ihre Beziehung zu den Grundkategorien auf der Hand liegt.

[48] Entsprechend verzichtet das Grimmsche Wörterbuch auf einen eigenen Eintrag für das Substantiv 'Wollen'.

[49] Das gilt unabhängig davon, wie Fähigkeitszuschreibungen im einzelnen analysiert werden. Für ereigniskausal definierte *dispositionelle* Fähigkeiten ist die Bindung an relevante Aktualisierungsbedingungen evident. Denn wie immer die (umstrittene) Frage beantwortet wird, welche *weiteren* Bedingungen erfüllt sein müssen, um Gegenständen den Besitz (aktualisierter oder nichtaktualisierter) Dispositionen sinnvoll zuschreiben zu können, so impliziert diese Zuschreibung jedenfalls *auch*, daß sie sich in einem Zustand befinden, der nicht allein, doch in Verbindung mit bestimmten (situativ bestehenden oder nicht bestehenden) Zusatzbedingungen, die als "auslösende" Kausalfaktoren fungieren, bestimmte andere Ereignisse, deren Träger sie sind, hervorruft. Auch dispositionelle Analysen, die davon ausgehen, daß Dispositionen "hypothetische Konstrukte" (vgl. Anm.53) sind, die sich in unbestimmter oder bestimmter Form auf eine nichtdispositionelle Basis beziehen, z.B. auf relevante Gehirnzustände, können diese *als* Basis einer Fähigkeit nur ansprechen, wenn sie sie in Relation zu Verrichtungen setzen, die für sie definitorisch sind. Ohne die implizite oder explizite Bezugnahme auf Bedingungen, unter denen es manifest wird, kann von einem "Fähigsein" im Sinne von "Disponiertsein" nicht gesprochen werden. Entsprechendes gilt aber auch, wenn man (was viele Philosophen ohnehin ablehnen) Fähigkeiten in Rechnung stellt, die einen *nichtdispositionellen* Charakter haben. Auch die etwaige Fähigkeit eines Individuums, "täterkausaler" Urheber seiner Verrichtungen zu sein (vgl. Anm.26), könnte ihm nur zugeschrieben werden im Hinblick auf Situationen, in denen er (faktisch oder potentiell) "Täter" einer Verrichtung ist.

[50] Eine Schwierigkeit des Versuchs, die verbale Rede von der adjektivischen bzw. adverbialen her verständlich zu machen, besteht in der Tatsache, daß das Verb 'wollen' und seine Varianten grammatisch *transitiv* sind, also nicht in der schlichten Form "x will", sondern (außer in der elliptischen Verwendung) nur in den komplexeren Formen "x will y" oder "x will, daß p" auftreten (vgl. dazu unten S.70f.). Die verbale Rede weist die Erscheinungen der "Willentlichkeit" damit als solche aus, die *"auf etwas gerichtet"* sind, das "gewollt" wird. Dieser Gesichtspunkt, den wir im Anschluß an einen etablierten philosophischen Sprachgebrauch als den der *"Intentionalität"* des Wollens bezeichnen können (vgl. S.69ff.), muß in der adjektivischen bzw. adverbialen Rede semantisch mitgedacht werden, soll deren behauptete Priorität nicht von vornherein abwegig erscheinen. Die Formulierung "willentlich handeln in der Absicht, daß.." sucht das (über die unspezifizierte und daher mißverständliche Formulierung "willentlich tun" hinaus) explizit zu machen, weckt aber ebendamit den Verdacht, auf die verbale Rede und die durch sie nahegelegte Auffassung vom Wollen als eigene Leistung zurückzuführen, da unter "Absicht" oder "Beabsichtigen" normalerweise ja nur ein "Wollen" von etwas als Folge von etwas anderem zu verstehen ist (vgl. Anm.13).

Ich bin dieser Ansicht und werde sie unten (vgl. S.66f. Anm.111) näher begründen, kann sie an dieser Stelle aber noch nicht als gesichert voraussetzen. Daher werde ich bis auf weiteres davon ausgehen, daß der Aspekt der "Gerichtetheit auf etwas" sich auch im Rahmen eines Konzepts verständlich machen läßt, das den Ereignischarakter des "Wollens" negiert und "Willentlichkeit", wie es die adjektivische bzw. adverbiale Rede nahelegt, als bloße Modifikation von Verrichtungen auffaßt (Modell I). Denkbar wäre das. "Willentlichkeit" müßte auf *"Zielgerichtetheit"* reduziert (vgl. auch S.85 Anm.131) und diese ihrerseits *nichtintentional-teleologisch* analysiert werden in einer Form, die *nicht*, wie die meisten komplexeren Analysevorschläge, fundierende *Dispositionen* in Rechnung stellt (vgl. Anm.52), sondern sich ausschließlich am Kriterium des faktischen *Verlaufs* und des *Ergebnisses* von Verrichtungen orientiert. In Kap.V (S.163ff.,176-181) werde ich auf diese ebenso wie auf die nichtintentional-dispositionelle Analyse zurückkommen und argumentieren, daß beide als Versuche zur Explikation der "Gerichtetheit" des Wollens auf etwas ausscheiden.

51 Im Bestreben, das traditionelle Verständnis von Handlungen oder willentlichen Verrichtungen als kausale Folgen volitionaler Ereignisse zu destruieren, ist in der neueren Literatur z.T. behauptet worden, die *bloße* Tatsache, daß ein *logischer* Zusammenhang zwischen dem relevanten Begriff der "Handlung" und jenen Begriffen besteht, mit denen die volitionalen Ereignisse beschrieben werden ("Wollen", "Absicht", "Intention" etc.), schließe ein *kausales* Verhältnis aus (vgl. etwa Foot 1957,66f.; Melden 1960,76f.; 1961, 52f.; R.Taylor 1966,51f.72; Boden 1978,290). Man sollte sich daher von vorneherein anhand unserer Modelle IIa und IIb darüber verständigen, daß *dieser* Einwand gegen das traditionelle Konzept (was immer sonst gegen es einzuwenden sein sollte, S.32ff.,204ff.) ausscheidet.

So wenig die unbestreitbare begriffliche Tatsache, daß es keinen "Belastungsbruch" ohne Belastung und keinen "Rostschaden" ohne Rost geben kann, einen Beweis dafür liefert, daß Belastungszustände oder Prozesse des Rostens keine Ursachen der betreffenden Brüche und Schäden sind, so wenig beweist die begriffliche Bindung von "Handeln" an "Wollen", daß kein Kausalverhältnis im Spiel ist (vgl. auch Stoutland 1970,118f.123-125; Mackie 1974, 288.294; Beckermann 1977, 74.95-99). Es kommt nicht einmal darauf an, ob man das volitionale Ereignis als ein aktuell kausal qualifiziertes identifiziert (sc. als "die faktische Ursache einer Verrichtung" o.ä.) und es damit, im Sinne von Modell IIb, grundsätzlich ans Handeln *bindet* oder ob man, im Sinne von Modell IIa, die Möglichkeit offen läßt, daß es unter veränderten Kausalbedingungen auch *unabhängig* vom Handeln auftritt (vgl. auch Anm.52). Prinzipiell ausgeschlossen ist die ereigniskausale Deutung nur, wenn man sich auf jene *Form* eines logischen Zusammenhangs beschränkt, die unserem Modell I entspricht, sc. die einer bloßen Modifikation von Verrichtungen. In Kap. VI,2 (S.205ff.) werde ich auf die Frage des Zusammenhangs zwischen Willensereignissen und willentlichen Verrichtungen im Rahmen von Modell II zurückkommen.

52 *Dispositionelle* Konzeptionen der "Willentlichkeit", gleichgültig ob sie sich *nichtintentional-teleologisch* verstehen (vgl. Anm.50) oder den (in meinen Augen unhaltbaren, S.91ff.,170ff.) Anspruch erheben, *intentionale* Willenszustände dispositionell zu reduzieren, fallen nach unserer Systematik nicht etwa, wie es bei flüchtiger Betrachtung vielleicht erscheinen mag, unter Modell I, sondern unter *Modell II* und auch das normalerweise (von theoretisch denkbaren Grenzfällen abgesehen) nicht in der Version IIb, sondern in der Version *IIa*, die hier zugleich *ereigniskausal* spezifiziert ist.

Dabei kommt es auch nicht darauf an, ob die in Frage stehenden Dispositionen selbst als Zustände des "Wollens" gelten, die sich nur *potentiell* in Verrichtungen manifestieren, oder ob diese Rede auf *faktisch* vorliegende "willentliche Verrichtungen" eingeschränkt ist. Denn nach dem dispositionellen Konzept sind alle konkreten Verrichtungen ja nur insofern "willentlich", als sie Aktualisierungen dispositioneller Zustände sind. Deren Bestehen aber ist weder begrifflich noch faktisch an konkrete Aktualisierungen gebunden, auch wenn sie als "Dispositionen" nur im Rekurs auf generelle Aktualisierungsbedingungen und korrespondierende Typen von Reaktionen zu identifizieren sind und sich empirisch (normalerweise) nicht unabhängig von einer gewissen, induktiv hinreichenden Anzahl einschlägiger Aktualisierungen zuschreiben lassen (vgl. Anm.49). So wie die "Löslichkeit" eines Stück Zuckers nicht darin besteht, daß es sich faktisch im Kaffee auflöst, so ist, mutatis mutandis, die "Disponiertheit eines Menschen zum willentlichen Heben des rechten Arms" nicht nur in Situationen gegeben, in denen sein Arm konditioniert in die Höhe geht.

Das spezifische Merkmal von Modell IIa, sc. die Möglichkeit des *selbständigen* Auftretens der kritischen Teilereignisse, ist also in *jedem* Falle erfüllt. Begrifflich eingeschränkt ist ihre "Unabhängigkeit von Verrichtungen" nur insofern, als es sich hier per definitionem um Zustände handelt, die *nur* als kausal qualifizierte, nämlich als potentiell kausal wirksame Zustände zu identifizieren sind und auf relevante Verrichtungstypen als Wirkungen verweisen. Die theoretischen Vorteile, die diese Beschränkung für die Explikation des Willensbegriffs mit sich bringt, ebenso wie ihre Schwächen, werden wir später zu prüfen haben (vgl. S. 75f.,91ff.,144ff.,170ff.)

[53] Sein Status ist also bestenfalls (sc. unter Voraussetzung der im folgenden angesprochenen empirischen Kriterien) der eines *"hypothetischen Konstrukts"* im Sinne von MacCorquodale/Meehl (1948), d.h. eines theoretischen Terminus', mit dem ein *Anspruch* auf eine reale, im "Inneren" der Träger phänomenal aufweisbare Basis verbunden ist, dessen *Einlösung* aber noch aussteht.

[54] Die im folgenden angeführten Phänomene werden durchweg, dem nächstliegenden Verständnis entsprechend, als *mentale* aufgefaßt, ohne Rücksicht auf denkbare (von einigen der zitierten Autoren tatsächlich ins Auge gefaßte) behaviorale oder neurale Reduktionen. Natürlich werden nur Belege für charakteristische, faktisch vertretene Positionen gegeben, kein auch nur annähernd repräsentativer Querschnitt der einschlägigen Literatur.

[55] Belege für die häufig vertretene Auffassung des Wollens als faktisch handlungsbestimmendes Wünschen werden unten gegeben (Anm.130). Für weniger bzw. anders spezifizierte Versionen vgl. Mill: System VI,2,4; Utilit., ch.IV; James: Principles (1890) II,486. 560; Armstrong 1968, 152.154; Goldman 1976, 68.75ff.81. - Gegner sind u.a. Locke: Essay II,21,30 (vgl. aber auch Anm.130); Reid: Act.Pow. II,1; Nietzsche: Werke, edd. Colli/Montinari, VIII/2,99.296; Wittgenstein: Werkausgabe (1984) I,183f.465f.;V,235f.; VII, 18f.241; Prichard 1949,189f.195f.; Heider 1958,110; Sellars 1976,57.59.63f.

[56] Hume: Treat.II,3,1; Enqu.Underst.VII/1; Nietzsche: Jens.v.Gut u.Böse I,19; Gomperz 1907,65f.70; Wundt 1911: III, 222.277ff.; div. Autoren zit. Eisler WB III,560.562.566f. - Für Gegenpositionen vgl. die Zitate aus Lotze bei Eisler WB III,560 und Wittgenstein: Werkausgabe (1984) I,182;VII,143.156.

[57] Der Gedanke hatte vor allem gegen Ende des 19. Jahrhunderts Konjunktur. Nietzsche spricht von einem "begleitenden Muskelgefühl", das "auch ohne daß wir 'Arme und Beine' in Bewegung setzen, durch eine Art Gewohnheit, sobald wir 'wollen', sein Spiel beginnt" (Jens.v.Gut u.Böse I,19). Andere Autoren rekurrieren auf kinästhetische Empfindungen und spezielle "Innervationsgefühle". James (Principles (1890) II,493) nennt als Vertreter neben Bain, Helmholtz und Mach auch Wundt, der die betreffenden Phänomene allerdings nicht als hinreichende Kriterien betrachtet hat, wie seine Kritik an der "sensualistischen" Willenstheorie zeigt (Wundt 1911: III,276f.). Weitere Belege bei Eisler WB

III,568. - Neben James, der sie einer detaillierten Kritik unterzog (a.a.O. 493-518), haben auch Wittgenstein (Werkausgabe (1984) I, 467f.; V, 234.236.239; VII, 156f.) und Danto (1963,442f.) diese Auffassung immerhin so ernst genommen, daß sie sich gegen sie abgrenzten.

[58] Einschlägig z.B. Baldwin, zit. Eisler WB III,565. Nietzsche benutzt es zwar nicht als Definitionsmerkmal des "Wollens" selbst, unterstellt aber charakteristische "Gefühle des Zwingens, Drängens, Drückens, Widerstehens, Bewegens [..] , welche sofort nach dem Akte des Willens zu beginnen pflegen" (Jens.v.Gut u.Böse I,19). James sieht einen Typus von Willensentscheidungen, wenn auch keineswegs alle, durch ein besonderes "feeling of effort" gekennzeichnet (Principles (1890) II,534ff., vgl. 521ff.). Ach (1910,245-247; 1935, 201) nennt eine "Bewußtseinslage der Anstrengung" als eines der Willensmerkmale, Gehlen (1978,146f.364) die Fähigkeit von "motorischen, geistigen, emotionalen usw. Vollzüge[n]", sich "Hemmungen" oder "Widerstand" gegenüber durchzusetzen. Daß das Konzept auch in neuerer Zeit nicht obsolet ist, zeigt McCann 1972. - Kritiker sind u.a. Hume: Enqu.Underst.VII/1; R.Taylor 1966,70; Thalberg 1983,135ff.

[59] Vgl. Wundt 1911: III, 227.229f., vgl. 224f.231ff.; Ach 1910, 238f.247; 1935,201; Russell 1921,285; Lewin 1926,348ff.355f.; Düker 1975,139.149.151, vgl. 1983,80.82ff.103; Eisler WB III, 562.566.

[60] Willensdefinitionen im direkten Rekurs auf Gefühle der Lust und Unlust finden sich z.B. bei Leibniz: Conf.Philos., ed. Saame 1967, 65.73ff.164 A.98; Gomperz 1907, 68-70 (für einen bestimmten Typus des Wollens) und Ach 1910,266f.; 1935,203 (für die komplette "Willenshandlung", nicht für den "primären Willensakt"). Weitere Belege bei Eisler WB III, 560f.564.566f. Einschlägig sind zudem alle Willensbegriffe, die einen hedonistisch interpretierten Begriff des "Wünschens" zugrundelegen (vgl. Anm.234).

[61] Ach etwa (1935,201; vgl. 1910,240ff.) spricht von einem "Erledigungsbewußtsein", das beinhaltet, daß "das beabsichtigte Tun unter allen Umständen ausgeführt werden wird". Russell (1921,285) sieht das "Wollen im emphatischen Sinn" durch das mit ihm einhergehende Urteil "Dies werde ich tun" gekennzeichnet - eine Auffassung, die Wittgenstein (Werkausgabe (1984) V,239) für "absurd" hält und die auch frühere Autoren verworfen haben (vgl. Brentano: Psychologie II,8,3).

[62] Vgl. Brentano: Psychologie II,8,5.10; Gehlen 1978,147.364-366 und die Zitate aus Mach bei Eisler WB III,569.

[63] Das gilt besonders für Willensbegriffe, die auf hedonistisch verstandenes Wünschen oder Begehren rekurrieren. Für relevante Aussagen, die sich direkt aufs Wollen beziehen, vgl. Nietzsche: Fröhl.Wiss.III,127 und Eisler WB III,567.

[64] Wolff: Psych.Rat. §517; Reid: Act.Pow. II,1.3; IV,1; Gomperz 1907,65f.; Ach 1910, 239f.247; 1935,201; Wellek 1950,107; Rensch 1973,181.240; Düker 1975,142; 1983,13; diverse weitere Belege bei Eisler WB III,563.566f.569.

[65] Vgl. James: Principles (1890) II,486f.488.518; Eisler WB III,564.569.

[66] James' klassische Theorie (Principles (1890) II,488ff.) wurde von Russell (1921,285f.) und neuerdings Goldman (1976,76-82) aufgegriffen. - Zu den Gegnern gehört Wittgenstein: Werkausgabe (1984) V,234-236; vgl. I,468.

[67] Vertreter sind u.a. James: Principles (1890) II, 559.562.568; Wundt 1911: III,232.283-287; McDougall, ref.Boden 1978,283 und Düker 1975,143. Zu den Gegnern gehört Prichard 1949,189. Literarische Belege, die die Verbreitung der Auffassung vom "Wollen" als Konzentrationsleistung verdeutlichen, finden sich z.B. bei Büchner (*"Lenz"*, Abs.41) und Th.Mann (*"Felix Krull"*, Kap.2).

[68] Die Zitate stammen aus *"Philos.Unters."* §655, §635 und *"Zettel"* §45f.; Werkausgabe (1984) I,471.474; VIII,276; vgl. I,475f.478; VII,156. Das zweite Zitat zeigt, daß das dritte einschlägig ist, obwohl darin nicht vom "Wollen" sondern von "Absicht" und "Intention" die Rede ist. Einschlägig dürften daher auch die entsprechenden negativen Aussagen von Anscombe sein (1957, §27, vgl. §29f. und p.29.42). Sachlich bemerkenswert sind die Beschränkungen, die in der Subsumtion mentaler Phänomene unter *"Erlebnisse"* enthalten sind. Die Konnotationen der Passivität und Rezeptivität, die dieser Begriff besitzt (vgl. S.23f.), können beim Versuch, Wille und Absicht mental zu begreifen, von vorneherein in die falsche Richtung führen. Die generelle Schlußfolgerung ("kein Bewußtseinszustand") ist durch die zitierten Evidenzen (zumal durch die verkürzte Negation "weder Gemütszustand, Stimmung, noch Empfindung, oder Vorstellung") allein also nicht hinreichend begründet. Daß Wittgenstein im übrigen auch die zurückgewiesenen "Erlebnisse" nicht für begrifflich völlig irrelevant hält, zeigt Philos.Unters. §636.

[69] Diese können eine abgeschlossene oder auch eine offene Liste bilden, falls "Wollen" als *"cluster concept"* im Sinne Putnams (1962,50ff.) aufgefaßt wird, d.h. als Begriff, der durch eine unbestimmte Anzahl relevanter Merkmale charakterisiert ist, von denen keines notwendig und kaum eines für sich hinreichend ist. Eine scharfe Abgrenzung ergäbe sich daraus natürlich nicht.

[70] Einschlägig sind bereits Descartes' unspezifizierte Rede vom "Wollen" als einem der beiden grundlegenden "modi cogitandi" (Princ. I, §9.32; vgl. Passions I, Art.17f.) und Humes Rekurs auf eine besondere "internal impression" (Treat.II,3,1). Explizit auf Undefinierbarkeit und reflexive Erfaßbarkeit (o.ä.) abgehoben haben Locke: Essay II,21,30; Hume a.a.O.; Reid: Act.Pow. II,1 und James: Principles (1890) II,486.568f. Für weitere Belege bei Eisler WB III,560.565; Brentano: Psychologie II,8,5; Prichard 1949,189; Fischel 1971,12; Thalberg 1983,131f.; Blumenfeld 1983,188. - Zu den Gegnern gehören (neben Wittgenstein und Anscombe, Anm.68) Gehlen 1978, 362.364; Melden 1960,72f.; Armstrong 1968, 152 und diverse frühere Autoren zit.Eisler WB III, 567.569f.

[71] So z.B. Melden 1960,72f.; 1961,47ff.

[72] Das gilt nicht nur für klassische Definitionen sondern prinzipiell auch für andere Definitionsformen. Wenn sich gewisse Termini nur kontextuell oder nur zusammen mit anderen definieren lassen, oder wenn "strukturerhellende" Definitionsketten verwendet werden, die insgesamt zirkelhaft sind, ist es von höherer Warte aus eben das *ganze* Strukturmuster, das ("holistisch") als irreduzibel und seinerseits nicht definierbar vorausgesetzt wird. An *irgendeiner* Stelle muß jedes explikative Verfahren Voraussetzungen machen, die unexpliziert akzeptiert werden.

[73] So z.B. R.Taylor 1966,68 in Analogie zu Humes Bestreitung der Realität einer besonderen Eigenschaft der "kausalen Kraft".

[74] Eine vollständige Übereinstimmung bei der Einordnung konkreter Beispiele ist unwahrscheinlich, aber auch nicht erforderlich, da wir immer mit intersubjektiv anerkannten Grenzfällen und individuell differierenden Intuitionen über die Grenzen der "Willentlichkeit" zu rechnen haben und an irgendeiner Stelle gezwungen sein werden, konventionelle Festsetzungen zu treffen (vgl. S.21 Anm.17). Der Verfechter des Konzepts verfügt daher über einen relativ breiten Spielraum, um sich von Einwänden aufgrund von Gegenbeispielen zu dispensieren.

[75] Vgl. z.B. Sellars 1966,150.153.155; 1976,48; Goldman 1976,68.

[76] Melden 1960, 71f.77; R.Taylor 1966, 72-74, vgl. 67.71.90f.94f.; Thalberg 1983,146-149.

[77] Vgl. z.B. Ryle 1949,85; Anscombe 1957,47.49, vgl. 29; Kenny 1975, 13f.26; Blumenfeld 1983,189. Der Regreß-Einwand, der gegen die Charakterisierung des "Wollens" als (seinerseits "willentliches") *"Handeln"* gerichtet ist, muß von Versionen, die den Regreß für Versuche konstatieren, "Wollen" zur Explikation des *"aktiven Anteils"* (S.52 Anm.76) oder der *"Freiheit"* (Anm.28 und 38) des Täters heranzuziehen, unterschieden werden. In der Literatur sind die verschiedenen Formen des Arguments nicht immer klar auseinandergehalten worden.

[78] Vgl. Berkeley: Works, edd.Luce/Jessop II,216f.; Prichard 1949,189ff. Nachfolger Prichards sind u.a. Blumenfeld 1983 und diverse Autoren zit. Hornsby 1980,62 A.3 und Thalberg 1985,10f.

[79] Ryle 1949, ch.III/2; vgl. R.Taylor 1966, ch.5

[80] Daß der (diesbezügliche, vgl. Anm.77) Regreß-Einwand entfällt, wenn man die Charakterisierung des "Wollens" als "Handeln" aufgibt, ist wiederholt festgestellt worden (vgl. z.B. Sellars 1966,156f.; Armstrong 1968,137; Kenny 1975, 26.35; Goldman 1976,69). Zu Ryles kurzschlüssiger Annahme eines bestehenden Regresses vgl. Anm.38

[81] Für das erste vgl. z.B. die in Anm.67 zitierten literarischen Belege und James: Principles (1890) II,559ff.568, der den "effort of attention" als "the essential phenomenon of will" (sc. im engeren Sinne) bezeichnet. Für das zweite vgl. etwa Drobisch 1867,79 und Ach 1935,201. Auf "Angestrengtheit" als Kriterium deutet auch der umgangssprachliche Ausdruck 'gewollt' in Äußerungen wie 'Seine Ausgelassenheit wirkte gewollt'.

[82] Belege für eine Bindung des Wollens an die Kriterien der *"Wahl"* oder *"Entscheidung"* bieten (u.a.) Locke: Essay II,21,5.30; J.Edwards: Freedom I,1; Sellars 1976, 52.56f. Eisler WB III, 555.563f. und für die Psychologie Nuttin 1972,587; Rensch 1973,181ff.; Schneider 1980,166. Für den Rekurs auf eine besondere Form des *"Entschlusses"* (o.ä.) vgl. etwa Wundt 1911: III,233f.; Lorenzen/Schwemmer 1975,159f.; v.Cranach et al. 1980, 89 und Düker 1975,138, der sich seinerseits auf L.Nelson beruft.

[83] Vgl. z.B. Lewin 1926,371f.376ff.; Prichard 1949,189; Ryle 1949,86f.93f.; Wittgenstein: Werkausgabe (1984) I,465f.; V,237.241; VII,459. Ein literarischer Beleg für die Trennung von "Entschluß" und "Wille" in der Umgangssprache ist in Goethes *Torquato Tasso* III,V.1741 zu finden.

[84] Vgl. Heider 1958, ch.4-5; Hampshire 1959, 107f.112.170f.182ff.; Armstrong 1968, 149-151; McCann 1972; Annas 1977-78, 203.206ff.; Davis 1979, 16ff.44-46; Hornsby 1980, ch.3 u. passim; O'Shaugnessy 1980: II, passim, vgl. speziell 46.58.75.100f.111f. 113.127. Für eine frühere, weniger prägnante Definition des "Wollens" durch "Versuchen" vgl. Wolff: Psych.Rat. §517.

[85] Manche Autoren binden "Versuchen" begrifflich an "Anstrengung". Heider (1958,109. 123.125) betrachtet "intention" und "exertion" als *gemeinsame* Konstituanten des "trying". McCann (1972,239ff.) *expliziert* "trying" sogar als "physical effort". Beide rechnen jedoch mit Fällen, in denen ein Minimum an Anstrengung genügt. Die Einführung des Kriteriums muß daher nicht als Rückgriff auf das S.54f. diskutierte Konzept gedeutet werden, sondern ist als Versuch zu verstehen, den Begriff des "Versuchens" quantifizierbar zu machen (vgl. explizit Heider 1958,109).

[86] Entsprechend bestimmt das deutsche Strafrecht (StGB §22) den "Versuch" als Handlung desjenigen, der "nach seiner Vorstellung von der Tat zur Verwirklichung des Tatbestands unmittelbar ansetzt". Vgl. zur Sache Thalberg 1983,134f.

[87] Daß der Begriff des "Versuchens" zur Explikation willentlicher Verrichtungen ungeeignet ist, weil von Versuchen nur die Rede sein kann, wo (zweckgerichtet) gehandelt wird, ist von Kritikern des Konzepts wiederholt vorgebracht worden, z.B. von R.Taylor 1966, ch.6; Sellars 1966,156; 1976,48; Danto 1973,135ff.; vgl. 1963,439f.; 1965b,55f.; Thalberg 1983,134f. Einige Vertreter (Annas 1977-78,207; Davis 1979,17.21.39f.44f.; O'Shaugnessy 1980: II, 46-48.56 u. passim; vgl. auch Prichard 1949,196) suchen diesem Einwand dadurch zu entgehen, daß sie "Versuche" selbst als (primäre) "Handlungen" auffassen. Diese Replik erscheint jedoch wenig erfolgversprechend, denn sie belastet das Konzept zusätzlich mit den S.52-54 erörterten Schwierigkeiten.

[88] Vgl. James: Principles (1890) II,105f. Die von James berichteten experimentellen Befunde sind von mehreren Vertretern des Konzepts als Beleg für die Realität des "Versuchens" herangezogen worden. Versuche, deren Erfolg durch Lähmung oder externe Hinderung vereitelt wird, werden von nahezu allen Vertretern angeführt und sind das primäre Objekt ihrer Kritiker.

[89] Vgl. R.Taylor 1966,81.83.

[90] "'Wollen' wird manchmal in der Bedeutung von 'Versuchen' verwendet. 'Ich wollte aufstehen, war aber zu schwach.' Andererseits will man sagen, daß, wo immer eine willkürliche Bewegung gemacht wird, gewollt werde. Wenn ich also gehe, spreche, esse, etc., etc., so soll ich nun eben das tun wollen. Und hier kann es nun nicht versuchen heißen. Denn wenn ich gehe, so heißt das nicht, ich versuche zu gehen und es gelinge. Vielmehr gehe ich für gewöhnlich, ohne es zu versuchen." Wittgenstein: Werkausgabe (1984) VII,19; vgl. I,467.

[91] Soweit er nicht durch die besonderen Umstände erfolgloser Versuche erläutert wird, bleibt der Begriff des "Versuchens" in der einschlägigen Literatur nahezu vollkommen unbestimmt. Manche Autoren (Heider und Hampshire z.B., vgl. Anm.84) legen seine Auffassung als eigentümliche *mentale* Leistung nahe, ohne dies freilich ausdrücklich zu machen und mit anderen Aussagen, die auf behaviorale Identifizierungsbedingungen abstellen, theoretisch in Einklang zu bringen. Andere Autoren betonen die ontologische *Neutralität* ihrer Rede über "Versuche" (z.B. Annas 1977-78,206; Davis 1979,24). Wieder andere (z.B. Armstrong 1968) identifizieren sie mit unspezifizierten *physischen* bzw. *neuralen* Ereignissen.

Hornsby verknüpft ihren Begriff des "Versuchens" mit der Forderung nach einer fundamentalen Reformulierung des Leib-Seele-Problems und erschwert sein Verständnis damit zusätzlich. Sie verwirft die Gleichsetzung der von ihr ins Auge gefaßten "tryings" mit mentalen Ereignissen im Sinne des traditionellen Dualismus (1980, 55-60.104.110; vgl. 1980-81,76.85), möchte sie aber gleichwohl als "interne" Ereignisse (1980,33.44f.58) auffassen, von denen wir ein direktes, nichtinferentielles Wissen haben (1980,40.109f.; 1980-81,78f.). Wie dies mit ihrer Behauptung zu vereinbaren ist, "that a theory that identifies actions with tryings has no need to posit anything more than physical events" (1980, 59), bleibt freilich ihr Geheimnis. Ihre Erklärung, "the agent's awareness of his action" sei durch neurale Ereignisse verursacht (1980-81,79), hängt in der Luft, da beide Relata dieser Kausalbeziehung unspezifiziert bleiben und Hornsby selbst (innerhalb ihres Ansatzes einigermaßen plausibel) argumentiert, daß es *keinen* Grund gibt, neurale Antezedenzien der als "Handlungen", d.h. als Wirkungen von "tryings" interpretierten Körperbewegungen ihrerseits *nicht* als Wirkungen solcher "tryings" aufzufassen (1980,105f.; 1980-81,77f.80f.). Daß ein projektierter erweiterter Begriff des "Physischen" (1980-81,89f.) auch die weder als mentale noch als neurale Ereignisse geltenden "Versuche" einschließen könnte, bleibt ebenfalls unverständlich, solange wir über die letzteren letztlich nicht mehr erfahren, als daß es sie geben soll.

Noch rätselhafter ist das Konzept bei O'Shaugnessy (a.a.O. Anm.84), der, wie Hornsby, alle "Handlungen" auf "Versuche" ("tryings", "strivings") zurückführt, diesen aber in dem Bestreben, die Grenzen des traditionellen Leib-Seele-Problems zu sprengen, einen Zwitterstatus als "Handlung und Ereignis zugleich" zuweist (II,46-48.56) und den Zusammenhang zwischen "Versuchen" und gewöhnlichen physischen Ereignissen nicht nur als kausal (vgl. bes. II,289-295), sondern als "kausal und logisch zugleich" verstehen will (II,347ff.). Wenn dies überhaupt rational zu begreifen ist, dann nur in Abhängigkeit von den Gründen, die für das Vorliegen von "Versuchen" in konkreten, allgemein anerkannten Fällen menschlichen Handelns sprechen sollen. Hier geraten wir bei O'Shaugnessy jedoch in die gleichen Aporien wie bei allen Vertretern dieses Konzepts. Bei gewöhnlichem zweckgerichtetem Handeln ("intentional instrumental action" II,88ff.101ff.) ist der Rekurs auf "Versuche" und die Identifizierung aller "Handlungen" mit ihnen verständlich, aber nicht signifikant, da wir es mit Verrichtungen zu tun haben, deren Handlungscharakter vorausgesetzt ist (sc. "basic actions"). Bei den Basishandlungen selbst entstehen die im Text benannten Probleme. Im Erfolgsfalle ist nicht ersichtlich, *daß* man auf "Versuche", mit denen diese Handlungen zu identifizieren wären (II,103ff.), rekurrieren muß und *worin* sie bestehen sollen. In Fällen des erfolglosen "Versuchens", die die Lücke schließen könnten, bleibt unklar, *ob* bzw. *welches* von O'Shaugnessy unterstellte "active something" (II,94f.) übrig bleibt, wenn man von den Phänomenen, die *nur* in diesen Fällen auftreten, absieht. Zudem gibt es Anzeichen, daß *andere* mentale Ereignisse, sc. Wünsche und Meinungen, unter der Hand die Stelle der nicht vorhandenen genuinen Kriterien für "Versuche" einnehmen (vgl. II, 115f.118.296f.). Und der Gedanke, daß der Begriff des "Versuchens" auch und sogar primär (vgl. II,115) im Rekurs auf sogenannte "subintentionale Handlungen" wie z.B. unwillkürliche Zungenbewegungen verständlich wird (II, 58 ff.95ff.), scheitert schon daran, daß der Handlungscharakter derartiger Verrichtungen mehr als zweifelhaft ist.

[92] *Mehr* als ein Prima-facie-Argument kann es natürlich nicht sein, denn seine Beweiskraft ist (zumindest) in dreierlei Hinsicht eingeschränkt. Erstens bezieht es sich nur auf jene Ereignisse, die im Kontext der These vom Wollen als Phänomen sui generis eine Rolle spielen, sagt also nichts aus über die Möglichkeit einer Explikation durch *andere* mentale Leistungen. Zweitens wäre es, selbst wenn es für diese ebenso gültig wäre, immer noch kein Beweis für die theoretische Notwendigkeit von Modell I, da Modell II (wie wir festgestellt hatten, vgl. S.46 Anm.52) auch *dispositionell* interpretierbar ist.

Drittens schließlich hängt die Beweiskraft des Arguments davon ab, daß (1) *alle* für uns bedeutsamen Erscheinungen menschlicher Willentlichkeit, zumindest was ihren begrifflichen Kern betrifft, *einheitlich* zu explizieren sind und daß dabei (2) die Phänomene des unproblematischen, unverzögerten Willenshandelns als *Musterbeispiele* gelten können. Beide Prämissen verstehen sich jedoch nicht von selbst (vgl. Anm.112). Vielmehr werden die Untersuchungen im gegenwärtigen Abschnitt zeigen, daß die alltägliche ebenso wie die literarisch dokumentierte Rede vom "Wollen" den direkten Schritt zum "Tun" keineswegs als empirische Selbstverständlichkeit oder als etwas begrifflich Indispensibles hinstellen und daß eine Willenstheorie, die dem Sprachgebrauch Rechnung trägt, allenfalls darauf abstellen kann, daß wir *neben* der nicht handlungsgebundenen eine handlungsgebundene Rede vom "Wollen" anzuerkennen haben (vgl. S.67f., Anm.112, S.85f.,165f.).

[93] Vgl. neben der schon zitierten Passage Röm. 7/13-25 (S.33 Anm.40) vor allem Phil. 2/13, 2.Kor. 8/10f. und Gal. 5/17. Die Gegenüberstellung von Tun und *Wollen* scheint (wie die Rede vom "freien Willen", vgl. S.29ff. Anm.30ff.) erst in römisch-hellenistischer Zeit vollzogen worden zu sein, partiell bedingt oder verstärkt durch jüdisch-christliche Einflüsse. Insofern dürfte Paulus nicht nur eine der einflußreichsten, sondern auch eine der historisch frühesten Quellen für die in Frage stehende Unterscheidung darstellen.

Dabei liegen die Neuerungen vor allem auf der begrifflichen Ebene, weniger in einem grundlegend gewandelten Verständnis der Sache selbst (vgl. Anm.36). Von einem *Wünschen* oder *Begehren*, das infolge mangelnden Könnens nicht zur Tat führt, ist natürlich schon immer die Rede gewesen. Auch die Paulinische Fassung des Problems der *"Willensschwäche"* ist durch das klassische Akrasieproblem vorbereitet, doch gehen die Differenzen hier ohne Zweifel über begriffliche Umlagerungen hinaus, und zwar nicht nur in der früher (Anm.40) erwähnten Täterschaftsfrage. Das "Sokratische Paradox", das vor allem durch die geflügelte Formulierung Ovids (*"Metamorph."* VII,20f.) eine nachhaltige geistesgeschichtliche Wirkung *neben* der Version des Paulus entfaltete, sieht das entscheidende Problem in einem nicht vollzogenen, aber eigentlich zu erwartenden oder zu fordernden Schritt von der Theorie zur Praxis, sc. von der Erkenntnis des Guten bzw. situativ Besten *zu* dessen Wollen und faktischem Tun. Es handelt sich also (wenn überhaupt, vgl. unten S.96ff.) nur um ein Defizit an praktischer Rationalität, nicht um eine wirkliche "Schwäche des Wollens". Erst die Paulinische Fassung verlegt das Problem an diese Stelle und betrachtet es als Ausdruck eines *internen* Defekts der menschlichen Motivationalität, der den Schritt vom Wollen zum Tun beeinträchtigt.

[94] Zwei markante literarische Belege liefern hier z.B. Dante: *"Inferno"* V,23f. und Shakespeare: *"Julius Caesar"* III,3.

258

95 Zitate aus Goethe: *"Shakespeare und kein Ende"* II und *"Maximen und Reflexionen"* Nr. 915f. (ed.Hecker); ähnlich Goethes Gedicht *"Problem"*.

96 Kants berühmte Formulierungen vom Anfang der *"Grundlegung"* (AA IV,393f.) sind in dieser Beziehung alles andere als originär. Den einschlägigen geflügelten Worten römischer Schriftsteller ("Ut desint vires.." etc.) korrespondiert im Deutschen die schon für die mhd. Dichtung belegte sprichwörtliche Rede "den Willen für die Tat nehmen" (vgl. Grimm WB XIV/2,165). Literarische Belege liefern u.a. Lessing (*"Nathan d. Weise"* I,5) und Goethe (*"Stella"* V 2.Fassg.; *"Herm. u. Dorothea"* VI,209f.).

97 Schiller: *"Wallensteins Tod"* I,7; V.523ff.

98 Vgl. K.Vötterle (ed.): Deutsche Haussprüche, Kassel o.J.,45.

99 Auch das scheinbare "Nichtstun" bei Unterlassungen hat, *wenn* es willensabhängig erfolgt, formal den Status des "Tuns": ein Sachverhalt "q" *besteht*, und zwar *aufgrund* der Tatsache, daß eine Person "x", die den Willen und die Voraussetzungen dazu besitzt, für sein Bestehen gesorgt hat. Ob q erst herbeigeführt wird oder schon früher bestanden hat, so daß sein "Bestehen" ein "Fortbestehen" bedeutet, ist dabei ebenso sekundär wie die Frage, ob "q" sich auf einen Zustand oder Prozeß bezieht (vgl. Anm.2), auf eine Basisverrichtung von x, eine elementare Körperbewegung z.B., oder auf die kausale oder nichtkausale Folge einer Basisverrichtung bzw. auf einen Komplex aus beiden (vgl. S.15f.). Und natürlich spielt auch keine Rolle, ob der gewollte Sachverhalt positiv ("q" = "p") oder negativ ("q" = "-p") beschrieben wird.

100 Vgl. z.B. Locke: Essay II,21,5ff.; Bentham: Principles VII,8-10, vgl.X,3; Weber: Soziol.Grundbegr. §1. Annas (1977-78,204) benutzt darüber hinaus den Handlungscharakter willentlicher Unterlassungen als Einwand gegen die in der analytischen Handlungstheorie geläufige Identifizierung von Handlungen und willentlichen Körperbewegungen. Ihr Punkt ist gut, auch wenn er zur positiven Begründung des von ihr vertretenen Konzepts des Wollens als "Versuchen" (vgl. Anm. 84, 87 und 91) nichts beiträgt.

101 Vgl. Thomas: De Ver. q5 a4 ad3-4; q23 a2-3; SG III,71,4; STh I q19 a9; q22 a2 ad2; Leibniz: Conf.Philos., ed. Saame 1967, 57.73ff.; Theod. §22-25.158; Reid: Act.Pow. IV, 11; Barth: Kirchl.Dogm. II/1, 644.651.666ff.; III/3, 402-425.

102 Ein Beispiel dafür liefert Inwagen (1983, ch.V), der glaubt, einen Einwand von H. Frankfurt gegen die Bindung moralischer Verantwortlichkeit an die Fähigkeit, anders handeln zu können, nicht für "positive Handlungen", wohl aber für Unterlassungen widerlegen zu können. Inwagens Skrupel entspringen der mangelnden Rücksicht auf die formale Gleichheit von "Wollen/Bewirken, daß p" und "Wollen/Bewirken, daß q (= -p)" (vgl. Anm.99) und sind im übrigen völlig unnötig, da Frankfurts Einwand auch für "positive Handlungen" leicht zu entkräften ist.

103 Vgl. Baumann: Strafr., 8.Aufl. 1977, §16 II.4, §18; Jescheck: Lehrb.d.Strafr., 3.Aufl. 1978, §58-59; Schönke/Schröder/Stree: StGB, 23.Aufl. 1988, §13 Einl. Ziff.134-162, §13. - Als problematisch gelten im deutschen Strafrecht weniger die sogen. *"echten Unterlassungsdelikte"*, die ein (willentliches) Nichtbefolgen eines ausdrücklichen gesetzlichen Handlungsgebots betreffen, z.B. die unterlassene Hilfeleistung nach StGB §323c, sondern

primär die sogen. *"unechten Unterlassungsdelikte"*, die in ziemlich unbestimmter Form StGB §13 anspricht und die durch Fälle wie das Verhungernlassen eines Kleinkinds oder die Unterlassung von Sicherungsmaßnahmen an Baustellen exemplifiziert werden. Da die Rechtswissenschaft, wie alle Wissenschaften, die auf die Deutung kanonischer Texte festgelegt sind, in der mißlichen Lage ist, sich nicht uneingeschränkt an den objektiven Gegebenheiten orientieren zu können, überrascht es nicht, daß die Definitionen und Explikationen auch hier weit auseinandergehen und gravierende Begriffsverwirrungen bestehen. Abenteuerlich erscheint z.b. die von Radbruch 1904 angeregte und bis heute vertretene (Schönke/Schröder/Stree a.a.O., §13 Einl. Ziff.138f.) Auffassung von (positiven) "Handlungen" und "Unterlassungen" als *kontradiktorische* Gegensätze, die zur Folge hat, entweder daß das Merkmal der Willentlichkeit vollständig unter den Tisch fällt (vgl. dazu auch Baumann a.a.O., 202) oder daß nicht zwischen "x will/bewirkt, daß -p" als konträrem und "-x will/bewirkt, daß p" als kontradiktorischem Gegenteil von "x will/bewirkt, daß p" unterschieden wird. Ebenso unverständlich ist die von den meisten Autoren explikativ herangezogene grundsätzliche Trennung von "Geboten" und "Verboten", die auf der Nichtanerkennung der von einigen Rechtstheoretikern (K.Wolff und H.Kelsen, vgl. Baumann a.a.O., 200) natürlich mit völligem Recht beanspruchten logischen Äquivalenz der deontischen Modalsätze 'Geboten, daß p', 'Verboten, daß -p' und '-Erlaubt, daß -p' beruht. Grundlage dafür dürfte die generelle Unklarheit über die propositionale Gleichrangigkeit von 'p' und '-p' (='q') sein, die sich auch in der irrigen Ansicht äußert, negative Sachverhalte, wie sie für Unterlassungen kennzeichnend sind, bildeten keine echten Kausalfaktoren (vgl. Jescheck a.a.O.,487.501f.; Schönke/Schröder/Stree a.a.O., §13 Ziff.61).

Würde man die relevanten logischen Prinzipien beachten, würde man bei der Beschreibung der Tatbestände von der formalen Gleichrangigkeit negativer und positiver Formulierungen ausgehen und zugleich zwischen Basisverrichtungen und ihren Folgen unterscheiden (vgl. Anm.99), und würde man darüber hinaus den Gesichtspunkt der Fahrlässigkeit, der auf *früher* gelegene Willenshandlungen der *gleichen* Typen zurückführt, konsequent ausklammern, dürfte es nicht schwerfallen, das theoretische Dickicht zu lichten, das den strafrechtlichen Begriff der "Unterlassung" umgibt. Wenn der Gesetzgeber hier (aus begreiflichen Gründen) unpräzise geblieben ist, so ist es die Aufgabe des handlungstheoretisch informierten Rechtstheoretikers, ihm Formulierungshilfe zu geben.

[104] W.Busch: Gedicht *"Gründer"*, in: *"Schein und Sein"* (1909)

[105] Letzteres kann bei "rationalen" Wesen (vgl. jedoch Anm.155) vorausgesetzt werden, wenn wir annehmen: (a) daß ein rational willensfähiges Wesen, das sich der Alternative von Untätigbleiben und Tätigwerden bewußt ist, nicht umhin kann, das eine oder das andere mit Willen zu tun, und daß dies (b) jeweils das Wollen auch der von ihm vorausgesehenen bzw. für wahrscheinlich gehaltenen Folgen einschließt. Die erste Voraussetzung liegt der These des philosophischen Existentialismus zugrunde (vgl. Sartre 1943,587.699; 1946,28-30), daß es unmöglich sei, nicht zu wählen, d.h. daß Willensindifferenz beim "existierenden" Menschen *niemals* vorkommt. Auch wenn man dieser Extremposition skeptisch gegenübersteht, weil die Annahme einer *durchgängigen* reflexiven Bewußtheit und Rationalität von Menschen wenig realistisch erscheint, bleibt der entscheidende Punkt *für die Fälle*, in denen diese Bedingung erfüllt ist, plausibel. Und für die zweite Voraussetzung lassen sich, wenn sie nicht unmittelbar einleuchtet, zumindest gewichtige theoretische Gründe anführen (vgl. Anm.14).

Es ist daher nicht verwunderlich, daß der Versuch, das Theodizeeproblem im Rekurs auf das "bloße Zulassen" des Übels zu lösen, vielfach als ungenügend empfunden wird (vgl.

z.B. Hobbes: Works, ed.Molesworth IV,250; V,11f.116f.; Kant AA VIII,259; Gomperz 1907,20f.). Handelt es sich um ein willentliches Nichteingreifen Gottes angesichts eines Geschehens, das er verhindern kann und als unausbleibliche Folge seines Nichteingreifens unfehlbar voraussieht, kann die Schlußfolgerung, daß er es will, offenbar nur unter der Annahme vermieden werden, daß Gott irrational ist. Versteht man Gottes "Zulassen" aber (mit Thomas: STh I q19 a9 ad3 und Leibniz: Conf.Philos., ed. Saame 1967, 65.73) als Willensindifferenz und bezieht diese auch auf die Alternative von Eingreifen und Nichteingreifen, scheint man Gott ebenfalls nur als irrational oder sogar als völlig bewußtlos (in der betreffenden Hinsicht) vorstellen zu müssen. Offenbar ist es *nur* die menschliche Möglichkeit der Unwissenheit, Unbewußtheit und mangelnden Rationalität, die Formen des "Unterlassens" begründet, die *nicht* den Charakter gewöhnlicher Willenshandlungen haben.

[106] Auch das *"Gewährenlassen"* ist einschlägig, *wenn* es so expliziert wird (vgl. S.63f.), daß der Betreffende, ohne durch subjektive oder objektive Beschränkungen seiner Fähigkeit oder Gelegenheit dazu genötigt zu sein, mit Willen darauf verzichtet, einen Zustand zu ändern, in dem nicht von ihm kontrollierte *andere Einflüsse* (die Strömung, die das Boot bewegt; der Wille des spielenden Kindes; etc.) das Geschehen bestimmen. *Diese Sachlage ist also in jedem Falle "gewollt".*

Ob dasselbe allerdings auch für die konkreten Geschehnisse gilt, die in Abhängigkeit von jener grundlegenden Unterlassung faktisch eintreten, scheint diskutabel. In dem Maße, in dem die Fremdeinflüsse dem Wollenden *unbekannt* sind, *kann* man die Frage sinnvoll verneinen und *insofern* vom bloßen *"Zulassen"* eines Geschehens sprechen, das als solches "nicht gewollt" ist, auch wenn dies im Blick auf relevante frühere Willenshandlungen und auf die Willentlichkeit der zugrundeliegenden Unterlassung selbst keine vollständige Willensunabhängigkeit des Geschehens beinhaltet und insoweit nicht von Verantwortung entlasten kann. Ist ihre Wirkungsweise jedoch *bekannt*, das Geschehen also mit Sicherheit oder hinreichend großer Wahrscheinlichkeit vom "Zulassenden" erwartet worden, kann es auch als "gewollt" gelten (Anm. 14 und 105). Lösungen des Theodizeeproblems, die darauf abstellen, daß Gott den Menschen in seinen Willensentscheidungen "gewähren läßt", bleiben unter beiden Prämissen unbefriedigend, sind in der jüdisch-christlichen Tradition m.W. aber auch niemals ernsthaft vertreten worden (gegen Leibniz AA VI/1, 545; Schopenhauer: Freiheit d.Willens, Abschn.IV, zu Augustin; Bennett 1980,27).

[107] Zitate aus Kleist: *"Das Erbeben in Chili"* und Goethe: Gedicht *"Gefunden"*.

[108] Vgl. G.Mahler: *"Lieder eines fahrenden Gesellen"* Nr.3 und Heine: Gedicht *"Mein Herz, mein Herz ist traurig"*, in: *"Buch der Lieder"*, aus dem auch der nachfolgend zitierte Gedichtanfang stammt.

[109] Für die *objektiven* Gegebenheiten wird das auch theoretisch allgemein anerkannt, nicht jedoch für die *subjektiven* Möglichkeitsannahmen. In der philosophischen Literatur jedenfalls wird nicht selten behauptet, die Rede vom "Wollen" und (willensbestimmten, Anm.13-14) "Beabsichtigen" oder "Intendieren" setze, anders als die vom "Wünschen" u.ä. (vgl. Anm.200), voraus, daß der Wollende das Gewollte *für möglich hält* (vgl. etwa Descartes: Disc. III,4; Sellars 1976, 62.65 n.11; Eisler WB III, 558.564) oder sogar daß er *glaubt*, es durch eigenes Tun *realisieren zu können* (Locke: Essay II,21,15.30.40; Wolff: Dt.Metaph. §518; Kant: MS AA V,213; Reid: Act.Pow. II,1; Brentano: Psychologie II,8, 5 und Anh. VIII; Lewis 1983, 586-588; weitere Belege bei Eisler WB III, 555.558.561).

Beides stimmt mit dem Sprachgebrauch nicht überein. Die Beispiele in diesem Absatz sollen das für das erste, die in den folgenden Absätzen (S.65f.) für das zweite unter Beweis stellen. Ich werde mich (aus den obengenannten Gründen, S.38f.) weiterhin am gewöhnlichen Sprachgebrauch orientieren, der sich, was den Gattungsbegriff des "Wollens" betrifft, auch von der Sache her als angemessen erweisen wird. Die begrifflichen Restriktionen, die die zitierten Autoren einführen, sind auf dieser Grundlage leicht verständlich zu machen, beziehen sich aber nur auf ein rational und motivational spezifiziertes Wollen, das auf Zusatzprämissen beruht, die nicht generell unterstellt werden können (vgl. dazu Anm.223).

[110] Diese Formulierung ist ungenau und nicht mehr als ein *vorläufiges* systematisches Resümee dessen, was unsere Beispiele über das "Willensobjekt" zu erkennen geben. Ich werde mich später eingehender mit ihm befassen (vgl. S.71 Anm.121, Kap.IV,5) und dabei argumentieren, daß die *Fragen* der Realität und Realisierbarkeit des Gewollten für den Begriff des "Wollens" konstitutiv sind und daß es nur das Vorliegen von bestimmten *Antworten* oder *Beantwortungsversuchen* ist, das als begrifflich irrelevant und dem "Wollen" selbst (prinzipiell und z.T. auch zeitlich) nachgeordnet gelten muß.

[111] Während die allgemeine Tatsache der *Gerichtetheit* willentlicher Verrichtungen auf etwas sich (theoretisch zumindest, vgl. Anm.50) auch *unabhängig* vom Rekurs auf besondere Ereignisse des "Wollens" verständlich machen läßt, liefert die Feststellung, daß das Gewollte etwas *Gedachtes* sein kann und nicht *als* Ergebnis einer Verrichtung gewollt, geschweige denn faktisch durch sie verwirklicht sein muß, ein starkes Argument *für* das Verständnis von "Wollen" als eigene, mentale Leistung. Als solches wurde es wiederholt von Vertretern des traditionellen ereigniskausalen Konzepts (vgl. S.35) angeführt, z.B. von Hume: Enqu.Underst. VII/1. XII/3; James: Principles (1890) II,560; Prichard 1949, 190f. 193; Lewis 1983). Dabei müssen sie nicht bestreiten, daß es in einem gewissen Sinn *sinnlos* ist, etwas zu wollen, das man für unmöglich oder nicht abhängig von seinen Verrichtungen hält. Diese "Sinnlosigkeit" aber kann für sie keine logische oder begriffliche sein, sondern lediglich eine der *praktischen Rationalität*, die von theoretischen Zusatzannahmen über den relevanten Möglichkeitsspielraum abhängt, insbesondere den kausalen. Und genau das ist die Auffassung auch jener Vertreter des traditionellen Konzepts, die sich, im Gegensatz zu den gerade zitierten und zum gewöhnlichen Sprachgebrauch, an einem rational restringierten Willensbegriff orientieren, der "sinnloses Wollen" prinzipiell ausschließt (vgl. Anm.109).

Gegner des Konzepts haben die "Sinnlosigkeit" dagegen als *logische* bzw. *begriffliche* interpretiert und aus der so begründeten Unmöglichkeit des "Wollens" von nicht Verrichtungsabhängigem und der (auch von Hume diagnostizierten) formalen Analogie zwischen dieser Situation und dem ereigniskausal gedeuteten "Wollen" elementarer Verrichtungen, insbesondere Körperbewegungen, auf die Unsinnigkeit des ereigniskausalen Willensmodells selbst geschlossen; so insbesondere Anscombe 1957,51f., aber auch Wittgenstein: Werkausgabe (1984) I,182f.; VII, 236f.240f.; Danto 1963, 438.444; 1965,56 und Armstrong 1968,146. Das Argument ist formal korrekt, der Schwachpunkt allerdings seine zentrale, starke Sinnlosigkeitsprämisse. Denn sie wird von der kritisierten Position *nicht* geteilt und hat zudem, wie die zitierten Beispiele zeigen, den gewöhnlichen Sprachgebrauch *gegen* sich. Die Plausibilität, die sie für ihre Vertreter besitzt, mag durch die mangelnde Unterscheidung zwischen der logischen und der praktisch-rationalen Bedeutung von 'sinnlos' mitbedingt sein, entscheidend aber sind theoretische und phänomenale Beschränkungen.

Die Kritiker nehmen (implizit oder explizit) an, die *gesamte* Rede von "Willentlichkeit" oder "Wollen" folge dem Muster des unverzögerten, behavioralen Willenshandelns, wobei schon vorausgesetzt wird, daß *dessen* ereigniskausales Verständnis aus begrifflichen Gründen *ausscheidet*. Doch das letztere ist (wenn keine anderen Gründe im Spiel sind, vgl. Anm.51) eine offenkundige petitio principii, und der Modellcharakter des angenommenen Musterfalls versteht sich ebensowenig von selbst wie die Prämisse begrifflicher Einheit als solche (vgl. Anm.112). Denn ebensogut wie man *mit* dieser Prämisse argumentieren kann, daß die "Willentlichkeit" beim "bloßen" oder beim überlegungsabhängigen Wollen *dieselbe* sein muß wie bei vollständigen, unproblematischen Willenshandlungen, kann man *wegen* der unbestreitbaren Differenzen *Abstand* von ihr nehmen oder *mit* ihr, umgekehrt, argumentieren, daß keine Explikation der "Willentlichkeit" von Verrichtungen richtig sein kann, die nicht in der Lage ist, auch den Erscheinungen des auf beliebige, verrichtungsunabhängige Geschehnisse gerichteten "bloßen Wollens" und allen problematisierten Willenshandlungen Rechnung zu tragen. Von einem Beweis für die apriorische Unsinnigkeit des traditionellen Konzepts kann in jedem Fall keine Rede sein.

112 Willentliche Verrichtungen, die *ohne* vorausgehende Überlegungen und Zweifel vollständig bzw. erfolgreich ausgeführt werden, insbesondere *Basisverrichtungen* (Anm.9) und *einfache* oder durch *Routine* einfach gewordene komplexe Verrichtungen, bilden insofern einen Testfall für jede Willenstheorie auf der Grundlage von Modell II, als separate Ereignisse des Wollens, die in anderen Fällen relativ deutlich hervortreten, hier prima facie nicht zu erkennen sind. Entsprechend haben sich Gegner des traditionellen ereigniskausalen Konzepts (vgl. Anm.111) auf sie als Musterbeispiele konzentriert und aus der vorausgesetzten Inadäquatheit von Modell II in *diesem* Fall auf seine *generelle* Unangemessenheit geschlossen. Es ist daher wichtig, folgende Punkte festzuhalten:

Einmal lassen sich unverzögerte Willenshandlungen auch auf der Basis von Modell IIa, also der stärkeren Version von Modell II, problemlos verständlich machen, wenn das Ereignis des Wollens *dispositionell* expliziert wird (Anm.52). Der Einwand kann also bestenfalls auf das Fehlen von antezedierenden *aktuellen* Willensereignissen abstellen und Modell II in dieser *Variante* ausschließen. Ob bzw. wie weit das auf die kritischen Fälle zutrifft, bleibt jedoch eine *empirische* Frage, die sich (wenn inadäquate Begründungen ausscheiden, vgl. Anm.51) nicht apriori entscheiden läßt, sondern nur im Rekurs auf konkrete Erscheinungen (zweifelsfrei) "willentlicher" Verrichtungen.

Für die phänomenale Angemessenheit bzw. Reichweite einer Willenskonzeption ist ihre empirische Applikabilität natürlich ein Test, dem auch wir uns zu stellen haben (vgl. S. 33f. und S.79,162,181ff.). Doch selbst wenn sich dabei herausstellen sollte, daß faktisch oder begrifflich von ihnen zu trennende (aktuelle oder dispositionelle) Ereignisse des "Wollens" für einen *Teil* der gewöhnlich als "willentlich" charakterisierten Verrichtungen *nicht* charakteristisch sind, bedeutet das keinesweg, daß Modell II *generell* ausscheidet. Denn es liegt zwar nahe, sich im Interesse theoretischer Vereinfachung vorzüglich an einfachen, direkt ausgeführten Verrichtungen zu orientieren (vgl. Kap.I,2). Es ist aber alles andere als selbstevident, daß sie das *Muster* für unsere Rede vom "Wollen" bzw. von "Willentlichkeit" insgesamt bilden. So wie diese Erscheinungen, gegebenenfalls, darauf hindeuten, daß separate Ereignisse des "Wollens" *keine* Bedeutung haben, so deuten die Phänomene des "bloßen Wollens" und des überlegungsabhängigen Willenshandelns darauf hin, *daß* sie bedeutsam sind. *Wenn* man an der Idee eines einheitlichen Willensbegriffs festhält, könnte man deshalb wenigstens ebensogut wie für die *Irrelevanz* solcher Ereignisse für ihre begriffliche *Relevanz* und die sich aus ihr ergebende Notwendigkeit argumentieren, einige der unbedacht so genannten "willentlichen Verrichtungen" nur noch als indirekt, parasitär oder uneigentlich "willentlich" anzusprechen.

Man kann aber *auch* zu dem radikaleren Ergebnis kommen, daß *kein* Teilbereich der relevanten Willenserscheinungen als Muster des jeweils anderen gelten kann, so daß wir, theoretisch betrachtet, von einem Gattungsbegriff des "Wollens" oder der "Willentlichkeit" eigentlich gar nicht oder doch nur in einem sehr lockeren, formalen Sinn (vgl. S.49 Anm.69) reden können. Denn unser *Interesse* an einer einheitlichen Willenskonzeption bietet ja für sich keine Gewähr, daß eine solche dem Sprachgebrauch und den betroffenen Phänomenen *angemessen* ist (vgl. Kap.II,1).

[113] Ich beschränke mich auf (normale, erwachsene) *Menschen* als den uns vorzüglich interessierenden Musterfall, ohne die Frage der Willensfähigkeit *anderer* Wesen damit präjudizieren zu wollen (vgl. S.17f.). Ebensowenig bedeutet die vorzügliche Orientierung an *Zuständen*, die aus Gründen der Einfachheit und der prima facie größeren Plausibilität dieser Auffassung für das einzuführende Konzept erfolgt, daß die formale Möglichkeit ihrer *prozessualen* Analyse ausgeschlossen wird (vgl. Anm.2). Entsprechend bezieht die Datierung sich nicht nur auf *Zeitpunkte*, sondern auch auf *Zeitstrecken*.

[114] Die umgangssprachliche Rede von relationalen Zuständen ist meist, wenn auch nicht immer, auf eines der beiden Relata als "Träger" des Zustands fokussiert (vgl. Anm.3). Die Gründe der Fokussierung können vielfältig sein. Oft entscheidet nur das Interesse des Sprechers. Dies anzunehmen genügt auch im gegenwärtigen Fall. Wir betrachten den Wollenden, nicht das Gewollte, als Träger, weil wir daran interessiert sind, *seinen* Zustand des "Wollend-auf-etwas-bezogen-Seins" begrifflich zu explizieren. Daß dies *nicht ohne* Rekurs auf das andere Relatum abgeht, liegt jedoch auf der Hand.

[115] "Möglich" ist hier natürlich im inklusiven, modallogischen Sinn zu verstehen, der das Wirkliche und Notwendige mitumfaßt, nicht im Sinn von "nur möglich" oder "denkbar, aber selten". Kriteriell für "intentionale" Zustände im prägnanten Sinn ist das Merkmal, daß sie die Wirklichkeit ihrer Objekte *nicht implizieren*. Ob sie sich immer oder doch (wie im Falle des "Wollens") relativ oft auf *Irreales* beziehen oder vielmehr (wie beim "Lieben" und "Hassen") relativ oft oder ausschließlich auf *Reales*, spielt keine Rolle.

[116] Brentano: Psychologie II,1; Husserl: Log.Unters.V. Für weniger prägnante, frühere Verwendungen des Ausdrucks vgl. Engelhardt 1976.

[117] Manche Philosophen halten die ontologischen Probleme für so gravierend, daß sie das Faktum genuiner intentionaler Zustände selbst zu bestreiten geneigt sind. Doch das ist theoretisches Wunschdenken. Die Ontologie hat sich nach den Gegebenheiten zu richten, nicht die Gegebenheiten nach dem, was Philosophen ontologisch respektabel erscheint. Das Faktum intentionaler Zustände ist unbestreitbar, ihre theoretische Explikation offen. Erweist sie sich als zu schwierig oder ontologisch unerwünscht aufwendig, kann man von diesem Vorhaben Abstand nehmen, die Fakten bleiben bestehen.

Die folgende Diskussion ist von den ontologischen Streitfragen unabhängig. Es bleibt also *offen*, ob man die Gegenstände intentionaler Zustände mentalistisch interpretiert, platonistisch oder im Rekurs auf so etwas wie das Meinongsche "Außersein", oder ob sie sich im Gefolge des allgemeinen physikalistischen Reduktionsprogramms (vgl. Anm.7) theoretisch eliminieren lassen.

264

[118] Vgl. die verschiedenen Belege bei Grimm WB XIV/2,1348ff., die sich vielleicht nicht grammatisch, wohl aber semantisch durchweg als elliptische Redeformen in einer der im Text benannten Formen verstehen lassen; zur Sache auch Kenny 1963,111ff.

[119] Man kann eine Handbewegung ausführen oder eine mathematische Operation in Gedanken vornehmen wollen, *ohne* an weitere Folgen oder gar weitere, benötigte Mittel zu denken. Umgekehrt kann man, *frei* von jedem Gedanken an geeignete Mittel und Maßnahmen, wollen, daß frische Luft ins Zimmer kommt, ein laufender Wechsel gedeckt oder ein bislang unbewiesener Satz bewiesen wird. Aber natürlich kann unser Wollen auch darauf gerichtet sein, ein Zimmer *durch* Betätigen des Fensterriegels zu lüften, *durch* Unterzeichnung eines Überweisungsauftrags ein Konto aufzufüllen und einen Wechsel zu decken oder *durch* eine Folge von mathematischen Operationen einen bestimmten Satz, mit oder ohne Erfolg, zu beweisen.

Die angegebenen Alternativen sind also nicht nur mit Rücksicht auf einschlägige Phänomene des "bloßen Wollens" in Rechnung zu stellen (vgl. S.66f.), sondern auch im Hinblick auf Willenserscheinungen, bei denen keine Diskrepanz zwischen Wollen und Tun besteht. Natürlich kann das Gewollte bei *folgekomplexen* Verrichtungen (vgl. S.15f.), *als* komplexe gewollt und willentlich ausgeführt werden, nicht mehr als *abstrakter*, verrichtungsunabhängiger Sachverhalt und auch nicht *allein* als eine Verrichtung oder Verrichtungsfolge bestimmt werden, sondern nur als Verrichtung *einschließlich* aller gewollten Folgen. Doch nicht alle Verrichtungen (wie wir in Kap.I,2 gesehen hatten) sind folgekomplex oder werden als folgekomplexe gewollt, und nicht alle Sachverhalte, die folgekomplexe willentliche Verrichtungen konstituieren, müssen Objekte des Wollens sein.

So ist es weder begrifflich noch empirisch ausgeschlossen, daß ein Mensch einen Sachverhalt "r" als *"Zweck"*, d.h. als Folge einer gewollten Verrichtung "p", die als *"Mittel"* zu r fungiert, will und willensgemäß herbeiführt, ohne zugleich (sagen wir) einen weiteren, faktisch zwischen p und r vermittelnden Sachverhalt "q", der ihm unbekannt sein könnte, zu wollen oder beteiligte andere Sachverhalte, die bloße *"Nebenfolgen"* von p oder q oder *"Nachfolgen"* des bezweckten Sachverhalts r darstellen. Wie weit sein Wille tatsächlich reicht, hängt von epistemischen und rationalen Zusatzbedingungen ab (vgl. Anm.13-14). Und diese spielen, genauer betrachtet, nicht nur bei Nachfolgen, Nebenfolgen und unbekannten Mittelgliedern komplexer Verrichtungen eine entscheidende Rolle, sondern auch beim Schritt vom Wollen eines *beliebigen* (zunächst nicht verrichtungsbezogenen) Sachverhalts zum Wollen desselben Sachverhalts *als Folge* einer Verrichtung und zum Wollen dieser *Verrichtung* (als geeignetes Mittel zum primär gewollten Zweck) selbst. Insofern ist die Differenzierung zwischen verschiedenen Typen von Willensobjekten auch für komplette bzw. faktisch erfolgreiche Willenshandlungen von Bedeutung, zumindest für alle jene, die nicht *unüberlegt* ausgeführt werden, sondern auf praktischer (vor allem zweckrationaler) *Überlegung* beruhen. Die Konsequenzen, die sich daraus für den Willensbegriff ergeben, werden später erkennbar werden.

[120] Ich unterscheide zwischen semantisch definierten *"Propositionen"* und *"Sachverhalten"* im allgemeinen, weil ich es (anders als etwa Tugendhat 1976, 62ff., vgl. Vorl.9-10) nicht für erwiesen halte, daß Sachverhalte sprachabhängig, d.h. *notwendig* an die Verwendung von Zeichen gebunden sind (Seebaß 1981). Die Möglichkeit, sie als spezifisch sprachliche Entitäten zu verstehen, bleibt aber ebenso offen wie die Möglichkeit, Satzbedeutungen, umgekehrt, dadurch verständlich zu machen, daß Satzausdrücke mit eigenständigen (platonistisch, mentalistisch o.a. zu identifizierenden) Sachverhalten semantisch verknüpft werden. Da Menschen sich allerdings *faktisch* (durchweg oder im Regelfall) in sprachli-

cher Form auf Sachverhalte beziehen, müssen Propositionen im Mittelpunkt stehen. Vgl. auch S.77f. und S.117 Anm.194.

[121] Die Idee einer grundlegenden Unterscheidung zwischen einer *theoretisch betrachtenden* oder ihr Realisiertsein *konstatierenden* Einstellung zu Propositionen bzw. Sachverhalten und einer ihre Verwirklichung *fordernden* Einstellung mit *praktischen* Implikationen ist alt, auch wenn die philosophische Tradition hier erhebliche terminologische und konzeptionelle Differenzen aufweist. Ansätze finden sich schon bei Aristoteles (DI 17a1-6, DA 431b1-11. 433a13-433b12, M 1072a26-35, NE 1112a5-7; vgl. Brentano: Psychologie II,5,2; Tugendhat 1976,56ff.). Implizit angelegt, wenngleich durch eine vereinfachende psychologische Begrifflichkeit meist verdeckt, ist eine solche Unterscheidung auch in Descartes' Theorie des willensabhängigen Urteilens (Med. IV; Princ. I,6.32ff.) und seiner Gegenüberstellung aktiver und passiver Bewußtseinslagen (Passions I,17ff., vgl. Princ.I, 9.32), sowie in der geläufigen neuzeitlichen Unterscheidung zwischen "Erkenntnis-" und "Begehrungsvermögen" im allgemeinen. Ausgeführt im Rahmen eines bewußtseinsphilosophischen Ansatzes findet sie sich bei Brentano (Psychologie II,6-9). In der analytischen Philosophie gehört sie, in verschiedenen Versionen, seit Frege zum Grundbestand des semantischen Wissens (vgl. insbesondere Kenny 1963, ch.5.10-11; 1975, ch.3; Searle 1969, ch.2.1,4,3; Tugendhat 1976, Vorl.4-5.28). Die Auffassung des Wollens, Wünschens oder Begehrens als propositionale Einstellungen gilt hier weithin als selbstverständlich.

Klärungsbedürftig ist die Klassifizierung der Einstellungen und die Bestimmung relevanter Fundierungsverhältnisse. Die theoretisch *betrachtende* Einstellung (Aristoteles' "noein" des "orektikon", Descartes' "percipere" ohne "iudicium", Brentanos "Vorstellen", Freges "Fassen des Gedankens" u.ä.) scheint der theoretisch konstatierenden und der fordernden Einstellung vorgeordnet, da diese die Identifizierung dessen, was konstatiert oder gefordert wird, offenbar schon voraussetzen. Man kann sich einen Zustand des intentionalen Bezogenseins auf eine Proposition vorstellen, ohne daß deren Wirklichkeit oder Nichtwirklichkeit konstatiert oder gefordert wird, nicht aber umgekehrt einen Zustand des Forderns oder Konstatierens ohne "Erfassen" der betreffenden Proposition. Doch spricht einiges für die Annahme, daß die Bezugnahme auf Propositionen als bloße Möglichkeiten bzw. die Einnahme einer indifferenten Haltung *genetisch*, ja in einem weniger direkten Sinne auch *begrifflich* parasitär gegenüber jenen Haltungen sind, die Propositionen als realisierte bzw. zu realisierende Möglichkeiten behandeln (vgl. Tugendhat 1976,516f. und unten S.109f.112f.).

Auch das Verhältnis von *fordernder* und *konstatierender* Einstellung ist diskutabel. Ihre Kontrarietät scheint auf Gleichursprünglichkeit hinzudeuten. Doch es gibt Gründe, die konstatierende als die sachlich oder genetisch frühere anzusehen. Gefordert wird, wie die Formel "Es möge der Fall sein, daß p" anzeigt, das Realisiertsein einer Proposition, d.h. das Bestehen einer Situation, in der die korrespondierende konstatierende Einstellung "richtig" ist (vgl. Tugendhat 1976,506f.). Die fordernde Einstellung kann als fundiert durch die konstatierende verstanden werden, das umgekehrte Verhältnis aber gilt nicht. Man kann sich eine Sprache vorstellen, die nur konstatierende propositionale Einstellungen kennt, kaum aber Sprachen, die auf fordernde Einstellungen beschränkt sind. Die *"Frage der Realität"* aufzuwerfen *muß* nicht mehr bedeuten als sich der Möglichkeiten des Konstatierens der Wirklichkeit oder Nichtwirklichkeit einer Proposition bewußt zu sein, abgehoben allenfalls noch gegen die mögliche Haltung der Indifferenz, die als genetisch parasitär gelten kann. Und *wenn* sie den prägnanten Sinn von "Es möge der Fall sein, daß x (=ich) eine konstatierende Einstellung zu p einnimmt" besitzt, dürfte die Annahme des parasitären Charakters dieser Art der Fragestellung erst recht plausibel sein. In Kap.IV,2ff. komme ich auf diese Probleme zurück.

Die konstatierende Einstellung umfaßt außer Glauben und Behaupten zahlreiche andere Einstellungen, die in verschiedenen Hinsichten spezifiziert sind, darunter z.B. Erwarten, Erinnern, Annehmen, Vermuten, Versichern und Bezweifeln (im Sinne von Zum-Bestreiten-geneigt-Sein, nicht von Sich-der-konstatierenden-Stellungnahme-Enthalten). Ihr zentrales gemeinsames Merkmal, das die Rede von *"assertorischen Einstellungen"* begründet, ist das Erheben eines Realitäts- bzw. Wahrheitsanspruchs gegenüber Propositionen. Dabei gehe ich mit der traditionellen "Korrespondenztheorie" der Wahrheit davon aus, daß die auf Propositionen bezogenen Aussagen: "p ist wahr" und "p ist wirklich/real" (u.ä.) äquivalent sind (vgl. Tugendhat 1976, 59ff.; Tugendhat/Wolf 1983, 220.223ff.), lasse jedoch die Frage nach den Grundlagen dieses Äquivalenzverhältnisses und einem etwa zwischen ihnen bestehenden Fundierungszusammenhang offen (Anm.120).

Auch die *fordernde* Einstellung kennt vielfältige Ausprägungen (vgl.S.72ff.). Die Frage ihrer begrifflichen Zusammengehörigkeit ist umstritten. Davidson (1963,3f.; 1978,86f.; vgl. aber 1963,6) hat sich mit einer Benennung der fraglichen Klasse als die der "pro-attitudes" begnügt. Brentano (Psychologie II,6,3; II,8) suchte die "Phänomene der Liebe und des Hasses" als die grundlegenden zu erweisen. In der neueren Literatur, soweit sie die Suche nach einem gemeinsamen Merkmal aufnimmt, dominieren zwei Auffassungen: die Subsumtion der in Frage stehenden Einstellungen unter die Imperative und ihre Rückführung auf einen unspezifizierten, von affektuellen Konnotationen befreiten Begriff des "Wünschens". Ich halte die zweite Auffassung (aus Gründen, die im folgenden deutlich werden) für plausibel und rede daher von *"optativischen Einstellungen"*.

Für den Rekurs auf *Imperative* scheint ihr Forderungscharakter zu sprechen, sowie die Tatsache, daß die imperativische von der assertorischen Satzform grammatisch explizit unterschieden ist. Doch die Rede vom "Forderungscharakter" propositionaler Einstellungen ist mehrdeutig. In einem weiten Sinne gilt sie für *beide* Formen der realitätsbezogenen "Stellungnahme", also auch für die assertorische (vgl. dazu Kap.IV,2-4). Auf die nichtassertorische eingeschränkt bedeutet sie aber nicht mehr als die Formel "Es möge der Fall sein, daß p" selbst, deren Reichweite immer noch wesentlich größer ist als die gewöhnlicher Imperative. Imperative gründen sich (von weiteren Qualifikationen abgesehen, vgl. Anm.142) auf die präsuppositive Voraussetzung, daß mindestens *zwei* Personen beteiligt sind, von denen die eine zur anderen in einer sozialen Beziehung steht, die sie zu Forderungen ihr gegenüber *berechtigt*, und in manchen Kontexten (vgl. jedoch S.125ff.), daß die imperativisch angesprochene die jeweilige Forderung durch *eigene* Willenshandlungen erfüllen *kann*, d.h. die Fähigkeit, Gelegenheit und prinzipielle Möglichkeit dazu besitzt. Das gilt für die (gewöhnliche) intersubjektive Verwendung in Befehlen, Warnungen, Ermahnungen, Anleitungen, Ratschlägen, Anträgen oder Bitten. Ebenso gilt es für den (eher exzentrischen, vgl. S.90f. Anm.142) Fall imperativisch artikulierter "Selbstaufforderungen", bei denen sich ein übergeordnetes (z.B. moralisch besseres) "Ich" an ein untergeordnetes wendet. Es gilt jedoch, wie die einschlägigen Beispiele des "bloßen Wollens" in Kap. III,3 gezeigt haben, nicht für Wp-Zustände im allgemeinen. Imperative lassen sich als *Spezialfälle* optativischer Einstellungen explizieren, die etwa soviel bedeuten wie "Es möge der Fall sein, daß du (= der legitime Adressat meiner Forderungen) durch geeignete, dir verfügbare Willenshandlungen deinerseits dafür sorgst, daß p der Fall ist". Umgekehrt könnte man allenfalls auf eine genetische Priorität des imperativisch spezifizierten Wünschens gegenüber nicht oder anders spezifizierten Wünschen abstellen, nicht aber auf eine begriffliche.

[122] Diese Charakterisierung der konträren Formen einer realitätsbezogenen Stellungnahme ist in der neueren Literatur, meist mit Hilfe der metaphorischen Rede vom "Passen" bzw. wechselseitigen "Anpassen" zweier Seiten, mehrfach gegeben worden; vgl. z.B. Anscombe 1957, 4f.56f.; Kenny 1963,221; 1972,16f.; 1975,38f.; Searle 1971; 1983, 7-9.167ff.; Tugendhat 1976,510. Ich setze zunächst voraus, daß sie aus sich heraus verständlich ist, betrachte sie jedoch (anders als etwa Searle 1983,173) nicht als begrifflich irreduzibel, sondern werde sie im nächsten Kapitel (S.86ff.) eingehender untersuchen und explizieren.

Im übrigen ist zu beachten, daß die hier verwendete Rede von der "Falschheit" bzw. "Wahrheit" *assertorischer Einstellungen* keine begrifflichen Restriktionen enthält. Es bleibt möglich, beide Prädikate zugleich oder primär auf *Propositionen* zu beziehen und entsprechende Reduktionen ins Auge zu fassen. Es ist also nicht ausgeschlossen, die Feststellung, daß jemand eine "falsche Behauptung" macht, auf die Feststellung, daß er "behauptet, daß p" und daß "p falsch" ist, zurückzuführen und die Rede von der "Falschheit von p" ihrerseits in der vom "Nichtbestehen" des betreffenden Sachverhalts zu fundieren. Die umgekehrte Reduktion oder partielle Reduktionsformen sind aber ebenso denkbar. Ähnliches gilt für die hier verwendete Rede von "Richtigkeit" und "Unrichtigkeit".

[123] Die Unterscheidung zwischen "Modifikationen" bestehender Wp-Zustände und Komplexen, in die sie "eingebettet" sind, ist weder scharf noch exklusiv. Auch Überlegungen und Handlungen, die *durch* Wp-Zustände (kausal oder nichtkausal) fundiert sind oder zufällig *nach* ihnen auftreten, schließen z.B. das Fortbestehen oder Wiedereintreten jener Zustände zum fraglichen Zeitpunkt nicht aus. Die Aufzählung möglicher Qualifikationen ist *exemplarisch* gemeint und soll nur die wichtigsten Formen allgemein ansprechen. Sie bleibt indifferent gegenüber der Frage, welche von ihnen den *Willensbegriff* kennzeichnen und welche bloße *Erscheinungsweisen* des Wollens (S.69). Ich werde später argumentieren, daß *gewisse* motivationale und rationale Qualifikationen für die Rede vom "Wollen" essentiell sind (Kap.IV), während die *meisten* von ihnen und die *affektuellen* Modifikationen insgesamt (vgl. S.124,168f.) ebenso akzidentell bleiben wie das Auftreten bestimmter Willensbildungsprozesse oder willensgetragener Überlegungen und Handlungen.

[124] Ich werde dies jedenfalls unter Hinweis auf die einschlägigen expliziten Redeformen (zumindest) in den indoeuropäischen Sprachen und auf die breite theoretische Berücksichtigung, die assertorische und optativische Einstellungen in der philosophischen Tradition gefunden haben (vgl. Anm.121), im folgenden ohne weitere Begründung voraussetzen. Auch diejenigen Philosophen, die bestrebt sind, sich von propositionalen Einstellungen, wie von allen intentionalen Zuständen, theoretisch zu dispensieren (vgl. Anm.117), tun dies gewöhnlich in der Form einer *nachfolgenden* reduktiven Analyse von (vor allem: sprachlichen) Gegebenheiten, deren *primäres* Verständnis als intentionale propositionale Einstellungen unstrittig ist.

[125] Das dürfte nicht nur für das alltägliche "stille Selbstgespräch", sondern in der Regel auch für das Lesen, Schreiben und (überlegte oder zumindest bewußte) laute Sprechen gelten, obwohl Fälle des vorstellungsunabhängigen Zeichengebrauchs denkbar sind (vgl. S.111 Anm.189). Das ironische Bonmot "Wie soll ich wissen, was ich denke, bevor ich höre, was ich sage?" macht allerdings klar, daß es sich dabei nur um Grenzfälle handeln kann, deren Generalisierung absurd wäre.

[126] Diese Wendung bildet im Rahmen des Konzepts des Wollens als optativische Einstellung gewissermaßen das Pendant zu den früher (S.53f.) erwähnten Versuchen von Vertre-

tern der These vom Wollen als Phänomen sui generis, dem Regreßeinwand gegen die Rede von "Willensakten" dadurch zu entgehen, daß man von "Volitionen" (o.ä.) redet, die keinen Handlungscharakter haben, oder "Handeln" auf "Wollen" reduziert. An *irgendeiner* Stelle unserer Willenstheorie werden wir um den *Verzicht* auf die Charakterisierung gewisser Zustände und Prozesse des Wollenden als "willentlich" oder "nicht willentlich" ohnehin nicht herumkommen. Auch der sekundär als "optativischer" qualifizierte Umgang mit Ausdrucksketten oder das Auftreten sprachfreier Wp-Zustände können *selbst* nicht mehr als "willentlich verrichtet" gekennzeichnet werden, wenn (bei entsprechender Analyse von 'willentlich') kein Regreß entstehen soll. Strittig kann nur die spezielle Form und die Stelle sein, an der dies geschieht. Der Punkt bestätigt zugleich unsere anfangs (S.26ff.,32) getroffene Entscheidung, "Willentlichkeit" nicht als hinreichende, sondern allenfalls als notwendige Bedingung für Zurechenbarkeit zu behandeln. Da "Wollen", wie immer es expliziert wird, *letztlich* keine "willentliche Verrichtung" sein kann, muß die Frage nach *seiner* Zurechenbarkeit jedenfalls anders beantwortet werden als durch den Hinweis darauf, *daß* der Betreffende will.

[127] Die Verwendung des Ausdrucks *'Motiv'* und seiner Ableitungen ist notorisch vage und uneinheitlich. Definitionen, die den Anspruch erheben, *umfassend* zu sein, fallen daher gewöhnlich so allgemein aus, daß nichts oder äußerst wenig mit ihnen gesagt ist. Das gilt für den aristotelisch-scholastischen Sprachgebrauch, der jede Prozeßursache bzw. (in einem auf menschliche Handlungen bezogenen engeren Sinn) jede willensbestimmende Ursache als "Motiv" ("motivum") bezeichnet. Es gilt aber auch für den in dieser Hinsicht eher konservativen Sprachgebrauch in der Philosophie der Neuzeit. Bentham etwa, der den Motivbegriff m.W. am differenziertesten behandelt hat (Principles, ch.X), hat ein "motive in the most extensive sense" bestimmt als "any thing that can contribute to give birth to, or even to prevent, any kind of action" (X,2.44) und diese Definition auch für die Spezies der "practical motives" nur durch den Zusatz der Willensbeeinflussung eingeschränkt (X,3). Noch unbestimmter ("einer der schillerndsten Begriffe", Graumann in: Hist.WB.d.Phil. VI,220) ist die Rede von "Motiv" und "Motivation" in der Psychologie. Psychologen haben z.B. erklärt, ein Motiv sei ein "Faktor, der in die Aktivierung und Steuerung von Verhaltensweisen eingreift" (Nuttin 1972,578; ähnlich Young 1946,384f.) oder sogar, in offenem Eingeständnis ihrer begrifflichen Ratlosigkeit, psychologische "Variablen" seien als "motivierend" zu bezeichnen, "wenn sie das Verhalten auf eine Art und Weise beeinflussen, die allgemein für motivational gehalten wird" (J.S.Brown 1961, zit. nach Thomae 1965,53).

Die Entleerung des psychologischen Motivbegriffs rührt teilweise daher, daß er sich auch auf *äußere* Objekte und Ereignisse beziehen soll, denen, in seltsamer Unbekümmertheit gerade um die spezifisch psychologischen Aspekte solcher Charakterisierungen, so etwas wie ein "Aufforderungscharakter" (Lewin 1926,350ff.) oder ein "Anreizwert" (u.ä.; vgl.z.B. Fischel 1971,91ff.; Heckhausen 1980,173ff.386f.460.476.491.619ff.) zugeschrieben wird, der das motivationale Geschehen zusätzlich zu den in Anschlag gebrachten inneren Faktoren beeinflußt. Die Vermischung subjektiver und objektiver Faktoren muß zu Vagheiten und Begriffsverwirrungen führen (vgl. auch Gomperz 1907,93f.; Skinner 1953,87). Wird der Motivbegriff aber ohne Umschweife objektiviert, erhält er jenen diffusen und handlungstheoretisch indifferenten Sinn, der auch der Rede von "Motiven" in der bildenden Kunst, Fotografie, Musik oder Dichtung zugrundeliegt. *Alles*, was Menschen aktuell oder potentiell "zur Tätigkeit anregt", also virtuell alles überhaupt, kann dann als "Motiv" bezeichnet werden. Ein *derart* weiter Begriff kommt für uns natürlich *nicht* in Betracht.

Doch auch ein Motivbegriff, der auf handlungstheoretisch bedeutsame innere Faktoren beschränkt ist, also externe Stimuli und generelle physiologische Voraussetzungen wie Nahrungs- und Sauerstoffversorgung (die Benthams und Nuttins Definitionen zulassen würden!) ausschließt, bleibt *weit* und für vielfältige Spezifizierungen offen. In der Umgangssprache liegt der Akzent auf den bestimmenden Faktoren solcher Handlungen, die uns nicht unmittelbar verständlich erscheinen (vgl. Alston 1967,401). Entsprechend haben verschiedene Autoren (Weber: Soziol.Grundbegriffe §1:I,7; Gruhle 1947,40f.; Anscombe 1957,18f.20f.; vgl. auch Wittgenstein: Werkausgabe (1984) V,34f.; VII,252; Ryle 1949, 112ff,149f.; Peters 1958,ch.2) den Begriff des "Motivs" primär oder ausschließlich der *verstehenden Deutung* menschlicher Handlungen zugerechnet, nicht bzw. nicht ausschließlich (Weber) ihrer *kausalen Erklärung*, die für die meisten Autoren im Zentrum steht (z.B. Baumgarten: Metaph. §690; Kant AA XVII/1, 255; Schopenhauer: Satz v. Grund, §20.43; Freiheit d. Willens, Abschn.III; Armstrong 1968,171ff.).

Teilweise werden nur *rationale* bzw. theoretisch vermittelte Bestimmungsgründe des Handelns zu den "Motiven" gerechnet (vgl. Wolff: Psych.Emp. §890; Baumgarten a.a.O.; Kant a.a.O. und AA IV,427; Schopenhauer a.a.O.; Peters 1958,34f.), teilweise auch (so etwa Leibniz: An Clarke V,4; Reid: Act.Pow. IV,4) oder in erster Linie *irrationale* Triebe, Begierden, Neigungen, Affekte oder Gefühle (so in der philosophischen Literatur z.B. Locke: Essay II,21,29ff.; Hume: Treat.II,3,3 und Bentham: Principles X,9ff., in der psychologischen passim). Vorstellungen, Gefühle, Wünsche und generelle theoretische oder praktische Sätze können als "Motive" auftreten. *Bewußtheit* des Motivs gilt in der Regel (exemplarisch etwa Reid a.a.O., Abs.10; Schopenhauer: Satz v. Grund, §43; Wundt 1911: III,224f.230.280) als kriteriell, aber keineswegs immer (vgl. Freud: G.W. I,298; 282ff.; XII,185; Wittgenstein: Werkausgabe (1984) V,35; Ryle 1949, Kap.IV; Kenny 1963,87; Beck 1966,169ff.).

Oft werden *Zielgerichtetheit* im allgemeinen (vgl. Peters 1958,31ff. und exemplarisch für viele Motivationspsychologen Heckhausen 1980,24) oder in der speziellen Form von intentionaler *Zweckgerichtetheit* als Kriterien eingeführt, wobei sowohl der Zweck wie auch bzw. vorzüglich der zweckbezogene psychische Zustand als "Motiv" bezeichnet werden (vgl. Bentham: Principles X,5-7; Sidgwick: Methods, 7.Aufl. 1907, 202.362f.; Anscombe 1957,§12-14; Kenny 1963,90ff.; Armstrong 1968,171ff.). Während manche Autoren (z.B. Ryle a.a.O.; Beck 1966, 155f.175) den Motivbegriff auf dauerhafte Charakterzüge oder auf länger anhaltende Neigungen oder Geisteshaltungen, die sich in substantivierter Form ("Neid", "Rachsucht" etc.) ansprechen lassen, beschränken, grenzen andere ihn dagegen ab (z.B. Hume: Treat.II,3,1-2; Schopenhauer: Freiheit d.Willens, Abschn.III) oder lassen zwei relevante Bedeutungen von "Motiv" nebeneinander gelten (vgl. Bentham: Principles X,4; Anscombe 1957,20f.; Kenny 1963, ch.4; Armstrong a.a.O.; Paulson 1972).

Für unsere Interessen können diese Alternativen, was den *Begriff* des "Motivs" und der "Motivation" angeht, weitgehend *offen* bleiben. Wir müssen aus naheliegenden Gründen lediglich voraussetzen, daß die Rede von "Motiven" weder auf intentional oder nichtintentional erstrebte Resultate von Verrichtungen, noch auf permanente psychische Zustände, die (in handlungstheoretisch relevanter Weise) zum Auftreten von Verrichtungen beitragen, *eingeschränkt* ist und daß die Frage des Zusammenhangs von Motiv und Verrichtung weder zugunsten noch zuungunsten eines Kausalzusammenhangs *vorentschieden* ist. In der *Anwendung* des unspezifizierten Motivbegriffs werden wir uns allerdings auf Fälle eines motivational *wirksamen* Wollens bzw. Wünschens zu konzentrieren haben, und hier wiederum vorzüglich auf die motivationalen Zusammenhänge zwischen Wp-Zuständen und all jenen mentalen oder behavioralen Verrichtungen, die der *Realisierung* von "p" dienen (vgl. dazu unten S.118ff.,144ff.,206f.). Ein Vorschlag zur diesbezüglichen Präzisierung des Motivbegriffs im allgemeinen ist damit nicht verbunden.

[128] So hat Ach (1910,239f., vgl. 1935,201) das "gegenständliche Moment" des "Willensaktes", das seiner "phänomenologischen Seite" zugehört, zwar als ein "künftiges Tun des Individuums, also eine Tätigkeit, welche im gegenwärtigen Zeitpunkte nur als gedacht oder [..] 'intentional' gegeben ist" definiert, aber hervorgehoben, daß es sich dabei nicht um "eine Tätigkeit schlechthin", sondern um eine, die "*ich* ausführen werde", handelt. Die "dynamische Seite des Willensaktes", sc. seine Motivationalität, die als "Nachwirkung" abgehandelt wird (1910,249ff.), ist damit in der Begriffsbestimmung des "Wollens" selbst angelegt. Für eine ähnlich motivational geprägte Fassung des Willensbegriffs vgl. Düker 1975,135ff.

[129] Vgl. KpV AA V,15, wobei die im Text ausgelassene Passage ("das physische Vermögen mag nun hinreichend sein, oder nicht") klar macht, daß die zweite Klausel aufgenommen wird, um vergebliche Versuche einzubeziehen. Die vorliegende Formulierung unterscheidet sich von anderen Willensdefinitionen Kants durch ihren Verzicht auf das dort hervorgehobene Kriterium der (vernünftigen) Bestimmung des Handelns durch "Prinzipien", "Regeln" oder "Gesetze" (GMS AA IV, 412.427.446.449.453; KpV AA V,32.58. 60; KU AA V,172f.; MS AA V,213; u.v.a.; vgl. auch Anm.46). Doch kann kein Zweifel sein, daß Kant den "Willen" durchweg als kausales Vermögen versteht. Im übrigen entspricht die zitierte Passage Kants allgemeiner Definition des "Begehrungsvermögens" (AA V,9.58; VI,211; VII,251; XXVIII/1,254 u.a.), deren kausale Qualifikation Kant an anderer Stelle (KU AA V,177f. Anm. = XX,230f. Anm.) ausdrücklich gegen Einwände verteidigt.

Kant steht exemplarisch für motivational qualifizierte Begriffsbestimmungen, die im Gegensatz zu den nachfolgend erwähnten nicht auf das *Faktum*, sondern allein auf die *Möglichkeit* einer Manifestation des Wollens im Handeln abstellen, abhängig von relevanten Zusatzbedingungen. In der neueren Literatur sind sie, vor allem in dispositioneller Form, in verschiedenen Versionen vertreten worden, wobei das Motivationskriterium nicht selten, wie auch bei Kant, nur als eines unter anderen fungiert und neben dem Willensbegriff auch auf verwandte Begriffe wie die des "Wünschens", "Beabsichtigens" oder "Begehrens" bezogen wird (vgl. z.B. Skinner 1953,110ff.; Brandt/Kim 1963; Kenny 1963, 235f.; 1975,48ff.; Ch.Taylor 1964,33; Abelson 1969,183; v.Wright 1980,13f. 54f.; Kusser 1987,15f.106ff.). Da die motivationale Qualifikation, bedingt durch die Potentialisierung, relativ schwach und mit Blick auf die Vielfalt denkbarer Zusatzbedingungen und Tätigkeiten, äußerst flexibel ausfällt, bietet das Konzept gute Aussichten, nicht nur vollständigen Willenshandlungen und Versuchen, sondern auch den diversen Erscheinungen des nicht handlungsgebundenen "bloßen Wollens" Rechnung zu tragen. Bezogen auf den Begriff der "optativischen Einstellung" ist zwischen Versionen zu unterscheiden, die den Wp-Zustand *selbst* als potentiell handlungsbestimmend auffassen, und solchen, die nur das (optativisch fundierte) *Wollen* an dieses Kriterium binden. Beide Versionen werden wir im folgenden zu berücksichtigen haben. Doch es wird deutlich werden, daß nur die zweite (in einer differenzierten Form, S.149ff.) konzeptionell angemessen ist, während die erste ebenso wie alle nicht potentialisierten, motivationalen Qualifikationen prinzipiell ausscheidet (Kap.IV,3; S.144-149).

[130] Schon Aristoteles *könnte* für diese Auffassung in Anspruch genommen werden, *vorausgesetzt* man ist bereit, seinen Begriff der "überlegten Entscheidung" ("prohairesis") als

Äquivalent unseres (durch spätere Entwicklungen geprägten, vgl. S.29ff. Anm.30ff., Anm.
93) Begriffs des "Wollens" anzuerkennen *und* (im Blick vor allem auf DMA 701a7-34,
702a16-21) davon auszugehen, daß die Conclusio praktischer Überlegungen durchweg im
Handeln selbst besteht. Doch ist eine solche Interpretation nicht nur in ihrer ersten, sondern auch (vgl. Kenny 1975,97f.; 1979,142f.) in ihrer zweiten Voraussetzung zweifelhaft.
Eindeutige Belege finden sich erst in der Philosophie der Neuzeit. Daß die Terminologien
und die Konzeptualisierungen an der Stelle des "Wünschens" dabei z.T. erheblich differieren, braucht uns im gegenwärtigen Zusammenhang nicht zu kümmern, da der für uns
entscheidende Punkt, sc. die begriffliche Bindung des "Wollens" an seine faktische moti-
vationale Wirksamkeit, in jedem Fall erhalten bleibt. Philosophische Belege liefern u.a.
Hobbes: Works, ed.Molesworth, III,48f.; V,360; Opera, ed.Molesworth, II,95f.; Locke:
Essay II,21,5.28ff.; Hume: Treat. II,3,1 in Verbindung mit II,1,1; II,3,2.9; Enqu. Morals,
App.I; Diss. Passions I u.a.; Schopenhauer: Freiheit d. Willens II; Mill: System VI, 2,4;
Utilit. ch.IV; Russell 1921, Lect.III, bes.p.75f., vgl. p.285f.; Kenny 1963,236; 1975,41f.;
Frankfurt 1971,8-10, vgl. jedoch 14f. Für die psychologische Literatur vgl. etwa Lewin
1926,372; Düker 1975,135ff.; v. Cranach et al. 1980,89.

131 Vgl. z.B. Ryle 1949,93f.; R.Taylor 1966,77; Rensch 1973,181.240; Gehlen 1978,147
f.363f. und ältere Belege bei Eisler WB III, 566.569. Auch Russells physiologische Definition "willentlicher Bewegungen" (vgl. Anm.45) ist hier *insoweit* einschlägig, als sie auf
das zusätzliche Kriterium der "Angemessenheit" der neural gesteuerten "Vitalbewegungen" für ein bestimmtes Ziel rekurriert (vgl. Russell 1921,46.63f.).

132 Explizit z.B. bei Kenny (1975,41f.; vgl. 1963,236), der "p" als definitorisch notwendige Bedingung von "x wills that p" auffaßt. Implizit liegt diese Bindung in all den Fällen
vor, in denen eigene Verrichtungen das Gewollte bilden (vgl. S.71 Anm.119), sowie in
solchen Explikationen des Begriffs der "Zielgerichtetheit", die die Rede von zielgerichtetem Handeln vom Erreichen eines bestimmten Endzustands begrifflich abhängig machen
(vgl. Anm.50).

133 Die bloße Zuschreibung relationaler Prädikate wie 'Übereinstimmung' und 'Nicht-
übereinstimmung' ist zweifellos deskriptiv und nicht wertend. Aber auch die Zuschreibung von *Werten* ist nicht durchweg *präskriptiv* im relevanten Sinne. In gewissen Kontexten wird sogar ausschließlich oder primär auf den (mit Sicherheit nichtpräskriptiven) Gesichtspunkt der *Kommutierbarkeit* abgestellt, wie in der Rede vom "Wert" einer Funktion
für jedes ihrer Argumente oder der von der "Wertigkeit" chemischer Elemente. Das gilt
weitgehend auch für die geläufige Rede vom "Wert" eines Gegenstands im Hinblick auf
seine Verwendbarkeit als Mittel möglicher Zwecke. Den Wert einer Ware in Geld zu
messen, bedeutet (in der Marktwirtschaft) nur, sie in ein quantitatives Äquivalenzverhält-
nis zu anderen kommutierbaren Waren und Zahlungsmitteln zu setzen, nicht ihren Tausch
zu diesen Bedingungen vorzuschreiben oder ihre (dem Wert entsprechende) persönliche
Hochschätzung oder gar vorzügliche Produktion zu empfehlen. Der Gesichtspunkt der subjektiven oder objektiven *Vorzüglichkeit* oder *Geschätztheit*, der den prägnanteren Wertbegriff definiert, steht hier ganz im Hintergrund. Auch dieser freilich ist nicht ausnahmslos präskriptiv. Ein Kritiker etwa, der ein Kunstwerk "vorzüglich" nennt, kann dies lediglich in der Absicht tun, es in ein gegebenes Wertschema einzuordnen, ohne daß er sich
selbst oder andere auf dessen Standards festlegt. Als Präzeptor tritt er erst auf, wenn er
geschmacksbildend wirken will, und selbst dann richtet er sich meist nur an die ästhetisch

urteilenden Rezipienten, ohne die Künstler zur Produktion vorzüglicher Kunstwerke aufzufordern.

Wertungen sind in der Regel graduell und bedienen sich mehrerer, konträrer Wertprädikate. Nur wenn zwei Prädikate verwendet werden, die (ohne Rücksicht auf bestehende Gradunterschiede) kontradiktorisch entgegengesetzt sind, ergibt sich die uns interessierende Einteilung in *"richtig"* und *"unrichtig"*. Wertungen dieses Typs, die zugleich in jenem stärkeren Sinne *präskriptiv* sind, der die Aufforderung der Verantwortlichen zur Herstellung des Wertvollen einschließt, definieren *"Normen"* in einem prägnanten Sinn. (Für einen weniger prägnanten, der nur auf Präskriptivität abstellt, vgl. v.Wright 1963, ch.I,1-2.) Normen müssen nicht kategorisch-präskriptiv oder objektiv gültig in einem Sinne sein, der ihre Fundierung durch Interessen und Dezisionen ausschließt. Entscheidend ist das Kriterium der "Richtigkeit" und der hinzutretende, stärkere Aufforderungscharakter. Ein rechteckiger Bogen Papier, der nicht die Kantenlänge von 297x210 mm aufweist, mag deskriptiv mit unzähligen anderen Bögen gleicher Größe zusammengehören; gemessen an der Industrienorm "DIN-A4" bleibt er ein Ausschußprodukt, gleichgültig wie weit er faktisch vom Standard abweicht. Ähnliches gilt für diverse andere Normen, z.B. für eine Schwingung von 440 Hz, verstanden als musikalische Stimmvorschrift, oder für die Laufgeschwindigkeit von 10,5 Sek. auf 100 m, verstanden als Qualifikationsnorm für die Teilnahme an olympischen Spielen.

Der präskriptive Charakter von Normen setzt relevante *Adressaten* voraus. So sind es bei sportlichen (schulischen u.a.) Leistungen die Aspiranten, bei genormten Industrieprodukten die Hersteller, die aufgefordert sind, für das Erreichen des Standards zu sorgen. Entsprechendes gilt für alle sozialen Normen: Spielregeln, Lebensregeln, Regeln der Etikette, rechtliche und moralische Gebote u.a. Kolloquiale Unschärfen widersprechen dem nicht. Die Rede von einem "abnormen" Verhalten ist nur dann normativ im prägnanten Sinn, wenn die Betreffenden oder ihre Erzieher als *verantwortlich* gelten, nicht wenn sie die *bloße* Abweichung von Regularitäten betrifft. Und wo das letztere immer der Fall ist, wie in der Rede von der "Abnormität" oder "Normalität" von Naturereignissen (Wetter, Krankheit, genetische Mutation u.a.), handelt es sich nicht wirklich um Normen, sondern bestenfalls, auch wenn ein Richtigkeitsmaßstab gesetzt ist, um nichtpräskriptive Wertungen.

Realitätsbezogene *Einstellungen* durch Richtigkeitskriterien zu definieren, wirft, was die nicht graduierte Zweiwertigkeit und den Rekurs auf verantwortliche Adressaten angeht, zunächst keine besonderen Probleme auf (vgl. jedoch S.121ff.). Schwieriger ist die Bestimmung des Aufforderungscharakters und des zugrundeliegenden Wertbegriffs. Unterstellt man jenen prägnanten Begriff, der den Gesichtspunkt der Vorzüglichkeit oder Geschätztheit einschließt, und läßt diesen seinerseits in Einstellungen des "Vorziehens" und "Schätzens" fundiert sein, die optativische Einstellungen (als Kern, S.72) enthalten, ergibt sich ein Zirkel bzw. Regreß. Soll er vermieden werden, muß man entweder auf die Fundierung durch Einstellungen oder auf den prägnanten Wertbegriff selbst verzichten. Doch welche positiven Alternativen bestehen, ist schwer zu sehen. Von einer (nicht einstellungsbedingten) "Vernunftnorm" zu reden, mag zunächst anziehend sein, führt explikativ aber nicht weiter (vgl. Anm.155). Daher möchte ich das Problem offen lassen. Die gegenwärtige Untersuchung bewegt sich auf einer so fundamentalen Ebene, daß wir es in jedem Falle mit Begriffen zu tun bekommen, die sich nicht weiter reduzieren lassen. "Wert" bzw. "Richtigkeit" im relevanten Sinne sind gute Kandidaten dafür (vgl. Tugendhat 1976,519), gleichgültig ob man sie als noch fundamentaler oder als gleichursprünglich mit den Begriffen der "assertorischen" und "optativischen Einstellung" selbst ansieht.

[134] Zugrundegelegt ist die in Anm. 121 eingeführte Analyse von Imperativen als Spezialfällen optativischer Einstellungen. Behauptungen dagegen sind (natürlich) nicht in jedem Falle, sondern nur dann durch optativische Einstellungen fundiert, wenn sie mit der im Text genannten kommunikativen Absicht geäußert werden.

[135] *Jeder* kommunikative, d.h. an andere sprachfähige Wesen gerichtete, Sprachgebrauch ist *teleologisch* in dem Sinne, daß ihm zumindest die Absicht zugrundeliegt, von anderen gehört bzw. gelesen und verstanden zu werden. Kommunikativ verwendete Imperative und Behauptungen sind darüber hinaus, zumindest im (nichtmetaphorischen, unironischen u.a.) Normalfall, mit der Absicht verbunden, andere über die betreffenden eigenen Einstellungen in Kenntnis zu setzen und sie dadurch, gegebenenfalls, zur Einnahme entsprechender Einstellungen bzw. entsprechender Handlungen zu veranlassen. Diesen Teil des intentional-semantischen Ansatzes von Grice (Lewis, Schiffer, Bennett u.a.) anzuerkennen, bedeutet noch nicht, sich das gesamte Programm einer Analyse von Satzbedeutungen auf der Basis der intentionalen, kommunikativen Verwendung von Satzausdrücken zu eigen zu machen. Und es bedeutet erst recht nicht, den "illokutionären" Gehalt von Behauptungen und Imperativen "perlokutionär" aufzulösen oder gar ihre Verwendung auf den Versuch einer ("strategisch") manipulativen Beeinflussung der Adressaten einzuschränken (vgl. auch Tugendhat 1985,180.183f.). Im Gegenteil, *wenn* der Sprecher die skizzierten kommunikativen Absichten verfolgt und nicht zusätzliche, restringierende Bedingungen (Sanktionsdrohungen, Hörigkeit oder psychische Gehemmtheit des Angesprochenen u.a.) vorliegen, sind Manipulationen *ausgeschlossen.* Denn es gehört, wie gleich noch deutlicher werden wird, zum *Sinn* der durch optativische und assertorische Einstellungen begründeten Aufforderungen, daß der Aufgeforderte ihnen *nicht* ohne weiteres nachkommt, sondern selbständig und auf sehr verschiedene Weise Stellung zu ihnen nehmen kann.

[136] Im Falle von Persönlichkeitsspaltung, vor allem wenn diese die Form *sukzedierender*, persönlichkeitsverändernder Bewußtseinszustände hat, scheint es nicht ausgeschlossen, die Rollenverteilung in intersubjektiven Aufforderungssituationen intrasubjektiv vollständig zu reproduzieren. Das setzt natürlich voraus, daß die Rede von *mehreren* "Personen" bzw. "personalen Zuständen" *eines* Subjekts Sinn macht (vgl. S.20) und daß das Erfassen der personalen Eigenschaften (hier: der optativischen und assertorischen Einstellungen) der jeweils anderen Person im relevanten Falle *nicht* zum Bewußtsein ihrer Zugehörigkeit zum gleichen Subjekt führt oder auch nur zu einem sie in die jeweils eigene Person integrierenden *reflexiven* Bewußtsein. Beide Voraussetzungen führen, wie die philosophische Diskussion seit Locke deutlich gemacht hat, in gravierende theoretische Schwierigkeiten, die an dieser Stelle nicht weiter verfolgt werden können. Empirische Belege für die damit ausgeklammerten Möglichkeiten dürften ohnehin, wenn überhaupt, nur unter außergewöhnlichen pathologischen Umständen (extreme Formen der Schizophrenie o.ä.) vorliegen, keineswegs jedoch (wozu eine laxe Anwendung des Freudschen "Instanzenmodells" verleiten könnte) im nichtpathologischen oder pathologischen Alltagsleben.

[137] Plausibel erscheint das vor allem für das Erfassen elementarer ("intuitiv evidenter") logischer Zusammenhänge und für elementare sinnliche Wahrnehmungen, äußere wie innere. Selbstkorrekturen, sei es auch nur im Hinblick auf akzidentelle "Entgleisungen" in der Anwendung bekannter Begriffe und Regeln bzw. in der Aktualisierung vorhandener Fähigkeiten, sind aber auch hier möglich. Daher sind weitere, quer zur geläufigen Unterscheidung zwischen "Innen" und "Außen" liegende Restriktionen erforderlich. Ihre Bestimmung ist notorisch schwierig. Ob die Rede von "elementaren Wahrnehmungssituationen",

die durch absolute, Revisionen gegenüber prinzipiell immunisierte Täuschungsfreiheit gekennzeichnet sind, Sinn macht, hängt davon ab, ob der Zusatz "elementar" zirkelfrei, d.h. anders als durch das ins Auge gefaßte Infallibilitätskriterium selbst expliziert werden kann. Da ich bislang nicht sehe, *ob* dies möglich ist und, wenn ja, *wo* die genauen Grenzen liegen, spreche ich lediglich von der "Plausibilität" einer solchen Annahme.

Das ist vielleicht zu wenig. Man könnte geltend machen, daß es einen (wie immer zu spezifizierenden) Kernbereich epistemisch ausgezeichneter Wahrnehmungen deshalb geben *muß*, weil die Rede von "Täuschungen" und "Täuschungsfreiheit" nur auf dem Hintergrund bestehender Kenntnisse dessen, *worin* man sich täuschen kann, sinnvoll ist und diese Kenntnis nur in Wahrnehmungssituationen zu gewinnen ist, die *nicht* epistemologisch problematisiert werden (vgl. Tugendhat 1976,492 und die entsprechende positive Inanspruchnahme von "Wahrnehmungssituationen" für die Erklärung der Verwendungs- und Verifikationsregeln empirischer Prädikate, vor allem 335ff.414ff.434f. 484ff.). Wenn die *Bedeutungen* assertorischer Sätze (genauer: der propositionale Gehalt empirischer Sätze, vgl. S.71) durch jene Wahrnehmungsbedingungen *definiert* sind, die sie als wahr oder falsch erweisen, ist die Möglichkeit eines irrigen Für-wahr-Haltens *unter* diesen Bedingungen tatsächlich ausgeschlossen. Die bloße Tatsache, daß der Träger der Einstellung den Ausdruck 'p' bedeutungskonform verwendet und damit zu der (epistemisch uneingeschränkten, Anm.138) Überzeugung gelangt, daß p der Fall ist, wäre dann ein Beweis für die Objektivität seiner Realitätsauffassung.

Meine Zurückhaltung hat vor allem drei Gründe. Einmal denke ich (aus den an anderer Stelle entwickelten Gründen, Seebaß 1981) nicht, daß die Bedeutungen, auch die der wahrnehmungsmäßig verifizierbaren bzw. falsifizierbaren Sätze, in den betreffenden Wahrnehmungsbedingungen *aufgehen*, so daß die Notwendigkeit und der Stellenwert des Rekurses auf epistemisch ausgezeichnete Wahrnehmungssituationen fraglich wird. Zudem ist die Bedingung der "bedeutungskonformen Verwendung" durch die unspezifizierte Inanspruchnahme solcher Situationen nicht zu erfüllen, sondern verlangt deren *Spezifizierung*, die in die obengenannten Probleme führt. Und selbst wenn diese Bedenken entfielen, würde, drittens und im gegenwärtigen Zusammenhang allein hinreichend, auch die gesicherte Infallibilität der bedeutungskonformen (kategorischen) Assertionen eines *einzelnen* Sprechers deren "Objektivität" in einem Sinne, der *intersubjektive* Bedeutungskonformität und Täuschungsfreiheit einschließt, nicht unter Beweis stellen, sondern allenfalls, verdeckt durch das (in meinen Augen unhaltbare, vgl. Anm.7) Wittgensteinsche "Privatsprachenargument", postulieren.

138 Auch unterhalb der Stufe des kategorischen "Für-wirklich-Haltens" sind Konflikte zwischen assertorischen Einstellungen denkbar, deren *Gewißheitsgrade* verschieden sind (vgl. dazu Anm.165). Wer "gute, aber nicht außerhalb jedes vernünftigen Zweifels stehende" Evidenzen gewonnen hat zu "glauben, daß p", kann sich dadurch ebenso aufgefordert fühlen, seine bisherige "bloße Mutmaßung, daß -p" zu revidieren, wie derjenige, der zu der "unzweifelhaften Überzeugung" gelangt ist, daß p der Fall ist. Ich sehe von diesen Komplikationen vorläufig ab und beschränke mich auf Konflikte zwischen assertorischen Einstellungen, die für den Träger *epistemisch uneingeschränkt*, und solchen, die (in welcher Form und welchem Grade auch immer) für ihn *epistemisch eingeschränkt* sind. Komplexere Fälle werden an gegebener Stelle berücksichtigt (vgl. S.97ff., bes. Anm.165).

139 Diese Voraussetzung, die dem Alltagsverständnis ebenso naheliegt wie der philosophischen Tradition, die intentionale Zustände als mentale Zustände auffaßt (vgl. S.69-71, 74), ist für die meisten einschlägigen Fälle plausibel und soll im folgenden zugrundege-

legt werden. Wir müssen uns freilich im klaren darüber sein, was sie enthält und was nicht. Sie enthält eine Bindung an das Bewußtseinskriterium, impliziert aber weder, daß hier nur *reflexives* Bewußtsein in Frage steht, noch daß die Rede von *unbewußten* intentionalen Zuständen, speziell assertorischen und optativischen Einstellungen, sinnlos ist oder empirisch inapplikabel. Das wäre wenig plausibel (vgl. S.76). Natürlich unterstellen wir, wenn wir anderen oder uns selbst den Besitz permanenter oder länger anhaltender Wünsche und Meinungen zuschreiben, nicht, daß wir uns ihrer anhaltend bewußt sein müßten. Dennoch reden wir problemlos von solchen und ähnlichen Zuständen und wissen, wovon wir reden. *Vorausgesetzt* wird nur zweierlei: (1) daß die Rede von "unbewußten intentionalen Zuständen" nur im Hinblick auf ihre *potentielle Bewußtheit* Sinn macht und (2) daß ihre *Aktualisierung unproblematisch* ist. Die relevante "Potentialität" kann dispositionell oder anders aufgefaßt werden (vgl. Anm.49 und S.92 Anm.145). Die geforderte "Problemlosigkeit" kann als gegeben gelten, wenn der Träger des Zustands fähig ist, ihn sich "direkt" (Anm.147) bewußt zu machen, oder wenn relevante Bedingungen (Diskrepanz-Erfahrungen z.B.) seine Bewußtheit hervorrufen.

Die *erste Voraussetzung* wird man letztlich nur sinnvoll bestreiten können, wenn man den weitergehenden Anspruch erhebt, daß alle unbewußten Zustände des Wünschens und Meinens bzw. alle intentionalen Zustände überhaupt *bewußtseinsunabhängig* zu identifizieren sind, wenigstens im Prinzip (vgl. Anm.183). In Frage kommen hier insbesondere die behavioral-dispositionelle Analyse und die physiologistische Reduktion. Letztere kann im Rahmen unserer Untersuchungen offen gehalten werden, bleibt aber, selbst wenn sie durchführbar sein sollte, begrifflich sekundär (Anm.7, S.46f.). Die behavioral-dispositionelle Analyse wiederum läßt sich, wie in Kap.IV,3 gezeigt wird, als Spielart eines Versuchs zur dispositionellen Explikation des Sinns und des Aufforderungscharakters assertorischer und optativischer Einstellungen insgesamt ausscheiden. Weiterreichende reduktionistische Ansprüche (vgl. S.102ff.) brauchen uns dabei ebensowenig zu interessieren wie die Frage, ob bzw. inwieweit andere intentionale Zustände oder Begriffe des "Wünschens" und "Meinens", die von optativischen und assertorischen Einstellungen unabhängig sind, behavioral expliziert werden können (vgl. dazu auch S.166ff.,183ff.).

Die *zweite Voraussetzung* kann losgelöst von der ersten bezweifelt werden, wenn man (wie es die psychoanalytische Theorie der "Verdrängung" nach der geläufigsten Deutung tut) unbewußte Wünsche und Meinungen in Rechnung stellt, die zwar *begrifflich* von bewußten Wünschen und Meinungen abhängig sind und auch empirisch *definitiv* (d.h. von behavioral begründeten Vermutungen unabhängig) erst bei gegebener Bewußtheit unter Beweis gestellt werden, deren Bewußtmachung aber *nicht ohne weiteres* möglich ist, sondern spezielle Präparationen erfordert und faktisch eventuell überhaupt nicht gelingt. Ob eine so schüttere evidentielle Basis genügt, um die empirische Zuschreibung (zumal die rückwirkende unter präsenten therapeutischen Bedingungen) zu rechtfertigen, ist wie bei allen Potentialitäten, die nie oder nur unter außergewöhnlichen Umständen aktualisiert werden, mehr als zweifelhaft, kann hier aber dahingestellt bleiben. Denn einmal wäre (aller "Alltagspathologien" ungeachtet) die *Zahl* der unbewußten assertorischen und optativischen Einstellungen, mit denen wir jenseits des Geltungsbereichs unserer zweiten Voraussetzung zu rechnen haben, relativ klein und könnte aus diesem Grund unberücksichtigt bleiben. Zum anderen wäre der *Sinn* unserer Rede von solchen weiterhin durch die Bedingungen bestimmt, die erfüllt wären, wenn sie bewußt würden. Nur ihm gilt unser Interesse. Wenn der Träger einer assertorischen oder optativischen Einstellung sich deshalb *nicht* zu Korrekturen aufgefordert fühlt, weil er sich (aus welchen Gründen auch immer) bestehender Diskrepanzen *nicht* bewußt wird, ist dies für das Verständnis dessen, was sein Aufgefordertsein ausmacht, *wenn* er sich ihrer bewußt ist, natürlich ohne Belang.

[140] Assertorische Einstellungen den Realitäten bzw. den eigenen (neu gewonnenen oder wiedererinnerten) Realitätsauffassungen anzupassen ist Sache dessen, der sie besitzt und als falsch erkannt hat. Entsprechend wird er sich, im Normalfall, aufgefordert fühlen, die nötigen Revisionen vorzunehmen. Nur in Fällen extremer *psychischer Abhängigkeit* von (religiösen, politischen, sozialen, wissenschaftlichen o.a.) Autoritäten erscheint es denkbar, daß ein Mensch den Widerspruch zwischen einer selbständig oder durch andere Autoritäten gewonnenen Überzeugung und einem bestehenden, autoritär begründeten Glauben nicht als Aufforderung an sich, sondern an die betreffende Autorität begreift, für die Korrektur seines Glaubens zu sorgen. Solche Fälle dürften jedoch, wenn überhaupt, äußerst selten auftreten. Denn in der Regel werden gerade extrem Autoritätsgläubige eindeutigen, intrasubjektiven Aufforderungssituationen dieser Art dadurch entgehen, daß ihr bestehender Glaube den Status des kategorischen, epistemisch uneingeschränkten "Für-wahr-Haltens" (Anm. 138) hat und *neben* der neu gewonnenen Überzeugung behält oder *deren* epistemische Einschränkung nach sich zieht (vgl. Anm. 165). Konflikte zwischen epistemisch gleichrangigen assertorischen Einstellungen können zwar das *"rationale Meta-Interesse"* begründen, diese Gleichrangigkeit (durch Dezision oder die Suche nach ausschlaggebenden Evidenzen) aufzuheben, *Aufforderungen* zur Beseitigung der Diskrepanzen als solcher aber ergeben sich aus ihnen nicht (vgl. auch S. 97ff.). Der Autoritätsgläubige kann sich daher nicht weniger als der sich selbst genügende gewöhnliche Sterbliche, der mit den Widersprüchen des Lebens leben muß, mit einer *solchen* Konfliktsituation abfinden.

[141] Vgl. Kap. IV,6, wo die These begründet wird, daß "minimal rationale" Träger optativischer Einstellungen durch diese wenigstens so weit motiviert sind, daß sie in Diskrepanz-Situationen in relevante Überlegungen eintreten und die sich aus ihnen ergebenden eigenen Einstellungen entwickeln. Inwiefern dies jedoch nicht unter allen Umständen erfolgen muß, wird im folgenden deutlich werden.

[142] Es ist nicht prinzipiell ausgeschlossen und in manchen Fällen auch empirisch aufweisbar, daß optativische Einstellungen *von Anfang an* in der Form von selbstadressierten ("Ruhig Blut!", "Courage!") oder an andere Personen gerichteten Imperativen auftreten ("Halts Maul!", "Gas geben!", "Die Wasserwaage bitte!"). Im allgemeinen aber *bilden* wir Imperative, *weil* wir etwas Bestimmtes wünschen und glauben, seine Verwirklichung nicht direkt, sondern nur indirekt durch eine (optativisch fundierte) Aufforderung an die direkt Verantwortlichen fördern zu können. Formulierte Imperative haben daher gewöhnlich den Status von (willentlichen, vgl. Anm. 13) Verrichtungen, die in der *Absicht* ausgeführt werden, den Adressaten zu eigenen Einstellungen bzw. Handlungen zu veranlassen, wobei diese "Veranlassung" im besonderen Fall der "Selbstaufforderung" eine erkennbar manipulative Komponente hat (vgl. Anm. 135). Als solche aber setzen sie nicht nur einen bestehenden Wp-Zustand (nebst gewissen präsuppositiven Bedingungen, Anm. 121) voraus, sondern beruhen auch auf bestimmten epistemischen, rationalen und motivationalen Zusatzbedingungen, die (wie sich im weiteren Verlauf unserer Untersuchungen zeigen wird) für den Begriff der "optativischen Einstellung" nicht konstitutiv sind und ein weiteres Argument gegen seine versuchte Rückführung auf Imperative liefert.

In der Literatur dagegen ist wiederholt der Gedanke aufgetaucht, daß sich, wenn nicht das Wünschen oder das (unentschiedene) bloße Wollen, so doch das *Wollen* im engeren Sinn bzw. das von ihm bestimmte *Willenshandeln* im Rekurs auf einschlägige (interne) "Selbstaufforderungen" oder selbstadressierte Imperative verständlich machen ließe. Augustin etwa (Conf. VIII,9) hat die Leistung des "Wollens" generell, bezogen auf mentale ebenso wie auf körperliche Verrichtungen, als ein "Befehlen" gekennzeichnet. Thomas

(STh III q17 a3 ad1) hat zwischen die Aristotelische "überlegte Entscheidung" ("prohairesis", "electio") und die ihr folgende Willenshandlung eine als "willensfundierten Akt der Vernunft" ("actus rationis, praesupponens actum voluntatis", vgl. q17 a1 resp., a3 1., a5 3. ad 3) charakterisierte Leistung des "Befehlens" ("imperare") eingeschoben, die nach dem Modell von expliziten, intersubjektiven Anordnungen durch indikativische Sollenssätze oder direkte Imperative konstruiert wird (q17a1: resp.). Kant hat neben der allgemeinen Definition als Kausalvermögen (Anm.129) den "Willen" auch als Vermögen definiert, "der Vorstellung gewisser Gesetze gemäß sich selbst zum Handeln zu bestimmen" (GMS AA IV,427, vgl. 412.459; KpV AA V,32.60; Refl. 5435), wobei der imperativische Charakter dieser "Selbstbestimmung" auf die für Menschen charakteristische "Nötigung" ihrer "sinnlichen" durch ihre "vernünftige Natur" zurückgeführt wird (vgl. GMS AA IV,400f. 412-414.427; KpV AA V,19f.; u.a.). Auch Nietzsche hat wiederholt den Befehlscharakter des "Wollens" hervorgehoben, abgesetzt etwa gegen das bloße "Streben" oder "Begehren", und in diesem Zusammenhang z.B. erklärt, ein Mensch, der wolle, befehle "einem Etwas in sich, das gehorcht oder von dem er glaubt, dass es gehorcht" (Werke, edd.Colli/ Montinari VI/2,26f.; vgl. auch VIII/1,256; VIII/2,296). Beispiele aus der neueren Literatur liefern Wittgenstein (Philos.Unters. §630 im Kontext), Lorenzen/Schwemmer (1975, 152f.159f.171ff.) und die vom Erlanger Konstruktivismus beeinflußte psychologische Theorie des Handelns von Werbik (1978, bes. 23f.45ff.52), sowie vor allem die an Thomas anknüpfende "imperativische Theorie des Willens" von Kenny (1963, ch.11; 1975, ch.2-3) und Hare (1971).

Die Schwäche all dieser Ansätze liegt nicht, wie manche Kritiker (vgl. Gauthier 1971, 103; Pears 1971,125f.) meinten, darin, daß Zustände bzw. korrespondierende Ausdrücke des "Wollens" und "Wünschens" von Imperativen *kategorial* verschieden wären oder den Aufforderungscharakter mit ihnen nicht teilten, sondern nur darin, daß sie sich bei dessen Explikation auf den *Spezialfall* von intersubjektiven, in der Befehlsform artikulierten Aufforderungen an andere Personen fixiert haben und von daher geneigt waren, *Zusatzbedingungen* für begrifflich zentral zu halten und den *begrifflichen Kern* zu verfehlen (vgl. schon Reid: Act.Pow. II,1). Doch haben Kenny (1975,31-35) und Hare (1971,89f.95ff.), die zwar den gegen sie erhobenen Einwand der begrifflichen Regressivität (Bell 1965-66,144f.) durch stillschweigende Assimilation an geläufige andere Regreßeinwände (vgl. S.52f. Anm. 77) nicht adäquat beantwortet haben, in der Beantwortung von Einwänden gegen die Konzentration auf "Befehle" selbst zu erkennen gegeben, daß es auch ihnen nicht um ein Postulieren von dubiosen, internen "Selbstaufforderungen" zu tun ist und eigentlich auch nicht um den Rekurs auf Imperative als solche, sondern um jenen begrifflichen Kern, den Imperative mit anderen Formen der optativischen (nicht assertorischen) "Stellungnahme zur Frage der Realität" teilen.

143 Vgl. Woodfield 1981-82, 86f. und vor allem Smith 1987, 51-56; 1988, 589; ähnlich schon Stoutland 1970,128. Woodfield hält den Hinweis auf die konträren kausalen "Rollen", die beide Einstellungen spielen, allerdings nur für einen *Teil* der Wahrheit ("some truth in this conclusion", a.a.O. 85; vgl. auch 77ff.86) und glaubt den Unterschied *letztlich* nur im Rekurs auf die (vorausgesetzten) Bedeutungen indikativischer bzw. imperativischer Sätze verständlich machen zu können, ohne sich freilich Rechenschaft darüber zu geben, daß die Differenzierungsprobleme (*unabhängig* vom Problem der Sprachabhängigkeit, vgl. Anm.120 und 122) auf der semantischen Ebene wiederkehren. Alle zitierten Autoren differenzieren im übrigen nicht zwischen den im Text unterschiedenen Punkten (a) und (b) und bedienen sich nicht der Rede vom "Aufforderungscharakter" (o.ä.) diskrepanter Einstellungen, sondern lediglich der (in der einschlägigen Literatur geläufigen) unspe-

zifizierten Rede von gegenläufigen "directions of fit", die Smith (1987,51; 1988,589) überdies nur als "metaphorische" Vorstufe seiner Explikation gelten läßt. Darin manifestiert sich in meinen Augen die mangelnde Sensitivität gegenüber den Problemen, die, wie in diesem Abschnitt gezeigt werden soll, den erwogenen Explikationsvorschlag inakzeptabel machen. Meine Darstellung enthält daher schon eine sachliche Präzisierung, die über die angeführten Texte hinausgehen.

[144] Das Problem der begrifflichen Bindung an motivationale Wirksamkeit wird bis zur Behandlung von Punkt (a) zurückgestellt (S.95ff.). Ausgeklammert wird die (früher angesprochene, S.76) Frage, inwieweit dispositionelle Explikationen fähig sind, die Vielfalt möglicher propositionaler Objekte differentiell zu erfassen. Diese allein kann hinreichen, um den zu prüfenden Vorschlag zu Fall zu bringen, wird hier aber nicht als Einwand benötigt.

[145] Für elementare Dispositionen von materiellen Gegenständen und Stoffen ist das evident, ebenso für die vegetativen Dispositionen von Tieren und Menschen. Es gilt aber auch für Dispositionen zu mentalen und behavioralen Leistungen, die, wenn sie auftreten, mit Bewußtsein verbunden sind. Manche dieser Dispositionen werden uns als solche überhaupt nicht oder nur unter besonderen Umständen bewußt, andere sind uns bekannt, ohne uns dauerhaft oder besonders oft zu beschäftigen. Dazu können natürlich auch Dispositionen *zu* bewußten Wünschen und Meinungen gehören. Die Dispositionalität und überwiegende Unbewußtheit bestimmter *Formen* des Besitzes von assertorischen und optativischen Einstellungen ist für sich jedoch kein Beweis ihrer *prinzipiellen* Bewußtseinsunabhängigkeit oder *durchgängigen* dispositionellen Explizierbarkeit (Anm.139). Erst dieser letztere, stärkere Explikationsanspruch ist es, der den zu prüfenden Vorschlag problematisch macht, nicht der Rekurs auf Dispositonen als solcher.

[146] Richtige Meinungen und erfüllte Wünsche wären *phänomenal* ununterscheidbar und *theoretisch* nur in der Form von grundlosen oder allenfalls (durch zurückliegende Diskrepanz-Erfahrungen) induktiv begründeten, aber dann nur für permanente und länger anhaltende Wünsche und Meinungen gültigen (vgl. auch S.100f.), kontrafaktischen *Hypothesen* über Reaktionen auf mögliche Diskrepanzen zu trennen.

Daß dies ebenso wie die ins Auge gefaßte "Einstellungserkenntnis ex post" der Alltagserfahrung zuwiderläuft, ist offenkundig. Wer zum ersten Mal in seinem Leben Lotto spielt und den Schein mit den (nehmen wir an) nach dem Zufallsprinzip getippten Zahlen vor sich hat, verschwendet, obwohl er von diesen Fakten zweifelsfrei überzeugt ist, keinen Gedanken daran, wie er reagieren würde, wenn er keinen Schein oder einen mit anderen Zahlen vor sich hätte, und weiß zugleich seinen (vorhandenen) Wunsch, die Ziehung möge zu seinen Gunsten ausfallen, mühelos von seinem (nicht vorhandenen, aber erwogenen) Glauben an den entsprechenden Ausgang zu unterscheiden, unabhängig davon, wie die Ziehung tatsächlich ausfällt und wie er darauf vielleicht reagieren wird. Wenn die Rede von "unbewußten" Wünschen und Meinungen *überhaupt* einen Sinn hat, der *nicht* vom Sinn der Rede über bewußte Wünsche und Meinungen abhängig ist (vgl. Anm.139), ist sie auf Fälle beschränkt, die im Leben normaler, bewußtseinsfähiger Menschen die Ausnahme bilden, nicht, wie die erwogene Deutung annimmt, die Regel.

[147] Eigene Dispositionen *"direkt zu kennen"*, angeborene (Wetterfühligkeit) wie erworbene (Fremdsprachenbeherrschung), kann natürlich nicht heißen, sich ihres Besitzes permanent oder besonders häufig bewußt zu sein (vgl. Anm.145). Es heißt nur, über die (ihrer-

seits dispositionelle oder anders geartete, vgl. Anm.49) Fähigkeit hierzu zu verfügen und sie, wenn immer die Frage des Dispositionen-Besitzes akut wird, "direkt" (d.h. ohne psychoanalytische oder sonstige Präparationen, vgl. Anm.139) aktualisieren zu können. Das kann (muß freilich nicht) der Fall sein, wenn die fragliche Disposition zur Anwendung kommt, kann aber auch in abstracto erfolgen, selbstreflexiv z.B. oder in Beantwortung einer diesbezüglichen Frage anderer. *Daß* wir diese Fähigkeit haben, zeigt sich allerdings nur, *wenn* sie aktualisiert wird, d.h. wenn wir (in der geforderten "direkten" Weise) die aktuelle, epistemisch uneingeschränkte assertorische Einstellung entwickeln, *daß* wir entsprechend disponiert sind. *Diese* Einstellung *muß* uns bewußt sein. Wäre sie ihrerseits dispositionell, würde die Frage nach dem Sinn unseres "direkten Wissens" auf dieser Ebene wiederkehren; wir gerieten in einen Regreß.

Der Punkt ist generell und nicht auf die dispositionelle Explikation assertorischer und optativischer Einstellungen oder anderer (prima facie) mentaler Phänomene beschränkt. Besonders bedeutsam ist er im Kontext *behavioristischer* Reduktionsansprüche. Philosophen, die von der (partiellen oder vollständigen) behavioral-dispositionellen Explizierbarkeit mentaler Prädikate ausgehen, jedoch bestrebt sind, der Existenz eines (aktuell) verhaltensunabhängigen "privilegierten Zugangs" zu den je eigenen mentalen Zuständen bzw. Prozessen Rechnung zu tragen, nehmen einen solchen gewöhnlich in Anspruch, *ohne* ihn weiter zu explizieren und die durch ihn begründete "direkte Selbstkenntnis", ihrer Form wie ihrem Gehalt nach, näher zu kennzeichnen (vgl. z.B. Sellars 1956, sect. XII ff.; Dennett 1976 und, wenngleich wesentlich differenzierter, Tugendhat 1979,85-136.). So kann der Eindruck entstehen, es könne sich hier um so etwas wie eine besondere, elementare Form des "Wissens" bzw. des "Sich-bewußt-Seins" eigener Zustände handeln, die *nicht* den Charakter bewußter assertorischer Einstellungen hat. Doch wie dies möglich oder auch nur begrifflich verständlich zu machen wäre, bleibt unklar (vgl. auch Anm.137). Und *wenn* man sich dieser Aufgabe stellt, wird sich, so meine These, weder die Idee einer "direkten Selbstkenntnis", die nicht die oben umrissene Form hat, noch die behavioral-dispositionelle Fundierung selbst aufrecht erhalten lassen.

[148] Diese Voraussetzung ist nicht selbstverständlich und kann nur gemacht werden, solange die Frage der motivationalen Wirksamkeit ausgeklammert bleibt. Wenn *keine* Reaktion oder nur Reaktionen eintreten, die die Diskrepanz *nicht* beseitigen, wird das dispositionelle Konzept als solches in Frage gestellt. Diese Möglichkeit werden wir später (Abschnitt 3.2) bestätigt finden, wobei sich ergeben wird, daß der Einwand, der gleich erhoben und nur auf assertorische Einstellungen bezogen wird, in modifizierter Form auch für optativische Einstellungen gültig ist.

[149] Wenn das Bestehen einer Disposition "D" dadurch definiert ist, daß unter den Bedingungen "B" die Reaktion "R" eintritt (vgl. Anm.49), kann man nicht sinnvoll behaupten, R sei mit dem Nichtbestehen von D identisch. Man kann die Differenz auch nicht sicherstellen, indem man verschiedene (wie immer zu spezifizierende) "Stärke"-Grade der beteiligten Dispositionen unterstellt, denn beide sollen ja dadurch definiert sein, daß der in Frage stehende Glaube (sc. "daß p" bzw. "daß -p") im Falle von gegenteiligen Evidenzen aufgegeben wird, so daß eine "Abschwächung" das gerade nicht erklären kann, was zu erklären ist.

[150] Der einschränkende Zusatz ("bestenfalls") verweist nicht nur auf die bislang ausgeklammerten Probleme der motivationalen Wirksamkeit, sondern auch auf die keineswegs selbstverständliche Voraussetzung, daß die empirischen Evidenzen (Auslöse-Bedingungen

und Reaktionen) es überhaupt rechtfertigen, *zwei* interagierende Dispositionen zu unterstellen und nicht nur *eine*.

[151] Ob diese "Reize" unbewußt bleiben oder den Charakter bewußter Empfindungen haben, ist dabei ebensowenig entscheidend wie die Bewußtheit der angesprochenen "Wahrnehmungen". Entscheidend ist das Fehlen von *Intentionalität* und *Propositionalität*. Denn "zur Kenntnis zu nehmen, daß p" oder "Kenntnis von a zu erlangen" hieße bereits, zu der (assertorischen, epistemisch uneingeschränkten) *Überzeugung* zu kommen, daß p der Fall ist bzw. daß a existiert. Jedenfalls sehe ich keine andere Möglichkeit, dieser Beschreibung unseres "Bezugs zur Wirklichkeit" Sinn zu geben (vgl. auch Anm. 137 und 147).

Mehrdeutigkeiten in der Rede von *"Wahrnehmungen"* können die Grenzen verwischen. Wenn Smith (a.a.O. Anm. 143), der die Erfassung unbewußter Wunschzustände als Vorteil seiner dispositionellen Analyse sieht, die Verschiedenheiten der "directions of fit" als "counterfactual dependence of a belief and a desire that *p*, on a perception that *not* p" charakterisiert und erklärt "a belief that *p* is a state that tends to go of existence in the presence of a perception that *not* p" (1987,56), kann, bedingt durch den unspezifizierten Ausdruck "perception", der Eindruck entstehen, das Bestehen bzw. Nichtbestehen eines Sachverhalts ließe sich unabhängig von einer diesbezüglichen assertorischen Einstellung "empfinden" oder gar völlig unbewußt "rezipieren". "Wahrnehmen, daß p" ist jedoch, wie spätestens seit Brentano und Husserl klar sein sollte, kategorial verschieden von schlichtem Empfinden und bloßem Stimuliertwerden. Wer die Grenzen *aufheben* will, muß explizite *Reduktionen* vornehmen. Daß solche möglich wären, sehe ich nicht.

[152] Die *Korrektur* diskrepanter assertorischer Einstellungen *besteht* in der Assertion ihres kontradiktorischen Gegenteils. Das gilt selbst dann, wenn es sich (was theoretisch denkbar ist, vgl. S.96ff.) nicht um eine dem Sinn dieser Einstellung entsprechende Anpassung der "bloßen Meinung" an die Realitätsauffassung, sondern um eine Anpassung der Realitätsauffassung an die "bloße Meinung" handelt. Die einzig denkbare Ausnahme bilden Fälle, in denen eine assertorische Einstellung aufgrund bzw. trotz relevanter Gegenevidenzen *ohne Korrektur* fallengelassen wird (vgl. dazu auch S.98f.,104f.).

[153] Der Ausnahmefall des *Verzichts* auf die realitätsbezogene Stellungnahme (Anm.152) kommt nicht in Betracht, da diese Reaktion natürlich weder den generellen noch gar den spezifisch assertorischen Sinn solcher Stellungnahmen verständlich macht. Ebenso abwegig ist der Gedanke, die Verwendung indikativischer bzw. imperativischer *Sätze* für die benötigten nichtdispositonellen Reaktionen heranzuziehen. Denn selbst wenn die durchgängige Sprachabhängigkeit propositionaler Einstellungen vorausgesetzt werden könnte (vgl. jedoch S.77f. und Anm.120), käme es nicht auf die bloßen Satzausdrücke an, sondern nur auf die Satzbedeutungen, deren Explikation in die gleichen Probleme führt; vgl. dazu S.77f., S.117 Anm.194).

[154] Aufforderungen sind ihrem *Sinne* nach nichtmanipulativ und können allenfalls *faktisch*, unter extrem restringierten Bedingungen, manipulativ verwendet werden (vgl. Anm. 135). Der Aufgeforderte "soll" der Aufforderung nachkommen, behält im Normalfall aber die Möglichkeit, selbständig zu entscheiden, ob er ihr nachkommt oder nicht. In *intersubjektiven* Aufforderungssituationen ist das evident. Der Aufgeforderte kann die Berechtigung seines Gegenübers zu Aufforderungen an ihn nicht anerkennen, sich nicht betroffen fühlen oder sich schlechthin weigern, die anerkannte Aufforderung zu erfüllen. *Intrasubjektive* Aufforderungen schließen (von extremen Formen der Persönlichkeitsspaltung abge-

sehen, vgl. Anm.136) diese Möglichkeit der Distanzierung aus. Es ist daher, will man den Sinn der Rede von "Aufforderungen" hier nicht grundsätzlich in Zweifel stellen, wichtig, sich Klarheit darüber zu verschaffen, daß die Möglichkeit einer Entscheidung für oder gegen ihre Erfüllung auch unter diesen Umständen erhalten bleibt. Die Phänomene des subjektiven Befolgens vorgegebener oder selbstgesetzter "Normen" (Anm.133) und der imperativischen "Selbstaufforderung" (etwa: zu einem moralisch guten oder den längerfristigen Eigeninteressen dienlichen Verhalten) bieten vermutlich die klarsten Belege dafür, daß es auch intrasubjektiv sinnvoll ist, die Anerkennung einer Forderung von der Entscheidung, sie zu erfüllen, zu trennen. Auch die Phänomene des sogen. "Gewissenskonflikts" und der (bewußten) "Über-Ich-Kontrolle" wären ohne Rekurs auf bestehende und anerkannte, aber die aktuelle Stellungnahme nicht präjudizierende eigene Forderungen nicht angemessen beschrieben.

Daß Reaktionen auf Diskrepanz-Erfahrungen mit assertorischen und optativischen Einstellungen ebenfalls den Charakter der "Stellungnahme" *zu* bestehenden und *als* eigene anerkannten "Aufforderungen" haben bzw. haben können, soll im folgenden (S.96-102 mit Anmerkungen) unter Beweis gestellt werden, indem dafür argumentiert wird: (a) daß die Betroffenen, obwohl sie sich in einer bestimmten Weise zur Herstellung von "Richtigkeit" *aufgefordert* fühlen, nicht immer in einer Form reagieren, die zur *Aufhebung* der Diskrepanzen führt; daß ihre Aufhebung (b) nicht immer *im Sinn* der Einstellung erfolgt; daß sie, auch wenn sie es tut, mit dem Eintritt der Diskrepanz-Erfahrung und dem Erfassen der Aufforderung nicht zusammenfällt, sondern ihm (c) als Reaktion *nachfolgt*, in den meisten Fällen zudem nicht unmittelbar, sondern (d) *vermittelt* durch mehr oder weniger umfängliche Überlegungen; und daß es (e) im Verlauf dieser Überlegungen zu Situationen kommen kann, in denen eine *bewußte Entscheidung* zwischen verschiedenen Reaktionsmöglichkeiten zu treffen ist. Die Trennung zwischen Aufforderung und Stellungnahme ist bei optativischen Einstellungen deutlicher und empirisch leichter nachweisbar, gilt aber prinzipiell auch für assertorische.

155 Die alltagssprachliche ebenso wie die philosophische Verwendung der Ausdrücke 'rational' und 'vernünftig' ist notorisch vage und vieldeutig. Ihre begriffliche Klärung ist zudem dadurch erschwert, daß normative Gesichtspunkte sowie das Bestreben, ein allgemeinmenschliches und für Menschen spezifisches Merkmal darin zu finden, ihren deskriptiven Gehalt überlagern. Einige Bedeutungsverschiedenheiten werden im folgenden (vorab in den Anmerkungen) angesprochen, doch werde ich keinen Versuch machen, sie genauer gegeneinander abzugrenzen oder gar auf einen gemeinsamen Nenner zu bringen.

Der *normative* Aspekt, soweit er nicht mit dem "Aufforderungscharakter" diskrepanter assertorischer und optativischer Einstellungen selbst zusammenfällt (vgl. dazu S.135ff.), wird vollständig ausgeblendet. Vielmehr gehe ich davon aus, daß der Rationalitätsbegriff primär als ein *deskriptiver* Begriff zu verstehen ist, der dazu dient, bestimmte Formen des Besitzes oder des Umgangs mit realitätsbezogenen Einstellungen von anderen Formen abzuheben, dessen genauer Sinn aber *offen* ist und nur dadurch spezifiziert werden kann, daß man die betreffenden *Formen* beschreibt. Auch wenn die Spezifizierung nicht losgelöst davon erfolgen kann, welche Formen herkömmlich als "rational" eingestuft wurden und wie (mehrheitlich, in verschiedenen sozialen Kontexten) als "vernünftig" bezeichnete Menschen sich faktisch verhalten, bleibt ein breiter Spielraum für unterschiedliche Konzeptualisierungen, die verschiedene theoretische und praktische Interessen widerspiegeln (vgl. Anm.17 und S.37f.). *Relativ* auf diese ist es dann jedoch eine *rein* empirische Frage, ob bzw. inwieweit sich bestimmte Wesen als "rational" erweisen. Ob ein Begriff zu finden

ist, der alle Menschen und nur Menschen faktisch oder als (subjektiv oder objektiv gültige) Richtschnur ihres Verhaltens kennzeichnet, bleibt also völlig offen.

[156] Bekanntlich wird schon die elementare sinnliche Wahrnehmung in erheblichem Maße
von vorgängigen kognitiven Einstellungen beeinflußt, und in der weit überwiegenden
Mehrzahl der Fälle, in denen unser "Zugang zur Wirklichkeit" weniger direkt ist, macht
sich der Einfluß vorhandener Wünsche und Meinungen noch stärker bemerkbar, in der
Anwendung relevanter Verifikationsverfahren ebenso wie in der Interpretation und Gewichtung verfügbarer Evidenzen. Psychologische Untersuchungen zur Reduktion sogen.
"kognitiver Dissonanzen" haben das experimentell zu erhärten versucht. Doch schon die
Alltagserfahrung bietet genügend Beispiele. Druckfehler werden übersehen, weil man den
Text unmerklich "zurechtliest", Intonationstrübungen überhört, weil ein bestimmter Klang
gewünscht oder erwartet wird. Kalkulationsfehler werden unter dem Eindruck antizipierter
Ergebnisse begangen. Optimismus und Pessimismus sind Haltungen, in denen die Realitätsauffassung partiell oder vollständig durch vorhandene Hoffnungen und Befürchtungen
bestimmt wird. Glück und Zufriedenheit werden nur selten von Menschen gewonnen, die
bestrebt oder daran gewöhnt sind, die Dinge gänzlich unvoreingenommen zu betrachten.
  Die Verschiedenheit und Alltäglichkeit solcher Beispiele zeigt, daß es kaum angemessen
wäre, Reaktionen des Typs (B1) pauschal als "irrational" zu bezeichnen. Die Grenzen zwischen einem pragmatischen Konservatismus, der Rationalität einschließt, und irrationaler
Vorurteilsbefangenheit, Unbelehrbarkeit, Weltfremdheit, Handlungsscheu oder Wunschdenken sind fließend. Zudem bieten die meist bestehenden epistemischen Unklarheiten
reichliche Möglichkeiten, vollzogene Adaptionen nachträglich oder bereits im Angesicht
einschlägiger Gegenevidenzen zu "rationalisieren" (vgl. S.97ff., bes. Anm.166). Wir können diese Fragen hier nicht weiter verfolgen. Festzuhalten ist jedenfalls, daß ein genereller Ausschluß von (B1)-Reaktionen im Hinblick auf ihre "Irrationalität" nicht in Betracht
kommt.

[157] Ein Autofahrer etwa, der seine Meinung, 50 km/h zu fahren, beim Blick auf den
Tacho als irrig erkennt, könnte unmittelbar darauf, durch eine unbeabsichtigte Änderung
seines Drucks aufs Gaspedal, die Geschwindigkeit so verändern, daß 50 km/h erreicht
werden und die Wirklichkeit seiner Meinung entspricht. Ob diese Änderung *zufällig* eintritt oder, bedingt durch die temporäre Verlagerung seiner Aufmerksamkeit, als eine (deviante) *Folge* der Diskrepanz-Erfahrung, spielt für den (rein) *assertorischen* Charakter
seiner Einstellung keine Rolle. Er muß nicht zugleich oder aufgrund seiner faktisch reaktiven Realitätsveränderung *wünschen*, 50 km/h zu fahren. Ebenso irrelevant ist die Frage,
wie oft Reaktionen dieses Typs auftreten. Der dispositionellen Analyse zufolge müßte das
Auftreten von Reaktionen des Typs (B2) dagegen prima facie als Beweis dafür betrachtet
werden, daß der Betreffende nicht assertorisch, sondern optativisch Stellung bezogen hat,
oder sogar, daß er ungeachtet des (rein) assertorischen Charakters seiner Einstellung situativ zur Herstellung optativischer "Richtigkeit" aufgefordert war. Nur durch eine entsprechende (empirisch unabschließbare) Komplexion der Dispositionsbedingungen und möglichen Reaktionen ließen sich absurde Deutungen wie diese innerhalb des dispositionellen
Ansatzes ausschließen. Von einer vorgängigen Vereinfachung der Analyse kann also keine Rede sein.

[158] Einschlägig sind vor allem Fälle des *uneigentlichen* Sprachgebrauchs, insbesondere
der bewußten *Täuschung*. Wer einen anderen belügt, stellt eine Behauptung auf, die er
nicht glaubt, jedoch als Ausdruck seines Glaubens aufgefaßt wissen will, weil sie nur un-

ter dieser Annahme Glauben findet. Daß er zu ihr in einer eigentümlichen Weise distanziert bleibt, macht sie (in einem prägnanten Sinne) zur *"bloßen Behauptung"*. Ähnliches gilt für Situationen, in denen man unernst, wenngleich ohne bewußte Täuschungsabsicht, "etwas daherredet". Das Phänomen ist alltäglich, theoretisch aber solange unverständlich, als die "persönliche Distanzierung" unspezifiziert bleibt.

Offensichtlich kann sie nicht so weit gehen, daß der Lügner, anders als der Belogene, den geäußerten Satz nicht mehr in seiner gewöhnlichen, intersubjektiv etablierten *Bedeutung* verwendet, sondern in einer anderen oder als uninterpretierten Ausdruck. Auch eine "bloße Behauptung" läßt sich nur aufstellen, indem man die etablierte Bedeutung in Anspruch nimmt. Möglich wäre die Deutung, daß er im Wissen darum, daß der Satz in seiner normalen Verwendung "das Bestehen" eines von beliebigen (wirklichen oder nur möglichen) Personen oder gänzlich impersonal erhobenen Wahrheitsanspruchs zum Ausdruck bringt, den Hörer durch seine Äußerung zu der falschen Annahme verleitet, *er* sei es, der den Anspruch erhebt, während er in Wahrheit *von niemand* erhoben wird. Dann hätten wir es mit einer Form des "Behauptens" zu tun, die nicht durch assertorische Einstellungen *fundiert* ist, sondern solche nur *präsupponiert*.

Man könnte die Distanziertheit des Lügners oder des unernst "Daherredenden" aber auch so verstehen, wie es im Fall des (von Täuschungsabsichten gänzlich freien) ironischen oder fiktionalen Sprachgebrauchs ausschließlich angemessen erscheint, sc. als temporäre Übernahme der *Rolle* dessen, der etwas mit Überzeugung behauptet. Dann könnte man an der Fundierung aller Behauptungen durch assertorische Einstellungen festhalten, müßte die Distanzierung, die den Konflikt mit dem gegenteiligen Glauben als einen nicht "irrational" selbstwidersprüchlichen zu begreifen erlaubt, allerdings auf der Ebene der "Person" ihrer Träger vornehmen.

Beide Deutungen weisen die betroffenen Formen des "Behauptens" als komplizierte, den überzeugten Behauptungen gegenüber parasitäre Sonderfälle aus, die weiterer Klärung bedürfen. Wir brauchen uns darauf nicht einlassen. Entscheidend ist die Feststellung, daß *nicht alle* Behauptungen *so* durch assertorische Einstellungen fundiert sind, daß ihr Zusammenbestehen mit diskrepanten Realitätsauffassungen desselben ("rationalen") Trägers prinzipiell auszuschließen wäre.

[159] Ausnahmen finden sich in der philosophischen Tradition ebenso wie in der neueren Literatur (vgl. z.B. Priest 1985-86; Kyburg 1987; Costa/French 1990), bis hin zu Versuchen, die (generelle) Gültigkeit des Satzes vom Widerspruch selbst zu bestreiten und entsprechende "parakonsistente Logiken" zu entwickeln. Mein Argument macht sich diese Extremposition *nicht* zu eigen, setzt also weder voraus, daß (explizit, vgl. Anm. 160) widersprüchliche Glaubenszustände "rational" sein können, noch, daß es möglich ist, den Satz vom Widerspruch aufzugeben (vgl. auch Anm. 213).

[160] Qualifikationen sind angebracht, denn die Rede vom *"widersprüchlichen Glauben"* ist mehrdeutig. Wenn wir "Gp" als Kürzel für propositionale Glaubenseinstellungen einführen, können wir formal zwischen "Gp⌃G-p" und "G(p⌃-p)" unterscheiden. Assertorische Konfliktsituationen, die unser Thema sind, haben den Status von *komplexen* Glaubenszuständen der Form "Gp⌃G-p", bei denen beide Teilzustände *gleichzeitig* vorliegen. Nur solche sind mit der These im Text gemeint, die damit in doppelter Hinsicht eingeschränkt ist:

Einerseits gibt es *schwache* Formen der "Selbstwidersprüchlichkeit", deren Ausschluß nicht zur Debatte steht. *Später* das Gegenteil von dem zu glauben, was man *früher* für richtig hielt, kann zwar unter bestimmten Umständen, muß aber keineswegs immer "irrational" sein und oft genug ist es das "rational" einzig Zulässige. Ebenso kann sich ein

Mensch, ohne sich deshalb per se als "irrational" zu erweisen, zu einem bestimmten Zeitpunkt im Zustand Gp‿Gq befinden, ohne zu *realisieren*, daß q mit p unvereinbar ist, oder im Zustand Gq, ohne sich *klar* darüber zu sein, daß q soviel bedeutet wie p‿-p oder dies impliziert. Vor allem logisch komplexe Sätze oder Sätze mit unanalysierten Prädikaten werden nicht immer so weit verstanden, daß uns, indem wir sie affirmieren, ihr Inhalt klar zu Bewußtsein kommt (vgl. Foley 1986,343ff.). Wenn *implizit* widersprüchliche Glaubenszustände dieser Art überhaupt als "irrational" zu bezeichnen sind, so gewiß nicht im Hinblick auf die "irrationale Selbstwidersprüchlichkeit" ihrer Träger, sondern allein im Hinblick auf deren ("rational" auszuschließende) epistemische bzw. interpretative Defizite. Empirisch oder begrifflich eliminierbar sind sie in keinem Fall.

Andererseits ist die behauptete Möglichkeit eines temporär oder anhaltend "widersprüchlichen Glaubens" nicht in dem *starken* Sinn zu verstehen, daß Zustände der Form "G(p‿-p)" ebenfalls möglich sind. Solche Zustände *lassen* sich ausschließen, und zwar, *wenn* die Unbestreitbarkeit und assertorische Indispensibilität des Satzes vom Widerspruch anerkannt wird (vgl. Anm.159), nicht nur aus Gründen bestehender oder zu fordernder "Rationalität", sondern schon aus *begrifflichen* Gründen. Im Gegensatz zu Satzausdrücken der Form '-(p‿-p)' erweisen sich Satzausdrücke der Form 'p‿-p', semantisch interpretiert und wahrheitsfunktional aufgelöst, eben *nicht* als Ausdrücke für Propositionen, die "der Fall sein können oder nicht", und somit *nicht* als mögliche Objekte der assertorischen Stellungnahme (gegen Williams 1982,279; vgl. S.110,112f.) Wer sich zu einem bestimmten Zeitpunkt dessen bewußt wird, daß der Inhalt seines bisherigen, unklaren "Glaubens, daß q" in Wahrheit die Form "p‿-p" besitzt oder sie impliziert, wird sich, wenn er sich über den Sinn assertorischer Ansprüche als solcher im klaren ist, ebendamit auch dessen bewußt sein, daß er *nichts* geglaubt, also eigentlich auch nicht *geglaubt* hat. Grundsätzlich unterscheidet er sich dann nicht (sagen wir) von einem gutgläubigen Philosophiestudenten, der die von einigen Philosophen vertretene These, bloße Satzausdrücke seien Träger von Wahrheit und Falschheit, wörtlich genommen und die unverstandene Äußerung eines Eingeborenen ("out of charity") bislang für "wahr" gehalten hat, jetzt aber eines besseren belehrt wird, weil er feststellt oder die Möglichkeit in Betracht zieht, daß es sich bei dem vermeintlichen "Satz" in Wahrheit nur um einen (situativ und behavioral eingebetteten) Sprechgesang handelt, der keine Bedeutung hat (vgl. auch Seebaß 1981, 151ff.).

Teilweise wird in der Literatur behauptet, Sätze der Formen 'Gp‿Gq' und 'G(p‿q)' seien, zumindest wenn 'G' auf bewußte Glaubenszustände bezogen wird, faktisch oder gar logisch *äquivalent* (z.B. Priest 1985-86,102f.; Costa/French 1990,179). Wäre dies so, könnte man entweder aus der gesicherten Unmöglichkeit von Zuständen des Typs "G(p‿-p)" auch die Unmöglichkeit von Zuständen des Typs "Gp‿G-p" ableiten oder (mit einigen jener Autoren) aus der gesicherten Möglichkeit von "Gp‿G-p" die von "G(p‿-p)". Beides ist kontraintuitiv und die Äquivalenz besteht auch in Wirklichkeit nicht. Der Übergang von G(p‿-p) zu Gp‿G-p ist rational und alltäglich, gleichwohl aber ein Schritt, der nicht immer bzw. nicht immer sofort erfolgt. (Wer z.B. auf der Alpensüdseite aus dem Tunnel kommt, kann ohne weiteres zu der Überzeugung gelangen, daß es hier warm und sonnig ist, ohne sich gleichzeitig darüber im klaren zu sein, daß sein Glaube sich rational in die Überzeugung, daß es hier warm ist, und die Überzeugung, daß es hier sonnig ist, spalten läßt.) Und daß auch der umgekehrte Wechsel von Gp‿Gq zu G(p‿q) einen eigenen Schritt beinhaltet, ergibt sich nicht nur aus ähnlichen, generellen Überlegungen (vgl. dazu auch Foley 1986,329f.), sondern auch aus der Betrachtung des Spezialfalls des explizit widersprüchlichen Glaubens selbst. Denn der Übergang von Gp‿G-p zu G(p‿-p) und die mit ihm verbundene Destruktion des gesamten Glaubenszustands *kann* zwar, sc. bei (annäherndem) epistemischem Gleichgewicht von Gp und G-p, rational sein, *muß* dies aber, wie gleich noch verdeutlicht werden soll, nicht unter allen Umständen und *ist* es gewiß nicht in Situationen, in denen der Unterschied zwischen "Realitätsauffassung" und "bloßem Glauben" signifikant ist.

[161] Die hierher gehörigen Fälle haben mit den in Anm. 160 ausgeklammerten Formen des *implizit* widersprüchlichen Glaubens das Merkmal gemein, daß der Glaubende sich seines Widerspruchs *nicht bewußt* wird, unterscheiden sich aber von ihm dadurch, daß hier, anders als dort, von einem *faktischen* Zustand der Form "Gp^G-p" die Rede sein kann, nicht nur von einem hypothetischen, der sich ergäbe, *wenn* bestehende epistemische oder interpretative Defekte beseitigt würden. Drei Varianten eines in diesem Sinn unbewußt widersprüchlichen Glaubens sind in Rechnung zu stellen:

Erstens sind Situationen denkbar, in denen zwei gleichzeitige, bewußte Glaubenszustände Gp und G-p von ihrem Träger nicht *reflexiv* erfaßt und ihm deshalb nicht *als* widersprüchlicher, komplexer Zustand Gp^G-p bewußt werden, mag dieser Fall auch empirisch, wenn überhaupt, nur unter außergewöhnlichen pathologischen Umständen eintreten, die *wegen* des Mangels an Reflexion zugleich den Gedanken an eine "Spaltung" seiner Persönlichkeit nahelegen (vgl. Anm. 136).

Weniger exzeptionell sind Fälle, in denen ein Mensch sich, zweitens, insofern in einem nicht von ihm als selbstwidersprüchlich empfundenen Zustand befindet, als er, ohne sich jeweils begründet zu korrigieren, wiederholt und kurzfristig in seinem Urteil *schwankt.* Obwohl er sich dabei *punktuell* nicht widerspricht, wird sein Glaube, auf den betreffenden *Zeitraum* bezogen, von einem externen Beobachter und, falls er sich seiner bewußt wird, auch von ihm selbst normalerweise als widersprüchlicher und irrationaler Zustand aufgefaßt, der rationale Korrekturen erfordert.

Und dies gilt, mutatis mutandis, auch für den dritten einschlägigen Fall, in dem zwei *länger* anhaltende *unbewußte* (doch der Bewußtwerdung fähige und temporär bewußte, Anm. 139) Glaubenszustände Gp und G-p vom Träger deshalb nicht als widersprüchlich und korrekturbedürftig empfunden werden, weil die Bedingungen ihrer *Bewußtwerdung* kontingent oder aus "tieferen" psychologischen Gründen (wie in manchen Fälle der sogen. "Selbsttäuschung") nicht zusammentreffen, so daß es faktisch weder punktuell noch erstreckt über einen gewissen Zeitraum zu einem manifesten Widerspruch kommt.

[162] *Daß* es ein Schritt ist, läßt sich generell, unabhängig von seinem Vollzug im Einzelfall, aus der Präskriptivität realitätsbezogener Einstellungen und deren nichtmanipulativem Charakter (Anm. 154) ableiten. Denn danach bleibt es ja prinzipiell *offen*, ob, wann und wie der Betroffene reagiert. Denkbar zumindest sind alle vier theoretischen Alternativen: *Korrektur* des Widerspruchs durch den Wechsel zu (1) -Gp^G-p oder (2) Gp^-G-p, irrationales *Verharren* im Zustand (3) Gp^G-p und Wechsel zu (4) -Gp^-G-p, d.h. *Verzicht* auf die assertorische Stellungnahme zur "Frage der Realität von p" überhaupt, bedingt etwa durch den (rational oder irrational, Anm. 160) vollzogenen Schritt zu G(p^-p).

Natürlich ist bei "normaler Rationalität" des Glaubenden und ausgeprägter epistemischer Differenz zwischen "bloßem Glauben" und "Realitätsauffassung" mit *unverzüglichen Korrekturen* zugunsten der Realitätsauffassung zu rechnen. Beide Bedingungen müssen aber, wie gleich zu zeigen sein wird, nicht immer erfüllt sein. Und auch wenn sie erfüllt sind, vollzieht sich die Korrektur normalerweise nicht in der Form eines abrupten, *grundlosen* Wechsels von Gp zu G-p, sondern (wenn das Modell der assertionsfreien "Gegen-Wahrnehmung" oder "Gegen-Stimulation" ausscheidet, S.94) *als* korrektive Reaktion *auf* eine assertorische Diskrepanz-Erfahrung, d.h. *aufgrund* des kurzzeitig intervenierenden (reflexiven) Bewußtseins, *daß* der (noch) bestehende Glaube Gp unrichtig und korrekturbedürftig ist, *weil* er mit der Wirklichkeit, wie sich (bereits) gezeigt hat, nicht übereinstimmt.

Die Annahme der (prinzipiellen) Möglichkeit des irrationalen *Verharrens* im Zustand Gp⌃G-p und des *momentanen* Bewußtseins von ihm als Grundlage rationaler Selbstkorrekturen und reaktiver Urteilsenthaltung setzt natürlich voraus, daß auch *bewußte* (nicht nur unbewußte, Anm.161) Zustände der Form Gp⌃G-p *möglich* sind, also nicht schon, unabhängig von hinzutretenden Rationalitätsprämissen, aus begrifflichen Gründen ausscheiden. Letzteres wird von manchen Autoren behauptet, teilweise sogar (z.B. Löw-Beer 1990,23. 63f.70) wie eine Selbstverständlichkeit, die keiner Begründung bedarf. Davon kann jedoch keine Rede sein. *Logisch* ausgeschlossen, wie "Gp⌃-Gp", sind sie natürlich nicht (vgl. auch Hare 1971,90). Und wenn die vorstehenden Untersuchungen richtig sind, kommt ein inferentieller Ausschluß durch die vermeintliche Äquivalenz von "Gp⌃G-p" und "G(p⌃-p)" (vgl. Anm.160) für uns ebensowenig in Betracht wie ein Ausschluß durch die (ohnehin mehr als zweifelhafte und gewiß nicht begrifflich begründete) Annahme, gegenläufige Glaubensdispositionen könnten nicht nebeneinander *bestehen*. Denkbar wäre allenfalls ein begrifflicher Ausschluß auf der Basis des in der Sprechakttheorie und in der Dialogischen Logik herangezogenen Vergleichs von Affirmation und Negation mit *Zügen* und *Rückzügen* in Gewinnspielen. Denn nach diesem Modell würde ein Mensch, der eine Proposition zugleich affirmiert und negiert, einen "Zug", den er anfänglich zu machen schien, im selben Atemzug wieder zurücknehmen, also in Wirklichkeit *keinerlei* assertorischen Anspruch erheben (vgl. Strawson 1952,3; Tugendhat/Wolf 1983,59).

Doch der Vergleich führt in die Irre (vgl. auch Anm.194). Auch wenn man annimmt, daß eine widersprüchliche Äußerung keine *kommunikative Pointe* hat (Strawson 1952,2f. 22f.; vgl. Anm.135), bedeutet das keineswegs, daß sie semantisch keine *Behauptung* mehr darstellt oder nicht mehr durch einen *Glauben* des Sprechers fundiert ist (vgl. auch Anm. 158). Das sogen. "Mooresche Paradox" läßt sich eben nicht mit dem einfachen Hinweis erledigen, daß man den Satz 'p, aber ich glaube nicht, daß p' "nicht behaupten kann" (Searle 1969,65 note; 1983,9), sondern entsteht und wird genau deshalb als "Paradox" aufgefaßt, *weil* 'p', hier wie in anderen Fällen, als Ausdruck einer Behauptung und eines Glaubens des Sprechers verstanden wird. Der Schein einer formalen Selbstaufhebung und entsprechenden begrifflichen Unmöglichkeit eines (explizit) widersprüchlichen Glaubens oder Behauptens entspringt der Annahme, Affirmation und Negation seien gegenläufige, auf Propositionen bezogenen "Operationen", die, wie der Zug oder Rückzug eines Läufers beim Schachspiel, formal auf einer Ebene liegen. Das aber ist nicht der Fall. Auch mit der *Negation*, nicht nur mit der Affirmation einer Proposition wird ein *assertorischer* Anspruch erhoben. Das Negationszeichen (sc. '-' in '-p') *läßt* sich als wahrheitsfunktionale Operation auf p interpretieren, gehört als solche jedoch, wie Frege richtig gesehen hat, zur *Proposition* und nicht zur Einstellung (Frege: Begriffsschrift § 2.7; Die Verneinung; Nachgel.Schriften I, 161f.201.214.274; vgl. Dummett 1973,316ff.; 1981,493f.; Tugendhat/Wolf 1983,211-214). "Man kann zwar das Gegenteil behaupten, aber man kann [sc. vorausgesetzt man enthält sich des Urteils nicht und nimmt assertorisch Stellung] nicht etwas tun, was das Gegenteil eines Behauptens ist" (Tugendhat 1976,66). Und diese grundsätzliche Feststellung gilt natürlich auch dann, wenn man sich mit der Behauptung des Gegenteils selbst widerspricht.

---

[163] Dabei sind nicht nur extreme Fälle von *Geisteskrankheit* oder "reflexiver Selbstdistanziertheit" in *Ausnahmesituationen* (Fieber, Erschöpfung, Depression, Melancholie u.a.) zu berücksichtigen, sondern auch weniger exzeptionelle Erscheinungen der *Vorurteilsbefangenheit* und alltäglichen *"Lebenslüge"*. Langgehegte weltanschauliche, wissenschaftli-

che oder politische Überzeugungen werden bekanntlich von vielen Menschen auch in der Konfrontation mit eindeutigen, unbestreitbaren Gegenevidenzen nicht ohne weiteres aufgegeben. Die kolloquiale Rede davon, daß man "etwas nicht wahrhaben will", "sich etwas vormacht" oder "sich selbst betrügt" ist, auch und gerade als metaphorische, nur verständlich auf dem Hintergrund der Anerkennung von Zuständen eines länger anhaltenden, manifest widersprüchlichen Glaubens. Entsprechendes gilt, bezogen auf epistemisch (einschlägig, vgl. Anm.165) qualifizierte Glaubenszustände, für Fälle der sogen. *"Selbsttäuschung"*, die sich als ein bewußtes Ignorieren verfügbarer oder bei weiterer Nachforschung (mit mehr oder weniger großer Wahrscheinlichkeit) zu erwartender Gegenevidenzen beschreiben lassen (vgl. Mele 1987, ch.9; Löw-Beer 1990, 57ff.102f).

Einschlägige Selbstzeugnisse und literarische Belege kommen hinzu. In der christlichen Tradition sind Zustände des Nebeneinanderbestehens von Glauben und Unglauben öfter beschrieben worden (vgl. für das Neue Testament vor allem Mk 9/24, für die Theologie Augustin: Conf. VIII,2.7; X,23). Hume hat die bekannte Retraktation seiner Theorie der personalen Identität (Treat., Appendix) in einer Formulierung zusammengefaßt, die ihn selbst (worauf Armstrong 1973,105 aufmerksam gemacht hat) als Menschen beschreibt, der unfähig ist, einen von zwei Sätzen, die er für inkonsistent hält, aufzugeben. Und Husserl hat, in Abwehr entsprechender Versuche zur "psychologistischen" Begründung des Satzes vom Widerspruch, geltend gemacht, daß es im besten Fall ein "Gesetz des vernünftigen Denkens", keinesfalls aber ein Gesetz des menschlichen Denkens überhaupt sein kann, daß "in demselben Bewußtsein [..] während einer noch so kleinen Zeitstrecke kontradiktorische Glaubensakte nicht andauern" können (Log.Unters. I, § 26-27).

Die *Irrationalität* all dieser Situationen dürfte unstrittig sein. Man kann bezweifeln, daß sie, von extrem pathologischen Umständen abgesehen, *jemals* die Form eines anhaltenden, reflexiven Bewußtseins der eigenen Selbstwidersprüchlichkeit "Gp∧G-p" annehmen. Und wenn doch, scheint es näher zu liegen, *wegen* der anhaltenden Selbstwidersprüchlichkeit von einer bestimmten (ihrerseits exzeptionellen, Anm.136) Form der *"Persönlichkeitsspaltung"* zu reden, die extreme Irrationalität also aufzulösen bzw. von der Ebene der assertorischen Stellungnahme auf die der personalen Identität ihres Trägers zu verlagern. Im allgemeinen aber werden wir davon ausgehen können, daß Situationen der *anhaltenden* und *expliziten* Selbstwidersprüchlichkeit (vgl. Anm. 160 und 162) sich bei genauerer Betrachtung entweder (wie in den meisten Fällen von "Selbsttäuschung") als solche erweisen, in denen die Reflexivität oder die gleichzeitige Bewußtheit beider Glaubenshaltungen *nicht* gegeben ist (vgl. Anm.161), oder als Situationen des kurzfristigen, reflexiv erfaßten *Schwankens* zwischen Gp und G-p (wie an den zitierten Stellen aus Hume und Augustin).

Alltägliche Erscheinungen der Vorurteilsbefangenheit und der "Lebenslüge" lassen sich jedenfalls *weder* als Zustände extremer (anhaltender und reflexiv erfaßter) assertorischer Irrationalität *noch* als "scheinrationale" Zustände des durchgängig unbewußten oder nur implizit selbstwidersprüchlichen Glaubens beschreiben, sondern sind Mischzustände, in denen sich Phasen des kurzfristigen (unbeteiligten oder beteiligten) reflexiven Bewußtseins "Gp∧G-p" mit länger anhaltenden Phasen der Unreflektiertheit, der partiellen bzw. temporären Unbewußtheit und des bewußt registrierten assertorischen Schwankens *abwechseln*. Und daß ein (wie immer epistemisch qualifizierter) Glaube G-p zugunsten von Gp anhaltend oder zeitweilig *"verdrängt"* oder *"verleugnet"* wird, dürfte normalerweise nichts anderes heißen, als daß der Betroffene dispositionellen Glaubenszustände der Formen "Gp" und "G-p" besitzt, aber entweder Gp *allein* oder Gp wesentlich *häufiger* als G-p aktualisiert und der (durch "tiefer" gelegene psychische Prozesse möglicherweise, aber nicht notwendig fundierten) Neigung unterliegt, Zustände des reflexiven Bewußtseins "Gp∧G-p", wenn solche aktuell überhaupt auftreten, alsbald mit Zuständen der Unreflektiertheit oder Unbewußtheit bezüglich G-p zu vertauschen.

[164] Einschlägig sind insbesondere Descartes' (der Vernunft bzw. dem "natürlichen Licht" zugeschriebene) Prinzipien der ausschließlichen und notwendigen Affirmation bei gegebener, der Urteilsenthaltung bei fehlender "Klarheit und Deutlichkeit" der Erkenntnis (vgl. Med. I,2.10; IV,8-17; Princ. I,32-66). Von einer durchgängigen Rationalität des Menschen geht aber auch Descartes nur (wenn überhaupt, vgl. An Mesland 9.2.1665) im positiven Falle aus, während er im negativen, gestützt auf seine Theorie des willensabhängigen Urteilens, sehr wohl mit irrationalen Reaktionen rechnet und den entscheidenden Punkt, für den im Text argumentiert wird, damit ebenfalls nicht widerlegt, sondern bestätigt.

[165] Ausgeschlossen wären das reaktionslose Verharren im Zustand Gp‿G-p sowie Reaktionen unseres Typs (B) (S.95f.). *Innerhalb* von (A) aber würde sich weiterhin ein breiter Spielraum "rational" möglicher Reaktionen eröffnen, der, je nach dem Ausgang der Bilanzierung, von der kategorischen Affirmation von p über die epistemisch mehr oder weniger eingeschränkte und die Urteilsenthaltung (A1) bis zur eingeschränkten oder kategorischen Affirmation von -p reicht. Auch unter der Annahme starker (Cartesianischer) Rationalitätsprämissen würde die dispositionelle Analyse also nicht wesentlich leichter.

Von einer kontinuierlichen *Skala* der "Gewißheit" oder "Stärke" des Glaubens kann allerdings, entgegen einer verbreiteten Ansicht (vgl. z.B. Armstrong 1973,108f. und korrektiv Brentano: Psychologie, Anh. VI) *nicht* oder doch nur in einem ganz abstrakten Sinne die Rede sein. Assertorische Indifferenz und assertorische Stellungnahme bilden kontradiktorische, unausweichliche Gegensätze. Deshalb ist die letztere, differenziert in die Assertion von p oder -p (Anm.162), stets eine Sache des Ja oder Nein und *keine* Sache des Grades. Vielleicht kann man "ein bißchen schwanger" sein, "ein bißchen glauben" oder "behaupten" kann man jedenfalls nicht. Wenn wir den Glauben eines Menschen, daß p der Fall ist, kolloquial als mehr oder weniger *"schwach"* oder sein diesbezügliches Urteil als mehr oder weniger *"unsicher"* bezeichnen, graduieren wir nicht das Faktum der assertorischen Stellungnahme, sondern beziehen uns in verkürzter Form auf komplexe epistemische Situationen wie diese:

(a) x affirmiert p aufgrund der vorbehaltlos affirmierten Sachverhalte $q_1\!\wedge\!q_2\!\wedge..q_n$, ist sich zugleich aber dessen bewußt, daß diese keine hinreichenden Evidenzen für p darstellen;

(b) x affirmiert nicht "p" schlechthin, sondern "p mit der (objektiven oder subjektiven) Wahrscheinlichkeit w";

(c) x affirmiert p zum fraglichen Zeitpunkt, schwankt aber über die Zeit hin zwischen Affirmation und Negation bzw. Urteilsenthaltung;

(d) x affirmiert p vorbehaltlos, läßt sich darin jedoch (potentiell) relativ leicht durch Einwände oder Gegenevidenzen erschüttern; oder

(e) x besitzt den länger anhaltenden (z.B. dispositionellen, Anm.139) Glauben, daß p, wird sich seiner aber nur selten bewußt oder läßt sich beim Überlegen nur selten von ihm als Prämisse leiten.

Der rationale Mensch im restriktiven (Cartesianischen) Sinne unterscheidet sich von einem weniger rationalen also nicht unbedingt dadurch, daß er sich öfter als dieser des Urteils enthält oder insgesamt weniger glaubt und behauptet, sondern dadurch, daß er, anders oder in stärkerem Maße als jener, evidentielle *Bilanzen* erstellt, sich ihrer *bewußt* bleibt und bei nicht völlig eindeutiger Evidenzlage, wenn überhaupt, *nur* in den epistemisch qualifizierten Formen (a) oder (b) urteilt.

[166] Die weitaus meisten unserer Überzeugungen beruhen auf Evidenzen, die sich bei kritischer Reflexion (auch jenseits von skeptizistischen Zweifeln) als unzureichend und unklar erweisen. Selbst die Verifikation einfacher empirischer Sätze durch sinnliche Wahrnehmung ist in erheblichem Maß von der Bereitschaft bestimmt, Partialbefunde für das Ganze zu nehmen und "Normalbedingungen", die für sie bedeutsam sind, zu präsupponieren. Induktive Generalisierungen werden vollzogen, ohne daß ihre statistische Basis (die in der Regel auch gar nicht ermittelt wird) dabei ins Blickfeld träte.

Wer am Morgen erwacht und bei geschlossenen Rolladen vom Fenster her ein bekanntes Trommeln vernimmt, wird sofort davon überzeugt sein, daß es regnet, und keinen Gedanken daran verschwenden, daß das gleiche Geräusch auch durch künstliche Bewässerung oder durch Granulat, das vom Himmel rieselt, verursacht sein könnte. Niemand, der in einer fremden Straße an einer Seite die Hausnummern "2,4,6,8,10" verfolgt hat, zweifelt daran, daß eine straßenseitige, geradzahlige Numerierung in einer bestimmten Richtung vorliegt, obwohl andere Alternativen mühelos denkbar sind. Kinder wären nicht lernfähig, hätten sie nicht die natürliche Anlage, Aussagen ungeprüft auf Autorität hin zu glauben. Auch für Erwachsene gilt das bis zum gewissen Grad. Wir vertrauen der Aussage eines Standardlexikons, ohne die Chancen eines Fehleintrags zu kalkulieren. Wir sind darauf angewiesen, uns bis zum etwaigen Beweis des Gegenteils auf die Informationen, die wir von Personen unseres alltäglichen Umgangs erhalten, zu verlassen. Und wir nehmen dabei gewöhnlich auch keine Meta-Abwägung zwischen den Täuschungsmöglichkeiten durch zu große oder zu kleine Glaubensbereitschaft vor.

In einem restriktiven Sinne des Wortes mag all dies "irrational" sein. Im alltäglichen ist es das sicher nicht. Dennoch bleibt die begriffliche Einheit gewahrt, da die Grenze zwischen "vernünftigem Zutrauen" und "unvernünftiger Vertrauensseligkeit" auch hier ja nicht gänzlich aufgehoben, sondern nur weiter hinausgeschoben ist.

[167] Ein Wanderer, der die Orientierung verloren hat und die Nacht nicht im Freien verbringen will, hat einen guten übergeordneten Grund, sich für einen von zwei möglichen Wegen zurück zu entscheiden; ähnlich ein Kranker, der von zwei medizinischen Autoritäten widersprüchliche Auskünfte über die geeignete Therapie erhalten hat. Sie können das Los werfen oder spontan wählen. Sie können ihre Entscheidung aber auch dadurch "rationalisieren", daß sie (gegebenenfalls durch die Einbringung von externen Gesichtspunkten, Hilfshypothesen ad hoc u.a.) einer Seite größeres Gewicht beimessen oder eine Vorliebe für sie entwickeln. Wie ihre Wahl auch immer zustandekommt: wenn sie einmal getroffen ist, werden beide (normalerweise) bis zum Beweis des Gegenteils in der Hoffnung und in der Erwartung leben, daß der Sachverhalt, der ihre Wahl objektiv rechtfertigen würde, besteht. Der Kranke ist davon überzeugt, daß die gewählte Therapie richtig ist, der Wanderer davon, daß der eingeschlagene Weg ihn ans Ziel bringt. Im Falle des Kranken läßt sich, sollten ihn Zweifel befallen, sogar noch ein weiterer, übergeordneter Grund für die Ausbildung kategorischer Überzeugungen aus der Erkenntnis gewinnen, daß der Glaube an die Wirksamkeit einer Therapie für ihren Erfolg notwendig oder förderlich ist. Entsprechendes gilt für Menschen, die ihre Zweifel, daß sie zu einer bestimmten Leistung fähig sind, durch Konzentration aufs Positive zum Schweigen bringen. Auch wenn die gewonnene Überzeugung partiell auf Wunschdenken beruht, also auf einer Reaktion unseres Typs (B1), die gemeinhin als "irrational" gilt, wäre es angesichts der Alltäglichkeit und

eventuellen Nützlichkeit solcher Prozesse kaum angemessen, Menschen, die sie vollziehen, (deskriptiv oder gar normativ) "unvernünftig" zu nennen.

Dies anzuerkennen bedeutet natürlich noch nicht zu behaupten, daß es, wie James (1897, 22ff.) dies mit Blick auf moralische und religiöse Überzeugungen nahegelegt hat, Situationen gibt, in denen die Entscheidung zwischen der Assertion von p oder -p *unausweichlich* ist oder die *einzige* "rationale" Reaktionsmöglichkeit darstellt. Unausweichlich ist nur die Alternative zwischen faktischer Urteilsenthaltung und Stellungnahme (Anm.165; vgl. auch James a.a.O., 3). Russells (1910,86f.) Hinweis auf das "Vertreten" von Sätzen als bloße *Hypothesen*, die als weder verifiziert noch falisifiziert gelten, ist kein Einwand dagegen. Denn wenn es sich hier ausschließlich um explizit oder implizit hypothetische Sätze handelt, liegt, was das jeweilige Antecedens betrifft, Urteilsenthaltung vor, während wir es ansonsten mit Assertionen zu tun haben, deren "hypothetischer" Charakter sich nur aus der hinzutretenden (z.B. probabilistischen) epistemischen Qualifizierung ergibt.

Wie eine konkrete Stellungnahme bzw. Enthaltung *zustandekommt*, ist prinzipiell offen. Sie kann, muß aber keineswegs immer, auf einem bewußten Abwägen und Sich-Entscheiden beruhen. Haltungen *mit* diesem Hintergrund dürften am ehesten als Beleg für die von manchen Philosophen (z.B. Epiktet: Diss. IV,1; Descartes: Med. IV,8.12; Princ. I,6.32ff.) vertretene These in Frage kommen, daß "Urteilen" eine aktive, kontrollierbare Leistung ist. Doch stellen sie nicht den Normalfall dar, und ebenso zweifelhaft (mit Blick auf den vielfach "selbstmanipulativen" Charakter solcher Urteile z.B.) ist die Annahme, daß die betreffenden Entscheidungen "aktiv" sind (vgl. auch S.220f.).

168 Die Reflexion auf die eigene epistemische *Beschränktheit* und *Fehlbarkeit* läßt die bestehende Vielfalt möglicher Reaktionen auf assertorische Diskrepanz-Erfahrungen auch dort hervortreten, wo sie bei unreflektierter Betrachtung verdeckt bleibt. Das Faktum der gleichzeitigen Rücksichtnahme auf denkbare eigene Irrtümer wurde von manchen Autoren (vgl. z.B. Priest 1985-86,107; Kyburg 1987,145 und eingeschränkt Foley 1987, ch.6) sogar als Argument dafür angeführt, daß es *rational* sein kann, manifest widersprüchliche Glaubenszustände der Formen "Gp∧G-p" oder gar "G(p∧-p)" zu haben, dann nämlich, wenn man (z.B.) eine als wissenschaftliche Theorie publizierte Konjunktion "$p_1 \wedge p_2 \wedge \cdots p_n$", gestützt auf gravierende Evidenzen für jeden Teilsatz, für wahr hält und sie zugleich, gestützt auf die hohe Wahrscheinlichkeit eines Irrtums bei wenigstens einem der Teilsätze, negiert.

Das Argument selbst ist schwach (vgl. auch Olin 1989; Swain 1989-90,165f.). Auch der gewissenhafteste Wissenschaftler, der seine Sinne beisammen hat, wird seine Bedenken nicht in die Form eines direkten, gleichzeitigen Widerspruchs zu dem kleiden, was er nach bestem Wissen für richtig halten kann, sondern *aufgrund* der Einsicht in die sich ansonsten ergebende Selbstwidersprüchlichkeit, entweder *jeden* Teilsatz nur mit einem entsprechenden epistemischen Vorbehalt affirmieren oder die Haltung beziehen, daß er die Teilsätze und ihre Konjunktion zwar *gegenwärtig* und *bis auf weiteres* vorbehaltlos affirmiert, ihre begründete Negation bzw. Korrektur für die *Zukunft* aber nicht ausschließt (vgl. Anm. 160 und 165). Ein extrem skrupulöser (Cartesianischer) Wissenschaftler könnte darüber hinaus, mit Blick auf die prinzipielle Bezweifelbarkeit jedes Teilsatzes, komplette *Urteilsenthaltung* üben, ein theoretischer Optimist seine Bedenken gänzlich *zurückstellen* oder *verdrängen*. Die "rationale Verpflichtung" zur Korrektur eines widersprüchlichen Glaubens besteht in allen Varianten fort. Deutlich wird nur, daß die Reflexion auf die eigenen epistemischen Defizite in Verbindung mit der Bereitschaft des Reflektierenden, gut, aber nicht zweifelsfrei (z.B. induktiv) begründete Sätze kategorial zu affirmieren, diesen in einen Widerspruch führen *kann*, der nicht unter *allen* denkbaren Umständen aufgelöst wird und *verschiedene* Lösungsmöglichkeiten eröffnet.

[169] Das gilt jedenfalls unter der Annahme, daß wir es mit einer *einzelnen* Einstellung des Typs "Wp" zu tun haben, die in Diskrepanz zur Wirklichkeit steht. Denn anders als assertorische Ansprüche, die hier in einen Widerspruch führen, sind optativischer Anspruch und korrespondierende negative Realitätsauffassung nicht nur widerspruchsfrei miteinander vereinbar (vgl. S.71), sondern sogar in gewisser Weise begrifflich verknüpft (vgl. Kap.IV,4, bes. S.116f.).

Komplexe Zustände der Form "Wp⌃W-p" lassen sich als "selbstwidersprüchlich" bezeichnen. Doch sie sind für die begriffliche Explikation optativischer Einstellungen als solcher ohne Belang, und die dispositionelle Analyse wäre hier ohnehin keineswegs leichter. Zustände des Typs "Wp⌃W-p" bilden das optativische Pendant zu assertorischen Zuständen des Typs "Gp⌃G-p". Vieles, wenn auch nicht alles, was über diese gesagt wurde (Anm.160ff.), trifft auf sie ebenfalls zu. Logisch unmöglich, wie "Wp⌃-Wp", sind sie natürlich nicht (vgl. Hare 1971,90). Und auch durch andere Gründe sind sie nicht prinzipiell auszuschließen: weder durch begriffliche Selbstdestruktion auf der Basis vermeintlicher Äquivalenz mit "W(p⌃-p)" oder aufgrund des Modells von "Zug und Rückzug", noch, gegeben das Resultat von Abschnitt 3.1, durch die etwaige Behauptung der Unmöglichkeit des Nebeneinanderbestehens von gegenläufigen Wunschdispositionen. Zustände eines nur implizit oder unbewußt widersprüchlichen Wünschens haben wir ebenso in Rechnung zu stellen wie bewußte Zustände dieses Typs, insbesondere solche des kurzfristigen Schwankens zwischen Wp und W-p, die im Alltag relativ häufig sind. Alle theoretisch möglichen Reaktionen auf widersprüchliche Glaubenszustände kommen, mutatis mutandis, auch hier in Betracht. Von einer vorgängigen, theoretischen Vereinfachung des dispositionellen Projekts kann also keine Rede sein.

[170] Daß dies "vernünftig" sein *kann* und in *vielen* Fällen getan wird, bedeutet natürlich nicht, daß es *immer* geschieht oder daß es, wie manche Philosophen dies nahegelegt haben, unter den angegebenen Umständen "rational" immer *geboten* wäre (vgl. z.B. Epiktet: Diss. IV,1; Descartes: Disc. III,6; Wittgenstein: Werkausgabe (1984) I,167). Die antiken Fabeln vom Wolf und dem Löwen oder vom Fuchs und den Weintrauben ironisieren ebenso wie das deutsche Sprichwort "Nimm dir nichts vor, dann schlägt dir nichts fehl" die auch von philosophischer und theologischer Seite (z.B. Augustin: De Trin. XIII,7) vielfach zurückgewiesene stoische Lebensmaxime oder weisen ihr bestenfalls, und dies sicher zu Recht, nur den Status einer "psychohygienisch" *ratsamen*, nicht aber "rational" *zwingenden* Haltung zu.

In Fällen, in denen die Realisierung nur deshalb unmöglich ist, weil die situative *Gelegenheit* oder *Fähigkeit* hierzu fehlt (vgl. S.65f.,139f.) oder weil mehrere Wünsche sich *nicht zugleich*, wohl aber *nacheinander* verwirklichen lassen, dürfte nicht einmal diese Deutung plausibel sein. Und ob die lebenskluge Empfehlung zum Wunschverzicht überall dort berechtigt ist, wo die Verwirklichung des Gewünschten (in den Augen des Wünschenden oder nach allgemeiner Einschätzung) als *definitiv* (subjektiv oder objektiv) unmöglich gilt, erscheint im Hinblick auf einige hierher gehörige Fälle zumindest zweifelhaft (vgl. S.125f.,142f.). Prinzipiell unvereinbaren Wünschen gegenüber könnte die Empfehlung ohnehin nicht auf die Preisgabe des Wunsches abzielen, der zur Debatte steht, sondern nur darauf, mindestens einen von ihnen fallen zu lassen (vgl. auch Anm.225). Man sollte also nicht denken, daß sich das dispositionelle Verständnis des Aufforderungscharakters optativischer Einstellungen dadurch plausibilisieren oder gar generell retten ließe, daß man in den genannten Fällen Reaktionen unseres Typs (A) anstelle der sonst geforderten Reaktionen des Typs (B2) für verbindlich erklärt.

[171] Mehr noch. Reaktionen auf optativische Diskrepanz-Erfahrungen, die allgemein als "irrational" eingestuft werden und deren Unterlassung in jedem Fall (unabhängig vom gleichzeitigen Wunschverzicht, Anm.170) als "rational" empfehlenswert gilt, sind, anders als in vergleichbaren assertorischen Fällen, empirisch durchaus *keine* Ausnahmeerscheinung. Nahezu *alle* Menschen dürften mehr oder weniger "irrational" in dem Sinne sein, daß sie unter bestimmten Umständen zu unüberlegten und "blind aktionistischen" Handlungen neigen.

Alltägliche Beispiele wie das unkontrollierte Reißen an einem verknoteten Schuhband oder das wütende Einschlagen auf einen streikenden Automaten zeigen dies. Ungeduld, Ärger, Mißmut, nervöse Gereiztheit oder Erschöpfung mögen in manchen Fällen auch unabhängig von optativischen Einstellungen wirksam sein, heben vorhandene Einstellungen aber nicht auf, sondern modifizieren sie, affektuell und motivational vor allem (vgl. S.71f.). Wer beim verspäteten Aufbruch zu einem Termin nach einem verlegten Schriftstück sucht und durch die Hast seines Vorgehens Dinge anrichtet, die zu weiteren unnötigen Verzögerungen führen, ist sich natürlich dessen bewußt, daß er das Gewollte schnellstens zu finden wünscht und nur aus diesem Grund tätig ist. Und wenn blinder Aktionismus auch unter *bestimmten* Bedingungen (sc. Zeitdruck bei unüberwindlichen epistemischen Defiziten) durchaus "rational" sein kann, so bedeutet dies doch keineswegs, daß wir bei *allen* oder den meisten Menschen, die blind reagieren, von einem sinnvollen Verfahren des "Trial and Error" sprechen können. Vielmehr zeigt die Erfahrung, daß nicht wenige Menschen selbst dann reaktiv tätig werden, wenn sie überzeugt davon sind, daß die Verwirklichung des Gewünschten *unmöglich* ist oder daß ihre Intervention sich *erübrigt* (vgl. S.141,152f.).

[172] Der Einwand, der sich daraus ergibt, daß der Umfang von Überlegungen nicht generell zu begrenzen ist, sondern in jedem Einzelfall empirisch bestimmt werden muß, ist stärker, als daß er sich durch das Programm einer fortschreitenden, empirisch begründeten Anreicherung und Differenzierung der dispositionellen Analysen ausräumen ließe. Praktische Überlegungen werden nicht *nur* in faktischen Aufforderungssituationen angestellt (Anm.177, vgl. S.113ff.,119f.,130ff.) und *müssen* nicht, ebensowenig wie die konkreten Reaktionen, durchgängig rational sein. Aber auch wenn wir uns auf *rationale* Überlegungen konzentrieren und nur *den Teil* des rationalen Überlegens ins Auge fassen, der die Folgen-Ermittlung und die folgenorientierte Willensbildung betrifft (vgl. S.15f. Anm.9-14, Anm.119,226), behält der Einwand seine Berechtigung. Die Anzahl der Folgen ist indefinit (Anm.11). Folglich könnten die Überlegungen, im Prinzip, unendlich umfangreich ausfallen. Natürlich tun sie dies faktisch nicht. Doch die Faktoren, die sie begrenzen, sind ihrerseits äußerst verschieden und umfangreich. Generelle Denkschemata (die sich dispositionell analysieren lassen, Anm.173) spielen nur eine begrenzte Rolle. Ebenso wichtig sind externe und interne Einflüsse, die situativ bestehen, nicht prinzipienbestimmte Entscheidungen (Anm.174) oder der schlichte Zufall. Daher kann man sich *vor* der Untersuchung des Einzelfalls *nicht* von jenen Bereichen dispensieren, die relevanten Überlegungen *prinzipiell* zugänglich sind.

Dispositionelle Modelle des praktischen Überlegens beruhen auf Simplifizierungen und Idealisierungen, die in der Lebenswirklichkeit selten erfüllt sind, da Überlegungen sich in der Regel nicht im Rahmen eines "geschlossenen Systems" vollziehen. Diese theoretische "Offenheit" ist auch dann von Bedeutung, wenn wir uns, wie es in der Philosophie seit

Aristoteles üblich ist, nur an die *rationalen* und relativ einfachen, scheinbar wohldefinier-
ten Formen des *zweckbezogenen Schließens* halten. Diese lassen sich (im Prinzip, Anm.
173) dispositionell analysieren, *wenn* die Schlußprinzipien und die Prämissen festliegen.
Zweckrationale Schlüsse aber besitzen, wie vor allem Kenny (1975,92f.101f.115ff.) deutlich gemacht hat, keine *definitive* Gültigkeit, sondern können, anders als theoretische
Schlüsse, ihre Geltung durch die Hinzunahme weiterer Prämissen verlieren. Jede Um-
fangserweiterung kann deshalb zur Folge haben, daß ein bisher ausnahmslos gültiges, dispositionell etabliertes Schema sich nicht nur als (fortschreitend) *präzisierungsbedürftig*,
sondern in der Anwendung auf den konkreten Fall *gänzlich* hinfällig erweist.

[173] Das gilt zumindest für *rationale* Schlußprozesse, die sich so operationalisieren lassen,
daß ihr Verständnis als *kausale* Prozesse denkbar erscheint (vgl. S.210 Anm.267). Dann
nämlich *könnte* man sagen, daß sie sich, wenn die Prinzipien des Schließens dispositionell
verfestigt sind und die Prämissen als Auslöse-Bedingungen fungieren, stets *als* Aktualisierungen genereller, dispositioneller *Fähigkeiten* vollziehen, die der betreffende Mensch besitzt. Und die erfolgreiche Simulation der einzelnen Schritte im Computer könnte darüber
hinaus nicht nur die kausale Deutung als solche erhärten, sondern auch demonstrieren,
daß der so verstandene Überlegungsprozeß nicht bewußt sein muß. Man *könnte* ihn daher
(eventuell, Anm.267) sogar physiologistisch reduzieren.
Subsumierbar unter dieses Modell sind theoretische Schlüsse "salva veritate" ebenso wie
praktische "salva satisfactione" (vgl. Kenny 1975,81ff.). Wir könnten also zum Beispiel,
wenn uns das im Hinblick auf eine bestimmte Person oder Menschen im allgemeinen gerechtfertigt erscheint, sinnvoll behaupten, daß die Bereitschaft zum Übergang von "Gp"
und "Gq" zu "G(p∧q)" bzw. zum Übergang (Kennys) von "Wp" zu "W(p∧q)" dispositionell verfestigt ist und sich unter bestimmten Bedingungen "rational-automatisch" vollzieht.
Doch ob dies gerechtfertigt ist, erscheint mehr als zweifelhaft. Der erste Übergang muß ja
zumindest nicht unter allen Umständen automatisch erfolgen (S.97, bes. Anm.160). Und
der zweite Übergang wäre, wie man sich leicht überzeugen kann, als generelles Schluß-
schema *allenfalls* dann "rational", wenn die Dispositionsbedingungen *extrem* restriktiv formuliert werden. Denn natürlich wird kein vernünftiger Mensch, der zu trinken wünscht,
unter normalen Umständen den Wunsch entwickeln, daß er (z.B.) trinkt und sich gleichzeitig am Kopf kratzt, obwohl die Erfüllbarkeit seines Trinkwunschs hier ohne Zweifel
gewahrt bleibt. Entsprechendes gilt in noch stärkerem Maße für andere Schlußformen, die
sich theoretisch unter das obige Modell subsumieren ließen: theoretische Schlüsse auf der
Basis epistemischer Unsicherheit (S.98 Anm.165), zweckrationale Schlüsse unter Absehung von bestehenden oder rational eruierbaren Wunschkonflikten (vgl. Anm.225), sowie
praktische Schlüsse auf der Basis von mehreren, unterschiedlich präferenzierten Wünschen,
die sich entscheidungstheoretisch gegeneinander aufrechnen lassen (Anm.174).
Für einen *Teil* des menschlichen Überlegens mag die Annahme dispositionell verfestigter
Schlußschemata und entsprechender, kausal verlaufender Überlegungsprozesse plausibel
sein, auch wenn dieser Teil (aus den eben umrissenen Gründen) sicher nicht sonderlich
groß sein wird. Möglich allerdings ist auch dies nur unter der Annahme hinreichend *klarer* und (situativ oder dauerhaft) *fixierter* Prämissen, samt deren epistemischen Qualifikationen und Präferenzierungen, sowie dispositionell verfestigter Schlußprinzipien. Auf die
menschliche Lebenswirklichkeit trifft das, wie ich an dieser Stelle zu zeigen versuche, nur
äußerst selten zu.

[174] Unter gewissen Umständen ließe sich an eine dispositionelle Erklärung auch von Prozessen des Abwägens und Sich-Entscheidens denken. Das gilt insbesondere dann, wenn

man annimmt, daß sie durchgängig *rational* verlaufen und daß die Faktoren, die sie bestimmen, hinreichend *klar* und bis zur Entscheidung *fixiert* sind (vgl. Anm.173). Doch ein kurzer Blick auf die menschlichen Realitäten genügt, um zu erkennen, daß diese Bedingungen selten erfüllt sind. Selbst beim Abwägen zwischen sich widersprechenden, epistemisch ungleichgewichtigen assertorischen Einstellungen ist die Lage oft nicht so eindeutig, wie es zunächst erscheinen mag (vgl. S.97f.). Und das gilt natürlich erst recht, wenn optativische Einstellungen im Spiel sind.

Wunschkonflikte bestehen beim Eintritt ins Überlegen großenteils nur implizit und sind, auch wenn sie bewußt sind, in jedem Fall epistemisch vermittelt (vgl. Anm.169 und 225). Entsprechend komplex und verschiedenartig gestalten sich die Prozesse des Abwägens und Sich-Entscheidens. Nur äußerst selten (wenn jemals) haben sie durchgängig den Charakter, den die entscheidungstheoretische Idealisierung voraussetzt, sc. den des schlichten "Ausrechnens" eines (etwaigen) rationalen Optimums auf der Basis gegebener, fixierter Präferenzen und korrespondierender Meinungen über die Folgebeziehungen zwischen den betreffenden Sachverhalten und die Wahrscheinlichkeit ihres (bedingten) Eintretens. In der Regel stehen die Präferenzen und zum Teil auch (bedingt durch "Wunschdenken", S.96ff. Anm.156,163,167) die epistemischen Qualifikationen *mit* zur Disposition. Vielfach geht es auch darum, Wünsche, die man anfänglich nicht hat, überlegungsabhängig *auszubilden* oder bestehende Wünsche *loszuwerden* bzw. in ihren motivationalen Qualifikationen zu *ändern* (vgl. dazu S.219-222). Denn abzuwägen und sich zu entscheiden heißt bei optativischen Einstellungen gewöhnlich auch, sich klar darüber zu *werden*, was man, bezogen auf die *durch* Überlegung ermittelten und fortschreitend präzisierten "konkreten Optionen" (Anm.226), über die man verfügt, "eigentlich" wünscht oder will bzw. wünschen und wollen sollte. Und natürlich führt auch die rationale Kalkulation auf der Basis gegebener, fixierter Prämissen und Schlußprinzipien keineswegs immer zu einer klaren, durch sie allein bestimmten Entscheidung. Die Überlegung kann vor dem Erreichen des "rational richtigen" Resultats *abbrechen* (vgl. Anm.212) oder zu einem Ergebnis führen, das mehrere Alternativen (wie bei "Buridans Esel") als *gleichgewichtig* erscheinen läßt. Gleichwohl muß es auch hier nicht bei ("eselhafter" oder wie immer begründeter) Unentschiedenheit und Entschlußlosigkeit bleiben. Und wer könnte generell sicher sein, daß ein Mensch sich auch nach dem Erreichen eines eindeutigen, rational abgeleiteten Resultats nicht wieder *anders besinnt* und danach handelt?

Die Möglichkeit einer definitiven assertorischen oder optativischen Stellungnahme, die nicht durch die Ausgangsprämissen und die zugrundeliegenden Schlußprinzipien hinreichend bestimmt ist, läßt sich *generell* jedenfalls nicht ausschließen, gleichgültig an welcher Stelle des Überlegungsprozesses sie auftritt und wie dieser bislang verlaufen ist. Schon allein deshalb kommt eine *Explikation* des Abwägens und Sich-Entscheidens durch (situativ aktualisierte) rationale Dispositionen nicht in Betracht. Und entsprechendes gilt für alle anderen Dispositionen, die (eventuell) an ihnen beteiligt sind. Dispositionell erklärbar sind allenfalls *Teilschritte* innerhalb des abwägenden Überlegens oder komplette Überlegungsprozesse, die sich unter *extrem restringierten* Bedingungen abspielen. Die Bedeutung der dispositionellen Erklärung ist also in jedem Fall äußerst beschränkt. Über die Hintergründe der *nicht* von ihr erfaßten assertorischen und optativischen Stellungnahmen ist damit allerdings nichts gesagt. Wie es z.B. zur Ausbildung neuer Wünsche oder zu Entscheidungen bei präferentiellem Gleichgewicht kommt, bleibt offen. Die Kritik an der dispositionellen Explikation des Abwägens und Sich-Entscheidens darf also nicht als Beweis dafür aufgefaßt werden, daß abwägende Überlegungen und Entscheidungen "frei", "spontan" oder "aktiv" sind. Vgl. dazu Kap. VI,3-4.

[175] In *gewissem* Sinn kann man immer sagen, daß jemand, der etwas erlernt *hat*, auch die *"Fähigkeit"* dazu gehabt haben muß. Doch das ist nicht mehr als ein Ausdruck des *unspezifizierten*, *ex post* vollzogenen Schlusses "Ab-esse-ad-posse", der nicht zur Debatte steht. Signifikant ist der Rekurs auf "zugrundeliegende Lernfähigkeiten" nur, wenn diese *vorgängig spezifiziert* werden und für sie demonstriert wird, daß sie Prozesse des Lernens *erklären*. Aussagen über die Fähigkeiten und den Prozeß des Lernens aber sind *abhängig* von bekannten Korrelationen zwischen Lerndaten und Lernresultat (vgl. auch Seebaß 1981, 461ff.). In einfachen Fällen lassen sich auf der Basis einer begrenzten Menge von Daten Fähigkeiten ermitteln, die sich als generalisierbar und explanativ bedeutsam erweisen. Das S-R-theoretische Lernmodell liefert dafür ein Beispiel. Doch das gilt, wenn überhaupt, nicht für das menschliche Lernen im allgemeinen. *Was* Menschen unter *welchen* Bedingungen erlernen *können*, läßt sich generell (wie jeder reflektierte Psychologe und Pädagoge weiß) nur in sehr bescheidenem Umfang sagen. Man muß die Einzelfälle betrachten und das Ergebnis abwarten, ehe man auf die *hier* beteiligten Fähigkeiten rückschließen kann.

Doch selbst wenn wir lerntheoretische Optimisten sind und davon ausgehen, daß alle Lernschritte, wenigstens aber die für das Überlegen bedeutsamen, *generalisierbar* sind, können wir keineswegs sicher sein, daß die zugrundeliegenden Fähigkeiten ausnahmslos *dispositionelle* sind. Lernen besteht zum erheblichen Teil darin, Dispositionen *auszubilden*. Es ist nicht prinzipiell ausgeschlossen, daß auch dieser Lernschritt sich vollständig auf spezifizierte, übergeordnete Dispositionen zurückführen läßt, die explanative Bedeutung haben. Ausgemacht aber ist das nicht. Sollte es jedenfalls Erscheinungen geben, die die Einführung nichtdispositioneller Fähigkeitsbegriffe rechtfertigen (vgl. Anm.49), dürften sie wohl am ehesten dort zu finden sein, wo subordinierte andere Fähigkeiten entwickelt werden.

[176] Reaktionen, die dem Sinn der Aufforderung *nicht* entsprechen, lassen die Differenz hervortreten, auch wenn sie *unmittelbar* (unüberlegt und gegebenenfalls irrational) auf ihr Eintreten folgen. *Sie* auszuführen bzw. zu ihrer Ausführung disponiert zu sein, kann nicht mit dem Bestehen einer Aufforderung identifiziert werden, die *andere* Reaktionen zum Inhalt hat. Auch eine komplexe Disposition, die Auslösebedingungen für alle möglichen Reaktionen differentiell zu erfassen beansprucht, käme daher mit Blick auf jene Teile, die sich auf nicht sinnentsprechende Reaktionen beziehen, nicht als Explikation der Aufforderung selbst in Betracht.

[177] Realisierungsbezogene Überlegungen werden vor allem in Diskrepanz-Situationen angestellt, können aber auch unabhängig von solchen auftreten: *abstrakt*, d.h. losgelöst von der optativischen Stellungnahme, oder in dem Bewußtsein, daß sie bereits (präsent oder erwartbar) *erfüllt* oder in ihrer Erfüllung *unklar* ist (vgl. S.108 Anm.186). Daraus ergibt sich ein weiterer, gravierender Einwand gegen die dispositionelle Explikation. Deren Plausibilität kann auch dadurch offenbar nicht erhöht werden, daß man für die Fälle, in denen *keine* (rationalen oder irrationalen) Realisierungsversuche bzw. Einstellungsänderungen vorliegen, *Überlegungen* als relevante Reaktionen in Rechnung stellt. Denn selbst wenn solche, bezogen auf alle kritischen Fälle, *notwendig* für das Bestehen einer optativischen Aufforderung wären (vgl. jedoch S.145ff.) und die im Text erhobenen Einwände der zeitlichen Differenz und der fehlenden Sinnentsprechung entfielen, könnten sie, da sie prinzipiell nicht an bestehende Diskrepanzen gebunden sind, jedenfalls keine *hinreichende* Bedingung für sie sein.

Um den dispositionellen Ansatz zu retten, könnte man geltend machen, daß auch abstrakte Überlegungen (hypothetische Realisierbarkeitsprüfungen, zweckrationale Schlüsse,

Eruierung von Wunschkonflikten etc.) nicht *völlig* abstrakt sind, sondern geleitet von dem Interesse zu klären, welche Optionen in *möglichen* Aufforderungssituationen bestehen. Doch es ist mehr als zweifelhaft, daß eine parasitäre Abhängigkeit dieser Art für die begriffliche Bindung ausreicht und sich für alle betroffenen Überlegungen empirisch nachweisen läßt, und natürlich würde die Komplexität der benötigten dispositionellen Analysen mit dieser Wendung noch einmal drastisch erhöht.

[178] Auch die Annahme eines vorgängigen "direkten Wissens" des Aufgeforderten um seine Disponiertheit zu Reaktionen und Überlegungen (S.92) könnte daran nichts ändern. Denn abgesehen davon, daß eine solche Annahme angesichts der immensen Komplexität der benötigten Dispositionen extrem *implausibel* wäre, liefe sie, wenn sie zuträfe, auf eine vollständige *Destruktion* des Sinnzusammenhangs zwischen Aufforderung und Überlegung hinaus. Wer bereits weiß, wie er in welchen Diskrepanz-Situationen reagieren wird, braucht eben nicht mehr in Überlegungen eintreten, die (unter anderem, S.101 Anm.174) darauf ausgerichtet sind, ein Wissen dieser Art erst zu gewinnen.

[179] Wenn keine Reaktionen *erfolgen*, könnte der Einstellungsträger, dem Ansatz entsprechend, sich allenfalls dessen bewußt sein, daß er in ähnlichen Fällen *bislang* immer bzw. meistens überlegt oder adaptiv reagiert hat, nicht aber, daß seine *präsente* Einstellung einen Bezug auf derartige Reaktionen enthält. In der abgeschwächten Version ist das dispositionelle Pendant zum "Aufforderungscharakter" von der *einzelnen* Einstellung entkoppelt und mit ihr nur dann verknüpft, *wenn* die Disposition, bedingt durch die partikuläre Diskrepanz-Erfahrung, aktualisiert wird. Andernfalls ist sie nicht mehr als ein *genereller* Zustand des "Motiviertseins" zum Überlegen und Handeln, der *neben* der fraglichen Einstellung besteht. Um deren Handlungsbezogenheit sicherzustellen, *muß* der Dispositionalist dem (faktisch) reaktionslosen Einstellungsträger ein (kontrafaktisches) Wissen um die *Bedingungen* zuschreiben, unter denen er auf seine *präsente* Situation adaptiv oder durch Eintritt in relevante Überlegungen *reagieren würde*. Das aber hat sich bereits als undurchführbar erwiesen.

[180] D.h. *in der Regel* sind wir uns bei der Korrektur und unmittelbar nach ihr dessen bewußt, daß wir bis jetzt die gegenteilige Auffassung hatten und sie nicht zufällig oder bedingt durch beliebige Einflüsse "verlieren" bzw. "verloren haben", sondern sie *aufgrund* der Einsicht in ihre Irrigkeit "aufgeben" (vgl. Anm.162). Diese "Aufgabe" muß nicht auf einer Entscheidung beruhen oder "aktiv" ausgeführt werden, sondern kann sich, vor allem in epistemisch eindeutigen Fällen, "rational automatisch" vollziehen (vgl. Anm.173, S.210, 220f.). Dabei kann das Bewußtsein für ihren rational-korrektiven Charakter schwinden. Es ist deshalb nicht ausgeschlossen, daß Menschen *manchmal*, bei erheblichen individuellen Differenzen, die rationalen Grundlagen ihres Verfahrens *ganz* aus den Augen verlieren oder das Faktum ihres "automatisch" zustandegekommenen Meinungswechsels *teilnahmslos* registrieren. Und natürlich ist auch mit Situationen zu rechnen, in denen der Wechsel *irrational* oder *völlig* grundlos erfolgt. Mein Argument hängt nicht daran, daß solche Fälle unmöglich sind, sondern sagt nur, daß sie nicht immer auftreten oder die Regel bilden.

[181] Ein relevanter Begriff der *"Besonnenheit"*, der als spezifizierter Rationalitätsbegriff zu verstehen und dispositionell zu explizieren ist, wird unten (S.146ff.) eingeführt. Die Tatsache, daß jemand an einem Maßstab des "besonnenen" Reagierens *orientiert* ist, bedeutet allerdings nicht, daß er "besonnen" *ist*. Und die Behauptung, daß beides oder zumindest das erste im menschlichen *Normalfall* gegeben ist, läßt Ausnahmefälle natürlich zu. Die

These ist also nicht, daß "irrationale" Reaktionen, bei denen der Aufforderungscharakter, der reduktionistischen Annahme entsprechend, vollständig verloren geht, prinzipiell *unmöglich* sind, sondern nur, daß solche Reaktionen *nicht immer* auftreten und für (normale, erwachsene) Menschen *ungewöhnlich* sind.

[182] Das *Aufgefordertsein* zur Herstellung von "Richtigkeit" ist das *Kriterium* dafür, daß der Einstellungsträger überhaupt assertorisch oder optativisch engagiert ist (vgl. dazu S.121- 124). Im übrigen kann auch der unengagierte Beobachter die Gegebenheiten nur dann als *nichtpräskriptiv* "richtig" oder "unrichtig" einstufen, wenn er voraussetzt, daß sich der Träger der Einstellung ihres Bestehens und ihres Bezugs zur Herstellung von "Richtigkeit" *nicht bewußt* ist, oder wenn er von diesem Umstand ausdrücklich *absieht*.

[183] Hier liegt die unbestreitbare *Stärke* des dispositionellen Ansatzes (S.76,92), die von der Kritik in Kap.IV,3 nicht betroffen ist. In dieser Hinsicht, freilich auch nur in dieser, erscheint er mir zudem konzeptionell *unentbehrlich*. Ich werde deshalb im folgenden davon ausgehen, daß sich die Rede von *"unbewußten Einstellungen"* und damit (im Rahmen unseres Konzepts, S.69) auch die von einem *Wünschen, Wollen* und *Willenshandeln*, das seinem Träger (vollständig oder partiell, temporär oder dauerhaft) *nicht bewußt* ist, immer auf Dispositionen bezieht, die, was die Reaktionen betrifft, durch *bewußte* Zustände dieser Art definiert sind. Zwei Prämissen lege ich dabei zugrunde. Ich setze zum einen voraus, daß jede Rede von assertorischen und optativischen Einstellungen *begrifflich abhängig* ist von der (aktuellen oder potentiellen) Bewußtheit der realitätsbezogenen "Stellungnahme" des Trägers, die für sie konstitutiv ist (S.71,86f.). Zum anderen setze ich voraus, daß die angesprochene "Potentialität" *dispositionell* explizierbar ist.

Die zweite Prämisse vertrete ich nur unter Vorbehalt. Denn ich kann es und will es an dieser Stelle nicht generell ausschließen, daß es *nichtdispositionelle* Fähigkeitsbegriffe gibt (vgl. Anm.49,175), die auch auf die Fähigkeit von Personen zur bewußten, realitätsbezogenen Stellungnahme (assertorischer wie optativischer Form) Anwendung finden. Allerdings sehe ich nicht, daß solche tatsächlich für die alltägliche oder wissenschaftliche Rede von unbewußtem Glauben, Wünschen und Wollen konstitutiv wären.

Die erste Prämisse dagegen vertrete ich ohne Einschränkung, wobei die Gründe großenteils schon benannt worden sind. Daß "intentionale Zustände" (S.70) *primär* als Bewußtseinszustände zu verstehen sind und daß die Rede von ihrer "Unbewußtheit" *nur* im Hinblick auf ihr bewußtes Auftreten Sinn macht, entspricht der Alltagsauffassung ebenso wie der philosophischen Tradition (vgl. S.90 Anm.139). Letzteres gilt selbst dann, wenn man annimmt, daß diese Auffassung mit jener seltsamen Vorstellung verbunden ist, die (z.B.) Leibniz' Rede von nicht bewußten "petites perceptions" oder ein naives Verständnis des psychoanalytischen "Unbewußten" nahelegen: daß es sich dabei nämlich um nichtdispositionelle (und gleichwohl nichtphysische!) psychische Ereignisse handelt, die den bewußten, die ihnen entsprechen, irgendwie *"analog"* sind. Und es gilt natürlich erst recht, wenn mit der Rede von "unbewußten intentionalen Zuständen" nicht mehr *gemeint* ist als die (faktisch schon unter Beweis gestellte oder rein hypothetisch zugeschriebene) Fähigkeit ihrer Träger, sich ihrer unter bestimmten Umständen bewußt zu werden. Erschüttern läßt diese Ansicht sich nur, wenn gezeigt wird, daß intentionale Zustände *gänzlich* bewußtseinsunabhängig zu explizieren sind (vgl. Anm.139). Das aber ist, auf assertorische und optativische Einstellungen bezogen, mehr als unwahrscheinlich geworden, nachdem sich gezeigt hat, daß dispositionelle Explikationen dafür prinzipiell nicht in Betracht kommen. Denn sekundäre physiologistische Reduktionen können, wenn sie denn möglich sind, die primäre Bewußtseinsabhängigkeit nicht nachträglich aufheben (Anm.7, S.46f.); weitere, halbwegs plausible Explikationsformen aber sind nicht in Sicht (vgl. S.75ff.,117).

Insofern dürfte die erste Prämisse plausibel sein. Zu zeigen bleibt, (1) wie bewußte intentionale Zustände *positiv* zu verstehen sind und (2) in welcher Weise die Rede von *unbewußten* Zuständen dieser Art auf sie zurückführt. Mit speziellem Bezug auf optativische Einstellungen und damit aufs "Wünschen" in unserem prägnanten Sinn ist das erste das Thema der Abschnitte 4 und 5, wobei die Frage der Unbewußtheit an mehreren Stellen mit in den Blick kommt (vgl. S.111,114,135ff.,143). In Abschnitt 6 wird verdeutlicht, inwiefern das bewußte und unbewußte Wünschen auch für die Rede von einem "Wollen" hat, das dem Wollenden nicht durchgängig bewußt ist (S.151ff.,160). Und in Kapitel V werden wir Anlaß haben, unsere Konzeption auf die Rede von "unbewußt willentlichen" Verrichtungen auszudehnen (S.189f.,201f.). Eine differenzierte oder gar vollständige Analyse der Rede vom "Unbewußten" wird an keiner Stelle beansprucht.

[184] Die "intrinsische Handlungsbezogenheit" ist vom faktischen, motivational zu begründenden Eintritt ins "Handeln" zu unterscheiden, da sie, wenn sie besteht, im Wozu der Aufforderung selbst enthalten sein muß, unabhängig von der Frage, ob, wann oder wie der Betroffene auf diese Forderung reagiert (vgl. dazu S.117ff.). Dabei ist *"Handeln"* bzw. *"Handlung"* in beiden Kontexten (aus Gründen, die später verdeutlicht werden, vgl. S.127ff.) in einem *weiten* Sinn zu verstehen, der optativisch fundierte *willentliche Verrichtungen* (mentale und behaviorale samt ihren Folgen, vgl. S.14ff.) ebenso einschließt wie sinnentsprechende, realisierungsbezogene *Überlegungen*. Auch diese haben, wenn sie auftreten, normalerweise den Status von Reaktionen *auf* eine optativische Forderung und setzen als solche die einschlägige Motiviertheit des Trägers voraus.

Allerdings müssen wir differenzieren. Denn auch die Explikation des Sinns und der Präskriptivität optativischer Einstellungen ist, wie sich im folgenden zeigen wird, sowohl im Hinblick auf die interne Struktur und die (konzeptionell in Rechnung zu stellende) Potentialität optativischer Aufforderungssituationen (vgl. S.109ff.) wie auch im Blick auf den relevanten Aufforderungsinhalt (S.118ff.) auf gedankliche Operationen der "Verdeutlichung" und "rationalen Entfaltung" (S.135ff.) angewiesen, die ihrerseits den Status von "Verrichtungen" haben und die ("rationale") Motiviertheit dessen voraussetzen, der sie als Theoretiker oder reflektierter Einstellungsträger faktisch durchführt. Dabei handelt es sich jedoch zunächst nicht um Reaktionen *auf* bestehende oder als Möglichkeit in Erwägung gezogene Aufforderungssituationen, sondern um interne Klärungen dieser *selbst*. Überlegungen, die den Charakter von reaktiven Verrichtungen haben, kommen erst dort ins Spiel, wo es darum zu tun ist, im *Ausgang* von solchen Situationen epistemische Unsicherheiten über die (präsent oder erwartbar) bestehende Erfüllungslage zu überwinden oder den Aufforderungsinhalt, abhängig von einschlägigen epistemischen Zusatzbedingungen, zu spezifizieren. Das aber ist, wie sich zeigen wird, für (aktuelle, bewußte) Wp-Zustände *als solche* nicht kriteriell. Grundsätzlich also haben wir die für den *Begriff* der "optativischen Einstellung" bedeutsame Frage der "intrinsischen Handlungsbezogenheit" von der begrifflich *nachgeordneten* Frage nach den (motivationalen und "rationalen") Bedingungen, unter denen es zum "Handeln" kommt, sei es auch nur in der Form des realisierungsbezogenen Überlegens, zu unterscheiden.

[185] Schematische Formulierungen von Bedingungen (S.108,112,153f. u.a.) und Definitionen (S.123ff.,157) sollen hier wie im folgenden nur die Perspektive des *Theoretikers* wiedergeben, der die Phänomene zu *explizieren* sucht. Es wird also nicht behauptet, daß die *Betroffenen*, etwa beliebige Träger bewußter, realitätsdiskrepanter optativischer Einstel-

lungen, sich solcher Schemata situativ *bewußt* sind oder gar *Sätze*, wie sie der Theoretiker formuliert, still vor sich hinmurmeln. Beides ist zweifellos nicht der Fall. Doch die begriffliche Bindung assertorischer und optativischer Einstellungen an *potentielle* Bewußtheit (Anm.183) impliziert nicht, daß diese, partiell oder vollständig, *faktisch* gegeben ist (vgl. auch S.111). Und das gilt nicht nur für das alltägliche, *vortheoretische* Bewußtsein, sondern auch und erst recht für das *theoretische*. Behauptet wird lediglich, daß wir, *wenn* wir uns ihrer *bewußt* und *reflexiv* bewußt sind und uns *als* Theoretiker *explikativ* ihres Sinnes versichern wollen, zu Formulierungen gelangen, wie sie im Text gegeben werden. Daß wir uns dabei sprachlicher und begrifflicher Mittel bedienen müssen, die, obwohl sie prinzipiell auf der gleichen Ebene liegen, ihrerseits nicht (gleichzeitig) problematisiert werden, ist kein Spezifikum unseres Vorgehens, sondern ein Merkmal *jeder* philosophischen Grundlagenklärung. Auf einer *elementaren* Ebene gibt es nun einmal keine "neutrale" theoretische Metasprache oder ein "vorgeklärtes" Begriffssystem, mit dessen Hilfe sich die in Frage stehenden Begriffe reduktiv analysieren ließen.

[186] Beide Fälle müssen begrifflich faßbar sein und liefern insofern ein Adäquatheitskriterium für jede Explikation von "Wünschen" und "Wollen". In Kap.III,3 hatten wir festgestellt, daß die umgangssprachliche Rede vom "Wollen" nicht von der Voraussetzung getragen ist, daß die Wollenden eine bestimmte Antwort auf die Frage der Realität oder Realisierbarkeit des Gewollten besitzen (S.66ff.), und sich daher, a fortiori, auch auf Willensinhalte erstreckt, die als erfüllt gelten (S.63f.). Entsprechend haben wir in der Auseinandersetzung mit dem Versuch einer dispositionellen Explikation jenes prägnanten Wunschbegriffs, den wir als Kern des "Wollens" betrachten (S.69,72f.), ihre Unfähigkeit, das Bewußtsein der Wunscherfülltheit verständlich zu machen, als Einwand angeführt (vgl. S.92 Anm.146) und wiederholt darauf abgestellt, daß die "subjektive Realitätsauffassung" des Trägers verschiedene Grade der epistemischen Sicherheit, bis hin zur völligen Ungewißheit, durchlaufen kann (S.92ff.) und daß Überlegungen, die Realisierungsfragen betreffen, dem Erfassen des präskriptiven Sinns der Einstellung selbst, prinzipiell und nicht selten auch zeitlich, nachfolgen (S.101f.,104f.). Situationen der anfänglichen oder anhaltenden *Unklarheit* und der gesicherten, präsenten oder erwartbar eintretenden *Erfülltheit* müssen und werden wir deshalb auch weiterhin konzeptionell in Rechnung stellen: zunächst bei der Klärung unseres Begriffs der "optativischen Einstellung" (vgl. speziell S.113ff.,119ff.) und danach, aufbauend auf ihm, bei der abschließenden Bestimmung des Willensbegriffs (S.152ff.).

[187] Wir haben die "optativische Einstellung" allgemein als Stellungnahme zur "Frage der Realität" gekennzeichnet, die auf das Konstatieren dessen, was "wirklich" ist oder nicht, verweist (S.71 Anm.121). Entsprechend haben wir bei der Beschreibung optativischer Aufforderungssituationen vorausgesetzt, daß die Realitätsauffassung des Betroffenen einen zweiten, konstitutiven Bestandteil neben dem optativischen Anspruch als solchen bildet (S.87ff.), und die Unfähigkeit, diese Doppelheit theoretisch adäquat zu erfassen, als eines unserer Argumente gegen ihre dispositionelle Explizierbarkeit angeführt (S.93f.). Thematisch allerdings wurde der interne Zusammenhang der optativischen mit der assertorischen Stellungnahme bislang noch nicht.

[188] Sich der Stellungnahme zur "Frage der Realität von p" zu enthalten, setzt voraus, daß man die Frage als solche "aufgeworfen" und "p" als etwas, das wirklich sein kann oder nicht, "erfaßt" hat (vgl. Anm.121). Kolloquial ist die Rede vom "Sich-Enthalten" darüber hinaus meist mit der Konnotation verbunden, daß diese Haltung auf Überlegungen beruht,

die einen breiteren Spielraum der epistemischen Gewißheit oder Ungewißheit (Anm.165) in Rechnung stellen, oder daß sie die Form einer ausdrücklichen Distanzierung von einem vorangegangenen Zustand des uneingeschränkten, vorurteilsbehafteten Glaubens hat (vgl. Anm.166).

[189] Natürlich ist das nicht immer gegeben und nicht immer im selben Grade. Zahllose Regularitäten unseres sprachlichen und nichtsprachlichen Verhaltens (Aussprache nach einem erlernten Phonemsystem, Mimik und Gestik etc.) sind uns gewöhnlich unbewußt, *ohne* daß man mit Sinn behaupten könnte, die relevanten qualitativen Standards seien uns "implizit" dennoch *als solche* bekannt. Das gilt insbesondere für diverse reguläre Reaktionen auf qualitativ identifizierbare Reize (Lidreflex, Neuralgien, euphorische oder depressive Gemütszustände). Hier kann man nicht sagen, daß wir, indem wir unbewußt reagieren, auf die auslösenden, relevant qualifizierten Objekte "bezogen" sind. Anders beim Umgang mit Alltagsgegenständen und bei Verhaltensweisen, die man, obwohl uns die relevanten qualitativen Standards situativ nicht bewußt sein müssen, gewöhnlich als "regelgeleitet" bezeichnet (Autofahren, Tanzen, elementares Kopfrechnen etc.) Die Rede vom "Regelfolgen" bzw. "Bezogensein auf" einen Gegenstand als Träger bestimmter Eigenschaften ist hier gerechtfertigt, freilich nur deshalb, weil die betreffenden Leistungen *intentional* interpretiert werden, sc. als Ausdruck unbewußter (länger anhaltender) intentionaler Zustände, die ihren Trägern im Hinblick auf ihre mögliche, problemlose Bewußtwerdung zuschreibbar sind (Anm.139).

So wenig wir uns, wenn wir einen bestimmten Gegenstand als "Buch" identifizieren, alle (nach unserer Auffassung) wesentlichen Eigenschaften von Büchern bewußt machen müssen, so wenig müssen wir uns der begrifflich entscheidenden Merkmale von Wp-Zuständen versichern, wenn wir im Alltag von ihnen reden. Die sprachliche Bezugnahme auf sie kann sogar *völlig* chiffrenhaft sein. Der altgediente Geschichtslehrer, der zum 53. Mal den Satz 'Napoleon wollte in Moskau überwintern' aus dem Lehrbuch vorliest, dürfte sich beim Äußern des Wortes 'wollte' (allenfalls) eines bestimmten Laut- oder Schriftmusters bewußt werden, nicht dessen, was mit dem Ausdruck gemeint ist. Wenn wir dennoch behaupten, daß er "mit Verständnis" gesprochen hat, so deshalb, weil er, wenn die Frage akut würde, seinen Sinn ohne besondere Schwierigkeit (sich selbst und anderen) explizit machen *könnte*, was im Rahmen unseres Ansatzes *letztlich* auf die im Text angegebenen gedanklichen Operationen hinausliefe.

Die in der Literatur (vgl. z.B. Putnam 1975; Rössler 1990, 128ff.) umstrittene Frage, inwieweit ein (präzise definierbares oder lockerer umrissenes) Minimum an intersubjektiv geteiltem semantischem Wissen dieser Art die Voraussetzung dafür bildet, um von beliebigen Sprechern sagen zu können, daß sie einen Ausdruck *"verstehen"*, und welche Konsequenzen sich daraus für den allgemeinen Begriff der *"Bedeutung"* und die enger gefaßten Begriffe der "Extension" und "Intension" von Prädikaten ergeben, kann hier ebenso offen bleiben wie die Frage, ob das so definierte "Verstehen" auf "problemlos" aktualisierbares Wissen beschränkt ist oder sich (wie der psychoanalytische Begriff der "Verdrängung") auch auf Bereiche erstreckt, die uns nur durch besondere Präparationen zugänglich sind. Für den prägnanten Begriff der "optativischen Einstellung" jedenfalls dürfte es klar sein, daß man, falls die im Text gegebene Begriffserläuterung *von der Sache her* akzeptabel ist, generell davon ausgehen kann, daß die *Bewußtmachung* der begrifflich entscheidenden Merkmale uns normalerweise (von denkbaren pathologischen Fällen abgesehen) keine Probleme bereitet.

190 Ob der Erfüllungszustand als lustvoll empfunden wird oder nicht, ob ihm ein Zustand des unerfüllten Wünschens vorausging und ob er, veranlaßt durch einen solchen oder durch antezedierende Lusterwartungen, als Folge eigenen Handelns eintrat, spielt dabei *prinzipiell* keine Rolle, auch wenn kein Zweifel daran besteht, daß unsere erfüllten Wünsche *faktisch* meist in diesen Hinsichten qualifiziert sind (vgl. S.71ff.). Begrifflich entscheidend ist lediglich das Bewußtsein, daß der Fall ist, was wunschgemäß der Fall sein sollte und wozu wir (kontrafaktisch) aufgefordert sein würden, wenn es sich anders verhielte.

Letzteres ist unter bestimmten Umständen auch empirisch unübersehbar. So gibt es etwa eine Form der Zufriedenheit oder des "Einsseins" mit der eigenen Lebenssituation, die nicht den Charakter der Befriedigung über eigene Taten hat und bei der der Lustaspekt (falls er überhaupt mit im Spiel ist) ganz hinter dem Gesichtspunkt der Wunscherfüllung zurücktritt. Gegenstand solcher Wünsche sind aber vor allem Sachverhalte, für die wir nichts oder wenig können (körperliche und geistige Fähigkeiten, soziale Herkunft und andere biografische Kontingenzen, situativ zufällige Erlebnisse und Erfahrungen u.a.) und deren Erwünschtheit uns erst zu Bewußtsein kommt, *wenn* wir sie schon als erfüllt begreifen. *Daß* wir sie wünschen und nicht nur als bloße oder (gegebenenfalls) mit Lust "besetzte" Tatsachen konstatieren, ergibt sich aus dem Bewußtsein, daß wir im Fall ihrer Unerfülltheit intrasubjektiv aufgefordert sein würden, für ihre Erfüllung zu sorgen.

191 Die Annahme, daß die Dinge so bleiben, wie sie sind, oder ihren normalen Gang gehen, gehört zu den (präsuppositiven und für die meiste Zeit nicht bewußten, Anm.139) Selbstverständlichkeiten unseres alltäglichen Lebens. Entsprechend sind wir geneigt, weite Teile der Zukunft, zumindest der nähergelegenen, für ontologisch fixiert und epistemisch (voraussehbar) sicher zu halten. Diese Gewißheit schwindet, wenn wir uns reflexiv dessen bewußt werden, daß unsere Haltung größtenteils nicht auf gesicherte (induktive oder gar apriorische) Evidenzen zurückgeht, sondern auf jene "natürliche Glaubensbereitschaft", die unser Verhältnis zur "Wirklichkeit" insgesamt kennzeichnet (Anm.166). Und da diejenigen unserer Wünsche, die wir als präsent erfüllt betrachten, sich in der Regel nicht *nur* auf die Gegenwart, sondern *auch* auf die Zukunft erstrecken, erweist sich die Annahme ihrer anhaltenden Erfülltheit auch in alltäglichen Fällen, in denen sie uns zunächst selbstverständlich erscheint, bei kritischer Reflexion als epistemisch unklar und zweifelhaft. Ob wir uns unserer optativischen Stellungnahme zur "Frage der Realität" eines Sachverhalts aus der Perspektive der kontrafaktischen, rein hypothetischen oder der faktischen Konfrontation mit einer Diskrepanz- und Aufforderungssituation bewußt sind, ist also zu einem erheblichen Teil davon abhängig, wie weit die korrespondierende epistemische Haltung reflektiert oder unreflektiert ist.

192 Zu diesem Verständnis kontrafaktischer Sätze vgl. Mackie 1973, ch.3; 1974, 53f.64ff. 199ff.

193 Diese Umschreibung ist natürlich nicht *mehr* als eine Metapher und *keinesfalls* als Sympathiebekundung für die verbreitete, bis in die neuere Literatur (z.B. Armstrong 1973,22) anhaltende Neigung mißzuverstehen, Bewußtseinsphänomene als *"introspektive"* zu charakterisieren und *"Bewußtsein"* generell nach dem Modell des Sehens oder des visuellen Vorstellens zu konstruieren. Nicht jedes sinnliche Wahrnehmen oder Vorstellen (das akustische beim lauten oder stillen Sprechen z.B.) ist visuell, nicht jedes Bewußtsein sinnliche Wahrnehmung oder Vorstellung (z.B. nicht die von vielen Autoren unbedacht als "sinnlich" apostrophierte Wahrnehmung eigener Empfindungen und Gefühle). Löst man sich von diesem tradierten, phänomenal inadäquaten Bild des Mentalen, ist der Weg frei

302

auch für das, wie mir scheint, einzig angemessene "mentalistische" Verständnis des Sinns und der Präskriptivität realitätsbezogener Einstellungen.

Frege hat das zumindest für assertorische Ansprüche, Urteile und Behauptungen, richtig gesehen (Frege: Der Gedanke; Nachgel. Schriften I, 147ff.150.273; II,126f.; vgl. Sluga 1980, 76ff.115f.) und dabei zugleich deutlich gemacht, daß ihr Verständnis als mentale Leistungen keineswegs zu der von Kritikern des Konzepts (z.B. Dummett 1973, 311.313) befürchteten Vermischung von Logik und Psychologie bzw. Erkenntnnistheorie führen muß. Selbst wenn man, anders als Frege, die Regeln der Logik auf Regeln des rationalen Umgangs mit Urteilen und Behauptungen reduziert, impliziert dies noch nicht die von Frege ebenso wie von Husserl (der dem visualistischen Bewußtseinsmodell verpflichtet blieb) mit guten Gründen verworfene ("psychologistische") Reduktion auf empirische, induktiv zu ermittelnde psychische Gesetzmäßigkeiten. Und natürlich gilt das erst recht, wenn man sie mit Frege (Der Gedanke, Abs. 1; Nachgel.Schriften I,139.154-161) als reine "Gesetze des Wahrseins" begreift, die sich nicht auf Urteile oder Behauptungen, sondern auf deren Objekte beziehen, sc. wahrheitsfähige "Propositionen" oder (bei Frege) "Gedanken".

Ob bzw. inwieweit unsere Rede von "Wahrheit" und "Falschheit" ihre Bedeutung daraus bezieht, daß wir assertorische Ansprüche erheben und als "richtig" oder "unrichtig" erkennen können, kann hier dahingestellt bleiben (vgl. Anm.122). Klar ist in jedem Fall, daß der mentale Charakter assertorischer und optativischer Einstellungen als solcher den ontologischen Status ihrer Objekte (vgl. auch Anm.120) und die Objektivität der Beziehungen zwischen ihnen ebensowenig tangiert, wie es die unbestreitbare "Mentalität" (sagen wir) meiner Erinnerung an eine Sonnenfinsternis vor drei Jahren ausschließt, daß es sich dabei um einen physischen Vorgang handelte, der sich nach physikalischen Gesetzen vollzog. Damit erledigen sich zugleich eventuelle, auf den "mentalistischen" Ansatz speziell gemünzte Idealismus- und Solipsismus-Einwände. Im übrigen bleibt die Möglichkeit einer (nachfolgenden) *theoretischen* Reduktion von der Anerkennung der *phänomenal* irreduziblen "Mentalität" assertorischer und optativischer Einstellungen weiterhin unberührt (vgl. Anm.7).

Der Versuch, die Präskriptivität optativischer und assertorischer Einstellungen durch einen irreduziblen Begriff der "Aufforderung" zu erläutern, impliziert (wie der Rekurs auf irreduzible Begriffe überhaupt, vgl. Anm.72) *nicht*, daß wir mit ihm als *einzigem* Grundbegriff auskommen. Er hängt ja, wie wir festgestellt hatten, aufs engste mit den Begriffen der "Richtigkeit" und des "Werts" zusammen (vgl. Anm.133) und verweist darüber hinaus auf jene komplexen begrifflichen Wechselabhängigkeiten, mit denen wir bei der Bezugnahme auf "Sachverhalte" bzw. "Propositionen" als solche zu rechnen haben (S.112f.). Mein Punkt ist nur, daß *reduktive* Definitionen bzw. Explikationen ausscheiden. Eine Rückführung (etwa) auf einen relevanten Begriff der "Vernunftnorm" kommt nicht nur deshalb nicht in Betracht, weil der relevante Vernunftbegriff unklar ist und, wenn überhaupt, nur im Rekurs auf unser Verhalten in Aufforderungssituationen präzisiert werden kann, sondern auch deshalb, weil der Begriff der "Norm" seinerseits auf die Begriffe der "Präskriptivität" und der "Richtigkeit" zurückführt (Anm.133).

194 An der Radikalität der semantischen Fragestellung hat es auch in der neueren Sprachtheorie gefehlt, trotz aller theoretischen Fortschritte in anderen Bereichen. Vielfach wurde die konstitutive Bedeutung assertorischer und optativischer Ansprüche für Aussagesätze, Wunschsätze oder Imperative *als solche* überhaupt nicht gesehen, so daß propositionale Einstellungen lediglich im Kontext einer logischen Analyse von assertorischen Sätzen *über* deren Besitz in den Blick kamen (sc. "x wünscht / glaubt / behauptet, daß p" u.ä.).

Aber auch wo sie gesehen und als indispensibler Teil der semantischen Theorie (nicht nur einer sie ergänzenden Pragmatik) anerkannt wurde, blieb die Bestimmung dessen, was es *heißt*, mit der Verwendung bestimmter Satzformen einen assertorischen oder optativischen Anspruch zu erheben, zumeist ein sprachtheoretisches Stiefkind. Der generelle Hinweis auf die "illokutionäre Kraft" solcher Sätze und einschlägige Regeln und Konventionen (vgl. z.B. Searle 1969, ch.2-3; Dummett 1973, ch.10; Tugendhat 1976,238ff.) ist nichtssagend bzw. hängt solange konzeptionell in der Luft, als keine Rechenschaft darüber abgelegt wird, was jene Regeln *beinhalten* und was es *heißt*, daß sie in der Sprache bestehen und im Sprachgebrauch vom Sprecher befolgt oder zugrundegelegt werden. Solche Klärungen wurden jedoch, wenn überhaupt, meist nur in einer Form unternommen, die die begrifflichen Karten, mit denen gespielt bzw. zu spielen beansprucht wird, nicht wirklich offenlegt oder sich explikativ offen im Kreise dreht (vgl. die diesbezügliche Kritik an Searle von Tugendhat 1976,240f.254.506ff.). Meine These ist, daß die Explikation der (regelhaft oder konventionell) etablierten assertorischen und optativischen "Kraft" von Sätzen im *Sprachsystem*, wenn sie radikal erfolgt, auf die propositionale assertorische und optativische "Stellungnahme" der *Sprachbenutzer* zurückführt und daß diese uns, als Sprecher ebenso wie als Theoretiker, nur als mentales und vermutlich irreduzibles Phänomen zugänglich ist.

Wenn dieser Fundierungszusammenhang in der Literatur (trotz Frege, Anm.193) *nicht* in den Blick kam oder doch nur (wie bei Dummett 1973,311.352ff.362f.) als eine uns zwar natürlich erscheinende, aber nichtsdestoweniger falsche Auffassung registriert und kategorisch verworfen wurde, dürfte dies wohl vor allem, von inadäquaten *Vorstellungen* über das Mentale und externen theoretischen *Interessen* (Verifikationismus; physikalistischer Monismus, Anm.7; Solipsismuskritik; Idee der "individualistisch" irreduziblen Sozialität jedes sprachlichen Handelns, vgl. S.19f.; u.a.) abgesehen, auf die extensive *Analogisierung* des "illokutionären" Sprachgebrauchs mit *Gewinnspielen* (vgl. Anm.162) zurückgehen, die eine einfache, nichtmentalistische Erklärung nahelegt. Ihr zufolge stellt sich das Erheben eines assertorischen oder optativischen Anspruchs als *"Spielzug"* dar, dessen Pointe (= "illokutionäre Kraft") dadurch vollständig bestimmt ist, daß derjenige, der ihn in einem einschlägigen (= dialogisch-eristischen) "Match" mit faktischen oder möglichen Kontrahenten erbringt, unter bestimmten, in den Spielregeln festgelegten Bedingungen "Sieg" oder "Niederlage" davonträgt.

Doch der Vergleich ist irreführend, ja, näher betrachtet, absurd. Zunächst stellt er den Erklärungszusammenhang auf den Kopf, denn die als Modell zugrundegelegten Gewinnspiele sind nicht etwa elementarer und leichter verständlich als optativische und assertorische Ansprüche, sondern setzen diese, umgekehrt, bereits voraus. Und vollends verfehlt ist die projektierte Reduktion der sie betreffenden Kriterien der "Richtigkeit" auf den Gesichtspunkt von Gewinn oder Verlust im Spiel. Falsche Wahrheitsansprüche sind unrichtig und korrekturbedürftig, weil sie nach eigenem Urteil oder dem Urteil anderer, gestützt (eventuell) auf gemeinsame rationale Regeln der Urteilsbildung, in *Diskrepanz zur Wirklichkeit* stehen, nicht weil sie in einer potentiellen, regelgeleiteten Auseinandersetzung darüber, was wirklich ist, denjenigen, der sie erhebt, *"unterliegen"* lassen, was immer dies in diesem Kontext heißen mag. Bei assertorischen Ansprüchen ist die Idee des "Verlierens" wenigstens theoretisch verständlich, da auftretende Diskrepanzen hier ja tatsächlich "zu Lasten" der Einstellung und ihres Trägers gehen. Bei optativischen ist sie schlechthin absurd. Denn in diesem Fall ist es ja gerade nicht (von hinzutretenden normativen Prämissen bei Imperativen, Warnungen, Bitten u.a. abgesehen, vgl. Anm.121) der *Anspruch*, der sich, in welcher Weise auch immer, an einem Richtigkeitsmaßstab bewähren muß, sondern es ist die *Wirklichkeit*, die sich nach seiner Vorgabe als korrekt oder korrekturbedürftig erweist, und diese "Korrekturbedürftigkeit" dürfte wohl auch der passionierteste Spiel-Theoretiker kaum noch mit der Gefahr eines "Verlustes im Spiel" (u.ä.) begründen wollen.

[195] Das gilt jedenfalls dann, wenn wir von *exzeptionellen* (pathologischen) Fällen wie Persönlichkeitsspaltung (vgl. Anm.136) und extremer Autoritätsgläubigkeit (Anm.140) absehen und uns ausschließlich an Situationen halten, in denen sich der Betreffende des Konflikts und des präskriptiven Charakters assertorischer Einstellungen *bewußt* wird (vgl. Anm.160-161,163). Damit ist, wie wir festgestellt hatten, normalerweise auch dann zu rechnen, wenn er nicht nicht im Zustand des widersprüchlichen Glaubens verharrt, sondern unverzügliche Korrekturen vornimmt (vgl. S.97 bes. Anm.162, S.104f. Anm.180). Bei ausgeprägter epistemischer *Differenz* zwischen "bloßem Glauben" und "Realitätsauffassung" ist (im rationalen Normalfall) klar, daß die Herstellung assertorischer "Richtigkeit" darin besteht, den bloßen Glauben zugunsten der Realitätsauffassung fallen zu lassen. Bei annäherndem epistemischen *Gleichgewicht* und epistemischer *Unsicherheit* ist ein Verharren ebenso denkbar wie Korrekturen in beide Richtungen oder völlige Urteilsenthaltung (S.97f. Anm.164-168). Auch dann aber ist, von exzeptionellen Umständen abgesehen, zumindest klar, daß es die assertorische *Stellungnahme* ist, nicht die (bislang epistemisch unzugängliche) Wirklichkeit, die zur Disposition steht, und daß eine (eventuelle) Aufforderung zur Korrektur sich an den *Träger* der Einstellung richten würde.

[196] Der Wunsch, ein *anderer* möge etwas Bestimmtes, sc. "q", mit Willen tun, beinhaltet im Rahmen des Konzepts von Kap.III,4 unter anderem, daß (auch) er die optativische Einstellung Wq entwickeln und sich entsprechend gefordert fühlen soll, q zu verwirklichen (vgl. S.87f.). *Er* also ist es, der (in den Augen des Wünschenden) für die Verwirklichung von q *direkt* verantwortlich ist. Bezeichnen wir den Sachverhalt, daß der andere die Einstellung Wq besitzt, mit "p", können wir sagen, daß der Wünschende q nur (wunsch- und aufforderungsgemäß) herbeiführen kann, wenn er p als notwendiges Mittel zu q verwirklicht (vgl. Anm.119). Formal ist seine Position gegenüber q somit die gleiche wie bei gewöhnlichem, vollständig eigenverantwortlichem Zweckhandeln. Realisiert er den relevanten Zusammenhang und reagiert zweckrational, wird er, abhängig von seiner bestehenden Einstellung Wq, auch die Einstellung Wp entwickeln und sich entsprechend gefordert fühlen, p zu verwirklichen in der Absicht, q damit herbeizuführen. Trotz der (in seinen Augen) direkten Verantwortlichkeit eines anderen bleibt er *indirekt* für die Verwirklichung von q verantwortlich.

Nur in zwei Hinsichten unterscheidet sich seine Situation von einfacheren Situationen des Zweckhandelns. Erstens ist p keine hinreichende, sondern nur eine notwendige (kontribuierende) Bedingung für q, wobei die entscheidenden (rationalen und motivationalen) Restbedingungen normalerweise außerhalb seiner Kontrolle liegen. Zweitens ist die Herbeiführung von p selbst, anders als bei beliebigen Mitteln, ebenfalls nicht in seine Kontrolle gestellt, wenigstens nicht unter normalen Umständen. Denn die realitätsbezogene Stellungnahme von anderen läßt sich (normalerweise) nicht extern manipulieren, weder durch nichtkommunikative Maßnahmen noch gar durch kommunikative, wie die Verwendung fremdadressierter, sprachlicher Imperative (vgl. S.88 Anm.135).

[197] Diese Feststellung, die für die angemessene Explikation des primären Objekts des Wünschens und Wollens von einiger Bedeutung ist (vgl. S.127ff.), stützt sich auf einschlägige phänomenale Evidenzen ebenso wie auf theoretische Gründe. *Theoretisch* ergibt sie sich als direkte Konsequenz aus der Tatsache, daß optativische Einstellungen, nicht anders

als assertorische, sich auf *beliebige* Sachverhalte, sc. "p" im abstrakten Schema "Wp", beziehen können, nicht nur auf Verrichtungen ihres Trägers oder Folgen von solchen (vgl. S.71 Anm.119), und daß sie faktisch zwar in aller Regel nur epistemisch qualifiziert vorliegen, *als solche* aber nicht an die Bedingung gebunden sind, daß der Träger eine bestimmte epistemische Haltung zu p bezieht (vgl. S.107ff.,113ff.) und damit, a fortiori, auch nicht zu Komplexen von Sachverhalten, in denen "p" als "Bedingtes" auftritt.

Natürlich setzt diese Begründung die Gültigkeit unseres Konzepts voraus. Es ist daher wichtig, auch die *phänomenalen* Evidenzen im Auge zu behalten, die eine Priorität der Frage der Realisierung vor ihrer Beantwortung indizieren. Einerseits zeigt die *umgangssprachliche Rede* vom "Wollen", daß wir beliebige Sachverhalte als Willensobjekte in Rechnung stellen (vgl. S.66f.). Einschlägig ist aber vor allem die Tatsache, daß wir *Überlegungen anstellen* mit dem Ziel, Klarheit darüber zu gewinnen, ob das, was wir wünschen und wollen, realisiert oder realisierbar ist (S.108 Anm.186, S.115,119f.), und daß diese Überlegungen zumeist dem Bewußtsein des Wünschens und Wollens *zeitlich nachfolgen* (S.102). Denn hier zumindest wird durch die faktische Trennung offenkundig, was in einfacheren Fällen (insbesondere solchen des unproblematischen, unverzögerten Willenshandelns) verdeckt sein kann, sc. daß jede Spezifizierung des Aufforderungsinhalts, die die Realisierungsbedingungen einbezieht, ein epistemisches *Plus* erfordert, das prinzipiell, über den abstrakten Realisierungsanspruch hinaus, erst *erreicht* werden muß.

[198] Das gilt z.B. für kleinere Kinder, die eigene Wünsche als direkte Aufforderungen an ihre Eltern verstehen, oder für Stoßseufzer und Gebete von gläubigen Menschen, die davon überzeugt sind, daß Gott oder andere übernatürliche Mächte ihr Verlangen erfüllen können (vgl. jedoch Anm.217). Und in subtilerer Form gilt es auch für Menschen, die, ohne ausdrückliche religiöse und personale Voraussetzungen zu machen, ihre persönlichen Wünsche und Hoffnungen für die Entwicklung der Welt ebenfalls nicht als Aufforderungen zu ihrer Verwirklichung durch sich oder indirekt zu beeinflussende andere Menschen begreifen, sondern sie faktisch (verdeckt durch scheinbar rein theoretische Aussagen) der anonymen Verantwortung "der Natur" zuweisen oder der "Logik der Geschichte", der "funktionalen Erfordernisse der Gesellschaft" oder sonstiger wunschgemäß postulierter Teleologumena.

Natürlich können exzeptionelle Beispiele dieser Art nicht mehr als ein Anhaltspunkt dafür sein, daß generalisierte Aufforderungen der Form (F1) durchweg im Spiel sein *könnten*. Daß sie es durchweg *sind*, folgt daraus ebensowenig wie aus der Tatsache, daß (direkt oder indirekt optativisch fundierte) Aufforderungen mit unspezifizierten Adressaten in *gewissen* Kontexten geläufig sind: Gesetzestexte, Fragebögen, Schilder wie "Betreten verboten" oder "Einreisende aus EG-Ländern zur Zollkontrolle II" etc.

[199] Das gilt sicherlich auch für Kant, dem dieser Schluß oft zugeschrieben wird. Denn erstens beziehen sich auch jene lapidaren Äußerungen, welche die Zuschreibung nahelegen (KrV B 835; AA V,30; VI,380; VIII,287f. u.a.), nicht auf *beliebige* Möglichkeits- oder Könnensbegriffe (vgl. S.140 Anm.213-214), sondern speziell auf die *psychologische* Möglichkeit, gegenläufige Neigungen der moralischen Forderung unterzuordnen, schließen Restriktionen des Sollens im Hinblick (etwa) auf die logische oder naturgesetzliche Unmöglichkeit des Gesollten also keineswegs aus. Zweitens scheint auch das psychologische Können, *trotz* des anerkannten Gebots, *faktisch* nicht immer gegeben zu sein, da Kant mit Situationen rechnet, in denen man "sich nicht getrauen [wird] zu versichern", man werde gebotsgemäß handeln (AA V,30), und da er den Glauben an eine göttliche Assistenz bei der Gebotserfüllung u.a. damit begründet, daß eine solche "nicht durch eigene Kräfte na-

türlicherweise möglich" sei (AA VII,43f.). Und wenn er zugleich kategorisch erklärt, daß die Möglichkeit moralischen Handelns *unabhängig* von den empirischen ("natürlichen") Bedingungen des menschlichen Wollens feststeht, so ist diese Aussage, drittens, kaum im Sinne eines *begrifflichen* Implikats des Gebotenseins selbst zu interpretieren. Näher jeden- falls (insbesondere im Blick auf KpV § 5-7) liegt eine *epistemische* Deutung, wonach das "Faktum" des kategorischen Imperativs die Erkenntnis einschließt, *daß* jene "transzenden- tale" Freiheit "praktisch wirklich" *ist*, die moralisches Handeln ermöglicht.

[200] Daß es *begrifflich* nicht ausgeschlossen ist, von *Wünschen* zu sprechen, die auf etwas gerichtet sind, das der Wünschende selbst (definitiv, vgl. S.120) für unmöglich oder unbe- einflußbar hält, wird von den meisten Philosophen anerkannt, auch von denen, die das gleiche für den Begriff des *"Wollens"* bestreiten (Anm.109) oder die *Aufgabe* unerfüllbarer Wünsche empfehlen (Anm.170). Beispiele liefern Aristoteles: NE 1111b22-24; EE 1225b 3ff.; Kant: KU AA V,177f. Anm. = XX,230f. Anm.; Anthr. AA VII,251; AA XXVIII/1, 254; Reid: Act.Pow. II,1; Brentano: Psychologie II,8,1 Anm.; Kenny 1963,214f.; 1975, 30.38f. und Harman 1986,83. Andere Autoren negieren zwar den Bezug auf Unmögliches für bestimmte Erscheinungen oder für "Wünsche" in einem prägnanten Sinn, erkennen ihn aber für vergleichbare andere bzw. anders bezeichnete Erscheinungen an (z.B. Fichte: Krit.Offenb. §2.12; Anscombe 1957,67ff.)

Da der Wunschbegriff selbst oder seine Varianten dabei zumeist begrifflich unbestimmt bleiben, läßt sich die breite philosophische Übereinstimmung in dieser Sache nicht ohne weiteres auf "Wünsche" in der prägnanten Bedeutung von *präskriptiven, realisierungsbe- zogenen* Einstellungen beziehen. Doch dürfte die These vom "möglichen Wünschen des Unmöglichen oder Unbeeinflußbaren" nur unter der Annahme sinnvoll sein, daß das Gewünschte "der Fall sein" kann oder nicht. Strittig kann daher, was den Begriff des "Wünschens" angeht, eigentlich *nur* die Behauptung sein, daß jeder, der etwas wünscht, gleichgültig ob er es für (subjektiv oder objektiv) realisierbar hält oder nicht, mit seinem Wunsch den Anspruch erhebt, daß es "der Fall sein möge", und sich entsprechend gefor- dert fühlt, für seine Realisierung zu sorgen. Die Überlegungen im gegenwärtigen Ab- schnitt 5.3 sollen zeigen, daß die Unmöglichkeit des Gewünschten den *Aufforderungscha- rakter* des Wunsches nicht aufhebt. Anschließend (S.127ff., vgl. bes. S.139ff.) wird zu zeigen sein, daß und in welchem Sinne auch diese Aufforderung auf die *Verwirklichung* des Gewünschten bezogen bleibt. Inwieweit diese Auffassung in Übereinstimmung mit der der zitierten Autoren steht, muß dabei größtenteils offen bleiben. Relativ groß ist sie zumindest im Falle von Kenny, der seine (unglücklich so bezeichnete, vgl. Anm.121 und 142) "imperativische" Theorie des Wollens und Wünschens ausdrücklich (vgl. bes. 1975, 38f.) auch auf vergangene Sachverhalte bezieht und damit deutlich macht, daß er Auffor- derungen anerkennt, die prinzipiell Nichtrealisierbares zum Inhalt haben.

[201] Die vielfältigen Erklärungen, die in der Literatur, bezogen aufs Wünschen ebenso wie aufs Wollen, zu diesem Thema zu finden sind, sind von unterschiedlichen Gesichtspunkten geleitet, die der Systematisierung und Präzisierung bedürfen. Prinzipiell haben wir zwi- schen *Begriffsbestimmungen, rationalen Empfehlungen* (Ratschlägen, Geboten u.ä.) und *deskriptiven Aussagen* über die kontingente oder "gesetzmäßige" Wunsch- und Willensbil- dung zu unterscheiden, wobei in den letzteren beiden Fällen noch einmal inhaltlich diffe- renziert werden muß zwischen Erklärungen, die auf die Aufgabe unerfüllbarer *Wünsche* und *Willensregungen* abstellen, und solchen, bei denen es um die Abstandnahme von sinn- losen, realisierungsbezogenen *Verrichtungen* geht: manifesten Aktivitäten, Unterlassungen und Überlegungen.

Daß es *begrifflich* unmöglich wäre, Nichtrealisierbares zu wünschen oder zu wollen, läßt sich für den alltäglichen, rational nicht restringierten Sprachgebrauch nicht behaupten (vgl. Anm.200 und S.64 Anm.109). Ähnliches gilt, bezogen auf die alltägliche Lebenspraxis (vgl. auch S.140ff.), für die Behauptung mancher Autoren, es sei generell *rational ratsam* (vgl. S.99 Anm.170) oder gar eine für alle normalen, erwachsenen Menschen zu konstatierende psychologische *Regularität* (vgl. z.B. Hume: Treat. II,3,3), Wünsche und Willensregungen *fallenzulassen*, die sich als unrealistisch erwiesen haben. Plausibler und weitaus häufiger sind daher Erklärungen, die dies lediglich für den Verzicht auf sinnlose *Realisierungsversuche* und *Überlegungen* geltend machen. Aristoteles (NE 1111b19-30. 1112a 21-30. 1112b24-28; EE 1225b33-39. 1226a20-31; MM 1189a3ff.; u.a.) hat es als Tatsache hingestellt. Doch weder für "irrational-aktionistische" Unternehmungen noch gar für realisierungsbezogene Überlegungen läßt es sich generell halten (vgl. S.99 Anm.171, S.141).

Sinnvoller erscheint es deshalb, Erklärungen dieser Art stillschweigend so zu deuten, wie sie an anderer Stelle in der Philosophie (z.B. Kant, AA VII,236) und in der Volksweisheit ("Don't cry over spilled milk" u.a.) explizit formuliert werden: als vernünftige, *lebenskluge Empfehlungen* zur Abstandnahme von allen Verrichtungen, durch die der interne Realisierungsanspruch eines als nicht realisierbar erkannten Wünschens und Wollens "sinnlos" weiterverfolgt würde. Und der Gesichtspunkt, unter dem sie ergehen, ist nicht etwa (von extremen, pathologischen Fällen abgesehen) die offenkundige Irrationalität eines selbstwidersprüchlichen Glaubens daran, daß Nichtrealisierbares dennoch realisierbar wäre, sondern die wesentlich schwächere, von lebenspraktischen "Sinn"-Vorgaben abhängige Irrationalität eines vermeidbar frustierten Lebens.

[202] Natürlich wissen (normale, erwachsene) Menschen, *daß* sie gewünschte Sachverhalte unter normalen Umständen *nur* durch eigene Verrichtungen, Körperbewegungen vor allem, herbeiführen können, und besitzen zugleich ein praktisch hinreichendes Wissen darüber, *welche* Verrichtungstypen zum Repertoire ihrer Basisverrichtungen (Anm.9) gehören und *welche* Folgen sie haben. Doch abgesehen davon, daß dieses Wissen nicht in jedem Falle *bewußt* sein muß (vgl. S.111 Anm.189) und vielfach *undifferenziert* und *vage* ist, bildet es allemal ein epistemisches Plus, das zur bloßen Einstellung *hinzukommt* und erst *gewonnen* werden muß. Wie alle Realisierungsfragen (S.122 Anm.197) ist auch die nach der Form unserer Involviertheit in die Realisierungsbedingungen eines gewünschten Sachverhalts (vgl. S.128) der Aufforderung, ihn zu verwirklichen, *prinzipiell* nachgeordnet. Und das betrifft, prinzipiell, *auch* unsere Rolle als Träger reaktiver, realisierungsbezogener Verrichtungen. Wir können eben, begrifflich betrachtet, auch Dinge "wünschen" (S.125f. Anm.200) und sogar "wollen" (S.64ff. Anm. 109 und 111), von denen wir *wissen*, daß sie, wenn überhaupt, durch unsere Verrichtungen *nicht* zu verwirklichen sind, oder bei denen die Möglichkeit einer solchen Verwirklichung *offen* bleibt.

[203] Ich bediene mich dieser Kürzel, um die Zusammenhänge in einfacher, schematischer Weise *darstellen* zu können, verbinde mit ihnen jedoch keinen *begrifflich explikativen* Anspruch. Die Einführung von 'R' darf also nicht als Entscheidung für einen irreduzibel prädikativen Existenzbegriff aufgefaßt werden, die Quantifikation über "mögliche Verrichtungen" nicht als Ausdruck der These, daß diese Entitäten ontologisch irreduzibel sind. Praktische Überlegungen werden de facto im Bezug auf ein Universum gedachter bzw. denkbarer Handlungen angestellt, deren Realisierung oder Realisierbarkeit (in den Augen der Überlegenden) *offen* ist. Daran schließlich hängt ihre Pointe. Es wäre daher absurd zu behaupten, daß wir beim Überlegen nur über "Wirkliches" reden. Als Darstellung unserer *alltäglichen* Überlegungsprozesse dürfte die eingeführte Schematisierung auch phänome-

nal plausibel sein. Doch das heißt nicht, daß sie zugleich *theoretisch* angemessen und inexplikabel sein müßte.

Die tieferliegenden ontologischen Probleme der Rede vom intentionalen Bezogensein auf "etwas", das gleichwohl "nicht wirklich" ist, können im Rahmen unserer Untersuchungen offen bleiben (vgl. S. 70, Anm. 117). Ich denke, aus den früher erwähnten Gründen, nicht, daß wir bei dem Versuch, die Phänomene der optativischen Stellungnahme und des realisierungsbezogenen, praktischen Überlegens verständlich zu machen, mit dem Rekurs auf (mögliche) raumzeitliche Geschehnisse *auskommen*: weder im Hinblick auf die Verrichtungen selbst, die ja auch *rein* mentale sein können (S. 13f.), noch im Hinblick auf die zu realisierenden, nicht verrichtungsgebundenen Sachverhalte (S. 66f. Anm. 111, S. 71 Anm. 119). *Wenn* wir uns aber, pragmatisch oder aus welchen Gründen auch immer, darauf *beschränken*, unsere Variablen 'x' über mögliche Verrichtungen reichen zu lassen, die sich, fundiert durch elementare Körperbewegungen, durchweg in Raum und Zeit vollziehen, ist ihre ontologische Reduktion theoretisch ohne weiteres vorstellbar. Wir könnten z.B. sagen, daß die (höherstufige) gegenständliche Rede von "möglichen Verrichtungen" auf die prädikative Rede über ein (ontologisch elementares) Universum von Raumzeitstellen zurückführt, die als "vorgegeben" in einem Sinne gelten, der ihre Charakterisierung als "wirklich" oder "unwirklich" sinnlos macht (vgl. Tugendhat 1976, 451ff.). Entsprechend könnten wir unsere prädikative Rede vom "Realisiertsein" möglicher Verrichtungen auf generelle Existenzsätze über das Raum-Zeit-Universum zurückführen und den prädikativen Seinsbegriff damit verabschieden. Wer Bedenken gegen die verwendete Schematisierung hat, mag sie sich in dieser oder in einer anderen Weise umformulieren, die ihm ontologisch respektabler erscheint. Die folgenden Untersuchungen sind davon unabhängig.

[204] Die Satzschemata (S1) und (S2) haben den gleichen *theoretischen* Status, den alle schematischen Formulierungen in diesem Kapitel besitzen (vgl. S. 107 Anm. 185), und einen relativ *weiten* Sinn, der *diverse* Spezifizierungen und Explikationen zuläßt. Das gilt für all ihre Bestandteile, nicht nur (wie bereits dargelegt, Anm. 203) für die Variablen 'x' und das Prädikat 'R'. Das komplexe Prädikat 'V' erstreckt sich auf die Gesamtheit der Sachverhalte, die Gegenstand optativischer Ansprüche sein können, sowie auf beliebige Arten von Folgen und relevanten Zusatzbedingungen neben x (vgl. S. 15, Anm. 10 und 12). Ihre Spezifizierung ist Aufgabe nachfolgender, realisierungsbezogener Überlegungen und Recherchen, die, im Prinzip, unendlich umfangreich sein könnten und deren Verlauf und Ergebnis empirisch offen ist (S. 100f., Anm. 172; vgl. S. 136f. Anm. 212). Ähnlich unbestimmt bleiben der Sinn der Wenn-dann-Beziehung und die Klasse der Operatoren, die die Variablen 'x' binden können. Letzteres ergibt sich zum Teil aus der in Anm. 203 angesprochenen ontologischen Unbestimmtheit, vor allem aber aus den verschiedenen Regionalisierungen des Gegenstandsbereichs, die beim Überlegen eingeführt werden können. Kein Mensch z.B., der einen Sachverhalt "p" zu verwirklichen wünscht, wird *alle* möglichen Verrichtungen und Zusatzbedingungen auf ihre Folge-Beziehung zu p hin prüfen oder *alle* Formen der Realisierbarkeit von p in seine Überlegungen einbeziehen, wozu er sich *als* Träger eines Wp-Zustands auch nicht aufgefordert zu fühlen braucht. Der weitere Gang unserer Untersuchungen wird verdeutlichen, warum es sinnvoll ist, die Spezifizierung der Operatoren und des Konditionals von (S1) und (S2) prinzipiell ebenso offen zu halten wie die von 'V'. Mehr ist für unsere Zwecke nicht erforderlich. Eine differenzierte oder gar vollständige Analyse konditionalisierter Aufforderungen wird an keiner Stelle beansprucht.

[205] Natürlich ist es, bezogen auf einen beliebigen Anwendungsfall ("x = a") unseres Schemas, nicht prinzipiell ausgeschlossen, daß die Aufforderung "A (Ra)" auf anderem Wege

zustandekommt. Als Aufforderung aber, die für die optativische Einstellung "Wp" konstitutiv ist, muß sie durch ihre Beziehung zum fraglichen Sachverhalt "p" begründet sein, und diese Beziehung wird nur durch das Antezedens "Va", das (S1) zufolge nicht zum Aufforderungsinhalt gehören soll, sichergestellt. *Als* jemand, der wünscht, seine Zustimmung zu signalisieren, bin ich zum Kopfnicken nur aufgefordert, *weil* ich diese Verrichtung als geeignetes Mittel dazu betrachte, ohne daß damit gesagt sein müßte, daß mein Wunsch und die korrespondierende Aufforderung zum Kopfnicken *nur* so begründet sein kann.

[206] Ich gehe davon aus, *daß* es "rational" ist, diesen Schluß zu vollziehen, und daß (normale, erwachsene) Menschen sich auch in dieser Hinsicht (normalerweise) als "rational" *erweisen* (vgl. S.96 Anm.155). Aufforderungen des Typs "A (Wenn p, dann q)" haben, bezogen auf einen bestimmten Aufforderungsadressaten, etwa den Sinn von "Mache es wahr/ wirklich, daß p *nur* in Kombination mit q auftritt". Ist der Betreffende davon überzeugt, daß p (präsent oder erwartbar) wirklich ist, während die Realisierung von q (präsent oder erwartbar) fraglich bleibt, wird er sich deshalb gefordert sehen, für die Verwirklichung von q zu sorgen (vgl. S.114f.). Der Skatspieler, welcher der (konditionalisierten) Regel des Farbenbedienens folgt und registriert, daß Herz ausgespielt wurde und daß er selbst Herz besitzt, sieht sich damit (kategorisch) gefordert, Herz auszuspielen. Der Verkehrsteilnehmer, der einen Unfall als erster bemerkt, sieht sich im Hinblick auf einschlägige (konditionalisierte) moralische und rechtliche Vorschriften (kategorisch) dazu verpflichtet, Verletzten erste Hilfe zu leisten.

Daß *dieser* Schritt "rational" ist und normalerweise vollzogen wird, bedeutet natürlich nicht, daß jeder, der ihn getan hat, der betreffenden Forderung *nachkommt* oder sich, wenn er es nicht tut, *darin* als "irrational" erweist. Nicht jede Verletzung einer moralischen Regel ist Ausdruck von Amoralität oder Irrationalität auf seiten des Regelverletzers. Moralisch zu denken und sich entsprechend verpflichtet zu fühlen, bedeutet eben noch nicht, motiviert zu sein, moralisch zu handeln. Und das gilt, mutatis mutandis, für die Orientierung an präskriptiven Regeln und Normen im allgemeinen, einschließlich derer, die sich aus optativischen Ansprüchen und korrespondierenden realisierungsbezogenen Überlegungen ergeben. Aus der bloßen Tatsache, daß jemand einen (mutmaßlich oder erklärtermaßen) gewünschten Sachverhalt "p" nicht herbeiführt, obwohl er über die erforderlichen Mittel dazu verfügt, können wir daher *nicht* schließen, daß er sich nicht "rational" verhält oder den Wunsch de facto nicht (mehr) besitzt. Die Fragen der Motivationalität und des faktischen Eintritts ins Handeln *bleiben* vorerst zurückgestellt und sind von denen der Präskriptivität und intrinsischen Handlungsbezogenheit optativischer Einstellungen weiterhin sorgfältig zu trennen (vgl. S.107 Anm.184).

[207] Die materiale Implikation dürfte für *viele* konditionalisierte Präskriptionen der Form "A (Wenn p, dann q)" genügen. Wer der Verkehrsregel folgt, an roten Ampeln anzuhalten, erfüllt sie offenbar auch dann, wenn er grüne Ampeln überfährt oder nicht an Kreuzungen anhält, die keine Ampelanlage besitzen. Ob dies für *alle* sozialen Regeln und Normen gilt, kann hier dahingestellt bleiben. Für optativische Aufforderungen zur Realisierung von Sachverhalten genügt, wie gleich zu zeigen sein wird, das material-implikativ gedeutete Schema (S2) jedenfalls nicht.

[208] Wir alle vertreten, im Alltag wie in den Wissenschaften, zahllose negative und positive Existenzsätze als verifizierbare und falsifizierbare Aussagen, obwohl diese, auf ein unendliches Universum bezogen, bekanntlich nicht verifizierbar bzw. falsifizierbar sind. Diverse Gesichtspunkte der Regionalisierung kommen dabei zum Tragen. Beim praktischen

Überlegen sind wir zunächst am bekannten Repertoire unserer Basisverrichtungen (Anm.9) und habituierten Verrichtungsschemata orientiert, einschließlich einer begrenzten, erfahrungsbegründeten Anzahl kausaler und konventioneller Folgen (S.15 Anm.10-12). Erst der negative Ausgang der hierauf beschränkten Realisierbarkeitsprüfung bezüglich "p", formal also die Negation eines einschlägig regionalisierten Existenzsatzes "(∃ x)(Vx)", zwingt uns, den Blick zu erweitern. Die Erweiterung des relevanten Gegenstandsbereichs, sc. des Potentials denkbarer realisierungsbezogener Verrichtungen, ist wesentlich eine Sache jener heuristischen, der speziellen Situation angepaßten Denkverfahren, die für praktische Überlegungen charakteristisch sind (vgl. S.101). Psychologische Problemlösungsaufgaben, die die "laterale" Denkfähigkeit testen sollen, sind daher so konzipiert, daß das Versagen standardisierter Realisierungsverfahren sofort ins Auge fällt. Sie sind besonders geeignet, die Notwendigkeit der Ergänzung von Schema (S2), für die im Text argumentiert wird, deutlich zu machen. Wer diesbezügliche Zweifel hat, mag sich deshalb zur Selbstvergewisserung einmal mit einem solchen Problem konfrontieren und sich Rechenschaft darüber geben, *was* sein Wunsch, es zu lösen, *bis* zum Erreichen der Lösung beinhaltet.

209 Könnten wir, mit der Ergänzung, anstelle von (S2) vielleicht auch Schema (S1) verwenden und den Handlungsbezug dadurch verstärken? Nein. Es wäre zwar unter der Annahme von "-(∃x)(Vx)" klar, daß die Gesamt-Aufforderung unerfüllt ist, nicht aber, daß der Betroffene kategorisch zur Realisierung von p aufgefordert bleibt, geschweige denn zu einer Realisierung von p durch eigenes Handeln.

210 Die Quantifikation für x stellt (in der eckigen Klammer) mehrere Alternativen innerhalb des relevanten Spielraums in Rechnung, um verschiedene Antworten auf die Frage, welches Verfahren gegenüber einer Mehrzahl konkreter Realisierungsmöglichkeiten das "rational" gebotene ist, offen zu halten. Vgl. dazu auch S.154ff., besonders Anm.224.

211 Auch das gilt nicht vorbehaltlos, sondern nur unter der Voraussetzung, daß relevante Kenntnisse und Überlegungsfähigkeiten *verfügbar* sind und beim Eintritt des Aufforderungsbewußtseins *aktualisiert* werden. Es bleibt ein Schritt, der zur "rationalen Entfaltung" gehört, nicht zum Erfassen optativischer Aufforderungen als solcher, und daher prinzipiell und unter exzeptionellen (pathologischen) Umständen vielleicht auch faktisch ausbleiben könnte. Beispiele für Sachverhalte, deren Realisierbarkeit durch eigene Verrichtungen, normalerweise, direkt erfaßt wird, liefern insbesondere gewünschte bzw. gewollte (S.71 Anm.119) *Basisverrichtungen* (Anm.9,202) und *routinierte* oder *habituierte* komplexe Verrichtungen, *soweit* diese (situativ) tatsächlich mit einer bewußten optativischen Einstellung verbunden sind (vgl. dazu Kap.V,5-7).

212 Schon im Zusammenhang mir ihrer versuchten dispositionellen Erklärung hatten wir feststellen können, daß Überlegungen nicht durchgängig *rational* sein müssen und nur partiell durch *generelle* Denkschemata bestimmt sind (vgl. S.100f. Anm.172-175). Das gilt, in gewissem Maß, selbst für das praktische und theoretische Schließen. Und es gilt insbesondere für das Abwägen und Sich-Entscheiden zwischen bekannten Alternativen und das Ermitteln der relevanten Fakten selbst, das zum guten Teil auf heuristischem, nicht schematischem Denken fußt. Überlegungen und Recherchen jedoch, die den Realisierungsbedingungen eines bestimmten Sachverhalts "p" gewidmet sind, bilden nur einen Sonderfall dieser Fakten-Ermittlung.

Ob sie zu einem bestimmten Ergebnis führen, ist, wie bei allen Überlegungen, empirisch *offen*, unabhängig davon, wie rational sie verlaufen und wie weit sie von generellen Denkmustern getragen sind. Die Realisierbarkeit von p kann trotz aller Überlegungen epistemisch *unklar* bleiben. Der Überlegungsprozeß kann vorzeitig *abbrechen*, weil der Überlegende durch externe Einflüsse gestört wird, ermüdet, die Lust verliert oder resigniert aufgibt, da er sich intellektuell überfordert fühlt, oder weil Zeitdruck ihn zur Entscheidung zwingt. Und natürlich ist es auch denkbar, daß (aus welchen Gründen auch immer) der optativische Anspruch als solcher *fallengelassen* wird, ehe die Überlegung zum Abschluß kommt.

Das Konzept der "rationalen Entfaltung" des Aufforderungsinhalts impliziert nicht, daß vom Bestehen optativischer Einstellungen nur dann die Rede sein kann, wenn der Einstellungsträger einen spezifizierten Inhalt, direkt oder vermittelt durch (rationale oder wie immer geartete) Überlegungen, faktisch *erreicht* oder auch nur in diesbezügliche Überlegungen *eintritt*. Gefordert wird lediglich, daß er, *solange* der Anspruch besteht, sich unter bestimmten *Bedingungen* (die im Text benannt werden) *aufgefordert* fühlt, in realisierungsbezogene Überlegungen einzutreten, und daß er, *wenn* er es tut und dabei durchgängig rational verfährt, einen spezifizierten Inhalt erreichen wird, *vorausgesetzt* die relevanten Fakten sind ihm (prinzipiell bzw. in der verfügbaren Zeit) epistemisch *zugänglich* und *erweisen* den fraglichen Sachverhalt als etwas, das durch ihn (situativ oder generell) realisierbar ist. Auf die Aufforderungssituation in Fällen, in denen die Realisierbarkeit, bei anhaltendem Realisierungsanspruch, *negiert* wird, werde ich anschließend eingehen (S. 137f., 139-143).

[213] Was (z.B.) technisch unmöglich ist, kann physikalisch möglich sein, was physikalisch unmöglich ist, logisch möglich. Auch situativ beschränkte Möglichkeiten und Notwendigkeiten lassen sich formal als (begrifflich einschlägig spezifizierte) prinzipielle auffassen und werden umgangssprachlich vielfach auch so behandelt ("ich kann kein Japanisch", "in der 83. Minute hatte der HSV die Möglichkeit zum Ausgleich"). Werden sie als solche aufgefaßt, die "nur situativ" bedeutsam sind, setzt dies die explizite oder implizite Bezugnahme auf Modalbegriffe voraus, die in dieser Hinsicht nicht restringiert sind. Dagegen kann nicht vorausgesetzt werden, daß jeder, der sinnvoll von einer "prinzipiellen" Möglichkeit oder Notwendigkeit redet, weiß oder auch nur eine persönliche Meinung darüber besitzt, ob bzw. in welcher Hinsicht der verwendete Begriff restringiert ist, oder gar, daß diese Rede nur sinnvoll ist, wenn eine Restriktion objektiv nicht im Spiel ist. Denn der Begriff der "Notwendigkeit" *als solcher* enthält, wie Aristoteles richtig gesehen hat (M 1015a 33ff.), nicht mehr als das generelle, vielfältig spezifizierbare Kriterium des Fehlens von Alternativen.

Ob es darüber hinaus gerechtfertigt ist, einem oder mehreren nebeneinanderstehenden *spezifizierten* Notwendigkeitsbegriffen den Status der objektiven oder subjektiven "Nicht-relativierbarkeit" zuzuerkennen und als die ("eigentlich" oder "letztlich") allein entscheidenden auszuzeichnen, mag hier dahingestellt bleiben. Klar ist, daß der *unqualifizierte* Begriff der "logischen Notwendigkeit" dafür nicht in Betracht kommt, denn es macht keine Schwierigkeit, etwas, das im Rahmen des logischen Systems S "prinzipiell unmöglich" ist, im Rahmen des Systems S' für "prinzipiell möglich" zu halten. Einschlägig dagegen erscheint der (vor allem von Leibniz in dieser Funktion verwendete) *qualifizierte* Begriff der "Notwendigkeit" als manifeste oder verkappte Selbstwidersprüchlichkeit des Gegenteils. Denn daß es zu etwas in diesem Sinn "prinzipiell Notwendigem" keine Alternativen gibt, scheint eine direkte Folge dessen zu sein, daß die Gültigkeit des Satzes vom Widerspruch eine (präsuppositive) Voraussetzung der Verwendung assertorischer Sätze (vgl. Strawson 1952, ch.1; Wolf 1979,177ff.399ff.; Tugendhat/Wolf 1983, Kap.4) oder, genereller betrachtet, der Bezugnahme auf wahrheitsfähige Sachverhalte und Propositionen bzw. des

312

Sinns assertorischer Ansprüche überhaupt darstellt. Ich sehe nicht, wie man diese Restriktion sinnvoll bestreiten könnte. Man kann sogar geltend machen, daß sie im Sinn der Rede von bestehenden oder ausgeschlossenen "Alternativen" selbst enthalten ist. Offen bleibt jedoch, ob sie die einzige unhintergehbare Beschränkung des Bereichs des "Denkbaren" bildet und ob die Gründe dieser oder etwaiger weiterer Restriktionen nur in den subjektiven Bedingungen des menschlichen Denkens bzw. Sprechens zu suchen sind (vgl. auch Anm.214).

214 Nach wie vor also, wenn auch auf einer sehr formalen Ebene, geht es um die Bedingungen der Möglichkeit eines optativisch beanspruchten Sachverhalts "p". Der Träger der optativischen Einstellung ist aufgefordert sicherzustellen, daß sie *bestehen* bzw. daß der Satz, der ihr Bestehen affirmiert, *wahr ist* (vgl. Anm.121-122). Das *kann* bedeuten, daß er hierüber lediglich epistemisch Klarheit gewinnt, indem er sich z.B. dessen versichert, daß das physikalisch Mögliche nach vorliegenden, allgemein anerkannten theoretischen Grundsätzen nur einen Teilbereich innerhalb des Bereichs des logisch Möglichen bildet. Es kann aber *auch* heißen, selbständig theoretisch-konstruktiv tätig zu werden, also z.B. ein geometrisches System zu entwerfen, das die in der Euklidischen Geometrie unmögliche Ungleichheit der Winkelsummen eines Dreiecks mit zwei Rechten als prinzipiell möglich erweist.

Ob bzw. wie weit das "Bestehen" eines konstruktiv entwickelten modalen Bezugsrahmens lediglich eine Sache der individuellen Erfindung oder der sozialen Anerkennung (etwa durch eine qualifizierte Mehrheit der "scientific community") darstellt, ist eine andere Frage. So wenig die Tatsache, daß wir uns die situative Möglichkeit zum Brotkauf durch einen Gang zum Bäcker verschaffen können, beinhaltet, daß diese Möglichkeit insgesamt (einschließlich der Existenz eines Bäckers) in unserer Macht steht, so wenig zwingt uns die These von der Konstruktionsabhängigkeit bestimmter (oder aller) Modalsysteme zu der Annahme, daß wir bei ihrer Etablierung nach Belieben verfahren können. Alle Sachverhalte bzw. Propositionen sind insofern "Menschenwerk", als die begrifflichen, logischen und sprachlichen Grundlagen zu ihrer Identifizierung nicht einfach (in der Welt oder im Platonischen Himmel) gegeben sind, sondern, wie die verschiedenen Sprachen zeigen, von Menschen in der intellektuellen Auseinandersetzung mit den Gegebenheiten gewonnen werden (vgl. S.37f.), nicht aber "Menschenwerk" in einem (radikal idealistischen) Sinne, der apriorische Restriktionen der menschlichen Intellektualität überhaupt ausschließt und für den es nichts gibt, mit dem es sich auseinanderzusetzen gälte.

215 Entsprechendes dürfte für zahlreiche sogen. "Übersprunghandlungen" oder Handlungen gelten, die Menschen ausführen, um "irgendetwas zu tun" in einer Situation, in der sie offenkundig nichts tun können, das die Verwirklichung des Gewünschten befördert: wiederholtes Ordnen der Haare oder Zurechtrücken der Krawatte vor einem sozial bedeutsamen Auftritt, unnötig häufiges Aufschütteln von Decken und Kissen am Krankenbett u.a. Religiöse und abergläubische Praktiken (Reliquienkult, Gebrauch von Maskottchen, Lesen von Horoskopen in Tageszeitungen) können die gleiche Funktion erfüllen, wenn sie von Menschen ausgeübt werden, die selbst nicht an ihre magische Wirksamkeit glauben.

Kant, der auf solche Erscheinungen verwiesen hat, um seine kausale Definition des "Begehrungsvermögens" (vgl. Anm.129) zu untermauern, hat im gleichen Interesse sogar geltend gemacht, daß sich auch hoffnungslos unerfüllbare Wünsche stets in einer gewissen "Anspannung der Kräfte" und nachfolgenden "Ermattung" niederschlagen (AA V, 177f. Anm. = XX,230f. Anm.). Auch wenn dieser Versuch, die intrinsische Motivationalität *jedes* Wollens und Wünschens unter Beweis zu stellen, sachlich kaum überzeugen kann (vgl.

S.144ff.), sind die angesprochenen Erscheinungen für *einige* hierher gehörige Fälle (vgl. Anm.171) unbestreitbar und als irrationale Reaktionen auf den Druck unerfüllbarer optativischer Aufforderungen relativ gut verständlich.

[216] Das gilt jedenfalls dann, wenn man (mit Camus 1942,99) unterstellt, daß sie sich ihres Zustands bewußt sind. Ihre Fixiertheit auf permanente, vergebliche Realisierungsversuche ist unter dieser Prämisse, und darin mag ihre Strafe bestehen, natürlich irrational, es sei denn, man machte sich Camus' absurde Behauptung (a.a.O.,101) zu eigen, daß sie gerade in diesem Bewußtsein ihr "Glück" finden. Die Strafe der Götter fällt allerdings noch diabolischer aus, wenn man annimt, daß beide Opfer verdammt sind, immer wieder in die betrügerische Hoffnung zu verfallen, daß ihre Versuche nicht aussichtslos sind. Die optativische Fundiertheit ihres Verhaltens ist im Falle von Tantalus evident, im Falle von Sisyphus kann sie bona fide ergänzt werden.

[217] Betroffen sind Versuche zur "Schicksalsvermeidung", die dem klassischen Muster der Ödipus-Sage folgen und von der Überzeugung getragen sind, daß die Voraussage zutrifft, während Versuche von Ungläubigen, die (wie der Kurfürst von Brandenburg in Kleists Novelle *"Michael Kohlhaas"*) den Propheten desavouieren wollen, natürlich ebenso rational bleiben wie solche von Gläubigen, die lediglich (wie der alte Herzbruder in Grimmelshausens *"Simplicissimus"* II,21-24) von einer richtig prognostizierten Gefahrenkonstellation ausgehen, nicht aber von einem fixierten negativen Ergebnis.

Entsprechendes gilt, mutatis mutandis, für die Gebete gläubiger Menschen um die Erfüllung von Wünschen, die auf Vergangenes gerichtet sind (z.B. darauf, daß ihre Angehörigen nicht das als abgestürzt gemeldete Flugzeug benutzt haben) oder auf Sachverhalte, deren Verwirklichung oder Nichtverwirklichung sie als göttlich prädestiniert betrachten ("Erwählung" nach Calvinistischer Deutung). Solche Gebete, aufgefaßt als Versuche, die Realisierung des Gewünschten indirekt zu befördern (vgl. Anm.198), stellen immer irrationale bzw. nach religiösem Verständnis blasphemische Reaktionen dar, wenn sie mit dem, im Begriff des "Vergangenen" oder "Prädestinierten" normalerweise enthaltenen, Gedanken verbunden sind, daß der gewünschte Sachverhalt zum fraglichen Zeitpunkt *ontologisch fixiert* ist (mit Kant AA V,178 Anm.; VI,195f. Anm., doch gegen Dummett 1964, 341ff.358f., der nur die *epistemische* Fixiertheit auf seiten des Beters ausschließen wollte). Rational wären auch diese Versuche zur Sicherstellung bzw. Vermeidung eines bestimmten Schicksals lediglich unter der (extravaganten) Annahme, daß auch vergangene und prädestinativ oder kausal determinierte futurische Sachverhalte *ontologisch offen* sein können.

[218] Das schließt nicht aus, daß die *generelle* Tatsache, daß wir als Individuen oder als Menschen überhaupt nur einen begrenzten Möglichkeitsspielraum besitzen, *unabhängig* von gegenläufigen optativischen Ansprüchen als schmerzlich empfunden wird und daß eine konkrete Ohnmachtserfahrung *dies* zu Bewußtsein bringt. Die *spezielle* Tatsache der Unmöglichkeit eines Sachverhalts "p" dagegen ist (normalerweise) kein direkter Gegenstand unserer Unlust, sondern gewinnt diese Bedeutung nur *als* Grund für die Unerfüllbarkeit einer gegenläufigen Forderung, insbesondere (freilich nicht ausschließlich) dann, wenn der Sachverhalt "-p" zugleich Gegenstand unserer Unlust ist.

[219] Schrecken und Furcht, die wir in einer akuten Gefahrensituation, der wir ohnmächtig gegenüberstehen, als Betroffene (Beifahrer in einem schleudernden Auto z.B.) oder als teilnehmende Beobachter (etwa einer waghalsigen Kletterei) empfinden, sind nicht schlichte Zustände einer plötzlichen, heftigen Unlust angesichts eines für möglich oder wahrschein-

314

lich gehaltenen und gedanklich antizipierten, stärkste Unlust erregenden Sachverhalts, sondern vor allem Zustände einer starken inneren Angespanntheit, die dem Bewußtsein entspringt, etwas zur Verhinderung des Befürchteten unternehmen zu müssen, doch nicht zu können. Charakteristische physiologische Reaktionen (Adrenalinausschüttung, Muskelkontraktionen) bestätigen diese Tatsache. Ähnlich verhält es sich auch in weniger gravierenden Situationen der bangen Erwartung eines als definitiv unbeeinflußbar erkannten Geschehens, z.B. der engagierten Beobachtung einer Lottoziehung, einlaufender Wahlergebnisse oder sportlicher Wettkämpfe im Fernsehen.

[220] "Alle gingen, Herz, zur Ruh, / Alle schlafen, nur nicht du. / Denn der hoffnungslose Kummer / Scheucht von deinem Bett den Schlummer, / Und dein Sinnen schweift in stummer / Sorge seiner Liebe zu." (Span. Lied, anonym, übers. E. Geibel). - Daß der Schmerz aufrichtiger (nicht durch externe Sanktionsdrohungen manipulierter) Reue aufgrund der Einsicht in die definitive Unabänderlichkeit des Geschehenen größer sein kann als der unerfüllter Wünsche anderer Art, ist öfter bemerkt worden (z.B. von Schopenhauer: Paralipomena § 318). Verständlich wird diese Differenz aber ebenso wie das Faktum der Schmerzlichkeit konkreter Ohnmachtserfahrungen überhaupt (Anm.218) erst, wenn der Aufforderungscharakter des Wünschens berücksichtigt wird.

[221] "Glücklich ist, wer vergißt, was nicht mehr zu ändern ist", sagt die Weisheit der Operette nicht weniger als die Weisheit seriöserer Lebensberater und professsioneller Philosophen, die mit unterschiedlichen Akzentuierungen wiederholt vorgebracht haben, was Kant mit speziellem Bezug auf das anhaltende "Brüten" über einem nicht abzuändernden Übel empfiehlt: "was sich nicht ändern läßt, muß aus dem Sinn geschlagen werden: weil es Unsinn wäre, das Geschehene ungeschehen machen zu wollen" (AA VII,236).
Der Rat scheint nötig zu sein. Denn die Lebenserfahrung zeigt, daß es Menschen oft nicht gelingt, ihm, geschweige denn der viel weitergehenden stoischen Lebensmaxime (vgl. Anm.170) anhaltend nachzukommen. Und die Beobachtungen der Psychoanalyse haben darüber hinaus gezeigt, daß auch das gelungene Vergessen oder Verdrängen keine Gewähr dafür bieten, daß wir auf diesem Weg "glücklich" werden. Mit oder unter dem Druck unerfüllbarer Wünsche zu leben, bewußter wie unbewußter, ist (so scheint es) seinerseits ein nicht heilbarer Teil der Conditio Humana.

[222] Ich setze an dieser Stelle voraus, *daß* wir unbewußte Wünsche in Rechnung zu stellen haben (vgl. S.76,111,114 und Anm.189) und daß diese *normalerweise* als Dispositionen zu aktuellen, bewußten Wp-Zuständen zu analysieren sind (S.106 Anm.183). Mehr als diese relativ schwachen und m.E. unbestreitbaren Voraussetzungen sind für die folgenden Überlegungen nicht erforderlich.

[223] Daß umgangssprachlich und literarisch auch dann von *"Wollen"* (nicht nur von "Wünschen", "Sehnen" oder "Begehren") die Rede sein kann, wenn das Gewollte *erfüllt* oder *unerfüllbar* ist, hatten wir in Kap.III,3 (S.63ff.) herausgearbeitet und jenen Merkmalen zugerechnet, denen wir mit Hilfe des prägnanten Begriffs der "optativischen Einstellung", der sich auf beide Fälle erstreckt (S.108 Anm.186, S.125f. Anm.200), konzeptionell Rechnung zu tragen hofften. Dieser ist, für sich genommen, motivational *unqualifiziert* und daher leicht mit der Feststellung in Einklang zu bringen, daß die Annahmen der Erfülltheit oder Unerfülltheit des fraglichen Sachverhalts *nicht* zu den Bedingungen gehören, unter denen mit motivationalen Wirkungen zu rechnen ist. Anders beim Willensbegriff, der sich, wenn unsere Konzeptualisierung richtig ist, hier wie in anderen Fällen als motivatio-

nal *qualifiziert* erweisen muß. Da die faktische motivationale Wirksamkeit ausscheidet, kommt nur die potentielle Wirksamkeit als relevantes Kriterium in Betracht. D.h. wir müssen annehmen, daß unsere Rede davon, daß jemand etwas Erfülltes oder Unerfüllbares "will" und nicht nur "wünscht", von der Voraussetzung getragen ist, daß er, auch wenn er situativ *untätig* bleibt, unter veränderten Umständen *tätig würde* in einer der Formen, die nachfolgend (S.153-157) spezifiziert werden.

Ich denke, daß diese Voraussetzung dem gewöhnlichen Sprachgebrauch weitestgehend entspricht (vgl. S.157ff.). Im Falle des Wollens von objektiv oder subjektiv Nichtrealisierbarem gibt es dafür sogar ein grammatisches Indiz, da hier nicht selten (wenngleich nicht immer, vgl. S.64f.) der Konjunktiv statt des Indikativs verwendet wird. Aussagen, die mit "Ich wollte, daß.." beginnen, beziehen sich nicht nur auf hypothetische und faktisch *nicht* bestehende eigene Willenszustände, sondern auf *bestehende* Haltungen der optativischen Stellungnahme, die nach unserer Begrifflichkeit "auf der Kippe" stehen zwischen "Wollen" und "bloßem Wünschen" und ihren Willenscharakter gewinnen, weil bzw. soweit sie auf hypothetische motivationale Wirkungen verweisen.

Die Zuschreibung motivationaler Qualifikationen in Fällen des erfüllten oder unerfüllbaren Wollens *kann* die Form der Zuschreibung relevanter Dispositionen haben. Aus der Perspektive des externen Beobachters, der Willenszuschreibungen auch in Situationen macht, in denen er damit rechnen muß, daß der Betreffende sich seines Zustands (aktuell, Anm.139 und 183) nicht bewußt ist, ist dies gewiß der *Regelfall. Notwendig* ist die Annahme der dispositionellen Verfestigung allerdings nicht. Im Prinzip genügt die (aus der Außenperspektive dann freilich empirisch unbegründete) Annahme, daß der Wollende unter veränderten Umständen einschlägig reagieren *wird.* Und aus der Perspektive dessen, der sich der Erfülltheit oder Unerfülltheit seines Wollens bewußt wird, dürfte die dispositionelle Zuschreibung eher die *Ausnahme* sein. Normalerweise jedenfalls sind wir uns (präsent) sicher, daß wir einen durch unser Tun zu verwirklichenden und situativ für wirklich gehaltenen Willensinhalt realisieren würden, wenn er sich als nicht wirklich erwiese, *ohne* uns zuvor dessen versichert zu haben, daß unsere Annahme dispositionell gerechtfertigt ist und sich in jedem Anwendungsfall (futurisch) bestätigt. Auch rein hypothetische und kontrafaktische motivationale Qualifikationen können eben die schlichte, nichtdispositionelle Form einer Angabe darüber haben, was, "gesetzt den Fall", daß bestimmte Bedingungen vorliegen, faktisch "der Fall sein wird" (vgl. S.116).

224 Die Formulierung ist skizzenhaft, doch für unsere Zwecke hinreichend. Situationen des Typs (E4) treten in der Regel (abgesehen vielleicht von sehr einfachen Wunschzuständen, mit denen der Wünschende seit langem vertraut ist und denen gegenüber er routiniert verfährt) nicht unvermittelt auf, sondern als Resultat einschlägiger, mehr oder weniger umfänglicher Überlegungen und Entscheidungen, in deren Verlauf der ursprüngliche Wunschinhalt spezifiziert und modifiziert werden kann. Der Sachverhalt p kann zunächst undatiert oder nur vage datiert sein ("Kauf eines Laserdruckers", "Sommerreise nach Bali"). Er kann mit Rücksicht auf konkurrierende Wünsche und auf bestehende, konkrete Realisierungsbedingungen umdatiert und inhaltlich verändert werden ("Reise im Herbst", "Kauf eines Druckers"). Entsprechendes gilt für die Auswahl eines bestimmten aus einer Klasse von mehreren möglichen Realisierungsverfahren. Auch die in Klausel (c) angesprochene Datierung von x läßt, vor allem im Hinblick auf die für sie konstitutive Relation "unmittelbar nach t", verschiedene Fragen offen. Sie alle können hier jedoch offen bleiben, weil die ins Auge gefaßte Reaktionsform, wenn überhaupt, *erst* als Kriterium zum Tragen kommt, *wenn* die Situation (E4) erreicht ist, und weil der Willenscharakter des Ausgangs-

zustands, *wenn* er auf diesem Wege zu sichern ist, vom Willenscharakter des Wunsches abhängt, auf den (E4) bezogen wird.

[225] Die kolloquiale Rede davon, daß verschiedene Wünsche bzw. Willensregungen einander *"entgegenstehen"* oder *"konfligieren"*, ist metaphorisch und mißverständlich und wird hier nur zur vereinfachenden, summarischen Bezugnahme auf Phänomene verwendet, die in der Regel komplex und sehr verschieden gestaltet sind. Vor allem die in der älteren philosophischen und psychologischen Literatur verbreitete Rede vom *"Kampf der Motive"* (o.ä.), die von der Vorstellung konkurrierender und direkt aufeinander einwirkender (psychischer oder physischer) "Kräfte" mit unterschiedlicher "Stärke" geleitet ist, führt in die Irre. Wenn sie, bezogen auf die in Frage stehenden Erscheinungen, überhaupt ihre Berechtigung hat, dann allenfalls (und auch dann nur bei Absehung von den zugrundeliegenden epistemischen und optativischen Ausgangsbedingungen) in Anwendung auf Wünsche, die *faktisch* motivational wirksam sind, nicht auf *dispositionelle* Motivationslagen (vgl. dazu auch S.93), und erst recht nicht in Anwendung auf mehrere, nebeneinander bestehende Wünsche *als solche*, unabhängig von ihrer motivationalen Qualifikation. Gerade sie aber müssen im Zentrum jeder angemessenen Beschreibung oder Explikation der Phänomene stehen, auf die die Rede von "Wunsch-" oder "Willenskonflikten" verweist. Zwei Punkte insbesondere sind hier hervorzuheben.

Erstens ist der "Konflikt" nicht direkt, sondern *epistemisch vermittelt* und setzt ein gewisses Maß an *Reflexion* und *Überlegung* voraus. Die bloße Tatsache, daß ein Individuum gleichzeitig Träger der optativischen Einstellungen Wp und Wq ist, ist konfliktneutral. Erst die Erkenntnis, daß (sagen wir) p eine hinreichende Bedingung für -q ist, kann zum Konflikt führen und auch das nur, wenn mehrere Schritte faktisch vollzogen werden. Der Betroffene muß zunächst von Wp und der Überzeugung, daß -(p⌃q), zu W-q übergehen, danach von Wq⌃W-q zu W(q⌃-q) und dieses Ergebnis in Beziehung zu seiner Überzeugung setzen, daß Sätze der Form "q⌃-q" logisch unmöglich sind und eigentlich keine wahrheitsfähigen Propositionen betreffen (vgl. Anm.160). Ein rationaler Träger wird sich damit gezwungen, d.h. intrasubjektiv rational aufgefordert sehen (vgl. S.95,104f.), die Einstellung W(q⌃-q) fallen zu lassen, und dieser Aufforderung sofort nachkommen. Doch die vorangegangenen Schritte erscheinen weitaus weniger selbstverständlich (vgl. Anm. 169), und natürlich ist der Konflikt auch mit der vollzogenen Preisgabe von W(q⌃-q) allein noch nicht aufgelöst. Der Schritt zur Preisgabe von Wq selbst aber, der zur Auflösung führen würde, ist nicht nur nicht rational selbstverständlich, sondern unter bestimmten Umständen seinerseits irrational. Denn der entsprechende Überlegungsgang auf der Basis von Wq würde nach dieser Logik ja auch zur Preisgabe von Wp führen. Der rationale Träger, der zur Erkenntnis der wechselseitigen Ableitbarkeit zweier inhaltlich widersprüchlicher Wünsche gekommen ist, wird sich vielmehr aufgefordert fühlen, zur "Frage der Realität" von p und q *neu Stellung zu nehmen*, wobei es anfänglich offen und im Fortgang (individuell und situativ) sehr verschieden bestimmt sein kann, ob und in welcher Form das geschieht, zumal die Annahme der Unvereinbarkeit beider Sachverhalte in der Regel modal (Anm.213) und epistemisch (Anm.165) eingeschränkt ist. Selbst wenn wir mit der (phänomenal ziemlich abwegigen, Anm.173-174) Annahme vorgegebener, fixierter "Stärke-Grade" oder "Präferenzierungsfunktionen" (u.ä.) operieren könnten, würde das nicht notwendig zur Konfliktbeseitigung führen und nichts an der Möglichkeit einer Stellungnahme und neuen Bewertung ändern. Und vom simplen Modell des kausalen "Kräftespiels" sind wir auf dieser Ebene ohnehin weit entfernt.

Zweitens ist festzuhalten, daß der zentrale Konflikt nur auftritt, wenn die beteiligten Wünsche *bewußt* sind. Wer sich dessen bewußt ist, daß er p wünscht, ohne den gleichzeitigen *unbewußten* und *dispositionellen* (Anm. 183) Wunsch nach q zu aktualisieren oder ohne zu registrieren, daß p und q unvereinbar sind, kann beide Wünsche (subjektiv) konfliktfrei nebeneinander haben. Auch wenn der unbewußte Wunsch (der psychoanalytischen Hypothese entsprechend) motivational wirksam ist und sich in gegenläufigen, die Realisierung des bewußten Wunsches verhindernden Verrichtungen niederschlägt, kann der Betroffene diese Sachlage nicht *als* Wunschkonflikt begreifen, solange ihm der fragliche Wunsch nicht zu Bewußtsein kommt. Für ihn ebenso wie für jeden (psychologischen oder auch idealen) Beobachter, der nur über motivationale Evidenzen verfügt, bleibt die Situation zunächst befremdlich und interpretationsbedürftig (vgl. Anm. 139). Wenn sie auf dieser Stufe schon als Beweis dafür aufgefaßt werden kann, daß der bewußte Wp-Zustand nicht den Charakter des "Wollens" hat, dann nur im Hinblick auf eine motivational defiziente *Hindernislage* (vgl. S. 155f.), nicht im Blick auf ein motivational defizientes *Übergewicht* eines konkurrierenden Wunsches, da dessen Bestehen ja noch gar nicht gesichert ist. Entsprechend gilt der Vorbehalt der Konfliktfreiheit nur für echte, d.h. bewußte Konfliktsituationen. Jedenfalls gehe ich davon aus, daß man nicht sinnvoll sagen kann, daß ein deviant motivational unwirksamer Wunsch deshalb dennoch ein "Wollen" ist, weil die Vorbehaltsklausel durch das Vorhandensein eines aktuell unbewußten, potentiell konfligierenden anderen Wunsches erfüllt ist.

226 Der relevante Begriff der *"Folge"* schließt unmittelbare und mittelbare Folgen ein, sowie verschiedenste Arten von Folge-Beziehungen (vgl. S. 15f., Anm. 10-12). *"Nachfolgen"* der Realisierung von "p" (als "Zweck") selbst, z. B. später gelegene kausale, können von Folgen unterschieden werden, die das *Realisierungsverfahren* hat, gleichgültig ob es sich um Geschehnisse handelt, die zur Verwirklichung von p *beitragen*, oder um Folgen von solchen, die für sie (abstrakt betrachtet) *irrelevant* sind. Erstere gelten gemeinhin als *"Mittel"*, letztere als bloße *"Nebenfolgen"*. Alle Folgen jedoch sind bei Wunschkonflikten in Rechnung zu stellen, nicht anders als bei der Frage ihres Gewollt- oder Beabsichtigtseins überhaupt (Anm. 13-14,119). Wenn es *nur ein* Realisierungsverfahren gibt, gehören die Mittel und Nebenfolgen ohnehin undifferenziert zu den Folgen der Realisierung von p als solcher.

Die Kombination jeweils einer bestimmten, zeitlich datierten Basisverrichtung (Anm. 9), die der Träger eines Wp-Zustands ausführen kann, und all ihrer (eventuellen) Folgen kann man, sofern auch p zu den Folgen gehört, als eine *"konkrete Option"* auf p bezeichnen, die der Träger zu diesem Zeitpunkt besitzt. Wunschkonflikte ergeben sich zumeist nicht aus der generellen Unvereinbarkeit zweier Sachverhaltstypen, sondern aus der Unvereinbarkeit partikulärer, datierter Sachverhalte. Diese, soweit sie realisierbar durch den Betreffenden sind, sind eingebettet in den Zusammenhang von relevanten konkreten Optionen. Die *komplette* "konkrete Option auf p" also ist es, die beim Konflikt zur Disposition gestellt wird: sei es, weil der zugleich (konfligierend) gewünschte Sachverhalt "q" einer *anderen* konkreten Option angehört, die mit ihr unvereinbar ist, sei es, weil er an anderer Stelle *innerhalb* ihrer selbst auftritt. Welche Position "p" und "q" dabei einnehmen, spielt keine Rolle. Sie können ebenso Zwecke wie Mittel, Nebenfolgen und Nachfolgen eines fokal gewünschten Sachverhalts sein. Eingeschränkt wird der Konflikt deshalb nicht durch die verschiedenen *Arten* von Folgen, sondern nur dadurch, daß Folge-Beziehungen partiell *unbekannt* oder *unbewußt* sind (Anm. 225) oder daß ihr *Bestehen*, aus der Perspektive des Wünschenden, nur *modal* (Anm. 213) oder *epistemisch* (Anm. 165) eingeschränkt aussagbar ist.

227 Auch jene Sachverhalte, die als "Kosten" aufgefaßt werden, gehören natürlich formal zu den "Folgen" der Realisierung bzw. der Realisierungsbedingungen eines gewünschten

Sachverhalts "p" und bilden demnach einen Teil der "konkreten Optionen", die der Wünschende ihm gegenüber besitzt (vgl. Anm.226). Da sie jedoch von seinen subjektiven (vor allem affektuell bestimmten) Bewertungen abhängen und insofern einen anderen Status haben als objektive bzw. für objektiv geltende Folgen, werden sie sinnvollerweise gesondert aufgeführt.

228 Auch diese relativ komplexe und differenzierte Definition bleibt skizzenhaft und in vielerlei Hinsicht spezifizierungsbedürftig. So teilt sie nicht nur die Unbestimmtheiten der in ihr vorausgesetzten Formulierung (E4) (Anm.224) und der Rede von "entgegenstehenden Wünschen" (Anm.225) und "unvorhergesehenen Hindernissen", sondern verweist vor allem in Klausel (2) nur in unbestimmmter Form auf eine Klasse von Überlegungen und Leistungen der "wertenden Stellungnahme", die in Wirklichkeit äußerst komplex und (quantitativ wie qualitativ) verschieden ausfallen und im Rahmen einer Theorie der menschlichen *Willensbildung* eingehend zu untersuchen wären. (WL) genügt, wie ich denke, um unsere vorstehenden Überlegungen *zusammenzufassen* und *eine* prima facie plausible Möglichkeit zur Definition von "Wollen" als motivational qualifiziertes Wünschen aufzuzeigen. Sie stellt jedoch, wie gleich gezeigt werden soll (S.158f.), weder die einzige Definitionsmöglichkeit dar noch die für den umgangssprachlichen Gattungsbegriff sachlich angemessenste.

229 Zugrundegelegt wird ein Begriff der "Willensschwäche", der die "Schwäche" *motivational* interpretiert und nicht (wie beim "Sokratischen Paradox", Anm.93) auf den Schritt von der Erkenntnis des Guten oder situativ Besten zum Wollen und Tun, sondern aufs *Wollen selbst* bezieht, d.h. auf ein Wünschen, das nach unserem Verständnis, gleichgültig ob der prägnante Sinn von (WL) oder der laxere umgangsprachliche zugrundegelegt wird, in *gewissem* Umfang motivational qualifiziert ist. Andere Graduierungen werden damit nicht ausgeschlossen. Auch *unterhalb* der Schwelle des Wollens sind verschiedene Grade des motivational "stärkeren" oder "schwächeren" Wünschens ("Begehrens", S.157f.) denkbar. Ebenso offen bleibt die Möglichkeit einer Graduierung von Wünschen unter *anderen* Gesichtspunkten als dem der Motivationalität. Die optativische Stellungnahme zur "Frage der Realität" ist *als solche* (wie die assertorische, Anm.165) keine Sache des Grades, sondern eine Sache des Ja oder Nein, läßt sich jedoch (wie jene) im Hinblick auf qualifizierende *Umstände* graduieren. So kann, abgesehen von den im Text unterschiedenen Formen der motivationalen Defizienz, von einem mehr oder weniger "schwachen" Wünschen auch die Rede sein im Bezug auf:

(a) das Faktum der relativ seltenen Bewußtheit eines permanent oder für längere Zeit bestehenden (dispositionellen) Wp-Zustands;

(b) das faktisches Schwanken des Trägers zwischen Wp, W-p und optativischer Indifferenz über die Zeit hin;

(c) die relativ leichte Erschütterbarkeit durch konfligierende andere Wünsche und sonstige relevante Faktoren (affektuelle z.B.); oder

(d) die völlige bzw. relativ starke Abhängigkeit der optativischen Stellungnahme zu p von der zu anderen Sachverhalten, deren Verwirklichung die Realisierung von p als Mittel oder Folge beinhaltet (vgl. Anm.226).

Formal sind solche Graduierungen der Rede vom "schwachen" oder "nicht sicheren" *Glauben* vergleichbar (Anm.165). Die Differenzen bestehen vor allem darin, daß die graduelle Beschränkung beim *Wünschen* niemals, auch nicht im Falle von (d), *rein* epistemisch begründet ist und die probabilistische Qualifizierung des Wunschobjekts ("p mit der objekti-

ven oder subjektiven Wahrscheinlichkeit w") daher noch *keinen* hinreichenden Grund liefert, optativische Ansprüche als weniger "stark" zu bezeichnen.

[230] Relevant sind hier freilich nur solche Umstände, die *nicht* den Status von (definitionsgemäß auszugrenzenden) unvorhergesehenen oder rational unvorhersehbaren *Hindernissen*
erhalten, also vor allem einschlägige, antezedierende (Meta-) Überlegungen und nicht über-
legungsabhängige, bewußt oder unbewußt wirksame psychische Faktoren, die die Fähigkeit zur Überlegung und Willensbildung, permanent oder über eine gewisse Zeit hin, be-
einträchtigen. Empirisch werden die Grenzen nicht immer eindeutig zu ziehen sein. Überdies haben wir damit zu rechnen, daß ein beträchtlicher Teil der Umstände nicht nur die
Motivationalität des *Wollens* berührt, sondern auch die des nicht willensmäßigen *bloßen
Wünschens* bzw. *Begehrens* (vgl. S.150,157f.) und die nicht motivational definierte *"Stärke"* von optativischen Ansprüchen (vgl. Anm.229).

Unter den (faktisch oder potentiell) überlegungsbedingten "Stärke"-Beschränkungen spielen zwei eine besonders wichtige Rolle. Einschränkend wirkt zum einen der Umstand, daß
das Bestehen von Wp *bedingt* ist durch die Erkenntnis, daß p ein Mittel oder eine notwendige Folge bzw. Nebenfolge des unbedingt oder seinerseits schon bedingt gewünschten
Sachverhalts q darstellt (vgl. Anm.226). Diese Abhängigkeit kann z.B. der Grund dafür
sein, daß der Betreffende "defizient" stark geneigt ist, im Konfliktfalle Wp zugunsten von
W-p oder -Wp aufzugeben, oder so schwach durch Wp motiviert, daß er keinerlei Überlegungen über die (weiteren) Folgen von p und deren eventuelle Unvereinbarkeit mit gegenläufigen anderen Wünschen anstellt.

Zum anderen wirkt die *affektuelle* Qualifikation von Wp-Zuständen einschränkend bzw.
verstärkend. Daß der Betreffende starke Lust-Erwartungen mit der Verwirklichung von p
verbindet, kann ebensowohl ein Grund sein, daß er Wp überhaupt ausbildet oder im Konfliktfalle beibehält, wie ein Grund dafür, daß die motivationale Qualifikation seines (wie
immer zustandegekommenen) Wunschs Wp stark genug ist, um ihn in alle (rational) erforderlichen Überlegungen eintreten und konkrete Realisierungsversuche unternehmen zu lassen. Entsprechendes gilt, mutatis mutandis, für den Fall, daß p mit Unlust oder anderen
negativen Affekten "besetzt" ist.

[231] Festzuhalten ist zunächst, daß Fälle des "Von-Beginn-an-willentlich-Tätigsein" äußerst
selten sind. Beispiele liefern allenfalls *Spontanhandlungen*, die einem plötzlichen Einfall
entspringen und sich auf Basisverrichtungen oder relativ einfache, habituierte Verrichtungsschemata beschränken. Auch diese aber erweisen sich, sieht man genauer zu, größtenteils nicht als *völlig* unüberlegt, sondern bestimmt von einfachen zweckrationalen Schlüssen, die sich in kürzester Zeit vollziehen. Wer spontan zur Zigarette greift oder beim Skifahren abschwingt, weiß zwar sofort, was er zu tun hat, um seine diesbezügliche, spontan
entstandene Absicht zu verwirklichen, und reagiert sofort, hat den betreffenden Wunsch,
sc. zu rauchen oder zu stoppen, aber zunächst *als solchen* (vgl. S.102). Auch elementare,
habituierte und unreflektierte zweckrationale Denkprozesse sind Formen des Überlegens,
die Zeit benötigen und in sich struktiert sind. Wir haben es, schlagworthaft formuliert, mit
Situationen des "Gedacht-Getan" zu tun, die eben nicht nur eine "Getan"-Komponente enthalten, sondern auch eine Komponente des "Zuvor-Gedacht" (vgl. auch S.221, Anm.279).
Selbst wenn wir ausschließen könnten, daß bewußte Wp-Zustände daran beteiligt sind,
und den Schlußprozeß, samt der fundierenden Absicht, behavioral-dispositionell analysieren würden, kämen wir damit um den Rekurs auf besondere, prinzipiell nicht verrichtungsgebundene Zustände des Wollenden nicht herum, sc. geeignete Dispositionen (vgl. Anm.
52). Wenn Modell I deshalb *überhaupt* zur Explikation des gerichteten, intentionalen Wil-

lenshandelns geeignet ist, dann *bestenfalls* in der Beschränkung auf einen *Teilbereich*, der empirisch kaum von Bedeutung ist und die konzeptionelle Spaltung, die dies zur Folge hätte (vgl. S.166,183f.), schwerlich begründen könnte.

Auch *mit* der Beschränkung auf das (ex hypothesi) *völlig* unüberlegte Willenshandeln aber ergeben sich unüberwindliche Schwierigkeiten. Denn erstens sind Menschen sich im allgemeinen dessen *bewußt, daß* sie etwas und *was* sie "mit Willen" ausführen, und zwar vom *Beginn* ihres Tuns an, gleichgültig wie es zustandekam. Würde die "Willentlichkeit" dieses Tuns jedoch, Modell I entsprechend, in einer bloßen Modifikation der Verrichtung bestehen, so wie sie faktisch vorliegt, müßten wir sagen, daß das Bewußtsein erst im *Verlauf* der Ausführung entwickelt wird und erst am *Ende* klar ist, was der Sinn dieses Handelns war. Das entspricht nicht der Alltagserfahrung (vgl. schon S.92 Anm.146) und wäre im Hinblick auf die Nachträglichkeit solcher Willentlichkeitserklärungen auch theoretisch unhaltbar (vgl. dazu S.191). Zweitens trägt das Modell der Tatsache keine Rechnung, daß die "Gerichtetheit des Wollens auf etwas" *als solche* indifferent ist gegenüber der Vielfalt möglicher *Realisierungsverfahren*. Nur eines davon tritt in Erscheinung. *Dessen* Eigentümlichkeiten also können *nicht* kriteriell sein für jene Modifikation der Verrichtung, in der ihre "Willentlichkeit" bestehen soll, sondern allenfalls Eigenschaften, die den verschiedenen Verfahren *gemeinsam* sind. Diese aber können sich, im Prinzip, in *allem* unterscheiden *außer* in jenem "etwas", auf das sie (ex hypothesi) alle gerichtet sind. Sollen wir deshalb sagen, daß *jede* Verrichtung sich trivialerweise, sc. durch ihr faktisches Resultat, als "willentlich gerichtet auf etwas" erweist?

Die Absurdität dieses Ergebnisses führt zur dritten, entscheidenden Schwierigkeit des Modells, sc. der Tatsache, daß Modifikationen der benötigten Art offensichtlich *nicht aufweisbar* sind. Wir hatten diese Möglichkeit zunächst offen gelassen (vgl. Anm.50,111). Denkbar war das allerdings nur im Hinblick auf solche Versuche zur nichtintentional-teleologischen Explikation der "Zielgerichtetheit", die *keine* Dispositionen zugrundelegen, sondern sich auf das Kriterium des *Verlaufs* und des *Ergebnisses* "zielgerichteter" Tätigkeiten beschränken. Welche speziellen Kriterien aber kommen hier in Betracht? Die Verlaufsform ist offenbar *prinzipiell* irrelevant, und *beliebige* (faktische) Ergebnisse können die Lücke ebensowenig schließen. Allenfalls Ergebnisse einer bestimmten *Art* wären theoretisch geeignet, die "Gerichtetheit" komplexer Verrichtungen auf sie unter Beweis zu stellen. Welche, ist schwer zu sehen. Doch mag diese abstrakte Möglichkeit bis auf weiteres offen bleiben. Später werde ich argumentieren, daß sie ebenso ausscheidet wie der Versuch zur nichtintentional-teleologischen Explikation der "Gerichtetheit" überhaupt (S.176ff.).

[232] Daß Überlegungen, praktische wie theoretische, "willentlich" ausgeführt werden *können*, ist unbestreitbar (vgl. auch S.72f.,85f.,138). Manchmal sind sie die *direkte* Folge eines auf sie gerichteten, bewußten Entschlusses; manchmal beruht ihre "Willentlichkeit" auf dem *indirekten* oder *impliziten* Einfluß eines Wollens, das aktuell unbewußt bleibt und (wenn überhaupt) nur zu einem früheren Zeitpunkt bewußt war (vgl. dazu S.196ff.) *Notwendig* aber ist diese Form der Ausführung nicht. Denn "willentlich", wie alle Verrichtungen, sind auch Überlegungen nur, wenn sie kausal bestimmt bzw. kausal abhängig von einem Wollen sind (vgl. S.205ff.). Das aber muß nicht immer gegeben sein. Und auch wenn der kausale Einfluß feststeht, wenn eine realisierungsbezogene praktische Überlegung also z.B. als dispositionell fundierte Reaktion auf eine optativische Aufforderungssituation eintritt, kann sie nur dann als "willentlich" gelten, wenn *sie*, nicht nur der zu realisierende Sachverhalt, Objekt eines entsprechenden, motivational wirksamen optativischen Anspruchs ist (vgl. S.128ff.).

Prozesse des Abwägens und Sich-Entscheidens zwischen bekannten Optionen etwa werden zum großen Teil nicht *als solche* gewollt, jedenfalls nicht im Hinblick auf ihren speziellen Verlauf und ihr Ergebnis. Ebenso hat die Optionen-Ermittlung nur sehr partiell den Charakter des schrittweisen, willensgetragenen Durchdenkens oder Recherchierens, während sie zu einem erheblichen anderen Teil auf Assoziationen, Einfällen oder situativ entwickelten heuristischen Verfahren beruht (vgl. S.101). Einfache zweckrationale Schlüsse, die direkt, ohne intervenierende theoretische Recherchen, vom Wollen des Zwecks zum Wollen eines bekannten Mittels führen und darin (vorläufig oder dauerhaft) enden, dürften sogar in der Regel nicht den Charakter von "willentlichen Verrichtungen" haben, gleichgültig ob sie "aktiv" oder "passiv" ausgeführt werden (vgl. dazu S.221f., Anm.279). In all diesen Fällen also wird die Eigenständigkeit des fundierenden "Wollens", nicht anders als in Fällen völliger Folgenlosigkeit, schon allein dadurch unter Beweis gestellt, daß *keinerlei* (relevante) Willenshandlungen auftreten.

[233] Jede Bindung an ein faktisches "Streben" setzt motivationale Qualifikationen voraus, die in bestimmten Fällen des "bloßen Wollens" nicht gegeben sind. Nichtintentionale Strebungen ("triebhafte" oder "reflexhafte" Körperbewegungen z.B.) disqualifizieren sich zudem durch ihre fehlende "Gerichtetheit" auf einen Sachverhalt. Entsprechendes gilt für nichtpropositionale Vorstellungen, von denen die Literatur (vgl. S.47 Anm.64-66) nicht selten ausgeht. Leistungen der bewußten *Konzentration* wiederum sind zwar beim Überlegen und Sich-Entscheiden zwischen konkurrierenden Wünschen zu unterstellen und vielleicht auch (wie von manchen Autoren nahegelegt, vgl. Anm.67) für den Schritt vom "bloßen Wollen" zum "Tun", speziell zum willensabhängigen Basishandeln, keinesfalls aber für alle Erscheinungen menschlicher Willentlichkeit.

[234] Für *theoretische* Reduktionsversuche vgl. die S.47 Anm.61-66 angeführten Positionen. *Hedonistisch* geprägte Wunschbegriffe sind in der Literatur in verschiedenen Versionen entwickelt worden, mit reduktivem ebenso wie mit schwächerem explikativen Anspruch, der bei manchen Autoren zudem auf die Unlustvermeidung (im Gegensatz zum Lustgewinn) beschränkt ist. Vgl. für die Philosophie z.B. Platon: Philebos 34d-36c.41c.54e; Aristoteles: De An. 413b22-24.414b5f.; Locke: Essay II,21,29ff.; Mill: Utilit., ch.IV; Brentano: Psychologie II,8; Russell 1921, 68ff.75; Brandt/Kim 1963, 427.429; Baier 1965,52 ff. und für die Psychologie Duncker 1940,412ff.; Heider 1958,129ff. Beispiele für die in der neueren Literatur wiederholt vertretene Explikation von Wünschen durch (nichtpräskriptiv-) *evaluative Glaubenszustände* liefern Woodfield 1976,203f.; Pettit 1987,531 und Lewis 1988.

Für einen Wunschbegriff, der hedonale, nichtpräskriptiv-wertende und motivationale Kriterien *kombiniert*, ohne die Rede von "Wünschen" an ihre konjunktive Erfüllung zu binden, vgl. Alston 1967, 404-406 und besonders Kusser 1989. Auch Kusser charakterisiert Wünsche zunächst als "propositionale Einstellungen" (13ff.,106,194), erläutert deren spezifischen (vom Motivations- und Lustgesichtspunkt getrennten) Sinn dann aber nicht durch einen präskriptiven, sondern durch einen in dieser Hinsicht *indifferenten* Wertbegriff ("Evaluation"), dessen einzig signifikante Spezifizierungen im übrigen nur in *funktionalen* und *motivationalen* Eigenschaften bestehen, sc. "Eingang in praktische Überlegungen" und "Graduiertheit", meßbar an den (als intersituativ konstant postulierten) Ergebnissen vergleichender Abwägungen zwischen mehreren Evaluationen (vgl. 13f.,16, 110,114,160,165f.). Da die nach unseren Untersuchungen entscheidenden Aspekte der Realisierungsbezogenheit, Präskriptivität und Handlungsbezogenheit dabei verloren gehen, jedenfalls aber keine kriterielle Bedeutung erlangen, betrachte ich die (von Kusser beanspruchte, 14f.) Subsumtion auch des "Wollens" unter den so verstandenen Begriff des "Wünschens" nicht als Variante, sondern als Alternative zu der von mir vertretenen Konzeption.

235 Die in der Literatur (vgl. S.47 Anm.61-62) vertretene Bindung an Zustände des Glaubens, die den *Eintritt* des Gewollten oder bestimmter Folgen von ihm zum Inhalt haben, kann zwar, was das erste betrifft, im Sonderfall eines Wollens unter Bedingungen unserer epistemischen Situation (E4) (S.154) vorausgesetzt werden. Doch das ist, wie wir feststellen konnten, nur eine von vielen Möglichkeiten zur epistemischen Qualifizierung des Wollens, zu denen (u.a.) eben auch die *negative* Realitätsauffassung und die *unengagierte* Bezugnahme auf den gewollten Sachverhalt bei epistemischer Unklarheit oder Unsicherheit gehören. Das "Erfassen" des Sachverhalts ist mit der Bezugnahme auf ihn vorausgesetzt, nicht aber, daß es in unengagierter Form geschieht, geschweige denn in der des Vorstellens.

236 Genauer gesagt, in *letzter* Instanz dürfen es keine Reaktionen des "Wollens" sein. Denn Willensbildungsprozesse, z.B. zweckrationale Schlüsse, müssen natürlich als Übergang von einem Wollen zu einem anderen beschreibbar bleiben. Der dispositionelle Ansatz ist dazu *prinzipiell* in der Lage. Doch hängt sein Erfolg hier, bezogen aufs Wollen, von der empirischen Einlösbarkeit jener Idee des "Herunterspielens von Dispositionen" ab, die wir, bezogen auf optativische Einstellungen, bereits als illusorisch erkennen mußten (S.95). Es ist also schon im Hinblick auf diesen Sonderfall mehr als zweifelhaft, daß das Projekt gelingt.

237 Vgl. Bennett 1976,58f. Bennett sah die Verifikationsprobleme, die mit dieser (theoretisch zweifellos denkbaren) Deutung verbunden sind, glaubte sie (fälschlicherweise) aber als rein epistemische abtun zu können.

238 Wie weit diese bei rationalen, überlegungsfähigen Personen *überhaupt* zu ermitteln ist, braucht uns im gegenwärtigen Zusammenhang nicht zu interessieren, obwohl sich daraus ein gravierender Einwand gegen das dispositionelle Explikationsprojekt ergibt (vgl. S.100 Anm.172). Entscheidend ist, daß wir *selbst dann*, wenn die Reaktionen auf unsere Willenslage dispositionell vollständig festgelegt sind und theoretisch bestimmt werden können, keinerlei *Kenntnis* davon benötigen, um uns unseres Wollens bewußt zu sein.

239 Diese Definition ist keineswegs unangemessen, sondern trifft den allgemeinsten Sinn unserer Rede von "Freiheit" ziemlich genau (vgl. S.29 Anm.27, S.229 Anm.286). Schwach ist sie, *weil* sie allgemein bleibt, also *keinerlei* Spezifikationen enthält, die bestimmen, *was* hier *woran* und in *welcher* Hinsicht "unnatürlich gehindert" sein kann oder nicht. Diese Unbestimmtheit ist wesentlich für das Argument. Nur sie läßt die ins Auge gefaßte Reduktion der "Willentlichkeit" auf die "Freiheit" denkbar erscheinen. Der klassische, spezifizierte Begriff der "Handlungsfreiheit" jedenfalls, der auf die willensgemäße Ausführbarkeit bzw. Verhinderbarkeit von Verrichtungen abhebt (vgl. S.190-192,215f.), kommt für die zu leistende explikative Aufgabe ebensowenig in Betracht wie ein (beliebig interpretierter) Begriff der "Willensfreiheit" (S.227ff.), da beide den Willensbegriff, der zu klären ist, schon voraussetzen.

240 In diesem Fall ließe sich ihre "Willentlichkeit" unter Umständen sogar als *sekundäre* Qualifikation der Verrichtung auffassen, so daß der generelle Ausschluß von Modell I für

den Gattungsbegriff des "Wollens", den wir am Ende von Abschnitt 2 konstatiert hatten (S.166), eingeschränkt werden müßte. Möglich wäre das allerdings nur, wenn der Begriff der "Hindernisfreiheit" *nicht* an geeignete (psychische oder physische) *Zustände* des Handelnden gebunden ist, die seinen Verrichtungen (kausal) vorausgehen und für ihre "Freiheit" bestimmend sind. Da ein *so* schwacher Freiheitsbegriff aber kaum angemessen sein dürfte, kann diese Möglichkeit außer Betracht bleiben. Daß *dispositionelle* Explikationen nicht unter Modell I fallen, war schon früher (Anm.52) hervorgehoben worden.

[241] Für ein Beispiel aus der neueren Literatur vgl. Jonas 1984, Kap.3, S.143f.

[242] Oder könnte man, um den Regreß zu vermeiden, das Konzept auf "frei" auszuführende, dispositionell verfestigte *Überlegungen* einschränken, die den als "willentlich" zu qualifizierenden Verrichtungen vorausgehen oder unter bestimmten (dispositionell integrierbaren) Bedingungen vorausgehen würden? Nein. Denn abgesehen davon, daß manche Formen des *unüberlegten* Wollens und Willenshandelns damit nicht zu erfassen wären, geriete man wieder in einen Regreß, da praktische Überlegungen selbst von Willenszuständen *ausgehen*, zu solchen *führen* und (partiell, S.165 Anm.232) willentlich *durchgeführt* werden.

[243] Ausnahmen bestätigen die Regel. Manche Autoren z.B. halten die *bloße* Tatsache der Verursachung durch *interne, programmierende* Zustände für kriteriell. Doch es ist leicht zu zeigen, daß diese für sich, ohne dispositionelle und intentionale Zusatzkriterien, weder eine notwendige noch eine hinreichende Bedingung für Ziel- oder Zweckgerichtetheit abgeben (vgl. Mackie 1974,294; Nagel 1977,283-285; Rosenberg 1982,82).
Irreführend wirkt hier z.T. die schillernde Rede von der internen *"Repräsentation"* des Ziels und der internen *"Registrierung"* (Bennett 1976,47ff.) der notwendigen Schritte zu ihm. Eine ballistische Rakete, die eine Landkarte des Zielgebiets in ihrem Rechner gespeichert hat und in Abstimmung damit und den aktuellen Daten, die sie beim Anflug aus der Umgebung erhält, die nötigen Kurskorrekturen vornimmt, kann den Eindruck erwekken, als "strebe" sie, weil sie entsprechend programmiert ist, ein bestimmtes Ergebnis an. Doch das ist in mehrerer Hinsicht verfehlt. Zunächst muß man sich vor der Versuchung hüten, *intentionale* Zustände in die Rakete hineinzuprojizieren oder ihr Verhalten in *Analogie* zu intentionalem Handeln zu deuten (vgl. S.180f.), denn solche Interpretationen sind durch die Phänomene nicht abgedeckt und widersprechen dem nichtintentional-teleologischen Ansatz. Auch davon unabhängig aber erweist sich die obige Deutung als kurzschlüssig. Erstens nämlich haben wir es nicht *nur* mit einer nichtdispositionellen, internen Ursache (sc. der gespeicherten Karte) zu tun, die das Geschehen bestimmt, sondern *auch* und entscheidend mit einer Disposition, die das Ergebnis adaptiv sicherstellt (vgl. dazu S.178ff.). Zweitens stellt auch die "Zielrepräsentation" der Rakete, wenn sie nichtintentional aufgefaßt wird (vgl. Anm.250), nicht mehr als eine komplexere Variante dessen dar, was beim Kühlschrank, dem niemand "Zielstrebigkeit" unterstellen wird, die Temperatureinstellung bedeutet, sc. einen konstanten, nichtteleologischen physischen Zustand, der neben anderen konstanten und variablen Bedingungen als Dispositionsauslöser fungiert. Und drittens und vor allem ist die Rakete als solche natürlich nur ein technischer Apparat, der (wie ein einfaches Messer oder ein Ball) die "Ziel-" oder "Zweckgerichtetheit", die ihm zukommt, lediglich daraus bezieht, daß Menschen ihn mit entsprechenden Absichten als "Mittel" einsetzen.

[244] Vgl. z.B. Thomas SG III, 2,3; 3,3; Russell 1921, 32.38.61ff.; Rosenblueth et al. 1943, 18; Rosenblueth/Wiener 1950,319 und kritisch Woodfield 1976,40f.

[245] Vgl. Skinner 1953,87ff.; Mackie 1973, 277ff.; Woodfield 1976, 135ff.; Nagel 1977, 296ff.; Sorabji 1980,160ff.281f.; Ringen 1985. - Die Tatsache, daß ein einzelner Organismus oder eine Gattung Eigenschaften entwickelt oder erlernt hat, die ihre Lebenserhaltung sichern, ist (intentionale Erklärungen beiseite gesetzt) natürlich nicht deshalb eingetreten, weil sie zu diesem Ergebnis führt, sondern weil sie durch antezedierende Umstände hervorgerufen oder zufällig realisiert wurde. Wäre dies nicht geschehen, hätte der Organismus eben nicht überlebt - genausowenig wie es (z.B.) ohne Sonneneinstrahlung nicht zur Erwärmung und ohne Witterungseinflüsse nicht zum Verwittern eines Felsens gekommen wäre.

[246] Literaturberichte und kritische Diskussionen zum Thema bieten Stegmüller 1969, Kap. VIII; Rosenberg 1982 und vor allem Woodfield 1976.

[247] Die Begründung für diese These, die einer ausführlicheren Erörterung bedürfte, muß einer anderen Gelegenheit vorbehalten bleiben. Zur Sache vgl. vor allem Braithwaite 1953, 328ff.; Nagel 1961, ch.2; Woodfield 1976, pts. II und IV.

[248] Die Evolutionstheorie in ihrer klassischen (Darwinistischen) Form *enthält* eine Existenzerklärung für die in Frage stehenden Fakten, allerdings *keine* teleologische, sondern nur eine gewöhnliche Kausalerklärung dafür, warum gewisse Lebewesen *mit* ihren besonderen organischen oder behavioralen Eigenschaften unter den faktisch eingetretenen Umständen überlebt haben, andere nicht (vgl. Anm.245). Die teleologische Signifikanz einer bestehenden, flexiblen Disponiertheit zum Leben oder zum "guten Leben" wird - auf der Stufe der Gattungen ebenso wie der Individuen - durch die entsprechende Disponiertheit zum Tode konterkariert und würde, selbst wenn die letztere nicht bestünde oder infolge mangelnder "Güte" ausschiede, keinen Beweis dafür liefern, daß sie *wegen* des (guten) Lebens besteht. Daß wir, natürlicherweise, *geneigt* sind, das Faktum des Lebens und der Lebenserhaltung für "unbedingt gut" zu *halten* und als "Naturzweck" oder inhärentes "Interesse der Natur" zu *interpretieren* (vgl. z.B. Jonas 1984,84ff.146ff.153ff.), ändert an diesem Tatbestand nichts. Der Fehler des teleologischen Gottesbeweises liegt eben nicht erst beim Schluß von der "Zweckhaftigkeit" und "Wohlgeordnetheit" der Natur auf Gott als intentional handelnden Urheber, sondern (vom Kriterium der "Güte" selbst abgesehen) bereits beim Schritt vom Faktum bestimmter, als "gut" bewerteter, homöostatischer bzw. äquifinaler Prozesse zu deren existenzerklärender teleologischer Charakterisierung (vgl. auch Kenny 1969,118).

[249] Vgl. z.B. A.Smith: Moral Sentiments II,3; Kant: KU, AA V, 180f.193.360.363f.370. 383f.; Ducasse 1925; R.Taylor 1966, ch.15; Mackie 1973, 285ff.; Woodfield 1976, 26ff. 164ff.201ff.

[250] *Nichtoptativische* intentionale Zustände, zukunftsbezogene Lust- oder Unlusterwartungen vor allem, die als konstante Auslösebedingungen für entsprechende (resultatskonvergente) Dispositionen fungieren, können die Lücke für sich nicht schließen. Wir haben es dann zwar nicht nur mit einem nichtintentionalen Analogon (vgl. Anm.243), sondern mit einer echten Vorstellung von etwas zu tun, das durch dispositionell fundierte Verrichtungen herbeigeführt bzw. vermieden werden kann. Aber die Aussage, daß es ein *Ziel* ist, *um*

dessentwillen jene Verrichtungen, wenn sie auftreten, ausgeführt werden, bleibt solange unbegründet, als nicht der optativische Anspruch hinzukommt, daß das, was als lust- oder unlustbringend vorgestellt wird, "wirklich" bzw. "nicht wirklich" *werden soll* (vgl. S.169).

[251] Manche Autoren haben nichtintentionale Kriterien wie die erörterten zur Explikation intentionaler Zustände heranziehen wollen, am differenziertesten und theoretisch reflektiertesten (nach meiner Kenntnis) Bennett 1976, ch.2-4. Daß diese Idee zum Scheitern verurteilt ist, ist nach den Ergebnissen von Kap. IV,3 klar. Bennetts Kriterien der "Lernfähigkeit" und "Neugier" ("educability" und "inquisitiveness", vgl. § 25-27), die den Schritt vom nichtintentionalen "Registrieren" gewisser Fakten, einschließlich instrumenteller, zum intentionalem "Glauben" und damit auch (§ 28) zum "Intendieren" instrumentell herbeizuführender Sachverhalte gewährleisten sollen, sind dafür ganz und gar ungeeignet, selbst wenn wir annehmen könnten, daß alle Wesen, die zur assertorischen und optativischen Stellungnahme fähig sind, sie in der geforderten Weise erfüllen. Es gelingt Bennett aber noch nicht einmal, den essentiell teleologischen Charakter der fundierenden, instrumentellen Zusammenhänge selbst unter Beweis zu stellen. Der Anspruch, die von ihm (in Erweiterung des Ansatzes von Ch.Taylor 1964, ch.I) spezifizierten "teleologischen Gesetze" ermöglichten eine Ereignis-Erklärung, die insofern wahrhaft teleologisch sei, "in that it refers non-idly to a time later than that of the event being explained" (p.41), wird nur verbal erhoben, aber nicht konzeptionell eingelöst. Denn der Eintritt der vermeintlich "zielgerichteten" Verrichtungen wird *nur* durch das *vorausliegende* Bestehen der gesetzesartigen Dispositionen in Verbindung mit relevanten Auslösebedingungen erklärt, *nicht* durch die später gelegenen vermeintlichen "Ziele", wie die einschlägigen Formeln bei Bennett selbst demonstrieren (vgl. p.40.47 u.a.). Es gibt eben, jenseits des Gedankens der "Rückwärtskausalität", keine Möglichkeit, teleologische Existenzerklärungen zu geben, ohne auf die Abhängigkeit des Erklärten von relevanten intentionalen Zuständen zurückzugreifen.

[252] Man lese zur Illustration einmal folgende bekannte Novellenpassage im Hinblick darauf, was die beschriebene Person (Mörikes Mozart) mit Willen tut und was nicht: "Das Ohr behaglich dem Geplätscher des Wassers hingegeben, das Aug auf einen Pomeranzenbaum von mittlerer Größe geheftet [..], ward unser Freund durch diese Anschauung des Südens alsbald auf eine liebliche Erscheinung aus seiner Knabenzeit geführt. Nachdenklich lächelnd reicht er hinüber nach der nächsten Frucht, als wie um ihre herrliche Ründe, ihre saftige Kühle in hohler Hand zu fühlen. Ganz im Zusammenhang mit jener Jugendszene aber, die wieder vor ihm aufgetaucht, stand eine längst verwischte musikalische Reminiszenz, auf deren unbestimmter Spur er sich ein Weilchen träumerisch erging. Jetzt glänzen seine Blicke, sie irren da und dort umher, er ist von einem Gedanken ergriffen, den er sogleich eifrig verfolgt. Zerstreut hat er zum zweitenmal die Pomeranze angefaßt, sie geht vom Zweige los und bleibt ihm in der Hand. Er sieht und sieht es nicht; ja so weit geht die künstlerische Geistesabwesenheit, daß er, die duftige Frucht beständig unter der Nase hin und her wirbelnd und bald den Anfang, bald die Mitte einer Weise unhörbar zwischen den Lippen bewegend, zuletzt instinktmäßig ein emailliertes Etui aus der Seitentasche des Rocks hervorbringt, ein kleines Messer mit silbernem Heft daraus nimmt und die gelbe kugelige Masse von oben nach unten langsam durchschneidet. Es mochte ihn dabei entfernt ein dunkles Durstgefühl geleitet haben, jedoch begnügten sich die angeregten Sinne mit Einatmung des köstlichen Geruchs. Er starrt minutenlang die beiden innren Flächen an, fügt sie sachte wieder zusammen, ganz sachte, trennt und vereinigt sie wieder. - Da hört er Tritte in der Nähe, er erschrickt, und das Bewußtsein, wo er ist, was er getan, stellt

sich urplötzlich bei ihm ein. Schon im Begriff, die Pomeranze zu verbergen, hält er doch gleich damit inne, sei es aus Stolz, sei's weil es zu spät dazu war."

253 So etwa Aristoteles: NE 1110b18-24. 1111a19f. (vgl. Anm.38); Wittgenstein: Werkausgabe (1984) I, 468.471f.; VII,269f.; Anscombe 1957,89f.; Hampshire 1959,95ff. bes. 101.105.131f.; Kenny 1975,22; Frankfurt 1978, 157f.161).

254 So Reid: Act.Pow. III,1,1; 3,1; Moore 1912, 6; Wittgenstein: Werkausgabe (1984) VII, 143.156; Ryle 1949,87ff.; Armstrong 1968,169f.; Kenny 1975,53.58. - Zu den hier angesprochenen Begriffen der "Handlungs-" und "Willensfreiheit" vgl. unten S.215 Anm. 271 und S.228 Anm.283.

255 Selbst unter der extravaganten Annahme eines bestehenden "rückwärtskausalen" Einflusses auf sie würden sie, da ihr Auftreten als solches feststeht, allenfalls durch das hinzutretende spätere Wollen kausal *überdeterminiert*, nicht aber kausal durch es *hervorgerufen*; sie träten *willensgemäß* auf, nicht *willensabhängig*. Auf die Bedeutung dieses Unterschieds und der relevanten Kausalverhältnisse für die Rede von "willentlichen Verrichtungen" im allgemeinen werde ich noch zurückkommen (S.205ff.,215f.).

256 Deutlich geworden ist das bereits für das Glauben oder Behaupten (S.97f. Anm.163 und 167), das Überlegen (S.165 Anm.232), sowie für verschiedene andere mentale Verrichtungen (S.13f.,45f.). Für Erscheinungen des höherstufigen Wünschens und Wollens, die in der philosophischen Literatur öfter negiert worden sind (vgl. Anm.8 und 28), siehe unten S.221f. Anm.280 und S.228 Anm.283. Daß das laute Sprechen, im Gegensatz zum stillen, zum großen Teil "mit Willen" erfolgt, wird man ebenfalls kaum bestreiten können. Doch zeigt das Phänomen der "allmählichen Verfertigung der Gedanken beim Reden", daß das simple Modell einer willensbestimmten Verbalisierung des im stillen Vorbereiteten mit Sicherheit unangemessen wäre, jedenfalls für die weit überwiegende Mehrzahl der Fälle. Vielmehr dürfte die "Willentlichkeit" des äußeren Sprachgebrauchs zumeist auf implizite und indirekte Willensbeteiligung zurückzuführen sein, wie sie im folgenden Abschnitt erörtert wird.

257 D.h. auf der jeweils *obersten*, *weder* direkt *noch* indirekt oder implizit (Abschnitt 7) willensbestimmten Stufe des Wollens, *vorausgesetzt* daß die "Willentlichkeit" von Verrichtungen *nur* im Rekurs auf fundierende Ereignisse des "Wollens" sicherzustellen ist (Modell II). Dann eben geriete man, würde man am Verständnis des Wollens als "willentlicher Verrichtung" festhalten, in jenen Regreß, den Kritiker der Rede von "Willensakten" oder "Willensereignissen" überhaupt diagnostiziert haben (vgl. S.52-54 Anm.77 und S.77f. Anm.126). *Daß* der Rekurs auf Willensereignisse unumgänglich ist, wurde bereits gezeigt. Und daß dies *auch* auf die (sinnvolle, Anm.256) Rede von einer "Willentlichkeit des Wollens" zutrifft, soll, soweit es nicht unmittelbar einsichtig ist, durch die weiteren Untersuchungen plausibel gemacht werden.

258 Die gegenteilige Annahme wäre ebenso kurzschlüssig wie die oben zurückgewiesenen Willentlichkeitserklärungen auf der Basis der prinzipiellen "Zurechnungsfähigkeit" des Handelnden (S.194) oder Verhinderbarkeit der Handlung vor ihrem Eintritt (S.191f.). Der *Besitz* einer Fähigkeit zu einem bestimmten Zeitpunkt beweist eben nicht, daß sie zu diesem Zeitpunkt *angewandt* wird. Implizit oder indirekt *kann* sie zwar auch als nichtaktualisierte Einfluß auf eine Verrichtung haben, die manifest nicht von ihr bestimmt zu sein

scheint, insbesondere dann, wenn es sich um eine dispositionelle Fähigkeit mit nichtdispositioneller Basis handelt (vgl. Anm.49). *Ob* es jedoch der Fall ist, läßt sich ohne weiteres nicht sagen, sondern verlangt die genauere Überprüfung des Einzelfalls. Der Punkt ist so offenkundig, daß er kaum der Erwähnung bedürfte, wäre nicht in der Literatur wiederholt der Gedanke aufgetaucht, Verrichtungen *allein* im Hinblick auf die bestehende, unter bestimmten (situativ nicht gegebenen) Bedingungen aktualisierte *Fähigkeit* zur bewußten, intentionalen Ausführung von Verrichtungen gleichen Typs als "willentlich" oder "intentional" auszuweisen (vgl. z.B. Anscombe 1957,84; Goldman 1970,73f.; v.Wright 1980, 13-17).

[259] Die Willensstruktur kann dabei sehr verschieden aussehen. In einem denkbaren Grenzfall, der beim Erlernen gegeben sein mag, werden *alle* Teilverrichtungen bzw. *alle* Glieder einer folgekomplexen Verrichtung bewußt gewollt. Jeder Teilanschlag eines Trillers auf dem Klavier z.B. wird für sich willentlich ausgeführt, jeder Dominostein in einer Reihe, der durch Anstoß des ersten zu Fall gebracht werden soll, gesondert ins Auge gefaßt. In der weit überwiegenden Mehrzahl der Fälle aber bezieht das bewußte Wollen sich lediglich auf einen *Teil* des Gesamtkomplexes.

Routine und Habituierung können etwa, im anderen denkbaren Grenzfall, zur Folge haben, daß die Struktur des Komplexes aus dem Bewußtsein *verschwindet* und die Verrichtung nur noch als *qualitativ* identifiziertes Schema gewollt wird. Der Klavierspieler "trillert" dann einfach, der Spieler mit Dominosteinen "bringt Reihen zu Fall". Bei einfachen Zweckhandlungen werden nur der *Zweck* und das *primäre Mittel* gewollt, nicht die vermittelnden Zwischenglieder. Diese können sogar, wie beim Anschalten eines Computers oder beim Überweisen von Geld, dem willentlich Handelnden vollständig unbekannt sein. In anderen Fällen wird nur das *erste Glied* einer Kette von Folgen oder einer Verhaltenssequenz (bewußt) mit Willen ausgeführt, während der Rest, erwartungsgemäß oder routinebedingt, automatisch vonstatten geht, ohne daß sich der Handelnde darüber große Gedanken macht. In wieder anderen Fällen richtet sich das bewußte Wollen nur auf das *Resultat*, während die Mittel bzw. die konstituierenden Teilverrichtungen insgesamt "intentional übersprungen" werden. Das gilt nicht nur für *lernabhängige* komplexe Handlungen, wie das Schneiden mit einer Schere oder das Schalten beim Autofahren, sondern auch für beliebige *angeborene* Verhaltensschemata, die (als "Basishandlungen", Anm.9) willentlich ausgeführt werden können, obwohl ihre physiologischen Antezedentien, die kausal (S.211f.) zwischen Wollen und Tun vermitteln, als solche weder bekannt noch gewollt sind. Auf die handlungstheoretischen Probleme, die dieser Fall und die Diversifizierung der Willensstruktur im ganzen aufwirft, kann ich hier nicht näher eingehen.

All dies gilt freilich nur, *soweit* die Annahme bestehender impliziter oder indirekter Willensbeteiligung *sinnvoll* ist (vgl. dazu den nächsten Absatz). Natürlich können nicht *alle* faktischen Akzidentien einer komplexen Handlung nur deshalb, *weil* sie partiell von bewußtem Wollen getragen ist, als "willentlich ausgeführt" gelten. Die Kriterien des *Wissens* um die Folgenstruktur oder die fraglichen Teilverrichtungen und der epistemisch vermittelten *Willensbildung* (vgl. Anm.225-226) werden nicht außer Kraft gesetzt, sondern nur modifiziert. Beim routinierten Schuhebinden z.B. können die konstituierenden Teilverrichtungen "implizit mitgewollt" sein, ohne daß man dies auch für die exakten Fingerhaltungen oder den Faserabrieb der Bänder annehmen müßte. Abgrenzungsprobleme, die in der Anwendung auf konkrete Erscheinungen natürlich nicht auszuschließen sind, heben die Unterscheidung als solche nicht auf.

[260] Das Kriterium der *möglichen* Rückgängigmachung habituierter Schemata durch bewußte, willentliche Selbsterziehung entspricht den Kriterien der prinzipiellen willentlichen Verhinderbarkeit und der bloßen Fähigkeit zur willensgemäßen Ausführung (S.191f., S.196 Anm.258) und scheidet aus ähnlichen Gründen wie diese als Beweis für die implizite Willensbeteiligung aus. Allenfalls kann es verstärkend zum Kriterium der *faktisch* willensabhängigen Habituierung hinzutreten. Der Gedanke, daß beide kriteriell sind, ist deshalb vorzüglich im Zusammenhang mit Gewohnheiten und Routinehandlungen vertreten worden, die ursprünglich intentional waren, später dagegen ohne bewußtes Wollen oder gänzlich unbewußt ausgeführt werden. Beispiele für unterschiedlich akzentuierte Kriterien dieses Typs, die z.T. nur auf den allgemeinen Handlungscharakter und die Willentlichkeit der Verrichtung abstellen, teilweise aber auch von einem (lernbedingt anhaltenden) Einfluß unbewußter Motive und Willenszustände sprechen, bieten u.a. Hobbes: Works, ed. Molesworth IV,80f.; Wolff: Dt.Metaphysik §§ 499-501; Fechner 1848,11; Sidgwick: Methods, 7.Aufl.,63; Wittgenstein: Werkausgabe (1984) VII,269f.; Hempel 1965,483f.; Gehlen 1975, 25f.; Gert/Duggan 1979, 208; Düker 1983, 15f.91ff.

Das Faktum der willensgetragenen, prinzipiell reversiblen Habituierung *wäre* dann zweifellos hinreichend, um die "Willentlichkeit" routinierter oder gewohnheitsmäßiger Verrichtungen, die nicht von bewußtem Wollen getragen sind, unter Beweis zu stellen, *wenn* feststünde, daß die betreffende Person den anhaltenden (dispositionellen und unbewußten, doch phasenweise bewußten) Willen hat, *daß* die Habituierung dauert. *Ohne* diese Zusatzprämisse aber sind Willentlichkeitserklärungen auf der genannten Basis *kaum* zu begründen. Man könnte allenfalls darauf abstellen, daß wir es hier, formal betrachtet, mit einem Spezialfall bestehender "Willentlichkeit ex ante" zu tun haben (vgl. dazu S.198-200), der sich von anderen nur durch die wesentlich größere Indirektheit des antezedenten Willenseinflusses unterscheidet. Möglich ist diese Deutung gewiß und plausibel vor allem dann, wenn der Prozeß der willensabhängigen Habituierung nicht allzu lange zurückliegt. Doch es ist klar, daß sie ohne weitere Spezifizierungen unsicher bleibt und daß es ohne die erwähnte Zusatzprämisse unmöglich sein dürfte, indirekt "willentliche" Routine- oder Gewohnheitshandlungen von "unwillkürlichen", automatisch oder reflexhaft ausgeführten Verrichtungen dieses Typs sicher zu unterscheiden.

[261] Wer eine *größere* Anzahl der Mittelglieder bzw. der konstituierenden Teilverrichtungen einer komplexen Verrichtung, die er willentlich ausführt, überblickt als die *derjenigen* Teile, die *Gegenstand* seines bewußten Wollens sind (Anm.259), hat zweifellos beste *Gründe*, auch die verbleibenden Teile der "konkreten Option" bzw. des Verrichtungskomplexes, die er verwirklicht, ebenfalls zum Gegenstand seiner optativischen Stellungnahme zu machen (vgl. S.15f. Anm.13-14, S.60 Anm.105, S.154f. Anm.225). Wenn er *"rational"* in einem Sinne ist, der die Dispositionertheit zur epistemisch vermittelten Willensbildung einschließt, *wird* er den Schritt vollziehen, sobald die Dispositionsbedingungen erfüllt sind. Und unter der Annahme, daß Menschen "normal rational" (S.146f.) in dieser Hinsicht sind, kann man deshalb mit Grund davon sprechen, daß auch die aktuell nicht bewußt gewollten Teile einer komplexen Verrichtung "implizit mitgewollt" sind. Doch es bleibt ein Schritt, der erst *vollzogen* werden muß und nicht unter *allen* Umständen, aktuell *oder* potentiell, vollzogen wird. Folglich vermag die *bloße* Tatsache der Bewußtheit eines bestimmten Teils die "implizite Willensbeteiligung" ihm gegenüber nicht zu begründen.

[262] Die erste Bedingung ist wesentlich, um vom *Bestehen* eines einschlägigen "unbewußten Wollens" zum fraglichen Zeitpunkt reden zu können (Anm.183), die zweite, um seine *Beteiligung* an der Verrichtung sicherzustellen. Beide sind problematisch und führen dazu,

daß konkrete Willentlichkeitserklärungen auf dieser Basis oft genug ungewiß oder rein hypothetisch ausfallen. Die Schwierigkeit bei der zweiten Bedingung ergibt sich daraus, daß die Disposition (ex hypothesi) nicht aktualisiert ist. Auch wenn wir sicher sind, daß sie besteht, können wir solange, als dieses Wollen dem Handelnden *nicht* bewußt ist und nicht *als* Grund seines Handelns betrachtet wird, schwerlich darüber entscheiden, ob wir zu der Annahme berechtigt sind, daß es (in welchem Maße?) *direkt* an der Verrichtung beteiligt ist, oder ob wir nicht deshalb, *weil* es nicht aktualisiert ist, annehmen sollten, daß sie durch andere Faktoren bestimmt wird. *Später* auftretende, selbstreflexiv oder durch Fragen hervorgerufene, bewußte Willenszustände können die Lücke nicht schließen, da hier der Verdacht bloßer "Willentlichkeit ex post" (S.191) besteht. Ähnliches gilt für *frühere* Willenszustände, soweit diese nicht bereits, unabhängig vom anhaltenden unbewußten Wollen, "Willentlichkeit ex ante" begründen (vgl. S.196 Anm.258, Anm.260). Entscheidend ist vielmehr, daß die Verrichtung *bei* ihrem Eintreten tatsächlich durch die bestehende, nichtaktualisierte Willensdisposition motiviert ist.

[263] Entscheidend für diese Alternativen ist die kausale Irrelevanz des Wollens. Sollte es (was ich hier offen lassen möchte, vgl. Anm.7 und S.211f.) tatsächlich möglich sein, mentale Ereignisse *aufgrund* ihres Bewirktseins durch oder bloß faktischen Korreliertseins mit relevanten neuralen Ereignissen (oder Klassen von solchen) theoretisch auf diese zu *reduzieren*, könnte sich *nach* vollzogener Reduktion ergeben, daß der Zusammenhang zwischen Wollen und Verrichtung, der zunächst abweichend erschien, doch der gewöhnliche ereigniskausale ist. Epiphänomenalistische oder okkasionalistische Deutungen aber sind möglich und verdeutlichen den in Frage stehenden Punkt, sc. die prinzipielle Unabhängigkeit unserer Modelle IIa und IIb (S.41f.) vom traditionellen ereigniskausalen Konzept.

[264] Hinweise auf diesen schwachen Sinn von 'Motiv' und 'Motivieren' sind in der philosophischen Literatur, insbesondere der "rationalistisch" geprägten, öfter zu finden. Leibniz' bekannte Unterscheidung zwischen "Nezessitation" und bloßer "Inklination" durch Motive (Theod. § 43ff., § 132, Anh.Einw.III; An Clarke V,7ff. u.a.) wird nicht selten in einem ähnlichen Sinne verstanden (z.B. Schopenhauer: Freiheit d. Willens, Abschn.II; Gomperz 1907,38f.; Chisholm 1966,25ff.), bleibt jedoch textlich und sachlich zweifelhaft (vgl. auch Wilson 1966,413ff.), da die "Inklination" nicht im Widerspruch zu einem kausaldeterministischen, "hypothetisch notwendigen" Universum stehen soll. Zweifelsfrei einschlägig dagegen sind Reids Erklärungen zum "ratenden" oder "plädierenden" Charakter von Motiven (Act.Powers IV,4).

[265] Diese Ergänzung ist wesentlich, denn nicht alle hinreichenden Bedingungsverhältnisse garantieren die Einflußnahme. Tonscherben etwa können hinreichend sein, um die Existenz prähistorischer Menschen unter Beweis zu stellen, beeinflussen sie aber nicht.

[266] Der Gedanke, daß die "Ursache" die "Wirkung" *hervorbringt*, d.h. daß sie unter den gegebenen Umständen *hinreicht*, um etwas, das *nicht* ist, "ins Sein treten" zu lassen, bildet den begrifflichen Kern aller kausalen Redeformen. Er ist das Bindeglied zwischen "Ereigniskausalität" und "Täterkausalität" im prägnanten Sinn (vgl. S.27f.). Und er ist es nach meiner Überzeugung auch, der sich, innerhalb des ereigniskausalen Ansatzes, hinter der Rede von der "kausalen Kraft", "kausalen Notwendigkeit" oder von einer "Richtung der Kausalität" verbirgt, sowie hinter allen nichthumeanischen (singularistischen, manipulationstheoretischen u.a.) Kausalitätskriterien, die nach Ansicht ihrer Autoren durch die klassische Trias Humes (Regularität, Sukzession, Kontiguität) nicht angemessen erfaßt werden.

Ich denke, daß sie damit *im Grundsatz* Recht haben und daß die gewöhnliche Kausalrede (begrifflich, nicht epistemisch betrachtet) einen *metaphysischen* Kern enthält, der sich nicht empiristisch oder verifikationistisch auflösen läßt. Auf die tieferen Gründe für diese Auffassung und ihre Probleme kann ich hier nicht eingehen. Sie mag daher zweifelhaft bleiben. Ich unterstelle jedoch, daß *jede* Explikation des Kausalbegriffs ihre Adäquanz daran messen lassen muß, inwieweit sie fähig ist, dem Gedanken der "kausalen Hervorbringung" Rechnung zu tragen. Mehr ist für mein Argument nicht erforderlich.

[267] Die Schwierigkeit einer physiologistischen Reduktion des Überlegens liegt nur zum Teil beim *Leib-Seele-Problem* im allgemeinen und bei der *Spezifizierung* der hypothetisch in Anschlag gebrachten neuralen Ereignisse (vgl. Anm.7, S.46f., S.211f. Anm.268). Sie liegt auch bei der vorgeordneten Frage nach der *deskriptiven* Angemessenheit des Modells, das den Reduktionsschritt ermöglicht. Diese betrifft den *kausalen* Verlauf und die *dispositionelle* Verfestigung (S.100f.) ebenso wie die Möglichkeit, den *normativen* Aspekten des Überlegens reduktiv Rechnung zu tragen. Hier vor allem bestehen Probleme.

Überlegungsprozesse, die sich prinzipiell kausal darstellen lassen, bleiben normalerweise auch dann, wenn sie "irrational" oder "rational automatisch" verlaufen, an Kriterien der "Richtigkeit" orientiert, die nicht *durch* den Verlauf des Prozesses und sein Ergebnis definiert sind, sondern *an* ihn herangetragen werden (vgl. S.104f.,221f.). Führt ein Computer etwa, der Überlegungsprozesse bislang korrekt simuliert hat, plötzlich zu inkorrekten Ergebnissen, wird man (wenn epistemische Vorbehalte gegenüber den eigenen Inkorrektheitserklärungen ausscheiden) dies selbstverständlich auf einen Defekt in der elektronischen Steuerung oder, gegebenenfalls, im Programm zurückführen, nicht aber darauf, daß die zugrundegelegten Richtigkeitsmaßstäbe falsch sind oder daß der Computer (jetzt oder eigentlich immer schon) "anderen Standards folgt". Umgekehrt bleibt ein korrektes Ergebnis auch dann korrekt, wenn es absolut zufällig oder bedingt durch Fehlschritte zustandekam, die sich faktisch selbst kompensieren. Das physiologistische Reduktionsprogramm muß daher, wenn es der Orientierung menschlicher Überlegungen an Richtigkeitsmaßstäben Genüge tun will, den theoretischen Anspruch einschließen, daß diese *letztlich* auf die *faktische* Wirksamkeit von allgemeinsten, übergeordneten Steuerungsprinzipien reduziert werden kann. Dabei gibt es offenkundige Reflexivitätsprobleme, die den Verdacht aufkommen lassen, daß Ansprüche dieser Art *prinzipiell* uneinlösbar sind. Ob er berechtigt ist, lasse ich hier dahingestellt. Klar ist in jedem Fall, daß das Projekt bis auf weiteres "science fiction" ist und daher keine Begründung für ein kausalistisches Verständnis von Überlegungsprozessen liefert.

[268] Der Cartesianische Dualismus (Anm.7) mag reduktiv überwindbar sein. Doch wenn er es ist, so gewiß nicht mit Hilfe normaler *innerphysischer* Reduktionsformen ("Wasser ist H_2O" etc.). Kein physikalistischer Monist sollte jedenfalls auf den Gedanken verfallen, *vor* der vollzogenen Reduktion auf die raumzeitliche Identität des *Trägers* korrelierter mentaler und physischer Ereignisse zu rekurrieren oder die Gleichsetzung beider sogar *ausschließlich* mit faktischen Korrelationen zu begründen.

[269] In der analytischen Handlungstheorie haben *deviante* Kausalzusammenhänge eine wichtige Rolle gespielt, denen als Einwand gegen ein schlichtes, unqualifiziertes Kausalmodell des Willenshandelns z.T. eine ähnlich grundsätzliche Bedeutung beigelegt wurde wie dem Gettier-Einwand gegen die traditionelle Definition des Wissens als begründetes wahres Glauben. Ingeniöse Beispiele wurden konstruiert, um den Punkt zu verdeutlichen (vgl. z.B. Chisholm 1964b,616; R.Taylor 1966,249f; Davidson 1973,78f.; Woodfield 1976,173f.).

Dieser hätte es nicht unbedingt bedurft, denn es ist klar, daß *jede* Rede davon, daß ein Ereignis "die Ursache" eines anderen darstellt, *relativ* ist auf relevante Restbedingungen und daß *kontingente* Bedingungen, wie sie für deviante Verläufe charakteristisch sind, die gewöhnliche Fokussierung auf eine bestimmte "Ursache" aufheben können. Jede Handlungstheorie, die bestimmte Geschehnisse als "willentlich herbeigeführte" auszeichnen will, hat dieser Tatsache Rechnung zu tragen. Ebenso wichtig ist die Frage, inwieweit die Folgen des betreffenden Wollens *vorausgesehen* wurden oder *voraussehbar* waren, was bei kontribuierenden kontingenten Restbedingungen gleichfalls nicht immer gegeben ist. An der Möglichkeit einer kausalen Rückführung von Handlungsfolgen aufs Wollen ändert das nichts, wie gleich noch verdeutlicht werden soll. Man muß sich nur von der Vorstellung freimachen, daß das Devianzproblem durch ein *einziges* Zusatzkriterium, das zum Kriterium der faktischen Mitbestimmtheit durchs Wollen hinzutritt, gelöst werden kann und daß die Lösung überall *gleich* ausfällt.

[270] Vgl. vor allem die materialreiche, differenzierte Erörterung bei Hart/Honoré 1959.

[271] Dies entspricht der klassischen Definition, die auf Augustin zurückgeht (vgl. De lib. arb. III,3,7) und von den meisten Philosophen der Neuzeit vertreten wird. Sie bindet das "freie" Handeln an die (offene oder kontrafaktische) *Möglichkeit*, es bei gegenteiligem Wollen oder Willensindifferenz, unter ansonsten identischen Restbedingungen, *nicht* zu tun. Folglich ist es nach dieser Auffassung bis zum Eintritt des faktisch handlungsbestimmenden Wollens oder Nichtwollens *willensabhängig verhinderbar* (vgl. auch S.190-192, 208). Manche Philosophen (z.B. Davidson 1973,74f.) möchten sich mit der faktischen *Willensbestimmtheit* oder bloßen *Willenseinstimmung* begnügen. Doch es ist klar, daß ein so schwacher Freiheitsbegriff für die Zurechnung der betreffenden Handlungen nicht genügt (vgl. Anm.273) und daß hier von "Freiheit" eigentlich auch nur im Hinblick darauf die Rede sein kann, daß die Möglichkeit vorausgesetzt wird, *alternativ* zwischen Wollen und Nichtwollen zu wählen, etwa in Abhängigkeit von einem entsprechenden *höherstufigen* Wollen (vgl. S.221f. Anm.280, S.228).

[272] Auch *Mittäterschaft*, wie sie beim sozialen Handeln auftritt (vgl. S.19f.), scheidet im Falle von Überdetermination aus, da der einzelne hier, anders etwa als in seiner Funktion als Mitträger schwerer Lasten oder als Mitglied eines Streichquartetts, *keinen* "entscheidenden Anteil" am Zustandekommen der Verrichtung im ganzen hat.

[273] Besonders deutlich ist das, wenn das Wollen im *Wissen* darum *gebildet* wurde, daß das (nunmehr) Gewollte ohnehin willensabhängig nicht zu verhindern ist. Dies ist der klassische Fall der (stoischen) Willenseinstimmung ins Unvermeidliche, von der niemand behaupten wird, daß sie den Wollenden, selbst wenn er als "frei" (im stoischen Sinne) gelten könnte, zum Täter oder auch nur zum partiellen Mittäter des Geschehens macht. Es kommt hier ja nicht einmal darauf an, ob sein Wille überhaupt kausal wirksam ist oder wirkungslos nebenherläuft oder sogar dem schon Geschehenen zeitlich nachfolgt (S.191). Und *wenn* er als konkurrierender, überdeterminierender Faktor neben einem zweiten fungiert, der dem willentlich Handelnden *unbekannt* ist und seinerseits *nicht* an seiner Willensbildung beteiligt, ändert sich an der Handlungsstruktur *objektiv* nichts. Sie ist die gleiche wie bei der stoischen Willenseinstimmung. Nur aus der *subjektiven*, epistemisch beschränkten Perspektive des Wollenden kann es so scheinen, als trete seine Verrichtung willensabhängig ein und sei ihm insofern persönlich zuzurechnen.

[274] Nietzsche hat seine Kritik am Kausaleinfluß des Wollens aufs Handeln (vgl. S.32ff., Anm.39.55) verschiedentlich durch die Behauptung zu untermauern versucht, daß es ein "Subjekt" ("Ich" o.ä.) des Wollens, das als "Täter" gelten kann, ebensowenig gibt wie ein "Subjekt" des Denkens und Handelns überhaupt. Seiner Ansicht nach handelt es sich um ein fiktives Gedankengebilde, das man verabschieden muß, indem man "den *Thäter* wieder in das Thun hineinnimmt, nachdem man ihn begrifflich aus ihm herausgezogen und damit das Thun entleert hat", und sich "daran [gewöhnt], auch seitens der Logiker ohne jenes kleine 'es' (zu dem sich das ehrliche alte Ich verflüchtigt hat) auszukommen" (vgl. Werke, edd. Colli/Montinari, VIII/2,286; Jens.v.Gut u.Böse I,17). Neben dem notorischen Hinweis auf das Interesse "der Schwachen" an der persönlichen Zurechnung überhaupt (z.B. Z.Geneal.d.Moral I,13) findet sich dabei auch die philosophisch gewichtigere Begründung, daß die prädikative Struktur der Sprache und der tradierte Substanzbegriff selbst zu inadäquaten Trägerschaftsannahmen verleiten (z.B. Jens.v.v.Gut u.Böse I,16f.; III,54; Götzen-Dämm. III,5; Werke, a.a.O., VII/3,286; VIII/2,47f.55f.). Dieser Verdacht, der auch in der neueren Literatur zum Personbegriff und zum Selbstbewußtsein geäußert wurde, dürfte den Kern des Nietzscheschen Destruktionsversuchs bilden, der zugleich seine Schwäche markiert. Denn der bloße Verdacht ist natürlich noch kein Beweis, daß die Subjekt-Prädikat-Struktur und der Substanzbegriff *tatsächlich* inapplikabel sind und daß es, wenn sie es sein sollten, keine *andere* Möglichkeit gibt, den traditionellen Personbegriff theoretisch zu rekonstruieren.

[275] Die *Begriffe* der "Aktivität" und der "Urheberschaft" sind nicht an den Personbegriff gebunden (vgl. S.11f.,26-28) und das Scheitern des traditionellen Konzepts *als solches* deshalb, auch in der fraglichen Hinsicht, kein Beweis für die Unmöglichkeit jeder Zurechnung (vgl. S.35). Doch mir scheint, daß wir uns nur insofern wir "Personen" sind, als "aktive Wesen" *verstehen* können (S.23f.) und daß dieses Selbstverständnis die *einzige* Möglichkeit ist, den Begriff der "Aktivität" anzuwenden.

[276] Der Gedanke als solcher ist älter und für alle Versuche kennzeichnend, die Urheberschaftsfrage im alleinigen Rekurs auf geeignete, kausal wirksame volitionale Ereignisse zu beantworten (vgl. S.27 Anm.23). Schon Cicero (De Fato XI,23-25) hatte im Anschluß an Karneades das Wollen als hinreichende Urheberschaftsbedingung aufgefaßt, gestützt auf das simple Argument, daß es deshalb als *per se* "in unserer Macht stehend" ("in nostra potestate") gelten könne, weil das Wollen *als solches* dem Menschen "natürlich" sei, und daher auch dann, wenn es kausal determiniert sein sollte, nicht als "*extern* verursacht" zu betrachten wäre.

Erst Augustin jedoch, dem Situationen der "unnatürlichen" volitionalen Selbstentfremdung nicht fremd waren, (vgl. Anm.280), hat versucht, eine stärkere Begründung für die These vom generellen "In-unserer-Macht-Sein" des Wollens zu finden (vgl. De lib. arb. III,3,7-8; De civ. dei V,10). Ausgehend von einer Definition, die, den neuzeitlichen Begriff der "Handlungsfreiheit" (S.125f. Anm.271) antizipierend, 'x ist frei in Bezug auf p' mit 'p steht in der Macht von x' gleichsetzt und danach durch die gemeinsame Negation von 'x will p ⌃ -p' und '-x will p ⌃ p' expliziert, hat Augustin dafür argumentiert, daß beide kritischen Fälle trivialerweise ausgeschlossen seien, wenn man 'x will..' für 'p' einsetzt, da das im jeweils ersten Glied der Konjunktion affirmierte Bestehen bzw. Nichtbestehen des Wollens die Affirmation des jeweils zweiten Glieds logisch unmöglich mache. Von einem trivialen Ausschluß kann jedoch keine Rede sein (vgl. dazu auch Rowe 1964). Vielmehr hat Augustin hier, im *Gegensatz* zu jenen Passagen, in denen er die volitionale Selbstentfremdung in Rechnung stellt, die *Höherstufigkeit* der Willenssituation außer acht gelassen, auf die sein Beweis sich gründet. Nur unter der Zusatzprämisse, daß 'x will, daß (x will p)' ausnahmslos 'x will p' nach sich zieht, wäre das Argument formal schlüssig. Diese Prämisse aber, wie Augustin andernorts selbst verdeutlicht hat, ist alles andere als selbstverständlich.

Die geistesgeschichtliche Wirksamkeit des Augustinischen Fehlschlusses dürfte kaum zu überschätzen sein. Sie reicht von zahlreichen inadäquaten Versuchen zur Lösung des Theodizeeproblems auf dieser Basis (exemplarisch hierfür etwa Leibniz: AA VI/1, 542; Theod. Anh. III) bis zu neueren, ganz und gar untheologischen Versuchen, die Vereinbarkeit von Freiheit und Determiniertheit unter Beweis zu stellen (vgl. Anm.37, sowie Seebaß 1993).

[277] Der Gedanke, daß die "Stellungnahme" *zu* dem, was "der Fall sein kann oder nicht", in einer *ausgezeichneten* Weise "die unsere" ist und, radikal betrachtet, sogar die *einzige* Form, in der wir "aktiv" sind, hat alte philosophische Wurzeln. Er ist im stoischen Begriff der "Zustimmung" ebenso zu erkennen wie in Descartes' Theorie des aktiven, willensabhängigen Urteilens (Anm.167) oder in Tugendhats (1976,518f.) These von der propositionenbezogenen Ja/Nein-Stellungnahme als "Ursprung von Freiheit und Vernunft", auch wenn der Kerngedanke hier in ein behavioral-sprachliches Gewand gehüllt ist, das seine tieferen Schichten nach meiner Ansicht verdeckt (vgl. S.96-99 mit Anmerkungen, bes. Anm.162, und S.116f. Anm.193-194).

Ähnlichkeit hat die im Text zur Debatte gestellte Behauptung auch mit der früher (S.53) erwähnten These Berkeleys und Prichards, daß das Wollen die *einzige* echte Handlung ist, sie unterscheidet sich von dieser jedoch in zwei bedeutenden Hinsichten. Sie ist *weniger restriktiv*, da sie nicht beinhaltet, daß die "Aktivität" des Wollens sich nicht auf die kausal von ihm bestimmten, willensabhängigen Verrichtungen überträgt. Die Rede von "Handlungen" im geläufigen Sinn bleibt hier also, anders als bei Berkeley und Prichard, sinnvoll. *Restriktiver* dagegen ist sie insofern, als sie sich, wie gleich noch verdeutlicht werden soll, nicht auf das Wollen im ganzen bezieht, sondern nur auf den optativischen Kern, losgelöst von seinen rationalen und motivationalen Qualifikationen. Im übrigen kann die Behauptung, wenn sie begründet ist, nicht auf die *optativische* Form der Stellungnahme beschränkt werden, sondern muß auch die *assertorische* einbeziehen, auf die die angegebenen Gründe ebenso zutreffen.

[278] Vgl. dazu S.32f., S.58 Anm.93, S.82f. und S.159f., Anm.229. Angesprochen ist hier natürlich nur eine signifikante *Teilklasse*, nicht die *Gesamtheit* der Willensschwäche-Erfahrungen. Nicht alle *sind* beunruhigend für die Betroffenen und nicht alle, *die* es sind, haben diese Bedeutung, *weil* die Erfahrung der Diskrepanz zwischen optativischer Aktivität und motivationaler Passivität zugrundeliegt. Mein Argument setzt keine Verallgemeinerbarkeit voraus.

[279] Manche Philosophen (Aristoteles etwa, Anm.130) haben das zweckrationale Schließen teilweise sogar so beschrieben, als bildeten das Entstehen des Mittel-Wunsches oder das Handeln *selbst* die Conclusio, während sie eigentlich nur in der rationalen *Forderung* liegen kann, diesen Wunsch *relativ* auf den Zweck-Wunsch und den Glauben an einen bestehenden (alternativelosen) Zweck-Mittel-Zusammenhang *auszubilden* oder *neu Stellung zu* beziehen (vgl. auch Anm.172-174,225-226).

[280] Der philosophische locus classicus für das Phänomen eines Wünschens und Wollens *höherer Stufe*, sc. Buch VIII von Augustins *"Confessiones"* (vgl. speziell 5,10-12 und 8,20-10,24) kennt *beide* hier angesprochenen Fälle. Einerseits will der erregte, doch entschluß-

334

unfähige Augustin des Jahres 386 von habituierten, als schlecht und uneigentlich empfundenen Wünschen *loskommen*. Andererseits sucht er ein Wollen, das er als gut und eigentlich auffaßt, abhängig von einem darauf gerichteten höherstufigen Wollen mit Aufforderungscharakter ("voluntas imperat, ut sit voluntas") *auszubilden* bzw. so zu *verstärken*, daß es zum "vollen" ("plena"), handlungsbestimmenden Wollen wird. Der Vergleich mit einem im Halbschlaf Befindlichen, der noch nicht aufstehen will, obwohl er weiß, daß es Zeit ist, verweist dabei gleichermaßen auf bestehende *rationale* wie *motivationale* Defekte: die beschriebene "willensschwache" Person ist (noch) nicht bereit oder fähig, die vernünftigen Konsequenzen zu durchdenken oder zu ziehen, die seine Willenslage erfordert.

Die Möglichkeit der indirekten, *prospektiven* Willensbeeinflussung der *Motivationalität* vorhandener Wünsche durch Selbsterziehung und Habituierung ist seit Aristoteles philosophisches Allgemeingut. Weniger Beachtung gefunden haben Situationen der *präsenten* (bewußten) volitionalen Höherstufigkeit und die diversen Möglichkeiten der willensgetragenen Einflußnahme auf das Entstehen bzw. Vergehen von Zuständen des Wünschens und Wollens *selbst*. Auch diese aber sind Teil der menschlichen Lebenserfahrung. Seit der Geschichte von Odysseus und den Sirenen sind sie literarisch vielfältig belegt, im Bezug auf die Hervorbringung von volitionalen Zuständen erster Stufe (vgl. z.B. Mörikes Gedicht *"An Karl Mayer"*) ebenso wie auf deren Verschwinden (radikal z.B. Ippolit in Dostojewskis *"Der Idiot"* II,10). In der Philosophie war der Blick auf solche Erscheinungen lange Zeit dadurch verstellt, daß man die Rede von "Willensfreiheit" in einem Sinne, der auf die Abhängigkeit des "freien" Wollens von einem Wollen höherer Stufe eingeschränkt ist (vgl. S. 228 Anm. 283), prinzipiell ausschließen zu können glaubte (S. 29ff., Anm. 28). Insofern war Harry Frankfurts Versuch (Frankfurt 1971), die Begriffe der "Willensfreiheit" und der "Person" mit Hilfe eines Begriffs des "Wollens höherer Stufe" zu explizieren, tatsächlich eine philosophische Pioniertat, auch wenn sie, der Sache nach, eigentlich nur eine Wiederaneignung älterer Gedanken bildete und nicht systematisch und differenziert genug durchgeführt wurde, insbesondere im Hinblick auf die unzureichende Trennung Frankfurts zwischen dem optativischen Kern und den motivationalen und rationalen Qualifikationen des Wollens.

Wesentlich ist dabei nicht nur die Anerkenntnis der *Phänomene* der volitionalen Höherstufigkeit, sondern auch die Erkenntnis, daß höherstufige Wünsche und Willenszustände *nicht* bzw. nicht *ohne weiteres* jene Zustände des Wollens und Wünschens *herbeiführen*, auf die sie gerichtet sind. Auffällig ist das zunächst in Situationen der reflektierten, *motivational* verstandenen "Willensschwäche" erster Stufe (vgl. S. 159f.). Der notorische "Nichtaufsteher mit schlechtem Gewissen" oder der an sich selbst verzweifelnde Drogenabhängige etwa wünschen auf höherer Stufe vergeblich, daß die motivationalen Qualifikationen ihrer bestehenden Wünsche erster Stufe anders werden. Entsprechendes ist aber auch, in anderen Situationen, für die *rationalen* Aspekte und das Entstehen bzw. Vergehen von untergeordneten Wünschen *selbst* zu verzeichnen. Die "Schwäche" des auf sie gerichteten, höherstufigen Wollens ist in diesen Fällen besonders beunruhigend, da wir im allgemeinen in der (präsuppositiv) selbstverständlichen Annahme leben, unsere optativischen Stellungnahmen und unser "besonnener" Umgang mit ihnen (S. 147) stünden, wenn überhaupt etwas, "in unserer eigenen Macht". Augustin hat die Erfahrung der Unverfügbarkeit hier sogar für etwas so Ungeheuerliches gehalten ("hoc monstrum", a.a.O. 9,21), daß er seine Einsicht aus den *"Confessiones"* an anderer Stelle ganz über Bord warf (vgl. Anm. 276). Gleichwohl ist sie, wie wir nur allzugut wissen, eine menschliche Realität, die es, wenn möglich, theoretisch begreifbar zu machen gilt. Ansätze dazu sind in der Literatur vorhanden (vgl. z.B. Sidgwick: Methods, 7. Aufl., 137). Eine umfassende, systematische Erörterung dieser schwierigen Problematik aber steht (m.W.) bislang noch aus.

[281] Das gilt bei reflektierter Betrachtung zweifellos auch für den positiven Fall, der im Alltag leicht übersehen wird (vgl. S.23 Anm.20, S.195). Man muß nur darauf achten, daß der *prägnante* Begriff der "Zurechenbarkeit" zugrundegelegt wird, kein unspezifizierter Begriff der "Zurechnungsfähigkeit" (S.194) oder moralischen und rechtlichen "Haftbarkeit", und daß die Nichterfüllung des Urheberschaftskriteriums zweifelsfrei *feststeht*, auf der Stufe des Wollens ebenso wie auf der des Handelns. Dabei darf man auch nicht zu kurz greifen. Denn wir haben ja auch die Möglichkeit in Betracht zu ziehen, daß eine *direkt* unzurechenbare *präsente* Handlung sich *indirekt* gleichwohl als zurechenbar erweist, weil sie die vorausgesehene, gewollte und willensabhängig herbeigeführte Folge einer *früheren* Handlung ist, die der Handelnde als "Urheber" ausführte (vgl. S.198ff.).

[282] Vgl. hier insbesondere S.173ff.,182,190ff.,218ff. Natürlich impliziert schon die positive Bestimmung des "Wollens" als qualifiziertes "Wünschen" im prägnanten Sinn den Verzicht auf seine Gleichsetzung mit "Freiheit".

[283] Formal kann dieser sogar als *Spezialfall* der "Handlungsfreiheit" aufgefaßt werden, als derjenige nämlich, bei dem die antezedent willensabhängig verhinderbaren Verrichtungen Leistungen des "Wollens" sind (vgl. S.215 Anm.271). In seinen Grundzügen findet sich dieses Verständnis von "Willensfreiheit" schon in der stoischen Philosophie (vgl. Epiktet: Diss. IV,1). Explizit formuliert ist es bei Augustin (Anm.276) und in der von ihm beeinflußten theologischen und philosophischen Tradition, auch wenn es oft nicht begrifflich geklärt und in seiner Bedeutung richtig eingeschätzt wurde (vg. Anm.28 und 276).

[284] Natürlich *könnte* man diesen Ausweg wählen. Da der Freiheitsbegriff sich nur auf *generelle* Bedingungen bezieht, kann man von *jedem* partikulären Ereignis, folglich auch von jedem Wollen sagen, daß es dann "willensfrei" im angesprochenen Sinne ist, wenn es, *sollte* ein darauf gerichtetes, gegenteiliges Wollen höherer Stufe auftreten, willensabhängig verhinderbar *wäre*. Diese "Freiheit des Wollens", die *rein* potentiell ausgesagt wird, unabhängig von einem *faktisch* auftretenden höherstufigen Wollens, ist auch als solche nicht nichtssagend und geeignet, *gewisse* Formen des Willenszwangs auszugrenzen (vgl. S.221f.). Sie genügt jedoch nicht als Antwort auf die Frage der freien Willensbildung. Denn sie besagt ja nicht, daß das fragliche, potentiell willensabhängig verhinderbare Wollen tatsächlich willensabhängig *zustandekam*, also tatsächlich "frei" (im relevanten Sinne) *gebildet* wurde. Und wenn das faktische Nichtbestehen des gegenteiligen höherstufigen Wollens seinerseits Zwangscharakter hat, neurostimulativen z.B. oder affektiven, wird man das fragliche Wollen *trotz* seiner "Willensfreiheit im Potentialis" zweifellos *nicht* als "frei" bezeichnen.

[285] Nicht alle Willensbildungsprozesse verlaufen *rational* oder beruhen auf *Überlegung* (vgl. S.222), nicht alle Überlegungen werden *willentlich* ausgeführt (S.162 Anm.232) und nicht alle willentlich ausgeführten involieren ein *höherstufiges* Wollen. Dennoch macht es, wie gleich verdeutlicht werden soll, *Sinn*, nach der "Freiheit" ihres Verlaufs und der des resultierenden Wollens zu fragen.

[286] *Daß* das Merkmal der "Ungehindertheit" den Kern des Gattungsbegriffs der "Freiheit" bildet, haben Hobbes und Schopenhauer richtig gesehen (S.29 Anm.27), auch wenn sie sich über die *Tragweite* dieser Begriffsbestimmung nicht im klaren waren und sich, was die menschliche Freiheit betrifft, allzu rasch mit dem schlichten Begriff der "Handlungsfreiheit" begnügten (vgl. S.215 Anm.271). Der Fehler aller Freiheitstheorien, die sich die

Sache in dieser Weise vereinfachen, liegt darin, daß sie nicht wahrgenommen haben oder nicht wahrhaben wollen, daß der scheinbar unproblematische Begriff der "Handlungsfreiheit" *selbst* tiefere Wurzeln hat, die sich auf die Frage der "Freiheit" und "Aktivität" der Willensbildung miterstrecken, und daß das, *was* hier "gehindert" sein kann oder nicht, primär *nicht* das Ereignis des *Wollens* ist, sondern die *Person*, die wollen und willensabhängig handeln kann bzw. dies "wesens-" oder "naturgemäß" können sollte. Hinzu kommen falsche bzw. verkürzende Vorstellungen über den freiheitsrelevanten Begriff des *"Könnens"*. Ich kann diese Kritikpunkte und das positive Verständnis von "Freiheit", das ihnen zugrundeliegt, hier nur thetisch und allgemein ansprechen. Ihre detailliertere Erörterung bleibt einer anderen Gelegenheit vorbehalten. Ich verweise einstweilen auf Seebaß 1993.

[287] Situationen *räuberischer* Erpressung ("Geld oder Leben!") liefern die Musterbeispiele für eine extern erzwungene, unfreie Willensbildung, die die meiste Beachtung finden. Weit häufiger aber und praktisch bedeutsamer ist die Freiheitsberaubung durch *soziale* Erpressung. Nicht nur der Gastwirt, der die Mafiosi, die sein Restaurant niedergebrannt haben, kennt, aber nicht anzeigen kann, weil die Mafia seine Familie zu liquidieren droht, ist in persönlichkeitsverletzender Weise willensunfrei, sondern auch die Angestellte, die sich gegen die Betrügereien oder sexuellen Belästigungen ihres Chefs nicht wehren kann, oder die arbeitslose Privatdozentin, die ihr Verfassungsrecht auf qualifikationsentsprechende Gleichbehandlung trotz offenkundiger Diskriminierung nicht einzuklagen wagt, weil sie fürchten muß, sich als verrufene "Querulantin" um jede Berufungschance zu bringen. Die Differenzierung *verschiedener* Formen des *Zwangs* bei der Willensbildung gehört zu den zentralen Aufgaben jeder ausgearbeiteten Freiheitstheorie und bildet, vor allem mit Blick auf die soziale Erpressung, eine der wichtigsten Voraussetzungen für die adäquate Bestimmung *gesellschaftlicher* und *politischer* Freiheit.

LITERATURVERZEICHNIS

Abelson, R. : Doing, Causing, and Causing to Do, in: J.Ph. 66 (1969), p. 178-192.

Ach, N. : Über den Willensakt und das Temperament, Leipzig 1910.
- Analyse des Willens, Berlin 1935.

Alston, W.P. : Motives and Motivation, in: Enc. of Phil. (ed. P.Edwards), New York 1967, Bd.V, p. 399-409.

Annas, J. : How Basic are Basic Actions?, in: Proc.Arist.Soc. 78 (1977-78), p. 195-213.

Anscombe, G.E.M. : Aristotle and the Sea Battle, in: Mind 65 (1956), p. 1-15.
- Intention, Oxford 1957.

Arendt, H. : Vom Leben des Geistes, 2 Bde., München 1979.

Armstrong, D.M. : A Materialist Theory of the Mind, London 1968.
- Belief, Truth and Knowledge, Cambridge 1973.

Austin, J.L. : A Plea for Excuses, orig. in: Proc.Arist.Soc. 57 (1956-1957) p. 1-30; zit. nach Repr. in: (ders. :) Philosophical Papers (edd. J.D.Urmson / G.J.Warnock), Oxford 1961, p. 175-204.

Baier, K. : The Moral Point of View, New York 1965.

Beck, L.W. : Conscious and Unconscious Motives, in: Mind 75 (1966), p. 155-179.

Beckermann, A. : Gründe und Ursachen, Kronberg 1977.

Bell, D.R. : Imperatives and the Will, in: Proc.Arist.Soc. 66 (1965-66), p. 129-148.

Bennett, J. : Linguistic Behaviour, Cambridge 1976.
- Accountability, in: Z.v.Straaten (ed.) : Philosophical Subjects, Oxford 1980, p. 14-47.

Binkley, R. et al. (edd.) : Agent, Action, and Reason, Oxford 1971.

Bishop, J. : Agent-Causation, in: Mind 92 (1983), p. 61-79.

338

Bleicken, J. et al. : Freiheit, in: O.Brunner et al. (edd.) : Geschichtl. Grundbegriffe, Bd.II, Stuttgart 1975, p. 425-542.

Blumenfeld, J.B. : Is Acting Willing?, in: Nous 17 (1983), p. 183-195.

Boden, M.A. : Purposive Explanation in Psychology, Hassocks 1978.

Braithwaite, R.B. : Scientific Explanation, 1953; zit. nach Repr. Cambridge 1968.

Brand, M. / Walton, D. (edd.) : Action Theory, Dordrecht 1976.

Brandt, R. / Kim, J. : Wants as Explanations of Actions, in: J.Ph. 60 (1963), p. 425-435.

Braun, H. : Römer 7, 7-25 und das Selbstverständnis des Qumran-Frommen, in: Z. f. Theol. u. Kirche 56(1959), p. 1-18; repr. in: (ders. :) Gesammelte Studien zum Neuen Testament und seiner Umwelt, Tübingen, 2.Aufl. 1967, p. 100-119.

Broad, C.D. : Five Types of Ethical Theory, London 1930.
- Determinism, Indeterminism, and Libertarianism, Cambridge 1934; zit. nach der erweiteren Fassung in: (ders. :) Ethics (ed. C.Lewy), Dordrecht 1985, p. 288-315.

Bultmann, R. : Römer 7 und die Anthropologie des Paulus, in: H. Bornkamm (ed.) : Imago Dei. Beiträge zur theologischen Anthropologie, Gießen 1932.

Campbell, C.A. : In Defence of Free Will, Glasgow 1938; zit. nach Repr. in: (ders. :) In Defence of Free Will, London / New York 1967, p. 35-55.
- Is 'Freewill' a Pseudo-Problem?, in: Mind 60 (1951), p. 441-465.

Camus, A. : Le Mythe de Sisyphe, Paris 1942; zit. nach der dt. Übers., Hamburg 1959.

Chisholm, R.M. : Responsibility and Avoidability, in: Hook (ed.) 1958, p. 145-147.
- Human Freedom and the Self, orig. Lawrence / Kans. 1964; zit. nach der dt. Übers. in: Pothast (ed.) 1978, p. 71-87. [Chisholm 1964a]
- The Descriptive Element in the Concept of Action, in: J.Ph. 61 (1964), p. 613-625. [Chisholm 1964b]
- Freedom and Action, in: Lehrer (ed.) 1966, p. 11-44.
- Person and Object. A Metaphysical Study, London 1976.
- The First Person, Brighton 1981.

Costa, N.C.A.da / French, S. : Belief, Contradiction and the Logic of Self-Deception, in: Amer.Ph.Quart. 27 (1990), p. 179-197.

Cranach, M.v. et al. : Zielgerichtetes Handeln, Bern 1980.

Danto, A.C. : What Can We Do? in: J.Ph. 60 (1963), p. 435-445.
- Nietzsche as Philosopher, New York 1965. [Danto 1965a]
- Basic Actions, in: Amer.Ph.Quart. 2 (1965), p. 141-148; zit. nach Repr. in: White (ed.) 1968, p. 43-58. [Danto 1965b]
- Analytical Philosophy of Action, Cambridge 1973.

Davidson, D. : Actions, Reasons, and Causes, in: J.Ph. 60 (1963), p. 685-700; zit. nach Repr. in: Davidson 1980, p. 3-19.
- Agency, in: Binkley et al. (edd.) 1971, p. 3-25; zit. nach Repr. in: Davidson 1980, p. 43-61.
- Freedom to Act, in: T.Honderich (ed.) : Essays on Freedom of Action, London 1973, p. 137-156; zit. nach Repr. in: Davidson 1980, p. 63-81.
- Intending, in: Y.Yovel (ed.) : Philosophy of History and Action, Dordrecht 1978; zit. nach Repr. in: Davidson 1980, p. 83-102.
- Essays on Actions and Events, Oxford 1980.

Davis, L.H. : Theory of Action, Englewood Cliffs 1979.

Dennett, D. : Conditions of Personhood, in: A.Rorty (ed.) : The Identities of Persons, Berkeley 1976, p. 175-196; zit. nach Repr. in: (ders. :) Brainstorms, Cambridge / Mass. 1981, p. 267-285.

Drobisch, M.W. : Die moralische Statistik und die menschliche Willensfreiheit, Leipzig 1867.

Ducasse, C.J. : Causation and the Types of Necessity, 1924; zit. nach Repr. New York 1969.
- Explanation, Mechanism, and Teleology, in: J.Ph. 22 (1925); zit. nach Repr. in: Ducasse 1968, p. 36-41.
- On the Nature and the Observability of the Causal Relation, in: J.Ph. 23 (1926); zit. nach Repr. in: Ducasse 1968, p. 1-14.
- Nature, Mind, and Death, La Salle / Ill. 1951
- Truth, Knowledge and Causation, London 1968.

Düker, H. : Untersuchungen über die Ausbildung des Wollens, Bern et al. 1975.
- Über unterschwelliges Wollen, Göttingen et al. 1983.

Dummett, M. : Bringing about the Past, in: Ph.Rev. 73 (1964), p. 338-359.
- Frege. Philosophy of Language, London 1973.
- The Interpretation of Frege's Philosophy, Cambridge / Mass. 1981.

Duncker, K. : On Pleasure, Emotion, and Striving, in: Phil.Phen.Res. 1 (1940), p. 398-425.

Engelhardt, P. : Intentio, in: Histor. Wörterb. d. Philos. (edd. J.Ritter / K.Gründer), Bd.IV, Basel 1976, Sp. 466-474.

Fechner, G.Th. : Über das Lustprinzip des Handelns, in: Z.f.Phil.u.phil.Kritik 19 (1848), p. 1-30.163-194.

Fischel, W. : Der Wille in psychologischer und philosophischer Betrachtung, Berlin 1971.

Fitzgerald, P.J. : Voluntary and Involuntary Acts, 1961; zit. nach Repr. in: White (ed.) 1968, p. 120-143.

Foley, R. : Is it Possible to Have Contradictory Beliefs?, in: Midw.Stud.Ph.
  10 (1986), p. 327-355.
- The Theory of Epistemic Rationality, Cambridge / Mass. 1987.

Foot, Ph. : Free Will as Involving Determinism, in: Ph.Rev. 66 (1957); zit.
  nach Repr. in: (dies. :) Virtues and Vices, Oxford 1978, p. 62-73.

Frankfurt, H.G. : Freedom of the Will and the Concept of a Person, in:
  J.Ph. 68 (1971), p. 5-20.
- The Problem of Action, in: Amer.Ph.Quart. 15 (1978), p. 157-162.

Gauthier, D. : Comments [to Hare 1971], in: Binkley et al. (edd.) 1971, p. 98-108.

Gehlen, A. : Urmensch und Spätkultur, 3.Aufl., Frankfurt 1975.
- Der Mensch. Seine Natur und seine Stellung in der Welt, 12.Aufl., Wiesbaden 1978.

Gert, B. / Duggan, T.J. : Free Will as the Ability to Will, in: Nous 13 (1979), p. 197-217.

Goldman, A.I. : A Theory of Human Action, Englewood Cliffs 1970.
- The Volitional Theory Revisited, in: Brand / Walton (edd.) 1976, p. 67-84.

Gomperz, H. : Das Problem der Willensfreiheit, Jena 1907.

Gruhle, H.W. : Ursache, Grund, Motiv, Auslösung, in: Festschr. K. Schneider,
  Heidelberg 1947; zit. nach Repr. in: Thomae (ed.) 1965, p. 40-47.

Hampshire, S. : Thought and Action, London 1959.

Hare, R.M. : Wanting: Some Pitfalls, in: Binkley et al. (edd.) 1971, p. 81-97.

Harman, G. : Change in View, Cambridge / Mass. 1986.

Hart, H.L.A. : Acts of Will and Responsibility, 1960; zit. nach Repr. in: (ders. :)
  Punishment and Responsibility, 2.Aufl., Oxford 1970, p. 90-112.

Hart, H.L.A. / Honoré, A.M. : Causation in the Law, Oxford 1959; 2.Aufl. 1985.

Heckhausen, H. : Motivation und Handeln, Berlin et al. 1980.

Heider, F. : The Psychology of Interpersonal Relations, New York 1958.

Hempel, C.G. : Aspects of Scientific Explanation, New York 1965.

Hook, S. (ed.) : Determinism and Freedom in the Age of Modern Science,
  New York 1958.

Hornsby, J. : Actions, London 1980.

Inwagen, P.v. : An Essay on Free Will, Oxford 1983.

James, W. : The will to Believe, in: (ders. :) The will to Believe and other Essays in popular Philosophy, 1897; zit. nach Repr. New York 1956, p. 1-31.

Jonas, H. : Augustin und das paulinische Freiheitsproblem. Ein philosophischer Beitrag zur Genesis der christlich-abendländischen Freiheitsidee, Göttingen 1930.
- Das Prinzip Verantwortung, Frankfurt 1984.

Kelsen, H. : Causality and Accounting, in: (ders. :) Essays in Legal and Moral Philosophy (ed. O.Weinberger) Dordrecht 1973, p. 154-164.

Kenny, A. : Action, Emotion and Will, London 1963.
- The Five Ways, London 1969.
- Descartes on the Will, in: R.J.Butler (ed.) : Cartesian Studies, Oxford 1972, p. 1-31.
- Will, Freedom, and Power, Oxford 1975.
- Freewill and Responsibility, London 1978.
- Aristotle's Theory of the Will, New Haven 1979.

Krämer, H. : Die Grundlegung des Freiheitsbegriffs in der Antike, in: J.Simon (ed.) : Freiheit, Freiburg / München 1977, p. 239-270.

Kümmel, W.G. : Römer 7 und das Bild des Menschen im Neuen Testament, München 1974.

Kusser, A. : Dimensionen der Kritik von Wünschen, Frankfurt 1989.

Kyburg, H.E. : The Hobgoblin, in: Monist 70 (1987), p. 141-151.

Lehrer, K. (ed.) : Freedom and Determinism, New York 1966.

Lewin, K. : Untersuchungen zur Handlungs- und Affekt-Psychologie, in: Psych. Forschg. 7 (1926), p. 294-385.

Lewis, D. : Desire as Belief, in: Mind 97 (1988), p. 323-332.

Lewis, H.D. : The Logical Limits of Willing, in: Mind 92 (1983), p. 585-589.

Locke, D. : Action, Movement, and Neurophysiology, in: Inquiry 17 (1974), p. 23-42.

Lorenzen, P. / Schwemmer, O. : Konstruktive Logik, Ethik und Wissenschaftstheorie, 2.Aufl., Mannheim 1975.

Löw-Beer, M. : Selbsttäuschung, Freiburg / München 1990.

MacCorquodale, K. / Meehl, P.E. : Hypothetical Constructs and Intervening Variables, in: Psych. Rev. 55 (1948); zit. nach Repr. in: H.Feigl / M.Brodbeck (edd.) : Readings in the Philosophy of Science, New York 1953, p. 596-611.

342

Mackie, J.L. : Truth, Probability and Paradox, Oxford 1973.
- The Cement of the Universe, Oxford 1974.

McCann, H. : Is Raising one's Arm a Basic Action?, in: J.Ph. 69 (1972), p. 235-248.

Melden, A.I. : Willing, in: Ph.Rev. 69 (1960), p. 475-484; zit. nach Repr. in:
White (ed.) 1968, p. 70-78.
- Free Action, London 1961.

Mele, A.R. : Irrationality. An Essay on Akrasia, Self-Deception, and Self-Control,
Oxford 1987.

Moore, G.E. : Ethics, orig. 1912, zit. nach Repr. Oxford 1978.

Nagel, E. : The Structure of Science, New York 1961.
- Teleology Revisited, 1977; zit. nach Repr. in: Teleology Revisited and Other
Essays in the Philosophy and History of Science, New York 1979, p. 275-316.

Nestle, D. : Eleutheria. Studien zum Wesen der Freiheit bei den Griechen und im
Neuen Testament, Teil I: Die Griechen, Tübingen 1967.

Nowell-Smith, P.H. : Ethics, Harmondsworth 1954.

Nuttin, J. : Motiv / Motivation, in: W.Arnold et al. (edd.): Lexikon der Psychologie,
Freiburg 1972, Bd.II, Sp. 578-589.

O'Connor, D.J. : Free Will, New York 1971 / London 1972.

O'Shaugnessy, B. : The Will. A Dual Aspect Theory, Cambridge 1980, 2 Bde.

Oaklander, L.N. : Nietzsche on Freedom, in: South. J.Ph. 22 (1984), p. 211-222.

Olin, D. : The Fallibility Argument for Inconsistency, in: Phil. Stud. 56 (1989),
p. 95-102.

Paulson, S.L. : Two Types of Motive Explanation, in: Amer.Ph.Quart. 9 (1972),
p. 193-199.

Pears, D.F. : Comments [to Hare 1971], in: Binkley et al. (edd.) 1971, p. 108-127.

Peters, R.S. : The Concept of Motivation, London 1958.

Pettit, Ph. : Humeans, Anti-Humeans, and Motivation, in: Mind 96 (1987), p. 530-533.

Pothast, U. (ed.) : Freies Handeln und Determinismus, Frankfurt 1978.

Prichard, H.A. : Moral Obligation, Oxford 1949.

Priest, G. : Contradiction, Belief and Rationality, in: Proc.Arist.Soc. 86 (1985-86), p. 99-116.

Putnam, H. : The Analytic and the Synthetic, in: Minn. Stud. III (1962); p. 358-397; zit. nach Repr. in: Putnam 1975, p. 33-69.
- The Meaning of Meaning, in: Minn. Stud. VII (1975), p. 131-193; zit. nach Repr. in: Putnam 1975, p. 215-271.
- Mind, Language and Reality, Bd.II, Cambridge 1975.

Rad, G.v. : Theologie des Alten Testaments, 4.Aufl., 2 Bde., München 1962/65.

Rensch, B. : Gedächtnis, Begriffsbildung und Planhandlungen bei Tieren, Berlin 1973.

Ringen, J. : Operant Conditioning and a Paradox of Teleology, in: Phil.Sc. 52 (1985), p. 565-577.

Rosenberg, A. : Causation and teleology in contemporary philosophy of science, in: G.Floistad (ed.) : Contemporary Philosophy, Bd.II, Den Haag 1982, p. 51-86.

Rosenblueth, A. / Wiener, N. / Bigelow, J. : Behaviour, Purpose and Teleology, in: Phil.Sc. 10 (1943), p. 18-24.

Rosenblueth, A. / Wiener, N. : Purposeful and Non-Purposeful Behavior, in: Phil.Sc. 17 (1950), p. 318-326.

Rössler, B. : Die Theorie des Verstehens in Sprachanalyse und Hermeneutik, Berlin 1990.

Rowe, W. : Augustine on Foreknowledge and Free Will, in: Rev.Metaph. 18 (1964), p. 356-363.

Russell, B. : Pragmatism, in: (ders. :) Philosophical Essays, 1910; 2.Aufl. London 1966, p. 79-111.
- The Analysis of Mind, London 1921.

Ryle, G. : The Concept of Mind, London 1949; zit. nach der dt. Übers. Stuttgart 1969.

Sartre, J.-P. : L'être et le néant, Paris 1943; zit. nach der dt. Übers. Hamburg 1962.
- L'existentialisme est un humanisme, Paris 1946; zit. nach der dt. Übers. in: (ders. :) Drei Essays (ed. W.Schmiele), Frankfurt 1986, p. 7-51.
- Présentation des temps modernes, in: (ders. :) Situations II, Paris 1948, p. 9-30.

Schacht, R. : Nietzsche, London 1983.

Schlick, M. : Fragen der Ethik, Kap.VII: Wann ist der Mensch verantwortlich?, Wien 1930, p. 105-116; zit. nach Repr. in: Pothast (ed.) 1978, p. 157-168.

Schlier, H. : Eleutheros. Eleutheroo. Eleutheria. Apeleutheros, in: Theolog. Wörterb. z. Neuen Testament (ed. G.Kittel), Bd.II, Stuttgart 1935, p. 484-500.

344

Schneider, K. : Klinische Psychopathologie, 12.Aufl., Stuttgart 1980.

Schöpf, A. : Wille, in: Handb. philosoph. Grundbegr. (edd. H.Krings et al.), München 1973/74, Bd.VI, p. 1702-1722.

Searle, J.R. : Speech Acts. An Essay in the Philosophy of Language, Cambridge 1969.
- A Taxonomy of Illocutionary Acts, 1971; zit. nach Repr. in: (ders. :) Expression and Meaning, Cambridge 1979, p. 1-29.
- Intentionality, Cambridge 1983.

Seebaß, G. : Das Problem von Sprache und Denken, Frankfurt 1981.
- Analytical Action Theory as a Conceptual Basis of Social Science, in: Seebaß / Tuomela (edd.) 1985, p. 129-137.
- Freiheit und Determinismus, in: Z.f.ph.F. 47 (1993).

Seebaß, G. / Tuomela, R. (edd.) : Social Action, Dordrecht 1985.

Sellars, W. : Empiricism and the Philosophy of Mind, in: Minn. Stud. I (1956), p. 253-329.
- Fatalism and Determinism, in: Lehrer (ed.) 1966, p. 141-174.
- Volitions Re-affirmed, in: Brand / Walton (edd.) 1976, p. 47-66.

Skinner, B.F. : Science and Human Behavior, New York 1953.

Sluga, H.D. : Gottlob Frege, London 1980.

Smith, M. : The Humean Theory of Motivation, in: Mind 96 (1987), p. 36-61.
- On Humeans, Anti-Humeans, and Motivation: A Reply to Pettit, in: Mind 97 (1988), p. 589-595.

Sorabji, R. : Necessity, Cause and Blame. Perspectives on Aristotle's Theory, London 1980.

Stegmüller, W. : Wissenschaftliche Erklärung und Begründung, Berlin 1969.

Stoutland, F. : The Logical Connection Argument, in: Amer.Ph.Quart. Monogr. 4 (1970), p. 117-129.

Strawson, P.F. : Introduction to Logical Theory, London 1952.
- Individuals, Oxford 1959.
- Freedom and Resentment, in: Proc. Brit. Acad. 48 (1962), p. 187-211; Repr. in: (ders. :) Freedom and Resentment and Other Essays, London 1974, p. 1-25; zit. nach der dt. Übersetzung in: Pothast (ed.) 1978, p. 201-233.

Swain, M. : On Richard Foley's Theory of Epistemic Rationality, in: Phil.Phen.Res. 50 (1989-90). p. 159-168.

Taylor, Ch. : The Explanation of Behaviour, London 1964.
- The Explanation of Purposive Behaviour, in: R.Borger / F.Cioffi
  (edd.): Explanation in the Behavioral Sciences, Cambridge 1970.

Taylor, R. : Determinism and the Theory of Agency, in: Hook (ed.) 1958, p. 211-218.
- Action and Purpose, Englewood Cliffs / NJ 1966.

Thalberg, I. : How Does Agent Causality Work?, in: M.Brand / D.Walton (edd.) 1976,
  p. 213-238; zit. nach der revidierten Fassung in: (ders. :) Misconceptions of Mind
  and Freedom, Lanham 1983, p. 153-184.
- Analytical Action Theory, Breakthroughs and Deadlocks, in: Seebaß / Tuomela
  (edd.) 1985, p. 1-41.

Thomae, H. (ed.) : Die Motivation menschlichen Handelns, Köln 1965.

Thorp, J. : Free Will. A Defence against Neurophysiological Determinism, London 1980.

Tugendhat, E. : Phänomenologie und Sprachanalyse, in: R.Bubner / K.Cramer / R.Wiehl
  (edd.) : Hermeneutik und Dialektik, Tübingen 1970, p. 3-23.
- Existence in Space and Time, in: Neue Hefte f. Philos. 8 (1975), p. 14-33.
- Vorlesungen zur Einführung in die sprachanalytische Philosophie, Frankfurt 1976.
- Selbstbewußtsein und Selbstbestimmung, Frankfurt 1979.
- Habermas on Communicative Action, in: Seebaß / Tuomela (edd.) 1985, p. 179-186.
- Der Begriff der Willensfreiheit, in: K.Cramer et al. (ed.) : Theorie der Subjektivität,
  Frankfurt 1987, p. 373-393.

Tugendhat, E. / Wolf, U. : Logisch-Semantische Propädeutik, Stuttgart 1983.

Tuomela, R. : A Theory of Social Action, Dordrecht 1984.
- Social Action, in: Seebaß / Tuomela (edd.) 1985, p. 103-127.

Warnach, W. / Pesch, O.H. / Spaemann, R. : Freiheit, in: Histor. Wörterb. d. Philos.
  (edd. J.Ritter / K.Gründer), Bd.II, Basel 1972, Sp. 1064-1098.

Wellek, A. : Die Polarität im Aufbau des Charakters. System der Charakterkunde,
  Bern 1950.

Werbik, H. : Handlungstheorien, Stuttgart 1978.

White, A.R. (ed.) : The Philosophy of Action, Oxford 1968.

Wilckens, U. : Der Brief an die Römer, Zürich et al.: Bd.I, 1978; Bd.II, 1980.

Williams, J.N. : Believing the Self-Contradictory, in: Amer.Ph.Quart. 19 (1982),
  p. 279-285.

Wilson, M.D. : On Leibniz' Explication of "Necessary Truth", orig. 1966, zit. nach
  Repr. in: H.G.Frankfurt (ed.). Leibniz, Notre Dame / London 1976, p. 401-419.

Wolf, U. : Möglichkeit und Notwendigkeit bei Aristoteles und heute, München 1979.

Wolff, H.W. : Anthropologie des Alten Testaments, München 1973.

Woodfield, A. : Teleology, Cambridge 1976.
- Desire, Intentional Content and Teleological Explanation, in:
  Proc.Arist.Soc. 82 (1981-82), p. 69-87.

Wright, G.H.v. : Norm and Action. A Logical Enquiry, London 1963.
- Explanation and Understanding, London 1971.
- Freedom and Determination, in: Act.Phil.Fenn. 31 (1980), p. 1-88.

Wundt, W. : Grundzüge der physiologischen Psychologie, 6.Aufl., Leipzig 1911, 3 Bde.

Young, P.T. : Motivation, in: Enc. of Psychology (ed. P.L.Harriman), New York 1946,
  p. 384-393.

PERSONENVERZEICHNIS

Verweise auf Seitenzahlen erfolgen in Normalschrift.
Die kleineren Ziffern verweisen auf Anmerkungen.

348

SACHVERZEICHNIS

Verweise auf Seitenzahlen erfolgen in Normalschrift.
Die kleineren Ziffern verweisen auf Anmerkungen.

358